本 书 幸 承

东北师范大学教师教育研究院
东北师范大学教师教育省部共建协同创新中心

资助

谨此致谢！

2019年国家社会科学基金教育学重大招标课题"新时代中国教育高质量发展的路径和对策研究"（VFA190004）

中国教师发展报告2022

中小学教师工作强度现实审视、面临挑战与调适策略

李　广　柳海民　梁红梅　等◎著

科学出版社
北　京

内 容 简 介

教师是立教之本，兴教之源。"双减"政策的全面实施，不仅让我们在教育教学中更加关注学生的健康成长，也让我们逐渐认识到教师工作强度有效调适的重要性。教师专业生活样态是影响学生健康成长的重要因素，教师工作强度的有效调适既是教师专业高质量发展的重要保障，也是促进学生学业质量提升的基本前提。

本书依托东北师范大学教师教育省部共建协同创新中心、教师教育研究院组建高水平研究团队，以教师工作强度为研究切入点，研制开发了原创性调研工具包，针对教师工作时间分配度、教师工作内容复杂度、教师工作精力投入度和教师工作负担感受度，进行了全面深入的调查分析，揭示了我国中小学教师工作强度的现实样态、面临的挑战以及问题的深层原因，旨在为我国教师专业发展的政策研制提供事实依据、数据支撑、理论指导与价值引领。

本书适合教师教育研究者、教师教育政策研制者以及广大中小学教师和师范生阅读。

图书在版编目（CIP）数据

中国教师发展报告2022：中小学教师工作强度现实审视、面临挑战与调适策略/李广等著. —北京：科学出版社，2023.6
ISBN 978-7-03-074062-5

Ⅰ.①中… Ⅱ.①李… Ⅲ.①中小学-师资培养-研究报告-中国-2022 Ⅳ.①G635.12

中国版本图书馆 CIP 数据核字（2022）第 228107 号

责任编辑：孙文影　冯雅萌／责任校对：杨　然
责任印制：李　彤／封面设计：润一文化

科学出版社 出版
北京东黄城根北街16号
邮政编码：100717
http://www.sciencep.com

北京建宏印刷有限公司 印刷
科学出版社发行　各地新华书店经销
*
2023年6月第 一 版　开本：720×1000　1/16
2023年6月第一次印刷　印张：28 3/4
字数：650 000

定价：198.00元
（如有印装质量问题，我社负责调换）

前　言

《中国教师发展报告》服务国家重大战略需求

教师是立教之本、兴教之源，教师发展质量关乎教育改革成败和人才培养质量。2018年，"中国教师发展报告"项目课题组敏锐洞悉到国家加强教师队伍建设的时代使命，并从2019年开始连续推出面向全国、基于现实、广谱调查、年有侧重的中国各级各类教师队伍发展现状的调查报告。已经推出的《中国教师发展报告2019》和《中国教师发展报告2020—2021》均服务于国家重大战略需求，产生了一定的社会影响力。课题组也在不断进行经验反思，加强基础理论研究，明晰《中国教师发展报告》的价值定位，澄清和勾勒教师发展的未来愿景，预测并指引教师发展的基本方向。

一、《中国教师发展报告》的社会影响

近年来，我国社会的主要矛盾已经转化为人民日益增长的美好生活需要和不平衡不充分的发展之间的矛盾，社会经济已由高速增长阶段转向高质量发展阶段。在新时代背景下，关注教师职业发展是我国顺应社会转型要求和教育改革浪潮的主动

选择。"中国教师发展报告"项目课题组自 2019 年起连续推出《中国教师发展报告》，产出了大量高质量学术成果，引起了社会的广泛关注，并在业内获得了高度评价。

（一）《中国教师发展报告》引起社会广泛关注

纵观《中国教师发展报告》系列内容，始终在基层及一线调研的基础上，直观展现教师群体最真实的职业样态和现实需求，《中国教师发展报告》社会性、可靠性与前瞻性使其引起了社会的广泛关注。《中国教师发展报告》发布以来接连受到各大媒体的关注，将研究结果面向社会大众，让社会大众在了解教师群体真实样态的同时，也对教师行业面临的现实挑战陷入深思。其中，《光明日报》与中国新闻网分别对《中国教师发展报告 2019》和《中国教师发展报告 2020—2021》进行了全方位的报道，并对东北师范大学李广教授进行了深度专访。

（二）《中国教师发展报告》产出优质学术成果

权威的学术成果是衡量课题质量的重要指标。在《中国教师发展报告》的依托下，课题组聚焦中小学教师群体，敏锐洞悉各类教师面临的职业问题，产出了众多高质量学术成果。基于《中国教师发展报告》庞大的调查数据，课题组从不同的视角对教师整体及个别教师群体展开了深入研究，高质量学术成果数量高达 30 余篇，为教师教育研究的发展做出了重要贡献。

（三）《中国教师发展报告》得到业内高度评价

中国教师发展系列报告重在关注教师内在心理与情感，致力于有侧重地挖掘教师教育领域内切实影响教师发展的现实问题，以其首创性、全面性、前沿性及专业性获得相关领域专家学者的高度评价。教育部教师工作司副司长宋磊指出，"东北师范大学在教师教育领域做出的探索，为我国教师教育新发展提供了东师智慧与可以借鉴的理念"[①]。在《中国教师发展报告 2019》成果发布报告会上，与会专家一致认为，该报告高度契合国家"十四五"规划建议稿提出的"加强师

---

① 董大正.《中国教师发展报告 2019》正式发布，聚焦中小学教师队伍建设[EB/OL].（2020-12-06）.https://life.gmw.cn/2020-12/06/content_34434979.htm[2022-07-15].

德师风建设"和党的十九届五中全会提出的"提升教师教书育人能力素质"等的要求，有力地推动了我国教师教育的创新发展。教育部教师工作司副司长黄小华在《中国教师发展报告2020—2021》成果发布会上发言指出，该报告深刻展现了中国教师队伍职业幸福感现状，为国家制定高质量教师教育发展战略提供了强有力的现实遵循。两次报告均获得了与会领导和专家的高度赞誉。同时，东北师范大学副校长徐海洋表示，东北师范大学担负着加强教师队伍建设的历史使命，教师教育研究也是学校的优势学科和重点发展方向，以后学校将一如既往地支持教师教育研究，将这一面向全国、基于实地大规模调研的报告办下去，以为国家重大教育政策的制定与咨询提供强有力的学术支持，助力教师教育创新发展，助力教育强国建设。

二、《中国教师发展报告》的经验反思

"中国教师发展报告"课题组历经数年的实践探索，在实践中不断进行反思、提升，在该领域积累了丰富的经验。致力于促进中国教师高质量发展的研究要以学术研究共同体建设为前提，组建由理论专家和一线教师相互协调的复合型研究团队；重视研究视域的多元化，基于不同角度深入研究，构建具有中国本土特色的创新性话语体系；充分发挥教育调查的政策咨询功能，切实推动《中国教师发展报告》的前瞻性教育价值的提升。

（一）组织专家教师团队，建设学术研究共同体

"中国教师发展报告"项目课题组依托东北师范大学教师教育省部共建协同创新中心、教师教育研究院、中国农村教育发展研究院，建设形成由高校学者引领、中小学校长和中小学一线教师共同参与、互补共生的教师工作强度学术研究共同体。高校学者在研究中发挥领衔作用，其具有深厚的理论研究基础和学术研究能力，能切实增进研究的学理性和创新性；中小学校长和一线教师既是教师工作强度研究的对象，又是教师工作强度研究的"行动者"。中小学校长和一线教师的参与使得研究能够更好地基于教师工作强度的真实样态，客观反映教师工作强度的实际状况，清晰表达一线教师对自身工作的真实感受和切身认知。互补共生的复合型学术研究共同体有助于加强教师工作强度研究学理性和人文性的统

一,推动研究基于实践、指导实践,切实推动理论与实践的融合和创新发展。

(二)重视多元视域融合,构建创新性话语体系

多元视域融合有助于《中国教师发展报告》相关研究的深化发展。一方面,《中国教师发展报告》要基于本土文化探究中国教师工作强度的现实样态,凝练其本土特征,形成凸显中国特色的教师工作强度研究成果。另一方面,《中国教师发展报告》应在本土化研究的基础上加强教师工作强度的国际比较研究,对不同文化制度环境下教师工作强度的异同进行横向比较与深度剖析,为我国教师工作强度研究提供更多的借鉴。学术话语体系源于一定的生活方式和文化习惯,影响人们的生活方式、文化习惯和理论建构。[1]《中国教师发展报告》非常注重学术话语体系的创新发展,致力于建构具有中国特色的教师工作强度研究的学术话语体系,在研究中进行本土化的话语表达。《中国教师发展报告》立足于中国教师工作强度的实际状况,用中国话语阐释教师工作强度研究中的经验成就和不足,开拓研究的视野,不断提升研究水平。

(三)发挥政策咨询功能,提升前瞻性教育价值

《中国教师发展报告》具有重要的理论价值和实践应用价值,本次报告以中小学教师工作强度为研究对象展开调查,反映广大中小学教师工作强度的真实样态,客观指出中小学教师在工作中面临的现实挑战,并基于此提出相应的调适对策,为中小学教师工作强度的治理与调适提供科学合理的措施建议。在此基础上,《中国教师发展报告》致力于推动自身功能与价值的提升,充分发挥高师院校教育"智库"的功能,以教育发展为导向,遵循学术性与政策性的统一、现实性与前瞻性的统一。[2]《中国教师发展报告》基于对教师工作强度的深入调研,推动学术研究同政策服务相结合,为国家教育政策制定提供资料参考与数据支撑,为教育决策提供咨询建议。

---

[1] 刘旭东,蒋玲玲.论中国教育学术话语体系的当代构建[J].教育研究,2018,39(1):18-25,58.
[2] 张武升.中国特色新型教育智库的本质特征[J].教育研究,2015,36(4):16-19.

三、《中国教师发展报告》的价值定位

《荀子·大略》有言："国将兴，必贵师而重傅；贵师而重傅，则法度存。"《中国教师发展报告》始终以习近平新时代中国特色社会主义思想为指导，关注国家教育发展战略需求，监测教师队伍发展现实样态，破解教师职业发展改革难题，以期建设高质量的教师培养培训体系。

（一）关注国家教育发展战略需求

《中国教师发展报告》始终关注国家教育发展战略需求，敏锐洞悉教育持续发展的时代使命。进入新时代以来，我国教育事业逐渐从规模扩张转向可持续、高质量发展，教师的可持续、高质量发展也相应成为我国教育改革的核心议题。"突出重点，聚焦难点，破解焦点"一直是《中国教师发展报告》的研究特色，既接地气地切实解决教师在发展中遇到的难题，又以发展的眼光预测教师职业发展的隐患。致力于满足国家教育发展的战略需求是《中国教师发展报告》的首要前提，它能够引领课题组不忘初心，肩负时代使命，助力新时代的教师教育创新发展。

（二）监测教师队伍发展现实样态

《中国教师发展报告》动态监测教师队伍发展现实样态，深度挖掘教师队伍发展的关键问题。"中国教师发展报告"项目课题组致力于连续推出面向全国、基于现实、广谱调查、年有侧重的调查报告，强调跟踪调查教师队伍发展的真实情况与关键问题，在深描教师发展现实样态的基础上进一步提出相关策略建议。《中国教师发展报告2019》从多角度全面、客观地分析了我国中小学教师队伍生存、发展的真实样态，《中国教师发展报告2020—2021》全面、客观地呈现了我国中小学教师职业幸福感的发展态势。秉持着全面、真实、客观的研究原则，本书将深度挖掘我国中小学教师工作强度，持续监测教师队伍发展的现实样态。

（三）破解教师职业发展改革难题

《中国教师发展报告》力图破解教师职业发展改革难题，预判教师教育发展

的潜在隐患。《中国教师发展报告》既基于现实，也指向未来。《中国教师发展报告》的预测并不是空中楼阁，而是在现实的广谱调查基础之上，根据教育、教师发展的客观规律所进行的社会功能预测。教育是国家发展的关键领域和重要基石，教师是教育发展的核心主体和先决条件。关注教师工作强度，不仅有助于促进教师个人的身心发展，也有助于破解教师职业发展改革难题，积极防控和化解教育领域的系统性风险和潜在安全隐患。总而言之，《中国教师发展报告》要以现实为首要前提，以未来为价值指向，前瞻性、科学性地规避教师发展过程中可能存在的问题和隐患，推动教师职业的持续性、高质量发展。

目　录

前言　《中国教师发展报告》服务国家重大战略需求

绪论　"双减"背景下的教师工作强度研究 / 1

　　一、"双减"政策价值取向厘清 / 2

　　二、"双减"背后的隐形"倍增" / 3

　　三、"双减"与教育改革的"阵痛" / 5

　　四、"双减"与教师工作强度之辩 / 8

　　五、"双减"背景下的研究立场 / 10

第一章　**教师工作强度研究综述** / 15

　　一、教师工作强度的概念研究 / 16

　　二、教师工作强度研究的主要成就 / 24

　　三、对教师工作强度研究不足的审视 / 35

　　四、教师工作强度研究发展趋势探索 / 38

第二章　**教师工作强度研究逻辑理路** / 41

　　一、教师工作强度研究的历史依据 / 42

　　二、教师工作强度研究的现实诉求 / 50

　　三、教师工作强度研究的国际比较 / 53

　　四、教师工作强度研究的理论基础 / 61

五、教师工作强度研究的话语体系 / 72

第三章　教师工作强度调查设计实施 / 79

一、夯实教师工作强度测评理论基础 / 80

二、突出我国教师工作强度的本土特点 / 84

三、构建教师工作强度测评体系 / 88

四、开发教师工作强度测评工具 / 94

五、规范教师工作强度测评实施程序 / 103

第四章　教师工作强度总体状况调研报告 / 107

一、教师工作强度的现实样态 / 108

二、教师工作强度的区域比较 / 118

三、教师工作强度的主体比较 / 130

四、教师工作强度的发展态势 / 146

第五章　教师工作内容结构调研报告 / 159

一、教师工作内容结构的基本内涵 / 160

二、教师工作内容结构的现实状况 / 160

三、教师工作内容结构的问题分析 / 168

四、教师工作内容结构的调适策略 / 170

第六章　教师工作时间分配调研报告 / 173

一、教师工作时间分配的基本内涵 / 174

二、教师工作时间分配的现实状况 / 177

三、教师工作时间分配的现实问题 / 192

四、教师工作时间分配的调适策略 / 195

第七章　教师工作投入差异调研报告 / 199

一、教师工作投入研究的价值与基础 / 200

二、教师工作投入差异的现实状况 / 205

三、教师工作投入差异的问题分析 / 217

四、教师工作投入的调适策略 / 230

第八章　教师工作负荷感受调研报告 / 239

一、教师工作负荷感受的基本内涵 / 240

二、教师工作负荷感受的现实状况 / 242

三、教师工作负荷感受的问题分析 / 245

四、教师工作负荷感受的调适之策 / 256

第九章　教师工作强度群像素描 / 263

一、中小学班主任工作强度探讨 / 264

二、初任教师工作强度调研报告 / 279

三、乡村教师工作强度调研报告 / 291

四、县城教师工作强度调查报告 / 302

五、城市教师工作强度调查报告 / 310

第十章　教师工作强度个案调研报告 / 321

一、个案校发展现状素描 / 322

二、个案校教师工作强度现实样态 / 325

三、个案校教师工作强度调适经验 / 331

第十一章　教师工作强度国别调研报告 / 339

一、英国中小学教师工作强度分析 / 340

二、澳大利亚的中小学教师工作强度 / 348

三、日本中小学教师工作强度分析 / 357

四、比较与反思 / 364

第十二章　教师工作强度影响因素探究 /367

一、"社"源性维度探究 /368

二、"校"源性维度探究 /373

三、"师"源性维度探究 /380

四、"生"源性维度探究 /386

第十三章　教师工作强度适度均衡现实理路 /391

一、教师工作强度适度均衡理念 /392

二、教师工作强度要素调适技术探索 /400

三、教师工作强度动态观测展望 /408

第十四章　教师工作强度有效调适策略 /411

一、国家专业标准制定 /412

二、学校文化主动构建 /419

三、教师主体积极调适 /425

四、社会舆论正确引导 /433

五、学术机构智慧咨询 /438

后记 /443

绪 论
"双减"背景下的教师工作强度研究

2021年7月,中共中央办公厅、国务院办公厅印发《关于进一步减轻义务教育阶段学生作业负担和校外培训负担的意见》。[①]"双减"政策的出台体现了党和国家对减轻义务教育阶段学生课业负担以及治理校外培训的坚定决心。在有关"双减"政策的大量研究中,多数研究从学生角度出发,为减轻其学业负担出谋划策,而关于教师工作强度的研究却寥寥无几。然而,"双减"背景下的教师工作强度研究需得到重视。教师与学生这两大主体之间的关系可谓"牵一发而动全身",教师工作强度研究关乎教师发展,教师发展关乎学生学业质量,教师工作的合理减负可以在一定程度上为教师发展和学生学业质量提供保障。

---

① 中共中央办公厅,国务院办公厅. 中共中央办公厅、国务院办公厅印发《关于进一步减轻义务教育阶段学生作业负担和校外培训负担的意见》[EB/OL]. (2021-07-24). http://www.gov.cn/zhengce/2021/07/24/content_5627132.htm[2022-07-15].

一、"双减"政策价值取向厘清

一直以来，党和国家对教师专业发展的高度重视在诸多政策的制定和实施中均有体现。"双减"政策自出台以来，不但使减轻学生学业负担落到实处，而且引起了人们对教师工作负担的思考。课题组敏锐洞察到教师职业发展中的"减负"难题，聚焦教师工作强度，围绕"立德树人"根本任务，关注教师工作的合理性、人性化发展。

（一）"双减"政策引导教师发展

教育相关政策是教师发展改革的指南针，"双减"政策引导着教师发展。"双减"政策全面实施以来，其对于全面贯彻党的教育方针、落实"立德树人"根本任务、营造良好教育生态、促进学生全面发展起到了重要作用。教师是教育高质量发展的第一资源[1]，建设一支素质优良且充满活力的教师队伍是我国加快推进教育现代化、建设教育强国、办好人民满意的教育的重要保障。近年来，国家采取了一系列务实举措来加强教师队伍建设，广大中小学教师的福利待遇、专业成长空间和社会地位有了明显改观。但同时，工作负担重、工作压力大是大多数中小学教师的心声。教师的发展离不开政策的引导，"双减"政策在让大家关注学生减负的同时，也让大家逐渐关注到教师工作的合理性、人性化发展。

（二）"双减"政策聚焦工作强度

教师工作强度是教师职业发展的关键点，"双减"政策即聚焦工作强度。"双减"政策的出台、落地使学校教育的主阵地作用进一步凸显，学校教育的任务和内容都进一步得到扩充，但教师工作职责和工作量的增加要求相关保障体系进一步完善。教师工作负担过重的现实是教师职业缺乏吸引力的重要影响因素，难以让教师成为令人羡慕的职业，不利于吸引更多优秀人才投身教育事业。"双减"政策下，相关教育部门在关注学生学业负担时，也应该为教师减负，减去教师的不合理负担，让教师回归教育教学的合理工作强度中。

（三）"双减"政策回归"立德树人"

教育的根本任务是教师教育改革的落脚点，"双减"政策亦回归教育的根

---

[1] 宋荦. 教师是教育高质量发展的第一资源[EB/OL].（2022-09-29）. https://m.gmw.cn/baijia/2022-09/29/36056091.html[2022-10-15].

本任务。围绕"立德树人"根本任务,"双减"政策树立了健康第一的教育理念,回归"立德树人"的初心。为落实"立德树人"根本任务,提升学校教育教学质量,规范校外教育培训行为,构建高质量的教育体系,我国减负治理开始走向学校教育、校外教育协同治理的格局,这是教育综合改革深入推进的重大政策创新。

二、"双减"背后的隐形"倍增"

教师和学生就像站在天秤两端的个体,任何一方发生了变化,都会影响另一方顺势改变。"双减"政策在以往"减负"的基础上新增了"减轻校外培训负担",直面教育中的短视化和功利化问题,为学生提供了更加人性的教育关怀;与此相对应,为学生"减负"的同时,"双减"政策对教师的工作提出了更高的要求。作为"双减"政策的直接执行者,为了保证政策落地落实,教师必然需要付出更多的时间和精力,因此无形之中增大了工作强度。

(一)教师工作时间延长

"双减"政策实施后,学生在校时间延长,使得教师在校工作的时间相应延长,这是教师工作强度增大的直接表现,同时工作任务的增加也导致教师完成工作的时间相应变长。

1. 工作时间线拉长

"双减"政策实施后,在学生放学之后安排了课后服务,课后服务成为学校的正规工作内容。也就是说,在校内正常的教学活动结束后,教师还要继续进行看管课后服务工作。自此,"三点半"再也不是教师教学工作的结束时间点,而是新增教学工作的开始时间点。看管课后服务要求课后服务结束时间原则上不早于当地正常下班时间,这就意味着教师工作时间延长,增大了教师的工作强度,挤占了教师用于备课、教研和学习的时间,影响了教师的生活和休息。[1]

2. 工作完成点推后

课后服务工作的主要实施者为教师,增加课后服务意味着新增了教师的工作任务。除了日常必须要进行的备课上课、教研学习和培训考核,教师还要为学生

---

[1] 周洪宇,齐彦磊."双减"政策落地:焦点、难点与建议[J]. 新疆师范大学学报(哲学社会科学版),2022,43(1):69-78.

精心设计丰富多彩的课后服务内容，探索设计高质量的作业布置。作业布置内容的变化也带动着作业批改的变化，教师可能需要延长工作时间来完成作业批改和指导。另外，班主任、学校管理干部与主科教师必须全程参与课后服务。因此，教师工作任务量增大，其工作完成点也相应推后。

（二）教师工作任务增多

教师工作任务不仅包括客观上可数的工作量，还包括主观上教师对工作量的心理感受程度，它们共同成为教师工作任务量的判断依据。

1. 客观工作强度增大

"双减"政策的一项内容是要减去重复性作业负担，由此要求教师精进作业布置的能力，提高作业布置质量，设计合理的作业内容，取消那些重复性和机械性的作业布置。"双减"政策的另一项内容是要求减去校外辅导对校内教学内容的巩固。随着校外学科类培训的取缔，校内相应增加了课后服务。课后服务的实施者是学校教师，这在一定程度上增大了教师的工作强度。为了保证课后服务的实施质量，教师要进一步充实专业知识，精进教学能力，需要学习的工作量也相应加大，同时要提前设计，并有计划、有组织地实施课后服务活动。中小学教师原本的学校教学工作就比较繁重，参与课后服务使得教师的工作量进一步增加，给原本工作强度大的教师又添工作压力。

2. 主观工作量感知增强

教师对工作量的感受是教师对其工作强度判断的重要依据。"负担"既是客观的又是主观的，其中主观性更强，因为它最终是人的一种心理感受。一种事物对人来说是不是负担，尽管与这一事物的某些客观属性有关，但最终取决于人的心理感受。中小学教师工作事务构成较为复杂，既有备课、教学教研、听课评课、完成考核和检查、辅导学生、沟通家长等教育系统内部的工作，又要负责文明城市创建等教育系统以外的工作[1]，教学性事务和非教学性事务已让教师感受到工作强度较大。课后服务任务落在教师身上后，一些教师认为课后服务安排在原本放学后的时间，不属于正常教学的工作范围，从内心上对新增的工作任务有一定的抵触情绪，这使得这部分教师感受到的心理压力进一步增大。

---

[1] 都晓. "双减"视域下课后服务的难点与进路[J]. 暨南学报（哲学社会科学版），2022，44（3）：121-132.

（三）教师工作难度增大

"双减"政策对教师的专业能力提出了更高的要求，教师的工作难度相对增大，同时家校沟通的难度也相对加大。

1. 作业设计高质量

要落实"双减"政策，就要深入探索"减什么"，一方面要减掉重复性练习的大量课后作业，另一方面要减掉校外培训机构对于教学内容的间接"巩固"。管理学生作业是"双减"的重要一环，其需要教师在作业布置上精心设计高质量的作业内容，体现出作业布置的个性化、弹性化和差异化；在作业数量方面，教师布置过多过少都不合适，唯有设计出既符合学生发展水平，又能满足学生"吃饱"要求的高质量作业方为合适，由此教师工作难度骤然增大。[①]

2. 家校沟通挑战增大

"双减"政策实施后，家长的教育焦虑加大了教师与家长沟通的难度。学校教育质量的提升在短期内难以达到显著成效，其中一些学校的课后服务落实得不到位，课后服务内容缺乏特色，仅能够为学生提供看护、托管或简单的作业辅导之类的课后服务，也有部分学校的课后服务因学生需求不一、教师工作量增加、学校管理难度增大等原因有待完善。然而家长对学校抱有提供全面、优质教育服务的期待，出现了家长的高期望与优质教育资源短缺的现实冲突，导致家长担忧孩子学业成绩难提高和个性发展不充分的焦虑情绪加重。家校沟通一直是教师工作的重要内容之一，教师作为沟通家长和学校的桥梁，需要把一部分时间与精力用在家校沟通上。在教师与家长的沟通难度增大的现实境遇下，由教师来转变家长的教育理念、抚平家长的焦虑情绪变得尤为困难，家校沟通难成为教师工作中亟待解决的一个难题。

三、"双减"与教育改革的"阵痛"

在教育改革的过程中，长期存在源于教育焦虑的各种痛点，包括教育质量的切实提升、应试观念的有效转变与评价机制的亟待革新等，而实施"双减"政策后，这些痛点凸显出来，使人们重新回到对教育观念的纠偏和对教育规律的尊重与再认识上来。

[①] 冯凯瑞."双减"政策下教师负担的表现形式与治理路径[J]. 教学与管理，2022（16）：1-5.

（一）学校教育如何减负增质

提高学校教育质量一直是教育改革追求的目标，而"减负"则是切实提高学校教育质量的重要突破口。在社会主义革命和建设时期，"减负"的主要目的是引导学校和教师关注学生学业质量提升，培养国家建设需要的精英人才；改革开放后，"减负"的重点是改变传统的教育教学方式，注重学生能力的培养和教学质量的提升。[①]"双减"政策即聚焦学校教育主阵地，回归课堂育人的原旨，一手抓"减负"，一手抓"增质"，以实现学校教育的质效双增。在学校教育中，课堂是教师教学与学生学习的主场，教师作为教育教学的主要实施者，承担着优化教育教学环节与提升作业设计质量的重任。

1. 教育教学环节亟待优化

"双减"政策落地后，校外学科类培训机构的取缔促使教师聚焦课堂教学主阵地，多样化探索"如何减"才能有效提升教学质量，以此来满足学生对知识获取、能力提升与情感陶冶的现实需求，确保学生在校内学足学好。为切实提升教学质量，教师需要基于教学反思来提升教学效能、优化教育教学环节、改进教育教学方式，做到应教尽教，以满足学生对知识、技能、情感等的多元需求。

2. 作业设计质量有待提升

就校外而言，校外学科类培训机构曾经是帮助学生"巩固"课堂教学内容的好帮手，但随着"双减"政策的实施，曾经通过借助校外培训机构来提高学生学业成绩的方式被遏制；就校内而言，通过布置大量重复性练习作业来巩固学习效果的方式也被取消。减负的目标是不仅达到量上的减少，还要获得质上的提升。"双减"政策的实施使得教师从过去的依赖状态中抽离出来，重新审视并重视作业布置环节，提高创新能力，精心探索如何高效且有针对性地设计与布置作业，从而提升教学效能，提高学生学习质量。

（二）家庭、学校、社会如何协同配合

家庭、学校和社会三位一体协同育人模式实行已久，但在现实中仍有三者衔接脱节的现象出现。"双减"政策背景下实施的课后服务，并不是只由学校来提供服务，需要家庭、学校和社会等多元主体的广泛参与及良性互动。

[①] 顾明远，钟秉林. 以人民为中心，将"双减"落到实处——专家解读《关于进一步减轻义务教育阶段学生作业负担和校外培训负担的意见》[N]. 中国教育报，2021-07-26（001）.

1. 落实家庭对课后服务的协同育人职责

"双减"政策实施以来，家长的教育焦虑情绪只增不减，这为家校协同育人带来了极大的挑战，有时甚至会影响到学生的情绪，因此，在学生情绪疏导方面，家庭的作用也非常关键。另外，在课后服务落实的过程中，家长可以提供课后服务所需要的很多人力、物力和财力等方面的资源，为学生提供学校所不具备的特色课后服务项目，从而极大地丰富课后服务的内容，进而帮助提升课后服务的质量。家庭积极配合和支持学校落实课后服务工作，使得课后服务的效能逐步提升，在这样的良性互动下，家长的教育焦虑进而也能够逐渐得以消解。

2. 增强社会对课后服务的协助监管能力

落实"双减"政策是一项范围广、工作量大的社会系统工程，需要全社会的齐力协助。各方主体要正确认识课后服务的定位：这是一项社会公共事务，而不是"课后的学校服务"，也不是教育部门或学校的单方面责任。在发挥学校主渠道作用的同时，社会各方要加强对课后服务的协助和监管。例如，科技馆、博物馆、社区服务中心等有形的社会资源可以作为课后服务的学习资源被充分利用起来。

（三）评价导向如何有效扭转

"双减"政策的落地为深化教育评价改革提供了重要契机，教育评价方式的转变有望实现。教育评价体系有望从关注学生的分数转向注重学生的全面发展，从关注升学率转向关注教师的专业能力，发挥评价作为"指挥棒"的正向作用，进一步促使学校走高质量教育的发展之路。

1. 转变学生学业结果性评价观念

在以结果性评价为指挥棒的应试教育下，学校过度重视学生的成绩，这不符合"立德树人"根本任务的要求和"五育并举"教育目的的实质追求。以往在结果性评价的导向下，学校对升学率和优秀率的追求致使学生作业负担重和补课压力大，而"双减"政策减轻了学生过重的作业负担和校外培训负担，这一措施直接影响了中小学的评价形式，使得"改进结果评价、强化过程评价、探索增值评价、健全综合评价"①的观念有了更大的发展空间，推动从关注学生的分数转向注重学生综合素质的全面发展，由此助推了新时代教育评价方式转型的进程。

---

① 中共中央，国务院. 中共中央 国务院印发《深化新时代教育评价改革总体方案》[EB/OL].（2020-10-13）. http://www.gov.cn/zhengce/2020-10/13/content_5551032.htm[2022-07-15].

2. 改变教师工作问责性评价方式

传统的教师评价将教师工作物质化、量化，体现出问责性。现实情况下，教师群体年龄不同、性别不同，任教科目更是多样，"一刀切"的问责性评价方式易打击教师内在的工作积极性，更易增加教师的工作难度。因此要弱化对教师工作的问责性评价，提倡以教师专业工作为中心、师生互动为媒介的发展性评价。[①] 在"双减"政策落实的过程中，教师不仅承担着改进教学、提高教学效能的职责，还成为实施课后服务的主力军，在职责加重和工作量加大的情况下，应该以奖励和肯定的评价方式来代替过度问责与考核限制的评价方式，使教师能够在专业工作中更加投入，提高自身工作积极性，从而为教育教学质量和课后服务满意度的提升提供积极的情绪支持。

四、"双减"与教师工作强度之辩

"双减"政策致力于减轻学生过重的学业负担，塑造良好的教育生态。"双减"政策的落地在对教师工作强度提出新挑战的同时，也给教师发展提供了良好机遇。首先，"双减"政策推动教师工作强度产生结构性变化，教师工作强度的表现形式发生改变；其次，"双减"政策落地与教师工作强度治理具有内在的统一性意蕴，两者相互促进，互为手段；最后，"双减"政策落实与教师工作强度治理不会一蹴而就，两者相互依存，走向共生性发展。

（一）"双减"政策推动教师工作强度产生结构性变化

"双减"政策意在减轻学生的校内作业负担和校外培训负担，其深层意义在于缓解教育"内卷"和教育焦虑问题，推动教育体系高质量建设，塑造良好的教育生态，建设教育强国[②]。"双减"政策推动教师工作强度产生结构性变化，"双减"政策的推行对教师工作提出了新要求，教师工作强度出现了新的表现形式。教师是教育教学工作的承担者，学校教育质量提升的关键在于教师。"双减"政策指出，要从课堂教学、课后作业和课后服务等方面着手，切实提升课堂教学质量，优化课后作业设计与实施，提高课后服务水平。学生脱离校外培训，客观上要求学校提供更多优质教育资源，同时意味着教师教育责任的增加，这不可避免

[①] 冯凯瑞. "双减"政策下教师负担的表现形式与治理路径[J]. 教学与管理，2022（16）：1-5.
[②] 中共中央办公厅、国务院办公厅. 中共中央办公厅、国务院办公厅印发《关于进一步减轻义务教育阶段学生作业负担和校外培训负担的意见》[EB/OL].（2021-07-24）. http://www.gov.cn/zhengce/2021/07/24/content_5627132.htm[2022-07-15].

地要求教师投入更多的时间和精力，教师工作的难度和强度也随之增加。

教育政策执行的主体是教师，政策落实的成效关键在于教师。教师是"双减"政策的重要利益主体，在"双减"政策深入实施的背景下，我们应高度重视"双减"政策对教师工作的影响，关切教师工作强度的现实样态。"双减"政策对教师工作的影响直接表现在工作时间延长和工作量增加两方面[①]，教师面临着更多、更复杂的工作要求，工作节奏更加紧张，工作和生活之间的矛盾更加突出。在"双减"政策下，教师工作强度剧增的问题凸显，未来要更好地保障教师的合法权益，使教师工作强度处于合理的区间，这需要政府、学校、社会等主体给予更多的关注与支持。

（二）"双减"政策落地与教师工作强度具有内在的统一性意蕴

"双减"政策在给教师工作强度带来巨大挑战的同时，也为教师工作强度的有效治理指明了方向。一方面，以"双减"为契机，依照"双减"政策中的工作要求来合理划分教师工作边界，厘定教师工作范畴，为教师减负提供依据；另一方面，以"双减"为标准，加强教师专业发展。"双减"政策的落实需要教师提升自身专业能力，主动思考如何有效地教学，变革教学思维，提升教学效率和质量。[②]这与教师工作强度"减负"和"提质"的治理路径不谋而合，"双减"政策的价值意蕴与教师工作强度治理的路径取向具有内在的一致性。

博弈论视角下的教师和学生是一对利益相关主体，但"双减"不是零和博弈，不是学生减负教师就必然会增负[③]，"双减"政策下的教育生态应是教师、学生与家长等多方主体的共赢局面。学生要减负，而教师要"减负"和"提质"并行。

（三）"双减"政策落地与教师工作强度治理走向共生性发展

"双减"政策与教师工作强度治理具有一致的内在价值追寻，都要经历长期的过程，需要各方主体共同努力，以确保"双减"政策实施卓有成效、教师工作强度研究科学合理。教育政策发挥实效不是一蹴而就的，而是要经历长期的过程，需要各方利益相关主体在政策引导下共同努力，从而推动"双减"政

---

① 陆芳，张莉，翟友华，等.中小学校"双减"实施情况、存在问题及对策——基于江苏省的实证分析[J].天津师范大学学报（基础教育版），2022，23（4）：25-30.
② 张鸿，肖蓓.教育"双减"：增减观念的博弈与抉择[J].教育科学研究，2022（7）：5-11.
③ 杨兆山，陈煌."双减"引发的对基础教育的几点思考[J].四川师范大学学报（社会科学版），2021，48（6）：35-41.

策的落地实施。教师工作强度在不同发展时期会有不同的问题表现，因此对教师工作强度的研究也需要长期进行，以提升教育教学质量，塑造良好的教育生态。

"双减"政策强调通过发挥学校教育的主阵地作用来减轻学生学业负担，通过提升学校教育质量来推动"双减"政策的有效落地，其本质是要求教育"减量增质"。"减"的是学生的学业负担，"增"的是学校的教育质量，体现了教育"双减"政策下的辩证思维。又"减"又"增"的现实要求对教师工作强度提出了严峻的挑战，同时也为教师工作强度治理提供了良好的契机。教师工作强度治理要从前文所述的两个方面着手：一是"减负"，二是"增效"。也就是说，在减掉教师不合理的工作任务的同时，提升教师工作的质量和效率，在"减"与"增"的实践中进行教师工作强度治理。"双减"政策的落实倒逼教师"提质增效"，教师质量提升又进一步推动"双减"政策的落地。未来"双减"政策落地和教师工作强度治理将会共生发展。

五、"双减"背景下的研究立场

"双减"政策是我国教育进入高质量发展轨道的重要战略决策，教师队伍建设则是我国教育高质量发展的重要前提条件。十八大以来，"为教师减负"成为教育改革的热点话题，也是广大中小学教师群体的普遍诉求。为全面深化新时代教师队伍建设改革、保障教育高质量发展，2019年12月，中共中央办公厅、国务院办公厅印发《关于减轻中小学教师负担进一步营造教育教学良好环境的若干意见》，明确要求严格清理规范与中小学教育教学无关事项，确保中小学教师潜心教书，静心育人。这就要求教师激发自身的专业发展动能和教育教学热情，将更多的时间和精力投入到教学科研中。该意见的发布使"教师工作强度"这一与教师专业生活息息相关的概念进入研究者视野。笔者在对教师工作强度相关文献进行梳理后发现，我国教师工作强度研究的核心取向集中在三个方面：教师本位、认知为始、旨在发展。

（一）教师本位

教师本位是教师工作强度研究的根本出发点，教师作为自然生命个体的"人"，在学校日常工作中不仅要适应职业规则，而且需要基本的生存条件、情感的慰藉和自我效能的满足。工具理性主义主张的是以理性的态度将对象工具化，以达到控制的目的。[1]这一取向在研究理念上表现为重视教师工作强度研究的必要性，在研究逻辑上表现为强调教师的主体性，在研究内容上表现为聚焦教师工作负担的形成因素及化解策略。

1. 重视教师工作强度研究的必要性

承认教师工作强度研究的重要意义及必要性是本书研究的前提条件。在"双减"工作拉开帷幕后，学校作为教育主阵地的作用被进一步强化，与此同时，教师专业能力面临挑战、工作时间大幅增加等新问题逐渐显现。对教师工作强度进行研究，可以帮助教师更好地胜任"双减"背景下的教育教学工作，促进教师专业成长做出相应的调整与改变。

2. 强调教育活动中教师的主体地位

要从教师的主体地位出发对教师工作强度进行研究，尊重教师作为鲜活的自然生命个体的人的存在，这样才能突破工具理性主义的狭隘，才是人本主义渗透到研究中的具体表现。伍叶琴教授曾指出，从发展是生物个体自身目的的观点来看，教师发展应是教师自身生存的目的与基本方式，也是教师自为、自觉的历程。[2]对教师工作强度进行研究需要研究者回到教师真实的职业生活中去，通过日常点滴描绘教师工作强度的真实样态，并结合实际情况，直指"痛点"地解决问题。

3. 聚焦工作强度过大的成因与对策

在以往教师工作强度的研究中，很多研究指出了教师工作强度大、负担重等问题，并对教师工作强度大的成因及对策进行了探讨。例如，张家军和闫君子认为，中小学教师负担过重主要源于三重场域的共同作用，引发教师负担持续生成，其中，教师教学自主权弱化导致其工作支配相对乏力，教师职业发展动力不足导致其应对能力不强，教师减负未形成合力致使其工作体验消极负面。[3]研究者提出的教师工作强度大的化解之道在于深入家-校-社三方合作、改革教师评价制度体系、保障教师权益等。例如，冯凯瑞认为，化解教师负担过重问题需要激活家校共育磁场、合理评价教师工作、加强教师权益保障、引导教师合理排解自身负担，以及建构起家庭、学校、政府及教师自身"四位一体"的减负治理新

---

[1] 赵钱森, 石艳. 事实下的主体建构：中小学教师负担研究路径的探析与展望[J]. 现代基础教育研究, 2021, 43 (3): 126-131.

[2] 伍叶琴, 李森, 戴宏才. 教师发展的客体性异化与主体性回归[J]. 教育研究, 2013, 34 (1): 119-125.

[3] 张家军, 闫君子. 中小学教师负担：减与增的辩证法[J]. 教育研究, 2022, 43 (5): 149-159.

路径。①

（二）认知为始

教师工作强度研究的认知为始具体包括教师自身对教师职业专业性的认可以及对工作强度的理性认识两方面。教师在正确认识教师职业专业性以及教书育人本职工作的基础上，树立理性的工作强度观念。

1. 尊重教师职业专业性为基本前提

尊重教师职业专业性是教师工作强度研究的基本前提。教育对象的特殊性和教育情境的复杂性决定了教师劳动不是一般的体力劳动，而是一种复杂的创新性劳动。②教育教学是一项实践活动，是在师生间的互动交往中发生的。"师者，传道授业解惑也"，教师的职责不仅包括传播知识的教书工作，还包括帮助学生形成正向积极的人生态度、培养学生的良好习惯等育人工作。此外，教师在工作过程中还会倾注很多情感在学生身上，这些都是教师工作的一部分。由此，教师职业具有其他职业所不具备的特殊性，我们需要尊重教师职业的专业性。

2. 加强教师对工作强度的理性认识

从教师自身来看，教师职业存在的众多冲突是引发教师压力与紧张的根源，教师自身价值观与教学中传递出的价值观之间的冲突、外部对教师的角色期待与自我的表现冲突等，都会导致教师负担加重③，这也进一步说明教师是自身情绪和感受的主导者。所以，加强教师自身对工作强度的理性认识是调节教师自我主观感受的基础。在"双减"的时代背景下，教师更应该加强对工作强度的理性认识。为此，首先，教师需要转变观念，以培养全面发展的人为根本准则，开展科学教学；其次，教师还需合理看待学生的学业负担，更新职业认知；最后，教师要做到辩证地对待工作强度，客观地看待职业发展。

（三）旨在发展

旨在发展描述的是我国教师工作强度研究与教师专业发展之间的闭环关系，主要表现在教师工作强度研究旨在促进教师专业发展，教师专业发展反过来又能

---

① 冯凯瑞. "双减"政策下教师负担的表现形式与治理路径[J]. 教学与管理，2022（16）：1-5.
② 李祥，周芳，蔡孝露. 中小学教师减负政策的价值分析：权利保障的视角[J]. 现代教育管理，2021（7）：62-69.
③ 付睿. 论中小学教师减负[J]. 河北师范大学学报（教育科学版），2019，21（2）：13-16.

化解教师工作强度不合理之难。

1. 教师工作强度研究旨在促进教师专业发展

"双减"政策的实施意味着学校育人主体的回归,对教师提出了更高的要求,因此,建设高素质的教师队伍迫在眉睫,教师专业发展比以往更为重要。教师工作强度研究的目的绝不应该只局限于描述现状、分析成因以及寻求化解之道,最根本的目的应是促进教师专业发展。具体来说,就是实现教师的个人发展以及组建教师成长共同体,最终建成高质量、高素质的中国教师队伍。

2. 教师专业发展可化解教师工作强度不合理之难

以教师专业发展作为帮助教师理性对待工作强度的核心手段,反映了教师自身的专业成长对职业生涯的关键意义。高素质的教师往往可以更好地化解工作中的难题,也可以更好地调节自己的感受与情绪,以及更理性地看待工作强度。类似的,我国有学者也认识到了教师专业发展对减轻教师工作强度的重要价值,例如,李祥等曾指出,教师教育负担的实质是教师专业发展不足,因此,加快推动教师专业发展才能减轻教师的教育负担。[1]

---

[1] 李祥,周芳,蔡孝露. 中小学教师减负政策的价值分析:权利保障的视角[J]. 现代教育管理,2021(7):62-69.

第一章
教师工作强度研究综述

《关于减轻中小学教师负担进一步营造教育教学良好环境的若干意见》指出："党和国家高度重视教师工作，在落实教育优先发展战略进程中，坚持把教师队伍建设作为基础工作来抓，在倡导全社会尊师重教、推进教师管理体制机制改革、落实教师待遇保障等方面采取了一系列政策举措，取得显著成效。同时要看到，由于一些历史的和体制机制方面的原因，目前教师特别是中小学教师还存在负担较重的问题。"[1]随着"双减"政策的全面推行，课后服务等工作的深度铺开，教师工作强度增大，教师工作压力问题再次回归大众视野。如何科学安排、核定教师工作量，切实减轻教师工作压力成为当前学界研究的热点。

---

[1] 中共中央办公厅，国务院办公厅. 中共中央办公厅 国务院办公厅印发《关于减轻中小学教师负担进一步营造教育教学良好环境的若干意见》[EB/OL].（2019-12-15）. http://www.moe.gov.cn/jyb_xxgk/moe_1777/moe_1778/201912/t20191215_412081.html[2022-03-10].

以中国知网数据库为例，以"（教师+老师）×（工作强度）×（教学+非教学）"为篇关摘检索式，于 2022 年 9 月 14 日进行精确检索，得到 412 条符合检索语句的结果，其年发文量在 2004 年后呈明显增加趋势，并于 2017 年达到研究高峰（图 1-1）。但纵观过去一段时间的研究发现，我国对于教师工作压力、教师工作负担、教师工作负荷及教师工作强度等概念存在混用现象，因此，从文献研究的角度梳理概念的内涵与外延，明晰概念间的认识层次，整理当前国内外对教师工作强度研究取得的突出成就，系统而全面地概括当前研究现状并提出研究不足与展望，对于我们合理认识教师工作强度，探索本土化、科学化的调适路径有重要意义。

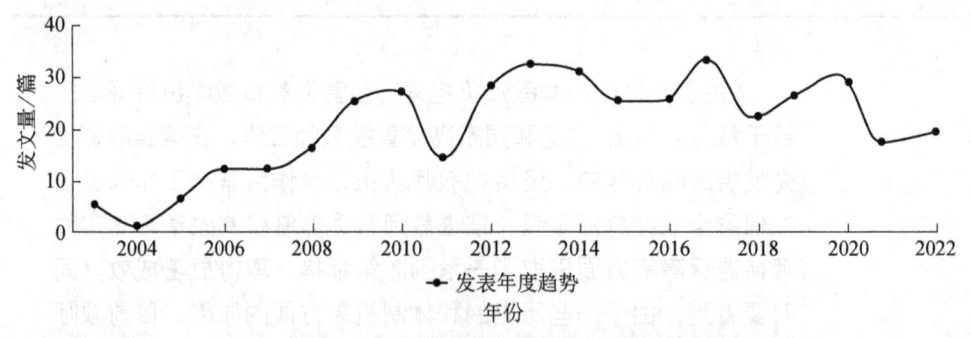

图 1-1　历年"教师工作强度"相关论文发表情况折线图

一、教师工作强度的概念研究

"教师工作强度"一词作为对工作时间、工作内容、工作复杂性的新型话语表达，于 21 世纪才出现在教育学学术探索的视野之中。其核心概念"工作强度"多出现于经济学、管理学等研究领域。从概念演化角度来看，随着教师工作研究不断深入、学科交叉日益频繁，学界逐渐意识到以教师工作压力、教师工作负担等词汇来描述教师工作现状失去了中立的价值立场，虽突出了教师工作的复杂性特征，却失去了描述的客观性。因此，对教师工作现状的词汇概括大致经历了"教师工作压力—教师工作负担—教师工作负荷—教师工作量—教师工作强度"的视角与话语转变过程。

相较于国外，我国对工作压力及教师工作压力等概念的研究起步较晚。总体来看[①]，国外对教师工作压力的研究开始于 1977 年，基里亚科斯（Kyriacou）等在《教育评论》（*Education Review*）杂志上发表了相关文章，探讨了教师工作压

---

① 本段数据均来自中国知网，经过检索整理得出，检索时间为 2022 年 7 月 13 日。

力研究取得的进展与现实问题。我国对"教师工作压力"的研究起始于张海芳于1993年在《现代教育论丛》杂志上发表的《山区中学教师心理压力的调查》一文，她以心理调查的方式探究了教师工作压力与教师心理健康发展之间的关系，类似的研究引起了人们对教师这一群体的工作状态的关注，也促使相关研究成果稳定产出。2002年，教师工作压力的研究出现在我国生理学及教育学相关的核心期刊上，陈华在《中国心理卫生杂志》上发表的《中学教师的生活事件及工作压力调查》一文，助推"教师工作压力"研究走向更为科学、更为综合的研究范式，也正是在2002年以后，"教师工作压力"问题逐渐成为学位论文的重要选题之一。学者对"教师工作负担"的研究则稍晚于对"教师工作压力"的研究，我国第一篇以"教师工作负担"为题的研究文献为1990年易宗喜所著的《对我国中小学教师劳动负担与效率的调查分析》一文。易宗喜进行了大规模数据调研，探讨了教师工作负担（负荷[①]）与教师主动性、创造性之间的关系，但是该文章并未让教师工作负担成为一种固定的话语表达，学界对教师工作负担的研究关注度仍明显不足，产出成果有限。自2012年和2014年我国产出两篇"教师工作负担"学位论文之后，教师工作负担的研究虽有所推进，却都是依附在其他类似主题研究中。直到2018年，王洁和宁波在《教师教育研究》杂志上发表了《国际视域下上海教师工作时间与工作负担：基于TALIS数据的实证研究》一文，这也是进入21世纪后，我国学者首次在核心期刊上对"教师工作负担"展开讨论，教师工作负担的研究重新回到大众视野，该文为后续教师工作负担概念研究、问题表征和路径突破提供了坚实的基础。对教师工作负荷的专门研究出现于2006年，李军和曹莹雯在《上海教育科研》杂志上发表了《上海市初中班主任工作负荷状况的调查研究》一文，文章主要从教师工作时间角度探讨了工作负荷，为后续探究开辟了新视角，引入了新话语，同年华东师范大学产出了一篇名为《课程改革背景下小学教师工作负荷的实证研究——以湖南、上海10所小学的调查为例》的硕士学位论文。我国对"教师工作强度"的研究开始于2006年王艳芝等在《中国临床康复》杂志上发表的《劳动合同关系和工作强度对幼儿教师领悟社会支持及心理幸福感的影响》一文，但后续却缺少对该主题的集中论述，目前未有相关学位论文发表。

在"教师工作强度"这一概念提出之前，国内外就已经有了相似的研究，但其核心概念多为"教师工作压力""教师工作负担""教师工作负荷"等。概念间

[①] 作者并未在文章中对教师工作负担做出严格的概念界定，文中将"负担""负荷"看作同一概念，一并进行了讨论。

的混用一方面源自西方话语的翻译问题，另一方面则源自不同研究者的研究视角不同。例如，心理学研究倾向于使用"教师工作压力"这一词汇来描述由教师工作所引发的教师身心状态的变化；社会学研究倾向于使用"教师工作负担"来明确教师工作的职责边界；管理学领域的学者倾向于使用"教师工作负荷"一词来阐述不同管理学模型对教师队伍管理的调节机制。因此，须明确各个概念的内涵与外延，以利于我们找寻"教师工作强度"这一新概念浮现的逻辑。

（一）相似概念辨析

从研究产生的时间节点和研究数量来看，"教师工作压力"这一概念的提出时间相对较早且研究相对成熟。"压力"（stress）一词最先出现在物理学领域，初指物体间由于相互挤压而垂直作用在物体表面的力；1925年，哈佛大学生理学家将其引入社会学研究范畴，代指超过机体一定阈值后，破坏机体内环境平衡的一切物理、化学和情感刺激。[①]之后，生理学家、心理学家及社会学家开始对社会层面的压力进行详细的研究，压力与健康成为心理学和医学中一个非常重要的研究领域[②]，工作压力则成为职业心理学研究的新兴问题[③]。由于"工作压力"发源于职业心理学研究领域，因此，"教师工作压力"研究范式多延续心理学的研究思路，以问卷、量表、访谈、观察作为核心研究方法，讨论不同变量与教师工作压力之间的变化关系，以进一步理清教师工作压力的来源及调节机制。基里亚科斯与萨克利夫（Svutcliffe）最早提出了教师工作压力的概念，并将其定义为"教师感知到的、由其工作所引发的诸多消极、不愉快的情绪体验，比如焦虑、生气、紧张、失望等"[④]。从概念内涵上讲，教师工作压力是教师因其职业所赋予的职业要求而产生的压力[⑤]；从心理发生机制来看，教师工作压力指教师由自身素质及外界各方面的原因导致的一种不愉快的情感体验，如愤怒、焦虑、紧张、沮丧等[⑥]。因此，教师工作压力多指向一种消极的心理状态与情感体验，是

[①] 曾晓娟. 大学教师工作压力研究[D]. 大连：大连理工大学，2010.

[②] 徐富明，朱从书，黄文锋. 中小学教师的职业倦怠与工作压力、自尊和控制点的关系研究[J]. 心理学探新，2005（1）：74-77.

[③] 何进军. 中小学校长工作压力因素的调查研究[J]. 教育研究与实验，2001（3）：59-63，73.

[④] Kyriacou C, Svutcliffe J. Teacher stress: Prevalence, sources and symptoms[J]. British Journal of Educational Psychology, 1978（48）：159-167；张然，马静. 高校新入职教师工作压力的双重诱因及舒缓之道[J]. 江苏高教，2017（8）：61-63.

[⑤] 邢强，唐志文，胡新霞. 中小学教师工作压力源及应对方式的关系研究[J]. 中国特殊教育，2008，（6）：84-90.

[⑥] 张国礼，边玉芳，董奇. 教师工作压力与职业枯竭的关系：职业承诺的调节效应[J]. 心理与行为研究，2013，11（1）：110-114.

典型的对事实状态的客观描述。

随着研究面的逐渐扩大,学界逐渐将视角从教师工作压力转向教师工作负担,即从心理学视角逐渐转向社会学视角。"负担"一词有两种解释:一是做名词,释义为工作、责任、费用;二是做动词,释义为承担。"教师工作负担"则存在广义和狭义两种基本解释:狭义的教师工作负担对应国外研究中的"teachers' workload",也称教师工作量[1],该解释强调教师工作的多样性,注重的是教师工作"数量"上的特征;广义的教师工作负担即教师应担当的责任、履行的任务和承受的压力[2],该解释聚焦教师职业责任和相应的心理状态,力求兼顾"量"与"质"涉及的内容。从法理的角度来讲,教师的工作负担是《中华人民共和国教师法》明确规定的中小学教师必须担当的职业责任、履行的教育义务、承受的压力以及付出的代价[3]。但从社会学角度来看,在履行法律所规定的负担时超出《中华人民共和国教师法》规定的数量或范围而要求中小学教师担当的教育责任、履行的教育义务、承受的压力以及付出的代价也包含在教师工作负担的内涵之中。龙宝新等认为,教师负担中的"负"指涉的是教师工作中所承担的非教学工作的综合性负担,中小学校作为公益事业单位,其本身承担的是为国家培育合格公民,造就社会主义建设人才的责任;教师作为专业人员,需承担相应的教育教学专业责任;作为职业人员,需承担相应的爱岗敬业、尽职尽责的职业责任;作为公职人员,需承担相应的国家民族教育的社会职责。[4]

对教师工作负担的进一步研究催生了一个相似概念——教师工作负荷,研究视角也逐渐从社会学转向管理学。"负荷"(load)一词原广泛使用于机械领域,用来指代从动机械要求发动机输出的功率或转矩的大小,是一个范围名词;之后,"负荷"一词逐渐迁移到生理学领域,发展出生理负荷;迁移到心理学领域,发展出认知负荷;迁移到管理学领域,发展出工作负荷;等等。教师工作负荷则是指教师在履行职业角色时践行具体工作任务所需要的时间,其总量和不同工作任务的结构比例共同决定了教师工作负荷的状况。[5]从概念内涵来讲,教师工作负荷更贴近"teachers' workload",是对教师工作内各要素基本范畴的界定。从管理学角度来看,教师工作负荷则是反映教师工作现实状况和国家有关教

---

[1] 李新. 教师的工作负担及其影响因素研究——基于中国教育追踪调查(2014—2015学年)数据的实证分析[J]. 上海教育科研, 2019(3): 5-9, 78.
[2] 柳士彬, 胡振京. 论"减负"背景下教师负担的减轻及其素质的提高[J]. 继续教育研究, 2002(1): 64-66.
[3] 王毓珣, 王颖. 关于中小学教师减负的理性思索[J]. 湖南师范大学教育科学学报, 2013, 12(4): 56-62.
[4] 龙宝新, 杨静, 蔡婉怡. 中小学教师负担的生成逻辑及其纾解之道——基于对全国27个省份中小学教师减负清单的分析[J]. 当代教育科学, 2021(5): 62-71.
[5] 李新翠. 中小学教师工作负荷研究[M]. 北京:北京师范大学出版社, 2020: 1.

育政策的核心要素。[①]李新翠认为，中小学教师工作负荷是由非教学工作、工作时间、间接教学工作和直接教学工作等四个要素构成的，其中工作时间是工作负荷的直接指标。[②]

（二）教师工作强度概念的提出

随着研究的继续深入，"教师工作压力""教师工作负担""教师工作负荷"都已不能全面、客观地对教师工作时间、内容、形式以及范畴等核心要素做出概括，因此，更加中立且概念化的"工作强度"一词被应用在教师工作研究领域。正确理解"教师工作强度"一词，要在现有研究基础上去发现何为"工作"、何为"强度"。"工作"是具有行动、动作的动词词意与任务、职业的名词词意的汉语词汇，在日常语境中一般使用其名词词意来概括一种基本的职业分工或任务安排。工作的概念来源于生产劳动，马克思认为所有商品共同的社会实体就是劳动，要生产一个商品，就必须在这个商品上耗费或投入一定量的社会劳动[③]，因此，工作也可以被视为社会劳动的一种概念化方式和现代性表达。"强度"一词多见于力学和材料学中，一般认为强度是指工程材料抵抗断裂和变形的力学性能，之后该概念被迁移到心理学、管理学等领域，用来表示某一条件所引起的心理压力以及抵抗该压力的范围。受到职业心理学和管理学的启示，人们开始关注职业领域的工作强度研究，并提出"劳动强度"的概念。马克思认为，劳动强度是用来统一地衡量各种形式劳动过程中劳动者的繁重与痛苦程度的重要指标，是决定社会必要劳动时间的因素之一，借助于对劳动的强化的分析，达到了解释资本剥削劳动的目的。[④]随着大工业化的继续推进，人们逐渐用"工作强度"来取代"劳动强度"一词。关于"工作强度"这一概念的定义，目前研究者并未达成一致，一般而言，工作强度指的是劳动个体在单位劳动时间内从事劳动工作所产生和面临的体力损耗程度与脑力负荷程度[⑤]。除此之外，现代医学研究倾向于将精神压力也纳入工作强度的考量范畴之内[⑥]。

工作强度是一个容易进行主观感觉而不容易进行理性抽象的概念。人们往往

---

① 李新翠. 中小学教师工作负荷研究[M]. 北京：北京师范大学出版社，2020：9.
② 李新翠. 中小学教师工作负荷：结构、水平与类型[J]. 湖南师范大学教育科学学报，2021，20（2）：82-89.
③ 人民出版社. 马列著作选读（政治经济学）[M]. 北京：人民出版社，1977：53.
④ 转引自：刘昌用. 劳动强度的量化分析初探[J]. 生产力研究，2009（1）：24-25.
⑤ 杨欣，王秋兵，于学文. 农民工作强度及其影响因素分析——基于沈阳市271份样本的调查[J]. 农业经济，2018（5）：66-67.
⑥ 侯万里，程锦泉，姚克勤，等. 社区基本公共卫生服务标准及工作强度调整研究[J]. 中国全科医学，2015（10）：1120-1123，1128.

从两个方面来理解工作强度：一是主观感觉，即劳动者主观感觉到的紧张性、疲劳性和痛苦性，管理学认为，工作刺激个体产生的疲劳感、痛苦感、紧张感越高，工作强度越大[1]；二是客观存在，即劳动过程所完成的工作量密度[2]，是可以被量化的工作时间、频次、任务量等数据[3]。由于"工作强度"是具有主观体验与客观存在双重属性的基本概念，当前对"工作强度"一词内涵的挖掘不再局限于明晰其字面意思，而是聚焦其核心概念背后的深层次逻辑。具体而言，一是认为工作强度包含工作量及工作难度等客观因素，即随着现代经济社会的迅猛发展，体力劳动者或知识工作者在多种因素的共同作用下，自主或被动地提供了超时、超强度的劳动，使得原本的适度劳动行为转变为过度劳动行为[4]；二是认为工作强度包含工作压力等难以直接量化的主观情感体验，即工作强度变化引发工作者产生焦虑、抑郁等消极心理体验[5]。由此可知，工作强度的内涵弱化了传统研究对单一性质变量的考察，不再一味强调对教师工作量的计量统计或对教师工作心理压力的变化监控，而是用更大范围的"强度"来覆盖不同研究取向，以全面、客观地勾勒出教师工作的真实样貌，提供更为科学的新概念、新话语和新视角。

（三）教师工作强度要素及外延研究

教师工作强度相关研究的不断涌现，使得学界得以从不同侧面对"教师工作强度"这一概念的诸多要素加以考量，以更全面地认识"教师工作强度"这一新话语。总体而言，学界对教师工作强度核心要素的阐释有两种不同的倾向：一种是以马克思主义为指导的劳动观倾向；另一种则是以现代经济管理学为基础的工作观倾向。两种不同的倾向自然扩大了教师工作强度概念的外延，让更多工作要素包含在教师工作强度的研究范畴之中。

1. 教师工作强度要素研究

传统的以马克思主义为指导的劳动观在解释"工作强度"这一概念时，注重的是人健康状态的恶化与资本家对生产产量需求的变化。从这一角度出发，工作

---

[1] 孙小龙，王丽明，贾伟. 工作环境、工作强度与农民工工作流动[J]. 中国农业大学学报，2016，21（8）：176-188.
[2] 郝振君. 普通高中教师工作强度及工作满意度关系调查研究[J]. 基础教育研究，2019（13）：5-10.
[3] 陈培玲，陆静丹，沈鸿. 基于人力资源配置的影响因素分析[J]. 统计与决策，2011（18）：183-185.
[4] 张新新. 麻醉医生脑状态与工作强度相关性研究[D]. 济南：山东大学，2015.
[5] 袁媛，陈英，韩海宏，等. 医务人员焦虑抑郁现状与工作强度的相关性[J]. 中国健康心理学杂志，2019，27（7）：1059-1063.

强度的核心要素被聚焦成工作状态与工作量，其核心直接指向具体劳动范畴，工作强度要素被阐释为劳动资料、劳动组织规则和劳动环境。[1]具体到教师工作方面，教师工作强度的核心要素被阐释为教育资源、教育组织规则和教育环境。从现代经济管理学视角考察"工作强度"这一概念时会发现，工作强度要素转变为更容易量化考核的各项指标，其核心指向的是现代大工业生产所需要的诸多要素的协调管理。从这一角度出发，不同的学科对教师工作强度给了不同的要素，例如，社会领域的研究将工作强度的考量圈定在工作时间、工作环境、工作技术要求[2]等易被量化处理的客观事实。但由于教师工作具有极高的复杂性，单纯地从工作时间等要素考量教师工作强度并不能满足教师工作的客观需求，有研究者指出，教师工作强度还包含教师工作边界、日常行政管理、工作时长、疲劳程度等要素。[3]随着研究的继续深入，研究者发现单一学科视角难以完全覆盖教师工作强度的核心要素，赵健从国内外职业压力研究出发，总结了影响职业压力的12个因素，即体力负荷、创造性要求、技能要求、学习新事物要求、重复工作、任务冲突、承担责任要求、内容多元性、时间紧迫性、时间规律性、超时工作、工作打扰。[4]概言之，在教育学领域，教育工作强度要素被划分为时间性要素、内容性要素、个体性要素以及责任性要素四个方面。

2. 教师工作强度外延研究

由于现代工作的复杂性、跨时空性，传统意义上的工作边界逐渐被弱化，工作与非工作、家庭与职场之间的边界越发模糊，这也导致对工作强度研究的范围进一步扩大，其外延研究逐渐走入学界视野。在工作强度外延研究中，"工作边界"研究成为当前研究的热点。传统研究结论的取得是建立在传统的工作管理理论基础上的，其中一个重要的前提假设是员工工作与非工作之间的关系是对立和截然分开的，即工作与非工作边界是清晰的[5]，然而现实却是工作向非工作的渗透越发明显，其假设已不再成立。一般认为，霍尔（Hall）和里克特（Richter）最先区分了工作与非工作之间的边界，该边界是心理界限的一种，其边界划定与个体的行为方式、思维方式、心理状态有关[6]，而工作边界强度则是指抵抗非工

---

[1] 刘昌用. 劳动强度理论探索[D]. 乌鲁木齐：新疆大学，2002.
[2] 孙小龙，王丽明，贾伟. 工作环境、工作强度与农民工工作流动[J]. 中国农业大学学报，2016，21(8)：176-188.
[3] 史珺. 关于教师职业定位及工作强度的分析与探究[J]. 轻工科技，2018，34(10)：157-158.
[4] 赵健. 技术时代的教师负担：理解教育数字化转型的一个新视角[J]. 教育研究，2021，42(11)：151-159.
[5] 林彦梅，刘洪，王三银. 工作边界强度与工作压力的关系——基于个人-环境匹配理论[J]. 中国工业经济，2015(3)：122-134.
[6] Hall D T, Richter J. Balancing work life and home life：What can organizations do to help[J]. Academy of Management Perspectives，1988，2(3)：213-223.

作对工作渗透的程度[①]。同时，对工作边界研究的深入也引发研究者关注到不同主体间的边界敏感性问题，换言之，研究者也开始关注个人边界与组织边界相互感知的问题[②]，以此引发了对个人边界管理和组织边界管理的研究。个体的边界分割偏好与组织的工作非工作整合要求共同影响着个体的工作体验[③]，个人边界与组织边界一致，会激发个体积极的工作态度和较高的工作活力[④]。由于现代科技的进一步发展，在推进工作强度诸要素研究时，研究者不得不将工作边界作为其外延要素进行考量，以获得更为现代的、完整的工作强度表述。

通过对教师工作强度概念、要素、外延的探讨及相似概念研究的对比，我们可以发现，"教师工作强度"这一概念的提出并不是对既有研究核心概念的简单替换，而是从单一的、孤立的、带有明显价值倾向的研究走向多学科、综合性、中立的探究，将教师工作与其他社会工作区分开来，发现教师工作的特殊性与复杂性，将教师工作的质与量的研究相互结合起来，更加关注教师在教学与非教学工作中身心状态的变化。

但当前的研究存在三点不足。其一，教师工作强度的概念并未从当前的研究中清楚地浮现出来。总体来看，学界已经看到了教师工作强度这一概念在批判既有概念基础上的发展趋势，但是却未能对工作强度进行明确而科学的概念界定，其概念内涵如何、要素由何组成、概念边界何在等一系列基础性问题仍旧悬而未决。对核心概念"工作强度"界定的缺失，导致"教师工作强度"概念的根基不稳，往往造成概念的混用与乱用。其二，教师工作强度概念研究尚未体现教师工作的复杂性与特殊性。当前对教师工作强度的研究多是从管理学研究出发，探讨现代社会及信息社会中工作对人的身心的压迫，但是这样的研究仅仅是从一种"宏观工作"或"大工作"的概念出发对教师工作强度进行探讨，并未认识到教师工作是一种兼具复杂性与特殊性的、复合性的培养人的活动，进而导致研究路径的针对性不足。其三，教师工作强度概念研究未体现概念的动态生成特性。生活世界是由许多动态演进事物构成的，但在当前教师工作强度的概念探讨中，研究者忽视了这些概念之间的更迭关系，尚未明确各个描述性概念之间的逻辑关系，学者使用多个同一层次水平的概念对同一问题进行探讨，这些不同的概念看

---

① 高中华，赵晨. 工作家庭两不误为何这么难？基于工作家庭边界理论的探讨[J]. 心理学报，2014, 46 (4): 552-568.

② 杨槐，龚少英，苗天长，等. 工作-非工作边界管理一致性与高校辅导员工作满意度的关系：工作投入的中介作用[J]. 心理与行为研究，2021, 19 (6): 853-860.

③ Kreiner G E. Consequences of work-home segmentation or integration: A person-environment fit perspective[J]. Journal of Organizational Behavior, 2006, 27 (4): 485-507.

④ Peng F. Person-organization fit, work-family balance, and work attitude: The moderated mediating effect of supervisor support[J]. Social Behavior and Personality, 2018, 46 (6): 995-1010.

似相互区别,实则高度重合,近似同质化的研究消耗了大量的研究资源和研究精力。综上所述,我们认为在当前社会背景下,教师工作强度是对教师客观工作量及主观工作感受的复合性描述。具体而言,教师工作强度的客观方面指教师在教学与非教学工作中投入的时间与身体精力,该指标取决于教师工作时间跨度与工作内容复杂度;教师工作强度的主观方面指教师在教学与非教学工作中的投入程度和心理感受状态,该指标取决于不同教师对不同工作任务的心理敏感性与抗压能力。

二、教师工作强度研究的主要成就

通过梳理教师工作强度的概念内涵、要素与外延,我们发现教师工作强度整合了教师工作压力、教师工作负担和教师工作负荷相关研究内容,是在既有研究基础上发展出的符合我国现实需求的新话语、新视角。因此,本书中的教师工作强度是对教师工作的客观工作量与主观工作感受的复合性描述,客观工作量指向教师工作内容结构、工作时间跨度分配度以及工作投入度三个方面,主观工作感受则是指教师在教学或非教学工作中对工作负荷的感知以及由此引发的心理、生理状态的变化。由于"教师工作强度"概念研究的扩充,其核心要素的数量不断增加,教师工作强度研究也取得了一定程度的发展。具体而言,当前学界对教师工作强度研究的进步体现在"全方位、多元化研究开展"、"科学化、大范围实证研究推进"和"针对性、可操作性调适路径探究"三个方面。

(一)全方位、多元化研究开展

教师工作强度研究取得的第一大成就是整合了教师工作压力、教师工作负担、教师工作负荷等众多研究之长,开创了符合我国时代要求和社会背景的新的学术性话语表达,建立了全方位、多元化的教师工作强度研究。在众多的分类研究中,按照研究对象的不同,可以将教师工作强度研究分为学前教师工作强度研究[1]、中小学教师工作强度研究[2]、高校教师工作强度研究[3]三类;按照研究方法

---

[1] 张丽敏,叶平枝. 农村幼儿园教师工作生活质量对付出-回报失衡感的影响:超负荷的调节作用[J]. 学前教育研究,2018(8):28-40.

[2] 李新翠. 中小学教师工作负荷:结构、水平与类型[J]. 湖南师范大学教育科学学报,2021,20(2):82-89;宋洪鹏,郝保伟,鱼霞. 中小学教师不合理负担表现、不利影响及应对策略——基于北京市的调查[J]. 教育科学研究,2021(10):70-76.

[3] 刘小萍,周炎炎. 高校教师工作压力对工作满意度的影响研究[J]. 高教探索,2016(1):124-128.

的不同,可以将其分为以结构模型提出与验证为主的量化研究[①]、以某一特殊群体的访谈和叙述为主的质性研究[②],以及兼具访谈与数据调查的混合研究[③]三类;按照研究内容的不同,可以将其分为教师教学工作强度研究[④]、教师非教学工作强度研究[⑤]和教师工作强度政策研究[⑥]三类。

1. 研究对象多元

从研究对象角度来看,当前关于教师工作强度及其各要素对教师工作效果影响的研究主要呈"倒三角"趋势,换言之,当前关于教师工作强度的研究多数集中在高校教师这一群体之中,中小学教师次之,学前教师最少,同时多数高质量的研究也是以高校教师作为研究对象得来的。具体而言,以高校教师为研究对象的工作强度研究数量多、种类繁杂,多数研究以工作强度的某几个核心要素为切入点,集中探讨这些要素之间的耦合作用,即主要探讨工作负荷、学术氛围、职业发展、高校支持[⑦]以及人际关系[⑧]等工作强度的核心要素与高校教师个人发展和教学成效之间的关系;中小学教师工作强度研究的同质化倾向较重,多是探究工作压力[⑨]、自我效能感[⑩]、时间负担、心智负担、直觉苦难度[⑪]以及学生压力源[⑫]等要素对教师职业发展、教学成效、心理状态的影响;学前教师工作强度研究的数量最少,但探讨内容多样,主要探讨了学前教师工作生活质量[⑬]、心理资

---

① 王宽明. 关于中学教师教学思考负荷的调查分析[J]. 当代教育科学, 2016 (8): 62-64, 56.
② 矫镇红. 中小学体育教师职业压力、教学效能感与职业倦怠的调查研究[J]. 成都体育学院学报, 2009, 35 (4): 84-87.
③ 鲍威, 谢晓亮, 王维民. 玻璃大厦: 高校教师职业负荷对健康的影响[J]. 北京大学教育评论, 2021, 19 (3): 21-40, 188-189.
④ 刘乔卉, 裴淼. 中小学教师的时间困境——基于T市中学教师的混合研究[J]. 教育学术月刊, 2021 (6): 76-82.
⑤ 周兆海. 乡村教师非教学性工作负担问题及其对策[J]. 教育科学研究, 2021 (7): 88-92.
⑥ 고장완, 정인순. 교원업무경감 방안에 대한 교원 인식 분석- 교무행정지원사 제도를 중심으로 –[J]. 교육문제연구, 2013, 26 (4): 139-160.
⑦ 刘小萍, 周炎炎. 高校教师工作压力对工作满意度的影响研究[J]. 高教探索, 2016 (1): 124-128.
⑧ 李广海, 于国强, 史万兵. 高校外籍教师工作压力的来源、影响及其管理对策[J]. 现代教育管理, 2015 (9): 78-83.
⑨ 毛晋平. 中学教师工作压力与教学效能感的关系[J]. 中国临床心理学杂志, 2005 (4): 458-459.
⑩ 李志鸿, 任旭明, 林琳, 等. 教学效能感与教师工作压力及工作倦怠的关系[J]. 心理科学, 2008 (1): 218-221.
⑪ 王宽明. 关于中学教师教学思考负荷的调查分析[J]. 当代教育科学, 2016 (8): 62-64, 56.
⑫ 刘毅, 吴宇驹, 邢强. 教师压力影响职业倦怠: 教学效能感的调节作用[J]. 心理发展与教育, 2009, 25 (1): 108-113.
⑬ 张丽敏, 叶平枝. 农村幼儿园教师工作生活质量对付出-回报失衡感的影响: 超负荷的调节作用[J]. 学前教育研究, 2018 (8): 28-40.

本[1]及社会支持[2]对教师工作强度和个人效能感的影响。

2. 研究方法多样

从研究方法角度来看,当前对教师工作强度及其要素的研究呈现出"质、量并重,走向混合"的基本趋势,不同的研究方法也体现出对不同主题的关照。

质性研究主要关注两个基本方面:第一,教师群体的心理、情感需求在不同工作强度下的变化,如在高强度工作环境下,强烈的专业认同感、深层自我效能感驱动、工作满足感、积极乐观的心态、情绪调控能力、自如与艺术地教学、持续不断地研究和学习、人际交往与沟通能力如何形塑教师韧性[3];第二,教师如何在不同强度的工作环境中构建自我、寻求积极的应对策略,如在绩效评估与非升即走的制度压力下,高校教师如何高效使用文化资本以求得"先生存后发展"的战略抵御制度所带来的高压工作[4]。

量化研究主要呈现出两条不同的路径:第一,基于大数据调研获得一般性的事实结果,进而讨论各要素之间的直接作用关系,例如,研究者通过对北京市15 644名中小学教师进行问卷调查发现,中小学教师的不合理负担不仅表现为工作时间长、与教育教学无关的工作量多,还体现在教师感知到的工作量大等方面[5];第二,通过收集数据进行基本模型拟合与改造,以探讨不同要素间的变量关系,例如,研究者在工作要求-资源理论(job demands-resources theory,JD-R)模型的基础上提出了三维度JD-R拓展模型,以分析来源于工作本身、师生关系以及教师个体三个维度上的教师要求和教师资源因素对上海市初中教师工作满意度的影响[6]。混合研究多见于近期研究之中,其研究视野更为广阔,研究者一般具有不同的学科背景,可以很好地兼顾量化研究的大数据分析与质性研究的编码要求,例如,有研究基于某"985工程"高校676名教师的2014—2018年的体检数据、2016—2017年"高等教育质量监测国家数据"中教师工作业绩考评

---

[1] 王钢, 张大均, 刘先强. 幼儿教师职业压力、心理资本和职业认同对职业幸福感的影响机制[J]. 心理发展与教育, 2014, 30 (4): 442-448.

[2] 王艳芝, 王欣, 李彦牛. 劳动合同关系和工作强度对幼儿教师领悟社会支持及心理幸福感的影响[J]. 中国临床康复, 2006 (14): 29-31.

[3] 李琼, 吴丹丹, 张媛媛. 教师韧性的核心特征: 对小学教师质性研究的发现[J]. 教师教育研究, 2017, 29 (4): 76-83.

[4] 任可欣, 余秀兰, 王世岳. "先生存后发展": N大学文科青年教师行动逻辑分析[J]. 高教探索, 2020 (7): 106-113.

[5] 宋洪鹏, 郝保伟, 鱼霞. 中小学教师不合理负担表现、不利影响及应对策略——基于北京市的调查[J]. 教育科学研究, 2021 (10): 70-76.

[6] 魏晓宇, 钱晓敏, 苏娜. 上海初中教师工作满意度影响因素研究[J]. 全球教育展望, 2021, 50 (9): 92-107.

相关材料以及 8 名符合筛选条件的教师的质性访谈资料，综合分析了高校教师职业负荷对其生理健康的影响效应[1]，该研究集合了经济学、医学与教育学三种学科门类的研究者，各类研究者利用各自不同的学术背景对同一问题开展了混合研究。

3. 研究内容全面

从研究内容角度来看，当前关于教师工作强度研究的内容主要体现在三个方面，即教师教学工作强度研究、教师非教学工作强度研究以及教师工作强度的政策研究。对教师教学工作强度的研究主要集中在课程强度、学科压力、工作时间分配、离校和到校时间以及对自身工作负荷的主观评价几个方面。[2]也有研究将疲劳度的概念引入教师教学工作强度研究之中，通过对年工作时间、教师教学现状等客观要素进行推演，进而得出教师教学疲劳度高于其他行业的结论。[3]随着研究的进一步深入，国外开始关注教师职业承诺与教师工作强度之间的内在关系，发现在高强度教学工作下，新手教师职业承诺更易被击垮，而中年教师更容易坚守自己的职业承诺。[4]对教师非教学工作强度的研究近几年也逐渐显现出来，在一项针对澳大利亚教师教学工作强度和非教学工作强度的满意度调查中，教师在非教学工作强度调查中显示了三个不同方面的倦怠特征，而在教学工作强度调查中仅显示了一个方面的倦怠特征[5]，可见，非教学工作强度已经成为阻碍教师专业发展、影响教师工作情绪的重要因素。但囿于教师非教学工作时间跨度长、工作类型多样、工作难度大等，教师非工作强度的研究零星散落于某些研究中的某一部分，综合来看，教师非教学工作强度的研究主要包括对行政任务摊派、学生管理工作、上级验收检查、同事关系、家校互动等方面的考察。[6]对教师工作强度的政策研究分为两个方面：一方面，研究者直接对与教师工作强度相关的政策文本进行分析，这类研究聚焦政策流变和政策的价值逻辑演进两个方向，明确了教师工作强度相关政策地位、作用、任务和不足，发现相关政策保障了教师专业发展权利，为基层教师减负提供了制度依据，但对教师职业负担问题

---

[1] 鲍威，谢晓亮，王维民. 玻璃大厦：高校教师职业负荷对健康的影响[J]. 北京大学教育评论，2021，19（3）：21-40，188-189.

[2] 郝振君. 普通高中教师工作强度及工作满意度关系调查研究[J]. 基础教育研究，2019（13）：5-10.

[3] 史珺. 关于教师职业定位及工作强度的分析与探究[J]. 轻工科技，2018，34（10）：157-158.

[4] Klassen R, Wilson E, Siu A F, et al. Preservice teachers' work stress, self-efficacy, and occupational commitment in four countries[J]. European Journal of Psychology of Education，2013，28（4）：1289-1309.

[5] Lawrence D F, Loi N M, Gudex B W. Understanding the relationship between work intensification and burnout in secondary teachers[J]. Teachers and Teaching，2019（25）：189-199.

[6] 周兆海. 乡村教师非教学性工作负担问题及其对策[J]. 教育科学研究，2021（7）：88-92；Lawrence D F, Loi N M, Gudex B W. Understanding the relationship between work intensification and burnout in secondary teachers[J]. Teachers and Teaching，2019（25）：189-199.

缺少必要的回应[①]；另一方面，研究者将教师工作强度放在宏观教育政策中进行分析，这类研究主要分析教育政策对教师工作强度的影响与调适，认为教育政策的推行给教师带来了工作负担加重的外显型风险和内隐型风险[②]，如何从教师主体责任角度建设配套政策成为这一领域的研究重点。

（二）科学化、大范围实证研究推进

科学化、大范围实证研究是"教师工作强度"领域研究热点之一，研究者将目光聚焦在各级各类学校教师的工作现状上，以求通过调查、访谈、测验等研究手段更为清晰地认识教师工作强度现状，进而为现状改进、政策制定提供更为专业的建议。通过对已有文献的梳理发现，实证研究主要集中在以下三个方面。

1. 教师工作强度的边界划分研究

一般认为，较清晰的工作边界表现为非工作事务难以向工作事务渗透，较模糊的工作边界则会导致非工作内容向工作内容入侵。[③]长期以来，教师工作存在着边界模糊的问题，使得教师"工作时间段"与"休息时间段"划分得不够清晰[④]，无形中将更多非工作任务纳入教师工作内容之中，加大了教师的工作强度，教师被赋予无边际、无限制的责任，并且有时可能需要从事超出自身能力范围的教学活动，这些极大地影响了教师教学的主动性和积极性[⑤]。当前，教师工作强度的边界模糊主要体现在两个方面。其一，非教学工作向教学工作渗透，非教学工作大量挤占教师教学工作时间和精力。一项基于2014—2015年中国教育追踪调查（China Education Panel Survey，CEPS）数据的实证分析显示，教师每周用于课外科研的时间是最多的，均值达到22.85小时；其次是处理行政事务所花费的时间，均值达到16.94小时；教师花费在教学上的时间反而是最少的，均值只有9.76小时，仅占每周总工作时间的19.7%。[⑥]其二，工作生活向私人生活不断入侵以及责任边际无限扩张。一项在浙江宁波和杭州展开的"小学女教师工

---

① 李祥，周芳，蔡孝露. 中小学教师减负政策的价值分析：权利保障的视角[J]. 现代教育管理，2021（7）：62-69.
② 于川，杨丽乐. "双减"政策背景下教师工作负担的风险分析及其化解[J]. 当代教育论坛，2022（1）：87-96.
③ 王三银，刘洪，林彦梅. 工作边界强度对员工组织认同的影响研究——工作边界弹性能力和组织自尊的作用[J]. 科学学与科学技术管理，2016，37（5）：119-128.
④ 史珺. 关于教师职业定位及工作强度的分析与探究[J]. 轻工科技，2018，34（10）：157-158.
⑤ 马婷婷，李保强. 国内外教师责任研究审视与反思[J]. 教育科学研究，2013（5）：5-10，30.
⑥ 裴家敏，李晓玉. 初中教师的工作负担及其影响因素研究——基于中国教育追踪调查（CEPS）数据的实证分析[J]. 江苏第二师范学院学报，2022，38（2）：105-111.

作与家庭平衡现状调研"显示，小学女教师的工作与家庭平衡和工作生活满意度现状不够理想，青年教师工作与家庭平衡指数和工作生活满意度水平偏低，因此，作者认为作为边界跨越者的小学女教师，应当清楚工作边界的维护者（领导）和家庭边界的维护者（家人）对自己的角色期望，并根据他们的角色期望去实施自己的角色行为，要有意识地建立工作和家庭的边界。[①]导致这种现象出现的原因是多样的，有研究指出，教师作为一种专业人员，受"专业权利优先"论影响而存在两方面的问题：一方面，"教师专业责任"常与"教师专业义务""教师职业责任"相混淆，甚至被替换使用；另一方面，教师专业责任亦面临指称不明、时空泛化、属性模糊、条件失衡与匮乏的现实困境。[②]

2. 教师教学工作强度研究

教师教学工作强度研究主要是以客观数据对教师教学工作强度的各个参量进行描述，其中教师教学工作强度高、教师教学工作心理负荷过载是教学工作强度的客观现实。从教师工作量角度来看，国际社会一般将教师工作量分为显性工作量与隐性工作量，其中，教师从事教学活动所引发的工作量被称为显性工作量，显性工作量多从教学工作时间角度进行阐发。显性工作量有两种基本的研究模式：一是通过调研数据与其他行业工作量进行对比，以此显示教师工作的特殊性；二是用国际比较研究方法来展开调查，即研究者聚焦国（境）内外各级各类教师工作时长的比较研究。总体来看，我国中小学教师工作时间过长，个人时间占比较小，教学时间配比失衡。[③]一项对全国东、中、西部10省（自治区、直辖市）20市（县）的69所初中、110所小学的2541名教师开展的工作时间结构研究发现，我国义务教育教师的教学工作时间普遍较长，超过一半的教师日均教学工作时间超过8小时；在教师的教学工作时间分配中，班级面向的教学工作时间与学生面向的教学工作时间之比约为2：1；在班级面向的教学工作时间中，备课时间与课堂教学时间之比约为2：1；在学生面向的教学工作时间中，作业批改时间与课外辅导时间之比约为5.5：1；教师的教学工作时间在学段、城乡、性别等维度上存在显著差异，并表现出一定的规律性。[④]从教师从事教学活动而产生的心理压力角度来看，研究者的目光主要集中于编制相关心理测试量表和大规模

[①] 郭学君，周眉含，邵光华. 小学女教师工作-家庭平衡现状及对策研究[J]. 教师教育研究，2021，33（5）：64-73.

[②] 苏启敏. 为责任而教：教师专业责任的概念澄清与边界划定[J]. 教师教育研究，2017，29（4）：13-19，23.

[③] 李新翠. 中小学教师工作量的超负荷与有效调适[J]. 中国教育学刊，2016（2）：56-60.

[④] 秦玉友，赵忠平，曾文婧. 义务教育教师教学工作时间结构研究——基于全国10省20市（县）的数据[J]. 教师教育研究，2017，29（4）：39-45.

调查两个方面。通过相关量表的调查发现，教师在教学中所产生的心理压力主要来自社会、学校和个人三个方面。其中，社会压力主要表现为时代要求、家长期盼、社会环境；学校压力主要表现为教学竞争、教学改革；个人压力则多表现在知识、能力和人格三个方面。[①]同时，教师对工作量的感知会受到自我效能感的调控。

3. 教师非教学工作强度研究

此类研究主要考量教师在学校的教学准备事务、日常行政事务、日常考核事务、学生管理事务以及非在校事务，也有研究者将此类工作强度划分到隐性工作强度之中。由于教师非教学工作种类繁多，并未形成一致性划分，多数研究采用了经济合作与发展组织（Organization for Economic Co-operation and Development, OECD）对教师隐性工作量的划分方式，即将教师非教学工作划分为教师任务与教师其他责任，其中教师任务包括写教学计划和备课、布置和批改学生作业、与家长交流合作、参与一般管理工作、参与教研工作、课间对学生监管六个方面，教师其他责任则包括提供学生咨询、担任班主任或年级主任、超出全日制教师的规定教授班级数或课时数、参与除教学以外的学校管理或教师管理工作、参加课程大纲外的户外活动、特殊任务、参与和指导学生的课题项目七个方面。[②]由此可见，与教师教学工作强度相比，非教学工作强度随着教师教学职责的明确反而呈现出更为多样化的趋势，而这些非教学工作会占用教师大量的时间和精力。有研究指出，教师所承担的工作内容繁多，许多非教学的"隐性工作"耗费了教师大量的时间和精力，而实际用于课堂教学的时间不足总工作时间的1/4。[③]一项覆盖全国31个省（自治区、直辖市）的教师非教学活动现状调查显示，有52.6%的教师每天没有足够的时间去准备教学，80.5%的教师没有精力和时间进行教育教学研究，这些教师的时间均被完成各级各类检查、参与临时交办的非教学类任务、完成各类网上学习、参与各级各类会议培训所占用，其中应付教学检查任务占教师工作时间的54.11%。[④]为此，教师发展出两种策略来"平衡"教学与非教学之间的关系：一是延长工作时间，以保证教学工作的顺利开展；二是提高单位时间内的工作效率，以保证任务在规定时间内完成。但是，两种策略均产生了消极影响，前者导致教师总体工作强度过大，在很大程度上延长了工作时间，使教师疲于教学；后者则导致教师单位时间内工作强度过大，在很大程度上加剧了教

---

① 赵建华. 中学教师职业压力及自我心理调控策略研究[J]. 心理科学, 2002（3）: 373-374.
② 黄明亮, 孙河川, 陈娉婷. OECD国家中小学教师隐性工作量的分类及启示[J]. 上海教育科研, 2017（12）: 15-18.
③ 李新翠. 教师真的需要这样工作吗？[N]. 中国教育报, 2014-09-16（006）.
④ 李镇西. 关于"减少教师非教学工作"的调查报告[J]. 教育研究与评论, 2017（4）: 74-79.

师工作负荷，使教师身心俱疲。因此，教师非教学工作强度应成为教师工作强度的研究重点之一。

（三）针对性、可操作性调适路径探究

关于教师工作强度的调适路径研究，围绕教育部以及各地教育行政部门出台的教师减负政策，并结合研究者在研究过程中所发现的问题而展开讨论。总体而言，教师工作强度调适路径研究主要集中在社会、学校和教师个人三个层面：社会层面指向教育顶层设计中亟待优化的地方，学校层面指向科技赋能和管理变革两方面，教师个人层面则指向心理疏解与专业化发展两个方向。

1. 社会宏观调控

从社会层面来看，教师工作强度的调适主要是政策上的宏观调控，其依赖三个基本要素：优化顶层设计、合理配置资源和明确教师责任边界。首先，优化顶层设计主要是在现有制度的基础上发现问题、探究问题、解决问题，强调整体思维、底线思维和创新思维。[1]也有学者指出，教师减负需要回答三个核心问题：谁来减、减什么、如何减。[2]教育部原部长陈宝生在山东调研时，针对新时代教师队伍建设问题提出："做好制度设计，拿出破解教师负担问题的实招硬招，为教师安心静心从教营造良好环境。"[3]教师工作强度的调适政策在应然层面上优化了学校教育生态，在实施层面上减轻了教师工作负担，在发展层面上有助于促进教师专业化成长。[4]长期以来，我国教师工作强度管理呈现出合理负担结构演进复合化、教师工作标准核定下沉化、非教学工作减负协同化三种趋势[5]，但也存在政策工具偏向权威、政策主体协调度不高和减负内容单一的问题[6]，导致政策实施缺乏相应的力度。既有研究指出，教师工作强度的社会宏观调控工作要明确各级党委和政府是教师减负的主要力量，中小学教师减负关注的是"职责之外"

---

[1] 代薇，谢静，崔晓楠. 赋权与增能：教师参与课后服务"减负增效"路径研究[J]. 中国教育学刊，2022（3）：35-40.
[2] 王毓珣，王颖. 关于中小学教师减负的理性思索[J]. 湖南师范大学教育科学学报，2013，12（4）：56-62.
[3] 教育部. 拿出破解教师负担问题的实招硬招，为教师安心静心从教营造良好环境——陈宝生赴山东调研教师减负工作[EB/OL].（2019-07-15）. http://www.moe.gov.cn/jyb_xwfb/gzdt_gzdt/moe_1485/201907/t20190715_390699.html[2022-03-16].
[4] 张可心. 价值分析视角下的教师减负政策探究[J]. 教育观察，2021，10（35）：1-4.
[5] 叶繁，葛新斌. 政策变迁视角下教师负担管理演进逻辑与对策[J]. 教学与管理，2021（33）：25-28.
[6] 王为璐. 政策工具视角下中小学教师减负政策探析——基于Nvivo的政策文本分析[J]. 教育观察，2021，10（47）：44-47，90.

的负担，且教师减负不减责。①其次，在教师工作强度合理化过程中，合理的资源配置为工作强度的优化提供了基本保障。要实现以增效为目的的"减负"，需要教育资源的定向增投或存量资源的配置调整来支撑，需要进一步完善学校编制，进一步加强教师配备。②最后，社会要明确教师责任边界。在我国，政府和学校属于上下级关系，教师的权利和职责不够清晰，教师考评与非教学工作考核挂钩，这些都增大了教师工作强度。③社会应意识到，教师责任具有职业本分性、认识相对性、社会伦理性和权利相对性④，窄化的教师责任会成为教师职业怠慢的保护伞，而泛化的教师责任则会成为教师职业发展的绊脚石，因此，只有明确教师责任边界，才能将教师从高的工作强度中释放出来。

2. 学校制度设计

从学校层面来看，全球教师工作大致分为三种负担模式，即超时长、重教担的"北美模式"，短时长、均教担的"北欧模式"，超时长、轻教担的"亚太模式"。⑤学校层面的教师工作强度的调适主要集中在两个方面：第一，科技赋能，合理规划教师工作量；第二，变革管理方式，进一步释放教师活力。首先，随着科技的发展，可以通过算法来收集、统计、分析、重新分派教师工作量，以达到"因人设岗""均衡强度"的目的。我国早前开发出一种 JSP（Java Server Page，Java 服务器页面）技术以管理工作量，该方法是基于 B/S（Brower/Server，也叫浏览器/服务器）结构模式来管理和派发教师每学期的工作任务的，并统计、分流每位教师的工作量。⑥除此之外，美国科研机构与地方学校合作，从计算机算法角度开发并实施了一套在线考试系统，这个考试系统为教师提供了端对端的学习检验方案，简化了学生评估过程，为教师节省了准备试题的时间和精力⑦，让教师全身心投入到教学中。其次，管理科学的发展为学校优化教师工作强度提供了新的思路与方法。英国在 21 世纪初期便在学校内部开展立足于学校的循证减负探索，各级各类学校依据自身发展情况推动内部组织变革，为教师人力资源体

---

① 李祥，周芳，蔡孝露. 中小学教师减负政策的价值分析：权利保障的视角[J]. 现代教育管理，2021（7）：62-69.
② 张倩. 从资源配置到制度安排——国际比较视域下的教师减负[J]. 教育研究，2022，43（2）：29-43.
③ 熊丙奇. 如何给中小学教师减负?[J]. 上海教育评估研究，2020，9（1）：18-21.
④ 李保强，陈忠伟. 教师责任范畴：内涵、外延及其架构[J]. 教育科学研究，2013（5）：11-17.
⑤ 张倩. 从资源配置到制度安排——国际比较视域下的教师减负[J]. 教育研究，2022，43（2）：29-43.
⑥ 朱晓敏，刘雨搏，唐刚. 基于 JSP 教师教学工作量管理系统设计与实现[J]. 辽宁工程技术大学学报，2004（S1）：241-242.
⑦ Aggrey E, Kuo R, Chang M, et al. Online test system to reduce teachers' workload for item and test preparation[C]. Innovations in Smart Learning. Singapore：Springer，2017：213-217.

系改革提供应有支持，力保将教师从与教学无关的压力中释放出来。[1]韩国学校在对校内各方利益主体进行全面考察的前提下提出将生态法、战略法和交际法融入学校管理中，以减轻教师工作强度，并根据学校工作的生态循环系统（任务发生、传递与处理）确定事务优先顺序，以保证教师工作强度保持在合理范围内[2]；同时，韩国采用政府-学校（government-school，G-S）合作模式，由当地政府以教务行政支援的方式为属地学校提供教材研究、课程设计、学生生活指导等方面的支持，国家成立教务行政支援社，学校将教务行政支援员纳入教师队伍中，教务行政支援员深入学校中参与教师日常工作，以减轻教师工作强度[3]。

3. 个人压力转化

从个人层面来看，工作强度的调适主要指向教师在工作中所产生的疲劳、压力、倦怠等情绪的消解策略。一般认为，教师工作负担过重是由两个原因导致的：一是教师本身的负担超过了合理阈值；二是教师承担了许多与原定职责相去甚远的事务。[4]根据教师压力归因与教师对工作强度的感知不同，其合理化策略主要指向两个基本方面：第一，心理疏解；第二，个人专业化发展。从心理疏解的角度来看，高教师工作强度会引发教师心理状态的变化，因此个人心理状态的疏解要回到心理学研究中去找寻出路，其路径一般包括培养积极心理[5]、遵从个人差异、主动预防压力、合理评估压力、有效应对压力[6]等。从个人专业化发展的角度来看，教师工作强度与教师专业能力相关联，专业能力较强的教师能比专业能力薄弱的教师更好地应对教师职业带来的高强度工作，因此个人专业能力的提升也是减轻教师工作强度的方式之一，其路径一般包括提升个人教学能力、提升班级管理能力[7]和提升自我效能感[8]。也有研究指出，教师压力转化还要依赖于"再专业化"的合理路径，即重新建构制度化和正规化的教师专业性[9]，重新唤醒

---

[1] 陆道坤. 教师"减负"：英国的经验与启示[J]. 教师教育研究, 2021, 33（1）：108-114.
[2] 신현석, 가신현, 이경호. 교원업무경감을 위한통합적 접근모형과 정책방안의 전략적 탐색[J]. 교원교육, 2012（28）：223-245.
[3] Ko J. 교원업무경감 방안에 대한 교원 인식 분석- 교무행정지원사 제도를 중심으로 -[J]. 교육문제연구, 2013（26）：139-160.
[4] 熊建辉, 姜蓓佳. 中小学教师工作负担现状调查与减负对策[J]. 中国教师, 2019（9）：72-75.
[5] 徐晓虹. 幸福教育视角下教师职业压力分析及防治研究[J]. 中国特殊教育, 2017（5）：92-96.
[6] 姚灿竹, 杨桐桐. 教师职业压力的问题审视与调适策略[J]. 教育理论与实践, 2018, 38（26）：36-38.
[7] 徐晓虹. 幸福教育视角下教师职业压力分析及防治研究[J]. 中国特殊教育, 2017（5）：92-96.
[8] 王丽娟. 名牌中学教师压力现状与应对研究——以河南省郑州外国语中学为例[J]. 中国教育学刊, 2014（5）：20-23.
[9] 钟景迅, 刘泱. 教师减负的悖论：去专业化的困境与再专业化的陷阱[J]. 清华大学教育研究, 2021, 42（6）：80-90.

教师从业人员的专业意识，寄希望于通过对这种"新专业主义"的提倡来帮助教师重新掌握专业自主性，促使其自觉地将自身专业发展与学校组织目标整合，进而走出"去专业化"的困境，并最终减轻其工作负担。①随着研究的深入，有研究者指出教师工作压力疏解需要与问题感知能力和社会支持相耦合，高的学生问题聚焦处理能力与低的社会支持寻求能力均会对教师职业压力产生一定的影响。②

通过对"教师工作强度"这一概念的界定与相关文献的梳理，我们可以发现，当前学界已经广泛认识到教师作为一种特殊的职业所面临的与其他职业不同的工作困境，也认识到这些困境的形成并非由单一变量引发的。总体来看，当前教师工作强度现状研究在以下三个方面取得了一定的成就：第一，研究对象与内容分类清晰。研究者注意到了各级各类教师在面对不同强度的工作时的相似性与差异性，可以有针对性地开展不同群体的类属研究，总结群体间的共性与异性。第二，研究方法更加科学化。随着学界对教师工作强度这一概念理解的深入，研究者能认识到单纯地采用量化研究来考量教师工作量或单纯地采用质性研究来考察教师工作感知均不能很好地对教师工作强度进行深描，因此，研究者逐步向跨学科合作、多方法结合的方向开展联合研究，力图更为全面、直观地展现教师工作强度的现实样态。第三，建立了宏观-中观-微观相耦合的调适路径。研究者力图从宏观、中观和微观三个层面探讨当前教师工作强度合理化路径，为教师工作强度调适指明可操作的、科学化的道路。

但是，我们也注意到当前教师工作强度研究取得成就的背后仍有许多悬而未决的问题。首先，学界尚未建立统一的话语表达。作为研究的逻辑起点，由问题或现象引发的科学研究应该要以本体研究作为核心逻辑起点，只有在概念研究、本体研究取得长足进步的基础之上，实证研究才有可能走向更为科学、创新的研究领域。其次，研究的同质化倾向严重。作为社会热点问题，教师工作强度研究呈现出明显的同质化倾向，即研究对象的同质化、研究路径的相似化和研究结论的重复化。最后，教师工作强度研究对人的关注不够。在当前教师工作强度调适路径研究中，宏观政策研究与中观组织研究已经取得了明显的进步，但是个体层面的研究却一直未得到应有的重视，作为组织中的个体，教师的心理、生理状态会直接影响组织的运行效率，但当前学界对教师工作强度的研究忽视了组织中的教师，忽视了个体人的存在。

---

① 转引自：钟景迅，刘泱. 教师减负的悖论：去专业化的困境与再专业化的陷阱[J]. 清华大学教育研究，2021，42（6）：80-90.

② Kim M. 초등교사의 스트레스 대처방식과 소진의 관계에 대한 학생문제행동 지각의 매개효과[J]. 교육종합연구，2018（16）：123-150.

三、对教师工作强度研究不足的审视

教师工作强度作为一种新的话语表达，并不是简单的语义替换，而是更深层次的、符合我国时代发展的语义递进。但从目前的研究来看，我国对教师工作强度的研究存在以下三方面问题。

（一）对教师工作强度研究缺乏应有的重视

正如前文所说，教师工作强度并非简单的语义替换，而是一种表达的更新与扩充，但当前学界对该问题缺乏应有的重视，这种重视不足主要表现在两个方面。

1. 当前教师工作强度研究的数量较少

以万方数据库为例（前文已列举中国知网数据），以"题名或关键词：（教师 or 老师）+（工作强度）"进行模糊检索，检索时间为 2022 年 7 月 19 日，得到 478 条符合检索语句的结果，年发文量呈现出先涨后跌的总体趋势，但当将工作强度替换为负担、负荷等传统表达时，可以得到 9106 条符合检索语句的结果。从文献的角度来看，研究数量少主要是由三重原因造成的。其一，从历史逻辑的角度来看，作为新话语的教师工作强度并未有足够的历史研究基础，且尚未引起学界的普遍重视。一方面，教师工作强度这一概念根植于新时代的发展，是在新的社会矛盾的基础上生长出的新概念，其历史性较弱；另一方面，教师工作强度是近些年来随着管理科学研究不断深入而出现的更加中立、客观、全面的系统性表达，但这种新的研究成果尚未在教育学研究领域引起广泛讨论。其二，从实践逻辑角度来看，教师工作强度研究的难度较大。相对于传统的单一学科或双学科研究范式，教师工作强度研究更加强调学科与学科之间的合作、研究者与研究者之间的优势互补。分析已取得的研究成果可以发现，教师工作强度研究不仅要求研究者有敏锐的问题嗅觉，更要求研究者有极高的研究素养和完备的跨学科研究团队，这也就对我国长期以来社会科学的独立研究范式发起了挑战，传统的社会科学独立研究范式难以完成大体量、全过程、多维度的教师工作强度研究。其三，从价值逻辑来看，教师工作强度更加贴近客观样态描述，而教师工作负担等概念更贴近现实问题描述，相较之下，凸显问题的研究范式更易获得短期科研价值，而事实样态的研究范式则需要更多的科研投入，所以学界多采用教师工作负荷等核心概念作为研究的重点。

2. 教师工作强度研究质量不高

教师工作强度作为包含教师主观体验与客观实际的一种综合性话语表达，其研究质量并未达到预期，具体表现为研究深度不够、同质化倾向严重、项目支持不足三个方面。①教师工作强度研究的浅表化。当前研究多是对其他学科研究成果的直接移植，缺乏属于教育学学科的话语表达，将教师工作与其他工作等同，一并将其视为职业形式，忽视了教师职业所面对对象的特殊性与复杂性，形成了"头痛医头、脚痛医脚"的直线式研究模式。这类研究虽然看到了教师工作在时间跨度和工作量上与其他工种的差异，但是忽视了作为培养人的职业层面的心理损耗与精神负担，尚未全面而深入地勾勒出教师工作强度的真实样态。②当前研究多是在重复前人已有的研究，单纯的研究对象的替换并不能得出具有实际研究价值的研究成果，采用相同的视角也不能对同一问题得出新的解答。从现有的研究分布来看，教师工作强度研究多采用相同的研究范式，其探讨的核心议题尚未随着社会的发展与进步而有所深入，尚未直击这类研究问题的痛点与难点。③该主题的研究缺乏基金项目的支持。研究基金的支持是一项研究顺利推进的重要保障，据初步统计，自 2000 年至成稿时止，国家社会科学基金项目共支持该主题产出论文 1 篇，地方研究基金支持项目更是少之又少。基金缺乏透露出社会对教师工作强度这一重要议题缺乏应有的重视，较少从理论和现实层面对该主题提供基本的经济保障。

（二）对教师工作强度缺乏系统性研究

目前，学者鲜少对"教师工作强度"一词进行系统性研究，这导致与该主题相关的研究经常将其与"教师工作负担""教师工作负荷"等相近概念混用，造成语义上的混乱与概念上的纠缠。对教师工作强度缺乏系统性研究具体表现在以下三个方面。

1. 缺乏对教师工作强度概念的厘清

教师工作强度是教师工作研究领域的概念之一，但研究者并未将目光聚焦在教师工作强度的概念阐释上，对概念内涵与外延研究缺乏应有的重视，对"工作强度"一词的历史溯源、概念框定、内涵等核心内容阐述不足，如此造成概念在文章中反复横跳，无形中扩大或缩小了研究的范畴。具体而言，在目前的文献中，研究者将西方话语中的"teachers' workload"与我国所研究的"教师工作量"、"教师工作负荷"和"教师工作强度"等概念直接等同，忽视了"工作量"、"工作负荷"与"工作强度"等话语表达在概念内涵、研究对象、研究范畴上的差别。这样的研究看似替换了研究中的核心概念，但其研究本质仍旧是西方话语中的"teachers' workload"，同义的研究在横向上不能扩展研究范畴，在纵向上不能加深研究深度。

2. 概念的使用脱离了社会发展背景

正如前文所述，"教师工作压力""教师工作负担""教师工作负荷"等概念的演进是无法脱离社会文化的现实而发展的，其概念的内核随着时代的变迁在不断地扩充，但当前学界却缺乏对这些相似概念的合理性界定。未明确的概念边界往往模糊了概念的指代范畴，逻辑框架的搭建也因概念的模糊而显得经不起推敲。从文献的角度来看，学界目前对"教师工作负担""教师工作负荷"的讨论热度尚未减弱，但是并未从这类研究中看到核心概念与社会发展之间的联系。"双减"政策的出台在一定程度上增加了教师的工作量，但将这些工作量被直接划入教师工作负担的观点是有待探讨的，这种话语表达是否紧跟了时代话语、是否契合了社会潮流中的话语更迭是值得思考的。

3. 缺乏对教师工作强度要素的明晰

由于前期工作并未给教师工作强度要素研究搭建稳定的理论基础，学界便将与工作强度相近的所有要素皆列为其核心要素，要素与要素间的衔接关系并不明确，概念相互错位，要素间的逻辑关系并不明确，难以系统地对教师工作强度进行考量。从目前的研究来看，多数研究由于缺乏系统的本体性探讨而出现概念要素聚类错误、缺失等问题。核心要素与边缘要素尚未厘清，难以全面而系统地开展研究，导致教师工作强度相关研究令人存疑，其科学性、客观性和全面性难以令人信服。

（三）对教师工作强度缺乏宏观性研究

与系统性研究不同，宏观性的教师强度研究将目光投射在作为整体的教师工作强度考核之上，关注的是对概念中各种要素相互影响关系与协同机制的考量。当前教师工作强度研究在整体性研究方面呈现出明显的不足。

1. 教师工作强度研究缺乏对各要素影响关系的探究

组成和控制教师工作强度的要素并非独立产生影响效果，要素与要素之间存在直接或间接的相互影响，当前学界却缺乏对这种要素间相互影响关系的考量，看不到要素间此消彼长的结构关系，以偏概全地在要素与行为之间建立起直接联系，从而失去了研究的真实性与客观性。通过对现有文献进行梳理我们发现，当前教师工作强度研究中的影响因素与组成要素研究重列举、轻探讨。换言之，当前研究的重点是发现影响教师工作强度的因素，进而间接推进教师工作强度的相关研究，而不是在发现各要素的基础上对要素间的影响关系进行深究，研究浅表化问题仍旧存在，研究虽具有一定的广度，但深度不足。

2. 教师工作强度研究缺乏对要素间协同机制的探究

要素并非单独作用在概念上进而影响个体行动，而是诸要素协同发展。当前学界对教师工作强度以及相似概念进行研究时忽视了要素间的协同机制，忽视了要素在整个影响机制中的协调作用，鲜少中立地看待核心概念并对其进行评估考量。从已有文献来看，教师工作强度是多因素耦合的结果，教师工作量的增加所引发的教师工作强度的增大会随着教师自我身心感知度的调节而趋于平衡。因此，教师工作强度诸要素并非单独发挥作用，而是相互协同耦合，共同对教师产生作用。所以，对教师工作强度进行研究时不仅要看到要素间的关系，还要关注到要素间的协同发展机制，以探讨要素是如何组织、如何发展与协作来影响教师工作强度变化的。

四、教师工作强度研究发展趋势探索

梳理当前学界对"教师工作强度"的研究后可以发现，教师工作强度研究缺乏本体性、系统性、宏观性和政策性的问题也为之后的教师工作强度研究打开了更加清晰的学术视野，未来学界应提高对教师工作强度研究的重视，强化系统性研究、广谱性实证研究和政策性研究。

（一）提高对教师工作强度研究的重视

教师作为一种特殊性与复杂性兼备的培养人的职业，应该受到全社会的重视，而教师工作强度会直接影响教师作为人这一个体和作为职业这一群体的身心状态与职业发展，因此，重视对教师的研究就不可避免地要重视对教师工作强度的研究。作为未来教师研究领域的重点课题之一，学界应该从两方面提高对教师工作强度研究的重视。首先，对教师工作强度普遍性的认识要有所提高。我们首先应该认识到教师工作强度是隶属于社会工作强度研究的一个子命题，其概念内涵、要素外延与其他工作之间具有一致性，同样会对社会个体的工作、生活产生相似的影响，因此，教师工作强度研究应该积极吸收其他学科的先进理论和研究范式，以为该领域研究奠定坚实的研究基础。其次，对教师工作强度特殊性的认识要有所彰显。虽然教师工作是社会众多劳动分工的一种，但在进行科学研究时要明确教师工作是面向人、为了人和培养人的有组织的社会活动，其工作对象的特殊性使得教师工作具有工作强度高和工作难度大的特点，因此，教师工作强度研究还要彰显教师工作自身的特殊性与复杂性，将其与社会背景和个人需求关联起来，以凸显教师工作强度的自身特色。

（二）强化对教师工作强度的系统性研究

教师工作强度研究要回到其逻辑起点，从概念本体出发构建出系统而全面的研究体系。具体而言，教师工作强度的系统性研究可以从以下三方面展开。首先，重视教师工作强度的演进性研究。演进性研究强调对研究主题进行历史的、宏观的探讨，从概念出现、演化、交叠、替换的逻辑出发考虑新概念产生的历史背景与社会环境，只有在明确前序概念的基础上才能看到新概念产生的历史必然性与社会契合性。因此，教师工作强度研究要重视前序概念的辨析、要素的增补和社会背景的变迁。其次，加强对教师工作强度的本体性探索。作为一项研究的逻辑起点，概念性研究为后续研究奠定了理论基调，为后续研究框定了明确的研究范畴，让研究更具科学性与系统性。因此，未来教师工作强度的系统性研究的首要问题是建构出科学、系统、客观的教师工作强度理论体系，加强本体性研究，明确概念的内涵与外延、特征与要素，为后续研究奠定坚实的理论基础。最后，明确教师工作强度各要素之间的协同关系。理论上的借鉴与吸收有利于研究视野的拓展与内容要素的扩充，我们要认识到教师工作强度各内容要素之间并不是杂乱无章的，要在可靠的理论基础上明确要素的内涵与要点，探讨要素间的协同作用和影响关系，为教师工作强度研究提供更加有力的支持。

（三）展开对教师工作强度的广谱性实证研究

教师工作强度研究应该回归实践场域中去发现问题并解决问题，同时，实证研究又要反哺理论研究，为教师工作强度本体研究、系统研究、整体研究注入新的活力。未来的教师工作强度实证研究可以沿着两条路径继续展开。首先，继续开展教师工作强度的大规模现状调查。现状调查是发现问题的核心手段，只有调查方法得当、样本数量充足、结果解释科学才能得到可信的数据，因此现状调查并不只是重复验证他人的研究，而且应该在他人研究的基础上继续开发研究工具、扩大研究范围、寻找研究视角，以推进研究进一步向前发展。站在前人研究的肩膀上继续发现当代教师工作强度的问题，可为教师工作强度相关问题的解决提供更有针对性的解决之策。其次，对教师工作强度的理论进行实践论证。对教师工作强度的本体性探讨、系统性研究、整体性解释需要重新回到教育实践中去验证与修订，理论研究来自实践并最终要回到实践，概念模型的解释、数据模型的拟合都需要在教育实践中不断地加以修订，如此循环往复才能形成严谨的学术闭环，夯实教师工作强度的理论根基，为教师工作强度研究提供更具信效度的理论支持。

（四）突出教师工作强度的政策性研究

教师工作强度的相关政策为教师工作强度划定了明确的边界，提供了必要的法理支持，让教师工作有法可依、有法必依。但是，当前国家尚未出台系统的教师工作强度法律政策，尚未从规则的角度对教师工作强度调适给出必要的规范性支持。因此，未来教师工作强度研究需要为政策制定提供必要的学术支持，从对政策的研究走向为了政策的研究，为国家和地区制定教师工作强度政策提供国际视野、科学数据和完整体系。具体而言，未来教师工作强度的政策性研究可以从三个主要方面开展。首先，探寻权威合理的法理规则研究。法理性的政策研究是教师工作强度的必要保障，可以为教师工作强度界定、责任与合理化提供必要的规范性支撑，可以保证国家意志和价值的深入贯彻，使教师工作有法可依。未来教师工作强度的政策性研究应着力为法规的制定提供必要的支撑，以多源流的视角为政策法规的制定提供学术保障。其次，发展适度平衡的供给规则研究。供给规则通过自上而下的多种管理手段来提升教师的专业化水平，是教师工作强度调适的必要动力保证。它着力调节教师专业权利和专业资源，使教师个人需求与社会期望协调一致，保证教师的必要需求得以满足。教师工作强度的政策性研究要注意到教师主体在教育教学中的现实样态和实际需求，以更广阔的学术视野促进政策从实然走向应然，保证教师工作强度的供给政策研究源于实践又返归实践。最后，构建能力导向的激励规则研究。激励规则的存在体现了教育政策对教师群体切身利益的关照，激励规则的研究要超越传统的绩效考核机制研究，向着更科学、更人性的教师激励规则发展，要将教师的能力发展作为教师工作强度政策性研究的核心议题，兼具国际视野、实证视野，真正体现利益主体最根本的需求，让激励超越奖惩，成为教师成长的必要保证。

第二章
教师工作强度研究逻辑理路

探讨教师工作强度研究的逻辑理路,旨在阐明何为教师工作强度研究。它是教师工作强度研究的基础环节,也是必要根基,为后续研究提供了顶层指导与价值遵循。本章主要从教师工作强度研究的历史依据、教师工作强度研究的现实诉求、教师工作强度研究的国际比较、教师工作强度研究的理论基础、教师工作强度研究的话语体系五个方面进行系统阐述,为教师工作强度研究厘清内容、找准价值,进而明确方向。

一、教师工作强度研究的历史依据

历史是人类文明的发展轨迹，也是未来的参考依据。新时代背景下，挖掘教师工作强度研究的历史依据，是研究这个主题之下其他问题的基础和前提。研究教师工作强度，需要对其历史依据问题进行全面的剖析和总结，只有对其历史来源有了深入的认识和理解，才能为理论研究和实践改善提供新思路、新动力。

（一）马克思主义劳动观的顶层指导

劳动问题是人类社会存在和发展的基本问题。马克思主义劳动观坚持唯物主义的立场和观点，实现了对旧劳动观的批判和超越，其中的劳动本质观、劳动幸福观、劳动解放观等思想对于帮助人们树立正确的劳动价值观具有重要意义。对马克思主义劳动观的探析，为我们研究教育领域中教师的劳动现象提供了科学的立场和观点。

1. 劳动本质观：劳动是人与动物的本质区别

马克思指出，劳动是人与动物的本质区别，是人的类本质。[1]动物的生命活动是它们的本能行为，是被动适应自然的表现。不同于动物，人类可以有意识地认识世界和改造世界，而劳动是人类能动地改造世界的手段，是人类自由自觉的生命活动的最佳体现。在马克思主义劳动观的视角下，劳动不仅创造出人类社会，更是推动人类社会发展的重要动力。马克思认为，人类社会历史存在的前提是"一些现实的个人，是他们的活动和他们的物质生活条件，包括他们已有的和由他们自己的活动创造出来的物质生活条件"[2]。这说明个人通过劳动创造物质财富、改变自身的同时，也在为社会历史的发展做出贡献。人类在劳动实践中不断突破自身的局限性，由发现制约到认识制约再到解决制约，人的认识能力和劳动能力在不断提升、发展。

2. 劳动幸福观：真正的幸福是劳动的幸福

劳动是人类社会存在和发展的基础，蕴含社会发展的动力。马克思在阐发其劳动观的过程中同样蕴藏着丰富的伦理思维，其中就包括劳动幸福，即劳动是获

---

[1] 中共中央马克思恩格斯列宁斯大林著作编译局. 马克思恩格斯全集（第三卷）[M]. 北京：人民出版社，2002：273.
[2] 中共中央马克思恩格斯列宁斯大林著作编译局. 马克思恩格斯文集（第一卷）[M]. 北京：人民出版社，2009：19.

得幸福的手段。劳动能使人获得三个层面的幸福，分别是生理层面幸福、实现自我层面幸福和社会关系层面幸福。[1]消除个人在生理上的不适感的劳动，就是满足人们得以继续生存下去的生理需要的幸福体验；劳动者在劳动过程中体现自身的本质力量与思想意志，在实现自我的过程中获得幸福体验；劳动者创造的劳动价值体现在其他使用者身上，以使用者的幸福体验来反映劳动者的幸福劳动，是实现了社会关系层面幸福的劳动。

3. 劳动解放观：坚持劳动者的主体地位

"劳动生产了宫殿，但是给工人生产了棚舍，劳动生产了美，但是使工人变成畸形"，"劳动生产了智慧，但是给工人生产了愚钝和痴呆"，劳动本质的异化被掩盖，劳动解放思想就是要实现人的本质的复归。[2]马克思的劳动解放学说具有丰富的内涵，首先是自然层面的解放，人类在劳动实践中不断地发现和掌握自然规律，人类的主体性得到进一步彰显，人类改造自然的能力得到增强；其次是社会层面的解放，社会层面的解放意味着消灭了分工和私有制，人与人之间建立了和谐的劳动关系；最后是人自身的解放，人自身的解放就表明人们有劳动自由，而且可以根据自身需要获得劳动产品，人在劳动的过程中肯定自己，实现对自己本质的复归，最终实现自由而全面的发展。[3]当下社会中，人工智能的广泛应用大大提高了工作效率，人们的工作氛围呈现不断加速的状态，快节奏的工作方式给人们带来了巨大的工作焦虑和压力。马克思的劳动解放思想为关照现代人的精神生活提供了路径，对当代社会发展仍然具有启发意义。

4. 劳动者发展思想：跳出生存关注生活

以人的全面发展学说为基础，劳动者发展思想渐渐凸显。劳动者不仅要为了生存而斗争，还要为了生活而斗争。在早期的资本主义社会中，资本家为了获取更多利润，只满足工人的基本生活资料，"工人的劳动力应该全部用于资本的自行增殖"[4]，丝毫不考虑工人的身体健康状况，这不符合马克思关于人的全面发展的相关论述。劳动者并不是永动机，不可以昼夜不停地为资本家工作，劳动者也需要个性自由、全面发展。

劳动者的生存和发展需要主要包括三个方面：一是衣食住行等基本的需要；

---

[1] 宗爱东. 马克思主义劳动观及其当代启示[J]. 江淮论坛, 2021 (6): 83-88.
[2] 中国社会科学院马克思主义研究院. 马克思 恩格斯 列宁论意识形态[M]. 北京：人民出版社, 2009: 97.
[3] 韩娟霞. 马克思劳动观研究[D]. 乌鲁木齐：新疆大学, 2020.
[4] 卡尔·马克思. 资本论[M]. 何小禾, 译. 重庆：重庆出版社, 2006: 50.

二是维持劳动力代际再生产的需要；三是自身发展的需要，包括教育和培训。[①]在满眼都是自身利益的资本家眼中，劳动者前两方面的需要是可以得到满足的，而其第三方面的需要却被忽略了。随着时代的发展，劳动者需要不断更新自己以及时适应时代变化，而适应这种变化主要通过教育、培训实现，这时资本家才开始培训劳动者，当然，资本家发起这种培训的原因并不是良心发现。在资本主义条件下，教育虽然也能促进人的能力发展，但这并非最终目的。正如马克思所言，其目的是要工人及其下一代"愉快地满足于他们在人间的命运，满足于黑面包和土豆，满足于劳役、低微的工资、长辈的鞭笞以及诸如此类的好事"[②]。相反，社会主义条件下的教育则完全不同，教育目的本身就是发展人的能力，从而实现人的全面而自由的发展，"最大限度地开发自己的智力、体力、创造力，成为具有自由个性的人，自己的主人"[③]。

（二）教师职业角色的深度演化再造

教师是人类文明的传播者，是学生成长的引路人。在人类漫长的历史中，教师从传统社会中的教书先生，演变成现代社会中走出课堂、超越学校边界的多元角色扮演者，这就需要教师在专业化、社会化不断加深的趋势下寻找新的定位。

1. 我国教师角色观的嬗变历程

（1）传统社会下的单一教师角色观

我国传统教育模式通常强调教师的伦理道德和知识灌输，教师角色常常隐喻在蜡烛论、工程师论、园丁论、一桶水论等具有代表性的思想之中。

第一，蜡烛论。"春蚕到死丝方尽，蜡炬成灰泪始干"[④]本是晚唐诗人李商隐表达爱情至死不渝的抒情诗句，却成为隐喻教师角色的千古名句。蜡烛"燃烧自己，照亮他人"，这与教师的无私奉献精神相契合，因此，传统社会中用蜡烛来隐喻教师角色再合适不过。但由"蜡烛论"所衍生出来的高标准、严要求，有将教师视为"圣人""神仙"的倾向，忽视了教师自身的生存与发展需要。

第二，工程师论。工程师论与我国学习苏联有着密切关系。中华人民共和国成立后，我们学习苏联发展重工业，工业生产模式延伸到了教育之中。教师是流

---

① 殷林飞，程恩富，张国献. 马克思劳动者发展思想的逻辑机理与当代价值[J]. 毛泽东邓小平理论研究，2022（2）：76-87，109.

② 中共中央马克思恩格斯列宁斯大林著作编译局. 马克思恩格斯文集（第九卷）[M]. 北京：人民出版社，2009：192.

③ 辛世俊. 马克思主义人学中国化新探[M]. 北京：人民出版社，2013：153.

④ 赵昌平. 唐诗三百首全解[M]. 上海：复旦大学出版社，2006：255.

水线上的工人，按照统一标准去塑造本来各不相同的学生的"灵魂"。不可否认，工程师论看到了教师锤炼学生品格、发展学生道德的重要作用，但是，这种教师角色把教师看成既定方案的忠实执行者，忽视了教师自身的主动创造性。

第三，园丁论。园丁论把教师看作辛勤的园丁，这意味着教师需要为学生的健康成长准备合适的环境。每一枝花朵都有自己的生长进度，就如同学生有自己的认知结构和知识水平一样，园丁需要考虑每一株花朵的情况，教师也需要考虑学生的既有知识。园丁论充分重视了学生在教学中的主体作用，教师则处在辅助的位置。与工程师论相比，园丁论弱化了教师在教育教学活动中的控制程度。

第四，一桶水论。"教师要给学生一碗水，自己要有一桶水"，这一隐喻生动形象地体现了在应试教育模式下，教师是知识的灌输者，学生是知识的接受者。[①]"一碗水"和"一桶水"表现了对教师知识的量的规定性。"一桶水"的比喻表明，在传统教育背景下，教师一旦拥有知识，就会终身受益。教师拥有了"一桶水"的知识，只需要从"一桶水"中取出"一碗水"，就足以使学生取得应试教育模式下的成功，而学生只是接受知识的容器，在这种背景下，从"一桶水"中分出"一碗水"似乎绰绰有余。

（2）现代社会下的多元教师角色观

随着新课程改革的深入，教师专业化运动兴起，教师角色的转换成为教育研究的热点问题之一，不同的研究者对教师角色观提出了不同的看法，主要包括教师是学生学习的引导者和学生发展的促进者、教师是学生心理健康的守护者、教师是人际关系的艺术家、教师是教育教学的研究者和教学反思的实践者等。

教师是学生学习的引导者和学生发展的促进者。在现代社会中，书本不再是学生获取知识的唯一途径，这种开放的教育要求教师进行角色转换。因此，教师不仅仅应该传授给学生相应的知识，更应该把激发学生学习兴趣、指导学生掌握学习方法、引导学生形成终身学习能力等作为主要的目标。

教师是学生心理健康的守护者。一位合格教师应该遵循学生身心发展特点、提供适合的教育、促进学生健康快乐成长，并且应该掌握保护和促进学生身心健康发展的策略与方法。[②]要想保证学生心理健康，最重要的前提就是教师自身要学会心理调适，培养积极健康的心态，由此才能真正守护学生的心理健康。

教师是人际关系的艺术家。在教育教学实践中，教师不仅要处理好自己与学

---

① 饶从满，杨秀玉，邓涛. 教师专业发展[M]. 长春：东北师范大学出版社，2005：14.
② 教育部. 教育部关于印发《幼儿园教师专业标准（试行）》《小学教师专业标准（试行）》和《中学教师专业标准（试行）》的通知[EB/OL].（2012-09-13）. http://www.moe.gov.cn/srcsite/A10/s6991/201209/t20120913_145603.html[2022-05-25].

生之间的关系，还要与同事、家长打交道，所以教师需要具备良好的沟通协调能力。对于师生关系，教师要与学生建立平等对话的关系；对于同事之间的关系，教师要积极地与同事交流经验，形成教师专业发展共同体；对于家长，教师要引导家长进行有效的家庭教育。因此，教师需要成为人际关系的艺术家，由此才能对学生产生良好的教育影响。

教师是教育教学的研究者和教学反思的实践者。在进行新课程改革之前，传统的教学活动与研究活动一般是分开的，教师缺乏研究意识。新课程改革要求教师真正成为教育教学的研究者，以研究者的眼光来分析教育实践中的问题，并对出现的问题进行反思，总结经验。但是，繁重的教育教学任务使得很多教师不敢迈出科学研究的第一步，如果教师用研究的视角、执着的态度来对待工作、生活，做到"既见常人所见，又见常人所未见；既言常人所言，又言常人所未言"[1]，那么他们可能每天都会有新发现，进而体会出教师生活的新意来。

从传统的单一角色到现代的多元角色，教师角色随着时代变迁而产生相应的变化，高质量教育需要教师重新理解和塑造职业角色，而不再是单一角色的扮演者。同时，这些变化也对教师提出了很多崭新的挑战，如何在繁杂的教育工作中转换角色回应这些挑战，成为新时代教师需要解决的难题。

2. 国外教师角色观的嬗变历程

（1）教师中心视角下的传统教师角色观

在专制体制、宗教思想和科学主义的支配与影响下，西方传统的教师角色观逐渐成形，主要包括教师是"神父"、教师是学生行为的塑造者、教师是知识的传授者[2]。

教师是"神父"。受到基督教的影响，教育特别强调个人在学习中形成忠诚、服从、勤劳、忍耐等品质，个人应该服从于其他人、其他社会文化和社会群体。教师作为"神父"，其职责就是原封不动地向学生宣讲基督教教义，而学生则要接受教义的灌输，并无条件服从教师权威。[3]

教师是学生行为的塑造者。把教师看作学生行为的塑造者，这是行为主义学派的观点。行为主义支持环境决定论，主张个体的行为完全是由环境所控制和决定的。[4]因此，教育是学习者为生存而塑造行为的过程，教师扮演学生行为塑造

---

[1] 刘云杉. 学校生活社会学[M]. 南京：南京师范大学出版社，2000：22-23.
[2] 饶从满，杨秀玉，邓涛. 教师专业发展[M]. 长春：东北师范大学出版社，2005：5.
[3] 黄甫全. 新课程中的教师角色与教师培训[M]. 北京：人民教育出版社，2003：19.
[4] 彭聃龄. 普通心理学[M]. 北京：北京师范大学出版社，2012：29.

者的角色，其责任是使具有可塑性的人类有机体行为达到课程规定的标准。

教师是知识的传授者。教育的目的之一就是传递人类长期累积下来的知识，课程则是知识的载体。在教育教学活动中，课程的真正实施者是教师，所以在"社会文化—教师—学生"之间关系的定位上，人们长期持有的观念就是教师是知识的传授者，是人类知识的传递者，是知识的宝库，也是知识的载体。教师最重要的职责就是把知识传授给学生，所以教师是知识的传授者。

（2）多种理论视角下的现代教师角色观

20世纪70年代以来，西方的一些重要理论流派对教师角色进行了探讨，如建构主义理论、人本主义理论、实用主义理论、批判教育理论等。[1]这些理论流派从不同的视角审视现代教师的角色，使教师角色的研究不断深入。

第一，建构主义理论视角下的教师观。在知识观上，建构主义强调知识的动态性，否认知识的客观性与确定性。学习者不是被动的知识接受者，而是自己主动给信息赋予意义，从而建构自己的知识经验。所以，教师的教育教学活动并不是在传递给学生现成的、固定的知识，而是激发学生原有的相关知识经验，唤醒学生的原有知识，生成新意义的过程。

第二，人本主义理论视角下的教师观。罗杰斯（Rogers）是人本主义的杰出代表，他提出了以学生为中心的思想和非指导性教学思想。罗杰斯强调，教师的作用表现为：帮助学生明确他们要学习什么；帮助学生安排适当的学习活动和材料；帮助学生发现他们所学东西的个人价值，建立并维护能促进学习的心理氛围。[2]人本主义理论一致认为，教师应该以学生为中心，并促进学生认知和情感的综合发展。

第三，实用主义理论视角下的教师观。杜威（Dewey）的实用主义理论曾对国内外的教育产生了深刻的影响，这为教师角色相关研究提供了一种新的研究角度。实用主义主张把教师的教育教学视为一种需要细致分析的、复杂的工作实践，教师是学习者，其职业决策建立在他们整体的知识基础之上，他们需要在教学实践过程中不断地对自己和工作进行反思。所以，实用主义者也将教师视为反思型实践者。

第四，批判教育理论视角下的教师观。批判教育理论认为，学校教育是国家所资助的制度化过程，其目的在于将年轻一代培养为成年人和公民的角色，而教师的角色则是"权力的仆人"和"国家的直接行动者"。批判教育理论者还强

---

[1] 蒋衡.西方二十世纪七十年代以来关于教师角色的研究[J].高等师范教育研究，2002（6）：57，72-77.
[2] 转引自：饶从满，杨秀玉，邓涛.教师专业发展[M].长春：东北师范大学出版社，2005：8.

调，只有教师自己主动反思其在教育教学活动中的角色，对教育的认识有本体论水平上的感悟，并以实现社会公正这一理想而工作，才能从根本上成为积极的变革者。总之，正如批判教育理论的代表人物布瑞茨曼（Britzman）所言，要理解教师的角色，必须在广阔的社会和文化背景下进行分析和思考。①

从传统的宗教控制到现代各种理论的蓬勃发展，西方的教师角色观研究也经历了从单一角色向多样化角色的演变。对国内外的教师角色演进历程进行梳理，我们可以发现，现代的教师角色与传统视野下的教师角色大不相同，教师角色的复杂性和丰富性也正是教师工作要求苛刻、工作任务繁重的来源。因此，教师角色的深度演化成为教师工作强度研究的又一历史依据。

（三）以人为本的教师专业伦理规约

教师是有着丰富个性的完整的人。但我们在探讨教师的价值时，习惯于强调教师作为客体的价值，而忽视教师作为主体的价值。如果将教师等同于生产流水线上的工人，缺乏从内部给予本体性的关照，就扭曲了本来属于教师职业生活的本真面貌。②注重教师作为人的本质，才能真正彰显教师的生命活力。

1. 由职业到专业的定位转变

教师作为一种职业，伴随着人类社会的产生而产生，是一种古老的职业活动。但是，教师职业在出现之时，并非一种专门化的职业。《孟子·滕文公上》中写道"庠者，养也"③，意为庠兼有养老与教育的双重作用。之后，又有"官师合一""僧师合一"的漫长演化历程，在相当长的一段时间内，教师的培养并无专门的机构与特别的制度，因此并不是一种专业。随着教育要求的不断提高，出现了专门的教师培养机构，产生了师范教育，并从一开始关注单一教学技能转变为关注教育理论与实践研究，教师的培养越来越专业化。但是，即使在高质量教育建设显得尤为重要的今天，"教师职业是一种专业"这一说法仍然受到大众的质疑：只要具有一定的文化水平就可以成为教师，专业训练对于教师职业来说并非必要条件。谈到教师职业，不管任何行业的人都能进行评价，这是因为教师职业未形成"圈内"的专业知识，所以极难维持教师行业的权威性和专业性。

总之，教师职业已经由职业向专业的方向转变，但是目前教师职业还不能称

---

① Britzman D P. Practice Makes Practice: A Critical Study of Learning to Teach[M]. Albany: State University of New York Press, 1991: 63.
② 王金良. 中小学教师心理授权研究[D]. 重庆：西南大学，2009.
③ 杨伯峻. 孟子导读[M]. 北京：中国国际广播出版社，2008：112.

得上是"已确立的专业",而是"边际专业"、"准专业"或者"半专业"。然而,就其贡献及社会功能而言,在本质上,教师应该是一项专业。[①]从古代的兼职教师到现在的专职教师,教师的工作职责在不断增加,对年轻一代培养的关键作用也越发凸显,这表明教师的专业化进程仍在向前迈进。反过来,对于不仅要"教书",更要"育人"的教师来说,工作的纷繁复杂也需要专业化做支撑,由此才能真正让教师潜心从教。

2. 由谋生到幸福的追求提升

古代的官学、私学产生之后,要想成为教师,最起码需要认识文字并掌握文字,但这个要求并不是太高,基本上每一个受过文字教育的人都可以达到。这一时期,由于办学者并不稳定,教师的来源也并不相同。一些没有能力通过其他途径谋生的人往往投奔这一职业,靠教学活动维持生活,但极少有人会以教师为专职。[②]因此,整个社会的教师处于一种极其散漫的状态,教师的教学活动也没有统一的标准,很少有人会专门以教师作为职业,更不必说把教师职业发展成为终其一生的职业信仰。随着对教师数量和质量要求的提高,国家开始禁止教师从事妨碍教育教学工作的其他职业,这间接推动了真正有志于从教的人进入教师行业。

在教育高质量发展的今天,除了生存,教师还有获得快乐感和满足感、实现人生价值、感受自由等更高需求。如果教师从教育实践中体验到了快乐、满足和自由,那么教师自身与职业之间的联系就变得生动而紧密,这份职业就不再只是谋生手段,更是一种生活方式,教师将不再是为了获取物质、职位等外在奖励,而是升华为教师内心的真正呼唤、动机和兴趣。[③]对于作为人的教师来说,在工作任务繁杂、工作职责多样的背景下,要做到心无旁骛地把教育活动作为实现自我价值的人生追求还有一定难度,但是"虽不能至,心向往之",教师应以平和的心态对待复杂的教学工作,从谋生手段到追求幸福的转变过程本身就是教师不断迈向自我实现的过程。

3. 由奉献到发展的目标深化

自古以来,教师无私奉献的形象就在人们心中根深蒂固。古人的很多诗句都被作为教师舍己为人精神的隐喻,如杜甫《春夜喜雨》中的"随风潜入夜,润物

---

① 陈水明. 现代教师论[M]. 上海:上海教育出版社,1999:175.
② 教育部师范教育司. 教师专业化的理论与实践[M]. 北京:人民教育出版社,2003:20.
③ 林丹. 教师职业幸福感缺失的背后——"生活方式"抑或"谋生手段"的教师职业观探讨[J]. 教育发展研究,2007(12):46-50.

细无声"、郑燮《新竹》中的"新竹高于旧竹枝，全凭老干为扶持"，也有专门赞美教师奉献精神的古诗，如《师蚕》中所言"教子教女，辛勤半辈。满头白发，甘乳一生"。现在，也有不少教育家指出教师应为教育事业鞠躬尽瘁，如我国著名教育家陶行知认为，人民教师为了人民的教育事业，应当"捧着一颗心来，不带半根草去"①。西方教育家也有类似的观点，如蒙台梭利主张，"教师必须为形成较好的人类而贡献出一切"②。由此可见，个体在选择教师职业的同时，也就意味着选择了奉献，选择了为学生而牺牲自己。

传统教育思想强调教师的奉献精神，当下的教育理念则把奉献和发展深度结合。教师的奉献并不是纯粹的自我牺牲或自我消磨。教师为学生奉献的过程，也是教师提升自己、发展自己、实现自己人生价值的过程。二元补衬视域下，教师的奉献和发展不是矛盾双方的对立面，而是相互补充、共同促进的。在当代教育高质量发展的背景下，教师在奉献中发展能力，而能力提升也是教师奉献的前提。

二、教师工作强度研究的现实诉求

2018年1月，《中共中央 国务院关于全面深化新时代教师队伍建设改革的意见》发布。该意见申明了强化保障的基本原则，并提出"把教师工作置于教育事业发展的重点支持战略领域，优先谋划教师工作……优先满足教师队伍建设需要"的管理要求。③教师工作强度管理是教师工作管理的重要内容。它的主要目的是通过对教师工作强度的系统监测与科学调控，确保教师劳动投入的总量充足与结构合理，遏制以牺牲教师身心健康、家庭生活与全面发展等为代价的教育发展方式，保障教育事业和教师队伍的整体质量与可持续发展。加强教师工作强度管理是强化保障的必然要求，是推进教师管理现代化的基础任务，同时也是教育治理体系与治理能力现代化的基本表现。

工作强度是一个表征劳动量与时间关系的概念。由于不同主体对时间内涵的理解不同，工作强度便有了广义与狭义之分。狭义的工作强度即劳动强度，表征的是劳动量与劳动时间的关系。与之相比，广义的工作强度的关键特征是将非劳动时间纳入研究范围。这意味着我们不仅可以用它分析劳动时间内的劳动量分

---

① 沈东方."捧着一颗心来，不带半根草去"他的精神闪耀至今[EB/OL].（2021-03-07）.https://www.ccdi.gov.cn/yaowen/202103/t20210307_237360_m.html[2022-11-28].
② 转引自：李珠，皮明庥.中外教论荟萃[M].天津：天津社会科学院出版社，1989：163
③ 中共中央，国务院.中共中央 国务院关于全面深化新时代教师队伍建设改革的意见[EB/OL].（2018-01-31）.http://www.gov.cn/zhengce/2018-01/31/content_5262659.htm[2022-05-20].

布，还可以在同一概念框架下研究劳动量在工作日、工作周等工作周期内的分布。本章中使用的就是工作强度的广义概念。教师工作强度研究的基本诉求是要正确处理教育系统对教师劳动量的需求与教师劳动量在一定时间内不能无限制供给之间的矛盾。教师工作强度研究的时代诉求是其基本诉求的时代表达，当前主要表现为以下三个方面。

（一）激励教师工作投入，促进新时代教育高质量发展

2020 年 11 月，《中共中央关于制定国民经济和社会发展第十四个五年规划和二〇三五年远景目标的建议》颁布，旗帜鲜明地提出"建设高质量教育体系"的战略目标。[1]教育高质量发展不仅对教育经费投入提出要求，同时也对教师工作投入提出要求。教师工作投入的总体要求是要保证教师劳动量的总量充足与结构合理。探究教师劳动量与时间的科学关系，正是破解教师劳动的总量性与结构性问题的重要手段之一。

新时代高质量教育体系建设处于教育发展的"工作强化"（work intensification）期。工作强化是高工作要求和压力下促进员工更加努力工作的重要方式，是达到更高绩效目标所必需的努力强化过程。[2]目前，我国的教育发展正处于加速推进中国特色社会主义教育现代化建设，努力实现从"有质量"向"高质量"教育体系转换的重要历史时期。从教育发展变革中的任务体系、方法体系、管理体系与保障体系等重要系统间的适应与超越关系来看，新时代教育的发展仍具有鲜明的工作强化属性。换言之，高质量教育体系目标的实现高度依赖于教师必要劳动量投入的增加。必要劳动量是保障教育教学实践运作的基础，它的增加强化了教师劳动体系内部的总量性与结构性的矛盾。因此，我们必须优化劳动量与时间的关系，将工作周期内的劳动量控制在合理水平，使必要劳动量在劳动量系统中的配置更加合理。

（二）减轻教师工作负担，保障教师履行教书育人职责

教师工作负担问题是近年来教师队伍建设领域的热点与重点问题。《关于减轻中小学教师负担进一步营造教育教学良好环境的若干意见》明确指出，"由于一些历史的和体制机制方面的原因，目前教师特别是中小学教师还存在负担较重

---

[1] 中共中央.中共中央关于制定国民经济和社会发展第十四个五年规划和二〇三五年远景目标的建议 [EB/OL].（2020-11-03）. http://www.gov.cn/zhengce/2020-11/03/content_5556991.htm[2022-05-20].

[2] White M, Hill S, Mcgovern P, et al. 'High-performance' management practices, working hours and work-life balance[J]. British Journal of Industrial Relations, 2003, 41（2）: 175-195.

的问题"，并确立了"让教师全身心投入教书育人工作，落实好立德树人根本任务"的总体目标。①《教育部2021年工作要点》指出，要督促指导各地落实教师减负清单，健全教师减负长效机制。②2021年7月，"双减"政策的出台，为教师劳动带来了重大变革。2021年，《中华人民共和国教师法（修订草案）（征求意见稿）》也明确提出，要为教师提供履职保障，保障教师潜心教书、静心育人。③

教师减负向教育管理研究者提出了一个重要的基础性议题——教师工作负担的合理性。它是一个综合性问题，具有系统性、复杂性与多维性，需要研究者展开系统研究。目前，教师减负的核心任务与实践逻辑以教师工作职能为导向，以负面清单与正面清单为主要工具，根据对其工作性质的研判保留其核心职能，减少教师工作中的不合理内容。但是，单纯的工作性质分析无法完全揭示教师工作负担的内涵。要进一步解决这一问题，就必须将对教师劳动的质的研究与对教师劳动的量的研究结合起来，在质与量的体系中定位教师工作负担的合理性尺度。教师工作强度负担是教师工作负担的重要表现形式。从教师劳动投入的量的角度出发，深入分析教师单位劳动时间与劳动周期内劳动量分布的合理性是不可或缺的内容，是对教师负担的质的研究的必要补充。

（三）优化教师工作环境，释放教师队伍创新创造活力

2018年1月，《中共中央 国务院关于全面深化新时代教师队伍建设改革的意见》发布，提出"造就党和人民满意的高素质专业化创新型教师队伍""到2035年，教师综合素质、专业化水平和创新能力大幅提升"。④高素质、专业化与创新型是新时代教师队伍建设的基本方向。三者既是教师队伍的本体性特征，也是教师队伍的表现性特征。这意味着必须为充分发挥教师专业素质、展现教师队伍活力创造良好的工作环境。2019年2月，中共中央、国务院印发《中国教育现代化2035》，明确强调要建设高素质专业化创新型教师队伍。⑤

教师队伍创新创造是指在充分发挥教师的高素质与专业性的基础上，在教师

---

① 中共中央办公厅，国务院办公厅. 中共中央办公厅 国务院办公厅印发《关于减轻中小学教师负担进一步营造教育教学良好环境的若干意见》[EB/OL].（2019-12-15）. http://www.moe.gov.cn/jyb_xxgk/moe_1777/moe_1778/201912/t20191215_412081.html[2022-05-20].

② 教育部. 教育部2021年工作要点[EB/OL].（2021-02-03）. http://www.moe.gov.cn/jyb_sjzl/moe_164/202102/t20210203_512419.html[2022-05-20].

③ 教育部. 教育部关于《中华人民共和国教师法（修订草案）（征求意见稿）》公开征求意见的公告[EB/OL].（2021-11-29）. http://www.gov.cn/xinwen/2021-11/29/content_5654845.htm[2022-05-21].

④ 中共中央国务院关于全面深化新时代教师队伍建设改革的意见[N]. 人民日报，2018-02-01(001).

⑤ 中共中央，国务院. 中共中央、国务院印发《中国教育现代化2035》[EB/OL].（2019-02-23）. http://www.gov.cn/xinwen/2019-02/23/content_5367987.htm[2022-10-21].

工作中使用创新性的手段与方法实现目标。教师工作强度正是充分释放教师队伍创新创造活力的重要条件。在职业活动中，创新创造活力的高低与劳动强度的大小之间并不是单调关系，一方面，工作强度的提升能让员工更加专注于自身核心角色的职能，在不断加深对技能的理解与思考的过程中，员工能更加敏锐地发现创新机会，提出创新方案[1]；另一方面，当工作强度超出合理范围时，员工容易产生任务聚焦现象，即只关注与当前任务密切相关的信息，这阻碍了个体多样性思维的发展，限制了个体创新能力的发挥[2]。这也要求我们通过研究确立合理的工作强度，通过科学地管理教师工作强度来放大其积极作用，抑制其消极作用，为教师创设一种能够充分释放创新创造活力的工作环境。

三、教师工作强度研究的国际比较

教师工作强度包括主观感觉和工作量密度两个维度，受到人口学特征、人力资本变量、执教情况、工作环境等因素的影响。本部分通过分析2018年教学与学习国际调查（Teaching and Learning International Survey，TALIS 2018）和"2020各国教育一览"（Education at a Glance 2020，EG 2020）数据库中关于教师工作强度的相关数据，系统比较我国上海教师样本与美国、英国、新加坡等10个高绩效国家的教师样本，进而探究教师工作强度的具体内容与分类，同时探究教师工作强度的困厄和对策。

（一）本体论：探究教师工作强度的内涵和影响因素

1. 教师工作强度的内涵

工作强度，即在一定时间内完成一定的工作量。工作强度是一个容易进行主观感觉而不容易进行理性抽象的概念。一般情况下，人们往往从两个方面来理解工作强度：一是主观感觉，即劳动者主观感觉到的紧张性、疲劳性和痛苦性；二是劳动者在劳动过程中所完成的工作量密度。

因此，教师工作强度包括主观感觉和工作量密度两个维度，其中，工作量密度与工作时间呈正相关关系。所以，教师工作强度中的数量维度可转化为教师的工作时间，即教师为完成工作任务所消耗的时间总量。有研究认为，当代教师需

---

[1] Byron K, Khazanchi S, Nazarian D. The relationship between stressors and creativity: A meta-analysis examining competing theoretical models[J]. Journal of Applied Psychology, 2010, 95（1）: 201-212.

[2] Kelly J R, Loving T J. Time pressure and group performance: Exploring underlying processes in the attentional focus model[J]. Journal of Experimental Social Psychology, 2004, 40（2）: 185-198.

要承担的工作任务类型多、范围广，教师的工作强度越来越大。比如，加拿大教师协会的调查发现，超过75%的教师认为自己的工作量大，因为他们总是需要同时处理多项工作任务，承受着不同的角色期待。①

2. 教师工作强度的影响因素

英国教师工作负担调查项目显示，拥有更丰富的教学经验、教学设施配置充足的教师，其负担往往比教学新手的负担要轻。潘恩（Payne）与富纳姆（Funham）的研究发现，有限的教学资源和过多的非教学任务会导致教师感到工作超负荷和高压力。②根据西尔斯（Sears）等的研究，有两类因素会导致教师感到工作超负荷：一类与教学任务有关，如班级规模过大、教学资源缺乏等；另一类与教师的工作条件有关，如薪酬过低、学校环境不佳等。③内勒（Naylor）的研究结果显示，班级规模、人员配备比例、晋升程序、学校管理及教学管理的工作量等因素的变化都会让教师感到超负荷。④基里亚库（Kyriacou）和邓纳姆（Dunham）的研究均发现，如果学生的学习态度不佳、不良行为较多，教师的压力负担会加重。⑤丽贝卡（Rebecca）和艾玛（Emma）的研究也揭示了与教师负担有密切联系的是学生的行为因素、父母将对孩子的期望转嫁到教师的身上进而形成压力等。⑥

通常而言，教师群体的人口学特征（如性别、年龄等）、人力资本变量（如教龄、学历等）、执教情况（如班级规模、任教科目数量、是否担任教育行政管理职务等）以及工作环境（如学校管理风格、教学设施配备等）都可能是影响教师负担的因素，或者有些本身就是教师负担产生的源头。但国外教师负担多来自执教情况和工作环境变量，而我国教师负担除了有与其相似的源头外，还有教育体制、非教学任务等方面的源头，且有相当一部分调查研究发现，造成我国中小

---

① Naylor C. Teacher workload and stress: An international perspective on human costs and systemic failure [EB/OL]. https://www.bctf.ca/uploadedfiles/publications/research_reports/2001wlc01.pdf.2001[2022-08-22].

② Payne M A, Funham A. Dimensions of occupational stress in west Indian secondary school teachers[J]. British Journal of Educational Psychology, 1987 (57): 141-150.

③ Sears S F, Urizar G G, Evans G D. Examining a stress coping model of burnout and depression in extension agents[J]. Journal of Occupational Health Psychology, 2000 (5): 56-62.

④ Naylor C. Teacher workload and stress: An international perspective on human costs and systemic failure [EB/OL]. https://eric.ed.gov/?id=ED464028[2022-10-24].

⑤ Kyriacou C. Teacher stress: Directions for future research[J]. Educational Review, 2001, 53 (1): 27-35; Dunham J. Stress in Teaching (2nd ed.) [M]. London: Routledge, 1992: 72.

⑥ Rebecca G, Emma L. Classroom behavior problems: The relationship between preparedness, classroom experiences, and self-efficacy in graduate student teachers[J]. Australian Journal of Educational & Developmental Psychology, 2003 (3): 21-34.

学教师负担过重的原因多来自后者。

（二）认识论：探究教师工作强度的内容和类型

1. 教师工作强度的内容

TALIS 是 OECD 于 2008 年开始启动的五年一轮的大规模跨国调查，该调查主要监测各国教师工作环境和专业实践，以期为各参与国和经济体提供相关决策依据。我们通过提取和分析 OECD 的 TALIS 2018 和 EG 2020 数据库中关于教师工作强度的相关数据，系统比较我国上海地区教师样本与 10 个高绩效国家的教师样本，进而探究教师工作强度的具体内容与分类。

TALIS 指出，教师一周内从事的主要工作任务具体包括 11 项：教学、独立备课、批改作业、与同事交流合作、学生个别辅导、学校管理工作、日常行政工作、专业发展活动、与家长沟通、参加课外活动、其他工作。[1]

表 2-1 列出了中国上海地区与 10 个高绩效国家的初中教师每周花费在每项工作任务上的平均时间，以及参与 TALIS 2018 的 48 个国家和经济体的平均值（即 TALIS 平均值）、OECD 和欧盟的平均值（以下简称三大平均值）。各个国家或地区的教师在完成教学任务之外，无一例外都需要兼顾其他 10 项工作任务，差别主要在于各个国家或地区的教师投入到具体任务上的时间不同。换言之，这些具体任务的工作量是有差别的。这些差别是观察各个教育系统的人力资源配置方案的窗口，也是分析教师工作强度特征和诊断教师工作强度来源的重要依据。

表 2-1 各个国家或地区、经济体的初中教师的周工作量 （单位：小时）

国家或地区、经济体	周工作时长	教学	独立备课	批改作业	与同事交流合作	学生个别辅导	学校管理工作	日常行政工作	专业发展活动	与家长沟通	参加课外活动	其他工作
OECD	38.8	20.6	6.5	4.2	2.7	2.2	1.4	2.7	1.7	1.4	1.7	2.0
欧盟	37.5	18.8	6.5	4.6	2.6	1.8	1.2	2.2	1.4	1.3	1.2	1.6
TALIS	38.3	20.3	6.8	4.5	2.8	2.4	1.6	2.7	2.0	1.6	1.9	2.1
芬兰	33.3	20.7	4.9	2.9	2.1	1.0	0.3	1.1	0.8	1.2	0.4	0.9
韩国	34.0	18.1	6.3	2.9	2.5	3.7	1.6	5.4	2.6	1.6	2.0	1.8
爱沙尼亚	35.7	20.9	6.0	3.5	1.8	1.9	0.6	1.8	1.8	1.1	1.6	1.4
澳大利亚	44.8	19.9	7.3	4.9	3.7	2.5	4.4	4.1	1.7	1.3	1.8	2.6

[1] OECD. TALIS 2018 Results（Volume I）: Teachers and School Leaders as Lifelong Learners[EB/OL].（2019-06-19）.https://www.oecd.org/education/talis/[2022-10-24].

续表

国家或地区、经济体	周工作时长	工作任务									
		教学	独立备课	批改作业	与同事交流合作	学生个别辅导	学校管理工作	日常行政工作	专业发展活动	与家长沟通	参加课外活动	其他工作
中国（上海）	45.3	13.8	8.5	7.8	4.1	5.3	3.2	2.8	3.2	2.2	1.9	2.6
新西兰	45.5	20.3	6.7	4.6	3.6	2.3	2.0	4.3	1.8	1.3	2.3	2.5
新加坡	45.7	17.9	7.2	7.5	3.1	2.4	1.4	3.8	1.8	1.3	2.7	8.2
美国	46.2	28.1	—	5.3	3.5	3.4	1.7	2.6	1.7	1.6	3.0	7.1
英国	46.9	20.1	7.4	6.2	3.0	2.5	2.0	3.8	1.0	1.5	1.7	2.2
加拿大	47.0	27.2	7.3	5.0	2.6	2.3	1.8	2.4	1.5	1.4	2.7	0.7
日本	56.0	18.0	8.5	4.4	2.6	2.3	2.9	5.6	0.6	1.2	7.5	2.8

数据来源：OECD. TALIS 2018 results（Volume I）: Teachers and school leaders as lifelong learners [EB/OL]. https://www.oecd.org/education/talis/[2022-10-24].

教师工作强度还与教师职责有关，教师职责越丰富，其工作强度也就越大。据 EG 2020 统计，一般而言，教师所承担的工作职责大致包括 15 项，只是在不同的国家，这些任务的性质是不同的[1]，具体包括国家明确规定的、学校要求的、学校规定的、教师自愿的、不作要求的 5 种情况。从高绩效国家的情况来看，2/3 的国家明确规定了教师应至少承担 7 项工作职责，包括教学、备课、批改作业、教师行政工作（包括日常沟通、文书工作和其他办公室工作）、家校沟通与合作（如与家长及监护人的沟通）、与同事的交流与合作、参加专业发展活动。另外，有 4 个国家要求教师必须为学生提供咨询类辅导。至于其他任务，具体包括班主任工作、课间管理工作、超合同任务的教学工作（如补课）、学校行政管理工作（如担任科主任）、参加学生课外活动（如学生社团和暑期学校）、实习生指导、指导新教师（如师徒带教）等，在大部分国家主要取决于学校要求或教师自愿。总体来看，在 10 个高绩效国家教育系统中，日本最为严格，国家层面的要求多达 12 项，还有 3 项则取决于学校。可以说，日本教师对自己的工作任务是没有话语权的；芬兰最为宽松，15 项任务中有 6 项由教师自愿决定；美国最为特殊，国家层面的要求仅限于教学任务，其他 14 项均由学校决定。

2. 教师工作强度的类型

教师工作强度不等于教师的教学工作强度，因为教师往往需要承担很多非教学工作任务。对此，OECD 明确指出，教师用于完成课堂教学任务的工作时间为

---

[1] OECD. Education at a glance 2020[EB/OL]. https://doi.org/10.1787/69096873[2022-10-24].

教学工作量（teaching workload），而用于完成非教学任务的工作时间为非教学工作量（non-teaching workload）。

根据 TALIS 2018 的调查结果，若以周工作时长为参照进行比较，则高绩效国家教师的工作量差距较大。但若以 TALIS 的平均值，即每周 38.3 小时为参照，则大部分国家的教师处在高负荷的工作状态下，10 个高绩效国家中，仅有芬兰、韩国和爱沙尼亚教师的工作量低于 TALIS 平均值，其他国家（除了日本）教师的周工作时长集中在 44.8～47 小时。工作量最大的是日本教师，每周工作时长高达 56 小时，比芬兰教师每天多工作 3.24 小时。[1]我国教师也明显呈超负荷状态，每周工作时长高达 45.3 小时，不仅高于 TALIS 平均值，也高于《中华人民共和国劳动法》（以下简称《劳动法》）规定的"平均每周工作时间不超过四十四小时"。

进一步分析表 2-1 中各个国家或地区教师在 3 项和教学直接相关的任务（教学、独立备课和批改作业）上花费的时间，会发现一个特征或规律，即教师花费在这 3 项工作任务上的总时间基本上和 TALIS 平均值（31.6 小时）持平。如果将这些围绕着课堂教学展开的 3 项工作任务归为教学性工作，而将其他 8 项工作任务归为非教学工作，那么我们可以得出，除了美国和加拿大教师的教学性工作时间（分别为 40.6 小时、39.5 小时）较长外，在其他国家或地区中，教师教学性工作时间最长的是英国，为 33.7 小时，最低的是韩国，为 27.3 小时，与 TALIS 平均值分别相差 2.1 小时和 4.3 小时。这表明大部分高绩效国家的教师每周会在教学性工作上花费 30 小时左右的时间。

既然各国教师花费在教学性工作上的时间基本持平，那么这就说明，各国教师工作强度的差异主要源于教师花费在非教学工作上的时间。例如，日本和芬兰两国教师花费在教学性工作上的时间相差仅 2.4 小时，但是周工作时长相差却达到 22.7 小时，这意味着日本教师在非教学工作上比芬兰教师每周多花费将近 20 小时。减少教师的非教学工作负担应该是大多数高绩效国家面临的共同挑战。

（三）方法论：探究教师工作强度的现实困厄和调适对策

1. 教师工作强度的现实困厄

（1）教师角色丛复杂化

加拿大教师协会的调查发现，超过 75% 的教师认为自己的工作量大，因为他

---

[1] OECD. TALIS 2018 results（Volume I）: Teachers and school leaders as lifelong learners[EB/OL]. https://www.oecd.org/education/talis/[2022-10-24].

们总是同时需要处理多项工作任务，承受着不同的角色期待。[1]教师作为一个人，存在于社会、学校、家庭三大领域当中，在不断切换角色的过程中形成了复杂的角色丛，难以在特定的场域内进行角色的精准定位，从而持续加重自身的工作强度。首先，在社会领域中，社会对教师角色的简单认知或对教师职业期待过高，使得教师不仅需要承担其作为教书者、知识传授者这一本职角色的工作，还需要接受因社会对教师职业期待过高而产生的大量隐性工作任务，如各种迎检、代课与考核等，从而加重了教师的心理压力，这也是教师工作强度的来源之一。其次，在学校领域中，教师不仅要承担教学工作，还要承担与学校效益相关的评价工作，并且学校会将教学成绩与教师的职称评定、绩效发放等联系在一起，使得教师无法专心于教学本职工作，从而无形之中加重了教师的工作强度。最后，在家庭领域中，工作角色与生活角色的失衡，同样也加剧了教师的工作负担。教学任务重，教师无法在工作时间段内完成任务，导致教师需要将学校里的工作带到家庭中完成，致使教师的工作角色与生活角色产生冲突。调查表明，教师群体中，每周工作总时长超过 48 小时的教师与配偶吵架的频率较高。[2]由此可以看出，将工作带回家庭中完成在一定程度上影响了教师的家庭生活，使得教师在工作与生活中分身乏术，加重了教师的工作强度。

（2）教学与非教学界限模糊

教师减负是全球亟须解决的教育问题之一，也是各国政府面临的挑战之一。关于教师减负研究，TALIS 最新的一轮调查提供了明确的数据。调查者对教师提出了一个问题："如果政府将对学校教育增加投资预算以提高系统绩效，作为教师，你希望资金优先投资在哪方面？"众多选项中，教师选择最多的两项分别是：其一，招聘更多老师以缩小班额；其二，招聘更多学校工作人员以减少教师的行政事务工作。由此可见，教师的选择中传递出了一个清晰的信号：教师的工作量超负荷，非教学工作增加了教师的工作强度，阻碍着学校教育的进一步发展。在 TALIS 考察的 8 项非教学工作任务中，以三大平均值为参照，我国教师在 8 项非教学工作任务上所花费的时间均超过三大平均值，其中尤其是花费在学生个别辅导和学校管理工作两项任务上的时间是三大平均值的 2 倍左右，并且除日常行政工作和参加课外活动这 2 项外，我国教师在其他 6 项工作上所花费的工作时间也是最长的，可见我国教师的非教学工作强度较大。

---

[1] Naylor C. Teacher workload and stress: An international perspective on human costs and systemic failure [EB/OL]. https://www.bctf.ca/uploadedfiles/publications/research_reports/2001wlc01.pdf.2001[2022-07-20].

[2] Bubb S, Earley P. Managing Teacher Workload: Work-Life Balance and Well-being[M]. London: Paul Chapman Publishing, 2004: 9-10.

除此之外，由于非教学工作占用时间较多，我国教师用于直接教学的时间普遍较少。TALIS 数据表明，中国教师每周用于直接教学的时间只有 13.8 小时，低于国际平均值 19.2 小时，英国教师每周用于直接教学的时间为 20.1 小时，加拿大、芬兰分别为 27.2 小时和 20.7 小时，均高于国际平均水平。总体来看，中国教师将多数时间分配给了与教学无关的工作，难以将身心聚焦于教学上，无形中使教师工作的强度增大。

（3）职业发展动力不足

首先，由于工作强度较大，教师需要花费大量的时间来处理各种工作，留给自身专业发展的时间不足，因而教师职业发展动力不足，自身能力难以提高，这进一步加大了教师的工作强度。其次，教师的大量时间和精力被高强度工作消耗，使教师产生消极情绪，士气低落，无心发展自己甚至对职业失去信心，产生职业倦怠，由此影响到教师工作的满意度，最终使得教师无心提升自身的能力。除此之外，国家对教师的培训多为教学管理、教学能力等方面，对于如何帮助教师降低工作强度、减去不必要的非教学工作等方面没有提供具体的帮助，因此教师在面临较重的工作强度时难以应对。

（4）家-校-社未形成合力

降低教师工作强度是一项综合性较强的系统工程，需要社会各界形成多元合作机制，搭建横纵交叉覆盖的网格式工作系统，深入推动落实教师降低工作强度。在实际的教学过程中，社会部门发挥的协调与监督作用有限，存在社会部门向学校分配重复的任务以及给学校或教师分派非教学工作等问题，导致教师不断地应对社会部门的督导、检查、评比等事务。只有家-校-社形成合力，共同协调与监督，才有可能从源头上减少教师的重复性工作。除社会外，在学校内部，由于多部门之间没有联动协调，也存在任务重叠和时间冲突等情况，教师需要完成很多重复性工作，致使教师工作强度逐渐增大。

2. 教师工作强度的调适对策

（1）认识本质：教师的本质定位是教书育人

教师的职责在于教学，教师是教书育人的专业人员，其重点工作在于为国家培养接班人，提高民族的整体素质。《中华人民共和国教师法》对教师的基本权利做了详细规定：进行教育教学活动，开展教育教学改革和实验；从事科学研究、学术交流，参加专业的学术团体，在学术活动中充分发表意见；指导学生的学习和发展，评定学生的品行和学业成绩。由此可见，教师的本职工作并不轻松，尤其是在现行的教育体制下，不断增强的工作强度使得教师负担过重。同时在实际的学校教学工作中，教师的工作职责被模糊化。

（2）精准施策：明确划分教学与非教学工作

帮助中小学教师降低工作强度并不是不要工作强度，而且通过减少过重、非必要的工作来降低工作强度，其中非教学工作是加重教师工作强度的重要来源。这些非教学工作主要可分为两类：一是与教学工作相关的，如批改作业、备课、给学生进行辅导等；二是与教学工作关系较小或者毫无关系的，如参加学校的行政会议、督导考核评价等。明确划分教学与非教学工作，通过减少非教学工作来降低教师的工作强度是大多数国家面临的共同挑战。目前纵观整个国际社会，能达到此标准的只有芬兰，芬兰教师每周用于非教学工作的时间仅有7.8小时，相比较而言，加拿大和英国分别达到了17.7小时和15.4小时，而澳大利亚、新西兰、韩国更是达到了20~21小时，新加坡、美国、日本和中国则明显高于其他国家，分别为24.7、24.6、25.5、25.3小时，有效降低教师工作强度的重要措施在于减少非教学工作量。

（3）提质增能：促进教师能力可持续发展

教师能力的提升能促使教学工作高质量、高效率完成，因此，学校教育应充分发挥教师的主观能动性，通过开展减负实践、进行教学实践改革、共享课程资源等方式，充分地培养教师，提高教师的专业能力，从而使教师减少具体的工作负担。具体可通过以下几个方面的举措提升教师能力：第一，教学备课、批改作业等都是教师的专业活动，是教学中不可减去的工作。降低教师工作强度的根本在于提高教师自身的能力，包括专业理解力和专业实践能力等，教师通过自身能力的提升从而高质量、高效率地完成教学工作。第二，围绕教师工作强度进行学校探索实践同样也是促进教师专业发展的有效途径。因此，教育管理部门应该充分尊重学校、地区的自主性，给予它们一定的权力，让它们能够进行相关的调查研究，通过实践总结经验，从而使教师工作强度得到一定程度的降低。[①]第三，关注新手教师。新手教师是教育中的重要生力军，新手教师的状态与能力发展至关重要，大量调查表明，新手教师由于初入职场、经验匮乏，往往面临更大的工作强度，因此在给教师提质增能中尤其需要注意新手教师这一群体。

（4）协同共治：形成家-校-社主体联动系统

降低教师工作强度需要多方面的共同努力，学校与家庭、社会保持有效的联动是非常重要的一个方面，但过多的联动在潜移默化中又会增加教师的工作强

---

① Teacher Workload Advisory Group. Making data work[EB/OL].（2018-11-05）. https://assets.Publishing.Service.Gov.uk/government/uploads/system/uploads/attachment_data/file/754349/Workload_Advisory_Group-report.pdf [2021-03-10].

度。英国教育部在其官方网站上给出了一份可以有效帮助学校与社会开展沟通工作的操作指南。除此之外，为了让教师在实践中更方便地进行操作，英国教育部还给出了两个具体实例：第一个例子提供了某中学和学生家长进行有效沟通的规则和策略；第二个例子提供了某中学教职员工在进行沟通过程中的沟通邮件数量和会议数量，以及有效帮助教师平衡工作与生活的具体做法。[1]除此之外，英国教育部还通过对教师工作量的调查，在官方网站发布了"减少工作量"的工具包，其中就包含学校减少工作量的相关案例以供参考，这在一定程度上使学校与社会之间形成联动，并且能够在降低教师工作强度的过程中建立完善的网络应用系统，帮助教师更加便捷地处理学生事务。同时，在构建家校联动时也可以充分地依托网络应用系统，使家校协同教学更加轻松。除英国外，日本的《教育基本法》第十三条也针对家–校–社联动做出了规定：学校、家庭和地区居民以及其他有关人员在教育方面要明确各自的作用和责任，并加强合作。[2]可见，多方主体联动在教师工作强度调适中发挥着重要作用。

四、教师工作强度研究的理论基础

理论基础是深入剖析教师工作强度内涵的基石。为了清晰了解教师工作压力的来源，把握教师工作负担生成的原因，减少教师职业倦怠产生的危害，破解教师工作负担带来的难题，调适教师工作强度的程度，提升教师职业幸福感，本书基于心理压力理论、布迪厄场域理论、职业倦怠理论、人本管理理论、需要层次理论，结合实地调研、问卷调查以及访谈得来的资料与数据，从教师工作强度的来源、生成、成因、调适、疏解五大方面逐一进行分析，进而提出降低教师工作强度的针对性建议，为教师减负出谋划策。

（一）心理压力理论：教师工作负担的来源

工作压力是教师工作负担生成的源头，溯源教师工作压力是缓减教师工作负担的第一步。心理压力理论为我们探讨教师工作压力的来源提供了借鉴，是探寻教师工作负担的重要理论基础之一。从压力概念来看，心理压力理论主要分为两大派系。一是以塞利（Selye）为代表的压力反应说理论，压力反应说的经典理

---

[1] Department for Education（UK）. Behaviour management：Reducing teacher workload[EB/OL]. https://www.gov.uk/government/publications/behavior-management-reducing-teacher workload[2022-03-19].

[2] 文部科学省. 教育基本法[EB/OL]. http://www.mext.go.jp/b-menu/houan/an/06042712/003.htm[2022-07-02].

论是GAS（general adaptation syndrome，一般适应综合征）模型。[1]压力反应说强调个人主观因素，解释了不同个体在同样压力环境中产生差异的原因，不足之处在于其将人看作对不良环境做出被动反应的生命体，忽视了人的心理和行为的反作用，过度强调生理指标。[2]二是以托马斯·霍姆斯（Thomas Holmes）、理查德·拉赫（Richard Rahe）及韦斯（Weiss）等为代表的压力刺激说理论。[3]该学说把压力定义为能够引起个体产生紧张反应的外部环境刺激，如失业、失恋、自然灾害等，其关注的核心在于何种环境能够使人产生紧张反应。其中，韦斯对工作压力作了长期与短期之分，短期工作压力造成的反应主要表现为紧张，而长期工作压力造成的反应则是疾病。[4]该理论注意到了压力刺激的实质，关心压力的来源，着重强调工作压力的外部因素，加深了人们对心理刺激和疾病症状之间关系的认识，但它忽略了个体对工作压力的感知与评价，忽视了人的主观能动性和心理行为的复杂性。[5]从压力来源的相关研究来看，心理压力来源主要有多重角色的模糊和冲突导致的个体心理与行为上的混乱、个体的期望得不到满足、过度的工作负荷引发的生理机能不适，人际互动中产生的冲突与矛盾等。[6]罗宾斯（Robbins）在《组织行为学》一书中就提及了三种潜在的心理压力源，即环境、组织和个人压力因素，并认为现实压力感的形成取决于个体差异，如工作经验、个人认知等。[7]

基于心理压力理论的观点，我们可以断言压力与个体的生理及心理之间存在密切关系，压力的生成和外部环境的刺激与个体的心理及行为反应也息息相关。心理压力反应会对个体产生不同的效果。根据心理压力反应造成的不同效果，我们大致可将其分为三大类，即生理反应[8]、心理反应[9]和行为反应[10]。因此，我们可以大致将压力产生的来源分为生理（生物）、心理（精神）、行为（社会）三个

---

[1] Selye H. A syndrome produced by diverse nocuous agents[J]. Nature, 1936, 138（3479）: 32-34.
[2] 余锡祥, 汪剑. 心理压力研究综述[J]. 中国校外教育（理论）, 2008（S1）: 1353-1354.
[3] Cannon W B. The wisdom of the body[J]. Nature, 1934, 133: 82.
[4] Weiss M. Effects of work stress and social support on information systems managers[J]. MIS Quarterly, 1983, 7（1）: 29-43.
[5] 蒋宁. 工作压力理论模型述评[J]. 现代管理科学, 2007（11）: 57-59.
[6] Kahn R L, Wolfe D M, Quinn R P, et al. Organizational stress: Studies in role conflict and ambiguity[J]. American Sociological Review, 1965, 71（1）: 103-104.
[7] 斯蒂芬·P. 罗宾斯. 组织行为学[M]. 孙健敏, 李原, 译. 北京: 中国人民大学出版社, 2008: 569-571.
[8] Schneiderman N, Ironson G, Siegel S D. Stress and health: Psychological, behavioral, and biological determinants[J]. Annual Review of Clinical Psychology, 2005, 1: 607-628.
[9] Shek D T. Validity of the Chinese version of the general health questionnaire[J]. Journal of Clinical Psychology, 1989, 45（6）: 890-897.
[10] 斯蒂芬·P. 罗宾斯, 蒂莫西·A. 贾奇. 组织行为学[M]. 孙健敏, 李原, 译. 北京: 中国人民大学出版社, 2008: 573-574.

方面。基于心理反应理论探寻教师工作负担研究，可对工作负担的来源及成因进行剖析，有利于教师工作强度相关研究的开展。

1. 生物性压力源：生理创伤

基于心理反应理论，工作压力对个体带来的消极影响首先反映在个体生理层面。生物性的表征是压力刺激带来的最初反应，长期、严重的刺激反应可能会导致个体的组织损伤和出现疾病，甚至会增加中风、精神障碍（如抑郁症）、心脏病等疾病的风险。[1]我们将这种能对个体造成生理创伤的刺激源称为生物性刺激源，危害、促使生理上形成刺激反应的事件或者物质称为生物性刺激源，如生理疾病、自然灾害等造成的生理创伤、饥饿等。但凡造成生理不适、影响主体生存的事件都是生物性刺激源。教师长期面临工作时间长、工作内容烦琐等超负荷压力，形成生理不适，日积月累的生理创伤成为教师工作负担的主要来源。

2. 精神性压力源：心理创伤

生理反应的变化会伴随心理反应而改变。心理反应理论的相关研究证明了外界刺激会造成个体心理反应水平的变化，刺激水平过高会给个体的生理和心理带来极大创伤。因此，研究者十分关注压力与心理健康之间的关系。早期研究者主要关注危机性或重大性生活事件与人的心理适应之间的关系，如失业、配偶或朋友死亡等危险性压力事件对人的影响。后来研究发现，由日常生活及社会角色带来的持续压力是影响人的心理健康的重要原因，如由婚姻、育儿及家庭经济所带来的压力与人的抑郁有密切相关。[2]我们可以将这种对个体心理健康带来威胁的心理创伤称为精神性压力源。长期的工作负荷致使一些教师不仅饱受生理疾病的困扰，也承受着巨大的工作压力，教师长期处于紧张、焦虑、恐慌等情绪之中，心理健康水平下降。

3. 社会性压力源：人际创伤

行为反应主要指的是个体在外界环境的刺激下做出的应激反馈，是对压力源带来的生理及心理创伤做出的身体调适与反馈。这种反应主要源自社会环境的压力刺激，个体在生理和心理创伤的刺激下可能会发生过激行为，从而影响自身社会关系的发展，因此可以被称为社会性压力源。个体在压力的促使下，为调适自

---

[1] Schneiderman N, Ironson G, Siegel S D. Stress and health: Psychological, behavioral, and biological determinants[J]. Annual Review of Clinical Psychology, 2005, 1: 607-628; Jones F, Bright J. Stress: Myth, Theory, and Research[M]. New York: Pearson Education, 2001: 4.

[2] 朱敬先. 健康心理学：心理卫生[M]. 北京：教育科学出版社，2002：314-317.

身的不适状态会做出各种行为反应，如过量饮食、过量运动、过度抽烟、酗酒等，甚至会情绪激动、乱发脾气，影响人际交往。教师的职业性质决定了其必须保持良好的社会关系，杜绝不良社会关系的发生带来的危害。所以，超负荷的工作压力会对教师的身心健康造成威胁，会给教师带来困扰，为避免教师做出过激反应，如对学生乱发脾气、工作不负责任、请假缺席等行为，教师必须把控自己的工作压力，调适自己的身心状态。

（二）布迪厄场域理论：教师工作负担的生成

教师工作负担的生成受诸多因素的影响，从布迪厄场域理论出发，我们可以发现教师工作负担生成来源之间的关系网络，这些关系网络从各个方面深刻影响着教师工作状态的变化。从分析的角度而言，一个场域可以被定义为在各种位置之间存在的客观关系的一个网络，或一个构型。[1]我们可以从四个方面去分析场域，即关系论、博弈论、规则论、权力论。[2]首先，场域的核心指代的是一个特定的社会关系空间。场域所指代的社会空间是相互独立的，不同场域都有自身的逻辑和规则。[3]简言之，场域代表着各种不同的分化的社会空间，如经济、政治、文化、学校等空间，它呈现的是由不同资本所决定的处于不同位置的行动者之间的客观关系。不同的场域共处在社会大空间中，因其资本的不同而处于社会的不同位置，对资本的占有状况决定了场域的位置、地位和关系。其次，场域内各种力量的斗争使之形成一个博弈的关系空间，场域内的占据者会通过各种策略来维护自己在空间中的位置。[4]再次，由于权力与资本的博弈斗争，场域具有运作性，而场域要想有序运作，就得保证场域内部具有一定的规则。规则的存在使场域得以长期运作，但同时场域内的规则受资本与权力的裹胁。最后，场域的运作具有自主性，但受资本与权力的限制，权力关系是场域内存在的基本关系。布迪厄的实践社会学意义上的权力场域指的就是把不同的场域和资本联系在一起的空间存在，当然该权力场域不局限于政治场域，凡是有社会关系和社会力量存在的地方，就一定会有权力的存在及其发挥的作用。[5]教师身处社会这个大空间中，其工作和生活会受到空间内各个关系网络的影响。

---

[1] 布尔迪厄，[美]华康德. 反思社会学导引[M]. 李猛，李康，译. 北京：商务印书馆，2015：122. 因音译不同，本书对"布尔迪厄""布迪厄"不做统一。
[2] 娜仁高娃. 向"场"而生：现代基础教育场域论[D]. 长春：东北师范大学，2010.
[3] 高宣扬. 布迪厄的社会理论[M]. 上海：同济大学出版社，2004：139.
[4] 高宣扬. 布迪厄[M]. 台北：生智文化出版社，2002：231-232.
[5] 皮埃尔·布迪厄，[美]华康德. 实践与反思——反思社会学导引[M]. 李猛，李康，译. 北京：中央编译出版社，1998：348.

基于以上对布迪厄场域理论的分析，我们要从场域理论的角度阐释教师工作负担的生成，就要从教师所处的主要场域、所受的主要资本、所面对的主要主体出发，分析教师所处的场域位置、面临的社会关系，以及渴望达到的身心需求。

1. 三重场域共同作用引发教师负担持续生成

教师的职业性质决定了维护良好的人际关系是教师的重要工作内容。在众多的场域中，学校场域、家庭场域及社会场域是教师工作面临的三大重要场域。在学校场域中，除了正常的教学工作外，教师还需处理好师生关系、师师关系、生生关系、同事关系、与学校领导的关系等，这些关系的维持会消耗教师的诸多精力。在家庭场域中，教师自身的家庭和谐与否会直接影响到教师的工作状态与效率，而学生的不良家庭关系也会增加教师的学生管理工作。在社会场域中，教师需要接受社会的监督。教师作为培养祖国花朵的园丁，在享受社会大众的支持与尊重的同时也承担着相应的责任与使命，这种社会监督使教师长期处于紧绷状态，谨小慎微，害怕因犯一丁点儿错误而给自己的职业生涯带来毁灭性的打击。在这三重场域的共同作用下，教师面临着许多无形束缚，一旦场域内的平衡被打破，教师承受的压力就会暴增，甚至引发不同场域之间的连锁反应，如家庭矛盾促使教师心情不畅，从而影响教师的正常工作。长此以往，教师的工作负担就会不断增大，形成生理、心理创伤。

2. 三类资本共同挤压致使教师发展动力不足

教师的工作深受不同权力或资本的支持与限制。场域的存在受不同资本的限制，资本之间的博弈使场域内部的资源不断流转。教师工作主要面临经济资本、文化资本、社会资本三类资本的共同运作。经济资本对学校教育提供了货币保障，使教师工作顺利开展；文化资本既可以是教师通过学习获得的技能及获得的学历和文凭，也可以是教师所拥有的与教育相关的物品。[①]文化资本在某些条件下可以转化为经济资本，教育相当于一种投资，而教师则是作为投资者的操刀手。社会资本是一种持续性的社会关系网，是指个体拥有的社会资源和财富，教师作为社会团体中的一分子，在享有社会资源的同时也是社会资本的缔造者之一。三类资本的存在使教师工作得以有序运作，而在资本到位不及时或者缺失的情况下，教师工作的有序状态就会被打乱，如教师工资缺失、教师职业声誉受损、教师职业发展受限等。因此，三类资本的共同挤压会对教师的工作产生影

---

① 冯婧珉. 对布迪厄社会学理论中"资本"概念的解读[J]. 内蒙古农业大学学报（社会科学版），2009，11（6）：287-288.

响,致使教师发展动力欠缺,诱发教师产生工作负担。

3. 四大主体不当协作增大教师体验负荷强度

教师工作的顺利开展离不开政府、社会、学校及教师群体的支持与配合。教师身处教育场域中,为维持教育场域的平衡,履行教师的职责,多方主体需要共同配合,缺一不可。社会为教师工作的开展提供了社会资源,政府为教育投入了大量资本,学校和教师则是教育的主要场所及实施者。这四大主体的配套合作推动了教师工作的顺利运作,一旦其中一方失衡,就会打断教师工作的顺序,顺序的调整将会花费教师大量的时间和精力,从而增加教师的工作量,如非教学工作过多可能会使教学成为教师的副业,过高的社会舆论压力可能会使教师不敢依法合理行使自己传道、授业、解惑的权利,不敢管教学生。这些行为体验都会降低教师的工作满意度。

(三)职业倦怠理论:教师工作负担的成因

教师工作负担是形成教师职业倦怠的重要因素。职业倦怠是指个体在工作重压下产生的身心疲劳与耗竭的状态,该词最早由美国心理学家费鲁顿伯格(Freudenberger)于1974年提出,用来描述服务业人员由于工作时间长、工作量大以及工作强度大而经历的一种身心疲劳状态。[1]职业倦怠完全区别于普通的身体疲劳,它是由工作引起的一种身心疲惫和工作倦怠,是个体在工作环境中由长期紧张的人际关系和情绪导致的应激反应,身体疲惫只是其表征之一。这种应激反应跟个体高期望与低成就之间的落差、低报酬与超付出之间的失衡、高工作强度与低自我调适能力之间的不匹配,以及由个体专业发展受限导致的挫败感等因素息息相关。职业倦怠的存在使个人失去工作方向,陷入困惑之中,导致工作效率降低,无法提升个人价值,由此陷入恶性循环,在生理上出现疲惫感,在心理上感到不自信、不敢拼搏,失去工作热情,感受不到工作的成功与快乐。

教师是职业倦怠的高发人群之一,早在20世纪80年代末90年代初,国外学者就已经开始关注教师职业倦怠问题。教师职业倦怠是教师面对工作压力时,情绪、态度和行为出现衰竭时产生的一种症状。根据玛斯拉池(Maslaeh)和杰克逊(Jakson)的理论,可以从三方面总结教师职业倦怠的特征:一是情感衰竭,对工作失去热情。处于倦怠状态的教师会逐渐丧失教学热情,将工作重心慢慢地偏移教师工作,对教师职业规划模糊。二是去人格化,对工作对象和工作环

---

[1] Freudenberger H J. Staff burn-out[J]. Journal of Social Issues, 1974, 30 (1): 159-165.

境采取冷漠态度，与之保持距离；教师对身边的人和事不再投入大量感情和精力，不再因材施教而逐渐照本宣科，使教学工作变成千篇一律的讲授。三是个人成就感降低，对工作的满意度和幸福感降低，消极应对工作。教师工作无法使教师体会到成就感，教师职业的使命感降低，不利于教师的职业发展，同时也会影响学生的培养质量。[①]因此，缓解教师职业倦怠、减轻教师工作负担迫在眉睫。职业倦怠理论能够帮助我们深层次分析教师职业倦怠产生的原因，可以通过减少教师工作量，明确教师工作时间及工作内容，降低教师工作强度，减轻教师工作负担及由此而造成的心理倦怠感，从而帮助教师重拾教学热情。

1. 教师工作职责与内容模糊不清

教师工作职责与内容模糊不清是催生教师工作负担、生成教师职业倦怠的首要元凶。首先，工作职责与内容的模糊不清导致教师的工作量不断累积，除了教学任务，许多非教学任务也被纳入教师的工作范围内，如填报一些可有可无的材料，应对各级教育行政部门高频率、低效能的考核与检查，同时还要兼顾学校的一些行政事宜。这些不同类型的、繁杂的、"紧急性"的任务占据了教师的太多精力，甚至超过了教师的教学任务量，使教师分身乏术，对本职工作产生无力感。

2. 教师工作范围不断扩大，工作时间无限延长

教师工作范围与时长也是影响教师工作负担的指标之一。非教学工作的大量出现往往会导致教师的教学工作和非教学工作出现本末倒置，使教师的工作范围不断扩大，工作时间无限延长，超时加班、超额完成任务甚至成为某些教师的家常便饭。长期的超负荷运转让教师身心俱疲，甚至产生被掏空的无力感。面对日益失去本质的教师工作，教师的工作热情与期望难以维系。

3. 教师工作场所与身份不断突破

教师工作场所与身份的不断突破是导致教师工作和生活失衡的主要矛盾。家庭本该是教师工作之后放松的港湾，但由于工作时间的无限延长，教师不得不把工作从学校带回家庭，家庭变成了教师的另一个"办公室"，使工作情绪延伸到家庭生活之中，导致工作和生活边界模糊，家庭矛盾激生，难以维系家庭成员间的良好关系。

4. 教师职业发展与管理规划不清

教师长期面临高压、紧绷的工作及生活状态，会使教师丧失职业热情，模糊

---

① 王晓春，张莹，甘怡群，等. 中学教师工作倦怠量表的编制[J]. 应用心理学，2005（2）：170-175.

自己的职业发展规划。教师在高压之下不仅要超负荷工作，还要出成绩、出好成绩。然而，应试教育之下人们对于分数的追逐使教师承受巨大压力，面对来自社会和家长的高期望和高要求，如果教师达不到这些期望和要求，就可能会面临多方压力甚至是批评。外界的高压如果超过教师的承受值，对教师的打击会很大。教师的职业自信和热情一旦受挫，将会对其职业认同带来消极影响。

（四）人本管理理论：教师工作强度的调适

以人为本的规章制度与管理方式是科学、合理调试教师工作强度的有效策略。人本管理理论是建立在人本主义心理学、行为科学等一系列理论的基础上形成的管理科学理论，主张采用激励手段激发人的潜能，以充分实现人的自我价值。它着重强调在管理过程中对人予以尊重、理解、信任、关心和重视，倡导一种以人为本的管理制度和方式。以人为本是人本管理理论的核心，该理论认为，人是组织中最重要的资源，在此基础上，该理论逐渐形成从人出发、为人考虑的管理模式。[①]首先，该理论强调人的重要性。组织的运营与发展离不开组织员工的配合与运作，员工的工作效能在很大程度上决定了组织的发展潜力。只有要充分调动员工积极性，提升员工工作效率，才能实现组织的发展壮大。其次，该理论强调人的潜力和主观能动性。组织的效益是由员工产出的，员工的发展潜力决定了组织的发展前景。所以，组织应该发现和挖掘员工的潜能，尊重员工的主观能动性，合理激发员工的创造力，实现组织的价值最大化。从人本管理理论出发，我们能够看到人对于组织发展的重要性，并且科学合理的管理制度与方式不仅有助于员工管理，还有助于增添组织力量，激活员工活力，最大程度地兼顾组织和个体的共同利益，进而促进人的发展。

教师作为学校组织中的重要组成部分，管理者应该以教师为主，从教师的需求和发展出发，结合学校规划与愿景，制定人性化、科学化的规章制度和管理方式，与教师互助共赢，实现教育、教师和学校的共同成长。学校管理不到位、不合理导致的教师工作内容与职责模糊、工作时间延长、工作场所混淆，是造成教师工作负担激增的重要原因。从人本管理理论出发，人性化地调试教师工作强度是减轻教师职业倦怠的有效策略。

1. 以人为本：从管理出发，合理调配教师工作

以教师为本、合理调配教师工作是缓解教师工作负担、降低教师工作强度的

---

① 兰邦华. 人本管理：以人为本的管理艺术[M]. 广州：广东经济出版社，2000：5-11，66-70.

第一步。学校管理应该做到以人为本，从人的发展和需求出发，把教师作为重要的管理对象，结合教师的发展需求不断优化管理方式与条例，从而促进教育资源的合理分配与科学规划。这是促进教师专业发展能力提升的重要手段，也是推动学校可持续发展的关键环节。

2. 满足需求：从激励出发，适度诱发教师需要

满足教师需求是调动教师工作积极性、缓解教师职业倦怠的有效方式。学校管理者应该以激励为主，针对教师的发展与需要采取适当的措施，利用外部因素激发教师的内部需求，提升教师的工作积极性，激发教师的教学热情，让教师看到自己的发展需求与职业价值；同时，适度的激励诱发还能增强教师的成就感，让教师产生更加强烈的发展动力，进而促进教师教学工作的开展与学校教育目标的实现。

3. 和谐共处：从快乐出发，积极维护校园关系

和谐的校园关系是决定教师快乐工作、学校积极发展的重要因素，为教师快乐工作奠定了坚实基础。学校管理者应该重视和谐校园关系的建立，积极塑造和谐、轻松、融洽的校园氛围，为教师创造一个良好、舒适的工作环境。和谐的校园关系能为教师工作提供舒适的情感体验，减少校园矛盾与冲突的发生，使同事关系、师生关系、教师与学校领导关系居于和谐局面，让师生更加团结，组织凝聚力增强。

4. 激发潜能：从成长出发，积极开发教师潜能

激发教师潜能，促进教师专业发展是缓解教师职业倦怠的关键手段。学校管理者应该从教师成长出发，注重教师的专业发展，积极开发和挖掘教师潜能，为教师的专业成长搭建平台，为教师提供更多的发展机遇，使教师的能力得到锻炼和成长。教师作为学校教育教学的主要实施者，其能力的高低关乎教学质量的优劣。因此，学校必须重视教师技能的开发与培养，让教师看到自己的职业前景与个人价值，更好地将自己的能力与精力投入到教育教学工作之中，促进学校教育目标的实现。

（五）需要层次理论：教师工作强度的疏解

需要层次理论可以作为衡量教师工作负荷强度、判断教师是否具有幸福感的标准。教师的工作负荷强度决定了教师工作压力与职业倦怠程度，直接影响教师

对本职工作满意度与幸福感的判断。需要层次理论是美国心理学家马斯洛（Maslow）经过多年研究所得的，是马斯洛基于对个体的观察与研究而提出的关于个体需要及各需要之间的层次关系的理论。[①]该理论为我们理解"双减"背景下减轻教师工作负担的工作与研究提供了另一个视角，也为我们阐述教师工作强度理论体系的发展逻辑提供了新的理论视域。

需要层次理论认为，每个人是一个整体，有着内在的联系。每个人的内心都存在各种不同的欲望，马斯洛将其称为"需要"，并且这些需要是分层次、有系统的。该理论把人类需要分为两大类——缺失性需要和成长性需要。缺失性需要划分为生理、安全、归属与爱、尊重这四小类，成长性需要则包含个体自我实现需要，这五种需要并非彼此独立、毫无关系的，而是呈现依次递进的关系。一种需要的满足只能产生短暂的幸福，而这种幸福又会逐渐被另一种更高级的需要所接替。[②]这五种需要之间的层次界限不是绝对的，而是相对的，可以同时并存，但是以其中一种需要为主导。马斯洛的需要层次理论是基于个体需要提出的理论，但人作为集体社会中的一员，人的需要和集体社会的需要必然会产生交集，而集体社会的利益从理论上来讲肯定高于个人的整体利益；从现实来看，集体社会的需要往往符合个体长远发展的需要，它以个人需要为基础，集体社会的需要本身就是个人需要的综合体现，两者是相辅相成、互助共赢的关系。教师作为学校这一集体中的重要一员，其发展需要和学校的发展需要密切联系，满足教师的发展需要即实现了学校的发展需要。因此，马斯洛的需要层次理论为我们了解教师发展需要、缓减教师职业倦怠、减轻教师工作负担、降低教师工作强度、提升教师职业幸福感提供了理论指导。

1. 生理与安全需要的满足：教师工作待遇的追求

生理需要和安全需要是实现自我需要的基本前提。提高教师工资待遇的实质就是满足教师的生理需要和安全需要。减轻教师工作负担，不仅仅是减轻教师工作上的负担，更要减轻教师心理上的负担，满足教师的身心需求，让教师体验到职业幸福感和满足感，由此才能最终达到降低教师工作强度、缓解教师职业倦怠的最终目的。然而，基于目前的实际调研和数据分析，我国教师的工资待遇虽在逐步提高，但随着社会经济发展的进步，生活成本的逐年增加，教师面临的生活压力也在逐渐递增，追求更好的工资待遇便成为教师职业发展的重大需求。所以，教师对工资待遇的追求就是对自我需要的追求，满足教师的现实追求才是实

---

① Maslow A H. A theory of human motivation[J]. Psychological Review, 1943, 50 (4): 370-396.
② 马斯洛. 动机与人格[M]. 许金声, 等, 译. 北京: 中国人民大学出版社, 2012: 3-89.

现教师减负的首要基准。

2. 归属与爱需要的满足：教师工作环境与氛围的创设

教师工作强度的降低不仅是生理层面上的减负，更是心理层面与精神层面上的减负。为减轻教师的负担，减少不同层面的压力对教师产生的干扰，需要为教师提供适宜的工作场域。安静、舒适、整洁的物理环境的获取是降低教师工作强度的关键步骤。对于教师工作强度的调节与减轻不仅建立在物质保障基础之上，还建立在幸福和谐的工作环境和工作氛围之中。学校为教师创设舒心愉悦的工作环境有利于和谐的工作氛围的形成，周边的优良环境为教师拥有美好心情打下了基础，也为教师建立和谐的人际关系提供了便利条件，对于教师归属感的形成与凝固具有重要意义，也为满足教师归属与爱的需要打造了坚实堡垒。

3. 尊重与自我实现需要的满足：教师社会地位的提升

降低教师工作强度的最终目的是减轻教师工作负担，缓解教师工作倦怠，激发教师工作热情，永葆教师工作活力。永葆教师工作活力需要不断激发教师的工作热情，而满足教师自我实现需要的过程就是催生教师工作活力的过程。教师在自我价值实现的同时也完成了自身的蜕变，实现了职业竞争力的提升、知识体系与结构的拓展、职业幸福感的获取，博得了社会对教师的认可，提升了自我的社会地位。教师作为集体中的一员，面临着绩效考核和成绩评定，"骨干教师""卓越教师"等荣誉称号的评选、教师职称的评定等事宜的存在使教师身处竞争之中，为提高自身利益，增加竞争砝码，教师原有的和谐的人际关系势必会受到影响，加上各种不确定因素的意外增加，学校各种临时制度的调整，使教师在满足自我实现的需要过程中遭受波折，不利于人际关系的和谐往来，不利于教师对校园环境产生温暖、尊重、关怀等情感体验。同时，教师职业地位的高低决定了社会对教师身份的认可度与尊重程度。目前的数据分析以及抽样访谈的结果表明，教师的社会地位有待提高，社会对教师职业的认可度有待提升，教师的自我认同也有待增强。这些现实情况都会直接或间接影响教师的职业发展以及自我认可，影响教师的职业幸福感和满足感，进而影响教师的终身发展。运用马斯洛的需要层次理论指导教师管理，以教师为本，注重教师的发展需要，提高教师的工作待遇和工作地位，为教师的专业发展提供专业平台和机遇，激励教师追求自我，实现自我，才是有效缓解教师工作负担、减轻教师工作压力、降低教师工作强度的关键举措。

五、教师工作强度研究的话语体系

教师工作强度研究有四个核心内容：一是呈现教师工作强度的基本特征；二是揭示教师工作强度的形成机制；三是确立教师工作强度的科学标准；四是明确教师工作强度的基本原则。四者有机统一于教师工作强度管理中。其中，基本特征研究为管理提供事实依据，形成机制研究为管理提供有效路径，科学标准研究为管理提供正确方向，基本原则为管理提供根本保障。

（一）以特征呈现为基的教师工作强度研究话语

教师工作强度的特征研究可以提供基本事实基础，对于我们认识教师工作强度现象、探究教师工作强度规律、开展教师工作强度管理具有重要意义。特征是基于一定视角而认识到的事物的独特表现。呈现教师工作强度的基本特征研究主要存在以下两种视角。

1. 时间视角：揭示工作过程与工作周期中教师单位时间的劳动量

对时间的理解不同，不仅会造成工作强度概念的广义与狭义区别，同时也会造成人们对工作强度特征的多种理解。其中最重要的特征是工作强度的过程特征与周期特征。过程特征是指劳动量在劳动时间中的分布特征。它通过劳动过程的起止时间划定考察时段，不将生活与闲暇时间纳入研究范围。周期特征是指劳动量在工作周期内的特征。这里的周期并不是指特征具有周期性，而是指时间具有周期性。在教师工作强度研究中，周期主要指教师的工作日、工作周、学期、学年等时间范围。

揭示教师工作强度的过程特征与周期特征的意义主要有三点。一是从认识教师工作强度现象的角度看，教师工作内容的专业性、稳定性与丰富性使我们需要通过过程特征来理解和把握教师工作强度，而教师劳动过程的计划性、周期性与循环性又使我们需要通过周期特征来理解和把握教师工作强度。二是从探究教师工作强度规律的角度看，教师工作强度规律包含劳动力生产与再生产的规律。过程特征能帮助我们更加直观地分析教师劳动力生产的一面，而周期特征能帮助我们更加深入地分析教师劳动力再生产的一面。三是从开展教师工作强度管理的角度看，调节劳动时间和工作周期内的教师劳动量是教师工作强度管理的核心内容。对教师工作强度的监测、评价与调控都要以教师工作强度的过程特征与周期特征为直接对象。

2. 状态视角：揭示单位时间内教师劳动量的静态存量与动态流量

基于对教师劳动力投入过程的不同抽象程度，教师工作强度的基本特征还可以分为静态特征与动态特征。静态特征是指劳动量在特定时间内的总体分布特征。对静态特征的考察以稳态模型为基础，将教师工作过程中投入的劳动量抽象为平均且稳定的状态，其实质是通过统计得出教师的平均工作强度。动态特征是一种比较特征。它描述的是劳动量在时间的自然序列和非自然序列中的变化特征。对动态特征的研究则是基于动态模型，重点考察工作强度在时间序列中的变化。

考察教师工作强度的静态特征与动态特征，是因为教师工作强度不仅具有稳定性，同时还具有变化性。静态特征重在呈现教师工作强度稳定性的一面，强调在特定条件下教师工作强度特征的整体性与内在一致性。动态特征则重在呈现教师工作强度变化性的一面，强调在不同条件、不同时期、不同环节中教师工作强度特征的相对独立性与内部差异性。动态特征的考察往往以静态特征为基础。静态特征是最基本的特征，同时也是动态特征的组成要素。动态特征是由时间序列中各段时间的静态特征组成的，一个动态特征往往可以被拆分为多个静态特征。

（二）以机制发生为核的教师工作强度研究话语

将形成机制研究作为教师工作强度研究的基本内容，重在发挥它的认识功能与改造功能。形成机制研究表明了我们应该从哪些维度更全面地揭示教师工作强度的特征，同时也呈现了我们能够通过哪些机制管理教师工作强度。

1. 认识功能：确定教师工作强度特征维度

认识功能是指形成机制研究能够帮助我们更加全面、准确地理解与把握教师工作强度。教师工作强度是一种复杂现象，可以从以下两个方面入手认识教师工作强度的复杂性：一是对于基本特征维度，教师工作强度的基本特征是通过抽象展现出教师劳动的数量特征，但这种基本特征只是教师工作在劳动量与时间关系维度上的直观反映。相同的基本特征中可能蕴含差异性，相异的基本特征中可能蕴含同一性，二者并不具有一一对应关系。二是对于其他维度来说，我们能够识别一些教师在劳动过程中存在的某些方面的特殊性，但我们不能毫无依据地判断二者存在相关关系。因此，我们必须在抓住基本特征的基础上抓住更多特征，通过形成机制研究追溯教师工作强度基本特征的形成原因。

2. 改造功能：探寻教师工作强度调控路径

改造功能是指形成机制研究能够为教师工作强度管理提供有效的实施路径。

教师工作强度研究的归宿是教师工作强度管理。这就要求我们不仅要全面、客观地认识教师工作强度，还必须要找到有效的路径来管理教师工作强度。管理工作强度的直接目标是明晰教师工作强度特定的基本特征。形成机制研究可以揭示各种现象与教师工作强度基本特征之间的相关关系。一旦我们确立了这些关系，且这些关系具有可控性，那么我们便可以通过对相关因素的调节来实现管理。

（三）以标准建构为纲的教师工作强度研究话语

教师工作强度的标准体系在教师工作强度研究与管理中具有全局性意义，在监测、评价与调控等环节中发挥着重要作用。它决定了我们要使教师工作具有怎样的强度特征，同时也决定了我们应该通过何种机制使其具备这些特征。建构教师工作强度的科学标准，应以教师工作强度产生的积极与消极影响为判断依据。

1. 伦理标准：以人本为前提，切实维护教师工作权益

在教师工作强度标准建构中坚持伦理标准，就是要否决突破伦理正义性底线的方案，在没有实质性差异的多种方案中选取更具人本性的方案。"以人本为前提"是指在教师工作强度标准建构中应首先保证其具备以维护教师基本权益为核心的伦理正义性。总体上讲，教师的劳动负荷量越大，他们的劳动消耗量就越大，为社会提供的劳动量与贡献也就越多。[1]但教师劳动量的增加不是无限制的，其中包含一些不可逾越的基本伦理限度。马克思曾在讨论工作日最高界限的选取标准时涉及这一问题。在关涉日均劳动量的问题上，他认为存在两种主要限制的基本框架：第一是身体界限，关乎人的休息、睡觉、吃饭、盥洗、穿衣等生理需要的满足；第二个是道德界限，关乎人的精神需要和社会需要的满足。[2]

2. 专业标准：以职能为基础，有效落实教师工作任务

在标准建构中坚持专业标准，就是要否决突破职能的性质与水平底线的工作强度方案，在没有实质性差异的多种方案中优先选取性质更鲜明、水平更高的方案。"以职能为基础"是指教师工作强度标准必须建立在教师职能有效发挥的基础之上。根据《中华人民共和国职业分类大典（2015年版）》，教师属于"专业

---

[1] 范先佐. 教育经济学[M]. 北京：人民教育出版社，2015：426.
[2] 马克思. 资本论（纪念版）第一卷[M]. 马克思恩格斯列宁斯大林著作编译局，编译. 北京：人民出版社，2018：7.

技术人员"类[①]，是履行教育教学职责的专业人员[②]。对其工作强度的科学性考察不能离开其专业性。职能标准内部又包含内容标准与水平标准，主要针对忽视职能的地位造成的异化现象，保持职能但没有充足水平带来的弱化现象，以及对职能的机械理解造成的刻板化现象。考察教师工作强度的合理性，要紧密围绕教师工作的复合性，以立德树人根本任务为指引，坚持教书育人职能的核心地位，突出教学工作、辅助教学工作、教师发展性职能的有效发挥，兼顾相关的、必要的非教学工作。

3. 绩效标准：以效率为导向，积极促进教师工作产出

绩效标准直接体现出研究投入是为了产出的价值取向。在标准建构中坚持经济逻辑，就是要在其他条件没有显著差异时优先选取工作效率更高的方案。"以效率为导向"是指教师工作强度标准的建构中蕴含着追求教师工作效率最大化的价值取向。工作强度与工作效率是工作研究中两个联系密切的概念。工作强度讨论的是劳动量与时间的关系，工作效率讨论的是工作量与时间的关系。前者关注投入，后者关注产出。在劳动生产率一定时，工作强度越大，工作效率越高。从研究的历史价值取向上看，坚持效率取向是工作研究的基调。例如，弗雷德里克·泰勒（Frederick Taylor）认为，科学管理的根本目的是谋求个体达到效率最大化的状态。[③]吉尔布雷斯夫妇（Frank Gilbreth, Lillian Gilbreth）在工作疲劳研究中也坚持经济与效率法则。[④]

（四）以原则制定为本的教师工作强度研究话语

研究的基本原则是我们在面对特定研究对象、使用特定研究方法以及实现特定研究价值等过程中应当遵循的一般性规则。本部分的基本原则主要指教师工作强度研究作为教师研究、工作研究和强度研究的结合体，应重点处理的基本辩证关系。

1. 教师生存与教师发展相统一

教师生存与教师发展相统一是一种由研究价值转化而成的研究原则。对于教

[①] 国家职业分类大典修订工作委员会. 中华人民共和国职业分类大典（2015年版）[M]. 北京：中国劳动社会保障出版社，2015：38.
[②] 全国人民代表大会. 中华人民共和国教育法 中华人民共和国义务教育法 中华人民共和国教师法[M]. 北京：中国法制出版社，2021：4.
[③] 弗雷德里克·温斯洛·泰勒. 科学管理原理[M]. 朱碧云，译. 北京：北京大学出版社，2013：3-7.
[④] Gilbreth F B, Gilbreth L M. Motion study as an industrial opportunity[A]. Gilbreth F B, Gilbreth L M. Applied Motion Study: A Collection of Papers on the Efficient Method to Industrial Preparedness[C]. New York: The Macmillan Company, 1919: 41-56.

师来说，科学合理的教师工作强度指向的是那些能够充分保障教师生存与发展相统一的工作样态。因此，研究中必须将坚持教师生存与教师发展的统一作为科学性的重要前提。具体而言，教师生存与教师发展相统一主要有以下三重含义。

一是保障生存与促进发展相统一。保障生存与促进发展相统一是教师生存与教师发展相统一的题中之义，它申明了教师工作强度研究的价值构成。研究教师工作强度必然要涉及包含工作要求、工作条件、工作状态和工作结果等在内的教师工作中方方面面的问题。坚持生存性与发展性的统一，要处理好二者间的依存与转化关系。在依存关系上，应妥善处理职业生存、职业发展、非职业生存、非职业发展四者的关系，既要坚决反对在理论与实践中只关注生存性或发展性的一个方面，又要坚决反对以职业的一面否定非职业的一面。

二是加强稳定与提升适应相统一。加强稳定与提升适应相统一体现了教师生存与教师发展相统一的内在矛盾。稳定性的一面是指教师专业化的一面，这是由工作性质与内容的相对稳定性带来的，这使得教师的知识与经验具有累积优势。适应性是指教师发展必须与教育发展相一致，必须吸纳新的、改造旧的，这是由教育发展中的理念、目标、手段等的革新带来的。坚持稳定性与适应性的统一，重点是坚定二者相辅相成的立场。

三是立足现实与创造可能相统一。立足现实与创造可能相统一体现了教师生存与教师发展相统一的演进方向。教师生存与发展的过程，就是可能性与现实性互相转换的过程。现实性是基础，也是由历史的可能性转化而来的。可能性是现实性的要素，并将在未来转化为新的现实性。要通过对现实的考察寻找未来发展的方向，把握最好的可能性。

2. 抽象劳动与具体劳动相统一

借助抽象和具体来认识人类劳动，这是一切工作研究的共性。将抽象劳动这个抛开一切具体形式的、无差别的一般人类劳动作为研究的逻辑焦点，这是工作强度研究的特殊性。教师工作强度研究承袭了上述特点，它的核心任务就是要处理好教师的具体劳动与作为人的教师的抽象劳动之间的关系。具体而言，该原则主要有以下三种内涵。

一是抽象性与具体性相统一。抽象性与具体性相统一是抽象劳动与具体劳动相统一的题中之义和首要表现。抽象性是指抽象劳动代表着人类劳动力在生理学意义上的耗费，具体性是指具体劳动代表着人类劳动力在特殊的、有一定目的的形式上的耗费。抽象性与具体性的统一表明了教师工作强度研究的核心内容是要充分利用抽象劳动与具体劳动属于同一劳动过程的两个不同方面这一特点，并以其为逻辑枢纽。坚持抽象性与具体性相统一，重点在于科学把握具体性与抽象性的互相转化。

二是理论构建与实践指导相统一。理论构建与实践指导相统一是坚持抽象劳动与具体劳动相统一的价值方向。理论性是真理性的外显特征，是对教师的抽象劳动与具体劳动内其他方面关系的科学表达。实践性是指理论建构的根本目的是改造教师的具体劳动。抽象性与具体性相统一指明的是抽象劳动与具体劳动联系的科学性。

三是全面分析与系统综合相统一。全面分析与系统综合相统一是实现抽象劳动和具体劳动相统一的思维特征。分析性是指抽象劳动是劳动分析后的一个要素。综合性是指教师的具体劳动具有多个要素，各要素之间具有复杂联系。从认识与实践的主客体关系上看，教师劳动的存在特征以及研究主体的认识特征共同决定了劳动的认识从感性具体转变为理性抽象，再回到理性具体。坚持分析性与综合性相统一，是科学处理劳动量应遵循的逻辑基础。

3. 客观强度与主观强度相统一

客观强度和主观强度都是教师工作强度的重要内容。单纯研究教师的主观或客观工作强度只能部分揭示教师劳动量与时间的关系。只有在研究中实现二者的有机统一，才能更加系统、全面地探究其内在规律。综合而言，客观强度与主观强度相统一主要有三种含义。

一是客观受动与主观能动相统一。坚持客观受动与主观能动相统一是坚持主观强度与客观强度相统一的题中之义与底层逻辑。它深刻揭示了主观强度与客观强度之间关联的性质。客观性是指客观工作强度是工作强度的现实基础，体现了劳动量与时间的客观性与绝对性。主观性是指主观工作强度是教师对客观工作强度的反映，体现了教师在感知劳动量与时间时的主观性与相对性。坚持客观性与主观性相统一，重点要坚持主客体间的能动反映关系。

二是合规律性与合目的性相统一。坚持合规律性与合目的性相统一是坚持主观强度与客观强度相统一的分析逻辑。它对我们怎样认识和揭示教师工作强度规律提出了要求。揭示教师工作强度的规律，这是研究的主要目的。

三是生理消耗与心理反馈相统一。生理消耗与心理反馈相统一揭示的是客观强度与主观强度的度量方式。生理性是指客观强度是工作强度的生理形式。心理性是指主观强度是工作强度的心理形式，是对教师个体独特的、多元的认知与评价逻辑形成的知觉。坚持生理性与心理性相统一，关键在于构建科学的身心关系。

第三章
教师工作强度调查设计实施

根据2018年全国教育事业统计数据，我国中小学专任教师占全国专任教师总数的69.01%，承担了全国22.75万所中小学校超一个亿的中小学生的教学和管理工作。[1]中小学教师除了要按时完成教学任务、推进教学进度、提高自身专业技能，还承担职称评定、考核等非教育教学工作。近年来，中小学教师工作时间过长、工作量过大的问题凸显。2019年，陈宝生在全国教育工作会议上指出，"现在教师负担很重，各种填表、考评、比赛、评估，各种与教育教学科研无关的社会性事务，让老师们疲于应付"，强调"要把为教师减负作为一件大事来抓"。[2]"双减"政策的实施显著减轻了学生的学业负担，但教师的工作负担却明显加重。全国政协副主席朱永新在调研时发现，课后服务、假期托管等任务的增加压缩了教师提高自身专业能力或教学相关的工作时间，教师专业发展面临时间和精力的双重压力。[3]

我国中小学教师工作强度究竟如何？应该怎样测量？本章在已有研究的基础上进行理论探讨，考虑到中国教师工作内容及工作时间的特点，我们构建了教师工作强度测评维度，并开发了相应的调查工具。

---

[1] 教育部. 第四场：介绍2018年教育事业发展有关情况[EB/OL]. (2019-02-26). http://www.moe.gov.cn/fbh/live/2019/50340/[2022-03-09].

[2] 教育部. 落实，落实，再落实——在2019年全国教育工作会议上的讲话[EB/OL]. (2019-01-30). http://www.moe.gov.cn/jyb_xwfb/moe_176/201901/t20190129_368518.html[2022-03-09].

[3] 梁丹，唐琪，焦以璇，等. "双减"背景下如何为教师减负？多位代表委员发声[EB/OL]. https://baijiahao.baidu.com/s?id=1726800344559267456&wfr=spider&for=pc[2022-03-09].

一、夯实教师工作强度测评理论基础

教师工作强度是教师教育政策的重要内容，本章从已有研究和相关政策出发，明晰教师工作强度测评的相关理论问题。

（一）教师工作强度概念界定

教师工作强度与教师工作负担的概念内涵既相互联系又相互区别。张家军认为，教师工作负担要从三方面考虑：从"负担"一词的概念上来看，教师工作负担指的是教师应承担的职责、压力和任务，以教师义务为标准，可将教师负担划分为分内负担和分外负担；从"工作量"的角度考虑，教师工作负担指的是教师在工作中消耗的时间和所承受的工作量；从压力角度来看，工作压力是教师工作负担的来源之一。[1]王毓珣和王颖的观点与张家军和闫君子的观点异曲同工，认为教师工作负担不仅包含教师应承担的责任、工作与压力，还包含由此付出的代价。[2]李跃雪和赵慧君将教师工作负担描述为"忙碌""茫然""盲目"[3]。冯凯瑞在其研究中将教师工作负担等同于教师工作压力。[4]

与工作强度概念相似的是劳动强度，是指在一定时间内完成一定量的工作。马克思认为，提高劳动强度就是在同样的时间内增加劳动消耗，提高劳动力的紧张程度，更紧密地填满劳动时间的空隙。也就是说，马克思是从主观感觉和工作量密度来理解劳动强度的。[5]同理，现阶段对教师工作强度的研究也时常从主观感受和工作量密度入手。在教师工作量研究方面，李新翠在其研究中将教师工作量定义为教师为履行职业角色要完成的工作任务及所消耗的时间，并提出教师工作量的测量要从工作时间、工作任务、工作量认知及工作满意度这几个方面入手。[6]国外学者皮亚纳（Piasna）以工作持续时间、工作时间分配以及工作时间的灵活度为基础探究工作强度与工作时间的关系，发现二者密切相关。[7]

综上所述，工作负担与工作强度的概念中都包含工作量以及主观感受，但是

---

[1] 张家军，闫君子. 中小学教师负担：减与增的辩证法[J]. 教育研究，2022，43（5）：149-159.
[2] 王毓珣，王颖. 关于中小学教师减负的理性思索[J]. 湖南师范大学教育科学学报，2013，12（4）：56-62.
[3] 李跃雪，赵慧君. 中小学教师工作负担异化的生成逻辑与治理思路[J]. 教师教育研究，2020，32（3）：67-72.
[4] 冯凯瑞."双减"政策下教师负担的表现形式与治理路径[J]. 教学与管理，2022（16）：1-5.
[5] 〔德〕马克思. 资本论[M]. 马克思恩格斯列宁斯大林著作编译局，编译. 北京：人民出版社，2018：438.
[6] 李新翠. 中小学教师工作量的超负荷与有效调适[J]. 中国教育学刊，2016（2）：56-60.
[7] Piasna A. Scheduled to work hard：The relationship between non-standard working hours and work intensity among European workers（2005-2015）[J]. Human Resource Management Journal，2018，28（1）：167-181.

工作负担倾向于消极反映工作状态，而工作强度是中性的，描述的是工作的实际状态。本章旨在客观反映中小学教师的工作量及工作状态，为合理减少教师非教学工作任务、合理安排教师工作时间奠定科学基础，助力中小学教师潜心教学、潜心育人，并将教师工作强度界定为：教师为履行教师工作职责所要完成的工作任务、消耗的时间、投入以及主观感受。测量教师工作强度时，不仅要重视诸如工作任务和工作时间的"量"的测量，也要重视诸如工作负荷感受和工作投入的"质"的测量。

（二）教师工作强度测量维度分析

目前对于工作强度的高低判定，国内外研究者还未形成一个统一的科学测量体系。国内学者郝振君认为，工作强度测量首先要从教师主观感受到的紧张感、疲劳感和痛苦感入手，其次是测量教师在劳动过程中所完成的工作量及其所用时间，此外还应关注教师的健康状况。[1]英国的普华永道会计师事务所（Pricewaterhouse Coppers）在其向英国教育部提交的《教师工作负荷研究最终报道》中则直接用工作时间来衡量教师工作强度。[2]史珺认为，研究教师工作时间时，除了强调教师总工作时长外，还应重视教师工作时间的分配和节假日等休息时间的占用等。[3]

衡量教师工作强度不仅要科学测量教师工作时长，还要综合考虑教师的工作负荷、工作压力等主观感受。

教师工作负荷是指工作时间、工作内容超过了合理阈值，并且产生了消极影响，例如，教师工作负担过重会带来生理和心理上的不适。[4]席梅红指出，教师工作负荷是单位时间内人体承受的工作量，包括体力工作负荷和心理工作负荷。[5]龙宝新等通过分析27个省份的教师减负清单，提出中小学教师负担构成较为复杂，既有评比考核、备课教研等教育系统内部的负担，又有扶贫任务、城市创优评先等教育系统以外的负担。[6]不难发现，教师工作负担的来源并不单一，而是

---

[1] 郝振君. 普通高中教师工作强度及工作满意度关系调查研究[J]. 基础教育研究, 2019（13）: 5-10.

[2] Pricewaterhouse Coppers. Teacher workload study final report[EB/OL].（2001-12-05）. http://teachernet.gow.uk/ducbank/index.cfm?id=3165[2022-12-01].

[3] 史珺. 关于教师职业定位及工作强度的分析与探究[J]. 轻工科技, 2018, 34（10）: 157-158.

[4] 刘卓雯. 我国教师负担研究的热点与前沿分析（2001—2020年）——基于CiteSpace的可视化分析[J]. 教育与教学研究, 2021, 35（9）: 87-98.

[5] 席梅红. 关于中小学教师工作负荷的实证调查研究[J]. 现代教育论丛, 2017（2）: 46-51.

[6] 龙宝新, 杨静, 蔡婉怡. 中小学教师负担的生成逻辑及其纾解之道——基于对全国27个省份中小学教师减负清单的分析[J]. 当代教育科学, 2021（5）: 62-71.

由来源不同的各种负担组成，这些负担可以大致分为社源性负担、校源性负担、师源性负担和生源性负担。①

超负荷的工作量会造成教师工作压力过大。②张俊姝通过测量中小学教师工作压力发现工作负担对教师职业压力有显著的预测作用。③徐富明在其研究中指出，中小学教师的工作压力和职业倦怠存在显著的相关关系④，如果说工作倦怠是负面、消极的工作状态，工作投入则是与之相对立的一种正面的、积极的、更持久的、更普遍的情感认知状态⑤。对于工作投入的研究，肖费勒（Schaufeli）等开发了乌得勒支工作投入量表（Utrecht Work Engagement scale，UWES），该量表包含活力、奉献和专注三个维度，国内学者张轶文和甘怡群对其进行了翻译和修订，形成了中文版 UMES。⑥其中，活力是指工作中的充沛精力和心理韧性；奉献是指对工作意义的肯定以及高度的热情；专注是指一种全神贯注地投入工作的愉悦状态。

我国当前对教师工作强度并未有统一的定义和测评工具，大多数研究依然集中在教师工作量、教师工作负担等方面。总体上看，我国教师工作强度较大，非教学工作任务多是造成工作强度较大的主要原因。

（三）教师工作强度分析的政策依据

1. 以"教师为中心"的价值追求指向教师减负

我国教师政策的制定取向开始由工具本位转向教师本位，重视提高教师的综合教学能力和思想政治素质。21 世纪以来，教师政策的基本原则是"以教师为中心"。2018 年，《中共中央 国务院关于全面深化新时代教师队伍建设改革的意见》等文件发布，我国教师政策走向更加突出教师个人价值、满足教师自身发展需求的教师本位。

"教师本位"价值取向的实质是呼吁社会关注教师真实的工作状态，为教师

---

① 刘卓雯. 我国教师负担研究的热点与前沿分析（2001—2020 年）——基于 CiteSpace 的可视化分析[J]. 教育与教学研究，2021，35（9）：87-98.
② 苏依晨. 中小学教师的工作状况调查[J]. 中国教师，2006（3）：7-11.
③ 张俊姝. 长春市初中教师职业压力的调查研究[D]. 长春：东北师范大学，2005.
④ 徐富明. 中小学教师的工作压力现状及其与职业倦怠的关系[J]. 中国临床心理学杂志，2003，11（3）：195-197.
⑤ Schaufeli W, Salanova M, Gonzalezroma V, et al. The measurement of engagement and burnout: A two sample confirmatory factor analytic approach[J]. Journal of Happiness Studies，2002，3（1）：71-92.
⑥ 张轶文，甘怡群. 中文版 Utrecht 工作投入量表（UWES）的信效度检验[J]. 中国临床心理学杂志，2005（3）：268-270，281.

的专业发展提供平台与机会，为教师个人价值的实现营造良好的工作氛围及社会氛围。2019年发布的《关于减轻中小学教师负担进一步营造教育教学良好环境的若干意见》中明确指出了减轻教师工作负担的路径，如统筹规范督查检查评比考核事项、统筹规范社会事务进校园等。[①]2021年7月"双减"政策发布，提出要解放学生和家长，这引发了解放教师和学校的讨论。让教育回归本质，让教师回归讲台，是"双减"政策的意义所在。这不仅是基础教育改革发展的重大决策，也是促进中小学教师减负提质的关键力量。

2. 和谐教育的重点关注内容包含教师减负

2021年3月6日，习近平总书记在看望参加全国政协十三届四次会议的医药卫生界、教育界委员并参加联组会时强调，"教师是教育工作的中坚力量。有高质量的教师，才会有高质量的教育"[②]。高质量教师的前提条件之一就是教师专注于教学工作。我国教师政策在注重教师专业发展的同时，也重视教师身心健康等方面。降低教师工作强度不仅能够让教师专注于教学，也对教师的身体健康、心情愉悦有重要的积极作用。如何减轻教师工作负担是"双减"背景下实现和谐教育、建成高质量教育体系的重点关注问题，各级各类政策也多次提出为教师减负、为教学增能。很多省（自治区、直辖市）响应国家要求，先后发布了详细的减负清单，例如，《湖南省中小学教师减负清单》要求，全省各地要在2020年12月31日前，对本地区现有涉及中小学校和教师的督查检查评比考核事项进行一次集中清理，严格控制总量和频次，确保对中小学校和教师的督查检查评比考核事项在现有基础上减少50%以上，清理后保留的事项实行清单管理；广西提出，开展文明、卫生、绿色、宜居、旅游等城市创优评先活动，原则上不得安排中小学教师上街执勤，不得摊派参加志愿活动的指令性任务，不得硬性要求参与网上宣传投票等活动；海南表示，各乡镇、街道社区分配的与教育教学无关的事务，中小学校有权予以拒绝。[③]

对教师工作强度进行研究，能够呈现我国教师工作强度的整体现状，并且有助于找到影响教师工作强度的因素，在此基础上提出解决问题的可行性途径，从而降低教师工作强度，提高教师的职业认同感与幸福感，体现了"以人为本"的

---

① 中共中央办公厅，国务院办公厅. 中共中央办公厅 国务院办公厅印发《关于减轻中小学教师负担进一步营造教育教学良好环境的若干意见》[EB/OL].（2019-12-15）. http://www.moe.gov.cn/jyb_xxgk/moe_1777/moe_1778/201912/t20191215_412081.html[2022-12-01].

② 中国人大网. 习近平看望参加政协会议的医药卫生界教育界委员[EB/OL].（2021-03-06）. http://www.npc.gov.cn/npc/kgfb/202103/8453cc8f54474743bdf0c115b7356a98.shtml[2022-12-01].

③ 陈鹏. 20省份出台减负清单：教师负担如何真减实降[N]. 光明日报，2020-12-14（009）.

科学发展观。对教师工作强度测量工具的开发可能更好地为学者开展后续研究提供工具支持，便于更好地落实教师减负的相关政策。

二、突出我国教师工作强度的本土特点

近年来，教师减负话题逐渐进入学者的视野，其中研究最多的是教师工作负担。然而工作负担倾向于消极反映工作状态，所以本书采用"工作强度"一词，旨在客观、科学地反映中国中小学教师工作强度现状。为了使调查结果更准确地描绘中国教师的工作现状，本次研究在工作投入量表、工作倦怠量表等成熟量表的基础上，自主开发了中小学教师工作强度调查问卷，为后续的研究提供理论支持和工具支持。

中国教师的工作强度不仅受学校的影响，社会舆论、家校关系、职称评定等问题也与教师的日常工作生活紧密相关。为了进一步了解中国教师工作强度现状，本次研究在研究设计过程中进一步明确社会、学校、教师自身与工作强度的关系，着重突出中国教师工作强度的特点。

（一）社会期待完美的"优秀教师"

教师形象是社会对教师角色的期待以及自身角色的总和，在不同的历史时期，社会对教师角色的期待及职业标准是不同的，这也说明教师职业具有文化性与时代性，是一种继承和演变。儒家学派认为，教师应集"以德服人""躬身垂范""师道尊严"于一体，是一种淡泊名利的神圣形象。在古代传统文化中，教师一直处于超出教育学意义的政治伦理地位。中华人民共和国成立以来，教师形象被刻上了时代的烙印，从"学为人师"到"四有好老师"，从"传道授业解惑"到"立德树人"，教师这个职业似乎被赋予了越来越多的标准和期望。

在我国的传统文化中，教师是圣贤的化身，教书育人是神圣的事业。现代教师被形容为具有奉献精神的"孺子牛"，被歌颂为辛勤耕耘的"园丁"，被赞美为照亮学生的"蜡烛"。这些无一不反映了社会对教师职业普遍抱有崇高期待。这不仅会让教师产生一定的心理压力，也会使其逐渐形成一种职业压力。传统的教师管理思想强调通过外部监督与职责标准来约束教师，教师的教学自由缺失会造成其工作积极性下降，这必然会导致教师工作强度的阈值降低，进而更容易产生职业倦怠。

受"唯成绩论"的影响，社会舆论中不乏有"教出好成绩的老师，才是好老师"的论调，致使一部分学校片面追求及格率、升学率。因此，我们需要抛开滤

镜，客观审视和定义教师形象。

《中华人民共和国教师法》第八条规定，教师应当履行下列义务："（一）遵守宪法、法律和职业道德，为人师表；（二）贯彻国家的教育方针，遵守规章制度，执行学校的教学计划，履行教师聘约，完成教育教学工作任务；（三）对学生进行宪法所确定的基本原则的教育和爱国主义、民族团结的教育，法制教育以及思想品德、文化、科学技术教育，组织、带领学生开展有益的社会活动；（四）关心、爱护全体学生，尊重学生人格，促进学生在品德、智力、体质等方面全面发展；（五）制止有害于学生的行为或者其他侵犯学生合法权益的行为，批评和抵制有害于学生健康成长的现象；（六）不断提高思想政治觉悟和教育教学业务水平。"这六项义务可以概括为遵纪守法、爱岗敬业、教书育人、关爱学生、为人师表、终身学习。[1]其中，"爱岗敬业"一条明确指出，教师应履行教师聘约，完成教育教学工作任务。这表明，教师的教学工作是教师工作任务中最重要，也是必须完成的一部分。然而根据试测结果，中小学教师大部分的工作压力和工作负担并不是教学工作带来的，而是来自各种会议、备检迎检等非教学工作，这就造成教师的大部分工作时间和精力并没有被分配到政策法律中规定的教师职责任务上，而是被消磨在非教学工作中。

另外，部分家长、媒体等仍在以"蜡烛论""园丁论"为职业标准定义教师这个职业，不仅希望教师"传道、授业、解惑"，还希望其对学生在学校的所有事情负责。在如此近乎苛刻的标准之下，越来越多的教师呼吁，让他们的工作重心重新回到教书育人中去。[2]因此，我们需要通过调查严格界定教师的工作时间及工作内容，以为教师营造可以专注教学、专心育人的工作环境。

（二）学校需要专业的"骨干教师"

学校是教师和社会沟通的桥梁，也是开展教学工作最重要的平台。从组织者的角度来看，学校既是组织、开展以实现教育目标为导向的教学活动的社会机构，也是支持教师个人发展的重要平台。学校若无法平衡教师能力发展和学校发展之间的关系，就容易造成教师工作效能低，从而造成教师专业发展动力不足，引发职业倦怠等一系列问题。[3]

学校的管理制度及文化氛围是学校管理者教育理念的外在表现，会对教师的

---

[1] 全国人民代表大会常务委员会. 中华人民共和国教师法[EB/OL].（1993-10-31）. http://www.moe.gov.cn/jyb_sjzl/sjzl_zcfg/zcfg_jyfl/tnull_1314.html[2022-11-07].
[2] 史珺. 关于教师职业定位及工作强度的分析与探究[J]. 轻工科技, 2018, 34（10）: 157-158.
[3] 田玉军. 学校在教师职业能力发展中的作用[J]. 文教资料, 2015（1）: 100-101.

职业幸福感以及自身发展期望产生影响。教师在不同的文化氛围中会对自我发展产生不同预期，直接导致教师产生不同的职业心理。"创造者"的职业心理会使教师思路开阔，思维敏捷，教学语言富有感情，工作效率高，职业成就感强，反之，"执行者"的职业心理会影响教师的创新能力，进而导致教学效果低下，工作时间利用率低，教师工作疲惫程度较高等。[1]

同时，学校管理者对教师减负的看法也是教师减负的影响因素之一。在本次正式调查中，题项"学校对减少教师非教学工作负担的重视程度"的评分均值为3.31（数值越大表明越不符合该项描述）。这说明从教师视角来看，学校对教师减负的重视程度有待提高。

（三）教师呼吁专注的教学环境

教育大计，教师为本，教师是提高教育质量的基础，提高教师专业能力是提高教育质量的必经之路。有研究发现，教师专业能力发展的能动性会受到工作负荷、角色压力等的影响，适当的工作负荷、角色压力会起到正向动机作用，而过高的工作负荷、角色压力则会对教师专业发展的能动性起到反作用。[2]现阶段教师工作负荷、角色压力的主要来源是教学自由的缺失、多重角色的责任以及工作任务的繁琐复杂。因此，我们有必要站在教师视角，量化教师工作量与工作压力，为确定教师工作负担及工作压力的适度水平提供科学依据。

1. 教师的教学自由缺失

刘远杰和孙杰远曾在研究中指出，教师劳动具有从"必然王国"到"自由王国"的历史发展逻辑，教师劳动的本质是教学自由。[3]中国教师劳动的根本问题就是教师的教学自由缺失。[4]导致这一问题的原因主要有以下几点：首先，教师在完成计划性教学任务之外，还需准备各种考核，参加培训，撰写报告、总结、计划；其次，农村地区师资匮乏，师生比严重失衡，一位教师身兼数职甚至数科的情况不在少数；最后，近代学校教育制度详细规定了课程体制、课程编制和课程机制，留给教师自主活动的空间有限，这可能会导致教师在教学过程中慢慢失

---

[1] 白丽. 学校管理中如何优化教师心境[J]. 青海师专学报（教育科学），2005（S1）：74.
[2] 齐亚静，王晓丽，伍新春. 教师专业发展能动性及影响因素：基于工作特征的探讨[J]. 中国临床心理学杂志，2020，28（4）：779-782.
[3] 刘远杰，孙杰远. 教学自由："教师—劳动者"生存发展的本质问题[J]. 学术论坛，2015，38（11）：167-172.
[4] 柳海民，邹红军. 新时代教师研究热点："德""誉"相济，"酬""劳"并重[J]. 华南师范大学学报（社会科学版），2020（6）：69-82.

去教学智慧，丧失自我发展的内生动力。

2. 教师承担的多重角色

作为一名教师，需要同时扮演很多角色，他们是学生的安全员，是学校活动的组织者，是学生在学校的父母代理人。每一种角色都要求教师满足某一群体的期望值，这使得教师容易产生角色冲突，进而导致职业倦怠。社会对教师的多元性要求，在增加了教师工作难度的同时，也增加了教师的精神压力，导致教师产生退缩心理，工作热情下降。这将直接影响教学质量及教师专业能力的发展。

随着智能手机的普及，各种工作群、公众号和APP的广泛应用，上级管理部门时常会有强制参与的活动、紧急完成的材料填报等，他们通常会先下发给学校相关负责部门，再由学校分配给一线教师，且具有强制性的特点，这使得教师即使在休息时间，也不得不在手机上尽快处理这些突如其来的工作任务。既然教师的工作任务大多来自上级教育行政部门，那么教师减负的着力点就应该落在上级教育行政部门上。因此，研究中小学教师工作强度时要广泛征求一线教师的意见，以教师工作、生活的双重压力为切入点，了解教师的诉求、倾听教师的声音，为上级教育行政部门制定教师减负政策提供科学依据。

3. 教师工作任务烦琐复杂

有学者对教师工作强度进行了调研，结果发现，中国中小学教师的工作强度较大，工作任务烦琐，非教学工作量偏高，教师工作任务结构不合理等问题较为突出。[1]国家教育督导团的调查发现，小学初中教师的周平均工作时间为42.2小时，班主任的周平均工作时间达到了52.1小时，且有55.1%的教师反映工作压力较大，压力来源主要是各项检查评比考核、安全责任以及学生管理等非教学工作。[2]因此，教师呼吁要减少非教学工作任务，为他们能够安心、静心、舒心地从事教学工作营造良好环境。

"忙碌"是我国教师的工作特点，要让教师"忙"在教书育人和自我成长，而不是在非教学工作中消耗教师的工作积极性。因此，教育行政部门要更新管理理念，让教师"忙"出价值；学校管理者应为教师发展提供平台和支持，让教师"忙"出成长；学校管理制度要剔除形式主义，让教师"忙"出效率；政府及社会相关部门要提高教师待遇及社会地位，让教师"忙"出幸福感。

---

[1] 盖阔,李广. 中小学教师队伍发展：成就、问题与策略——基于全国8个省份中小学教师工作、生活样态调查[J]. 华南师范大学学报（社会科学版）, 2020（6）：107-116, 191.

[2] 国家教育督导团. 国家教育督导报告2008（摘要）——关注义务教育教师[J]. 教育发展研究, 2009（1）：1-5.

三、构建教师工作强度测评体系

教师工作强度测评工具的编制以测评为目的，力求客观、科学地展现我国中小学教师工作强度的真实情况，经历了开放式问卷调查、专家集中讨论和预测问卷分析等过程，最终确定了教师工作强度调查问卷。该问卷从工作时间利用、工作内容结构、工作负荷感受、工作投入差异四个维度衡量教师的工作强度，并从社会、学校、教师、学生四个层面探究教师工作强度的影响因素。

（一）教师工作强度调查问卷编制过程

本次研究的问卷编制过程体现出本土化特点，通过开放式问卷，调查我国中小学教师关于工作强度的认识、理解以及研究建议，组织的专家座谈会和专家咨询也包括一线校长和教师，以使编制的问卷贴合我国中小学教师的工作实际，通过对试测问卷的数据分析以及结合一线教师建议和专家讨论结果，确定教师工作强度测评维度，并使用教师工作强度正式调查问卷在全国范围内进行调查。

1. 开放式问卷

本次研究通过梳理有关教师工作量、工作投入等的文献，从理论层面了解相关学者的测评维度构建情况，从实践层面了解一线教师对于工作强度的认识以及他们认为哪些因素会影响工作强度。

本次研究首先采用开放式问卷，从实践中获取关于教师工作强度的评价要素，收集到100余份问卷，涉及湖南、云南、吉林、浙江四个省的中小学教师，分析后得出如下结论。

1）大多数教师认为他们日常的工作强度主要来自教学相关工作，另有部分教师表示，非教学相关的各种检查、填表、统计信息，以及其他活动的政府抽调等也是教师工作强度的主要来源之一。

2）即使不是在疫情严重的地区，防疫相关工作依然是教师非教学事务工作量中占比较大的工作任务，除此之外，教师还要负责各种安全教育相关信息的统计、学校活动的策划和准备，以及社区相关工作。

3）班主任的工作负担主要来自学生管理、班级管理以及家校沟通，与此同时，与学生有关的各项学校活动也需要班主任的协调和参与，如午餐管理、大课间管理、跑操、传达和统计各类表格与材料等。

4）教师普遍认为需要减轻的工作任务是备检迎检、各种会议等非教学工作。

通过归纳总结得出，教师日常工作中工作量较大、占用工作时间较长的多为填写表格、参加各种会议培训、信息统计、学生管理等非教学工作。这为接下来的评价指标提炼以及题项设置提供了大量实践基础。

2. 专家集中讨论

本次研究采用德尔菲法，以专家集中讨论的方式征求意见，为充分集中专家智慧，共组织12位专家进行了三轮集中讨论，在此期间详细记录了专家的观点及其对研究问题的认识，避免只反映多数人观点的情况，充分保证讨论过程中的反馈性及统计性。经过三轮集中讨论，专家对于问卷维度和问卷内容的意见趋于一致，最终汇总形成了中小学教师工作强度调查问卷。

专家选择是影响德尔菲法研究结果质量的最重要的因素，参与讨论的专家共有12位，专家大多曾经参与过问卷的研发工作，并常年活跃在研究第一线，其中还有一线教师和中小学校长，他们对于教师工作强度的调查有独到的见解和视角。

（1）第一轮专家集中讨论

组织第一轮专家集中讨论的目的是征求专家对于中小学教师工作强度调查的主要维度的意见。

对于"如何界定工作强度"的问题，专家指出不能仅仅通过时间长短来衡量教师的工作强度，也有可能是外界工作的挑战性使得教师难以驾驭，从而导致工作强度较大。此外，工作时长仅仅是客观统计变量，而工作量是主观感受，应该将教师工作负荷感受也纳入调查范围。

针对工作投入差异维度，专家建议可以将工作投入分为成就动机、理想信念、主攻与否和隐形投入，并提出对工作投入进行进一步创新解释，使其区别于国际上的工作投入内涵。关于工作投入和工作强度的关系，专家指出工作投入与工作强度是并行的概念，工作投入越大，则工作强度越大，客观上，两者存在一定的线性关系。

在教师工作强度的影响因素方面，有专家提出不仅要重视外部因素（即来源），还要重视内部因素，如教师的主观感受等。也有专家提出，要将一些可以合并的概念进行合并，比如，工作环境的相关内容可以被分解到其他部分中。经过讨论，最终将影响因素分为源于社会、源于学校、源于教师、源于学生几类，即从社源、校源、师源和生源四个维度探究中小学教师工作强度的影响因素。

讨论过程中，专家明确了研究中要抓住的突出问题，在保证问卷客观性、科学性和内容有效性的基础上，经过一系列讨论，最终确定了中小学教师工作强度调查问卷的一级指标和二级指标。如图 3-1 所示，工作时间利用、工作内容结构、工作投入差异和工作负荷感受是中小学教师工作强度的一级指标，每个一级指标下又包含若干二级指标。

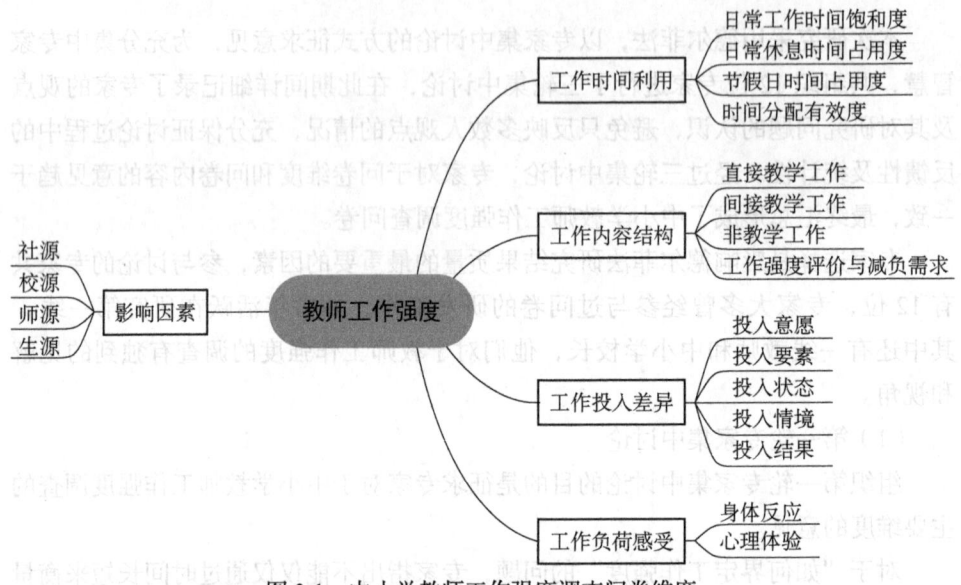

图 3-1　中小学教师工作强度调查问卷维度

（2）第二轮专家集中讨论

根据第一轮专家集中讨论的结果，研究者参考了前人研究中使用的问卷，如 UWES、马氏工作倦怠量表（Maslach Burnout Inventory，MBI）、中国教育追踪调查教师问卷等较为成熟的量表，整理出了中小学教师工作强度调查问卷的具体题项。

问卷的第一部分用于统计教师的基本信息，包括个人信息（性别、年龄、教龄、主教学科等）和组织信息（学校类别、性质、区域、规模等）。专家一致认为题目与研究问题密切相关。

问卷的第二部分是教师工作强度调查，包含工作时间利用、工作内容结构、工作投入差异以及工作负荷感受等方面。工作时间利用主要调查教师日常工作时间饱和度、节假日时间占用度等；工作内容结构主要调查教师直接教学工作、间接教学工作以及非教学工作等内容；工作投入差异主要调查教师的工作投入意愿、投入状态等方面；工作负荷感受主要从教师的身体反应和心理体验两个角度进行调查。

问卷的第三部分是教师工作强度的影响因素调查，分为社会、学校、教师自身以及学生四个层面。

（3）依据专家意见修改初拟问卷试题

首先，研讨试题构成与备选项呈现方式。本次研究旨在客观呈现中小学教师当前的工作强度，包括工作内容、消耗的时间长短、工作投入以及主观感，因此，问卷中的一部分试题要调查教师日常的工作主要包括哪些方面，完成的任务主要有什么，同时包括不同工作内容、工作任务所花费的时间是怎样的，工作日、节假日等时间是如何分配的等；另一部分试题要调查教师的工作投入意愿、状态及工作时的感受等。经过专家研讨，工作时间、工作任务的调查多采用称名变量、分组数据，试题类型包括单选题和多选题。对于工作投入、主观感受及影响因素，则采用利克特量表形式进行呈现。

其次，修改试题表述。根据专家的意见，我们修改了部分题目的表述，例如，将"这学期，正常工作日您平均每天工作时长（包括回家后在家工作时间）"修改为"这学期，正常工作日您平均每天工作时长约为"，以及修改部分题目选项的设置，例如，平均工作时长从以"1~2 小时"为起点修改为以"8 小时"为起点；删除了叙述程度过高的题项，如"每个周末我都要加班"等；对于题目表述重复的题项，保留其一，例如，保留"我能充分利用点滴时间来学习和思考工作"，删除"我经常利用各种场合思考教学问题"。另外，考虑到问卷的答题时间，我们合并了调查内容重叠的题目。

再次，合并调查维度，减少试题量。考虑到问卷答题时长的问题，专家建议合并相似子维度，例如，对于复杂和挑战，每一个子维度只保留一个题项；考虑到问卷的严谨性，专家建议删除表述模糊的题项，保留更能体现二级指标的题项，例如，删除模糊表述的"高强度工作使身体不适，出现了职业病"，保留更能体现职业认同的"学校的工作强度使我有了不想当老师的想法"。

最后，重新思考影响因素维度相关题目的表述。专家通过集体讨论发现，该维度题项表述的主体较为混乱，建议重新打磨，表述主体要全部统一为第一人称，并且要充分考虑该题项是否会直接影响工作量、工作强度或对工作强度的感受，例如，形象、氛围等与工作量相关性不高，应考虑删除此类题项。

我们在充分考虑专家意见的基础上，结合以往研究的成熟经验，初步形成了中小学教师工作强度问卷。

3. 试测分析

初拟问卷确立后，为检验问卷信效度情况以及内容表述和题量是否合适，我们用该初拟问卷对 1000 余名教师进行了线上试测，样本为黑龙江、吉林、浙江三个省抽取的中小学教师。数据分析显示，初拟问卷的克龙巴赫 α 系数为 0.913，大于 0.8，表示量表的内部一致性较佳。[①]详细分析见本章第四节。

接下来对试测问卷进行探索性因素分析，目的在于检验问卷的结构效度，发现问卷的潜在结构，以缩减条目，使之成为题项少但能反映彼此之间密切相关的变量。如表 3-1 所示，问卷的 KMO 值大于 0.9，因此该数据适合进行因素分析，该问卷指标结构较好。[②]详细分析见本章第四节。

表 3-1　因素分析前的线性检验

因素	KMO 值	χ^2	df	p
教师工作强度	0.947	34 696.387	1128	0.000

4. 正式问卷维度

经过开放式问卷调查、专家集中讨论和试测问卷分析，我们最终确定教师工作强度测评指标包括工作时间利用、工作内容结构、工作投入差异、工作负荷感受、减负状况与需求以及教师工作强度影响因素 6 个维度，如表 3-2 所示。

表 3-2　教师工作强度正式调查维度

一级指标	二级指标				
工作时间利用	日常工作时间饱和度	节假日时间占用度	时间分配有效度		
工作内容结构	教学工作	非教学工作	—	—	—
工作投入差异	投入意愿	投入要素	投入状态	投入情境	投入结果
工作负荷感受	强度评价	身体反应	心理体验	—	—
减负状况与需求	减负状况	减负需求			
影响因素	社会	学校	教师	学生	

（二）教师工作强度调查问卷构成维度解析

中小学教师工作强度问卷包含教师工作强度评价以及教师工作强度影响因素调查。其中，教师工作强度又具体分为工作时间利用、工作内容结构、工作投入差异、工作负荷感受、减负状况与需求五个维度。教师工作强度影响因素具体分为社会层面、学校层面、教师层面以及学生层面四个维度。

[①] 吴明隆. 问卷统计分析实务——SPSS 操作与应用[M]. 重庆：重庆大学出版社，2010：244.
[②] 吴明隆. 问卷统计分析实务——SPSS 操作与应用[M]. 重庆：重庆大学出版社，2010：208.

1. 教师工作强度评价维度

1）工作时间利用。工作时间利用是指教师在其工作时间内完成不同工作内容所用的时间，具体包含日常工作时间饱和度、节假日时间占用度、时间分配有效度。日常工作时间饱和度是指教师日常工作平均时长及工作量饱和情况，包含在校时间以及教师在家工作时间。节假日时间占用度是指教师在法定节假日以及寒假、暑假期间的加班时间。时间分配有效度是指教师完成不同工作任务所需时间以及对工作时间合理性的评价。

2）工作内容结构。工作内容结构是指教师在日常工作中的各项工作任务，具体包括教学工作以及非教学工作。教学工作是指教师的日常工作任务中与教学相关的工作，如备课、上课、批改作业、班级管理、家校沟通等。非教学工作是指教师的日常工作任务中与教学无关的工作，如备检迎检、材料填写等。

3）工作投入差异。工作投入差异是指教师在工作投入各要素之间的差异，具体包含投入意愿、投入要素、投入状态、投入情境和投入结果。投入意愿是指教师在工作中的偏好及动机，指教师是否愿意投入自己的时间和精力。投入要素是指教师投入工作时所需要的一系列能力及素质，如精力、能力、智慧、信心等。投入状态是指教师是否可以完全投入到工作中，具体考察专心、坚韧等品质。投入情境是指教师在面对复杂的、具有挑战性的工作内容时的心理状态。投入结果是指教师在工作中所体验到的成就、收获等正向感受。

4）工作负荷感受。工作负荷感受是指教师在工作时对工作难度、工作压力、紧张程度等的主观感受，具体包含强度评价、身体反应以及心理体验。强度评价是指教师对工作强度的主观判断。身体反应是指由于工作的原因，教师身体上所反映出来诸如体力、精力、健康状况、精神状态等方面的不适感。心理体验是指教师在工作中所感受到的情绪反应，如焦虑、满意、紧张等。

5）减负状况与需求。减负状况与需求是指学校对于教师减负的重视程度以及教师对于减轻工作负担的需求。

2. 教师工作强度影响因素评价维度

1）社会层面。社会环境是指教师生存及活动的大社会背景下的社会物质、精神条件的总和，包含当地经济状况、社会公平、教育重视程度及教育改革状况。本次研究主要调查社会期望、教师职业标准以及教师专业精神对教师工作强度的影响。

2）学校层面。学校环境是指学校的物质设施、环境条件等方面的总和以及教师工作中对学校环境的感知，本次研究主要调查学校制度、领导管理、职责规定以及学校的办公条件对教师工作强度的影响。

3）教师层面。在教师个体层面，教师的从业动机、职业信念、职业愿景等都会对其工作强度有影响。其中，从业动机、职业信念在其他指标中有所展现，本次研究对于教师层面的影响因素主要考虑教师的专业能力以及自身对于职业的期望两方面。

4）学生层面。学生是教师工作中最常接触到的群体，教师的工作绝大部分是围绕学生进行的，所以师生关系、家校关系也是影响教师工作强度的原因之一。

四、开发教师工作强度测评工具

（一）教师工作强度试测问卷的设计与构成

此次调查主要是对中小学教师工作强度的考察，借鉴了工作投入量表以及教师职业倦怠量表，同时结合我国教师当前的现实状况和工作特点，建构了中小学教师工作强度分析框架，并编制了中小学教师工作强度试测问卷。

该问卷由四部分构成，共94题（表3-3）。第一部分是教师的个人信息及组织信息，包括教师的人口学变量信息、教师职业及学校组织信息等23个题项。第二部分是教师工作强度调查，包括工作时间利用、工作内容结构、工作投入差异以及工作负荷感受四个维度，工作时间利用及工作内容结构维度的个别题项为单选题，该部分主要采用利克特量表五级计分制，从"完全不符合"到"完全符合"依次计为1~5分。第三部分是教师工作强度影响因素调查，主要从社会层面、学校层面、教师层面以及学生层面来考察，采用利克特量表五级计分制，从"完全不符合"到"完全符合"依次计为1~5分。第四部分为开放问题，目的在于收集中小学教师对该问卷的看法以及对初拟问卷的修改意见。

表3-3　中小学教师工作强度试测问卷总体构成

调查内容	一级指标	题项数/个
1. 背景信息	个人信息、组织信息	23
2. 工作强度	工作时间利用	17
	工作内容结构	18
	工作投入差异	16
	工作负荷感受	7

续表

调查内容	一级指标	题项数/个
3. 影响因素	社会	4
	学校	4
	教师	2
	学生	2
4. 开放问题	问卷改进建议	1

（二）教师工作强度调查问卷的试测与分析

试测问卷确立后，为检验问卷信效度情况以及内容表述和题量是否合适，我们开展了小规模的问卷试测，通过问卷星网站发放电子问卷，收回1305份问卷，根据答题时间筛选出有效问卷1205份，有效率为92.34%。对于回收的问卷，一方面用来分析接受调查的教师对问卷改进的建议，据此对问卷内容的表述和题量进行调整；另一方面通过Excel及SPSS 25.0数据分析软件对问卷进行统计检验，主要对工作强度及影响因素的量表题项进行深入的问卷质量分析，量表题项均用T表示。

1. 试测对象

试测部分以黑龙江省大庆市、吉林省长春市和浙江省杭州市的中小学教师为对象，试测对象基本情况见表3-4。

表3-4 试测对象基本情况

类别		n	百分比/%
所在地区	黑龙江省大庆市	569	47.22
	吉林省长春市	578	47.97
	浙江省杭州市	58	4.81
性别	男	236	19.59
	女	969	80.41

我们对数据进行整理，以分值越高表示教师工作强度越大为标准，对反向题目进行反向赋值，采用全部1205份样本数据对量表进行信效度检验。

2. 试测问卷的信度分析

用SPSS 25.0对1205份样本数据进行信度检验，分析结果如表3-5所示，在试测问卷的内部一致性分析上，除工作时间利用维度外，其他维度的 α 系数均在 0.60 以上。其中，因为调查教师工作强度需要参考教师实际工作时间、工作内容等称名变量，所以有个别维度中含有无法进行数据分析的题项，例如，在工作时间利用维度中，只有 T17、T18、T19、T21、T22、T23、T25 这 7 个题项符合数据分析的条件。

表 3-5 教师工作强度试测问卷各维度及总体的内部一致性系数

维度	α 系数	题项数/个	总体 α 系数
工作时间利用	0.505	7	
工作内容结构	0.685	6	
工作投入差异	0.923	16	0.913
工作负荷感受	0.905	7	
影响因素	0.714	12	

因为工作时间利用维度的 α 系数较低，所以需对该维度的题项进行调整。为了检验各个题项对工作时间利用维度信度的影响，我们依次对删除各题项后的 α 系数进行检验，如表 3-6 所示，删除 T18 "寒暑假除去培训时间，大部分时间都可以休息"、T22 "工作中我有严重的拖延症"、T25 "学校总有忙不完的事，节假日都难得休息"后，α 系数值均有所提高，其中，删除 T22、T25 后，α 系数的提高较为显著，所以我们删除了 T22、T25，删除后工作时间利用维度的 α 系数为 0.651，处于可接受范围。[①]

表 3-6 工作时间利用维度删除题项后的内部一致性系数

项目	标度平均值	标度方差	题项与总计的相关性	平方多重相关性	α 系数
T17	13.563	9.642	0.417	0.254	0.389
T18	12.622	10.677	0.103	0.227	0.518
T19	13.274	8.671	0.485	0.293	0.339
T21	12.966	9.222	0.385	0.298	0.388
T22	13.274	11.046	0.050	0.104	0.540
T23	13.165	9.283	0.466	0.244	0.365
T25	12.600	11.567	-0.046	0.207	0.591

工作内容结构维度的克龙巴赫 α 系数值较低，我们依次对删除各题项后的 α 系数进行检验，如表 3-7 所示，通过检验发现，删除 T27 "我对学校规定的应承

---

① 吴明隆. 问卷统计分析实务——SPSS 操作与应用[M]. 重庆：重庆大学出版社，2010：244.

担的工作内容很熟悉"后，工作内容结构维度的 α 系数为 0.734，故我们删除了 T27。

表 3-7 工作内容结构维度删除题项后的内部一致性系数

项目	标度平均值	标度方差	项与总计的相关性	平方多重相关性	α 系数
T20.	15.728	9.029	0.547	0.368	0.526
T24.	16.260	10.842	0.330	0.138	0.619
T26.	15.594	8.678	0.632	0.479	0.488
T27.	17.021	14.424	−0.118	0.148	0.734
T28.	15.173	9.986	0.541	0.453	0.541
T29.	14.959	11.166	0.324	0.248	0.620

3. 试测问卷的项目分析

利用题总相关法对测试中所有被试的各题目得分与量表总得分进行相关分析。题总相关法是采用同质性检验作为个别题项筛选的指标，对试测中所有被试的各题项得分与问卷总得分进行相关分析，各题项与总分的相关值越高，代表题项与整体量表的同质性越高，即题项与量表所要测量的心理特质更为接近。一般情况下，个别题项与总分的相关系数未达显著水平或二者为低度相关（皮尔逊积差相关系数值 r 低于 0.4）时，表示题项与整体量表的同质性较低。[①]据此，我们对信度较低的工作时间利用维度和工作内容结构维度进行项目分析，以进一步确定需要删除的题项，最终提高问卷信度。

工作时间利用维度题目与题项总分间的相关值如表 3-8 所示，该维度中的 T22、T25 与总分的相关系数小于 0.4，表明题项与整体维度的同质性较低，可以考虑删除。工作内容结构维度题目与题项总分间的相关值如表 3-9 所示，该维度中的 T27 与总分的相关系数小于 0.4，表明该题项与整体维度的同质性较低，可以考虑删除。

表 3-8 工作时间利用维度题目与题项总分间的相关性（N=1205）

项目	r
T17	0.605**
T18	0.400**
T19	0.687**
T21	0.613**

---

① 吴明隆. 问卷统计分析实务——SPSS 操作与应用[M]. 重庆：重庆大学出版社，2010：181.

续表

项目	r
T22	0.352**
T23	0.649**
T25	0.286**

注：r为系数，显著性检验为双尾检验，*表示p<0.05，**表示p<0.01，***表示p<0.001，下同

表3-9 工作内容结构维度题目与题项总分间的相关性（N=1205）

项目	r
T20	0.748**
T24	0.572**
T26	0.798**
T27	0.101**
T28	0.713**
T29	0.552**

4. 试测问卷的效度检验

本次调查采用专家研讨和咨询的方式来确定初拟问卷的各维度的题项，以保证问卷的内容效度。在此基础上进行因素分析，用于检验问卷的结构效度以及问卷题项实际所测得的数据是否符合理论上建构的问卷维度。在进行因素分析前，首先进行KMO检验和巴特利特球形检验。使用因素分析法对1205份样本进行效度检验，结果见表3-10，总体KMO值为0.947，各维度的KMO值均在0.60~0.95，处于可以接受的范围。①

表3-10 中小学教师工作强度试测量表因素分析

因素	KMO值	χ^2	df	p	总体KMO值
工作时间利用	0.633	1 234.360	21	0.000	0.947
工作内容结构	0.739	1 638.297	15	0.000	0.947
工作投入差异	0.943	12 182.998	120	0.000	0.947
工作负荷感受	0.884	5 468.050	21	0.000	0.947
影响因素	0.869	6 042.531	66	0.000	0.947

根据因素分析中旋转后成分矩阵结果，应删除因素负荷量小于0.30的题项。分析结果显示，T22、T25、T27的因素负荷量分别为0.077、0.016、

---

① 吴明隆. 问卷统计分析实务——SPSS操作与应用[M]. 重庆：重庆大学出版社，2010：208.

-0.180，均小于0.30。因此，T22、T25与工作强度的其他题项不属于同一成分，T27与工作内容结构维度的其他题项不属于同一成分，应予以删除。

综合试测数据的信度分析、项目分析和效度分析的结果，专家组讨论后决定删除T22、T25、T27，在此基础上，在工作时间利用维度、工作内容结构维度中，保留如"这学期，正常工作日您平均每天工作时长（含在家加班）"和"工作日我每天的工作排得满满的"这类陷阱题，通过试测对象对陷阱题的结果分析其回答的一致性，以保证问卷有较高的信度。

5. 试测问卷的建议汇总

通过对试测对象对第72道开放式问题的答题情况进行汇总与分类，我们发现教师主要针对问卷结构、问卷内容提出了相应的建议。

在问卷结构方面，教师认为问卷题量过大，大部分教师的答题时间超过了15分钟，建议精简题目。在重新梳理初拟问卷后，我们删除了与观测指标关联度不大的题项，如第一部分中的第4题"您的婚姻状况"和第6题"任教前，您所学专业的类型"；删除与前面题项内容相似的题项，如第二部分中的第4题"您所在学校每周课时数的标准工作量"与第1题"这学期，正常工作日您平均每天工作时长"重复，删除第4题，以及第三部分中的第33题"工作时，我感到自己强大并充满活力"与第32题"我感到精力充沛，可以连续工作很长时间"重复，删除第33题等；合并了考察内容区分性不大的题目，如第四部分中的第65~67题调查教师在工作日、周末和寒暑假加班时花费时间较多的任务，将其合并为题项"平时加班，您花费时间较多的工作任务"。

在问卷内容方面，一部分教师建议对选项的设置进行谨慎思考，尽量覆盖教师的全部工作内容，例如，教师听评课、资料信息收集等非教学工作并没有在问卷中体现出来。对此，结合对教学工作、非教学工作的相关定义，我们在第二部分的第9~11题中分别加入了选项"学生管理与德育""听评课与研讨""公众号、APP等信息处理""材料、表格填报""非教育教学性会议""政府工作抽调"等。

此外，为避免表述歧义或引起教师的抵抗情绪，在进一步斟酌问卷题项的表述后，我们删除了第三部分中的第52题"当前的工作强度让我难以应付"，将第51题"脑子里都是做不完的工作，让我很焦虑"改为"我常被工作压得喘不过气来，很焦虑"。

删改后的问卷缩减了题项，减少了答题时间，有效避免了题目过多带来的负面影响。

（三）教师工作强度正式调查问卷的形成与检验

1. 正式问卷的基本结构

结合试测教师的建议以及相关数据分析结果，专家组经讨论后一致同意从以下5点出发对问卷进行最后的调整：①减少总题量，尽可能缩短问卷答题时间；②合并重复性问题；③设置陷阱题，以便分析回答一致性；④关注隐性工作强度；⑤进一步优化问题表述与形式。调整后的正式问卷的维度与题项分布见表3-11。调整后的问卷总题项由94个减少到79个，有效缩短了被试填答问卷的时间，避免答题时间过长造成问卷数据质量下降。

表3-11 中小学教师工作强度调查正式问卷题项分布

调查内容	一级指标	二级指标	题项分布
1. 背景信息		1~21（个人信息、组织信息）	
2. 工作强度	工作时间利用	日常工作时间饱和度	1、3、14、56
		节假日时间占用度	2、20
		时间分配有效度	9、10、11、15、16、18、56
	工作内容结构	教学工作	3、6、4、5、7、9.1、9.2、9.3、9.4、10.1、10.2、10.3、10.4、11.1、11.2、11.3、55、56
		非教学工作	9.5、10.5、10.6、10.7、10.8、10.9、10.10、11.4、11.5、11.6、11.7、11.8、11.9、11.10、11.11、29、55、56
	工作投入差异	投入意愿	22
		投入要素	23、24、33
		投入状态	17、25、30、32
		投入情境	26、38
		投入结果	28、31、37
	工作负荷感受	强度评价	12、13、35、55、57
		身体反应	27、36、39、40
		心理体验	21、34、42、43、44
	减负状况与需求	减负状况	19
		减负需求	8、57
3. 影响因素	社会	社会期望	45、41
		职业标准	46
		专业精神	47

续表

调查内容	一级指标	二级指标	题项分布
3. 影响因素	学校	学校制度	48
		领导管理	49
		职责规定	50
		办公条件	51
	教师	个人发展	52
	学生	师生关系	53
		家校关系	54
4. 开放问题		减轻教师工作负担的建议	58

其中，第3题调查教师每周的上课总时长，既属于日常工作饱和度内容，又属于教师教学工作内容。第9、10、11、12题均是多选项题目，题目形式如图3-2所示，既可以用其调查教师的工作结构，又可以用其调查教师的工作时间，故而将其放入两个维度中。第55、56题为多选题，分别调查教师工作中强度较大的工作、花费时间较多的工作，选项包含教学工作和非教学工作，故而均将其放入这两个子维度。第58题为开放式问题，收集教师所在学校的减负状况以及教师的减负需求。以上所有题目均为非量表题目。

2. 教师工作强度正式问卷的信度分析

采用 SPSS 25.0 对 48 874 份有效问卷样本进行信度检验，工作内容结构维度和减负状况与需求维度的题项过少，不予计算。其他各维度的 α 系数均在 0.7 以上（表3-12），表明正式问卷测试结果的一致性较高。[①]

9. 本学期正常工作日，平均**每天**您用于下列工作的时间（含在家加班）约为（　　）小时。

内容	选项（单位：小时）
9.1 备课与上课	A. 0　B. ≤1　C. 2　D. 3　E. 4　F. 5　G. ≥6
9.2 学生辅导（含课后服务）	A. 0　B. ≤1　C. 2　D. 3　E. 4　F. 5　G. ≥6
9.3 作业批改与分析	A. 0　B. ≤1　C. 2　D. 3　E. 4　F. 5　G. ≥6
9.4 学生管理与德育	A. 0　B. ≤1　C. 2　D. 3　E. 4　F. 5　G. ≥6
9.5 其他非教学工作	A. 0　B. ≤1　C. 2　D. 3　E. 4　F. 5　G. ≥6

图3-2　中小学教师工作强度调查问卷第二部分第9题

[①] 吴明隆. 问卷统计分析实务——SPSS 操作与应用[M]. 重庆：重庆大学出版社，2010：244.

表 3-12　中小学教师工作强度正式调查可靠性统计

维度	α 系数	题项数/个	总体 α 系数
工作时间利用	0.724	5	0.841
工作投入差异	0.901	13	
工作负荷感受	0.864	10	
影响因素	0.769	11	

3. 教师工作强度正式问卷的效度分析

（1）内容效度

内容效度是指问卷题目反应所要测量的内容能达到测量目的的程度，在形成初拟问卷之前，通过文献梳理及专家咨询，我们确立了中小学教师工作强度的分析框架维度，根据专家认可的中小学工作强度设置问卷题目，并且题目内容借鉴了相关量表或问卷，同时考虑了中国中小学教师的实际情况；之后，课题组内多位专家又就问卷的结构和题目的表述等内容进行讨论，对问卷中存在问题的题目进行修改或删除，最终确定了中小学教师工作强度调查问卷的题目，因此本问卷具有较高的内容效度。

（2）结构效度

结构效度是指测量结果体现出来的理论结构与测量值之间的对应程度。结构效度分析最理想的方法是利用因素分析法检验量表或问卷的结构效度。通过因素分析法对问卷进行效度检验，结果见表 3-13，总体 KMO 值为 0.956，各维度的 KMO 值均在 0.70~0.96，问卷效度处于理想水平，且当前数据适合做因素分析。[1]

根据因素分析结果，中小学教师工作强度量表能解释的总变异量达到 61.17%（表 3-13），表明问卷整体结构效度处于中等水平。

表 3-13　中小学教师工作强度量表因素分析前的线性检验

因素	KMO 值	χ^2	df	p	总体 KMO 值	解释变异量/%	累计解释变异量/%
工作时间利用	0.757	54 904.593	10	0.000	0.956	49.26	61.17
工作投入差异	0.938	316 405.190	78	0.000		59.67	
工作负荷感受	0.863	247 414.629	45	0.000		63.08	
影响因素	0.878	192 330.882	55	0.000		54.36	

---

[1] 吴明隆. 问卷统计分析实务——SPSS 操作与应用[M]. 重庆：重庆大学出版社，2010：208.

五、规范教师工作强度测评实施程序

近年来，教师减负是教师政策的重点关注内容，而教师工作强度测评则是教师减负的起点，测评结果可以为教师减负提供理论依据和现实导向。教师工作强度测评的目的在于客观、科学地评价教师的工作量状态，判断教师工作强度现状是否合理，以及给予后续研究有力的工具支持。

因此，为了将教师还给讲台，也为了将学校还给教育，在我国的教育现实和教育环境的基础上，研制出一套适合我国中小学教师的工作强度测量工具，是推进我国教师"减负"工作的重要一环，不仅可以为我国的教师减负奠定坚实的基础，保障"双减"政策的有效实施，同时也可以有效推动我国高质量教育体系的建设。

（一）教师工作强度测评的内涵与功能

1. 教师工作强度测评的内涵

客观评估我国中小学教师工作强度现状，是落实教师减负最重要的一个命题。在教师普遍喊"累"的今天，想要帮助教师"放松"，首先要知道教师为什么"累"，教师工作究竟"累"在哪里。只有认真倾听一线教师的声音，了解一线教师真实的工作状态，关注一线教师的减负需求，才能精准地"按"到教师的酸痛之处，更好地帮助教师全身心地放松和舒缓。开发有本土特色的教师工作强度测评工具的意义，也正在于此。

2. 教师工作强度测评的功能

教师工作强度测评的功能主要在于真实、客观地展现我国教师工作强度现状，为教师减负提供工具支持。

首先，有利于整体掌握我国教师工作强度的真实水平，为后续的研究、相关政策的制定奠定坚实的基础。我国中小学教师的工作强度到底如何、教师需不需要减负、需要怎么减负、减哪些负等都是需要考虑的问题，教师工作强度测评可以为这些问题的解决寻求一个客观科学的公式。

其次，在教师工作强度测评的讨论和调查过程中，教师可以逐渐理清自己的思路，以长远的眼光规划自己的职业生涯。教师工作强度调查问卷中有诸如"本学期正常工作日，平均每周您用于完成下列工作的时间"等工作内容及时间分配的题项，可以帮助教师更好地规划工作时间，为减负工作奠定内生动力基础。

（二）教师工作强度测评的实施程序

1. 确定测评目标

工作强度是一个容易进行主观感觉而不容易进行理性抽象的概念。通过文献整理、专家座谈、一线教师试测等环节，我们最终确定从工作时间利用、工作内容结构、工作投入差异、工作负荷感受以及减负状况与需求五个维度对中小学教师工作强度进行测评，同时将从社会、学校、教师以及学生四个层面探寻中小学教师工作强度的影响因素。

2. 斟酌题项表述

我们在已确定的测评维度的基础上，根据各个维度的观测点筛选相关成熟量表中的题项，通过组织专家咨询确定了初拟问卷的题项构成，在组织小范围试测后，根据试测数据的分析结果以及一线教师的反馈意见，结合专家建议，对初拟问卷的题项进行删减、合并，并调整部分题项的呈现形式及表述，最终形成了具有中国本土特点的中小学教师工作强度调查问卷。

（三）教师工作强度测评的实现策略

（1）优化教师工作时间分配，减少各项非教学工作任务

《劳动法》第三十六条规定："国家实行劳动者每日工作时间不超过八小时、平均每周工作时间不超过四十四小时的工时制度。"但中小学教师的工作大多烦琐，除 8 小时工作时间以外，教师还要处理与家长沟通、社区事务等非教学工作。工作时间过长、隐性工作任务过多是造成中小学教师工作压力过大的主要原因。

（2）改进教研、培训质量，提高时间利用效率

教师是教育的第一资源，重视教师专业发展就是重视教育本身，提高教师专业技能既必要又重要。因此，需在有限的教师工作时间内，有针对性地安排质量高、效果好的教研活动和培训活动，做到既不占用教师休息时间，也不徒增教师工作任务。

（3）提倡"专业的事交给专业的人"

教师的首要任务是教书育人，这不仅是教师的职责所在，更是教师职业的初心所指。本次研究发现，大多数教师指出，备检迎检、各种会议、职称评定等非教学工作任务较重，占据了他们的大部分工作时间，而备课、作业批改等教学工

作则是他们在加班时间完成的。这不仅给教师的身体带来了较重的负担,也在悄无声息中消磨着教师的工作热情和初心。中小学可参考高等教育模式,探索"辅导教师+任课教师"的新模式,任课教师与辅导教师不兼任,任课教师潜心教学,其余非教学工作交由辅导教师完成。

教育是国之大计、党之大计,教师是教育的第一资源,营造教育教学良好环境,让教师全身心投入教书育人工作,落实好立德树人根本任务,是各级党委和政府的职责所在,是全社会尊师重教的基本体现。本次研究旨在客观反映中小学教师工作强度,为政策的提出与方案的落实提供现实依据。

第四章
教师工作强度总体状况调研报告

适度的工作强度是教师高质量完成教育教学工作的必要保障。近年来，中小学教师工作负担过重等问题被社会各界的广泛讨论，也得到了国家层面的高度关注。2019年12月，《关于减轻中小学教师负担进一步营造教育教学良好环境的若干意见》提出要"切实减轻中小学教师负担，进一步营造宽松、宁静的教育教学环境和校园氛围，确保中小学教师潜心教书、静心育人"[1]。中小学教师工作负担过重、工作强度过高等问题已成为当下研究的热点话题，也是基础教育领域急需破解的难题。本章主要从教师工作强度的现实样态、教师工作强度的区域比较、教师工作强度的主体比较、教师工作强度的发展态势四个方面进行具体阐释，以全面揭示中小学教师工作强度的总体状况。

---

[1] 中共中央办公厅，国务院办公厅. 中共中央办公厅 国务院办公厅印发《关于减轻中小学教师负担进一步营造教育教学良好环境的若干意见》[EB/OL].（2019-12-15）. http://www.gov.cn/zhengce/2019/12/15/content_5461432.htm[2022-07-28].

一、教师工作强度的现实样态

为全面了解中小学教师工作强度的现实样态,剖析影响中小学教师工作强度的多重因素,本次研究编制了中小学教师工作强度调查问卷,问卷包括四个部分:教师背景信息、教师工作强度量表、教师工作强度影响因素量表、开放问题。为了解教师工作强度的总体水平,本部分从工作时间利用、工作内容结构、工作投入差异、工作负荷感受以及减负状况与需求五个维度分析教师工作强度的现实样态,以把握教师工作强度的总体特征和发展趋势,以及教师工作时间、内容结构、投入差异、负荷感受、减负状况与需求五个方面的具体特点。

本次调查采用随机取样的方法,通过网络调查方式进行问卷发放与回收,共发放问卷 50 314 份,回收有效问卷 48 874 份,教师样本的基本分布情况如表 4-1 所示。

表 4-1 教师样本的基本分布情况

变量	维度	n	占比/%
地区	东部地区	2 341	4.79
	中部地区	14 191	29.04
	西部地区	10 168	20.80
	东北地区	22 174	45.37
性别	男	12 722	26.03
	女	36 152	73.97
年龄	18~20 岁	20	0.04
	21~25 岁	2 246	4.59
	26~30 岁	6 475	13.25
	31~35 岁	7 116	14.56
	36~40 岁	6 190	12.66
	41~45 岁	8 243	16.87
	46~50 岁	7 661	15.67
	51~55 岁	7 774	15.91
	56~60 岁	3 078	6.30
	61~65 岁	71	0.15
教龄	0~3 年	6 932	14.18
	4~5 年	3 394	6.94

续表

变量	维度	n	占比/%
教龄	6~10 年	5 820	11.91
	11~15 年	5 148	10.53
	16~20 年	4 120	8.43
	21~25 年	7 805	15.97
	26~30 年	7 220	14.77
	31~35 年	5 882	12.04
	36~40 年	2 165	4.43
	41~50 年	388	0.79
最高学历	高中及以下	127	0.26
	中专/技校	331	0.68
	大学专科	7 612	15.57
	大学本科	37 283	76.28
	硕士研究生	3 469	7.10
	博士研究生	52	0.11
职称	未定级	5 288	10.82
	三级教师	658	1.35
	二级教师	11 139	22.79
	一级教师	19 387	39.67
	高级教师	12 272	25.11
	正高级教师	130	0.26
任教身份	在编教师	42 918	87.81
	长期合同制教师	2 481	5.08
	代课教师	597	1.22
	交流（或轮岗）教师	193	0.39
	临聘教师	445	0.91
	特岗计划教师	1 363	2.79
	退休返聘教师	108	0.22
	支教教师	159	0.33
	其他	610	1.25
学校所在地	城市	14 789	30.26
	县城	9 630	19.70

续表

变量	维度	n	占比/%
学校所在地	乡镇	19 482	39.86
	乡村	4 973	10.18
学校规模	0~100人	3 090	6.32
	101~200人	3 693	7.55
	201~300人	3 888	7.96
	301~600人	7 280	14.90
	601~900人	5 802	11.87
	901~1200人	5 449	11.15
	1201~1500人	5 119	10.47
	1501~2000人	5 721	11.71
	2000人以上	8 832	18.07
是否为班主任	班主任	17 339	35.48
	副班主任	4 773	9.76
	不是班主任	26 762	54.76
年收入	0~3万	4 164	8.52
	4万	4 647	9.51
	5万	8 320	17.02
	6万	9 219	18.86
	7万	6 166	12.62
	8万	5 753	11.77
	9万	2 897	5.93
	10万	4 106	8.40
	11万	800	1.63
	12万	1 176	2.41
	12万以上	1 626	3.33

注：因四舍五入，部分数据和不为100，余同。

基于对有效问卷的分析，教师工作强度的总体样态主要呈现出以下特征。

（一）教师工作强度总体水平较高并呈升高样态

1. 教师工作强度总体水平较高

为全面了解教师工作强度的现实样态，本次研究以工作时间利用、工作内容结构、工作投入差异、工作负荷感受、减负状况与需求为五个一级维度设计了调查问卷。问卷共由 47 个题项组成，包括等级量表题、选择题、排序题等题型。教师根据题项描述情况与自身的相符程度以及自己的实际情况和意愿进行选择。通过统计教师工作时间利用、工作内容结构、工作投入差异、工作负荷感受、减负状况与需求五个维度中所有等级量表题的均值，分析均值的大小，可以了解教师工作强度水平。均值越高，表明教师感知到自己的工作强度水平越高。调查数据显示，教师工作强度的总体水平较高（M=3.60），均值超过 3，处于中等偏上水平。同时，通过统计选择题与排序题等题型的选项分布情况，也可以分析教师工作强度的总体水平。调查数据显示，在工作时间利用方面，有 84.28% 的教师认为工作日每天的工作排得满满的，且有 72.60% 的教师的日工作时长高于 8 小时。由此可见，教师在工作时间利用维度上表现出工作时间饱和、工作时间超标的特点。在工作内容结构方面，教师感觉强度最大的工作以教学工作为主，其中有 51.38% 的教师认为备课是强度比较大的工作内容，有 49.65% 的教师认为批改作业的工作强度较大。除了教学工作以外，备检迎检是教师感觉强度较大的非教学工作之一。在工作投入差异方面，教师在投入意愿、投入要素、投入状态、投入情境以及投入结果五个方面的得分反映了其工作投入的积极样态，其中投入意愿（愿不愿）（M=3.20，SD=1.08）和投入结果（值不值）（M=3.86，SD=0.75）凸显了教师对教育的情怀与意愿，总体反映了教师"愿持"[①]的工作投入。另外，教师的投入要素（能不能）（M=3.53，SD=0.77）、投入状态（专不专）（M=3.88，SD=0.61）和投入情境（难不难）得分（M=4.13，SD=0.65）呈现了教师对教育工作的胜任力与专注度，总体反映了教师"能行"的工作投入状态。在工作负荷感受方面，教师当前工作压力和负担在一定程度上影响着教师的身体健康。最后，在减负状况与需求方面，虽然有 51.94% 的教师认为学校重视减轻教师与教学无关的工作负担，但是在减负需求上，当前教师仍认为最需要减负的工作是备检迎检（M=0.59）以及各种会议（M=0.59）。

2. 教师工作强度呈递增样态

通过调查教师刚入职时、一年前、现阶段以及未来三年对工作强度的感受情况，结果显示教师总体工作强度持续增大，具体如图 4-1 所示。教师表示随着工作时间的推移，工作强度越来越大，身心感受越来越累。其中，教育教学工作是教师工作强度的主要来源（M=3.68，SD=0.81），有 68.17% 的教师认为整个学期

[①] 指教师愿意投入和从事相应的工作。

的工作强度一直比较大，有65.25%的教师认为由于疫情居家开展线上教学，与平时相比工作量增加很多。然而，无论教育教学工作强度有多大，其均不是教师希望减轻的工作负担。相反，教师认为最应减轻的工作负担主要包括备检迎检（58.81%）、各种会议（55.67%）、职称评定（39.96%）、考核评估（36.27%）和公众号处理（35.20%）。

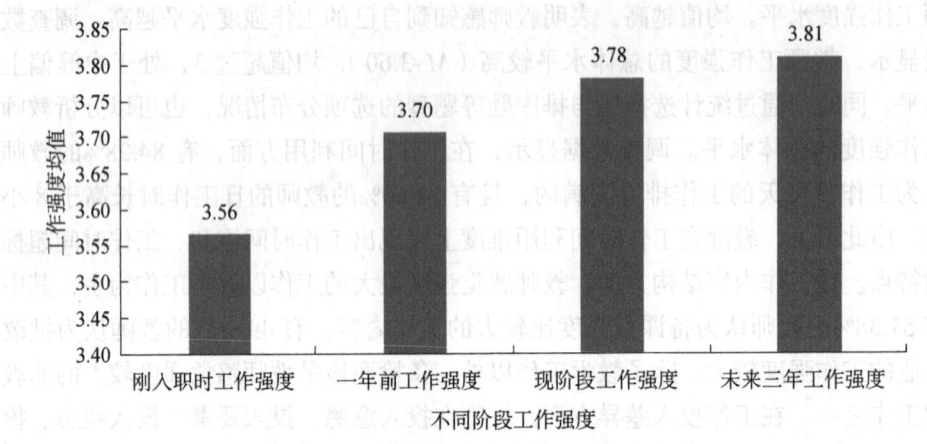

图 4-1　教师自我感知的各阶段工作强度均值

（二）教师工作时间利用——时间都去哪了？

教师工作时间利用是指教师工作时间的投入，主要包括日常工作时间饱和度、节假日时间占用度以及时间分配有效度，重点指向教师工作时间的安排。由调查分析可知，教师在工作时间投入方面总体表现为日常工作较忙碌、节假日时间被挤占、教学工作最投入的总体特征。

1. 日常工作时间饱和：日常工作较忙碌

首先，教师日常工作时间较长，工作时间饱和，日常工作较为忙碌。从主观和客观两个维度分析教师日常工作时间投入可知，一方面，教师主观感到自己的工作时间基本饱和，调查数据显示，有84.28%的教师认为在工作日，他们每天的工作排得满满的；另一方面，从教师工作时间的客观数据来看，教师工作时间超标，教师日工作时长低于8小时的仅占4.33%，有72.60%的教师日工作时长超过8小时。由此可见，教师日常工作忙碌且投入时间较多。其次，教师日常工作时间的投入主要分配在教学准备、教学实施与课后作业批改等工作上，其中，备课是教师时间投入最多的工作。调查显示，教师每周上课节数主要集中在9～16节，平均每天上课数为3～4节，其教学时长较为适中与合理。然而，除了完成 3~4 节课堂教学以外，教师将时间主要投入在完成备课和作业批改与分析等教学工作上。有 70.38% 的教师认为备课是教师加班时间投入最多的工作，有 60.26% 的教师认为作业批改与分析也是加班完成的主要工作。此外，非教学工作，如备检迎检、各种会议等同样是教师工作时间投入的主要内容。

2. 节假日时间被挤占：节假日仍需工作

在节假日时间占用方面，通过调查教师节假日和寒暑假时间占用的情况发现，有 29.28% 的教师周末不加班，有 75.67% 的教师周末加班的时长不超过 3 个小时，其中，有 27.68% 的教师周末加班时间在 2~3 小时，有 18.72% 的教师周末加班时间在 1 小时及以下，仅有 12.16% 的教师周末加班时间在 4~5 小时。关于寒暑假的时间占用，有 63.59% 的教师认为除去培训时间，他们在寒暑假的大部分时间都可以休息。由此可见，教师节假日时间在一定程度上被挤占。

3. 工作时间分配合理：教学工作最投入

教师工作时间分配有效度反映的是教师对教学工作（包括备课与上课、学生辅导、作业批改与分析、学生管理与德育）以及其他非教学工作的投入时间及工作效率。本次调查从客观角度分析教师工作时间分配情况，结果显示，教师时间主要投入在备课、学生辅导与作业批改方面，平均每天投入时间约为 2 小时；教师平均每天用于学生管理与德育、其他非教学工作的时间约为 1 小时。不同教师完成教学工作的效率不同，有丰富经验的教师能够在较短时间内高效完成备课、作业批改等工作，新手教师则需要投入更多的时间完成相同工作。例如，在备课方面，有 35.56% 的教师的备课时间约为 2 小时，有 19.65% 的教师的备课时间约为 3 小时，有 13.60% 的教师的备课时间达到 6 小时及以上。在作业批改与分析方面，有 38.34% 的教师用于作业批改与分析的时间约为 2 小时，有 23.62% 的教师用于作业批改与分析的时间约为 1 小时及以下，有 15.41% 的教师用于作业批改与分析的时间约为 3 小时。在学生辅导（含课后服务）方面，有 37.76% 的教师用于学生辅导的时间约为 2 小时，有 26.87% 的教师用于学生辅导的时间约为 1 小时及以下，有 13.80% 的教师用于学生辅导的时间约为 3 小时。在学生管理与德育方面，有 42.16% 的教师用于学生管理与德育的时间约为 1 小时及以下，有 25.35% 的教师用于学生管理与德育的时间约为 2 小时。在其他非教学工作方面，有 33.93% 的教师用于其他非教学工作的时间约为 1 小时及以下，有 26.59% 的教师用于其他非教学工作的时间约为 2 小时。

此外，教师平均每天用于各类工作内容的时间超过 3 小时的比例如图 4-2 所示，由此可见，教师将工作时间有效分配在教学与管理的各个领域，其中，在教学工作上投入的时间最多。从主观角度分析教师工作时间分配情况，结果发现，大多数教师认为当前工作时间分配较为合理，有77.53%的教师认为他们将工作日的大部分时间和精力用在教育教学上，有76.48%的教师认为自己能够根据工作性质合理安排时间，同时，有80.40%的教师认为自己能够充分利用点滴时间思考工作。

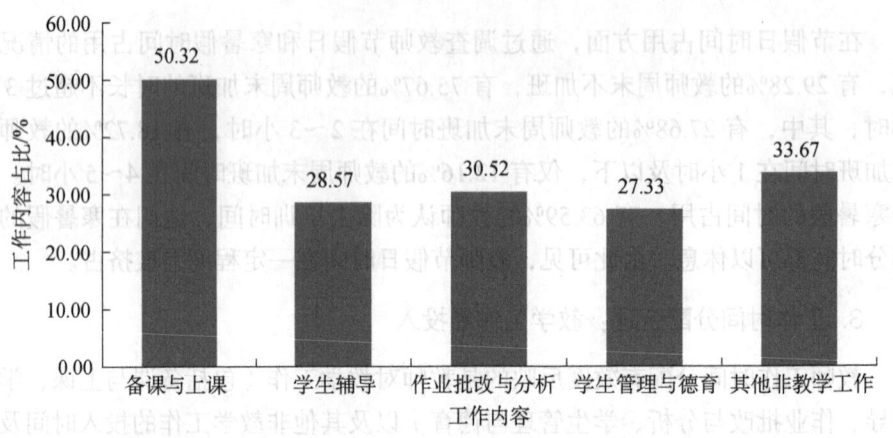

图 4-2 教师平均每天用于各类工作内容的时间超过 3 小时的比例

（三）教师工作内容结构——每天忙着做什么？

教师工作内容结构是指教师在工作中所承担的具体内容，可划分为教学工作与非教学工作两类。教师工作内容的难度及挑战度都影响着教师工作强度的主观感受。通过调查可以发现，教师教学工作内容以专注备课、上课与批改作业等教学工作为核心，辅助伴随备检迎检、会议、疫情防控、课后服务等非教学工作，形成了以教学工作为核心的圆轴结构样态（图 4-3）。

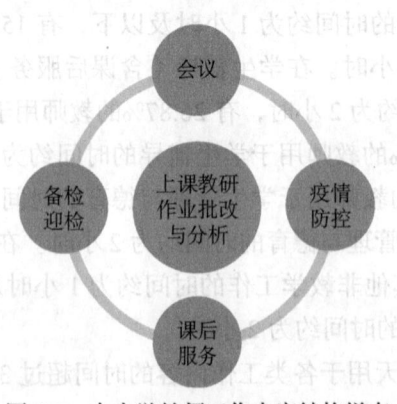

图 4-3 中小学教师工作内容结构样态

1. 专注教学工作投入，积极备课上课

教学工作是教师工作的核心，高质量的教学离不开教师在上课、教研与批改作业等方面的积极投入。首先，在上课方面，调查结果显示，教师教学任务量适中，每周上课节数集中在9～16节，平均每天上课3～4节。其次，在教研方面，作为提升教学质量的重要途径和手段，有37.61%的教师每个月听评课教研的次数在6次及以上，有18.19%的教师参加4次教研活动，有13.12%的教师每个月参加2次教研。此外，公开课作为提升教师教学能力、开展教研的重要方式，是教师教学工作的重要组成部分。调查结果显示，有40.90%的教师在一个学期中进行了1次公开课展示，有24.79%的教师进行了2次公开课展示，有21.65%的教师未进行公开课展示。相比于常规课，公开课需要教师在备课准备、教学实施的过程中投入更多的精力、充分研究教材、深入探究创新方法，因此，教师在准备公开课上的时间投入度较大，调查显示，有22.49%的教师在准备公开课时需要用28小时及以上，有21.56%的教师需要用4～7小时，有17.87%的教师需要用8～11小时。由此可见，公开课作为教学工作的重要组成内容，工作难度大，挑战性高，工作强度也较大。最后，在作业批改与分析方面，调查数据显示，有37.43%的教师每天批改作业量在50份及以下，而批改量在51～80份的教师占25.09%。由此可见，作业批改量会直接影响教师作业批改的时间投入，大量的作业批改工作增大了教师的工作强度。在技术高速发展的时代，如何通过数字化等技术手段辅助教师完成作业批改，从而减轻教师工作强度显得尤为重要。

2. 非教学工作强度大，备检迎检成为负担

非教学工作是指教师从事与教育教学无关的工作，如参与各种会议、备检迎检等事务。调查结果显示，有40.13%的教师认为自己经常被要求参加与教育教学无关的活动。除教学工作以外，教师认为工作强度较大的非教学工作为备检迎检，有45.26%的教师认为备检迎检是强度较大的工作，还有37.99%的教师认为各种会议使其工作强度增大，有35.20%的教师认为疫情防控增大了其工作强度与负担。

（四）教师工作投入差异——工作付出多少？

教师工作投入是指教师在参与教学工作和非教学工作过程中所投入的意愿、要素、状态、情境与结果。由于主观因素与客观因素的作用，不同教师在工作中

投入的意愿、要素、状态、情境与结果也不尽相同。以下从五个维度来分析教师工作投入的总体样态。

1. 愿投入：师德情怀驱动，沉浸教学投入

教师工作投入意愿是指教师是否愿意投入时间和精力来完成教学与非教学工作，在工作过程中是否能够获得幸福感与满足感。调查采用利克特5点计分方式对选项进行赋值，教师根据题项所描述的情况与自身相符程度进行选择，从1～5进行评分，分数越高代表符合程度越高。调查结果显示，教师投入意愿的均值为3.20，处于中等水平。有44.58%的教师认为令人愉快的事情大多来自工作。由此可见，教师愿意满怀热情地投入教学与非教学工作中，并且在工作过程能够获得幸福感与满足感。

2. 能力强：教师胜任力强，但工作精力有限

教师工作投入要素是指教师是否具有支撑自己干好工作的能力和精力，以满足工作的要求与应对工作的压力。调查结果显示，首先，在能力方面，有81.32%的教师认为有能力支撑自己干好工作，教师对"我的能力足以支撑干自己好工作"这一题项的选择均值为4.01，说明教师具有较强的工作胜任力，对自己能够很好地完成工作具备足够的信心。此外，有54.63%的教师认为在工作中经常迸发灵感，"我在工作中会经常迸发出灵感"这一题项均值也处于中等偏上的水平（$M=3.48$，$SD=0.93$），反映了教师在工作中能够积极开展创造性的工作。其次，在精力方面，教师在"我总是精力充沛，可以连续工作很长时间"这一题项上的得分均值相对较低（$M=3.10$，$SD=1.12$），有31.2%的教师认为自己精力不够充分，无法连续工作很长时间。由此可见，教师工作投入的胜任力强，且具有一定的创造性，但精力较为有限，不能支撑其连续高强度地工作。

3. 较专注：工作投入专注，沉浸且锲而不舍

投入状态是指教师在工作过程中是否能够专心致志、全情投入，从而高效高质地完成教育教学工作。投入状态将直接影响教师的工作效率，尽管有些教师的工作时间投入多，但工作状态不佳，在工作中摸鱼划水，导致工作效率较低。有些教师虽然工作时间投入不多，但工作状态较好，能够沉浸其中，工作效率很高。调查结果显示，教师总体工作投入状态较好，教师能够"在工作时，沉浸其中"（$M=4.14$，$SD=0.71$），"工作中即使事情进展不顺利，我总是锲而不舍"（$M=4.03$，$SD=0.77$）。同时，教师对"我感觉自己离不开教师工作"这一题项的

认同度较高（$M=3.69$，$SD=0.98$），这表明教师愿意坚守教师职业，同时十分热爱教师工作。然而，工作的压力和负担也会给教师带来一定的挫败感，教师对"工作中我做的事情没有达到预期，会有很强的挫折感"的认同度较高（$M=3.67$，$SD=0.94$），这一方面反映了教师对自身工作要求的高标准，另一方面也反映了教师工作压力带来的负面影响。

4. 亲课堂：投入课堂情境，深入用心思考

投入情境是指教师在面对复杂且具有挑战性的工作内容时的心理状态，具体包括教师投入的状态、时间、精力与方法等。教学情境是课堂教学的基本要素，指教师在教学过程中创设的情感氛围。创设教学情境是教师的一项常规教学工作，创设有价值的教学情境也是教学改革的重要追求。调查结果显示，教师能够"主动付出时间和精力，用心准备课堂教学"（$M=4.22$，$SD=0.74$），"面对复杂的教育情境，会千方百计地寻找解决方法"（$M=4.04$，$SD=0.73$）。总体看来，教师在课堂上能够深入用心地思考教学问题，努力寻求解决问题的方法，从而更好地完成具有挑战性、复杂性的教学工作。

5. 强认同：教育情怀驱动，认同教师价值

投入结果是指教师对工作中所投入的时间与精力的价值判断，它一方面反映了教师工作投入的内在动机，另一方面反映了教师对教师工作的情怀与热爱。调查结果显示，教师较为明确教育教学工作的价值与意义（$M=4.06$，$SD=0.83$），并能够在教育教学中体验到成就感（$M=3.82$，$SD=0.90$），同时，教育教学结果的反馈激发教师对工作产生热爱与持续的热情（$M=3.71$，$SD=0.94$）。教师投入结果的特征进一步解释了为什么教师的教育教学工作强度很大，但教育教学工作却未成为教师的工作负担，原因就在于教师对教书育人价值的正确判断以及对教师职业的认同度较高。

（五）教师工作负荷感受——身心感受如何？

工作负荷是指单位时间内人体承受的工作量，包括生理工作负荷和心理工作负荷。生理工作负荷是指人体单位时间内承受的体力工作量的大小。工作量越大，人体承受的体力工作负荷强度越大。心理工作负荷则指单位时间内人体承受的心理活动工作量，主要表现为监控、策略、期待等不需要明显体力的工作负荷。教师工作负荷感受是指教师面对各种工作量所产生的身体反应与心理体验，

反映了教师累不累的身心感受。

1. 教师工作状态较好，心理体验良好

教师面对工作负荷时的积极心理体验反映了教师的职业幸福感，而消极的工作态度反映了教师的职业倦怠。调查发现，教师对当前工作的心理感受良好，呈现出较为幸福的工作状态。具体来说，从积极的角度来看，教师对当前的工作状况很满意（$M=3.54$，$SD=1.00$），对于自己现在的工作状态感到很幸福（$M=3.56$，$SD=0.99$）。从消极的角度来看，教师紧张、焦虑、抑郁的情绪较少，比如，在题项"工作的弦紧绷着，我常出差错"（$M=2.61$，$SD=1.09$）、"学校的工作强度使我有了不想当老师的想法"（$M=2.65$，$SD=1.23$）、"我常被工作压得喘不过气来，很焦虑"（$M=2.95$，$SD=1.24$）上，其均值均低于3。综上所述，教师能够用积极的心态面对教师工作，对当前工作状态表现出积极的幸福体验。

2. 教师工作压力较大，健康状况欠佳

教师工作中承担着较为繁重的工作量，教育教学的各项工作以及与教育教学无关的学校事务增大了教师的工作负荷，导致教师在当前工作压力和负担的双重作用下身体呈现亚健康的状态。调查结果显示，教师常因工作压力大而感到身体不适（$M=3.57$，$SD=1.05$），同时每天疲于完成学校各项工作（$M=3.52$，$SD=1.07$），每天下班后感到身心疲惫，体力不支（$M=3.64$，$SD=1.04$）。更值得关注的是，高强度的工作已经影响到了教师的睡眠质量，导致教师睡眠不足，睡眠质量下降（$M=3.56$，$SD=1.10$）。由此可见，教师当前的工作压力和工作负担在一定程度上对教师身体健康产生了消极影响。

二、教师工作强度的区域比较

我国幅员辽阔，人口众多，各地区之间的发展存在一定差异。具体到教师工作强度这个问题上，我国各地区中小学教师工作强度同样存在一定的差异性。接下来，我们将从地区差异和城乡差异两个角度对我国中小学教师工作强度进行区域比较分析。本次调查问卷分为量表题和非量表题两个部分。量表题采用5点或10点计分，大多数题目采用正向计分，即分数越高，代表教师工作强度越大；少数题目采用反向计分，即分数越高，代表教师工作强度越小。非量表题包括选择题和排序题，选择题诸如平均每天的工作时长，受访者可根据自身实际情况，从"<8小时"到"≥17小时"几个选项中做出选择；排序题诸如选出花费时间

较长的 5 个工作项目，分别填写在 5 个括号内，可反映受访者的工作样态。具体来说，工作投入差异和工作负荷感受两个维度以量表题为主，工作时间利用和工作内容结构两个维度以非量表题为主。在分析数据时，笔者综合考虑量表题与非量表题的结果得出结论。

（一）教师工作强度地区差异分析

1. 东部地区教师工作强度较大，西部地区和东北地区教师工作强度居中，中部地区教师工作强度较小

根据我国经济社会加速发展的新形势，31 个省份（不含港澳台地区）分为四大经济区域：东部地区、中部地区、西部地区和东北地区。在本书中，东部地区包括山东、浙江、河北、江苏、福建、广东、海南、北京、天津、上海；中部地区包括河南、山西、安徽、江西、湖北、湖南；西部地区包括新疆、宁夏、西藏、甘肃、青海、云南、贵州、陕西、四川、重庆、广西、内蒙古；东北地区包括黑龙江、吉林、辽宁。目前各地区发展的主要内容为东部率先发展、西部大开发、中部崛起和东北振兴。

在量表题和非量表题中，均有一些能够直接反映教师工作强度的题目。"现阶段工作强度"这一题项是对教师工作强度的直接调查，也是对教师工作强度最直观的反映。全国教师在该题项上的均值为 3.78，处于中间值 3 以上，说明我国中小学教师现阶段工作强度的整体水平较高。对该题项得分进行单因素方差分析，结果表明我国四大地区教师的现阶段工作强度存在显著差异（$F=95.266$，$p<0.05$）。由多重比较结果可知，我国各地区中小学教师现阶段的工作强度具体排序为东部地区＞西部地区＞东北地区＞中部地区，如图 4-4 所示。"这学期，正常工作日您平均每天工作时长约为几小时"这一题项考察教师在工作日的工作时长，也能直观地反映教师的工作强度，卡方检验结果表明，我国四大地区教师在正常工作日的工作时间上存在显著差异（$\chi^2=1521.964$，$p<0.001$），东部地区教师工作时间最长，西部地区和东北地区教师工作时间居中，中部地区教师工作时间最短。

2. 各地区教师工作强度具体表现差异分析

（1）东部地区教师工作时间较长，东北地区和西部地区教师工作时间居中且基本持平，中部地区教师工作时间相对较短

工作时间是工作强度的直观体现。前面提到，在题项"这学期，正常工作日您平均每天工作时长约为几小时"上，东部地区教师工作时间最长，中部地区教

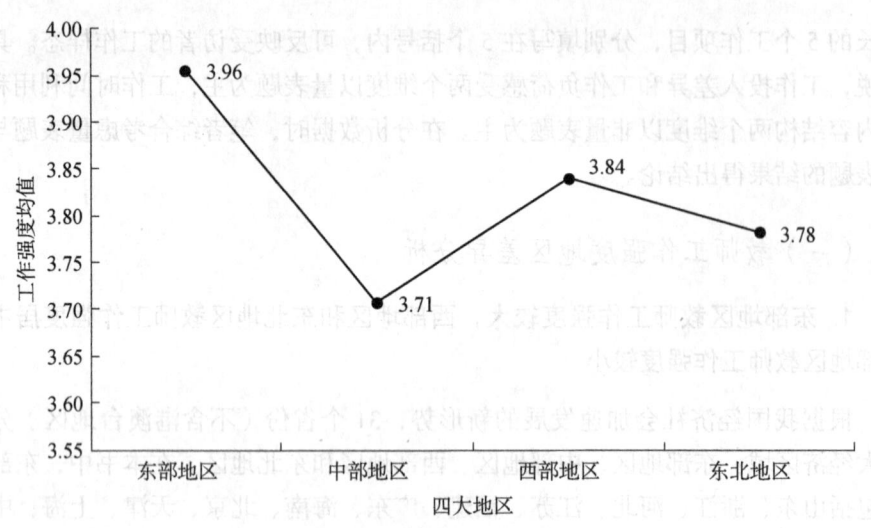

图 4-4 四大地区教师现阶段工作强度均值

师工作时间最短,东北地区和西部地区教师工作时间居中。此外,对"工作日我每天的工作排得满满的"这一题项进行单因素方差分析,结果表明四大地区教师之间存在显著差异（F=91.643,p<0.001）,由多重比较结果可知,具体排序为东部地区＞东北地区＞西部地区≈中部地区。因此,在工作饱和度方面,东部地区教师工作饱和度最大,东北地区和西部地区教师工作饱和度居中,中部地区教师工作饱和度最小。

在节假日时间占用度方面,对题项"这学期周末加班平均每周约为几小时"进行分析可知,四大地区教师存在显著差异（χ^2=794.397,p<0.001）,东北地区教师周末加班情况最少,东部地区教师周末加班情况最多。对题项"寒暑假除去培训时间,大部分时间都可以休息"进行单因素方差分析,结果表明四大地区教师之间存在显著差异（F=66.417,p<0.001）,由多重比较可知,具体排序为东北地区＞中部地区≈西部地区＞东部地区。因此,在节假日时间占用度方面,东北地区教师的节假日时间占用度最低,中部地区和西部地区居中,东部地区的节假日时间占用度最高。究其原因,东北地区经济发展较为平稳,社会也趋向稳定与保守,各行各业加班的现象少于其他三个地区,教师行业也是如此。中部地区学生之间的竞争相对不大,教师的压力也相对较小,故而工作没有那么"忙",工作饱和度相对较低。东部地区学生之间的竞争较为激烈,生活节奏也较快,故东部地区教师工作时间长,节假日休息时间相对较少。

在时间分配有效度方面,对题项"工作日我能根据工作性质合理安排时间"进行单因素方差分析,结果表明四大地区教师之间存在显著差异（F=52.189,

$p<0.001$),由多重比较可知,具体排序为东北地区＞中部地区＞西部地区＞东部地区。由此可知,东北地区和中部地区教师可以更为有效地利用时间。东北地区教师节假日加班情况较少,中部地区教师工作饱和度较低,教师拥有足够的时间对自己的工作情况进行反思;而东部地区教师工作较为繁重,加班频繁,导致教师无暇反思,也相对较难合理安排自己的工作时间。

(2)东部地区教师承担的教学工作与非教学工作量均最大,东北地区和西部地区教师工作量居中,中部地区教师工作量相对较小

首先,对"教育教学工作强度"这一题项进行单因素方差分析,结果表明四大地区教师之间存在显著差异($F=173.020$,$p<0.001$),由多重比较可知,具体排序为东部地区＞西部地区＞东北地区＞中部地区。对与教育教学工作量相关的题项进行分析可知:第一,东部地区教师上学期的教研活动次数多于其他三个地区;第二,东部地区教师准备一节公开课所付出的时间较长,东北地区居中,中部地区和西部地区较短;第三,东部地区和东北地区教师批改作业份数较多,西部地区次之,中部地区较少。因此,东部地区教师的教育教学工作量在四大地区中最大,中部地区最小,东北地区和西部地区居中。其次,对"非教育教学工作强度"这一题项进行单因素方差分析,结果表明四大地区教师之间存在显著差异($F=59.314$,$p<0.001$),由多重比较可知,具体排序为东部地区＞西部地区＞东北地区＞中部地区。对题项"我经常被要求参加与教育教学无关的活动"进行单因素方差分析,结果表明四大地区教师之间存在显著差异($F=189.180$,$p<0.05$),由多重比较可知,具体排序为东部地区＞西部地区＞东北地区＞中部地区。由此可知,东部地区教师的非教育教学工作量在四大地区中最大,中部地区最小,东北地区和西部地区居中。剖析其成因,在教育教学工作方面,较大的升学、竞争压力使东部地区教师需要承担更大的工作量;在非教育教学工作方面,由于东部地区经济较为发达,生活节奏较快,社会、家庭等方面对学校提出的要求较高,给予的压力较大,故东部地区教师也需要承担更多的非教育教学工作。中部地区竞争压力相对较小,生活节奏相对也较慢,故教师需要承担的教育教学和非教育教学工作量均较小。

(3)东北地区和中部地区教师的投入意愿、投入状态与投入结果的正向感受显著好于西部地区和东部地区教师

首先,对"工作投入意愿"的题项进行单因素方差分析,结果表明四大地区教师之间存在显著差异($F=138.987$,$p<0.05$),由多重比较可知,中部地区教师的均值显著高于东北地区教师,东北地区教师的均值显著高于西部地区与东部地区教师,如表4-2所示,说明中部地区和东北地区教师的工作愉悦感较高,而西

部地区和东部地区教师的工作愉悦感较低。由此可知，中部地区和东北地区教师的投入意愿较高，东部地区和西部地区教师的投入意愿较低。其次，对"工作投入状态"的题项进行单因素方差分析，结果表明四大地区教师之间存在显著差异（$F=117.269$，$p<0.001$），由多重比较可知，具体排序为东北地区＞中部地区＞西部地区≈东部地区。因此，东北地区和中部地区教师在工作中更加专心，投入状态更好；西部地区和东部地区教师的投入状态相对一般。最后，对"工作投入结果"的题项进行单因素方差分析，结果表明四大地区教师之间存在显著差异（$F=234.768$，$p<0.001$），由多重比较可知，东北地区和中部地区教师的均值显著高于西部地区与东部地区教师。因此，东北地区和中部地区教师在工作中更能体会到收获、成就等正向感受，对工作投入结果感觉较好，而西部地区和东部地区教师收获的正向感受较少。由此可见，在"工作投入差异"这一维度上，东北地区和中部地区教师的工作投入意愿较高，工作更加专心，也能收获更多正向感受，表现好于西部地区和东部地区教师。其原因可能在于东北地区和中部地区教师工作强度相对较低，节假日也可以得到更多休息，"疲于奔波"的情况相对较少；而西部地区和东部地区教师工作强度较高，过于繁忙的工作自然会影响到教师的工作投入意愿及其在工作过程中的感受。

表 4-2　四大地区教师工作投入差异

类别	投入意愿	投入要素	投入状态	投入情境	投入结果	工作投入
东部地区	3.05	3.40	3.78	4.06	3.70	3.66
中部地区	3.34	3.62	3.89	4.13	3.92	3.83
西部地区	3.08	3.33	3.80	4.05	3.71	3.65
东北地区	3.19	3.58	3.92	4.18	3.91	3.82
F	138.987***	353.578***	117.269***	107.139***	234.768***	248.146***

（4）东部地区教师工作负荷感受较强，西部地区和东北地区教师工作负荷感受居中，中部地区教师工作负荷感受较轻

对"工作负荷感受"维度的题项进行单因素方差分析，结果表明四大地区教师之间存在显著差异（$F=195.197$，$p<0.05$），由多重比较可知，具体排序为东部地区≈东北地区＞西部地区＞中部地区，如图4-5所示。前文已经提及，在"现阶段工作强度""教育教学工作强度""非教育教学工作强度"三个题项上，各地区教师之间均表现为这一排序，这也说明工作强度的直观体现与本维度量表题的分析结果一致。在"身体反应"方面，经单因素方差分析和多重比较可知，东部地区和西部地区教师的身体负荷感受显著强于东北地区教师，东北地区教师的身

体负荷感受显著强于中部地区教师。在"心理体验"方面，东北地区教师的心理负荷感受最轻。综上所述，在"工作负荷感受"这一维度上，东部地区教师较强，西部地区和东北地区居中，中部地区较轻。出现这一现象的原因可能是东部地区发展较为迅速，生活节奏较快，故东部地区教师的工作强度在四大地区中是最高的，工作负荷感受也最高；中部地区发展相对稳定，生活节奏较慢，因而教师的工作强度和工作负荷感受在四大地区中最低；西部地区相对而言处于中间水平。东北地区的学生数量相对少于中部地区和东部地区，因此东北地区教师的心理负荷感受相对偏低。

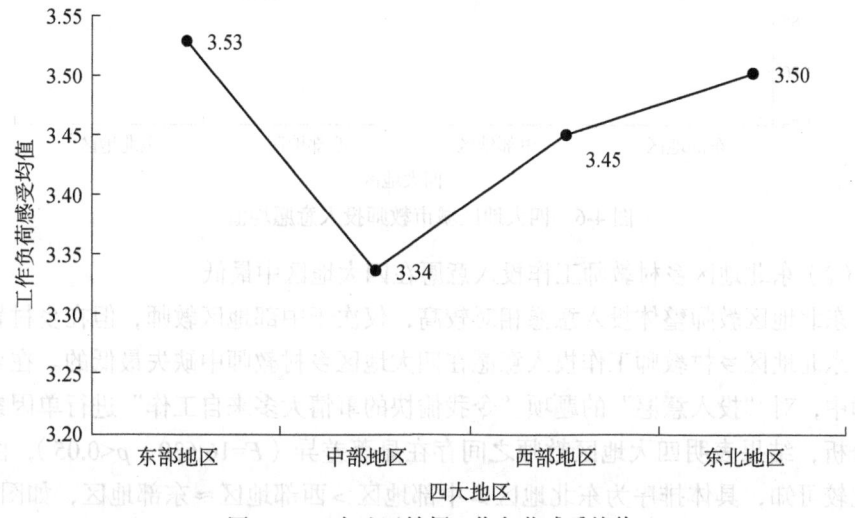

图 4-5 四大地区教师工作负荷感受均值

3. 城乡教师工作强度地区差异分析

由调研数据结果可知，不同地区的城乡教师工作强度也存在一定差异，即城乡教师工作强度存在地区差异。

（1）东北地区城市教师工作投入意愿在四大地区中最高

由前文可知，中部地区教师的工作投入意愿在四大地区中最高。但在城市教师中，东北地区的城市教师工作投入意愿是四大地区城市教师中最高的。在城市教师中，在"投入意愿"方面，对题项"令我愉快的事情大多来自工作"进行单因素方差分析，结果表明四大地区教师之间存在显著差异（$F=24.726$，$p<0.05$），由多重比较可知，具体排序为东北地区＞中部地区＞东部地区≈西部地区，如图4-6所示。因此，东北地区城市教师的投入意愿在四大地区中最高。东北地区工业化较早，城市化率已经很高，如今城市发展较为稳定，生活节奏并

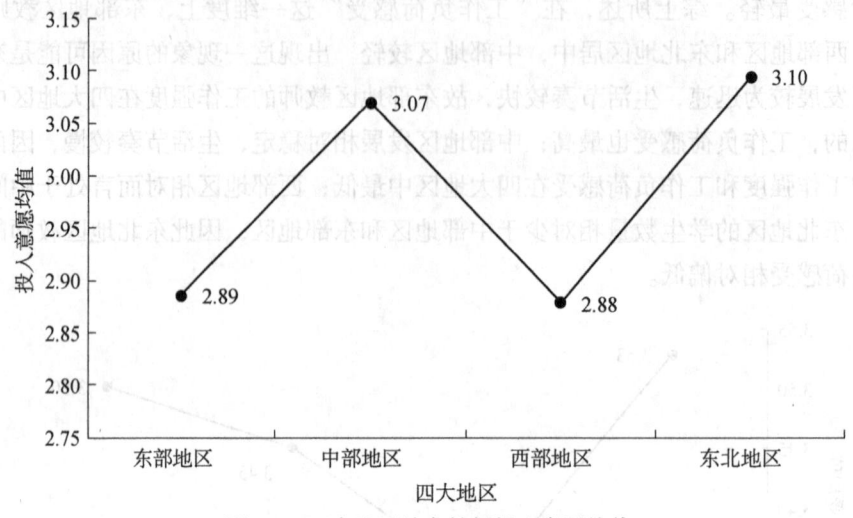

不是很快,教师的压力也相对较小,故教师具有较强的工作投入意愿。

图 4-6 四大地区城市教师投入意愿均值

(2)东北地区乡村教师工作投入意愿在四大地区中最低

东北地区教师整体投入意愿相对较高,仅次于中部地区教师,但在乡村教师中,东北地区乡村教师工作投入意愿在四大地区乡村教师中缺失最低的。在乡村教师中,对"投入意愿"的题项"令我愉快的事情大多来自工作"进行单因素方差分析,结果表明四大地区教师之间存在显著差异($F=16.639$,$p<0.05$),由多重比较可知,具体排序为东北地区>中部地区>西部地区≈东部地区,如图 4-7 所示。这一现象与东北地区城市教师的工作投入意愿最高形成了鲜明的反差。东北地区教师工资待遇较低的现象在农村地区体现得更为明显,物质保障的难以满足和获得感的缺失是东北地区乡村教师投入意愿较低的重要原因。

(3)东部地区乡村教师工作投入状态在四大地区中较好

东部地区教师整体工作投入状态是四大地区中最低的,但在乡村教师中,东部地区乡村教师工作投入状态在四大地区中却是最好的。在乡村教师中,对"工作投入状态"的题项进行单因素方差分析,结果表明四大地区教师之间存在显著差异($F=7.051$,$p<0.05$),由多重比较可知,东部地区、中部地区和东北地区教师的均值显著高于西部地区教师,如图 4-8 所示。东部地区教师整体工作投入状态较低,主要是因为东部地区的竞争压力较大,生活节奏较快,但在乡村,东部地区的竞争压力并不是很大,教师可以相对不受影响地专心工作,因而与东北地区、中部地区教师无显著差异。西部地区乡村教师工作投入状态稍低,主要是因为西部地区尚存在较多基础设施不够完善的乡村,从而影响了教师的工作质量。

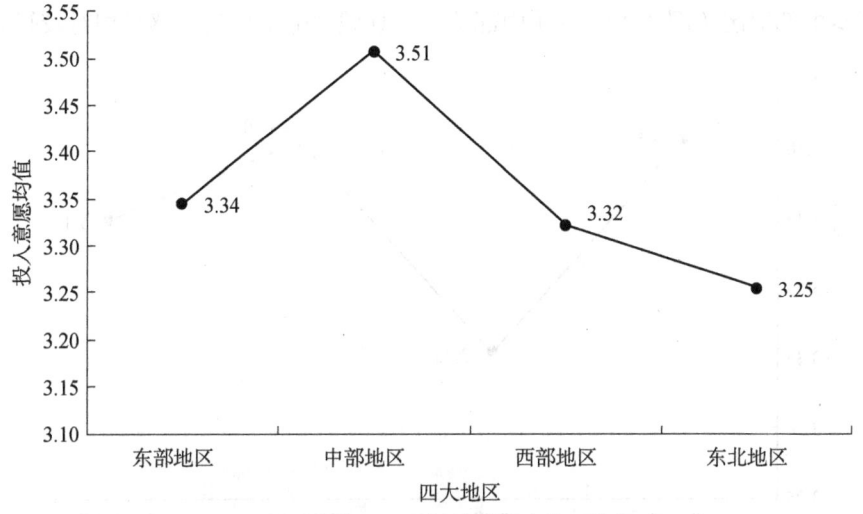

图 4-7　四大地区乡村教师投入意愿均值

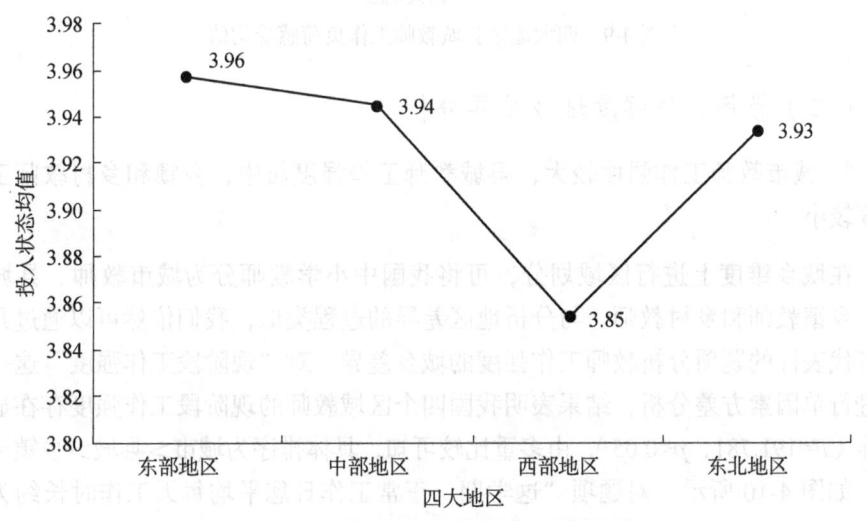

图 4-8　四大地区乡村教师投入状态均值

（4）东部地区和西部地区县城教师工作负荷感受较强，东北地区居中，中部地区县城教师工作负荷感受较轻

西部地区教师整体的工作负荷感受相对较低，仅高于中部地区教师。但在县城教师中，西部地区县城教师工作负荷感受很强，已经达到与东部地区相当的水平，超过东北地区和中部地区教师。在县城教师中，对"工作负荷感受"维度的题项进行单因素方差分析，结果表明四大地区教师之间存在显著差异（$F=48.399$，$p<0.05$），由多重比较可知，具体排序为东部地区≈西部地区≈东北

地区＞中部地区（图4-9），说明中部地区的县城教师工作负荷感受相对较轻。

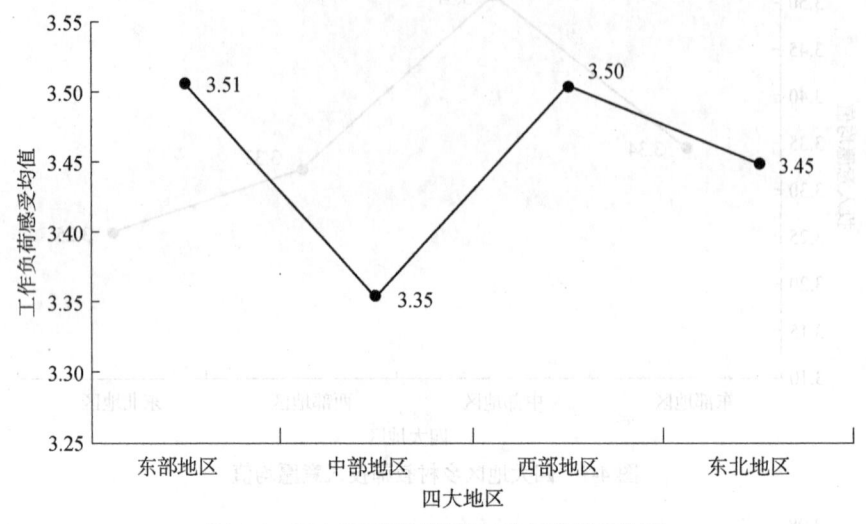

图4-9 四大地区县城教师工作负荷感受均值

（二）教师工作强度城乡差异分析

1. 城市教师工作强度较大，县城教师工作强度居中，乡镇和乡村教师工作强度较小

在城乡维度上进行区域划分，可将我国中小学教师分为城市教师、县城教师、乡镇教师和乡村教师。与分析地区差异的过程类似，我们依然可以通过几个具有代表性的题项分析教师工作强度的城乡差异。对"现阶段工作强度"这一题项进行单因素方差分析，结果表明我国四个区域教师的现阶段工作强度存在显著差异（$F=191.781$，$p<0.05$），由多重比较可知，具体排序为城市＞县城＞乡镇≈乡村，如图4-10所示。对题项"这学期，正常工作日您平均每天工作时长约为几小时"进行卡方检验，结果表明我国城乡教师本学期在工作日的工作时间存在显著差异（$\chi^2=1530.122$，$p<0.001$），城市教师工作时间最长，县城次之，乡镇位居第三，乡村教师工作时间最短。进一步探讨其成因，城市生活节奏较快，拥有更多的优秀教师，学校、学生和教师的竞争压力都很大，因此城市教师的工作强度较大；乡镇和乡村生活节奏较慢，教师水平参差不齐，学校、学生和教师的竞争压力相对不大，因此乡镇和乡村教师的工作强度较小。县城的生活节奏快于乡镇和乡村，但比城市生活节奏慢，优秀教师的数量、师生竞争压力也同样如此，故县城教师的工作强度也处于居中水平。

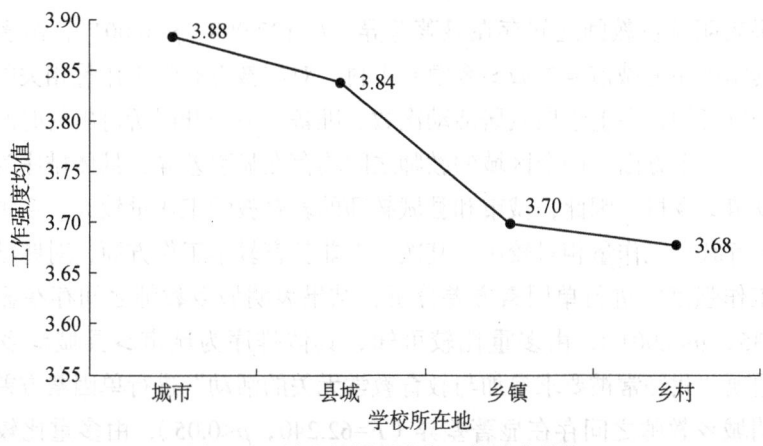

图 4-10 城乡教师现阶段工作强度均值

2. 城乡教师工作强度具体表现差异分析

（1）城市教师工作时间较长，县城和乡镇教师居中，乡村教师工作时间较短

工作时间是工作强度的直观体现。前面提到，题项"这学期，正常工作日您平均每天工作时长约为几小时"的分析结果为城市教师工作时间最长，乡村教师工作时间最短，县城和乡镇教师居中。此外，对题项"工作日我每天的工作排得满满的"进行单因素方差分析，结果表明城乡教师之间存在显著差异（$F=177.516$，$p<0.001$），由多重比较可知，具体排序为城市＞县城＞乡镇＞乡村。因此，在工作饱和度方面，城市教师工作饱和度最大，县城次之，乡镇教师工作饱和度较小，乡村教师工作饱和度最小。其次，在节假日时间占用度方面，对题项"这学期周末加班平均每周约为几小时"进行分析可知，城乡教师之间存在显著差异（$\chi^2=713.706$，$p<0.001$），周末加班时间顺序为城市＞县城＞乡镇＞乡村。对题项"寒暑假除去培训时间，大部分时间都可以休息"进行单因素方差分析，结果表明城乡教师之间存在显著差异（$F=30.280$，$p<0.001$），由多重比较可知，具体排序为乡镇＞乡村＞县城＞城市。因此，在节假日时间占用度方面，乡镇和乡村教师节假日时间占用度较低，县城教师节假日时间占用度居中，城市教师节假日时间占用度较高。其原因可能在于城市和县城学生升学压力较大，教师整体素质也更高，故教师之间的竞争较为激烈，工作时间相对较长，节假日仍需工作。相对而言，乡镇和乡村学生升学压力较小，教师之间竞争较小，工作饱和度相对较低，节假日休息的机会也较多。

（2）城市和县城教师承担的教学工作与非教学工作量均较大，乡镇和乡村教师承担的教学工作与非教学工作量相对较小

首先，在教学工作方面，对题项"教育教学工作强度"进行单因素方差分

析，结果表明城乡教师之间存在显著差异（$F=122.998$，$p<0.001$），由多重比较可知，具体排序为城市≈县城＞乡镇≈乡村。对与教育教学工作量相关的非量表题进行分析可知，在上学期教研活动次数、准备一节公开课所付出的时间、批改作业的份数三个方面，四个区域的教师之间均存在显著差异，具体排序为城市＞县城＞乡镇＞乡村。因此，城市和县城教师的教育教学工作量较大，乡镇和乡村教师的教育教学工作量相对较小。其次，在非教育教学工作方面，对题项"非教育教学工作强度"进行单因素方差分析，结果表明城乡教师之间存在显著差异（$F=80.235$，$p<0.001$），由多重比较可知，具体排序为城市＞县城＞乡镇≈乡村。对题项"我经常被要求参加与教育教学无关的活动"进行单因素方差分析，结果表明城乡教师之间存在显著差异（$F=62.240$，$p<0.05$），由多重比较可知，具体排序为城市＞县城＞乡镇＞乡村。因此，城市和县城教师的非教育教学工作量较大，乡镇和乡村教师的非教育教学工作量较小。究其原因，城市和县城教师有更多开展教研活动和公开课的机会，城市学生的竞争也更加激烈，故城市教师的教学工作量较大；城市教师也要承担更多学校和社会分配的任务，故非教学工作量也较大。乡镇和乡村教师的机会相对较少，学生之间的竞争较小，教师需要承担的任务也相对较少，故教学和非教学工作量都相对较小。

（3）乡村与乡镇教师的投入意愿、投入状态与工作收获的正向感受显著好于城市与县城教师

首先，对"投入意愿"的题项进行单因素方差分析，结果表明城乡教师之间存在显著差异（$F=184.303$，$p<0.05$），由多重比较可知，具体排序为乡村＞乡镇＞县城＞城市（表4-3），说明乡村和乡镇教师投入意愿较高，城市和县城教师投入意愿较低。其次，对"投入状态"的题项进行单因素方差分析，结果表明城乡教师之间存在显著差异（$F=23.615$，$p<0.001$），由多重比较可知，具体排序为乡村≈乡镇＞县城≈城市，说明乡村和乡镇教师在工作中更加专心，投入状态更好；城市和县城教师的投入状态相对较一般。再次，对"投入要素"的题项进行单因素方差分析，结果表明城乡教师之间存在显著差异（$F=35.000$，$p<0.001$），由多重比较可知，具体排序为乡村≈乡镇＞县城≈城市，说明乡村和乡镇教师的工作精力较充沛，工作信心较强。最后，对"投入结果"的题项进行单因素方差分析，结果表明城乡教师之间存在显著差异（$F=63.405$，$p<0.001$），由多重比较可知，具体排序为乡村＞乡镇＞县城≈城市。因此，乡村和乡镇教师在工作中更能体会到收获、成就等正向感受，对工作投入的结果感觉较好，而城市和县城教师收获的正向感受较少。

表 4-3 城乡教师工作投入均值

类别	投入意愿	投入要素	投入状态	投入情境	投入结果	工作投入
城市教师	3.06	3.49	3.86	4.13	3.81	3.74
县城教师	3.16	3.50	3.87	4.12	3.82	3.76
乡镇教师	3.29	3.56	3.90	4.13	3.90	3.81
乡村教师	3.39	3.58	3.92	4.14	3.94	3.84
F	184.303***	35.000***	23.615***	2.302	63.405***	55.358***

由此可见，在"工作投入差异"这一维度上，乡村和乡镇教师工作投入意愿较高，工作更加专心，也能收获更多正向感受，表现好于城市和县城教师。这主要是因为乡村和乡镇教师工作强度相对较低，乡村和乡镇地区的学生升学压力以及教师间的竞争激烈程度都相对较低。东部地区和西部地区教师工作强度较高，竞争压力较大，对教师的工作意愿、工作状态和感受均会造成一定程度的负面影响。

（4）城市教师工作负荷感受最强，县城和乡镇教师居中，乡村教师工作负荷感受较轻

对"工作负荷感受"维度的题项进行单因素方差分析，结果表明四个区域教师之间存在显著差异（$F=41.059$，$p<0.05$），由多重比较可知，具体排序为城市＞县城≈乡镇＞乡村，如图 4-11 所示，这与前文对教师现阶段工作强度、教育教学与非教育教学工作量的分析同样是相符的。城市教师的工作强度在四个区域中处于最高水平，而快节奏的生活又加剧了城市教师的工作负荷感受，故城市教师的工作负荷感受在四个地区中最强；乡村教师的工作强度和生活节奏相对最低，故乡村教师的工作负荷感受也最轻。

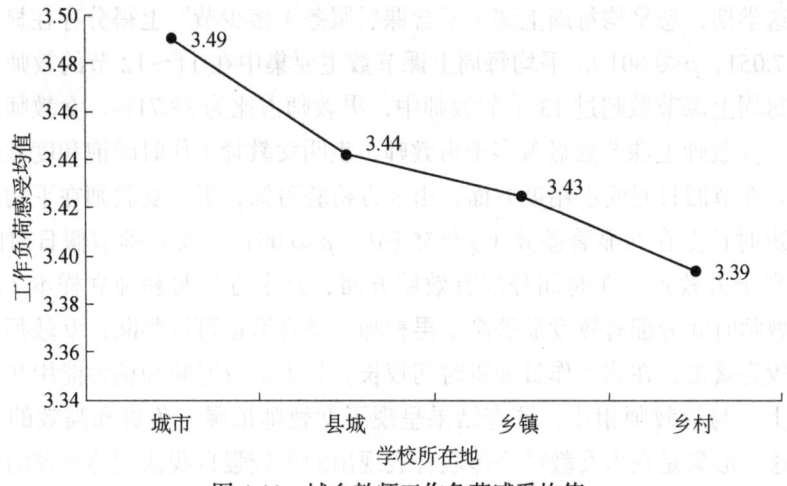

图 4-11 城乡教师工作负荷感受均值

三、教师工作强度的主体比较

教师工作强度不仅是静态的数字表征，也是一幅描绘不同属性教师工作样态的跃动图景，生动地刻画了不同性别、年龄、教龄和学科等教师的工作实态，真实地反映了不同主体教师的精神气质。通过对不同主体教师工作强度的整体及结构性分析，我们能透视不同主体教师的工作偏重状态，明晰其形成的逻辑理路，为实现教师工作提质增能、减负增效提供实质性参考。

（一）性别差异：女教师工作强度显著高于男教师

对"现阶段工作强度"这一题项得分进行独立样本 t 检验，结果表明，男、女教师的现阶段工作强度存在显著差异（$t=-5.051$，$p<0.05$），女教师现阶段自我感知的工作强度显著高于男教师。在工作时长方面，对相关题项进行卡方检验可知，男、女教师在题项"这学期，正常工作日您平均每天工作时长（含在家加班）约为多少小时"上的得分存在显著差异（$\chi^2=297.542$，$p<0.001$），在每天工作时间为 11 小时以上的教师中，男教师占比为 24.79%，女教师占比为 32.45%，女教师的工作时长显著高于男教师。由此可判断，女教师工作强度显著高于男教师。

1. 女教师工作时间饱和度、节假日时间占用度、时间分配有效度均显著高于男教师

在日常工作时间饱和度方面，对相关题项进行卡方检验可知，男、女教师在题项"这学期，您平均每周上课（不含课后服务）多少节"上得分存在显著差异（$\chi^2=477.051$，$p<0.001$），平均每周上课节数主要集中在 11～12 节的教师居多，在教师每周上课节数超过 13 节的教师中，男教师占比为 38.71%，女教师占比为 43.18%，女教师上课节数显著多于男教师，表明女教师工作时间饱和度显著高于男教师。在节假日时间占用度方面，由卡方检验可知，男、女教师在平均每周的周末加班时长上存在显著差异（$\chi^2=55.846$，$p<0.001$），女教师节假日时间占用度显著高于男教师。在时间分配有效度方面，经卡方经验和独立样本 t 检验可知，女教师时间分配有效度显著高于男教师。综合数据可以判断，女教师在工作日工作较为繁忙，在非工作日加班时间较长，且大部分时间和精力用在教育教学工作上。与男教师相比，调查结果呈现了女教师忙碌、负责和高效的工作形象，而这一形象是众多女教师个体联合表现出的由较强自我认同感支撑的社会性特征，其背后凸显了女性感性认知的思维方式。

2. 女教师承担的教学工作量较多，男教师承担的非教学工作量较多

在教学工作方面，对相应的题项进行卡方检验可知，女教师在平均备课与上课时长（χ^2=452.489，$p<0.001$）、学生辅导（χ^2=383.541，$p<0.001$）、作业批改与分析（χ^2=979.624，$p<0.001$）、听评课与研讨（χ^2=409.552，$p<0.001$）等方面所用时长均显著多于男教师。在非教学工作方面，独立样本 t 检验结果显示，男教师被要求参加与教育教学无关的工作内容显著多于女教师（t=15.879，$p<0.05$）。进一步分析可知，男教师的考核评估、信息处理、纠纷处理、街道社区事务等非教学工作内容均显著多于女教师。综上所述，不同性别教师在教学和非教学工作上存在一定差异性，可能有以下几方面原因。一是受社会文化影响，教师职业中存在明显的性别垂直隔离，男教师比女教师更有机会获得上层级职务的位置[①]，更有可能承担学校的教育管理工作，在非教学工作上承担着较多的工作量。二是教师性别结构"女性化"。相关研究数据显示，在中小学教师性别结构中，女性占比显著高于男性[②]，而中小学存在大量带有男性属性的非教学工作，男教师数量少而非教学事务总量多决定了男教师承担的非教学工作量必然会多于女教师。

3. 女教师的投入专注度、投入心理状态和成就感较强，男教师的主观投入意愿和客观投入能力较强

通过对"工作投入差异"维度的题项进行独立样本 t 检验可知，男、女教师在工作投入上存在显著差异（t=-7.521，$p<0.05$），女教师的工作投入均值明显高于男教师。具体而言，在"工作时，我会沉浸其中"以及"面对复杂的教育情境，我会千方百计地寻找解决方法"等题项上，女教师的均值均高于男教师。如图 4-12 所示，女教师的投入状态、投入情境、投入结果均值均显著高于男教师，而男教师的投入意愿与投入要素均值显著高于女教师。在"令我愉快的事情大多来自工作"和"我总是精力充沛，可以连续工作很长时间"等题项上，女教师的均值均高于男教师。由此可知，男教师投入动机较强，愿意在工作中投入更多的时间和精力，且更具备投入工作的能力，具有较好的工作投入前置状态；而女教师则在工作投入专注度、工作投入效能感和工作认同感上体验更佳，具有较好的工作投入中置和后置状态。

[①] 敖俊梅，林玲. 中小学教师性别结构"女性化"的现状、成因与对策[J]. 民族教育研究，2020（2）：54-62.

[②] 敖俊梅，林玲. 中小学教师性别结构"女性化"的现状、成因与对策[J]. 民族教育研究，2020（2）：54-62.

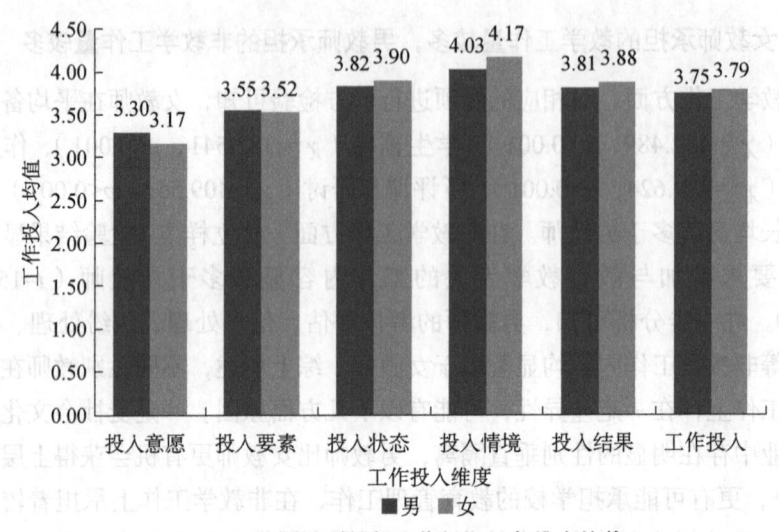

图 4-12　不同性别教师工作投入及各维度均值

4. 女教师呈现"身劳"取向，男教师表现为"心劳"样态

对"身体反应"维度的题项进行独立样本 t 检验，发现男、女教师在"身体反应"维度上存在显著差异（$t=-5.648$，$p<0.05$），女教师的身体反应均值显著高于男教师，如图 4-13 所示，据此可判断女教师的身体负荷感较强，表现为"身劳"取向。通过对题项"我常因工作压力大而身体不适"的分析可知，女教师的均值明显高于男教师。受社会文化影响，女教师多需兼顾家庭子女教育和学校工作，操劳过多导致其身体机能下降。通过对"心理体验"维度的题项进行独立样本 t 检验可知，男、女教师在"心理体验"维度上存在显著差异（$t=7.800$，$p<0.05$），男教师的心理体验均值显著高于女教师，据此可判断男教师的心理负荷感较强，表现为"心劳"取向。在题项"我常被工作压得喘不过气来"上，男教师的均值高于女教师。究其原因，一方面，如上文所言，忙碌、负责和高效的女教师工作形象是其较强的自我认同感支撑的结果，较强的工作满意度弱化甚至消解了女教师的心理负担，身体负担的减轻自然成为更为凸显的价值追求；另一方面，现有研究表明，男教师在认知幸福感、主观幸福感和社会幸福感等方面的得分明显低于女教师[①]，男教师幸福感体验不佳可能是其心理负荷感较强的主要原因。

---

① 李广，柳海民，梁红梅，等. 中国教师发展报告 2020—2021：中小学教师职业幸福感发展态势、面临挑战与提升举措[M]. 北京：科学出版社，2022：117.

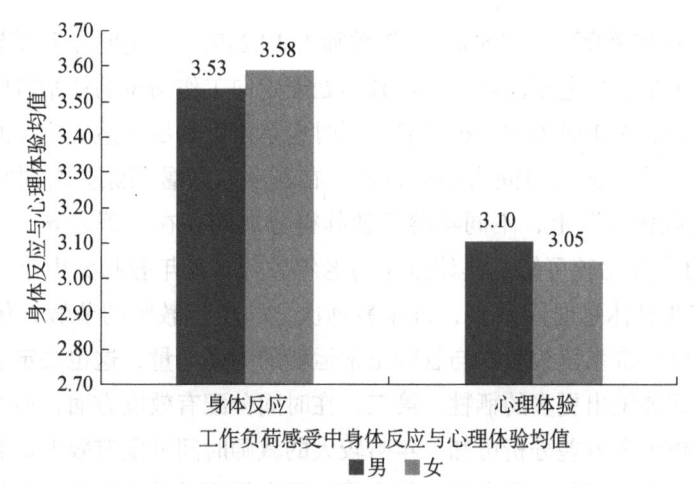

图 4-13　不同性别教师工作负荷感受中身体反应与心理体验均值

（二）年龄差异：中年教师工作强度较大，青年教师居中，老年教师工作强度较小

为便于分析，本次研究将教师群体划分为青年教师（35 岁及以下）、中年教师（36～50 岁）和老年教师（51 岁及以上）。对题项"现阶段工作强度"数据进行单因素方差分析可知，我国各年龄段教师的现阶段工作强度存在显著差异（F=259.818，p<0.05）。由多重比较可知，中年教师工作强度（M=3.87）显著高于老年教师（M=3.71），老年教师工作强度显著高于青年教师（M=3.70），由此可知，中老年教师现阶段工作强度水平普遍较高。中年教师作为学校骨干，在工作强度的多个方面均显著高于青年教师和老年教师。在工作时长方面，由卡方检验可知，不同年龄段教师在工作时长上存在显著差异（χ^2=1080.621，p<0.001），在每天工作时间超过 8 小时的教师中，老年教师占比为 74.81%，中年教师占比为 75.18%，青年教师占比为 64.17%，由此可判断中年教师的工作时长长于青年教师和老年教师。

1. 青年教师日常工作时间饱和度较高，中年教师节假日时间占用度较高，老年教师时间分配有效度较高

第一，在日常工作时间饱和度方面，经卡方检验可知，不同年龄段教师在题项"这学期，您平均每周上课（不含课后服务课）多少节"上的得分存在显著差异（χ^2=1147.834，p<0.001）。进一步分析可知，平均每周上课节数集中在 11～12 节的教师居多，而对每周上课节数超过 15 节的教师进行考察，发现青年教师

占32.21%，中年教师占25.75%，老年教师占19.24%，这说明在上课节数方面，青年教师显著多于中老年教师。青年教师处于走向工作岗位的初始阶段，较多的工作量安排是对青年教师的一种考验，同时也是帮助其尽快适应工作的一项有效手段。第二，在节假日时间占用度方面，在题项"寒暑假除去培训时间，大部分时间都可以休息"上，不同年龄段教师得分之间存在显著差异（$F=36.750$，$p<0.05$）。由多重比较可知，具体排序为老年教师＞青年教师＞中年教师，即老年教师的节假日休息时间最多，青年教师次之，中年教师的节假日休息时间最少。中年教师是维系学校教学与管理正常运转的中坚力量，这也决定了中年教师在节假日期间要做出更多的牺牲。第三，在时间分配有效度方面，通过对相关题项数据进行单因素方差分析可知，年龄较大的教师时间分配有效度显著高于年龄较小的教师。在"工作日我大部分精力都能用在教育教学上"和"工作日我能根据工作性质合理安排时间"两个题项上，由单因素方差分析和多重比较可知，各年龄段教师得分的具体排序均为老年教师＞中年教师＞青年教师；在"我充分利用点滴时间思考工作"题项上，由单因素方差分析和多重比较可知，中老年教师的均值显著高于青年教师。由此可知老年教师时间分配有效度较高，原因可能是老年教师工作能力较强，工作经验丰富，能够更高效、更有针对性地开展工作。

2. 中青年教师教学工作量和非教学工作量均显著大于老年教师

通过对"我经常被要求参加与教育教学无关的活动"这一题项进行单因素方差分析可知，不同年龄段教师的得分存在显著差异（$F=77.745$，$p<0.05$）。由多重比较可知，老年教师参与教育教学无关的活动显著少于中青年教师，青年教师与中年教师无显著差异，具体见图4-14。通过对非量表题进行卡方检验可知：第一，不同年龄段教师的上课节数存在显著差异，具体排序为青年教师＞中年教师＞老年教师；第二，不同年龄段教师参加各种教研活动的次数、批改作业的份数均存在显著差异，具体排序均为中年教师＞青年教师＞老年教师；第三，不同年龄段教师上公开课的节数、准备一节公开课所需的时间均存在显著差异，具体排序均为青年教师＞中年教师＞老年教师。综上所述，青年教师和中年教师的教学工作量和非教学工作量均显著大于老年教师。老年教师处于教师生涯的"暮年期"，受到来自学校领导和中青年教师的尊敬与关心，一些细碎繁杂的学校工作多由中青年教师分担，因此他们承担的工作量总体较少。

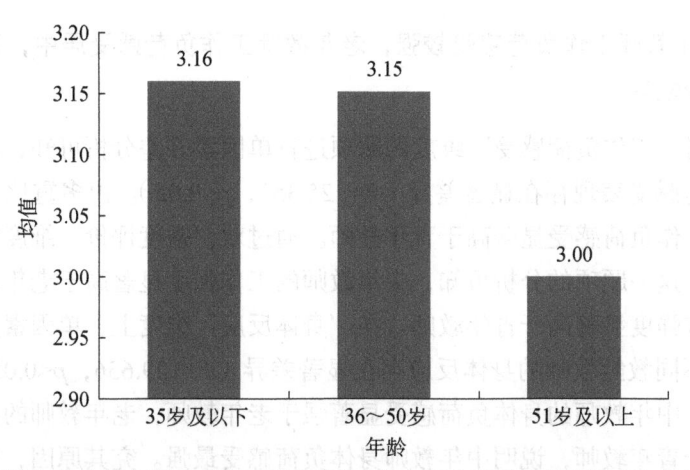

图 4-14 不同年龄教师在题项"我经常被要求参加与教育教学无关的活动"上的得分均值

3. 老年教师主观投入意愿、客观投入能力、投入专注程度等显著高于中青年教师

通过对"工作投入差异"维度的题项进行单因素方差分析可知，不同年龄段教师的工作投入表现存在显著差异（$F=215.195$，$p<0.05$）。由多重比较可知，老年教师工作投入得分显著高于中年教师，中年教师工作投入得分显著高于青年教师。由多重比较可知，在投入意愿、投入要素、投入状态、投入情境以及投入结果上，排序均为老年教师＞中年教师＞青年教师，具体见表 4-4。由此可判断，随着年龄的增长，教师的投入意愿、工作投入能力、工作专注程度等均显著提升，职业适应情况渐趋佳境。在"我总是精力充沛，可以连续工作很长时间"这一题项上，老年教师的均值（$M=3.22$）显著高于中年教师（$M=3.04$）和青年教师（$M=3.08$），虽然老年教师的身体机能逐渐下降，但他们仍然保持着工作的热情和活力。在"我感觉我离不开教师工作"这一题项上，老年教师的均值（$M=3.80$）显著高于中年教师（$M=3.71$）和青年教师（$M=3.57$），由此可知，老年教师处在教师生涯退出阶段，对教师职业的眷恋感明显高于中青年教师。

表 4-4 不同年龄教师工作投入均值及方差分析结果

年龄	投入意愿	投入要素	投入状态	投入情境	投入结果	工作投入
35岁及以下	3.03	3.48	3.83	4.07	3.80	3.72
36～50岁	3.18	3.51	3.90	4.16	3.85	3.78
51岁及以上	3.50	3.63	3.93	4.17	3.98	3.87
F	657.295***	122.919***	105.220***	106.629***	197.806***	215.195***

4. 中年教师工作负荷感受较强，老年教师工作负荷感受居中，青年教师工作负荷感受较轻

通过对"工作负荷感受"维度的题项进行单因素方差分析可知，不同年龄教师工作负荷感受表现存在显著差异（F=125.351，p<0.05）。由多重比较可知，中老年教师工作负荷感受显著高于青年教师。通过对"强度评价"维度中"现阶段工作强度"这一题项的分析可知，中年教师的工作强度显著高于老年教师，老年教师的工作强度显著高于青年教师。在"身体反应"维度上，单因素方差分析结果表明，不同教龄教师的身体反应存在显著差异（F=129.656，p<0.05）。由多重比较发现，中年教师的身体负荷感受显著强于老年教师，老年教师的身体负荷感受显著强于青年教师，说明中年教师身体负荷感受最强。究其原因，中年教师处在事业上升期以及教师职业病频发时期，腰腿部、呼吸道和肠胃等方面的疾病经常会影响教师的正常教育教学工作，因而中年教师的身体反应较为强烈。在"心理体验"维度上，由单因素方差分析和多重比较可知，中年教师的心理负荷感受显著强于青年教师和老年教师，青年教师和老年教师的心理负荷感受无显著差异，说明中年教师的心理体验在各教龄教师中相对较差，具体均值见图4-15。综合以上分析可知，在中小学教师的各个教龄段中，中年教师工作负荷感受较强，老年教师工作负荷感受居中，青年教师工作负荷感受较轻。究其原因，中年教师处在事业上升期，职称评定、职位晋升等压力影响着他们日常的教育教学工作，因而其身体负荷感和心理负荷感较强。

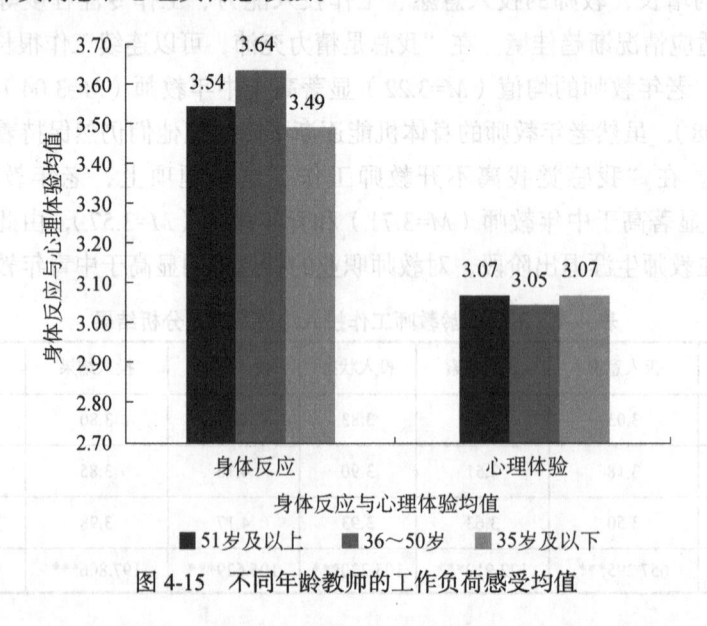

图 4-15　不同年龄教师的工作负荷感受均值

（三）教龄差异：教龄为 11~30 年的教师工作强度较大，教龄为 41 年及以上的教师工作强度相对较小

本次研究将教师教龄划分为 0~10 年、11~20 年、21~30 年、31~40 年和 41~50 年这五个阶段。在"现阶段工作强度"这个题项上，独立样本 t 检验结果表明，我国各教龄教师的现阶段工作强度存在显著差异（F=172.439，p<0.001），具体排序为 11~20 年≈21~30 年>0~10 年≈31~40 年>41~50 年，如图 4-16 所示。不同教龄教师的工作强度大致可分为三个强度等级：首先，教龄为 11~20 年和 21~30 年的骨干教师工作强度最大，且教学工作强度和非教学工作强度都处在最高水平；其次，教龄为 0~10 年和 31~40 年的教师工作强度居中，具体来说，教龄为 31~40 年的教师教学工作强度稍大，教龄为 0~10 年的教师非教学工作强度稍大；最后，教龄为 41~50 年的教师工作强度最小，且教学工作强度和非教学工作强度都处在最低水平，这一教龄的教师正处于生涯退出阶段。

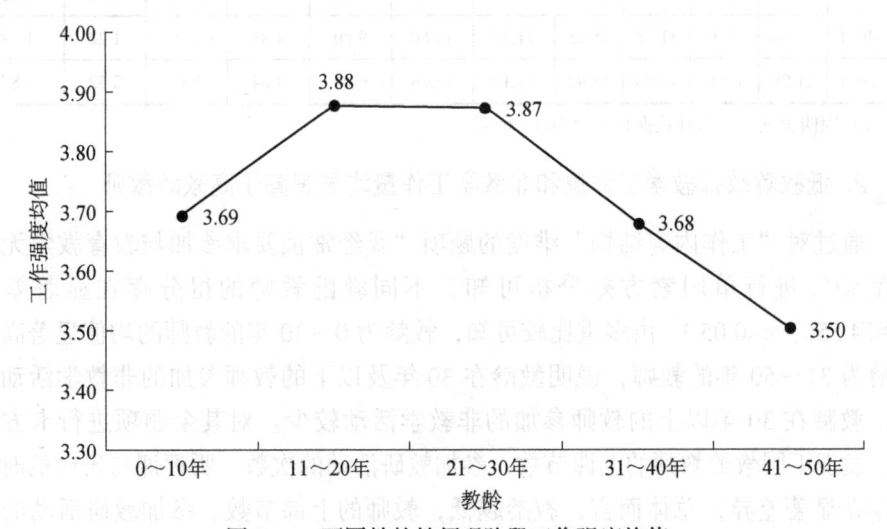

图 4-16　不同教龄教师现阶段工作强度均值

1. **教龄为 21~40 年的教师工作饱和度和时间分配有效度均较高**

在日常工作时间饱和度方面，经卡方检验可知，不同教龄教师在"平均每周上课节数"这一题项得分上存在显著差异（χ^2=1121.897，p<0.001）。平均每周上课节数主要集中在 11~12 节的教师居多，在每周上课节数超过 15 节的教师中，教龄为 0~10 年的教师占 32.26%，教龄为 11~20 年的教师占 27.84%，其余教龄的教师占比均在 20.00% 左右，见表 4-5。这说明低教龄教师上课节数较多，工

作饱和度较高。在时间分配有效度方面，由单因素方差分析和多重比较可知，教龄在 21～30 年和 31～40 年的教师时间分配有效度的均值较高。总体而言，教龄在 21～40 年的教师工作时间利用情况好于其他教龄教师。通过进一步探讨可知，教龄在 0～20 年的教师工作经验稍有欠缺，工作饱和度较高，工作效率相对较低；教龄在 41～50 年的教师正处在生涯退出阶段，无论是在工作时间饱和度还是在节假日时间占用度等方面都处在较低水平。教龄在 21～40 年的骨干教师正处于职业生涯的黄金期，是学校的中流砥柱，高饱和度、占用度和分配有效度是对其工作提出的客观要求。

表 4-5　不同教龄教师平均每周上课（不含课后服务课）节数占比　（单位：%）

类别	0～4节	5～6节	7～8节	9～10节	11～12节	13～14节	15～16节	17～18节	19～20节	21～22节	23节及以上
0～10 年	4.15	5.67	8.24	13.12	20.48	16.09	14.96	7.69	4.18	2.55	2.87
11～20 年	3.88	6.02	9.00	14.50	22.28	16.48	13.54	7.00	3.49	1.91	1.90
21～30 年	7.15	7.54	9.80	14.25	22.26	15.73	11.42	5.38	3.32	1.44	1.70
31～40 年	10.64	8.69	11.78	15.05	21.18	13.60	9.00	4.88	2.19	1.22	1.79
41～50 年	11.08	8.51	11.08	13.92	21.13	13.66	6.96	4.64	2.84	2.32	3.87

注：因四舍五入，部分数据和不为 100，余同

2. 低教龄教师教学工作量和非教学工作量均显著高于高教龄教师

通过对"工作内容结构"维度的题项"我经常被要求参加与教育教学无关的活动"进行单因素方差分析可知，不同教龄教师的得分存在显著差异（$F=34.556$，$p<0.05$）。由多重比较可知，教龄为 0～30 年的教师的均值显著高于教龄为 31～50 年的教师，说明教龄在 30 年及以下的教师参加的非教学活动较多，教龄在 30 年以上的教师参加的非教学活动较少。对其余题项进行卡方检验，发现不同教龄教师的上课节数、参加教研活动的次数、听评课与研讨的时间均存在显著差异，总体而言，教龄越低，教师的上课节数、参加教研活动的次数、在听评课与研讨上花费的时间越多。综上所述，低教龄教师教学工作和非教学工作量均显著高于高教龄教师。

3. 高教龄教师工作投入较多，低教龄教师工作投入相对较少

通过对"工作投入差异"维度的题项进行单因素方差分析可知，不同教龄教师的工作投入表现存在显著差异（$F=89.224$，$p<0.001$）。经多重比较可知，各教龄教师间均存在显著差异，具体排序为 41～50 年＞31～40 年＞21～30 年＞11～

20年＞0~10年。对工作投入差异的五个具体指标进行单因素方差分析，发现不同教龄的教师在投入意愿、投入要素、投入状态、投入情境与投入结果上均存在显著差异。由多重比较可知，教龄为31~50年的教师在工作投入差异五个具体指标上的均值均显著高于教龄为0~30年的教师，具体见表4-6。这说明高教龄教师工作投入较多，低教龄教师工作投入相对较少，高教龄教师的主观投入意愿、客观投入能力、投入专注程度、面对挑战性工作的心理状态以及工作收获的正向感受均好于低教龄教师。可见，随着教龄的增长，教师工作的投入量也在持续增加。以10年教龄为一个划分阶段，能够见证一批一批愿意投入、有能力投入、热爱投入的教师的成长动态。在题项"我感觉自己离不开教师职业"上，教龄为0~10年、11~20年、21~30年、31~50年的教师得分之间均存在显著差异（$F=71.989$, $p<0.05$）。由多重比较可知，具体排序为31~50年＞21~30年＞11~20年＞0~10年，说明随着教龄的增长，教师的归属感逐渐增强。教师职业的归属感和眷恋感铸成了教师持续、稳定投入的基石。

表4-6 不同教龄教师工作投入均值

类别	投入意愿	投入要素	投入状态	投入情境	投入结果	工作投入
0~10年	3.07	3.51	3.84	4.08	3.82	3.74
11~20年	3.10	3.49	3.89	4.14	3.81	3.76
21~30年	3.23	3.52	3.90	4.16	3.86	3.79
31~40年	3.52	3.63	3.93	4.17	4.00	3.88
41~50年	3.62	3.71	3.93	4.17	4.03	3.92
F	290.624***	50.055***	39.759***	41.274***	98.576***	89.224***

4. 教龄为11~30年的教师工作负荷感受最强，教龄为1~10年及31~40年的教师工作负荷感受居中，教龄为41~50年教师的工作负荷感受最轻

通过对"工作负荷感受"维度的题项进行单因素方差分析可知，不同教龄教师的工作负荷感受表现存在显著差异（$F=187.569$, $p<0.05$）。由多重比较可知，各教龄段教师间均存在显著差异，具体排序为21~30年＞11~20年≈31~40年≈41~50年＞0~10年。"现阶段工作强度"这一题项能够直接反映教师的工作负荷感受，由单因素方差分析可知，不同教龄的教师之间存在显著差异（$F=172.439$, $p<0.05$）。由多重比较可知，具体排序为11~20年≈21~30年＞0~10年≈31~40年＞41~50年。由此可知，教龄为11~30年的教师现阶段自

我感知工作强度较强；教龄为 41~50 年的教师现阶段自我感知工作强度较轻。在"身体反应"维度上，通过对相关题项进行方差分析和多重比较可知，教龄为 11~20 年和 21~30 年的教师身体负荷感受最强；在"心理体验"维度上，对相关题项进行单因素方差分析和多重比较可知，教龄为 41~50 年的教师心理负荷感受最轻，其他教龄段的教师之间无显著差异。综上可知，教龄为 11~30 年的教师工作负荷感受较强，教龄为 0~10 年及 31~40 年的教师工作负荷感受居中，教龄为 41~50 年的教师工作负荷感受较轻。这主要是由于教龄为 11~30 年的教师处于事业上升期，承担的各类工作较多，工作强度较大，身体状况稍差；而教龄为 41~50 年的教师已经步入老年，承担的非教学工作相对较少，工作负荷感较轻。

（四）任教科目差异分析：主科教师工作强度显著大于副科教师

在应试观念的影响下，我国中小学教育科目有"主科""副科"之分，语文、数学、外语等科目作为中小学教育的重点内容，往往课时数多、成绩占比大，占据教学的核心地位；与之相反，心理健康、信息技术等副科，尤其是不参与应试考核的科目经常被边缘化，有时会陷入"借课"的风波。尽管新课程改革以来我国素质教育取得了巨大成效，边缘化的课程逐渐走向中心，然而"主科""副科"的固有印象仍然存在，这种概念区分深刻影响着教师的工作。本研究针对不同任教科目教师的工作强度进行单因素方差分析，发现任教科目的不同会造成教师工作强度出现显著差异（$F=18.960$，$p<0.05$），根据多重比较的结果，任教语文、数学、外语等主科的教师的工作强度要大于任教心理健康、信息技术、历史、生物等副科的教师。主科教师和副科教师在工作强度本体内部呈现出不同的倾向性：一方面，主科教师的工作时间利用优于副科教师，工作负荷感受强于副科教师；另一方面，副科教师的工作投入优于主科教师，减负状况与需求也显著好于主科教师。

1. 主科教师日常工作时间饱和度、节假日时间占用度、时间分配有效度均显著高于副科教师

在日常工作时间饱和度方面，经卡方检验可知，不同任教科目教师在题项"这学期，正常工作日您平均每天工作时长（含在家加班）约为多少小时"上存在显著差异（$\chi^2=3348.898$，$p<0.001$）。数据显示，教师在工作日的日均工作时间集中在 9~10 小时，工作时间在 11 小时至 17 小时及以上的不同任教科目教师中，语文教师占 40.32%，数学教师占 34.80%，外语教师占 32.97%，与此对应，

信息技术教师占 16.90%，科学教师占 15.08%，可判断主科教师的工作时间饱和度高于副科教师。在节假日时间占用度方面，由卡方检验得知，不同任教科目教师在题项"这学期，周末加班平均每周约为多少小时"的得分上存在显著差异（$\chi^2=1369.634$，$p<0.001$）。数据显示，教师的周平均加班时间集中在 2~3 小时，加班时长在 4~12 小时及以上的教师中，语文教师占 28.26%，数学教师占 24.40%，与之相对应，科学教师占 15.42%，音乐教师占 13.12%，可判断以语文和数学教师为代表的主科教师的节假日时间占用度高于副科教师。在时间分配有效度方面，经卡方经验和单因素方差分析可知，不同任教科目教师的时间分配有效度存在显著差异，其中语文、数学、外语等主科教师的时间分配有效度显著高于副科教师。究其原因，主科教师工作日每天工作任务繁杂，将大部分时间和精力用在教学工作上，同时兼任班主任职务增加了其在学生德育、班级管理等方面所用的工作时长。

2. 主科教师的教学工作量显著大于副科教师，而副科教师的非教学工作量显著大于主科教师

在教学工作方面，通过对相应题项进行卡方检验可知，不同任教科目教师在相应题项的得分上均存在显著差异。教师工作可分为两个方面：一是面向学科教学，重在"教书"；二是面向学生发展，重在"育人"。在具体学科教学事务方面，数据显示主科教师和副科教师在教学反思、听评课与研讨、备课时间等具体的教学事务方面表现一致，据此可判断无论是主科教师还是副科教师，他们在具体教学工作投入上并无明显区别；在面向学生发展的教学工作方面，数据显示以语文、数学、外语教师为代表的主科教师在学生辅导、学生管理与德育工作、班级管理、家校沟通与指导等方面的工作时间明显多于副科教师。在非教学工作方面，由方差分析结果可知，任教不同主科的教师在非教学工作上的得分存在显著差异（$F=4.405$，$p<0.05$）。通过对题项"教师平均每周或每天用于下列工作的时长"进行分析可知，在团队会工作，公众号、APP 等信息处理，材料、表格填报，社区服务等非教学工作上，副科教师的工作时间投入明显多于主科教师。另外，根据题项"这学期平均每周上课多少节"的数据，在平均每周上课 15~23 节及以上的教师中，语文教师占 31.10%，数学教师占 28.37%，外语教师占 23.90%，而劳动教育教师占 17.55%，信息技术教师占 14.55%，校本或地方课程教师占 15.28%，由此可知，副科教师的平均每周上课数少于主科教师，据此可推测学校管理部门将副科教师的空置时间安排在了非教学事务上，例如，音乐、体育、美术教师的多数时间被安排在了文体活动上，副科教师从事行政事务成为

常态。

3. 主科教师的投入专注度较高、投入心理状态较好，副科教师的主观投入意愿、客观投入能力较强和成就感较强

通过方差分析可知，任教科目不同的教师的工作投入存在显著差异（$F=4.604$，$p<0.05$），由多重比较可知，任教书法、音乐等副科的教师工作投入显著好于任教数学、语文等主科的教师。在"工作投入差异"的具体维度下，主科和副科教师呈现出不同取向的差异。主科教师在投入情境和投入状态上有明显的优势，说明主科教师面对工作投入状态更佳，面对困难工作情境，他们克服困难的主动性更加明显。与之对应，副科教师在投入意愿、投入要素和投入结果上有明显的优势。投入意愿均值最高的是校本或地方课程任课教师（$M=3.41$）；投入要素均值最高的是体育教师（$M=3.69$）；投入结果均值最高的是书法教师（$M=3.96$）。据此可知，副科教师认为教师工作更值得投入、更愿意投入、自身更有能力投入，从而使得他们更加专注于对自己任教科目教学实践的探索。当然，不同学科教师的工作投入也与该学科的学科性质、学科功能密不可分，例如，校本或地方课程具有广阔的课程开发和建设空间，不存在学生成绩评估和考试制度压力，该学科的教师拥有较大的自主权，在工作方面表现出强烈的投入意愿。

4. 主科教师工作负荷感受显著强于副科教师

对"工作负荷感受"维度的题项进行方差分析，发现不同任教科目教师的得分存在显著差异（$F=39.906$，$p<0.05$）。由多重比较可知，任教科目为语文、数学、外语等主科教师的工作负荷感受显著强于任教科目是生涯规划、心理健康、信息技术的教师。在"身体反应"方面，语文、数学和外语教师的均值分别为3.71、3.63和3.61，在所有学科中位于前三位。在"心理体验"方面，语文、数学和外语教师的均值分别为3.07、3.07和3.05，在所有数据中同样位于前列。通过比较不同任教科目教师工作负荷感受中的身体反应和心理体验均值可以发现，教师在工作负荷感受本体内部呈现明显的一致性，大多数主科教师的强度评价、身体反应、心理体验均值明显高于副科教师，见图4-17。由此可判断，主科教师在工作中承担着更多外在的压力和自身的期许，这迫使他们为工作付出更多。

（五）班主任差异分析：班主任工作强度显著高于非班主任工作强度

作为中小学日常思想道德教育和学生管理工作的主要实施者，班主任的工作

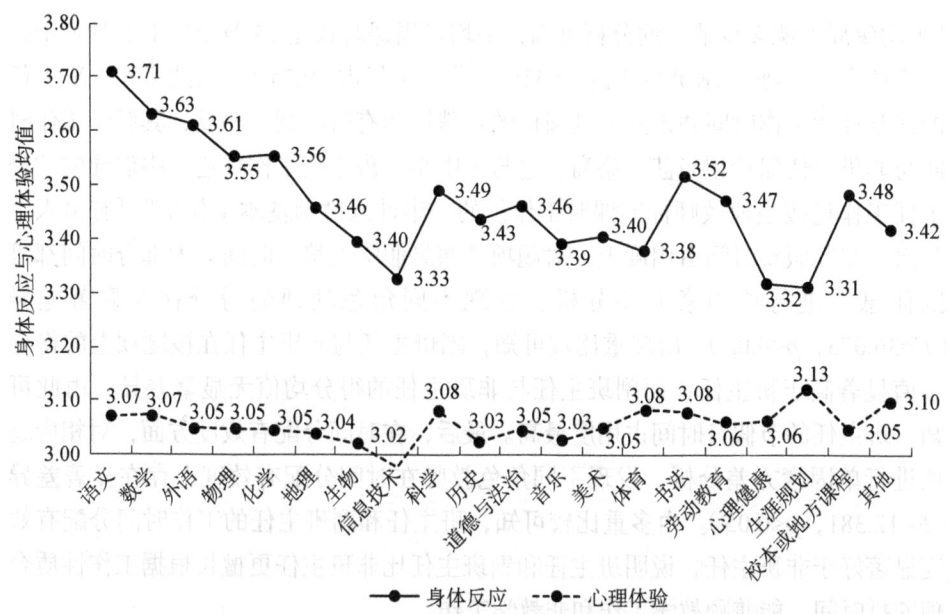

图 4-17 不同任教科目教师工作负荷感受中的身体反应与心理体验均值

特殊性集中表现在致力于学生德育和学生管理的工作，受到社会、学校、家长的广泛监督。根据方差分析结果可知，班主任、副班主任与非班主任这三类教师的教师工作强度存在显著差异（$F=222.614$，$p<0.05$）。从多重比较结果来看，不同角色教师的工作强度排序为班主任＞副班主任＞非班主任。同时，不同角色教师在工作时间利用、工作内容结构、工作投入情况和工作负荷感受方面也存在显著差异。调查结果显示，与一般科任教师相比，班主任往往呈现出教学工作时间长、工作内容结构多重复杂、工作投入状态高但意愿低、身心俱疲的工作状态。

1. 班主任日常工作时间饱和度、节假日时间占用度、时间分配有效度均显著高于非班主任

工作时间是班主任教师工作强度体现最为直观的重要指标之一。首先，在日常工作时间饱和度方面，通过对题项"工作日我每天的工作排得满满的"进行分析可知，不同角色的教师在该题项上的均值存在显著差异（$F=690.148$，$p<0.05$）。由多重比较可知，班主任在该题上的均值显著高于副班主任，副班主任的均值显著高于非班主任。通过对题项"这学期，正常工作日您平均每天工作时长（含在家加班）约为多少小时"进行分析可知，不同角色教师在该题项上的得分存在显著差异（$\chi^2=5235.368$，$p<0.001$）。其中，工作时长在 8 小时以上的教师中，班主任占 86.62%，副班主任占 76.37%，非班主任占 62.84%。结合题项

"平均每周上课多少节"的分析可知，平均每周课时数在15节及以上的教师中，班主任占34.84%，副班主任占34.51%，非班主任占19.74%，由此可知，班主任的课堂教学工作时间并未随着其岗位的特殊性而有所削减，相反，其教学工作时间与非班主任保持相当甚至略高，这与《中小学班主任工作规定》中倡导的"班主任工作量按当地教师标准课时工作量的一半计入教师基本工作量"[①]有出入。其次，在节假日时间占用度上，对题项"寒暑假除去培训时间，大部分时间都可以休息"进行单因素方差分析，发现不同角色教师的得分存在显著差异（$F=36.075$，$p<0.05$）。由多重比较可知，副班主任与非班主任在该题项上的得分均值显著高于班主任，而副班主任与非班主任的得分均值无显著差异。由此可知，班主任的节假日时间占用度最高。最后，在时间分配有效度方面，对相应题项进行单因素方差分析，发现不同角色教师在时间分配有效度上存在显著差异（$F=12.381$，$p<0.05$）。由多重比较可知，班主任和副班主任的工作时间分配有效度显著好于非班主任，说明班主任和副班主任比非班主任更擅长根据工作性质合理安排时间，能兼顾教学工作和非教学工作。

2. 班主任承担的教学工作量与非教学工作量均较大

2009年发布的《中小学班主任工作规定》指出，"班主任是中小学的重要岗位，从事班主任工作是中小学教师的重要职责。教师担任班主任期间应将班主任工作作为主业"。该文件规定班主任职责与任务包含五个方面：学生思想道德教育、班级日常管理工作、多样化班级活动组织、学生综合素质评价，以及与任课教师和其他教职员工沟通、主动与学生家长和学生所在社区联系。班主任主业工作的性质决定了其工作内容结构。在教学工作方面，通过对题项"本学期正常工作日，平均每天您用于下列工作的时间约为多少小时"进行卡方检验可知，不同角色教师的得分存在显著差异。其中，在备课耗时3小时及以上的教师中，非班主任占比（51.24%）大于副班主任（49.47%）和班主任（49.13%）。其次，在非教学工作方面，对题项"我经常被要求参加与教育教学无关的活动"进行单因素方差分析，发现不同角色教师的得分存在显著差异（$F=65.923$，$p<0.05$）。其中，班主任的均值显著高于副班主任，副班主任的均值显著高于非班主任，说明班主任在工作中承担的非教学工作较多，副班主任次之，非班主任承担的非教学工作相对较少。在其他非教学工作所用时间在3小时及以上的教师中，班主任占比（35.47%）大于非班主任占比（33.07%），其在团队会工作、公众号、APP等

[①] 教育部. 中小学班主任工作规定[EB/OL].（2009-08-12）. http://www.moe.gov.cn/srcsite/A06/s3325/200908/t20090812_81878.html[2022-08-27].

信息处理，以及材料、表格填报等方面的表现亦是如此。如前所述，班主任在学生管理与德育、班级管理、家校沟通与指导、安全管理与疫情防控、处理纠纷与协调关系等方面消耗的工作时间较长，导致班主任工作内容不断扩充，工作边界不断延伸，尤其是疫情时的防控工作更是对班主任提出了一定挑战。结果表明，班主任工作并不像政策文本规定的那样清晰、简单，而是具有内容的多重性、关联的广泛性、问题的复杂性与责任的重大性等特点。[1]综合上述数据可知，班主任工作并不是倾向教学工作或者非教学工作的某一方面，而是对教学工作和非教学工作的兼顾统一，二者共同组成了班主任的工作结构，从这个角度上可以判断，相较于非班主任，班主任的工作结构更加完整且主线更加分明。

3. 非班主任主观投入意愿显著强于班主任，而班主任面对复杂工作内容的心理状态显著好于非班主任

通过对"工作投入差异"维度的题项进行方差分析可知，不同角色教师的均值存在显著差异（$F=9.098$，$p<0.05$）。由多重比较可知，非班主任的工作投入均值显著高于班主任和副班主任，班主任和副班主任的工作投入均值无显著差异，具体如图4-18所示。在投入意愿方面，单因素方差分析结果显示，不同角色教师得分存在显著差异（$F=217.772$，$p<0.05$）。由多重比较可知，非班主任的投入意愿显著强于副班主任，副班主任的投入意愿显著强于班主任。在投入情境方面，单因素方差分析结果显示，不同角色教师的均值存在显著差异（$F=64.433$，$p<0.05$）。由多重比较可知，班主任的投入情境得分显著高于副班主任，副班主任的投入情境得分显著高于非班主任。由上述数据可知，班主任在工作中的专注度较高，解决难题的工作韧性更强，但是工作投入意愿、工作积极性相对不高；非班主任则有更多的工作时间以及更强的工作意愿和工作信念；而副班主任把握住了工作投入的平衡点，在工作意愿、工作能力、工作专注度、工作难题解决和工作信念等方面一直处在班主任和非班主任的中间位置。

4. 班主任与副班主任工作负荷感受显著强于非班主任

由单因素方差分析和多重比较可知，不同角色教师在"工作负荷感受"维度上存在显著差异（$F=401.959$，$p<0.05$），班主任的工作负荷感受最强（$M=3.55$），副班主任的工作负荷感受居中（$M=3.44$），非班主任的工作负荷感受最轻（$M=3.38$）。对"身体反应"和"心理体验"所对应的题项进行单因素方差分析

---

[1] 李静美，邬志辉，王红. 新形势下中小学班主任工作状况的调查与反思[J]. 现代教育管理，2017（11）：75-81.

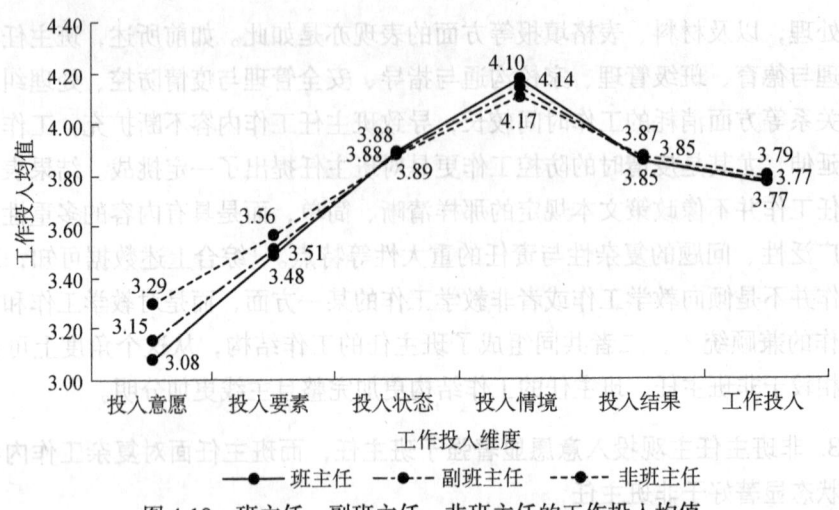

图 4-18 班主任、副班主任、非班主任的工作投入均值

和多重比较，发现在"身体反应"方面，班主任的身体负荷感受显著强于副班主任，副班主任的身体负荷感受显著强于非班主任；在"心理体验"方面，班主任和副班主任的心理负荷感受显著强于非班主任，具体见图4-19。其原因可能在于班主任承载了来自学校、家长、社会等各类主体的多重期望，高期望、高强度的工作耗费了班主任更多的时间和精力，增强了班主任心理和生理上的负荷感受，而副班主任作为班主任的协助者，在一定程度上分担了班主任的工作，因而工作负荷感受也较高。

四、教师工作强度的发展态势

不合理的教师工作强度是长期以来中小学教师队伍建设的实践瓶颈，进入新时代，其不仅成为我国教育事业高质量发展的系统命题，也日益成为党和国家高度关注的命题，相关政策方案持续推进。不合理的教师工作强度不仅深刻影响着教师职业幸福感的获得、工作满意度的达成，同时也严重制约着教师专业发展、教育质量提升。面对工作压力大、教师工作强度有待调整的严峻挑战[1]，为教师减负，营造教师安心、静心从教的环境是新时代加强教师队伍建设的重要保障[2]。教师工作强度调整作为一项长期且复杂的系统工程，是教师队伍建设的关键环节。教师工作强度时刻处于动态变化之中，受到多重因素的叠加影响。

---

[1] 盖阔，李广. 中小学教师队伍发展：成就、问题与策略——基于全国8个省份中小学教师工作、生活样态调查[J]. 华南师范大学学报（社会科学版），2020（6）：107-116，191.

[2] 王晓生. 中小学教师减负的现实基础、原因探寻与实践路径[J]. 教学与管理，2020（28）：9-12.

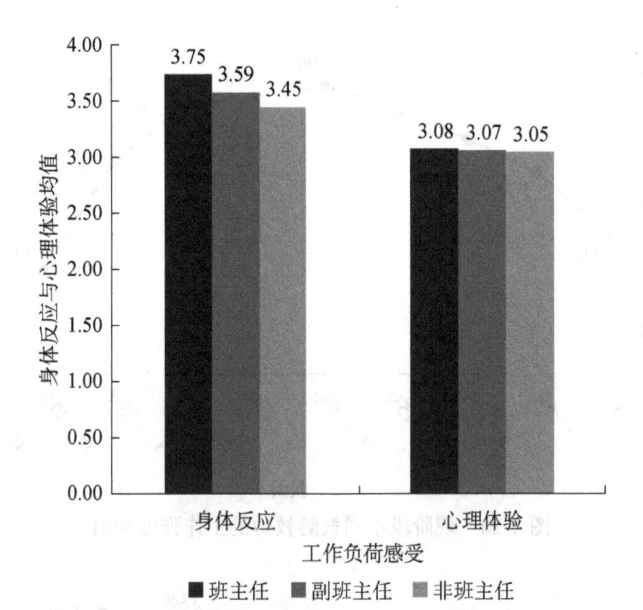

图 4-19 班主任、副班主任、非班主任工作负荷感受中的身体反应与心理体验均值

（一）教师工作强度整体上呈抛物线形发展趋势

现阶段，随着教龄的增长，我国中小学教师工作强度整体上呈抛物线形发展趋势（图 4-20），处在不同职业发展阶段的中小学教师工作强度之间存在较大差异，影响差异形成的因素具有复杂性、多源性特点，我们既要合理把握差异存在的阈值，又要充分发掘差异产生的原因，通过有效地调整教师工作强度，最大限度地激发教师职业幸福感、工作效能感，为我国教师队伍高质量建设凝心聚力，为我国教育事业高质量发展保驾护航。

1. 0~3 年教龄教师处于职业适应期，工作强度相对适中

在不同教龄分层的中小学教师群体中，0~3 年的低教龄教师的工作强度呈适中偏下水平（$M=3.60$），低于现阶段中小学教师的整体均值（$M=3.78$）。初入职场的新手教师在较长一段时间内面临着心理适应、人际适应和环境适应等复杂局面，难以在真正意义上实现由学生到教师的角色转换。因此，他们以实施教学的课堂为主阵地，以教学任务的顺利完成为主要目标，工作时间利用（$M=3.88$，图 4-21）和工作负荷感受（$M=3.26$）在所有教龄分层中均呈较低水平，但工作投入程度却高于教龄为 4~5 年和 6~10 年的胜任型教师（图 4-22）。究其原因，一是从现实性因素考量，初任教师处在职业适应期，容易获得学校层面的制度重视和组织支持；大部分学校针对新手教师设有正式化、组织化的

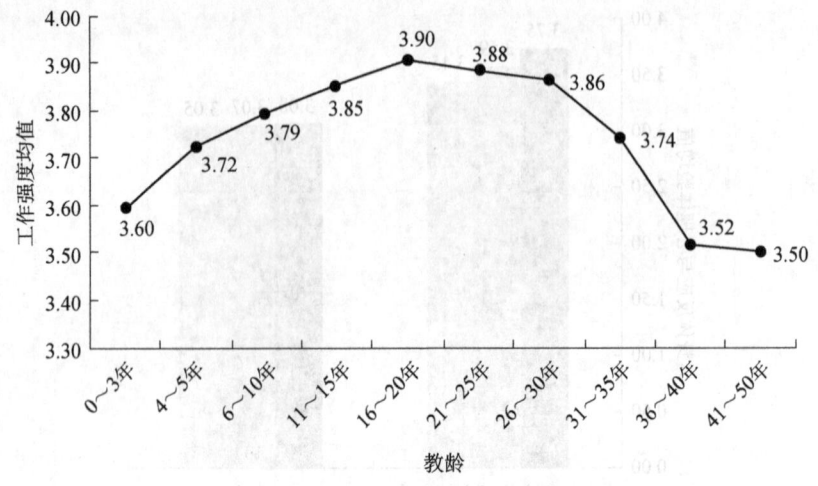

图 4-20　现阶段不同教龄教师的工作强度均值

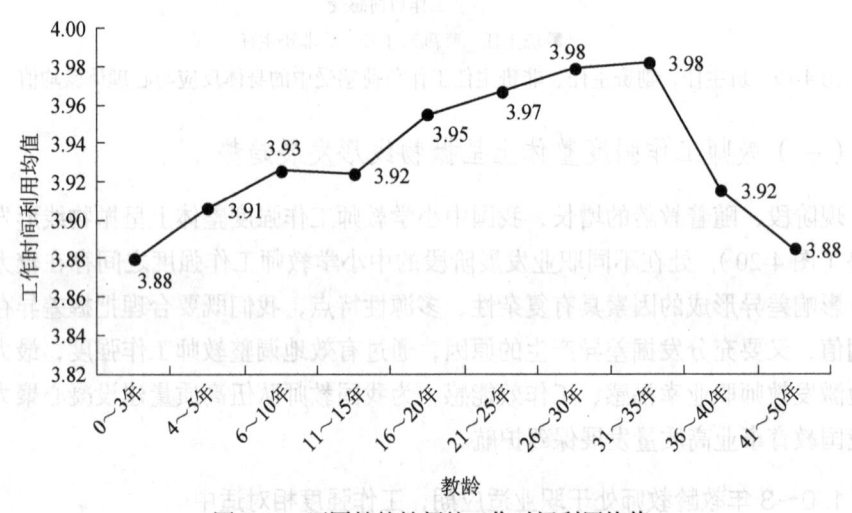

图 4-21　不同教龄教师的工作时间利用均值

入职培训过程，出于对年轻教师的人文关怀和现实考察，学校通常会将提升教师专业能力、改善教育教学质量作为对初任教师的核心关切点，正因为如此，新手教师往往在教育教学类本职性工作上的投入程度较高；二是从可能性因素出发，新手教师尚处于专业自我形成的初始阶段，面临未来发展的更多可能性，其发展空间有待选择和拓展，囿于对工作环境的不了解和对未来的不确定，鲜少直接参与学校的组织管理工作；加之新手教师保持着充沛的教学热情和纯粹的教育初心，对自己的工作职责边界认识并不清晰，也容易造成其对非教学工作强度产生差异化感知，因此其感受到的工作负荷最低。除此之外，伴随师徒制在广大学校的普遍推行，大部分新手教师作为徒弟教师，很有可能会受到师傅教师的爱护和扶持，在师徒的帮扶合作和情感关照下，新手教师工作强度整体呈适中状态。

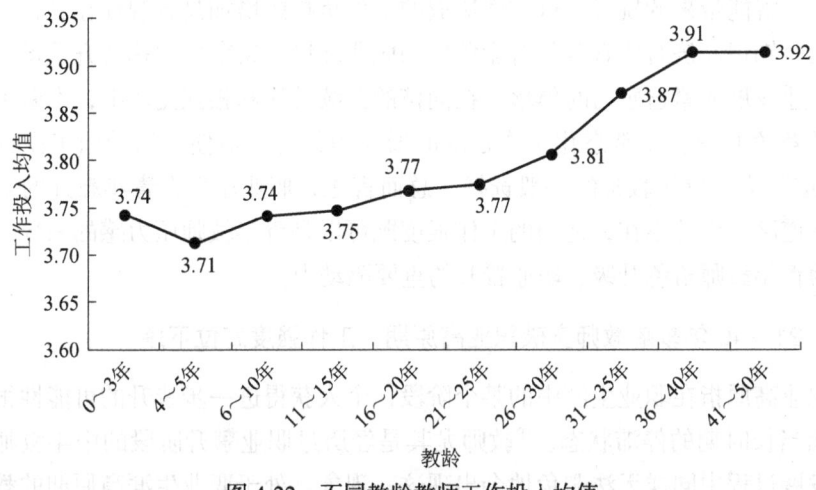

图 4-22 不同教龄教师工作投入均值

2. 4~20 年教龄教师处于职业攀升期，工作强度渐至顶峰

处于职业攀升期的青年教师，在教育过程中日益发挥重要的主导作用，已然成为学校教学、科研和管理的主力军和中坚力量。结果表明，进入职场 4~5 年以后，教师工作强度随着教龄的增长而日益增大，教龄至 16~20 年，教师的工作强度达到顶峰，其均值高达 3.90（图 4-20）。

首先，从教师工作的主观身份出发，一方面，青年教师进入职业全速发展时期，他们的教学热情和学术活力日益高涨，对自身职业生涯有了更加清晰的规划，职称晋升成为青年教师自发性的职业追求，因而其投入工作的时间和成本也在增加。研究表明，绝大部分教师的工作时长远远超过法律规定的 8 小时，尤其是随着课题研究、论文写作、专业培训等专业发展类工作的不断增加，青年教师的工作日程也随之趋于紧张。另一方面，青年教师在社会与家庭中扮演着更加多元的角色，当教职生活走向丰富、职称晋升发生变化，不少教师在家庭和工作中需要身兼数职，尤其是在我国学校行政岗位人员供不应求的情况下，青年教师兼职行政岗位，使我国中小学校形成了普遍而有特色的"双肩挑"现象。[①]青年教师既是专业教学的教育者，又是学校组织的管理者，还可能是学生和家长的服务者，多重角色冲突难免会给其日常工作层层加码。

---

① 郑立鹏，孙伦轩. 行政兼职弱化了教学工作吗——基于 730 位初中教师的倾向值匹配估计[J]. 当代教育科学，2020（11）：52-58.

其次，从教师工作的客观环境来说，一方面，立足于21世纪以来的多轮课程改革，尽管适应性和灵活性较高，但青年教师仍然不可避免地面临着信息技术、人工智能带来的挑战，这方面造成的工作负担的增加是客观存在的；另一方面，面对知识经济时代日益具有竞争性的职业环境、狭窄的职称晋升通道，青年教师专业发展的紧迫感与时俱增，在同侪的持续关注和相互比较下，本着不愿意掉队的竞争心理，以常态化工作强度的增大为代价，迫使自己驶向工作晋升的"快车道"成为青年教师的一般选择。总而言之，职业压力在青年教师的未来职业发展道路上无处不在，适当的工作强度既可以是青年教师压力感的来源，也可以成为青年教师角色升级、职业晋升的重要驱动力。

3. 21～40年教龄教师突破职业高原期，工作强度高位下落

职业高原指在职业生涯中的某个阶段，个人获得进一步晋升的可能性很小，进入相当长时期的停滞状态。[1]教师尤其是经历过职业攀升阶段的中年教师在其职业发展过程中同样无法避免地会出现这一现象。处于职业生涯高原期的教师常常会出现职业承诺动摇、职业情感萎缩、职业角色模糊等心理和行为特征[2]，由此引发教师工作强度下降，出现两种情况：一方面，受职业高原现象的负面影响，一些教师将对本职工作的投入转向工作以外的范畴，以寻求心理或精神层面的代偿，加之受制于身体健康状态，一些教师可能进入工作倦怠期或工作休养期，因而倾向进入更为舒适的工作状态；另一方面，在度过教师职业发展的高原期，实现自身专业能力的多维发展后，一些教师可能收获了相对理想的专业成就和比较满意的专业职称，进而会回归潜心教书育人的本职工作。基于以上两种情况，我们进一步剖析21～40年教龄教师工作强度高位下落的深层原因：一是教师工作更加专注于潜心教书、精心育人。该教龄的教师工作内容趋于精简，相对而言，其工作投入仍然保持不降反增态势（图4-22），在这种情况下，具有丰富教学经验的中年教师可以保持较高教学水平的胜任力，并不存在过重的工作负担。二是教师工作氛围更加轻松自如，较高的职称位置和成熟的人际关系使得他们在常规的工作环境中容易受到尊重和认可，可以在教职生活中做到游刃有余，工作负荷感受也在减轻（图4-23）。综上可知，教师职业高原期是熟手型教师向专家型教师转变过程中至关重要的关键环节，大部分中小学教师在熟手型教师阶段容易面临来自职业高原现象的挑战，面对内生专业发展动力不足的问题，他

---

[1] Ference T P, Stoner J A, Warren E K. Managing the career plateau[J]. Academy of Management Review, 1977, 2（4）: 602-612.

[2] 寇冬泉，张大均. 教师职业生涯"高原现象"的心理学阐释[J]. 中国教育学刊，2006（4）: 72-75.

们既需要外部激励机制的建设，同时也需要督导评价体系的规约。学校从政策制度层面做好工作强度的适当调节，可以有效避免这类职业懈怠危机的出现。

4. 41～50 年教龄教师进入职业退隐期，工作强度平缓下降

41～50 年教龄教师多为临近法定退休年龄的老年教师，此时，其中一部分教师意识到自己将要退出教学舞台，对于学术荣誉和职务提升等的追求渐渐淡去，学校也会尽量体谅这类教师的身心状况，不会给他们安排过重的教学工作，由此高教龄教师逐渐进入平静愉悦的退隐期。与此同时，也有一部分身体健康、思想活跃的高教龄教师获得退休后返聘机会，这类教师不仅在人力资源方面具有无法比拟的教育号召力量，还对中青年教师的发展起着至关重要的引领作用。根据图 4-22 和图 4-23，无论是步入退隐的高教龄教师，还是选择继续发挥余热的高教龄教师，他们对工作投入的程度以及对工作负荷的感知出现不降反升的情况，特别是在高教龄教师工作强度整体下降的客观趋势下，41～50 年教龄教师的工作负荷感知均值（$M=3.50$）却大于 36～40 年教龄教师的均值（$M=3.43$），针对这一特殊现象，我们需要从更深层次剖析其成因。

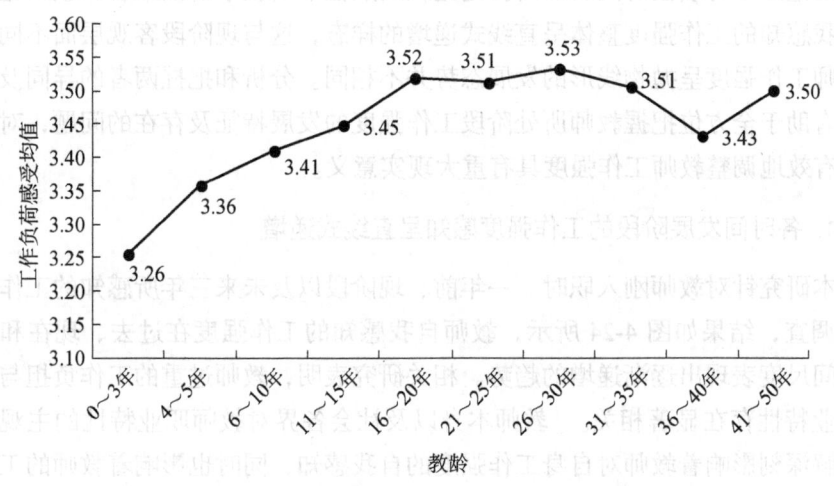

图 4-23 不同教龄教师的工作负荷感受均值

首先，对于即将退隐的高教龄教师而言，学术声誉作为学术共同体对教师的认可和评价，是其力争的生命线[1]，因此，高教龄教师不仅注重"教书育人"本位功能的确立，更加追求"为人师表"全面价值的实现。其次，作为退休返聘的高教龄教师，重返职业社会是对其职业价值的再次确认。在我国人口老龄化的社

---

[1] 姜晓晖，汪卫平. 高校教师学术声誉研究：一种探索性激励机制设计[J]. 中国高教研究，2021（4）：42-47.

会背景下，高教龄教师若想要做到老有所为，发挥余热，进一步拓展自己的人生价值，就需要在有限的工作时长内以更加饱满的状态投入到工作中。在这种情况下，退休返聘工作需要紧跟新课程改革的步伐，新课标的颁布、新教材的发行、新学生的变化无疑都会给高教龄教师带来一定的挑战，深度回归教育教学工作，这些教师需要加倍付出努力和心血，加大教师工作投入，以使自己退休返聘后的工作状态达到最优化。换言之，41~50 年教龄教师为发挥高教龄教师的表率作用，维护风清气正的教学声誉，恪守职业道德与职责以为自己的教学生涯画上圆满的句号，在工作中难免也会面临一定的心理压力，有时候甚至会出现超出自身身体所能承受的工作状况，从而在无形之中加重工作负荷感受。

（二）教师各阶段工作强度感知呈螺旋上升样态

教师工作强度作为衡量教师主体职业生存状态的基本标准，不仅是简单的客观层面的时间付出和体力消耗，还涉及复杂的主观层面的心理感受和精神体验。尽管教师自我感知的工作强度因人而异，但是仍然存在一些突出特征值得我们重视。无论是从持续性时间发展阶段还是从周期性学期教学阶段来看，教师主观层面自我感知的工作强度整体呈直线式递增的样态，这与现阶段客观层面不同教龄的教师工作强度呈抛物线形的发展态势并不相同。分析和把握两者的异同及其原因，有助于全方位把握教师所处阶段工作强度的发展特征及存在的问题，对于合理、有效地调整教师工作强度具有重大现实意义。

1. 各时间发展阶段的工作强度感知呈直线式递增

本研究针对教师刚入职时、一年前、现阶段以及未来三年所感知的工作强度展开调查，结果如图 4-24 所示，教师自我感知的工作强度在过去、现在和未来的时间尺度表现出逐渐递增的趋势。相关研究表明，教师过重的工作负担与教师的职业特性存在显著相关。[1]教师本身以及社会各界对教师职业特性的主观认识和理解深刻影响着教师对自身工作强度的自我感知，同时也影响着教师的工作态度和情绪。根据《中华人民共和国教师法》的规定，"教师是履行教育教学职责的专业人员"。无论是教师自我还是社会、家长、学生，都对教师职业角色给予过高的期望，理想化、神圣化的角色期待遮蔽了教师作为普通职业的专业性，在这样过高的期许和赞美中，教师容易将基础性的职责履行深化为一种超越性的情感投入，因此，教师自我感知的工作强度往往承载着身体和精神的双重压力，伴

---

[1] 时雨. 教师过重负担的职业特性[J]. 教育科学研究，2019（7）：1.

随着时间的更替演进，教师在理想的工作状态与现实的工作状态之间不断地进行调和，这在一定程度上使教师自我感知的工作内容反复加码，使教师拥有工作强度不断攀升的心理感受与体验。

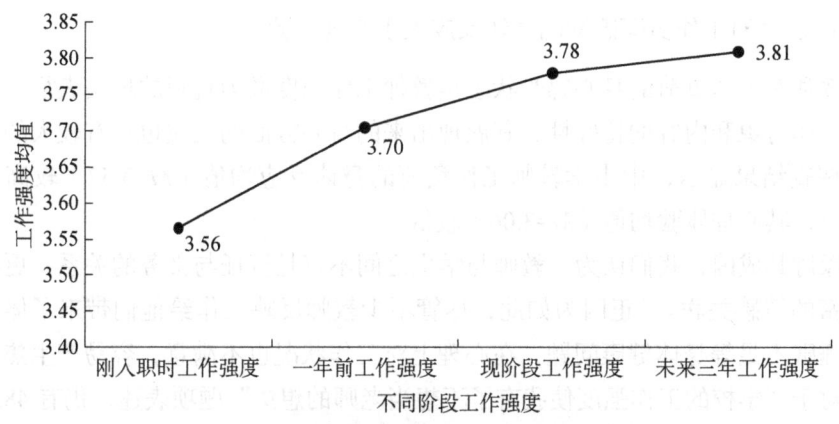

图 4-24　教师自我感知的各阶段工作强度均值

2. 各学期教学阶段工作强度感知呈波浪式前进

对于教师个体而言，教师自我感知的工作强度除了深受时间阶段的动态发展影响，不同学期教学阶段教师对工作强度的感受往往也不尽相同。对于开学前、开学初、期中与期末四个阶段，针对教师认为工作强度相对大的时段进行调查，根据结果，有 68.17% 的教师认为整个学期过程的工作强度都很大，无高低之分，有 14.78% 的教师则反映开学初的工作强度较大，有 10.71% 的教师认为期末工作强度大。由此可见，教师在整个学期阶段自我感知的工作强度整体偏高，开学前和期末是工作强度相对增大的时段。总体而言，教师自我感知的工作强度在各学期教学阶段具有波浪式前进的特点，结合前文教师在时间尺度上的工作强度自我感知水平，经过多个学期周期性的叠加，教师自我感知的工作强度形成"加重循环圈"，其结果是工作强度循环往复、不断增加，呈现出螺旋式上升的整体样貌。

3. 教师对未来工作强度的感知呈消极认知倾向

针对中小学教师刚入职时、一年前、现阶段、未来三年的工作强度，采用 1~5 等级量表展开调查，由结果可知（图 4-24），教师自我感知未来三年的工作强度会逐渐增大（M=3.81），其均值高于"现阶段工作强度"的均值（M=3.78）。由此可知，多数教师对自己工作强度的未来发展趋势持消极的认知态度。一方面，长期以来过重的教师工作负担不仅影响着教师的工作投入和工作认知，还在一定程度上抑制了教师对工作强度的乐观想法；另一方面，尽管减轻教师工作负担、合理调适教师工作强度是"双减"背景下我国教育改革的政策要求，但是政策的落地实施不可能毕其功于一役，需要持续稳步地推进，需要社会给予教师主体更多的信心和动力。

4. 教师对工作负荷感受的身体反应大于心理体验

教师对工作负荷的身心感受状态是教师工作强度最为直观的现实表征，鉴于教师工作对象和内容的特殊性，其展现出来的身心方面的反应也具有较大的差异性。调查结果显示，中小学教师工作负荷的身体反应均值（M=3.57）较高，相较而言，其心理体验均值（M=3.06）较低。

探讨其成因，我们认为，教师与学生之间不仅是责任与义务的关系，更有一种紧密的情感关联。[1]正因为如此，尽管不少教师反映工作给他们带来了体力不支、睡眠不足等身体健康问题，在心理上对工作状况也不满意，容易产生焦虑，但是对于"学校的工作强度使我有了不想当老师的想法"题项表述，仍有48.28%的教师予以否定（完全不符合、比较不符合），有24.67%的教师表示不确定，只有19.14%及7.91%的教师认为比较符合和完全符合情况，如图4-25所示。由此可以进一步推断，教师与学生之间的教学相长、情感交互的过程能够增强教师工作的意义感、成就感，可以在很大程度上消解工作带给教师的心理负荷感受。

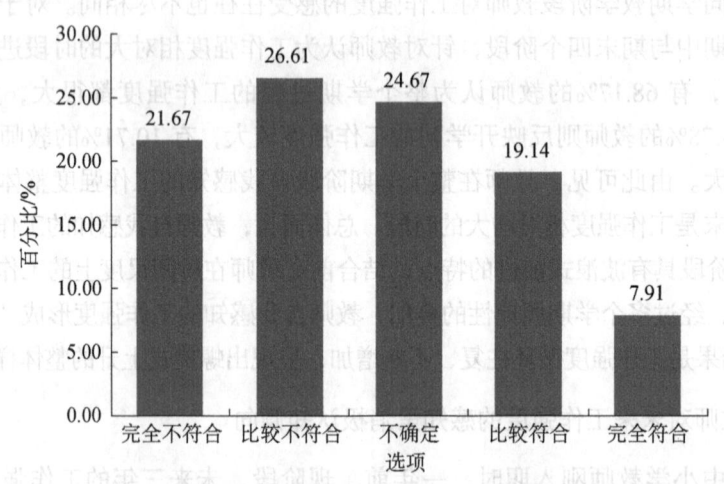

图4-25 题项"学校的工作强度使我有了不想当老师的想法"的回答情况

（三）教师工作内容结构亟待优化均衡

教师工作内容结构是教师工作强度最为基础的组织要素，其科学与否直接关

---

[1] 李广，盖阔. 中小学教师职业幸福感调查[J]. 教育研究，2022（2）：13-28.

系着教师工作强度的合理程度以及教学工作的最终效果。从调查结果来看，不同教龄的教师工作强度（图 4-20）和工作时长（图 4-21）均呈抛物线形态势，具有比较大的耦合性，由此可知，我国教师工作强度与教师工作时长关系密切，两者的变化发展存在一定的一致性。与此同时，伴随我国教师队伍建设进入新时代，教师工作内容及其结构发生了巨大变化，面对内容边界的不断扩充和内容层次的不断深化，教师工作内容结构亟待优化，并要与传统的工作内容结构区别开来，要使工作时间和工作内容结构协调均衡，需要"量"和"质"的共同驱动，力求实现教师工作强度发展的合理化。

1. 教师工作时间利用需轻量高效

由本章第一部分的教师工作强度现实样态调查结果可知，教师工作时间利用可以从日常工作时间饱和度、节假日时间占用度、时间分配有效度三个维度加以考量，我国中小学教师在工作时间方面存在工作时间过长（仅有 27.40%的教师工作时间≤8 小时）、每周经常性加班、非教学工作占据过多时间等普遍问题。要从根本上攻克我国教师工作强度的现实难题，关键是要解决教师工作时间利用的有效度问题。根据教师关键资源产出和调节资源的消耗，教师工作时间可以分为补充型工作时间、耗竭型工作时间、突破型工作时间和低维持型工作时间。[①]其中，补充型工作时间的产出高于消耗，能够带给教师效能感和成就感；耗竭型工作时间的消耗远高于产出，极易造成时间和资源的浪费；而突破型工作时间和低维持型工作时间，在有限时间内的产出和消耗基本上互相抵消，这样的工作时间没有增值空间，容易陷入没有意义的虚无。基于以上认知，我国教师需要以轻量的资源消耗获取高效的时间利用，进而保证工作时间的科学分配和工作强度的合理平衡。

2. 教师工作内容规划需把握主线

当前教师工作内容的异化，本质上是教师工作职责的模糊。教师本职工作的核心是教书育人，而研究结果表明，有 40.13%的中小学教师经常被要求参加与教育教学无关的活动。以 1～5 五点计分，材料和表格填报、安全管理与疫情防控、非教育教学性会议、备检迎检以及文体活动的均值均在 3 以上。根据相关研究，我国中小学教师不仅需承担本源性、专业发展类的本职工作，还需做督、

[①] 王洁，宁波. 国际视域下上海教师工作时间与工作负担：基于 TALIS 数据的实证研究[J]. 教师教育研究，2018，30（6）：81-88.

检、评、考、填类与社会性相关的非本职工作。[①]由此可知，我国教师工作职责边界有待明确，教师工作内容范畴有待界定，亟须把握教育教学的主线，使教师回归职业本色，以有序集约型工作内容代替无限外延型工作内容，力求对教师工作强度产生正面效应。

3. 教师工作结构调整需合理均衡

针对教师工作内容，本研究进行了工作强度的相关调查，发现备课、作业批改与分析、上课、课后服务、备检迎检、学生管理是排名前六的教师工作强度较大的内容，其中，我国中小学教师备课、批改作业与分析的工作强度较大，尤其是备检迎检，已给教师造成过重的工作负担，教师工作结构存在不合理、不均衡的现象。按照结构功能主义的观点，教师工作结构水平直接关系到教师工作强度水平，在一定程度上决定着教师工作效能的发挥。基于此，我国教师工作结构重心应该将落在上课、教育教学研究、教育教学改革等方面，减轻作业批改与分析、备检迎检带来的过重工作负担，不断优化教师工作结构要素，厘清结构要素之间的层次，建构合理均衡的教师工作结构体系，分层分类减轻教师工作结构带来的负担，为教师工作强度的合理均衡发展提供有力的结构支撑。

（四）"双减"背景下教师工作强度发展走向

2019年12月，《关于减轻中小学教师负担进一步营造教育教学良好环境的若干意见》发布，一方面，切实的减负政策措施为教师实现工作内容规范化提供了外部保障；另一方面，积极的减负政策影响是教师追求工作强度合理化的信心基础。"双减"政策实施后，家长和学生的负担有所减轻，然而教师的工作却更趋紧张，究其原因：一是课后服务、作业设计等政策要求对教师的专业素养提出了更高要求、更大挑战；二是"双减"政策的检查验收等程序工作在一定程度上使教师的工作量增大。以上现象及其成因进一步启示我们，只有认识和理解中小学教师对于"双减"政策的"既爱又怕"的矛盾心理，打破教师负担"此减彼增"的局面，才能持续地推进政策的实施，有效地调适教师工作强度。

1. 教师工作投入呈现"内卷""躺平"两极现象

随着"双减"政策的深入推进、课后辅导的普遍开展，社会对教师产生了新的角色期待，教师的工作时间进一步挤占生活时间，加之教师作为职业个体的承载能力有限，导致教师"内卷""躺平"两种心理现象的出现。从教师工作强度

---

① 张家军，闫君子. 中小学教师负担：减与增的辩证法[J]. 教育研究，2022，43（5）：149-159.

维度考量,"内卷"对应的是心理成本和生理成本的高消耗、低产出,本质上是一种"工作强化",以高工作要求和压力驱动员工更加努力投入工作以实现更高绩效目标。工作强度是工作强化的基础,工作强化则是对工作强度增大的测量。[①]相对而言,"躺平"对应的则是高要求之下的工作焦虑、产生的受挫体验,以及形成的工作倦怠。主观的心理状态与客观的工作强度息息相关且相互影响,教师过重负担的产生可能受到诸多因素的影响,其本质是职业热情的消退。[②]在"双减"政策落地转化过程中,我们需要对这两种较为典型的心理现象加以重视,通过调控教师工作强度来尽量规避和预防这两种极端心理现象的出现。

2. 技术赋能与思维创新促进教师工作提质增效

信息时代背景下,依托技术的发展和思维的创新实现教师工作的提质增效,是减轻教师工作负担、调适教师工作强度的重要手段。一方面,众所周知,信息技术正在改变教师的工作形式、教学方式、个体的思维方式或行动取向[③],尤其是在疫情期间,规模化的在线教学得以推广与实施。[④]因此,技术与教育的深度融合,势必成为信息时代教师工作提质增效的核心力量。另一方面,教师的教育教学工作和学校的教师管理工作都是在一个错综复杂的非线性世界中开展的,然而现实中的某些教师管理制度和管理要求却是在线性思维下形成的。[⑤]要减轻工作负担,新学校和教师主体理应摆脱线性工作思维的束缚,遵循教师工作的专业规律,加强工作思维的动态反思,创新工作思维的发展路径,做到整体统筹规划,避免机械化、重复性、无意义的工作方式。基于以上认识,教师主体思维的创新发展,同样也是教师工作提质增效的关键抓手。

3. 重塑教育生态推动教师工作强度协调平衡

构建良性运作的基础教育生态系统,把握基础教育生态系统的演化逻辑和发展向度,是有效落实"双减"政策、实现基础教育高质量发展、构建高质量基础教育体系、全面提升素质教育的重要依托。[⑥]过重的教师工作负担是教师工作不良生态最直接的表现,是多重生态要素综合作用的结果。合理调适教师工作强

---

① 赵慧军,王娟娟. 中国情境的工作强化研究:结构探索与量表开发[J]. 经济管理,2019(5):192-208.
② 时雨. 教师过重负担的职业特性[J]. 教育科学研究,2019(7):1.
③ 王帅. 信息技术的教学本体进路及阈限[J]. 教育研究与实验,2018(6):7-11.
④ 万昆,赵健. 技术时代教师工作负担的实证研究——基于规模化在线教学的分析视角[J]. 教育学术月刊,2022(3):88-96.
⑤ 冯大鸣. 教师的疲惫与疲惫的教师:问题与对策[J]. 教育理论与实践,2007(1):21-24.
⑥ 孙杰远,于玲."双减"背景下基础教育生态系统的演化逻辑与发展向度[J]. 现代教育管理,2022(6):1-9.

度，不仅需要集中改善工作内容结构等重点问题，还需要综合治理教育工作的整体生态系统。从微观视角出发，教师工作内容结构体系亟待科学有效地建构；从宏观视角出发，教师的工作要获得学校、家长乃至社区的协助和支持，力求实现学校、家庭和社会的三方协同联动，进而积极实现工作强度的有效调控，推动基础教育生态系统持续、良性、有序运转。

第五章
教师工作内容结构调研报告

2014年9月,习近平总书记在同北京师范大学师生代表座谈时提出,"国家繁荣、民族振兴、教育发展,需要我们大力培养造就一支师德高尚、业务精湛、结构合理、充满活力的高素质专业化教师队伍"[1]。其中,"高素质专业化"阐明了教师队伍的总体任务,而"师德高尚、业务精湛、结构合理、充满活力"明确了我国教师队伍建设的具体任务,突出了新时代高素质教师队伍建设的重要战略意义。[2]2019年12月,《关于减轻中小学教师负担进一步营造教育教学良好环境的若干意见》发布,要求"切实减少对中小学校和教师不必要的干扰,把宁静还给学校,把时间还给教师"[3]。当下,教师的工作内容不仅包括教学方面,还包括非教学方面,教师工作任务多、工作内容结构不合理等问题使教师的工作强度不断增大。教师工作内容结构合理化能够让教师平衡教学工作与非教学工作,切实降低教师的工作强度。因此,只有了解我国教师工作内容,明确教师承担的责任范围以及工作内容结构,才能清楚当下教师工作内容结构的现状及问题,并对此进行研究和提出调适策略。本章通过调查呈现我国教师工作内容结构的现状与问题,并提出优化教师工作内容结构的针对性建议。

---

[1] 习近平. 做党和人民满意的好老师——同北京师范大学师生代表座谈时的讲话[J]. 人民教育,2014(19):6-10.
[2] 王光明,张楠,卫倩平. 使命责任 专业发展 队伍建设——习近平总书记教师工作重要论述文本分析[J]. 当代教师教育,2019,12(4):9-16.
[3] 中共中央办公厅,国务院办公厅. 中共中央办公厅 国务院办公厅印发《关于减轻中小学教师负担进一步营造教育教学良好环境的若干意见》[EB/OL].(2019-12-15). http://www.moe.gov.cn/jyb_xxgk/moe_1777/moe_1778/201912/t20191215_412081.html[2022-05-20].

一、教师工作内容结构的基本内涵

关于教师工作内容结构，目前学术界还没有一个明确的界定。在以往的研究中，研究者大都以教师的工作时间作为教师工作强度的量化指标，而教师执行的各种工作及其时间分配构成了教师工作内容的基本结构。我国 27 个省份的教师减负清单显示，中小学教师不仅承担着各种教学工作，还承担着社会服务、行政考察等非教学活动。①TALIS 以时间为衡量标准，将教师工作划分为教学任务和批改作业、课外活动等非教学任务。②国内有关教师工作内容结构的研究中，学者李新翠也将教师工作内容分为教学工作和非教学工作。③本章将教师工作内容结构界定为教师在日常工作中需要完成的各项工作任务，具体包括教学工作以及非教学工作：教学工作是指教师的日常工作任务中与教学相关的工作，如备课、上课、批改作业等；非教学工作是指教师的日常工作任务中与教学无关的工作，如备检迎检、填写材料等。

二、教师工作内容结构的现实状况

要分析教师工作内容结构存在的问题，需要从其工作内容结构的现实情况着手。我们分别从教师工作内容结构的总体情况和具体情况出发，首先分析教师总体的工作内容结构存在的问题，如工作种类、各类工作的量及其所占比例，之后再讨论不同类型的教师工作内容结构存在的不同问题，对不同学段教师、班主任教师和城乡教师展开分析。

（一）总体情况分析

1. 教师工作任务种类繁杂

综合文献中对教师工作内容结构的界定及其类别划分、调查问卷的题项设计和实际工作中教师需要完成的各类任务性质，我们发现教师的工作内容种类至少有 20 种，分为教学工作和非教学工作两大类。教学工作中的直接教学工作是教师最基础的本职工作，包括备课上课、作业批改与分析；间接教学工作是指能够

---

① 龙宝新，杨静，蔡婉怡. 中小学教师负担的生成逻辑及其纾解之道——基于对全国 27 个省份中小学教师减负清单的分析[J]. 当代教育科学，2021（5）：62-71.
② 蒋帆. 新高考改革对青年教师工作状态的影响研究[J]. 中国青年研究，2022（2）：109-119.
③ 李新翠. 中小学教师工作负荷：结构、水平与类型[J]. 湖南师范大学教育科学学报，2021，20（2）：82-89.

促进教师直接教学工作开展的工作，主要包括教师专业发展、班级管理、家校沟通与指导等。非教学工作的校内管理性事务包括团队会工作、安全管理与疫情防控、备检迎检等；校外管理事务主要包括社区服务、街道社区事务和政府工作抽调等。

有研究指出，教师担任的角色越多，其工作职责范围会越大。[1]教师除了要满足学生需求，还要满足和协调来自家长、学校、政府和社会的需求。由此可以看出，为应对多方教育主体的需求，教师需要处理数量更多、种类更繁杂的工作任务，这些任务分散了教师的精力，在无形中增大了教师的工作强度。

2. 教师整体工作强度较大，非教学工作比重较高

我们对教师在一个正常工作日需要处理的工作类型和所用时间进行了调查，结果显示，在教师日常工作任务中，花费时间最多的是备课上课，每日平均耗费时长约为 2.92 小时；各种非教学工作所花时长平均为 2.15 小时，位列第二位；位列第三、四、五位的工作分别是作业批改与分析、学生辅导（含课后服务）、学生管理与德育，每日平均耗费时长分别为 2.10 小时、2.05 小时和 1.91 小时。

为计算出教师在正常工作日的各类工作占教师日常工作总时长的比重，我们调查了教师在正常工作日的平均工作时长。调查结果显示，教师在正常工作日的工作时长（含在家加班）平均数为 9.80 小时，中位数和众数均落在 9~10 小时。其他非教学工作平均时长与教师在正常工作日的平均工作时长的比值为 0.22，据此可以推断出，正常工作日中，教师耗费不足 4/5 的时间来进行教学工作，耗费超过 1/5 的时间去处理非教学工作。我国法定教师日工作时长为 8 小时，但通过调查数据得知，我国教师实际正常工作日的工作时长要高出规定时长约 2 小时，从教师工作内容结构来看，除教学工作外，较多的非教学工作内容增大了教师的整体工作强度。

我们分别对教师对平时工作强度和平时加班工作强度的主观感受进行了调查。教师对平时工作强度的主观感受的调查结果显示，教师认为教学工作强度较大的前三项任务分别是备课（51.38%）、作业批改与分析（49.65%）、上课（39.07%），另有 38.97% 的教师认为课后服务的强度较大；教师认为平时非教学工作强度较大的任务前三位分别是备检迎检（45.26%）、各种会议（37.99%）、疫情防控（35.20%）。教师对平时加班工作强度的主观感受的调查结果显示，教师认为平时加班时工作强度较大的前三项教学任务分别是备检迎检（35.82%）、

---

[1] 李跃雪，赵慧君. 中小学教师工作负担异化的生成逻辑与治理思路[J]. 教师教育研究，2020，32（3）：67-72.

各种会议（25.97%）、疫情防控（25.73%）。从教学工作来看，教师需要加班完成本应在正常工作时间完成的备课上课、作业批改和分析等基本工作，这从侧面反映了教师正常工作时间工作繁重、工作内容结构不合理的问题。另外，自《关于进一步减轻义务教育阶段学生作业负担和校外培训负担的意见》发布，中小学教师增添了课后服务工作，由调查结果可以看出，有近40%的教师认为课后服务的工作强度较大，说明"双减"政策增大了教师的工作强度；从非教学工作看，大多数教师反映备检迎检的工作强度较大。调查结果显示，无论是正常工作时间还是加班时间，教师对备检迎检工作强度的主观感受位居所有工作前列。有研究指出，过多的督、检、评、考、填类工作易让教师处于"假忙碌"的工作状态，看似兢兢业业，实则忙于应付琐事，从而加重了教师负担。[①]教师压缩自身休息时间来应对各种各样的考核检查，反映了教师工作内容结构的失衡。

3. 工作内容结构失衡，教师减负需求强烈

我们对教师的减负意愿进行了调查，图5-1显示了教师减负意愿强烈的10项工作。由此可以看出，教师减负意愿最强烈的工作多为非教学工作。

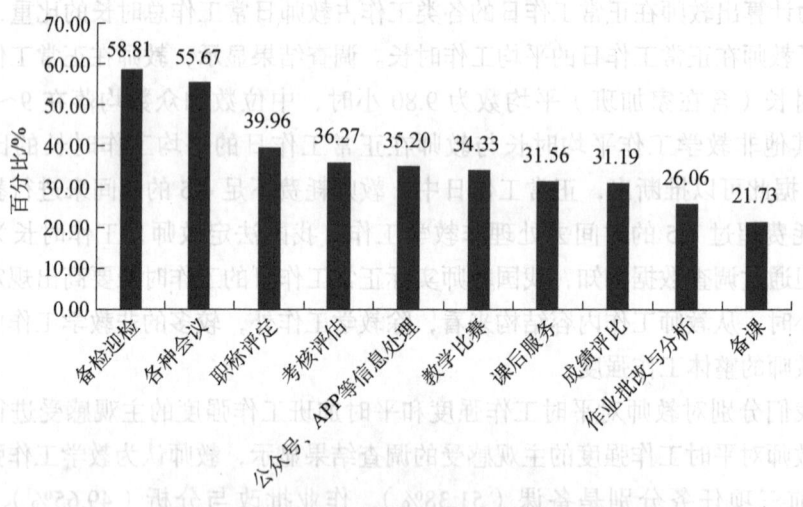

图 5-1 教师减负意愿最强烈的工作项目及占比

其中，对于减负意愿最强烈的备检迎检工作，担任不同职务的教师的减负需求存在显著差异（χ^2=2929.46，p<0.001）。学校的高层领导和中层领导对备检迎检的减负需求最强烈，其中副校长的需求占比最高，为81.71%，其次是教导主任（或教务主任、教研主任等），需求占比约为77.60%，除中高层领导外的其他

---

① 张家军，闫君子. 中小学教师负担：减与增的辩证法[J]. 教育研究，2022，43（5）：149-159.

教师对备检迎检的减负需求占比较低，为 55.50%，表明备检迎检的负担主要由中高层领导承担。另外，调查结果显示，有超过 20% 的教师对作业批改和备课等直接教学工作有减负需求，这些教师中有 71.14% 的教师承担多科目教学工作。

（二）具体情况分析

1. 不同学段教师工作内容结构分析

我们分别对小学、初中和高中教师的工作内容结构进行了统计分析，通过不同学段教师之间的相互比较以及分别以被调查教师总体平均情况为参照，发现小学教师和高中教师的工作内容结构呈现出更加突出的特点和问题。

（1）小学教师承担多项非教学工作，更加繁重

调查结果显示，小学教师处理非教学工作平均时长为 2.17 小时，相比被调查教师的总体平均时长 2.15 小时稍长，相比高中教师平均时长 2.23 小时稍短。但通过对教师各项具体工作用时的统计发现，小学教师部分非教学工作的工作时长均长于高中教师和初中教师。各学段教师部分非教学工作的周平均时长如表 5-1 所示。

表 5-1　各学段教师用于部分非教育教学工作的周平均时长　（单位：小时）

工作类型	小学教师	初中教师	高中教师
公众号、APP 等信息处理	2.16	2.00	2.07
材料、表格填报	2.81	2.52	2.67
安全管理与疫情防控	3.11	2.75	2.78
学校其他管理性事务	2.48	2.24	2.37
社区服务	1.16	0.94	0.94

从教师每周要处理的非教学工作来看，小学教师在各项非教育教学工作中耗费的时间多于初中教师和高中教师；各学段教师部分非教学工作的每学期平均时长如图 5-2 所示。从教师每学期要处理的非教育教学工作来看，小学教师在政府工作抽调、街道社区事务、文体活动、备检迎检工作上平均耗费的时间多于初中教师和高中教师。

（2）高中教师在自身专业发展中付出了更多努力

调查结果显示，高中教师花在自身专业发展上的平均工作时长均多于小学教师和初中教师。高中教师每周用于听评课和研讨工作的平均时长为 3.06 小时，教学反思的平均时长为 2.57 小时，均多于小学教师和初中教师。高中教师每学

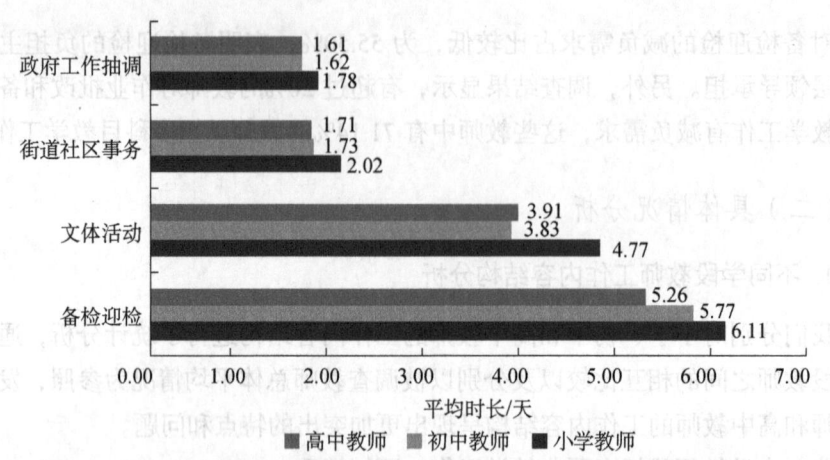

图 5-2 各学段教师用于部分非教学工作的每学期平均时长

项目	高中教师	初中教师	小学教师
政府工作抽调	1.61	1.62	1.78
街道社区事务	1.71	1.73	2.02
文体活动	3.91	3.83	4.77
备检迎检	5.26	5.77	6.11

期用于教学比赛、公开课的平均时长多出小学教师和初中教师约 1 天，课题研究与论文写作、专业培训的平均时长均多于小学教师和初中教师约 0.5 天，具体数据如图 5-3 所示。

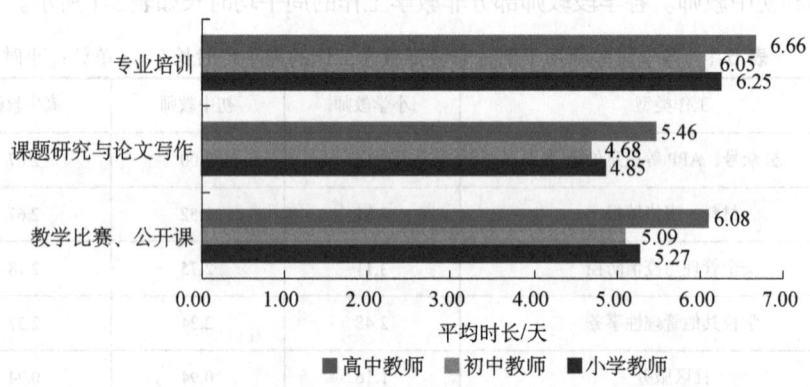

图 5-3 各学段教师用于部分专业发展工作的每学期平均时长

项目	高中教师	初中教师	小学教师
专业培训	6.66	6.05	6.25
课题研究与论文写作	5.46	4.68	4.85
教学比赛、公开课	6.08	5.09	5.27

（3）高中教师部分非教学工作较繁重

调查结果显示，高中教师每学期用于考核评估的平均时长约为 4.12 天；非本校考试监考的平均时长约为 4.67 天，约多出小学教师 2 天，约多出初中教师 1 天；高中教师每学期参加各种非教育教学性会议的平均时长约为 6.19 天，约多出小学教师与初中教师 1 天。

2. 班主任工作内容结构分析

（1）班主任的周课时量大

按照《中小学班主任工作规定》，为了确保班主任的工作强度保持在合理的限度内，各地要合理安排班主任的课时工作量，确保班主任做好班级管理工作。[1]
根据调查结果，我们发现班主任的教学工作量依然大于非班主任。对班主任的周课时数进行统计分析，结果显示班主任、副班主任与非班主任的周课时数存在显著差异（χ^2=3575.17，p<0.001）。其中，周课时数在 8 节及以下的非班主任占比要比班主任与副班主任占比高出约 20 个百分点；周课时数在 15 节及以上的班主任和副班主任占比分别要比非班主任占比高出约 15 个百分点，具体数据如表 5-2 所示。

表 5-2　班主任、副班主任与非班主任的周课时数百分比　　（单位：%）

是否为班主任	8 节及以下	9~14 节	15~20 节	21 节及以上
班主任	11.92	53.24	27.18	7.66
副班主任	11.96	53.53	32.06	2.45
非班主任	31.14	49.39	17.52	1.95

我们对班主任和副班主任的任教主学科进行了统计分析，发现绝大部分班主任和副班主任任教语文、数学这两个主学科。其中，任教主学科为语文的班主任占比最高，为 40.06%，其次是数学，占比为 30.33%，任教主学科为外语的班主任占比为 9.19%，任教主学科为其他副学科的班主任占比较低。就班主任兼任学科教学的情况来看，近 80% 的班主任教师兼任着其他学科的教学。其中兼任较多的学科有语文、数学、道法、校本或地方课程等，这无疑增加了班主任的直接教学工作量。

（2）工作内容面向多元主体，肩挑多项重任

班主任的工作面向单个学生或班级、家长、领导和其他社会主体，在处理与各个主体的关系中衍生了班主任面向各个主体的工作。

1）班主任挑起了面向单个学生或者班级的工作重任。在日常学生管理与德育工作中，班主任、副班主任与非班主任的工作量存在显著差异（χ^2=3227.91，p<0.001）。每日学生管理与德育工作时长在 2 小时及以上的班主任占比均高于副班主任和非班主任，尤其是工作时长在 6 小时及以上的班主任约占全部班主任的 12.71%，占比较高，具体结果如表 5-3 所示。

---

[1] 教育部. 教育部关于印发《中小学班主任工作规定》的通知[EB/OL].（2009-08-12）. http://www.moe.gov.cn/srcsite/A06/s3325/200908/t20090812_81878.html[2022-08-27].

表 5-3　班主任、副班主任与非班主任每日用于学生管理与德育工作时长占比

（单位：%）

是否为班主任	0小时	0~1小时	2小时	3小时	4小时	5小时	6小时及以上
班主任	1.06	30.64	31.03	13.71	6.70	4.15	12.71
副班主任	4.23	50.93	24.01	8.40	4.17	2.22	6.03
非班主任	7.98	48.06	21.91	9.01	4.41	2.47	6.16

在班级管理工作中，班主任每周班级管理所用时间集中在 2 小时及以上，其中，每周用于班级管理时间为 8 小时及以上的班主任在所有被调查班主任中占比最高。班主任、副班主任与非班主任的工作量存在显著差异（χ^2=15 676.42；p<0.001）。每周班级管理时间为 8 小时及以上的班主任占比要分别比副班主任和非班主任占比高出约 24 个百分点和 26 个百分点，每周班级管理时间为 6~8 小时的班主任占比要分别比副班主任和非班主任占比高出约 8 个百分点和 9 个百分点。相反，非班主任每周班级管理时间 0 小时和 0~1 小时的占比较高，显著高于班主任占比，具体数据如表 5-4 所示。由此可以看出，班主任的班级管理工作强度高于副班主任和非班主任。

表 5-4　班主任、副班主任与非班主任每周用于班级管理的时间百分比　（单位：%）

是否为班主任	0小时	0~1小时	2~3小时	4~5小时	6~8小时	8小时及以上
班主任	0.31	9.75	28.08	19.66	11.54	30.68
副班主任	7.19	39.09	31.49	11.88	3.75	6.60
非班主任	20.68	41.62	22.86	7.76	2.86	4.22

2）班主任挑起了面向家长的工作重任。在家校沟通与指导的工作中，班主任、副班主任与非班主任在每周家校沟通与指导的时间上存在显著差异（χ^2=8239.41；p<0.001）。具体数据如表 5-5 所示。

表 5-5　班主任、副班主任与非班主任用于家校沟通与指导的时间百分比

（单位：%）

是否为班主任	0小时	0~1小时	2~3小时	4~5小时	6~8小时	8小时及以上
班主任	0.37	22.40	40.20	17.43	7.63	11.96
副班主任	7.56	46.47	31.28	7.96	2.77	3.96
非班主任	15.21	47.42	24.68	7.04	2.36	3.29

3）班主任挑起了面向领导和其他社会主体的工作重任。调查结果显示，班主任在多项非教学工作上的工作量都比较大。其中，班主任在安全管理与疫情防

控工作上的周平均时长达到了 3.81 小时，远远长于副班主任和非班主任。同样，班主任在材料、表格填报，公众号、APP 等信息处理，团队会工作以及学校其他管理性事务上承担了比副班主任和非班主任更大的工作量，具体数据如图 5-4 所示。

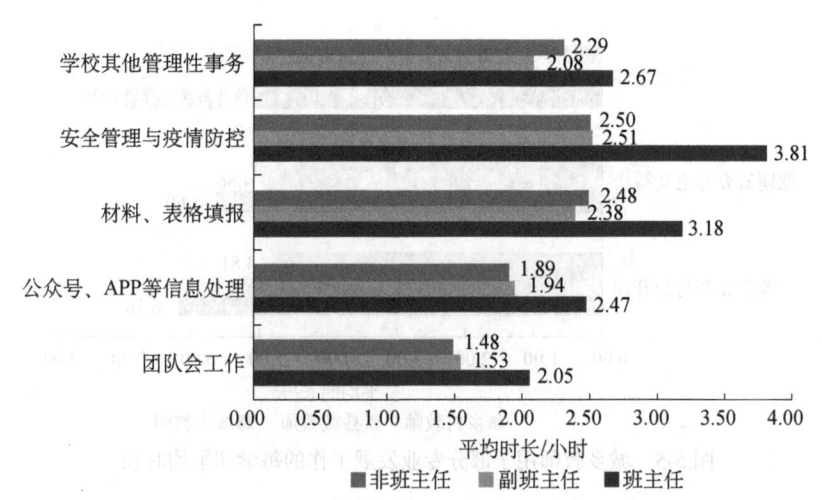

图 5-4 班主任、副班主任与非班主任用于部分非教学工作的周平均时长

3. 城乡教师工作内容结构分析

（1）城市教师整体工作强度高于乡村教师

调查结果显示，城乡教师在正常工作日工作时长（含加班）上存在显著差异（χ^2=1473.57；$p<0.001$）。工作时长在 8 小时及以下的城市教师约占 21%，而县城教师约占 28%，乡村教师约占 31%。城乡学校大部分教师的日工作时长集中在 9～10 小时，其中城市、县城和乡村教师分别占 37.83%、43.27% 和 44.31%。日工作时长在 11 小时及以上的城市教师约占 41%，分别比县城教师和乡村教师约高出 11 个百分点和 16 个百分点。由此可以看出，城乡教师的整体工作强度均较高，超出标准日工作时间。城市教师的整体工作强度高于县城教师和乡村教师。

（2）乡村教师自身专业发展存在局限

受工作环境、经济条件、文化资本等方面的限制，乡村教师自身专业发展工作存在一定的局限。有研究显示，小规模乡村学校教师缺乏专业发展的外部支撑，很难获得专业发展的机会。[①]也有研究显示，受到信念、情感等的影响，乡村

---

① 许爱红，黄春燕. 乡村小规模学校教师专业发展的瓶颈与对策探寻[J]. 中小学管理，2021（7）：50-53.

教师的内在动力发展不足，对专业发展的外部培训参与的积极性不高。[①]调查结果显示，乡村教师每学期进行教学比赛与公开课的平均时长为 4.81 天，进行课题研究与论文写作的平均时长为 4.38 天，进行专业培训的平均时长为 5.77 天，均比县城教师少 0.5 天左右，比城市教师少 1 天左右，具体情况如图 5-5 所示。

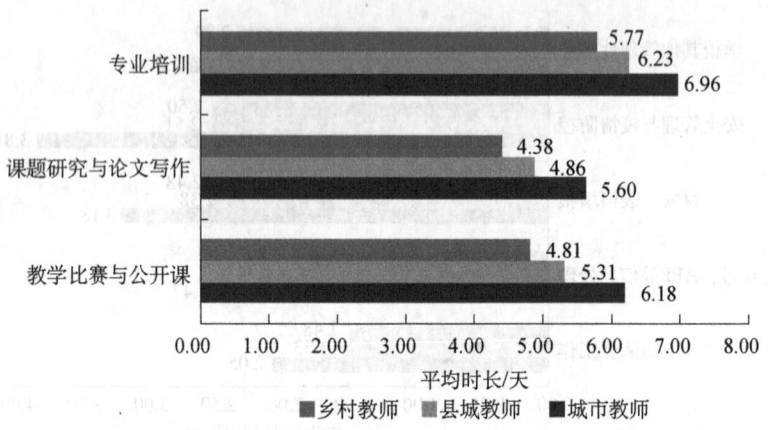

图 5-5　城乡教师用于部分专业发展工作的每学期平均时长

进一步分析发现，乡村教师与城市教师在教学比赛与公开课（χ^2=789.65，p<0.001）、课题研究与论文写作（χ^2=592.06，p<0.001）和专业培训（χ^2=575.93，p<0.001）的工作时长上存在显著差异。在教学比赛与公开课上，约 70% 的乡村教师每学期的时长集中在 0~5 天，而城市教师的这一比重约为 55%。时长在 6 天以上的乡村教师占比低于城市教师占比，其中时长在 15 天以上的乡村教师约占 7.95%，而城市教师约占 14.25%。在课题研究与论文写作上，约 70% 的乡村教师每学期时长集中在 0~5 天，而城市教师的这一比重约为 60%。时长在 15 天以上的乡村教师约占 7.90%，而城市教师约占 13.35%。在专业培训上，约 60% 的乡村教师时长集中在 0~5 天，而城市教师的这一比重约为 50%。时长在 15 天以上的城市教师约占 17.22%，而乡村教师仅占 11.90%。

三、教师工作内容结构的问题分析

通过对教师工作内容结构的现实状况进行分析，我们可以发现，教师的工作内容结构的确存在工作任务繁杂、工作量大、工作结构失衡等一系列问题，同时也可以发现由于身份、任教学段或周边环境的不同，不同的教师面临着不同的工

[①] 吴云鹏. 乡村振兴视野下乡村教师专业发展的困境与突围[J]. 华南师范大学学报（社会科学版），2021（1）：81-89, 195.

作问题和压力。因此，我们需要对教师工作内容结构存在的问题进行具体的梳理和讨论。

（一）教师总体工作量大，类型众多

从教师每天的工作任务类型及其耗时情况来看，教师平均每天用于教学工作的时间约为 8 小时，包括备课上课、作业批改、学生管理与德育、学业辅导等教学工作。教师平均每天用于非教学工作的时间约为 2.15 小时，说明教师需要花费很多时间处理琐碎的非教学工作，如备检迎检、填写材料等，特别是疫情发生后，教师又多了疫情防控的相关工作，总体工作内容种类增多、工作强度增大；另外，很多教师即使下班之后，仍需在家中完成白天未完成的备课、作业批改等工作，以便为第二天的教学工作做好准备，甚至教师还要利用在家休息的时间对诸如备检迎检等非教学工作；同时，由于教师工作没有明显的时空界限，一些教师，特别是班主任在非工作时间仍需处理个别学生的问题，如后进生辅导、与家长进行沟通交流等，这些构成了教师额外的隐性工作量，使教师工作时间延长、工作强度增大。从教师的主观感受来看，教师认为备课上课、作业批改与分析、课后服务等教学工作量较大，并希望减轻这些工作的强度，同时，被调查教师希望减少一些非教学工作，其中减少备检迎检工作的呼声最高。总之，教师工作的数量多、任务重、类型杂，都增加了教师总体的工作量。

（二）教师非教学工作繁杂

教师工作任务类型和耗费时间调查显示，教师每天需要处理的非教学工作平均时长超过教师日常工作日总时长的 1/5，这些工作包括学生安全、行政管理相关事务、填报材料和组织活动等。教师的减负要求调查结果显示，减负需求前 10 位的教师各项工作中，前 5 位均为非教学工作，其中备检迎检与各项会议工作最为突出，分别有 58.81% 和 55.67% 的教师认为这两项工作需要减少。当前中小学教师承担着许多与履行教育教学职责无关的任务，需要耗费大量时间，教师很难将精力完全专注到教育教学工作中。教师在较高强度的教育教学工作下，仍要去处理较多的非教学工作，使得教师的工作内容结构更加繁杂，教师不仅要提高教育教学能力，还要面面俱到，广大教师感到工作强度增大自然在情理之中。

（三）不同教师主体呈现出不同的工作内容结构失衡问题

教师主体身份多样，处在不同环境、不同位置的教师面临着不同的工作内容结构失衡困境。中高领导层教师往往与教育行政部门联系密切，是连接国家教育意志与广大教师、学生的纽带，他们经常是备检迎检、各种会议等非教学工作任务的主要承担者，也是这些行政工作任务减负意愿最强烈的教师。高中教师在高考的评价"指挥棒"作用下承担着繁重的教育教学任务，尽管我国教育评价改革要求各中小学学校去除"唯分数"的顽疾，但高中教师依然迫于社会大环境的竞争压力，为提升学生成绩努力备课上课、教研反思、参加专业培训付出了很多时间与精力；小学教师的多项非教学工作繁杂琐碎，平均处理时长超过初中教师与高中教师，使得他们难以将更多的精力用在学生身上；班主任面临教学压力、管理压力和其他工作琐事压力的三重考验，其教学工作和非教学工作都处于高强度状态，副班主任制度似乎没有很好地得到落实和起到良好的效果；城市教师作为各种新教育改革措施实施的主力军，在各项工作强度上都高于县城教师和乡村教师；乡村教师的专业发展存在局限性，减少乡村教师不必要的非教学工作，适当提高乡村教师专业发展工作比重，提高乡村教师专业水平，才能更好地促进高质量乡村教师队伍建设和高水平乡村教育振兴。

四、教师工作内容结构的调适策略

教师工作内容结构的不合理是造成教师工作强度较大的重要因素之一。如何对教师的各种工作任务进行"质"和"量"上的转变与调整，改善教师的工作内容结构，从而减轻教师的工作负担，让教师回归"教书育人"的本职角色，是需要我们共同解决的问题。根据数据分析和问题讨论的结果，本书给出如下调适策略。

（一）理念转变：认清教师的本职工作

调查结果表明，教师的工作时间过长，总体工作内容量较大，并且教师承担了很多与其本职工作联系并不密切的非教学工作任务。要对教师的工作内容结构进行调适，就必先回归教师的职业本质，认清教师的职业角色——教师是履行教育教学职责的专业人员，承担教书育人、提高民族素养、培养社会主义建设者和接班人的使命。教书育人是教师最重要的职责与使命，教书与育人两者相辅相成、相互促进。因此，教师的工作内容须以教育教学工作为主、非教育教学工作为辅，第一层要以教师的备课、上课等直接教育教学工作为根本点和出发点，在此基础上再开展第二层的教师专业发展、家校合作等间接教育教学工作，其工作量需在合理的限度内，第三层才是处理各种非教育教学工作。[1]对于教育教学工

---

[1] 李新翠. 中小学教师工作量的超负荷与有效调适[J]. 中国教育学刊, 2016（2）: 56-60.

作，要优化工作任务。教学内容是教师工作的核心，教师应高效率、高质量地完成教学内容，提高教师专业发展活动比重，有效完成专业培训、教研活动等内容；对于非教育教学工作，应减少形式主义的任务。教学工作量不应成为教师的负担，一些无意义的会议、检查等任务能减则减，使教师聚焦于核心教学任务这条道路。

（二）制度保障：明确各项具体任务的工作时间

为确定工作内容结构是否合理，要根据教师每项任务的工作时长来确定其工作量，从每项任务的工作量比例分配中厘清教师的工作内容结构。首先应综合考虑教师的工作量，根据相关规章制度明确教师完成各类工作的每日、每周时长，确保教师工作量保持在一个合理的范围内。例如，英国教师减负项目提出了教师每周法定工作时间为22小时教学+5小时作业批改与备课+5小时其他工作，并严格限定教师的上下班时间。[①]我国虽就教师的工作时间与加班限制进行了普适性规定，但并没有做出具体的、有针对性的制度设计，因此我国应根据实际情况为教师制定合理的工作量，并形成规章制度，使教师各类任务工作量所占比例处于一个合适的水平上。

（三）切实减负：考虑多元教师主体，做到减负有的放矢

"双减"政策不仅要为学生减负，更要为教师减负。国家应出台相应政策文件，避免教师承担一些不必要的非教学工作。[②]不仅要减负，还要做到减负有的放矢，针对不同身份、不同学段的教师，对其工作内容结构的减负和调整要抓住重点和痛点，对症下药。针对高学段教师，要注重减轻其教育教学工作负担，避免其教育教学工作被高考的"指挥棒"牵着鼻子走，仅关注培养"应试人才"；针对低学段教师，要注重减轻其非教育教学负担，杜绝形式主义、官僚主义，减少各种督、评、填、考等工作，让教师有更多时间关注学生、亲近学生；针对班主任，要严格明确其教学工作量，减少班主任的任教课时数，缓解班主任的教学工作压力，完善副班主任制度，让副班主任真正成为减轻班主任应对各个教育主体工作压力的好帮手；针对城市教师，要注重新教育政策改革与教师工作压力的平衡和调适；针对乡村教师，要将乡村教师的教学工作内容更多地向教师专业发

[①] 李先军，于文汇. 英国中小学教师减负策略及其启示[J]. 外国教育研究，2020, 47（8）：88-100.

[②] 盖阔，李广. 中小学教师队伍发展：成就、问题与策略——基于全国8个省份中小学教师工作、生活样态调查[J]. 华南师范大学学报（社会科学版），2020（6）：107-116, 191.

展倾斜，增强乡村教师的外部支持，使乡村教师树立信念和激发热情，提高乡村教师专业水平，打造富有责任感、主动性和创新性的乡村教师队伍。只有明确各类教师工作内容结构的改革重点，才能在减轻非教学工作负担的同时提高教学工作效率，实现"减负"与"提质"的转换。

（四）简政放权：赋予学校发展自主权，给予教师教学自主权

各级教育行政部门要简政放权，给予学校和教师更多的自主发展权。中小学校是基础教育的主阵地，需要给予其足够的自主发挥空间。学校应根据本校实际情况来灵活规定教师的工作内容，对于不切实际的工作安排应予以取消。[1]学校领导应转变管理观念，倡导人本管理思想，因地制宜，发挥人的积极性和主动性，同时因校制宜，结合本地区发展实际，切实关注教师的各项工作，并给予教师教学的自主权。教师也可以根据各班情况合理安排工作内容，定期向学校汇报工作。

（五）学生自律：进行可持续发展的学生管理

当前的教育已经摒弃那种仅仅重视"教"的方法，而是将"教"与"学"并重，根据学生的学来设计教师的教，并且在当下竞争越来越激烈的时代，学生的"学"显得尤为重要。学校与教师要逐步实现由教师管理学生向教师指导下的学生自律转变，充分尊重学生的自主管理意识，切实培养学生的自理自控能力，在发挥学生的自我管理作用的同时减轻教师的管理负担。通过让学生养成自主学习的习惯，提高其自我发展的能力，教师的教学工作强度可得到一定程度的降低。因此，教师在平时不仅要增加学生的学识，更要引导学生学会学习以及提高各项能力。[2]

---

[1] 代薇, 谢静, 崔晓楠. 赋权与增能：教师参与课后服务"减负增效"路径研究[J]. 中国教育学刊, 2022（3）: 35-40.

[2] 戴吉亮, 李保强. 中小学教师负担偏重的现实问题、原因与对策[J]. 教育理论与实践, 2004（6）: 31-33.

第六章
教师工作时间分配调研报告

人生最为稀缺的不是财富、不是智慧，而是时间，无论是圣贤俗夫还是帝王黎民，都不能逃避人生最终的落幕时分。教师工作时间是教师工作强度最直接的体现，教师工作时间的分配是教师工作强度构成的重要表征。因此，为了更好地呈现当下教师工作强度的现实状况，我们有必要对教师的工作时间分配情况进行调查。

一、教师工作时间分配的基本内涵

无论是表述问题还是检验假设,一个根本性的前提是具有清晰的概念。[①]因此,为了更好地描述目前我国教师工作时间分配的现状以及表述其所存在的问题,现需要对"工作时间"和"教师工作时间分配"两个概念的基本内涵进行勘定。

（一）工作时间

"工作时间"这一概念是伴随工业革命时期雇佣型生产方式而产生的,并随着时代发展而不断发展。何为工作时间？在我国,有关工作时间的规定主要集中在《劳动法》和《国务院关于职工工作时间的规定》两部法律法规中,二者规定了国家实行劳动者每日工作时间不超过 8 小时、平均每周工作时间不超过 40 小时或 44 小时的工时制度。但这两部有关工作时间的法律法规都只规定了工作时长,并没有对工作时间的概念和认定标准给予具体的说明。

在国外,德国的《工作时间法》中第 3 条就明确规定了劳动者的日常工作时间是每天 8 小时,并将工作时间认定为没有工间休息,即指从工作开始到工作结束期间,等待时间也算工作时间。[②]这就意味着,在德国,工作时间不一定是实际工作时间,某些等待时间也可作为工作时间,如员工在工作场所等待雇主的命令或等待新的材料发放,这种等待时间也计算在工作时间之内。等待时间能否算作工作时间主要取决于员工是否应出现在工作场所,而不管工作场所是在单位内还是单位外。[③]日本的《劳动基准法》并没有界定工作时间的概念,但厚生劳动省和许多学者都是按照《劳动基准法》的相关规定,将工作时间界定为"劳动者在其雇主指挥命令下从事工作的时间"[④]。1962 年,国际劳工组织（International Labor Organization, ILO）明确了有关工作时间的两类概念：一类是标准工时,是根据法律或条例、集体合同或仲裁裁决、通行规则或惯例,劳动者在诸如一天或者一周的特定较短时间内用于工作的时间；另一类是实际工作时间,指劳动者在特定期间内实际用于工作的时间,包括标准工时内的工作时间以及超出此时间的加班工作、用于工作准备的时间、工作过程中的非工作间隔时间和工休时间。

---

① 〔德〕沃尔夫冈·布列钦卡. 教育科学的基本概念：分析、批判与建议[M]. 胡劲松,译. 上海：华东师范大学出版社,2011：11.
② 王益英,黎健飞. 外国劳动法和社会保障法[M]. 北京：中国人民大学出版社,2001：122.
③ 〔德〕曼弗雷德·魏斯,〔德〕马琳·施米特. 德国劳动法与劳资关系法[M]. 倪斐,译. 北京：商务印书馆,2012：103.
④ 〔日〕荒木尚志. 日本劳动法[M]. 李坤刚,牛志奎,译. 北京：北京大学出版社,2010：71.

目前，我国学界关于工作时间的界定尚未形成较为统一的观点，主要存在以下两种有关工作时间的观点。一种观点认为，工作时间的界定是由立法规定的。例如，学者王全兴认为，工作时间是指劳动者为履行劳动义务，在法定限度内应当从事劳动或工作的时间。[1]有学者认为工作时间是指职工根据法律的规定，在用人单位中用于完成本职工作的时间。[2]除此之外，也有学者指出，工作时间就是法律规定的劳动者在一昼夜或者一周之内从事生产或工作的时间，即劳动者每天应工作的时数或每周应工作的天数。[3]另一种观点则认为，某一时间段的支配权由谁控制是判定工作时间的关键。例如，学者沈同仙认为，工作时间的概念界定应当着眼于雇主支配性，并认为工作时间是劳动者接受用人单位的指示，在用人单位的管理或约束下从事工作或与工作相关活动的时间，同时将支配性、目的性和相关性作为认定工作时间的标准。[4]学者孙国平则认为，待命时间的关注重点是劳动者"受雇主指挥监督下的特定状态"，通过对待命时间的论述来表明工作时间是劳动者在雇主指挥命令下，提供完全劳动给付义务的时间。[5]学者王天玉通过对美国和日本两个国家关于工作时间的立法以及司法判例进行梳理后，指出工作时间就是劳动者依照劳动合同的约定或用人单位的命令和指示，为实现用人单位利益而处于工作或相关活动中的时间，工作时间并不包括劳动者可自由活动的休息时间。[6]相比于前者，其突出了工作时间与休息时间的本质区别，且更具备在具体实践中认定劳动者工作时间的可行性。

（二）教师工作时间分配

目前，学界关于教师工作时间的内涵并未形成比较统一的观点和看法。OECD将教师工作时间分为"教学活动时间和非教学活动时间两大部分，主要包括常规备课时间、课程活动时间、批改作业时间、辅导学生时间、教师培训以及学校会议时间等具体事务的时间"[7]。学者西尼斯卡尔科则更加具体地对教师工作时间进行了界定，认为教师法定工作时间包括所有教师合同或服务条款中规定的工作时数，包括法定的（或具体规定的）实际教学时间以及参与其他教学活动

---

[1] 王全兴. 劳动法[M]. 北京：中国人民大学出版社，2007：323.
[2] 黎建飞. 劳动法和社会保障法[M]. 北京：中国人民大学出版社，2007：153.
[3] 关怀. 劳动法[M]. 北京：中国人民大学出版社，2001：134.
[4] 沈同仙. 工作时间认定标准探析[J]. 法学，2011（5）：134-143.
[5] 孙国平. 劳动法上待命时间争议的认定[J]. 法学，2012（5）：42-55.
[6] 王天玉. 工作时间基准的体系构造及立法完善[J]. 高等学校文科学术文摘，2016（2）：194.
[7] OECD. Education at a Glance 2018：OECD Indicators[M]. Paris：OECD Publishing，2018：386.

的时间，如备课、批改作业、在职培训、员工会议、学生辅导和课外活动等。①我国学者刘淑兰认为，教师工作时间由教育工作劳动时间、教学劳动时间和从事其他劳动时间三部分构成。②学者郄庭瑾等根据我国教师工作的实际情况，将教师工作时间的概念做了更加具体化和本土化的界定，认为教师的工作时间包括备课、上课、教研科研、辅导学生、联系家长等与工作有关的所有活动所占用的时间。③有的学者则根据教师所任教学段的不同，对教师的工作时间给出了更加具体的界定。例如，学者童星将初中教师工作时间界定为教师为了完成学校规定的教育教学活动和与教育教学相关工作付出的时间，大致可以分为教学时间、课外教研时间（主要指备课、批改作业和试卷）、管理班级和处理行政事务的时间（如管理班级纪律、开会）。④张小菊和管明悦认为，小学教师工作时间是指教师一天从进校到离校从事教育教学活动的劳动时间，包括教学时间、教研时间、沟通管理时间、自我发展时间以及完成与教育教学相关的其他事务的时间，不包括教师的生活时间，如就餐时间，并对各部分的时间给予了具体的说明。教学时间是指教师为完成教学任务所花费的时间；教研时间是指教师为解决在教学过程中发现的问题，和同事一起沟通、交流、研讨以提高课堂教学质量的时间；沟通管理时间指教师花费在督查学生、处理学生个别问题和与家长交流上的时间；自我发展时间指教师进行与教学相关的读书、学习和听课所花费的时间；完成与教育教学相关的其他事务的时间是指教师为处理学校管理者安排的需要完成的临时任务所花费的时间。⑤

总之，无论依据何种观点对教师工作时间进行界定，教学时间都被涵盖其中，教学是教师的核心工作，教书育人是教师的天职，因此教师工作时间大致可分为教学工作时间和非教学工作时间两大部分。

根据《辞海》中的释义，"分配"一词是指按一定的标准或方法分。⑥教师工作时间分配就是指教师根据一定的标准或方法对自己工作时间进行分配，如教师分配在教学工作（如备课、上课、批改作业等）与非教学工作（如备检迎检、社

---

① 〔美〕马里斯·特蕾莎·西尼斯卡尔科. 世界教师队伍统计概览[M]. 丰继平，郝丽平，译. 上海：华东师范大学出版社，2007.
② 刘淑兰. 教育评估和督导[M]. 上海：华东师范大学出版社，2000：144.
③ 郄庭瑾，马云，雷秀峰，等. 教师专业心态的当下特征及政策启示——基于上海的调查研究[J]. 教育研究，2014（2）：96-103.
④ 童星. 初中教师工作时间及其影响因素研究——基于中国教育追踪调查（CEPS）数据的分析[J]. 教师教育研究，2017，29（2）：107-112.
⑤ 张小菊，管明悦. 如何实现小学教师工作量的减负增效——基于某小学教师40天工作时间的实地调查[J]. 全球教育展望，2019，48（6）：97-109.
⑥ 陈至立. 辞海（第七版）[M]. 上海：上海辞书出版社，2019.

区服务等）上的时长和比重等。

二、教师工作时间分配的现实状况

本次调查使用的是课题组自编的中小学教师工作强度调查问卷，主要通过网络发放问卷。在正式调查中，调查对象覆盖 31 个省（自治区、直辖市），累计发放问卷 50 314 份，经回收处理后有效问卷有 48 874 份，问卷有效率为 97.1%。有效参与正式调查的调查对象中，男教师有 12 722 人，占总人数的 26.0%；女教师有 36 152 人，占总人数的 74.0%。在地域分布上，东部地区有 2401 人，占总人数的 4.9%；中部地区有 1765 人，占总人数的 3.6%；西部地区有 23 274 人，占总人数的 47.6%；东北地区有 23 279 人，占总人数的 47.6%。[1]下面对本次调查所呈现出中小学教师工作时间分配的现状加以具体说明。

（一）日常工作时间的饱和情况

教师的日常工作时间是指从周一到周五的工作时间，包括在校工作时长和下班后继续工作的时长。为了更加全面、准确地了解中小学教师日常工作时间的饱和情况，本研究结合教师每天工作时长、每周课时数和教师对于"日常工作时间是否排得满满的"这一题项的主观感受等三个方面对教师日常工作时间饱和情况进行了调查。

1. 每天工作时长

《中华人民共和国教师法》规定，教师是履行教育教学职责的专业人员，需遵守相应的规章制度，其中自然也包括从事教育教学的工时制度。但由于我国未对教师的工作时间做出明确规定，故我们沿用《劳动法》规定的"每日工作时间不超过八小时、平均每周工作时间不超过四十四小时的工时制度"。调查显示，中小学教师的日常平均工作时长为 9.8 小时，超过了法定工作时间 1.8 小时。其中，有 27.4%的教师每天工作时长在 8 小时及以内，每天工作时长在 9~12 小时的教师比例为 62.4%，还有 10.2%的教师每天工作时间在 13 小时及以上（图 6-1）。调查发现，仅有 27.4%的教师每天工作时长在法定范围内，有超过半数的教师每

---

[1] 按照国务院有关行政区域的划分，东部地区包括北京、天津、河北、上海、江苏、浙江、福建、山东、广东和海南 10 省（直辖市）；中部地区包括山西、安徽、江西、河南、湖北和湖南 6 省；西部地区包括内蒙古、广西、重庆、四川、贵州、云南、西藏、陕西、甘肃、青海、宁夏和新疆 12 省（自治区、直辖市）；东北地区包括辽宁、吉林和黑龙江 3 省。

天工作时长超过国家法定工作时长，且有相当比例的教师在校工作时间在 13 小时及以上。

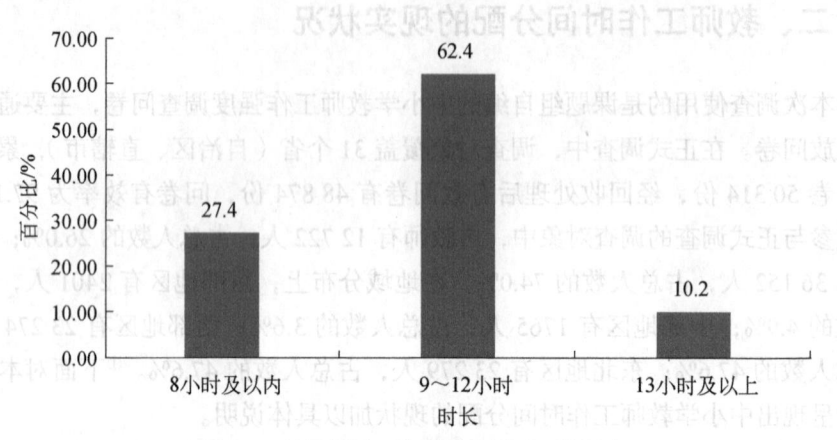

图 6-1　教师每天工作时长情况（工作日）

在中小学教师工作日每天工作时间普遍过长这一总体情况下，教师每天工作时长在不同维度上也存在差异，这些差异能够更加形象、细致地反映中小学教师每天工作时长的具体情况。对不同背景的中小学教师每日工作时间进行差异检验，发现不同教龄、学校类型、学校区域的教师在每天工作时长方面存在显著差异（表 6-1）。

表 6-1　工作日教师平均每天工作时长所占比例情况　　（单位：%）

类别		8 小时及以内	9~10 小时	11~12 小时	13~14 小时	15~16 小时	17 小时及以上
教龄	0~5 年	28.2	38.4	20.3	8.9	3.0	1.1
	6~15 年	23.2	40.7	23.3	9.1	2.7	0.8
	16 年及以上	28.8	44.1	18.9	5.9	1.7	0.6
学校类型	公办学校	27.3	42.2	20.3	7.2	2.2	0.7
	民办学校	20.2	33.3	23.3	15.4	5.5	2.3
	其他学校	38.7	44.1	12.5	3.0	1.1	0.5
学校区域	城市	20.9	37.8	25.1	11.5	3.7	1.0
	县城	28.0	43.3	19.7	6.2	2.1	0.7
	乡村	31.1	44.3	17.4	5.1	1.4	0.6

以教龄为划分标准，对不同教龄教师平均每天工作时长进行统计分析，结果发现，不同教龄的教师工作日平均每天工作时长集中在 9~12 小时，占 50% 以

上，其中平均每天工作时长在9～10小时的教师在每个维度上的占比均为最高，分别为38.4%、40.7%和44.1%。不同教龄的教师在平均每天工作时长上存在显著差异（χ^2=519.485，$p<0.001$）。平均每天工作时长在8小时及以内的教师中，教龄在0～5年、16年及以上的教师的占比均高于教龄在6～15年的教师，且均高出5个百分点左右，说明教龄在6～15年的教师平均每天工作时间较长。

以学校类型为划分标准，对不同学校类型的教师平均每天工作时长进行统计分析，结果发现，不同学校类型的教师工作日平均每天工作时长主要集中在9～12小时，占50%以上，其中平均每天工作时长在9～10小时的教师在每个维度上的占比均最高，分别为42.2%、33.3%和44.1%。不同学校类型的教师在平均每天工作时长上存在显著差异（χ^2=259.215，$p<0.001$）。平均每天工作时长在8小时及以内的教师中，其他学校教师的占比高于公办学校、民办学校教师的占比，分别高出11个、18个百分点，说明其他学校教师平均每天工作时间较短。

以学校区域为划分标准，对不同学校区域的教师平均每天工作时长进行统计分析，结果发现，不同学校区域的教师工作日平均每天工作时长集中在9～12小时，占50%以上，其中平均每天工作时长在9～10小时的教师在每个维度上的占比均最高，分别为37.8%、43.3%和44.3%。不同学校区域的教师在平均每天工作时长上存在显著差异（χ^2=1473.565，$p<0.001$）。平均每天工作时长在8小时及以内的教师中，乡村教师的占比高于县城、城市教师的占比，分别高出3个、10个百分点，说明乡村教师平均每天工作时间较短。

2. 每周课时数

对教师平均每周课时数进行统计分析（图6-2），结果发现，有14.1%的教师平均每周课时数在9～10节，21.5%的教师平均每周课时数在11～12节，15.6%的教师平均每周课时数在13～14节，12.6%的教师平均每周课时数达到了15～16节，也就是说，平均每周课时数在9～16节的教师占63.8%。

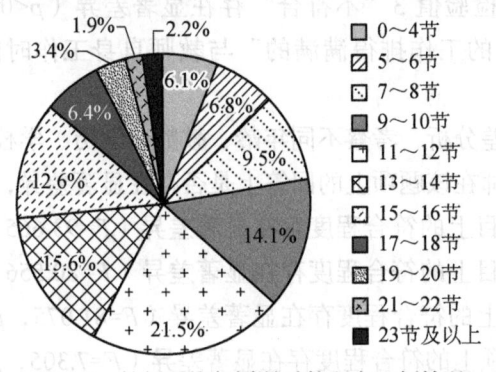

图6-2 教师平均每周课时数所占比例情况

3. 教师对日常工作时间饱和情况的主观感受

本研究对教师自身对于日常工作时间饱和情况的主观感受进行了调查，调查题目采用利克特 5 点计分，从 1 到 5 分别表示"完全不符合""比较不符合""不确定""比较符合""完全符合"，分值越高，表明题目的具体描述与教师自身感受的相符程度越高。通过让教师回答"工作日我每天的工作排得满满的"来了解教师对当前工作时间饱和情况的认知情况。调查显示，教师对该道题目回答的平均数为 4.2，介于"比较符合"与"完全符合"之间，选择"比较符合""完全符合"的教师占比较高（图 6-3），合计有超过八成的教师认为当前自己每天的工作时间排得满满的，较少的教师认为当前自己每天的工作时间没有排得满满的。

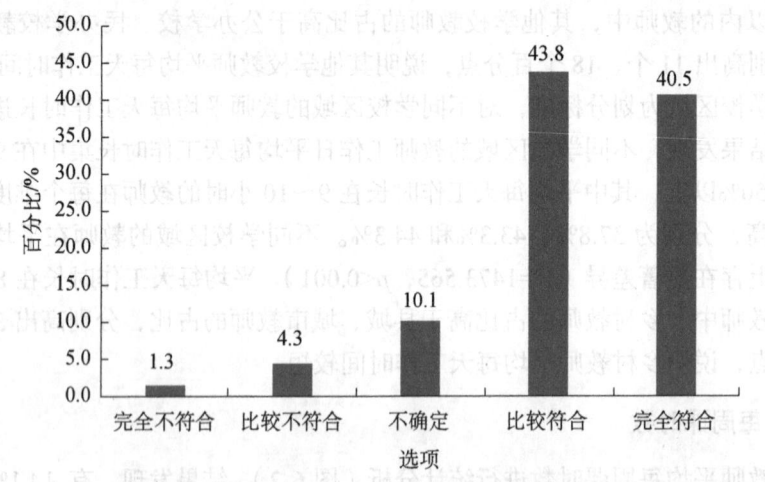

图 6-3　教师对于"工作日我每天的工作排得满满的"的回答占比情况

为进一步明确平均值 4.2 的含义是"不确定"还是"符合"，我们对该道题目进行了单样本 t 检验，结果表明，"工作日我每天的工作排得满满的"题目的平均值 4.2 与检验值 3"不符合"存在显著差异（$p<0.05$）（图 6-4），说明"工作日我每天的工作排得满满的"与教师自身工作时间饱和情况的相符程度较高。

采用单因素方差分析，考察不同年龄、教龄、学历、学校类型、学校区域、是否为班主任的教师在该题项上的回答上是否存在显著差异，结果发现，不同年龄的教师在该道题目上的符合程度存在显著差异（$F=93.665$，$p<0.05$）；不同教龄的教师在该道题目上的符合程度存在显著差异（$F=80.556$，$p<0.05$）；不同学历的教师在该题项上的符合程度存在显著差异（$F=81.075$，$p<0.05$）；不同学校类型的教师在该题项上的符合程度存在显著差异（$F=7.305$，$p<0.05$）；不同区域

的教师在该题目上的符合程度存在显著差异（$F=251.762$，$p<0.05$）；是否为班主任的教师在该题目上的符合程度存在显著差异（$F=676.295$，$p<0.05$）。

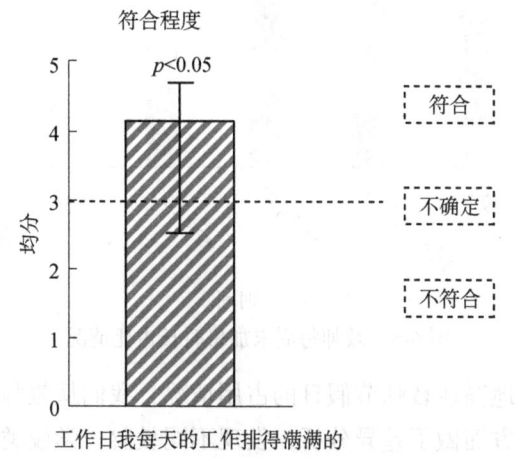

图 6-4　教师对于"工作日我每天的工作排得满满的"的回答的 t 检验分析结果

（二）节假日时间的占用情况

无论是在时间上还是在空间上，教师的工作都具有连续不断地扩张的性质，具有"无边界性"或"模糊性"特征。教师每天的工作并不是以下班离开教室和学校为结束的标志，在周末和寒暑假，教师往往还要占用一部分时间来完成自己的工作任务，这部分时间也是教师工作时间的重要组成部分。有调查表明，超过三成的中小学教师经常加班，每日在校时间在 11 小时及以上的初中教师占比为 32.6%。[1]由此可见，在现实生活中，中小学教师除了利用日常的工作时间来完成工作任务外，占用节假日时间加班完成工作任务也是比较常见的现象。因此，为了更好地了解教师日常工作对其节假日时间的占用情况，本研究结合教师周末加班的时长和教师对于"寒暑假时间是否可以休息"的主观感受，对教师节假日时间的占用情况进行了调查。

1. 周末加班时长

调查显示，教师平均每周末加班时长为 2.4 小时。其中，每周末加班时长在 1 小时以内的教师占比为 18.7%，还有 7.8% 的教师每周末的加班时长在 8 小时及以上（图 6-5）。调查发现，仅有 29.3% 的教师不需要在周末加班，而有 70.7% 的教师或多或少地需要占用周末时间来完成工作任务。

---

[1]　匡丽娜，张凌漪. 重庆 2020 年义务教育质量监测结果发布[N]. 重庆日报，2021-12-01（009）.

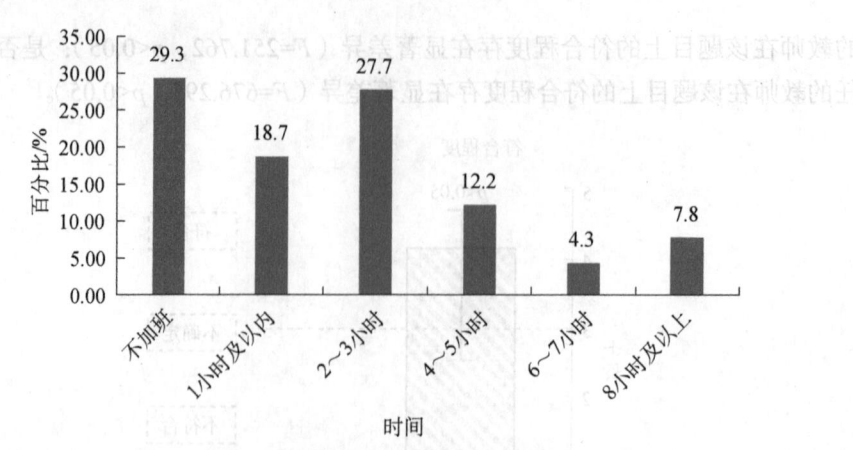

图 6-5 教师每周末加班时长占比情况

为了更加清晰地描述教师节假日的占用情况，我们从教师的教龄、学校类型和学校区域这三个方面做了差异分析，发现不同教龄、学校类型、学校区域的教师在每周末加班时长上存在显著差异（表 6-2）。

表 6-2 教师每周末加班时长占比情况　　　　　　（单位：%）

	类别	1小时及以内	2~3小时	4~5小时	6~7小时	8~9小时	10~11小时	12小时及以上
教龄	0~5年	44.2	28.2	13.7	5.1	3.9	1.5	3.5
	6~15年	50.0	27.6	11.3	3.9	3.1	1.5	2.6
	16年及以上	60.7	23.9	8.0	2.1	2.5	1.3	1.6
学校类型	公办学校	48.2	27.7	12.1	4.3	3.3	1.5	2.9
	民办学校	24.7	28.0	17.1	10.2	9.3	3.2	7.5
	其他学校	54.2	24.4	10.5	3.8	3.2	1.0	2.9
学校区域	城市	42.2	28.5	14.5	5.4	4.2	1.8	3.4
	县城	43.8	28.8	13.8	4.7	3.8	1.5	3.5
	乡村	48.0	27.7	12.2	4.3	3.4	1.5	2.9

以教龄为划分标准，对不同教龄的教师每周末加班时长进行统计分析，发现不同教龄的教师每周末的加班时长集中在 1 小时以内。但不同教龄的教师在每周末加班时长上存在显著差异（$\chi^2=499.616$，$p<0.001$），其中教龄在 16 年及以上的教师每周末加班时长在 1 小时及以内的人数占比明显高于教龄在 0~5 年和 6~15 年的教师，说明教龄在 16 年及以上的大多数教师在周末是可以休息的，不需要占用过多的周末时间来完成工作任务。

以学校类型为划分标准，对不同学校类型的教师每周末的加班时长进行统计分析，发现不同学校类型的教师在每周末的加班时长上存在显著差异（χ^2=320.207，p<0.001），其中，有54.2%的其他学校教师每周末加班时长在1小时及以内，高出公办学校教师6个百分点，高出民办学校教师将近30个百分点，说明民办学校教师在每周末加班的时长较长。

以城乡分布为划分标准，对不同学校区域教师的每周末加班时长进行统计分析，发现城市、县城和乡村学校教师每周末加班时长集中在1小时及以内，其占比均超过各自总人数的40.0%。不同学校区域的教师在每周末加班时长上存在显著差异（χ^2=701.860，p<0.001），其中乡村学校教师每周末加班时长在1小时及以内的人数占比高于城市和县城学校教师，说明相较于城市和县城教师，乡村教师在周末有更多的休息时间。

2. 教师对节假日时间占用情况的主观感受

本研究对教师自身对于节假日时间占用情况的主观感知情况进行了调查，调查题目采用利克特5点计分，从1到5分别表示"完全不符合""比较不符合""不确定""比较符合""完全符合"，分值越高，表明题目的具体描述与教师自身感受的相符程度越高。通过让教师回答"寒暑假除去培训时间，大部分时间都可以休息"来了解教师对当前节假日时间占有度的认知情况。调查显示，教师对该道题目回答的平均值为3.6，结果介于"不确定"与"比较符合"之间（图6-6）。

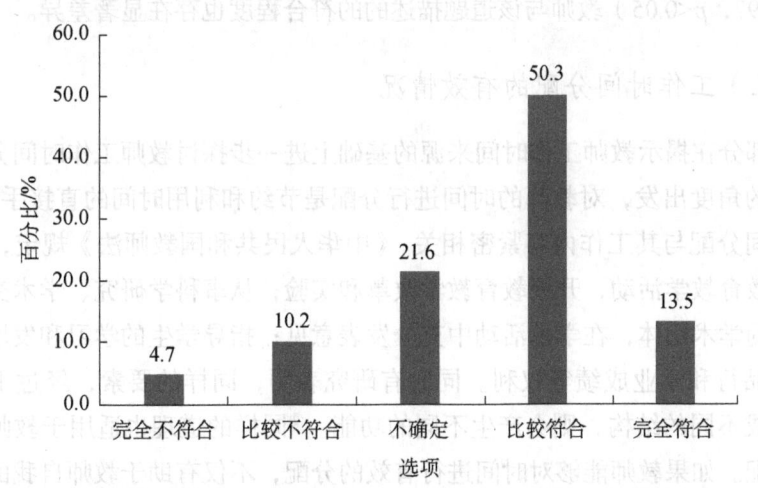

图6-6 教师对于"寒暑假除去培训时间，大部分时间都可以休息"的回答情况

为进一步明确3.6的平均值的含义是"不确定"还是"比较符合"，我们对该道题目进行了单样本 t 检验，结果表明，平均值3.6与检验值3存在显著差异（p<0.05）（图6-7），说明该道题目平均值3.6的含义为："寒暑假除去培训时

间，大部分时间都可以休息"这样的描述是比较符合教师当前的感受的。

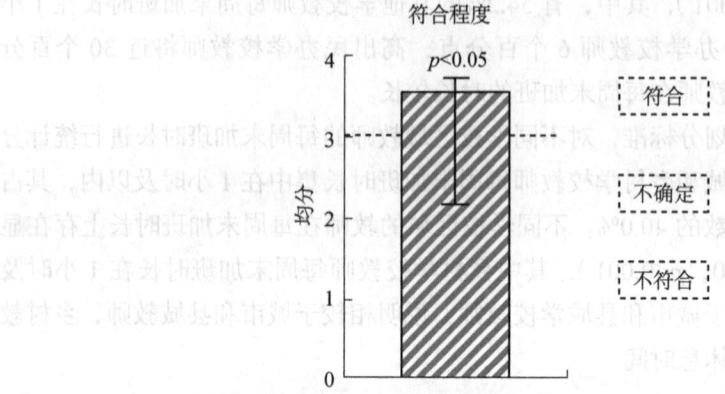

图6-7　教师对于"寒暑假除去培训时间，大部分时间都可以休息"的回答的 t 检验分析结果

采用单因素方差分析，考察不同年龄、教龄、学历、学校类型、学校区域、是否为班主任的教师在该道题的回答上是否存在显著差异。结果表明，不同年龄（$F=13.164$，$p<0.05$）、不同教龄（$F=13.739$，$p<0.05$）、不同学历（$F=34.867$，$p<0.05$）的教师与该道题描述的符合程度存在显著差异，不同学校类型（$F=32.739$，$p<0.05$）、不同区域（$F=30.589$，$p<0.05$）、班主任与非班主任（$F=37.497$，$p<0.05$）教师与该道题描述的的符合程度也存在显著差异。

（三）工作时间分配的有效情况

本部分在揭示教师工作时间来源的基础上进一步探讨教师工作时间分配。从组织者的角度出发，对教师的时间进行分配是节约和利用时间的直接手段。[1]教师的时间分配与其工作内容紧密相关。《中华人民共和国教师法》规定，教师享有进行教育教学活动，开展教育教学改革和实验；从事科学研究、学术交流，参加专业的学术团体，在学术活动中充分发表意见；指导学生的学习和发展，评定学生的品行和学业成绩等权利。同时有研究表明，同样的要素，经过不同的组合，构成不同的结构，则会产生不同的功能。[2]同样的道理也适用于教师工作时间的分配。如果教师能够对时间进行有效的分配，不仅有助于教师自我的发展，也有助于学生的学习和成长，还有助于学校教育教学活动的正常开展。

---

[1] 吴国璋. 社会时间与社会发展[J]. 自然辩证法研究，2002，18（2）：71-72，80.

[2] 钱学森，许国志，王寿云. 组织管理的技术——系统工程[J]. 上海理工大学学报，2011，33（6）：520-525.

1. 每天工作时间的分配

（1）教学工作

调查结果显示，教师每天用于完成"备课与上课""学生辅导""作业批改与分析""学生管理与德育"这四项教学工作任务的时间集中在2～3小时，其占比均超过了35%（图6-8）。在所有选项中，比较突出的为"备课与上课""作业批改与分析"，分别需要3.0小时、2.2小时。其中，有47.3%的教师在"学生管理与德育"上所花费的时间在1小时及以内，这说明在"备课与上课""学生辅导""作业批改与分析""学生管理与德育"这四项教学工作中，"学生管理与德育"所花费的时间是最少的。有17.1%的教师在"备课与上课"上所花费的时间在4～5小时，这说明在"备课与上课""学生辅导""作业批改与分析""学生管理与德育"这四项教学工作中，"备课与上课"所花费的时间是最多的。

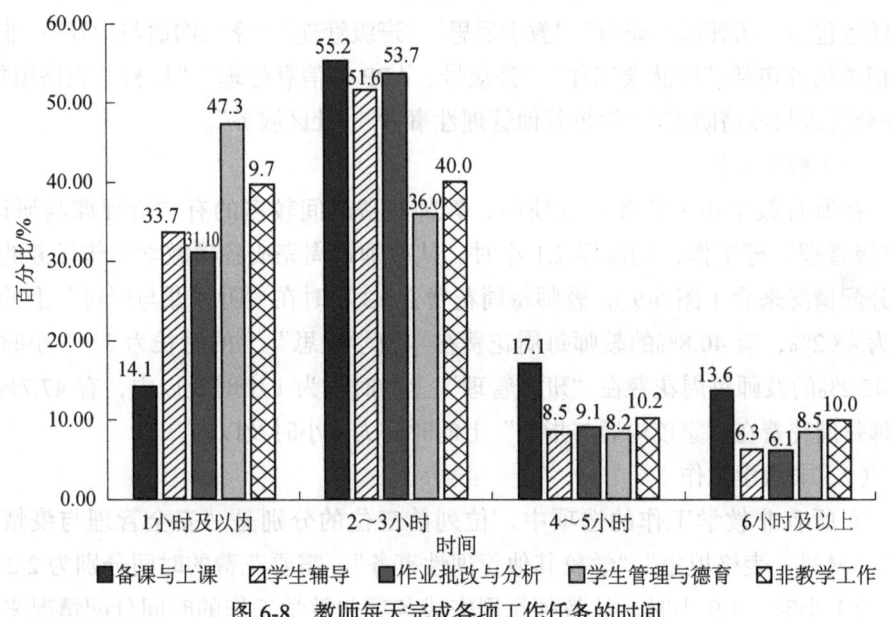

图6-8 教师每天完成各项工作任务的时间

（2）非教学工作

调查结果显示，教师每天在非教学工作上花费的时间约为2.3小时。有40%的教师每天在非教学工作上花费的时间为2～3小时，甚至有10.0%的教师每天在非教学工作上花费的时间在6小时及以上（表6-3），说明教师每天分配在非教学工作上的时间较多。

表 6-3　教师每天完成各项工作任务的时间分配百分比　（单位：%）

类别	1小时及以内	2~3小时	4~5小时	6小时及以上
备课与上课	14.1	55.2	17.1	13.6
学生辅导	33.7	51.6	8.5	6.3
作业批改与分析	31.1	53.7	9.1	6.1
学生管理与德育	47.3	36.0	8.2	8.5
非教学工作	39.7	40.0	10.2	10.0

2. 每周工作时间的分配

关于教师每周工作时间的分配情况，调查显示，目前中小学教师平均每日工作时长为 9.8 小时，平均每周累计工作时长为 51.4 小时。在日常工作中，教学相关任务包括"听评课与研讨""教学反思""班级管理""家校沟通与指导"；非教学相关任务包括"团队会工作""公众号、APP 等信息处理""材料、表格填报""安全管理与疫情防控""学校其他管理性事务""社区服务"。

（1）教学工作

在所有教学相关任务的选项中，教师花费时间较多的有"听评课与研讨""班级管理"等工作，均需要 2.1 小时。从教师每周完成各项教学工作任务的时间分配情况来看（图 6-9），教师每周花费 2~3 小时在"听评课与研讨"上的占比为 48.2%，有 40.8% 的教师每周花费在"教学反思"上的时长为 2~3 小时，有 42.2% 的教师每周花费在"班级管理"上的时长为 1 小时及以内，有 47.7% 的教师每周花费在"家校沟通与指导"上的时间为 1 小时及以内。

（2）非教学工作

在所有非教学工作的选项中，位列前三位的分别是"安全管理与疫情防控""材料、表格填报""学校其他管理性事务"，需要花费的时间分别为 2.2 小时、2.1 小时、1.9 小时。从教师每周完成各项非教学工作的时间分配情况来看（表 6-4），教师每周花费时间在 1 小时及以内的工作内容及占比为：团队会工作，60.4%；公众号、APP 等信息处理，52.3%；材料、表格填报，39.2%；安全管理与疫情防控，33.5%；学校其他管理性事务，48.9%；社区服务，78.8%。

3. 每学期工作时间的分配

本研究将每学期工作任务分为教学工作任务和非教学工作任务。教学工作包括"教学比赛与公开课""课题研究与论文写作""专业培训"；非教学工作包括

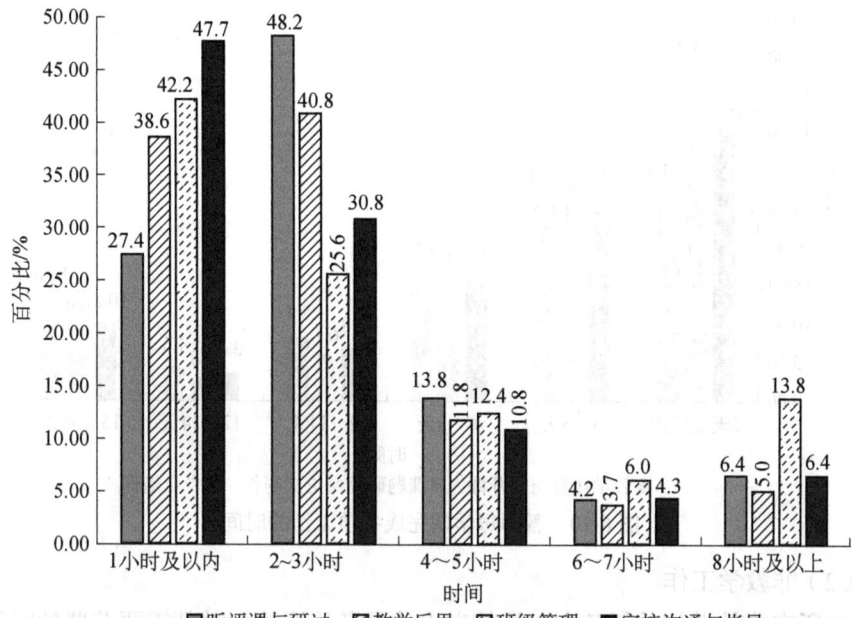

图 6-9 教师每周完成各项工作任务的时间

表 6-4 教师每周完成各项非教学工作的时间分配百分比 （单位：%）

类别	1小时及以内	2~3小时	4~5小时	6~7小时	8小时及以上
团队会工作	60.4	25.6	7.4	2.7	3.8
公众号、APP等信息处理	52.3	28.3	9.8	3.9	5.8
材料、表格填报	39.2	33.3	13.6	5.7	8.6
安全管理与疫情防控	33.5	31.0	13.9	6.1	11.8
学校其他管理性事务	48.9	26.3	11.1	5.0	8.7
社区服务	78.8	12.3	4.3	1.6	2.9

"非教育教学性会议""非本校考试监考""考核评估""备检迎检""处理纠纷与协调关系""文体活动"。

（1）教学工作

教师专业发展活动有"教学比赛与公开课""课题研究与论文写作""专业培训"等形式。在所有教学相关任务中，比较突出的是"专业培训"，教师需要花费的时间约为4天。调查结果显示（图6-10），教师每学期花费时间在2天及以内的工作项目及占比为："教学比赛与公开课"，35.5%；课题研究与论文写作，43.8%；专业培训，28.5%。

图 6-10 教师每学期完成各项工作的时间

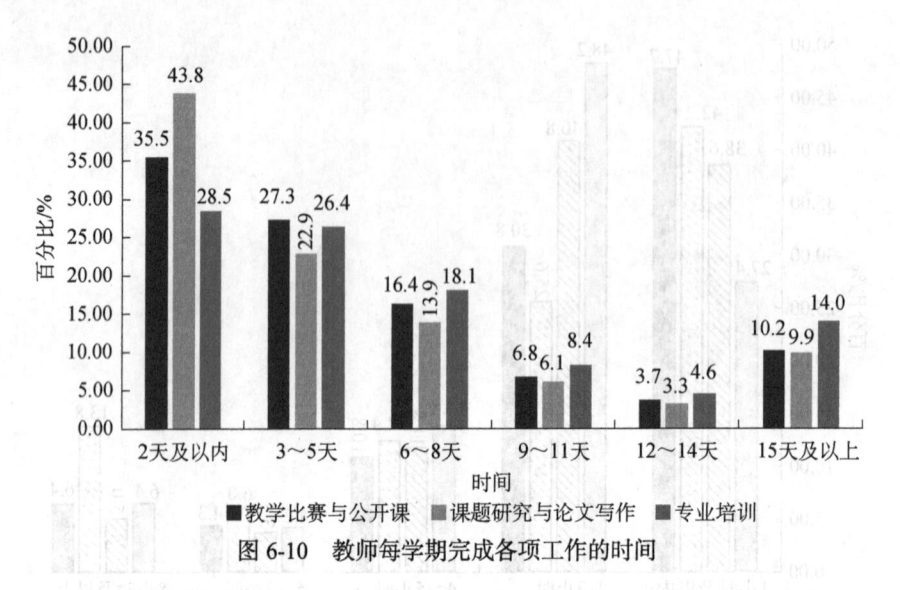

（2）非教学工作

在所有非教学相关任务中，比较突出的是备检迎检，教师需要花费的时间约为 4 天，调查结果显示（表 6-5），有 13.4% 的教师每学期花费在备检迎检上的时间在 15 天及以上。另有 11.1% 的教师每学期花费在非教育教学性会议上的时间在 15 天及以上。上述结果说明教师每学期花费在备检迎检、非教育教学性会议上的时间较多。

表 6-5　教师每学期完成各项非教育教学工作任务的时间分配百分比　（单位：%）

类别	2天及以内	3～5天	6～8天	9～11天	12～14天	15天及以上
非教育教学性会议	40.7	23.7	14.0	6.8	3.7	11.1
非本校考试监考	61.9	17.0	9.4	3.8	2.0	6.0
考核评估	56.9	23.1	9.8	3.7	1.9	4.5
备检迎检	32.6	25.9	16.3	7.7	4.1	13.4
处理纠纷与协调关系	56.3	19.3	10.2	4.7	2.5	7.1
文体活动	47.8	23.1	12.8	5.4	2.7	8.4
街道社区事务	77.9	11.2	5.3	2.1	1.0	2.4
政府工作抽调	80.0	9.9	4.7	1.9	1.0	2.5

4. 平时加班工作时间的分配

为进一步明确教师平时加班承担工作的具体情况，我们对教师的加班情况进行了调研，让教师就"您平时加班，花费时间较多的前五项工作任务"进行选择，结果如图 6-11 所示。在教师平时加班所承担的工作任务中，排名前五位的工作任务分别是备课（有 70.4%的教师选择）、作业批改与分析（有 60.3%的教师选择）、上课（有 45.9%的教师选择）、课后服务（有 39.0%的教师选择）、备检迎检（有 35.8%的教师选择）。

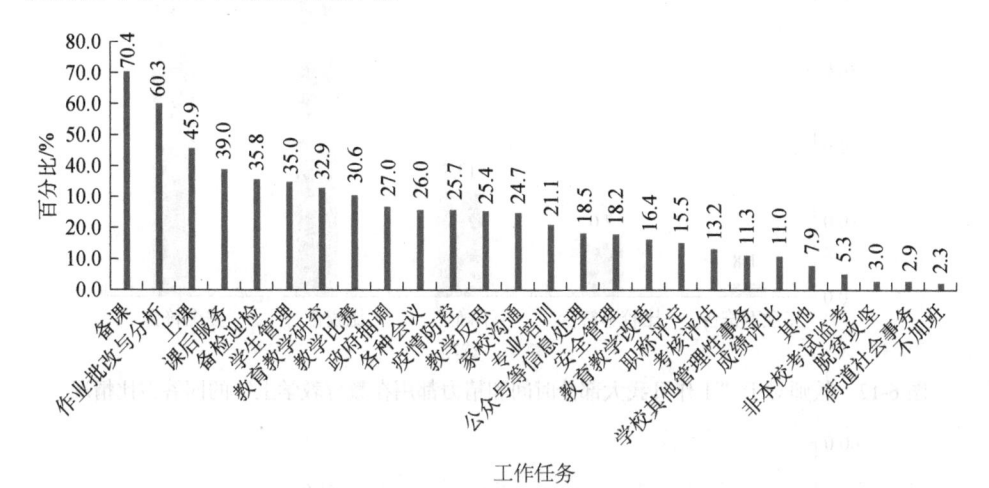

图 6-11 教师平时加班花费时间最多的工作任务占比情况

本次调研对教师自身对于工作时间分配有效情况的主观感受进行了调查，调查题目采用利克特 5 点计分，从 1 到 5 分别表示"完全不符合""比较不符合""不确定""比较符合""完全符合"，分值越高，表明题目的具体描述与教师自身感受的相符程度越高。通过 15 题"工作日我大部分时间和精力都用在教育教学上"、16 题"工作日我能根据工作性质合理安排时间"、18 题"我充分利用点滴时间思考工作"来了解教师对时间分配的感知情况。调查结果显示，教师在这三道题目上的平均值分别为 4.0、3.9、4.0，结果介于"比较符合"与"完全符合"之间（图 6-12、图 6-13、图 6-14）。

为进一步明确平均值的具体含义是"不确定"还是"比较符合"，笔者进行了单样本 t 检验，结果表明，平均值 4.0、3.9、4.0 与检验值 3 存在显著差异（$p<0.05$）（图 6-15），说明这三道题目中所描述的情况是比较符合教师当前的感受的。

采用单因素方差分析考察不同年龄、教龄、学历、学校类型、学校区域、担任校长或不担任校长的教师在题目"工作日我大部分时间和精力都用在教育教学上"的回答上是否存在显著差异。结果表明，不同年龄（$F=28.654$，$p<0.05$）、不同教龄（$F=27.572$，$p<0.05$）、不同学历（$F=9.305$，$p<0.05$）、不同学校类型

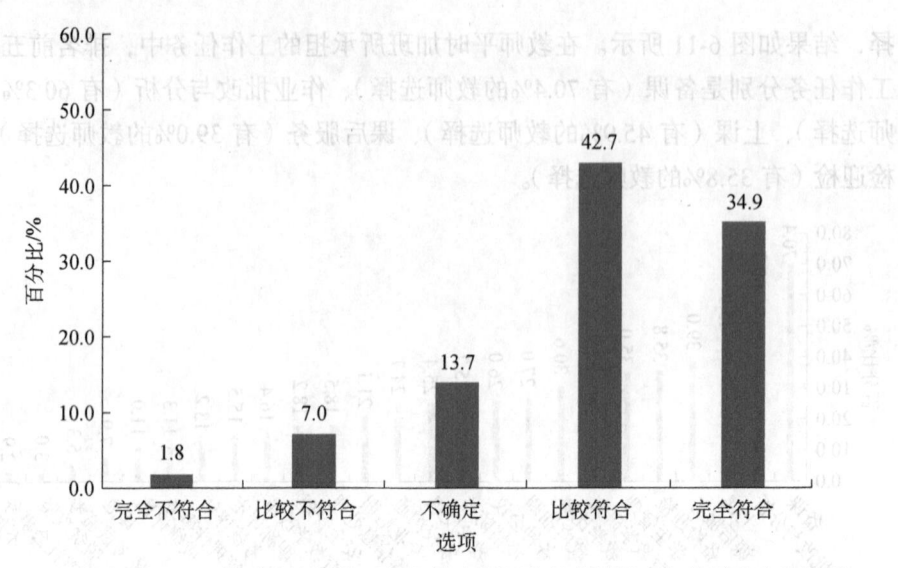

图 6-12 教师对于"工作日我大部分时间和精力都用在教育教学上"的回答占比情况

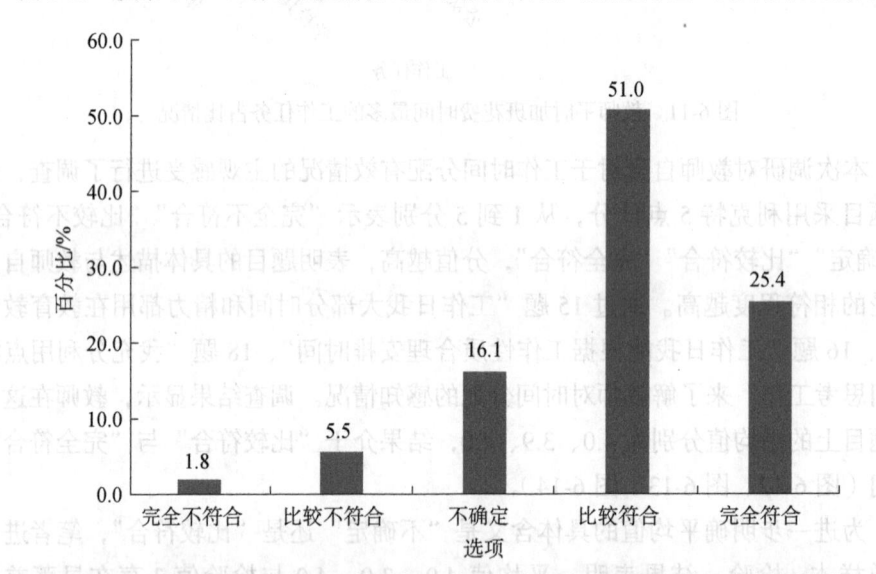

图 6-13 教师对于"工作日我能根据工作性质合理安排时间"的回答占比情况

（F=4.895，p<0.05）、不同区域（F=7.391，p<0.05）、是否为校长（F=73.638，p<0.05）的教师在该道题上的符合程度存在显著差异。

单因素方差分析结果表明，不同年龄（F=34.357，p<0.05）、不同教龄（F=29.882，p<0.05）、不同学历（F=40.336，p<0.05）、不同学校类型（F=10.284，p<0.05）、不同区域（F=28.856，p<0.05）、是否为班主任（F=18.458，p<0.05）的教师在题目"工作日我能根据工作性质合理安排时间"上的回答存在显著差异。

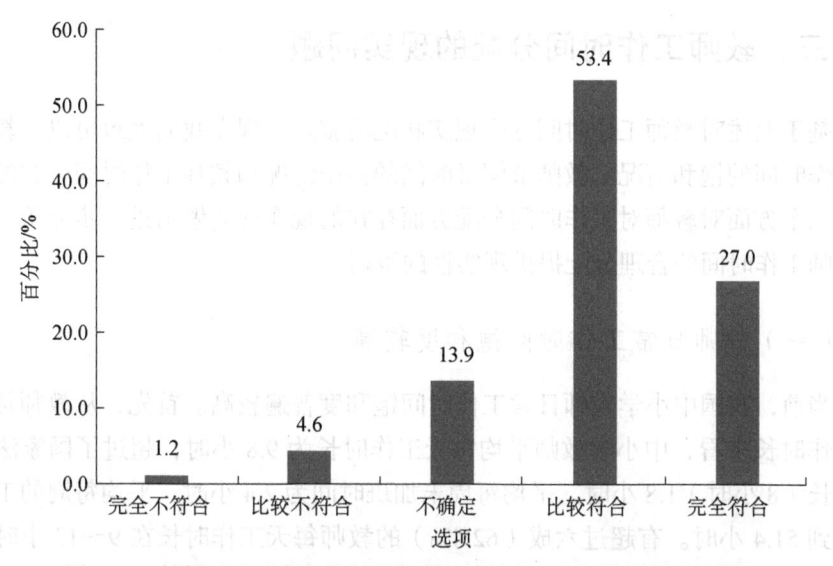

图 6-14 教师对于"我充分利用点滴时间思考工作"的回答占比情况

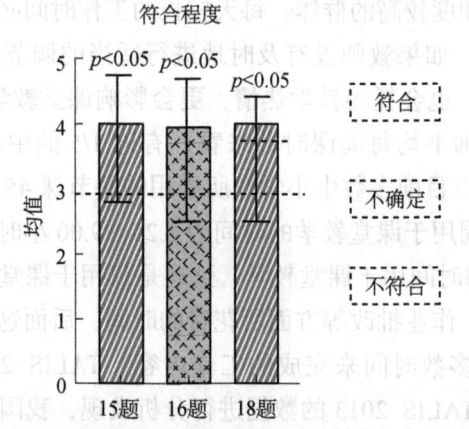

图 6-15 教师对于 15、16、18 题的回答的 t 检验分析结果

15.工作日我大部分时间和精力都用在教育教学上；
16.工作日我能根据工作性质合理安排时间；
18.我充分利用点滴时间思考工作；

单因素方差分析结果表明，不同年龄（$F=29.703$，$p<0.05$）、不同教龄（$F=21.398$，$p<0.05$）、不同学历（$F=14.552$，$p<0.05$）、不同学校类型（$F=16.025$，$p<0.05$）、不同任教学科（$F=7.775$，$p<0.05$）、是否为班主任（$F=16.316$，$p<0.05$）的教师在题目"我充分利用点滴时间思考工作"上的回答存在显著差异。

三、教师工作时间分配的现实问题

基于上述对教师工作时间分配现实状况的叙述，现在我们大致可以从教师日常工作时间的饱和情况、教师节假日时间的占用情况和教师工作时间分配的有效情况三个方面对教师对工作时间分配方面存在的现实问题做出进一步分析，以期为教师工作时间的合理分配提供现实性的策略。

（一）教师日常工作时间饱和度较高

当前，我国中小学教师日常工作时间饱和度普遍较高。首先，从教师每天平均工作时长来看，中小学教师平均每天工作时长为 9.8 小时，超过了国家法定工作时长（8 小时）1.8 小时。平均每周末加班时间为 2.4 小时，平均每周的工作时长达到 51.4 小时。有超过六成（62.4%）的教师每天工作时长在 9~12 小时，其中教龄在 16 年以上的教师占比为 63.0%，说明这部分教龄在 16 年以上的教师是日常工作时长饱和度较高的群体。每天较长的工作时间必然会使得教师处于较高的劳动强度之下，如果教师没有及时地进行适当的调节放松，长此以往，不仅会损害身心健康，也会耗竭教学热情，更会影响课堂教学的质量。

其次，从教师平均每周课时数来看，有近 1/5 的中小学教师每周课时数为 11~12 节，如果以目前多数中小学校所采用的每节课 45 分钟进行计算的话，那么中小学教师每周用于课堂教学的时间为 8.25~9.00 小时，即中小学教师每天有 1.65~1.80 小时的时间用于课堂教学，这还是仅用于课堂教学的时间，并未包括备课、学生辅导、作业批改等方面所花费的时间，后面这部分才是教师日常工作中需要花费绝大多数时间来完成的工作内容。TALIS 2013 数据也说明了这一点，有研究者用 TALIS 2013 的数据进行分析发现，我国上海地区教师每周用于上课的时间为 13.8 小时，而教师每周要花费 8.1 小时进行备课，每周在批改作业与辅导学生方面花费的时间为 13 小时。[1]事实上，教师日常的工作内容远不止这几个。目前，中小学教师工作内容十分复杂、烦琐，这种复杂、烦琐体现在工作的各个方面，表 6-6 例举了某小学教师日常（上午）具体工作安排。

表 6-6 某小学教师日常（上午）具体工作安排

时间	任务安排
7:30	值班教师到校门口值班

---

[1] 王洁，宁波. 国际视域下上海教师工作时间与工作负担：基于 TALIS 数据的实证研究[J]. 教师教育研究，2018，30（6）：81-88.

续表

时间	任务安排
7：40	班主任到校
7：50	其他教师到校
7：55	班主任进教室维持秩序
8：00	辅导教师进教室指导学生进行本学科早读，其他教师在办公室做课前准备
8：20	班主任进教室指导学生进行课前预备
8：25	第一节课
9：15	第二节课，任课教师提前2分钟到教室门口，课间10分钟，班主任组织好课间活动
9：55	班主任进教室带领学生有秩序、安全地下楼做操，副班主任到班级配合班主任，其他教师也到操场进行辅助锻炼，体育教师做好音响准备，值班教师巡视各班做操情况
10：15	班主任把学生安全带回教室
10：20	第三节课
11：10	第四节课，任课教师提前2分钟到教室，一年级提前10分钟放学，二年级提前5分钟放学
11：50	各班按规定放学，学生背诵国学经典出校门，到集合点后，教师护送学生通过马路斑马线，低年级教师须待所有家长接完学生后方可返回，副班主任带领其他学生洗手后吃午餐，值班教师各司其职
12：30	午餐后，各班带队教师把学生领回教室，辅导学生完成家庭作业、看书、看电影或休息，值班教师巡视

从表6-6中的内容我们可以清楚地看到，教师除了要承担常规的课堂教学任务之外，还要负责学生的安全、就餐、教室纪律维持等一系列工作，可以说是无所不包。此外，教师在学校的时间几乎被划分成5分钟、10分钟这样的时间段，每个时间段都对应着相应的工作内容和任务安排，在这种高密集、高强度的任务安排之下，教师几乎时刻处于"高饱和"的劳动状态之中。

最后，从教师对日常工作时间饱和情况的主观感受来看，在对"工作日我每天的工作排得满满的"题项的回答中，有43.80%的教师认为比较符合。由此可见，高度饱和的工作时间对于教师个体来说不仅是一个客观事实，也是一种主观感受。

（二）教师节假日时间占用度偏高

目前，我国中小学教师节假日时间占用度普遍偏高。

首先，从教师平时周末时间被占用的情况来看，只有29.3%的中小学教师周末是不加班的，绝大多数（71.7%）教师周末要加班完成各项工作任务，其中有近 1/3 的教师平均每周末需要加班 2～3 小时来完成各项工作任务。占据教师加班时间前五项的工作分别是备课、作业批改与分析、上课、课后服务、备检迎检。由此可见，周末加班不仅已经成为目前大多数中小学校教师的常态，而且有一部分周末加班时间用在了备检迎检等非教学工作上。

其次，从教师寒暑假时间被占用的情况来看，在寒暑假，教师除了要进行下学期的备课之外，还要参加各种各样的教师专业发展活动，如教育理念讲座、教育教学能力提升项目、师德师风系列讲座等培训活动。因此，对于寒暑假时间，教师是不能完全自己做主的，也要完成各项工作任务。在对"寒暑假除去培训时间，大部分时间都可以休息"题项的回答中，有 14.9% 的教师表示自己在寒暑假是不能休息的。值得注意的是，在乡村振兴的时代大背景下，有部分中小学教师承担了脱贫攻坚任务，这部分任务主要由教师在周末和寒暑假时间来完成。

（三）教师工作时间分配有效度偏低

目前，我国中小学教师工作时间分配有效度普遍偏低。教师的根本任务是立德树人，立德树人的主要途径是开展日常教育教学工作。这就意味着教师要将绝大多数工作时间和精力投入到日常的教育教学工作之中。教师工作时间分配有效度的问题也应放在这样的前提下加以思考。

首先，从教师投入到各项工作的时间来看，有超过半数的教师每天花费在备课与上课、学生作业辅导、作业批改与分析、学生管理与德育任务上的时间为 2～3 小时。但与此同时，有 39.7% 的教师每天花费在非教学工作上的时间少于 2 小时，有 40.0% 的教师要花费 2～3 小时，而且有 1/10 的教师每天花费在非教学工作上的时间超过了 8 小时。这提示我们教师日常工作中花费在非教学工作上的时间不容忽视。

其次，从教师工作内容的结构来看，教师日常工作方面所存在的问题不仅体现为日常工作时间饱和度较高与节假日占用度偏高，还体现为教师工作内容结构不合理。在日常工作中，教师不仅要完成备课与上课、学生辅导、作业批改与分析以及学生管理与德育等常规教学工作，还要完成公众号、App 等信息处理，材料、表格填报，以及团队会工作、安全管理与疫情防控、学校其他管理性事务和社区服务等非教学工作。这些非教学工作增加了教师的工作任务，耗费了教师大量的时间和精力，无形之中加大了教师的劳动强度。而且学校中大量的非教学工作不仅干扰了正常的教学秩序，还影响了教师日常教育教学活动的进行，导致教师日常工作重心的偏离，使教师难以将主要的时间和精力投入到对学生的教育教学之中。甚至可以说，不合理的教师工作内容结构是导致教师工作时间分配有效度偏低的重要原因。调整不合理的工作内容结构，减少非教育教学性事务在教师日常工作内容中的比重，是提高教师工作时间分配有效度的关键所在。

四、教师工作时间分配的调适策略

教育处在复杂的实践场域之中，任何教育问题都不能仅依靠教育自身的力量来解决，必须要借助外力，进而形成合力，共同解决。为了解决我国中小学教师工作时间过长、工作时间分配不合理等问题，切实提高教师工作时间分配的有效度，国家和地方政府、学校、教师三种主体需要共同发力，形成合力。

（一）国家和地方政府层面

1. 明晰中小学教师的工作时间

本研究发现，中小学教师的日常平均工作时长为9.8小时，每周累计工作时长为51.4小时。《劳动法》规定"每日工作时间不超过八小时、平均每周工作时间不超过四十四小时"。这些法律条款对工作时间以及加班限制是一种普适性规定，对于中小学教师而言，这些规定缺乏职业针对性。为此，本书建议参照其他国家的相关教育法律，明确规定中小学教师的每周工作时间。例如，日本于1949年颁行的《教师许可证法》《教育公务员法》中明确规定了公立中小学教师的每周工作时间为40小时。[1]

2. 落实减负，减少教师的非教学工作

在2019年全国教育工作会议上，陈宝生指出，"要下大力气为教师减负"，"要把时间和精力还给教师，让他们静下心来研究教学、备课充电、提高专业化水平"。[2]。2019年12月，《关于减轻中小学教师负担进一步营造教育教学良好环境的若干意见》发布，要求各级政府和教育行政部门切实减轻中小学教师负担，为教师营造安心、静心的从教环境。给教师减负，首先要弄清楚什么是教师负担？教师有哪些负担？狭义的教师负担主要指工作负担。工作负担是指中小学教师在学校教育教学工作中承受与担当的教育责任、教育工作、职业压力以及由

---

[1] 王毓珣，王颖. 关于中小学教师减负的理性思索[J]. 湖南师范大学教育科学学报，2013，12（4）：56-62.
[2] 陈宝生. 落实 落实 再落实——在2019年全国教育工作会议上的讲话[EB/OL].（2019-01-30）. http://www.moe.gov.cn/jyb_xwfb/moe_176/201901/t20190129_368518.html[2022-11-15].

此付出的代价等。①这里的负担既包括教师应承受的工作和责任（即合理负担），也包括超出教师应承担的工作和责任范畴（即不合理负担）。②

本研究发现，中小学教师非教学工作较多，花费时间较长，这给中小学教师增加了很多不合理负担。调查结果显示，教师每天在非教育教学工作上花费的时间约为2.3小时，在所有非教学相关任务的选项中，位列前三位的是"安全管理与疫情防控""材料、表格填报""学校其他管理性事务"。为此，要切实减少教师的非教育教学工作，切实落实减负政策。减轻教师非教学工作负担的核心工作便是维护和强化中小学教师作为教学专业人员的职业属性。③地区教育行政部门要贯彻落实《关于减轻中小学教师负担进一步营造教育教学良好环境的若干意见》，对非教育教学工作进行细化，列出详细的减负清单，切实减少教师的非教育教学工作。④

3. 规范教育行政部门的权力，规范督导检查行为

本研究表明，在所有非教育教学工作任务的选项中，最突出的是备检迎检，有13.4%的教师每学期用于备检迎检的时间在15天以上。无可否认，教育作为一项涉及国计民生的大事，学校的办学行为需要外界督导来规范，需要教育行政主管部门给予必要的指导与纠偏，但近年来，名目繁多的检查使得基层学校任务较重，牵制了基层管理者和一线教师大量的精力，也耗费了他们大量的宝贵时间。⑤教育行政部门要认真履行现有的法律法规，根据相关规定约束和规范自己的权力。2018年印发的《中共中央 国务院关于全面深化新时代教师队伍建设改革的意见》提出，要完善相关政策，防止形式主义的考核检查干扰正常的教学。2019年，《关于减轻中小学教师负担进一步营造教育教学良好环境的若干意见》指出，必须牢固树立教师的天职是教书育人的理念，切实减少对中小学学校和教师不必要的干扰，把宁静还给学校，把时间还给教师。⑥因此，应对教育行政部门的权力进行适度的约束和规范，规避因教育行政部门权力过大对中小学

---

① 王毓珣，王颖. 关于中小学教师减负的理性思索[J]. 湖南师范大学教育科学学报，2013，12（4）：56-62.
② 宋洪鹏，郝保伟，鱼霞. 中小学教师不合理负担表现、不利影响及应对策略——基于北京市的调查[J]. 教育科学研究，2021（10）：70-76.
③ 周兆海. 乡村教师非教学性工作负担问题及其对策[J]. 教育科学研究，2021（7）：88-92.
④ 宋洪鹏，郝保伟，鱼霞. 中小学教师不合理负担表现、不利影响及应对策略——基于北京市的调查[J]. 教育科学研究，2021（10）：70-76.
⑤ 师曼，刘晟，刘霞，等. 21世纪核心素养的框架及要素研究[J]. 华东师范大学学报（教育科学版），2016，34（3）：29-37，115.
⑥ 中共中央办公厅，国务院办公厅. 中共中央办公厅 国务院办公厅印发《关于减轻中小学教师负担进一步营造教育教学良好环境的若干意见》[EB/OL]. （2019-12-17）. http://www.gov.cn/xinwen/2019-12/17/content_5461875.htm[2022-09-17].

教师工作造成干扰、增加教师工作负担。

（二）学校层面

1. 对教师工作时间进行科学分配

教师的核心工作是教书育人，因此首先要保证教师的课堂教学时间及其备课、批改作业和评价的时间，确保教师职责履行到位。时间应该是为教师所用，从而促进教育活动的开展，而不是将时间用作束缚或控制教师的工作和手段，限制甚至是阻碍教育活动的展开。[1]一方面，学校可以根据实际情况核定教师工作任务，适当减少教师工作日的在校时间，还可以探索弹性工作时间制度，增加教师对工作时间的自主管理权；另一方面，学校应厘清教师的职责范畴，不能将与学校教育相关的工作都转换为教师的工作。[2]

2. 预留教师自主学习、专业反思和参加专业培训的时间

根据《中小学教师继续教育规定》，在岗教师的培训时间每五年累计不少于240学时，新任教师培训时间应不少于120学时，骨干教师也要按要求接受培训。本次调查显示，有54.9%的教师每学期用于专业培训的时间在5天以内。多数教师的工作时间已超出法定工作时长，可用于专业培训的时间却远不符合国家标准，这值得我们反思。大量研究证实，教师需要充足的时间来反思当下的教学方法，提高自身的专业化程度，必须在工作日能够有一定的时间去反思并进行个人规划。[3]为此，学校应当为教师预留自主学习、专业反思和参加专业培训的时间。

3. 减少会议等形式工作

从教师每周完成各项非教学工作任务的时间分配情况来看，有39.6%的教师每周处理团队会工作的时间在2小时以上。针对这一现象，本书建议学校层面应减少会议等形式工作。苏联教育家苏霍姆林斯基在当校长的时候就规定，学校的教师每周参加会议等形式活动的次数不得超过两次，让教师将更多的时间投入到教学和专业发展等更有教育意义的工作中。[4]

---

[1] 邹维. 试论教育现代化背景下学校教育时间重构[J]. 教育发展研究, 2016（22）: 75-79.
[2] 宋洪鹏, 郝保伟, 鱼霞. 中小学教师不合理负担表现、不利影响及应对策略——基于北京市的调查[J]. 教育科学研究, 2021（10）: 70-76.
[3] 宋洪鹏, 郝保伟, 鱼霞. 中小学教师不合理负担表现、不利影响及应对策略——基于北京市的调查[J]. 教育科学研究, 2021（10）: 70-76.
[4] 王宪平, 唐玉光. 时空因素对教师专业发展的影响[J]. 教师教育研究, 2006, 18（5）: 21-25.

（三）教师层面

1. 学会时间管理，提高工作效率

时间管理就是"有效地应用资源，包括时间，以便我们有效地取得个人重要的目标"，而时间管理能力则是个体为了实现目标而在对时间进行计划、安排、控制、分配、使用、反馈等活动中体现出来的能力。[1]从教师的职业特点来看，教师需要处理的工作是十分繁杂的，教师的工作时间需要面临来自学生、家长、学校管理者等多个方面的影响，这些影响会在一定程度上干扰教师的时间管理。时间管理能力是时间利用的基础，时间管理能力越强，教师的工作效率越高；提高教师的时间管理能力还可以有效降低工作倦怠。[2]有效的时间管理方法包括确定做事的优先顺序、制订明确而详细的计划、专注于当前的事情、避免时间浪费、敢于拒绝别人、克服惰性心理、善于授权和借助他人力量、纠正不良的做事偏好。

2. 教师之间加强合作

教师之间要加强合作，互帮互助，合理分工，发挥各自所长，比如，职称高的教师可以帮助职称低的教师提高教学水平，教龄长的教师要向新手教师传授班级管理、与家长沟通等方面的经验。在互助的氛围下，教师的工作能力能更快地得到提升，工作效率也可能更高，从而能用更少的时间更好地完成自身工作。[3]教师要利用好学科组或教研组这一专业组织，共同研究教育教学中的热点和难点问题，形成教育教学策略共识，有效减轻个人负担。

---

[1] 韩宏莉. 中学教师时间管理的八条策略[J]. 教育理论与实践：中小学教育教学版，2009，29（7）：2.
[2] 李超平，汪海梅. 时间管理与教师工作倦怠的关系研究[J]. 中国临床心理学杂志，2009，17（1）：3.
[3] 童星. 初中教师工作时间及其影响因素研究——基于中国教育追踪调查（CEPS）数据的分析[J]. 教师教育研究，2017，29（2）：107-112.

第七章
教师工作投入差异调研报告

　　对教师工作投入问题的探讨具有鲜明的时代价值和迫切的实践意义。2022年4月，教育部等八部门印发《新时代基础教育强师计划》，力求破解教师队伍建设的深层次矛盾，系统提升我国教师的教书育人能力，全面推进高质量教师队伍建设。建成高质量的教师队伍，需要教师激发内部驱动力，对工作全情投入。欲提高工作热情和工作积极性，需要教师具备在复杂的教学情境中积极探索、努力提升、甘于奉献的精神，具备对教育工作的专注钻研精神。那么，中小学教师工作投入的现实样态是怎样的？不同教师的工作投入有没有差别？探索这些问题，对于顺应义务教育高质量发展的需要、重塑教师工作认知、唤醒教师队伍活力具有重要意义。

一、教师工作投入研究的价值与基础

工作投入的研究从经济学领域开始，逐渐过渡到心理学、社会学领域，教育学领域借鉴了此概念，对教师职业进行了有针对性的探索。教师工作投入研究从相对积极的层面关照教师的工作状态，深入探究如何使教师高效投入工作，提高教育质量。

（一）教师工作投入研究的价值意义

首先，教师工作投入的研究主题从消极的"职业倦怠"转变为积极的"活力激发"，这样的研究主题变化更有利于促进教师素养的提升。在一些地区和一部分教师身上，职业倦怠时有发生，教师对工作的投入存在低效、懒怠、积极性差等问题。以往的研究侧重消极的职业倦怠，关注解决教师出现的问题，是这些问题容易使教师陷入倦怠漩涡，或者容易引起教师阻抗。而对教师工作投入的研究则从积极的视角关注教师在外部支持下进行的自我激励，这有助于重塑人们对教师工作的认知，并能够改变某些教师死板的教育观念和工作文化，使教师进入更加健康工作、高效工作、幸福工作的状态。

其次，工作投入作为教师积极情绪体现的重要指标，不但会影响教师的工作感知，同时也会影响其职业幸福感和专业发展，对此国内外学者的研究给出了有效的证明。沙尔维克（Skaalvik）和西德塞尔（Sidsel）通过对挪威教师的调查发现，教师幸福感能预测更高的工作投入和更低的离职动机。[1]菲奥里利（Fiorilli）等对意大利教师的研究发现，家庭支持是教师工作投入的一个强有力的预测因素，学校同事之间的亲密关系也会影响彼此的工作投入。[2]龚婧对北京市初高中教师进行问卷调查，结果表明，组织承诺在组织结构和教师工作投入中起部分中介作用。[3]因此，教师工作投入问题并非单一要素，而是与教师的自我效能感、职业幸福感、成就感、获得感等高度相关，以教师工作投入为切入点，将相关领域联结起来进行研究，有助于肯定教师劳动的价值与教师职业的尊严，为教师积极参与经济发展建设、提升专业发展开辟新的研究思路，助力我国新时代教师队伍高质量发展。

---

[1] Skaalvik E M, Skaalvik S. Job demands and job resources as predictors of teacher motivation and well-being[J]. Social Psychology of Education, 2018, 21（5）: 1251-1275.

[2] Fiorilli C, Schneider B, Buonomo I, et al. Family and nonfamily support in relation to burnout and work engagement among Italian teachers[J]. Psychology in the Schools, 2019, 56（5）: 781-791.

[3] 龚婧. 学校组织结构对教师工作投入的影响——组织承诺的中介作用与包容型领导的调节作用[J]. 教育科学研究, 2020（5）: 53-59.

（二）研究脉络

国外学者首先提出工作投入的概念，伴随着积极心理学和组织行为学的发展，该主题越来越引起各个领域的广泛关注，教育学领域中主要将其与教师职业倦怠结合起来进行探究，并开发了有效的测量工具来描述和解释教师工作投入的状况。笔者对该领域的研究脉络进行大致梳理，将其分为以下三个阶段。

1. 工作投入的提出与概念论证阶段

"投入"一词最先出现在工商业，由美国盖洛普（Gallup）公司率先使用，该公司开发了盖洛普工作场所调查量表以测量公司员工的工作状态[1]。在日常生活中，"投入"大多意味着参与、承诺、激情、专注、努力和精力充沛。工作投入是一种与工作相关的积极心理状态的指标，美国学者卡恩（Kahn）于1990年首次提出"个人投入"的概念，并明确提出该概念由生理、认知和情绪三个维度组成。1997年，马斯拉奇（Maslach）等将工作投入工作倦怠的对立面引入职业倦怠研究领域[2]，立刻得到了学界的广泛关注，涌现出了一批十分具有代表性的学者，并取得了丰富的研究成果。随后，肖费勒（Schaufeli）等则指出，工作投入是比工作倦怠的对立面更为复杂的概念，一个不工作倦怠的员工不代表他就是一个工作投入的员工。工作投入被视为一个独立的、不同的概念，研究者还提出了包括活力、奉献和专注在内的工作投入三维模型。[3]

2. 测量工具的开发与推广阶段

学者基于不同的结构模型研制了相应的工作投入量表工具，如MBI、UWES、谢尔-曼梅拉米德工作活力问卷（Shirom-Melamed Vigor Measure，SMVM）。其中，UWES是目前运用最为广泛的工作投入测量量表。肖费勒等根据工作投入的三个维度，即活力、奉献和专注，编制了17道题。[4]2006年，UWES被缩减到9道题，形成UWES-9版本。这两个版本的量表被翻译成多种语言，在国内外关于企业员工、医护人员、信息技术（Information Technology，

---

[1] Harter J K, Schmidt F L, Hayes T L. Business-unit-level relationship between employee satisfaction, employee engagement, and business outcomes: A meta-analysis[J]. The Journal of Applied Psychology, 2002, 87 (2): 268.

[2] Maslach C, Schaufeli W B, Leiter M P. Job burnout[J]. Annual Review of Psychology, 2001 (52): 397-422.

[3] Schaufeli W B, Salanova M, González-Romá V, et al. The measurement of engagement and burnout: A two sample confirmatory factor analytic approach[J]. Journal of Happiness Studies, 2002, 3 (1): 71-92.

[4] Schaufeli W B, Salanova M, González-Romá V, et al. The measurement of engagement and burnout: A two sample confirmatory factor analytic approach[J]. Journal of Happiness Studies, 2002, 3 (1): 71-92.

IT）员工、科研人员等的研究中被大量采用，如有研究者使用 UWES-17 量表研究了荷兰 52 位快餐行业员工的工作资源、自我效能感与工作投入水平的关系。[1] 哈卡宁（Hakanen）和肖费勒（Schaufeli）对芬兰 3255 名牙医进行了长达 7 年的追踪研究，发现工作投入与抑郁症状呈负相关，与生活满意度呈正相关。[2] 卡塔利亚（Kataria）等对印度 13 个 IT 公司的 278 名员工的研究表明，心理气氛中的角色清晰性、自我表达、工作挑战性、认可等因素均与工作投入存在显著的正相关关系。[3]

3. 本土化修订与聚焦教师群体阶段

我国学者徐长江和时勘首次将工作投入概念引入心理学领域[4]，主要借用国外的工作投入概念和量表，验证国外的相关结论以及国外相关变量在国内的适用性，如工作投入与工作倦怠[5]、工作绩效[6]、心理资本[7]、组织支持感[8]等的关系。张轶文和甘怡群将 UWES 引入国内，对该量表进行了翻译和修订，并对其信度和效度进行了检验，修订版量表在国内得到了广泛使用。[9] 胡少楠和王詠借鉴了梅（May）关于工作投入的认知、情感和体能三维度模型，认为工作投入是个体在面对工作时产生的一种积极的情绪体验、谨敏的认知和高度激发的体能状态并存的、持久的心理行为状态。[10]

随着研究的不断加深，工作投入问题研究逐渐聚焦到教育领域和教师队伍建设上。学者在验证国外变量的同时也在尝试探索具有中国教师工作特征的新的变

---

[1] Xanthopoulou D, Bakker A B, Demerouti E, et al. Work engagement and financial returns：A diary study on the role of job and personal resources[J]. Journal of Occupational and Organizational Psychology, 2009, 82（1）：183-200.

[2] Hakanen J J, Schaufeli W B. Do burnout and work engagement predict depressive symptoms and life satisfaction? A three-wave seven-year prospective study[J]. Journal of Affective Disorders, 2012, 141（2/3）：415-424.

[3] Kataria A, Garg P, Rastogi R. Does psychological climate augment OCBs? The mediating role of work engagement[J]. The Psychologist-Manager Journal, 2013, 16（4）：217-242.

[4] 徐长江, 时勘. 工作倦怠：一个不断扩展的研究领域[J]. 心理科学进展, 2003（6）：680-685.

[5] 王彦峰, 秦金亮. 工作倦怠和工作投入的整合[J]. 心理科学进展, 2009, 17（4）：802-810.

[6] 李永周, 王月, 阳静宁. 自我效能感、工作投入对高新技术企业研发人员工作绩效的影响研究[J]. 科学学与科学技术管理, 2015, 36（2）：173-180.

[7] 柯江林, 吴丹, 孙健敏. 心理资本对工作投入、主观幸福感与沉默行为的影响：交互效应与效应比较[J]. 心理与行为研究, 2015, 13（6）：804-810, 845.

[8] 孙健敏, 陆欣欣, 孙嘉卿. 组织支持感与工作投入的曲线关系及其边界条件[J]. 管理科学, 2015, 28（2）：93-102.

[9] 张轶文, 甘怡群. 中文版 Utrecht 工作投入量表（UWES）的信效度检验[J]. 中国临床心理学杂志, 2005（3）：268-270, 281.

[10] 胡少楠, 王詠. 工作投入的概念、测量、前因与后效[J]. 心理科学进展, 2014, 22（12）：1975-1984.

量，如升学考试压力[1]、教师品格优势[2]等。同时，还有一些研究探讨了工作投入与教师职业领域某些变量的关系，如李敏[3]、李新翠[4]等学者使用 UWES 量表测量了中小学教师的工作投入与工作量、基本心理需求等变量之间的内在关系。还有少数学者尝试结合我国教师工作的现实样态，提出构建教师工作投入的本土化概念结构和量表。例如，李广平认为，工作投入与需求满足、组织认同、团队精神三者共同构成了教师工作士气，其中工作投入是一种积极状态。[5]在对教师工作投入的阐释上，李新乡、谢天德、周惠民、钟佩蓁等台湾学者的理解比较有代表性。

通过在已有研究的基础上进行反思，我们发现研究者对教师工作投入的定义尚未达成共识。目前普遍使用的测评理论工具主要来源于国外工作投入的相关理论和量表，并不完全适用于我国国情，我国学者虽已尝试构建了一些测量指标体系，但大多只关注教师工作过程的心理或认知取向，尚未关注到教师工作投入的要素和工作情境的复杂性。因此，有必要以教师职业群体的特殊性为基础，结合中国中小学教育现实样态，建构教师工作投入的测评维度，描绘中小学教师工作投入的状况。

（三）概念阐释

1. 工作投入

《现代汉语词典》对"投入"的解释分为四项："①进入某种阶段或状态；②形容做事情聚精会神，全力以赴；③投放资金；④投放的资金。"[6]可见，"投入"一词兼具形容词、名词和动词的词性。作为形容词，投入反映的是个体的一种高度专注、高度参与的心理状态；作为动词，它反映的是个体进入某种情境或状态；作为名词，它是指个体在参与活动或置身于某种情境时投放的个体能量或实体资源，如知识、技能、精力、能力、物资等。基于以上论述，笔者在胡少楠和王詠[7]研究的基础上，对"工作投入"提出了一个整合概念：工作投入是指个

---

[1] 齐亚静，伍新春，胡博. 教师工作要求的分类——基于对职业倦怠和工作投入的影响研究[J]. 教育研究，2016，37（2）：119-126.

[2] 胡莹莹，刘一璇，李娜，等. 中小学教师品格优势对工作投入的影响：职业使命感的中介作用[J]. 当代教育科学，2021（9）：80-87.

[3] 李敏. 中学教师工作投入与基本心理需求满足关系研究[J]. 教师教育研究，2014（2）：42-49.

[4] 李新翠. 中小学教师工作投入与工作量状况调查[J]. 中国特殊教育，2016（5）：83-90.

[5] 李广平. 教师工作士气的构成与激发[J]. 社会科学战线，2005（5）：231-233.

[6] 中国社会科学院语言研究所词典编辑室. 现代汉语词典（第6版）[M]. 北京：商务印书馆，2012.

[7] 胡少楠，王詠. 工作投入的概念、测量、前因与后效[J]. 心理科学进展，2014，22（12）：1975-1984.

体面对工作时产生的一种动态变化的心理状态，因不同个体的投入要素不同，其工作投入的状态与结果便呈现高低之分。其中，高投入度指的是个体在工作中，因积极的投入意愿和投入要素，表现为积极的情绪体验和高度激发的体能状态，低投入度则与之相反。

2. 教师工作投入

工作投入具有动态变化的特点，结合当前中小学教师工作情境的复杂性，笔者将教师工作投入定义为：个体在从事教师工作时，将自身的能量与资源投入职业活动时产生的一种动态变化过程，包括教师投入的意愿、状态、要素、情境与结果等内容。面对纷繁复杂的教学情境和工作内容，不同身份、不同特征、不同阶段的教师，其主观判断、能力水平和价值选择不同，其工作投入程度也会呈现出明显差异。

（四）分析框架

关于当前教师工作投入测评指标的建构，不管是 MB 量表还是应用更为广泛的 UWES 量表，从本质上看，国外的量表最初是用于测量企业员工的工作投入状态的，此类测量，一方面只是侧重对个体心理状态的测量，主观性太强，忽视了教师工作中的个体工作能力与工作结果；另一方面也无法考虑到教师职业在不同国家的特殊性。

本研究结合我国中小学教师工作的现实样态，对教师工作投入进行了本土化的解构与剖析。其中，教师投入意愿与投入要素是教师工作投入的前提，解决的是教师"愿不愿"与"能不能"完成工作的问题；投入状态与投入情境反映的是教师工作投入中的具体表现，解决的是教师在工作中"专不专"与"难不难"的问题；投入结果是教师工作投入后的结果，解决的是教师对工作进行"值不值"的价值判断问题。这五方面缺一不可。以此为基础，本研究从投入要素、投入意愿、投入状态、投入情境、投入结果这五个一级指标出发，构建包括偏好、精力、能力、责任、复杂、要求、成就等 13 个二级指标的综合评价指标体系，参考了国际上使用率较高的 UWES 量表，以及韦官玲[1]和赵斌、张大均[2]的自编量表等，从主观和客观两个层面进行综合评价，以期结合我国中小学教育现状，对教师工作投入进行实况描绘与干预机制的研究。

---

[1] 韦官玲. 中小学教师工作投入及影响因素的研究[D]. 广州：广州大学，2010.
[2] 赵斌，张大均. 教师职业幸福感与工作投入的关系研究[J]. 现代中小学教育，2014，30（4）：108-111.

二、教师工作投入差异的现实状况

调查发现，教师的工作投入情况（$M=3.78$）整体呈中等以上水平。通过对教师工作投入差异度各指标的统计可以发现，教师的投入情境（$M=4.13$）这一指标的均值大于 4，均值最高，教师的投入状态（$M=3.88$）和投入结果（$M=3.86$）也相对良好，而教师的投入要素均值（$M=3.53$）则相对较低，教师的投入意愿（$M=3.20$）不甚乐观，如图 7-1 所示。

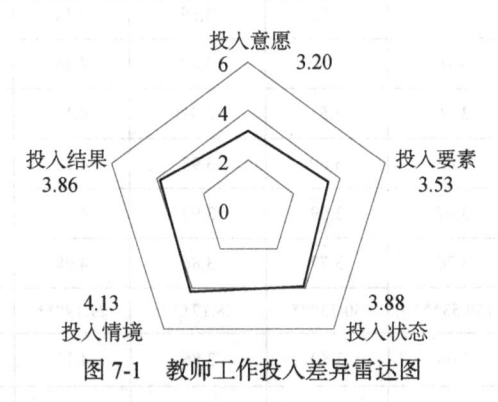

图 7-1 教师工作投入差异雷达图

整体而言，教师的工作投入在性别、年龄、职称、收入及津贴、学校类型及所在地区等变量上存在显著差异。其中，女教师的投入要高于男教师；正高级及高级教师的工作投入最高；教师的工作投入随年龄的增长而增加。在收入及津贴变量上，在工资收入在 70 000 元、班主任津贴在 601～800 元、课后服务补助在 1400 元以上，以及持劳动付出与收入很相称观点的教师的工作投入水平更高。寄宿制学校教师的工作投入水平高于非寄宿制学校教师。东北地区教师的工作投入水平最高，西部地区教师次之，中部地区教师的工作投入水平较低。

数据结果表明，教师的工作投入在各人口学变量上存在显著差异，如表 7-1 所示。从性别角度来看，男教师的投入意愿显著高于女教师，而女教师的投入结果较男教师更佳；在年龄上，61～65 岁教师的投入要素均值最高，26～30 岁教师的投入要素均值最低；就学校所在地区而言，农村教师在投入意愿、投入要素、投入状态、投入情境和投入结果几个维度上的表现均好于城市教师。

表 7-1 教师工作投入情况及各指标在人口学变量上的差异统计结果

类别		投入意愿	投入要素	投入状态	投入情境	投入结果	工作投入
性别	男	3.30	3.55	3.82	4.03	3.81	3.75
	女	3.17	3.52	3.90	4.17	3.88	3.79
	t	11.860**	2.629***	−12.251***	−21.102	−8.323***	−7.117***

续表

类别		投入意愿	投入要素	投入状态	投入情境	投入结果	工作投入
年龄	18~20岁	3.35	3.55	3.69	3.90	3.77	3.68
	21~25岁	3.05	3.48	3.78	4.00	3.80	3.69
	26~30岁	3.00	3.48	3.81	4.06	3.79	3.71
	31~35岁	3.06	3.49	3.86	4.10	3.81	3.74
	36~40岁	3.12	3.52	3.89	4.14	3.83	3.77
	41~45岁	3.16	3.50	3.89	4.16	3.84	3.78
	46~50岁	3.26	3.52	3.91	4.17	3.87	3.80
	51~55岁	3.42	3.60	3.93	4.18	3.95	3.86
	56~60岁	3.67	3.69	3.93	4.15	4.05	3.91
	61~65岁	3.76	3.77	3.86	4.08	4.07	3.91
	F	159.53***	30.73***	28.17***	29.19***	48.07***	52.76***
学校所在地区	城市	3.06	3.49	3.86	4.13	3.81	3.67
	县城	3.16	3.50	3.87	4.12	3.82	3.69
	乡村	3.31	3.57	3.90	4.13	3.91	3.76
	F	260.741***	51.755***	33.984***	2.748	89.373***	113.926***

另外，研究发现教师工作投入在教师学历、收入津贴等劳动市场特征上也存在显著差异。最高学历为中专/技校的教师的投入意愿均值最高（$M=3.65$），投入结果最好（$M=4.02$）；最高学历为硕士研究生的教师的投入意愿（$M=2.94$）和投入要素（$M=3.45$）均值最低。在收入津贴方面，所在地区教师工资与公务员工资持平、认为劳动付出与收入很相称的教师在各维度上的表现更佳，课后服务补助在1400元以上的教师的投入结果（$M=3.90$）及投入情境（$M=4.22$）均值最高。

教师工作投入情况在不同的工作特征，如职称、班主任担任情况以及组织特征（如学校类型、学校学生数量）上也存在显著差异。如表7-2所示，正高级教师在工作投入各维度上的表现均为最佳，二级教师的投入意愿、投入要素、投入结果的均值最低，未定级教师在各维度上的均值反而处于中间水平；就班主任担任情况而言，非班主任在投入意愿、投入要素维度上的表现较佳，而班主任的投入情境均值显著高于副班主任与非班主任。

表 7-2 教师工作投入及各指标在工作特征变量上的差异统计结果

	类别	投入意愿	投入要素	投入状态	投入情境	投入结果	工作投入
职称	未定级	3.24	3.59	3.85	4.08	3.90	3.79
	三级教师	3.10	3.46	3.80	4.03	3.78	3.70
	二级教师	3.04	3.46	3.84	4.08	3.78	3.71
	一级教师	3.17	3.51	3.89	4.15	3.85	3.78
	高级教师	3.39	3.61	3.93	4.17	3.94	3.85
	正高级教师	3.51	3.77	3.99	4.27	4.08	3.97
	F	136.27***	55.39***	34.78***	34.93***	59.27***	67.74***
班主任担任情况	班主任	3.08	3.48	3.89	4.17	3.85	3.77
	副班主任	3.15	3.51	3.88	4.14	3.85	3.77
	非班主任	3.30	3.56	3.88	4.10	3.87	3.79
	F	222.63***	59.08***	1.82	64.17***	2.47	9.13***
学校学生数量	0~100 人	3.44	3.61	3.90	4.14	3.96	3.81
	101~200 人	3.33	3.55	3.90	4.13	3.89	3.76
	201~300 人	3.29	3.54	3.90	4.12	3.89	3.75
	301~600 人	3.27	3.56	3.91	4.14	3.89	3.75
	601~900 人	3.15	3.51	3.86	4.11	3.84	3.70
	901~1200 人	3.17	3.52	3.88	4.13	3.85	3.71
	1201~1500 人	3.13	3.52	3.87	4.13	3.84	3.70
	1501~2000 人	3.18	3.52	3.88	4.14	3.87	3.72
	2000 人以上	3.08	3.50	3.86	4.13	3.82	3.68
	F	50.138***	9.140***	4.549***	1.149	14.377***	19.525***

另外，研究发现在组织特征上，公办学校教师的投入意愿、投入要素均值均显著高于民办教师；学生数量在 301~600 人的学校教师投入状态最佳，学生数量少于 100 人的学校教师投入结果最好。

（一）寄宿制学校教师的投入意愿更高

工作投入意愿主要体现在"偏好"这一个指标中，体现的是教师"愿不愿"履行工作职责和工作要求的问题。教师的工作投入意愿与学校性质存在显著相关。结果表明，学校的寄宿性质会显著影响教师的投入意愿（F=7.90，p<0.01），寄宿制学校与非寄宿制学校在数量上虽存在一定的差距，但是寄宿制学校教师的投入意愿均值（M=3.29）显著高于非寄宿学校教师的投入意愿均值（M=3.16），即寄宿制学校教师在"令我愉快的事情大多来自工作"这一问题上

更倾向于持肯定态度。

研究也发现，教师的工作投入意愿在学校所在地区上存在显著差异（$F=260.74$，$p<0.001$）。乡村教师的投入意愿均值（$M=3.31$）显著高于城市教师（$M=3.06$）和县城教师（$M=3.16$）。在寄宿制学校中，有超过六成的学校所在地区为乡村，如图 7-2 所示，这在一定程度上佐证了寄宿制学校教师的投入意愿水平更高。

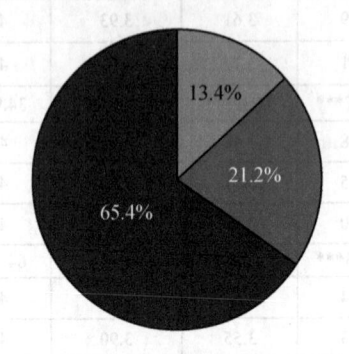

图 7-2　不同寄宿制学校所在地区占比情况

笔者认为，寄宿制学校教师的高工作投入意愿与其学校特点有关。寄宿制学校一方面解决了教师住宿较远、通勤时间过长的问题，另一方面有助于营造一种相对整体的工作生态环境。在这样的环境下，老师和管理人员承担着多重角色，既是良师，又是益友，还是慈母慈父[①]。这种共同学习、生活，一起成长的"群"的条件，只有寄宿制学校才具备。也有学者对寄宿学校教师进行了调查，发现八成以上的教师认可寄宿政策，九成以上的教师认可寄宿制工作[②]，这些进一步佐证了寄宿制学校教师的高投入意愿。

（二）非班主任、代课及临聘教师工作投入要素均值较高

工作投入要素包含三个评价指标，分别为"精力""能力""智慧"，总体体现的是教师在工作过程中的能力问题，考察的是教师"能不能"（即有没有足够的能力）完成工作，并解决工作中的问题。工作投入要素这三项指标的均值越高，说明教师对于自身整体工作能力的自评度越高。工作投入要素与教师身份和

---

① 盛鸿森，唐安国，丁建忠，等. 着力教会学生自理与交往——寄宿制学校教育优势探析[J]. 教育发展研究，2000（7）：75-77.

② 贺武华. 农村寄宿制学校：运行现状与发展建议——基于对山东蒙阴县 8 所寄宿制小学教师的调查[J]. 东北师大学报（哲学社会科学版），2013（6）：198-201.

从教工作难度有关。

1. 非班主任精力更为集中

班主任（包括正副班主任）与非班主任的工作投入要素均值存在显著差异（F=114.31，p<0.001）。如图 7-3 所示，非班主任的工作投入要素均值（M=3.56）显著高于班主任（M=3.49）。在投入要素内部的"精力"和"智慧"指标上，非班主任的投入均值（$M_{精力}$=3.16，$M_{智慧}$=3.52）显著高于班主任（$M_{精力}$=3.02，$M_{智慧}$=3.45）；而在"能力"指标上，二者之间的差异并不显著。可见，相对于班主任群体而言，非班主任群体的教师工作职责和工作内容更加清晰明了，工作时长更短，因此非班主任群体的工作状态比较松弛，在工作上投入的精力更加集中，也更容易迸发出灵感。本研究也佐证，班主任工作时间长、管理任务重、工作压力大已成为普遍现象。与非班主任相比，班主任的日均工作时间长，九成以上班主任回家后还要花时间处理班级工作问题，班级教育和管理工作占据了班主任的大部分时间和精力[①]，这在一定程度上影响了班主任的工作投入要素均值。

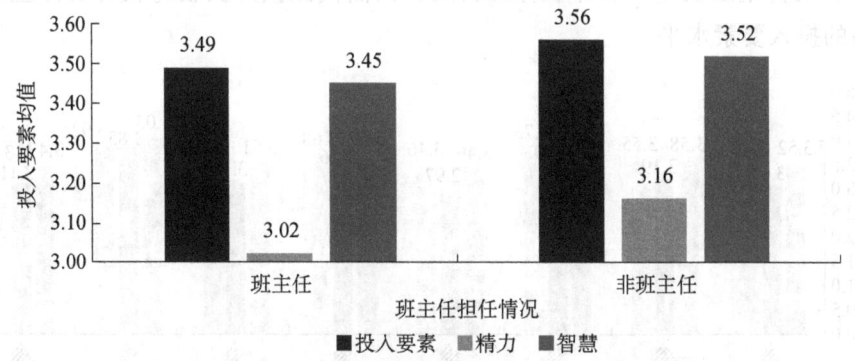

图 7-3 班主任、非班主任的工作投入要素比较

笔者在调查中还发现，未承担课后服务的教师的投入要素均值（M=3.59）显著高于承担课后服务教师的投入要素均值（M=3.51），且在"精力"和"智慧"两个指标上均存在显著差异，但在"能力"指标上的差异不显著。除了基本的课堂教学和日常的班级管理等，课后服务也成为教师日常任务的重要组成部分，这也进一步佐证了任务较轻的教师在工作中投入更多的精力与智慧，工作投入要素均值更高。

---

① 赵福江，刘京翠. 我国中小学班主任工作现状问卷调查与分析[J]. 教育科学研究，2018（11）：38-43.

2. 代课及临聘教师的工作状态更有活力

不同任教身份教师的投入要素也存在显著差异，如图7-4所示。除人数占比较低的退休返聘教师的投入要素均值最高以外，代课教师及临聘教师也具有较高的投入要素水平，其均值分别为3.76和3.69。具体到"精力"和"智慧"两个指标上，代课教师及临聘教师的精力投入（$M_{精力}$=3.49，$M_{精力}$=3.46）以及智慧投入（$M_{智慧}$=3.75，$M_{智慧}$=3.68）水平也是除退休返聘教师外最高的，但不同任教身份教师在"能力"这一指标上的差异不显著。进一步交叉分析得知，有83.8%的代课教师和85.8%的临聘教师处于未定级的状态。与年龄进行交叉分析的结果表明，绝大多数代课及临聘教师的年龄处于21～35岁，其中代课教师中21～35岁的群体占比达59.8%，在临聘教师中的这一占比更是高达82.9%，这可以在一定程度上解释代课教师及临聘教师的投入要素水平较高的原因。一方面，大多数代课教师和临聘教师的年龄较小，从生理方面而言，其身体素质更佳，在工作中的精力更充沛，且比较灵活，能够在工作中迸发出灵感；另一方面，由于这两类教师的职称尚未评定，他们在主观上更倾向于投入更多的精力和能力，从而达成尽快转正以及进一步评职称的目的，因而代课教师及临聘教师群体呈现出较高的投入要素水平。

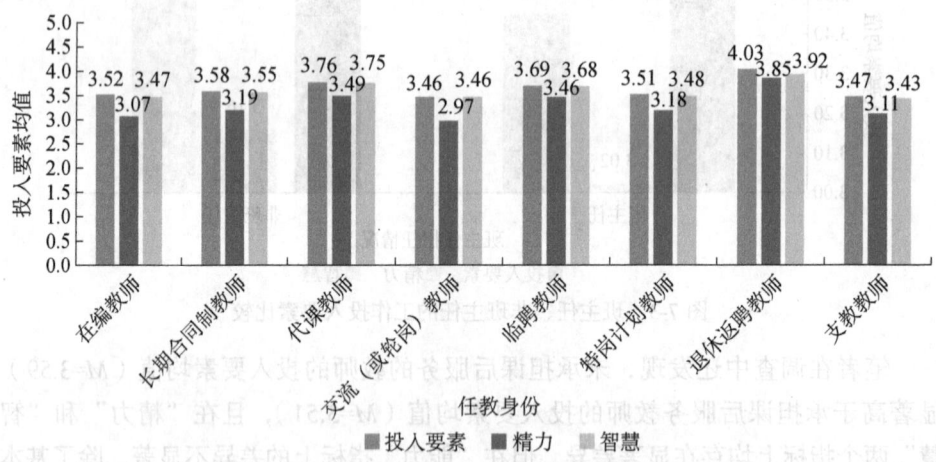

图7-4 不同任教身份教师的投入要素比较

调查数据表明，工作总收入在0～3万的教师的工作投入要素均值最高（M=3.57），且显著高于其他收入水平的教师，如图7-5所示。进一步交叉分析可知，有76.9%的代课教师工作总收入在0～3万元，45.6%的临聘教师工作总收入在0～3万元。结果显示，二者的工作总收入数据之间存在一定程度的重合，这也进一步佐证了代课教师及临聘教师的投入要素水平较高。

图 7-5　不同收入情况教师的工作投入要素比较

（三）女教师的工作投入状态佳于男教师

工作投入状态主要包括"专心""坚韧""纯粹""责任"这 4 个评价指标，体现的是教师在工作中"专不专"的问题。工作投入状态的均值越高，说明教师在工作过程中越投入，越沉浸其中。数据分析结果表明，工作投入状态与教师性别和所教学科有关。

1. 女教师的专注力优于男教师

调查数据显示，女教师整体的工作投入状态均值（M=3.90）显著高于男教师（M=3.82）。具体到教师工作投入状态内部的"专心"指标上，在"工作时，我会沉浸其中"这一题项上，教师的回答情况如图 7-6 所示。有 38.1% 的女教师认为"完全符合"，而持这一观点的男教师仅有 28.3%；而持"完全不符合"以及"比较不符合"观点的男教师占 7.5%，持相应观点的女教师仅占 4.3%。在"不确定"这一观点上，男教师占 13.1%，而女教师仅占 8.8%。据此可以发现，男女教师群体中均有少部分教师存在专心程度不高的情况，但整体而言，男教师的这一比例略高于女教师。

2. 任教语言类学科的女教师的坚韧性优于男教师

如表 7-3 所示，教师任教科目与其工作投入状态呈显著相关（F=2.68，p<0.001），外语类教师的投入状态均值最高（M=3.91），其次是音乐、书法和校本或地方课程教师，再次为语文和数学教师（M=3.89）。由此可以发现，除艺术类学科、特色课程等学科的教师外，语言类学科任教的教师工作投入状态最佳。

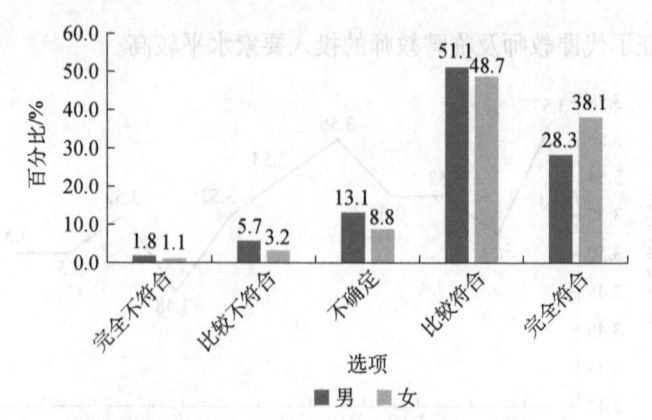

图 7-6 教师回答题项"工作时，我会沉浸其中"的性别差异情况

表 7-3 不同任教科目教师的工作投入状态均值表

任教科目	语文	数学	外语	物理	化学	地理	生物
投入状态均值	3.89	3.89	3.91	3.85	3.85	3.83	3.88
任教科目	信息技术	科学	历史	政治	音乐	美术	体育
投入状态均值	3.83	3.87	3.86	3.86	3.90	3.88	3.86
任教科目	书法	劳动教育	心理健康	生涯规划	校本或地方课程	其他	未任教
投入状态均值	3.90	3.87	3.80	3.84	3.90	3.87	3.86

具体到教师工作投入状态内部的"坚韧"指标上，不同任教科目教师之间依然存在显著差异（$F=5.75$，$p<0.001$）。其中语文教师的坚韧性均值最高，为4.08，外语教师（$M=4.06$）次之。由此可见，任教语文、外语等语言类学科教师的坚韧性均值更高，表现更佳。这可能与语言类学科的特点有关，以语文学科为例，语文学科的教学内容基于外在视域，具有言语运用、内隐性和不确定性。[①]培养学生的语言习惯并使其能够良好运用，同时达到感悟与审美、理解内在的属性是语言类学科教师的共同目的，要实现这些目的，需要教师持续、长期而坚韧地投入。

进一步交叉分析发现，不同任教科目教师的投入状态差异也与性别有关。以语文、数学、外语三个科目为例，任教语文、外语科目的女教师占女教师总数的44.1%，而这两科男教师占男教师总数的16.3%，前者远高于后者；任教数学科目的女教师占女教师总数的21.9%，略低于任教数学科目的男教师占男教师总数的23.2%，如图 7-7 所示。据此可以发现，任教语言类学科的女教师占比要高于男教师，这也在一定程度上佐证了女教师相较于男教师而言有更佳的投入状态。

---

① 张秋玲. 语文学科教学内容的基本特点[J]. 课程·教材·教法，2016, 36（1）: 82-87.

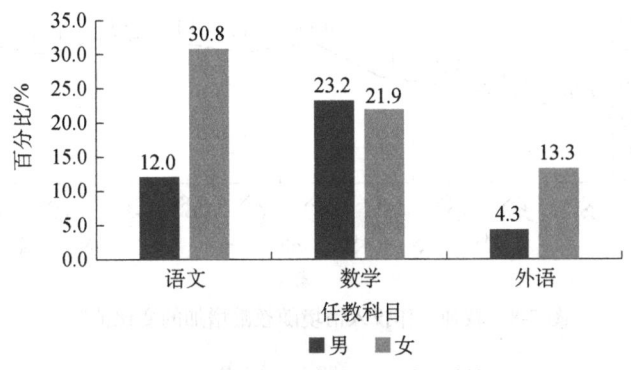

图 7-7 教师任教科目的性别差异情况

（四）教师应对工作情境的意愿度随教龄增长而曲折提升

工作投入情境维度呈现的是教师在工作过程中面临的情境挑战，主要通过"复杂"和"困难"两个指标进行测评，即"面对复杂的教育情境，我会千方百计地寻找解决方法"和"我会主动付出时间和精力，用心准备课堂教学"，体现的是教师完成各项工作任务"难不难"的问题。教师面临的任务挑战度越高，教师的工作强度就越大，调查数据中的工作投入情境均值越高，说明教师在从教工作中应对"工作难"与"工作复杂"的能力和主动性越强。

在评价与题项"面对复杂的教育情境，我会千方百计地寻找解决方法"和"我会主动付出时间和精力，用心准备课堂教学"的符合程度时，教龄在 31～35 年的教师工作投入情境均值最高（$M=4.18$），其次是教龄在 16～20 年（$M=4.17$）、41～50 年（$M=4.17$）和 26～30 年（$M=4.17$）的教师；工作投入情境均值最低的是教龄在 0～3 年（$M=4.06$）和 4～5 年（$M=4.08$）的教师，如图 7-8 所示。值得注意的是，教龄在 0～3 年与 4～5 年的教师之间、教龄在 6～10 年与 11～15 年的教师之间，其工作投入情境不存在显著的组间差异；同时，教龄在 16～20 年、21～25 年、26～30 年、31～35 年、36～40 年和 41～50 年的教师工作投入情境的组间差异也并不显著。可以发现，教师的工作投入情境均值随着教龄的增长而曲折向上，且其变化存在阶段性特征。

笔者认为，这一结果与随着教龄的增长，教师教学经验不断积累、教学熟练度以及教学水平的不断提升密切相关。进一步交叉分析发现，教师职称与其教龄呈显著相关（$r=0.73$，$p<0.001$），随着教龄的增长，教师的职称评级也呈波动上升趋势。在未定级教师中，教龄在 0～3 年的教师占 73.0%，教龄在 4～5 年的教师占 10.5%，而高级教师、正高级教师的教龄集中在 26～40 年。该结果也与教师投入情境随教龄变化的趋势相吻合。

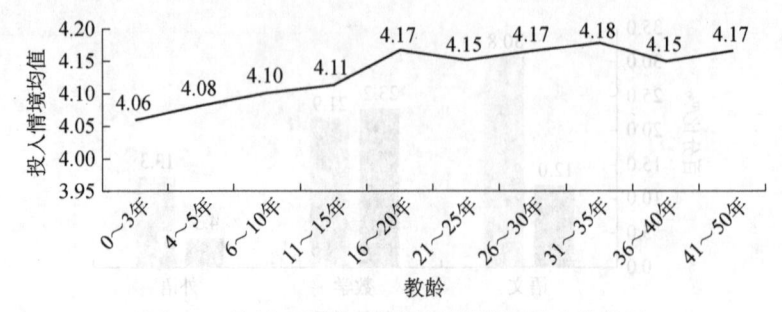

图 7-8　教师工作投入情境随教龄增加的变化情况

（五）在工作投入情境方面，班主任呈现出明显的高投入

班主任是中小学教师队伍中独特而重要的群体，班主任工作投入情况也切实影响着育人实效和教育质量。调查发现，在教师工作投入情境方面，班主任与非班主任之间差异显著（$F=64.62$，$p<0.001$）。工作投入情境均值越高，说明教师在从教工作中应对"工作难"与"工作复杂"的能力越高，如图 7-9 所示，班主任的投入情境均值（$M=4.17$）最高，非班主任的教师投入情境水平（$M=4.10$）最低。工作投入情境通过"要求"和"复杂"两个指标测评，在内部维度上，班主任的均值（$M_{要求}=4.26$，$M_{复杂}=4.07$）均明显高于非班主任（$M_{要求}=4.18$，$M_{复杂}=4.02$）。从现实情况来看，班主任既要面对来自学校的工作部署、系统谋划、整体安排，在班级内面向全体学生实现"上情下达"，也要面对来自学生、家长、学科教师等相关主体的现实诉求，面向学校各级领导实现"下情上传"，面向家长实现"内情外传"。[①]班主任的工作难度和工作要求显著高于其他教师群体，体现了班主任工作"想说爱你不容易"的现实困境。

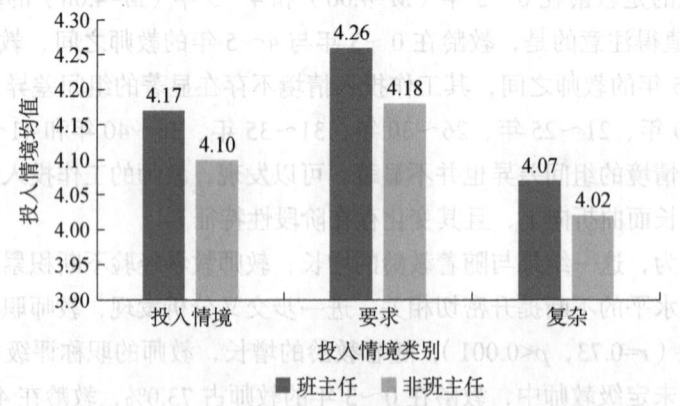

图 7-9　班主任、非班主任教师的投入情境比较

[①] 张聪. 中小学班主任工作负担：现实表征、深层困局与防范机制[J]. 现代教育管理，2022（9）：46-53.

这一结果也从侧面说明了班主任在面对复杂和高要求的工作时，更能够主动付出更多的时间与精力去寻找解决办法，在用心准备课堂教学之余，还能做好班级管理，配合学校完成其他任务。笔者认为，一方面，班主任岗位要求的责任感与集体感促使教师以更高的要求来规范自己，使教师付出更多的时间和精力；另一方面，教师在担任班主任或处理繁杂事务的过程中会遇到多种多样的教育情境，从某种程度上也会迫使其迅速成长，使其拥有面对各种复杂教育情境并进一步解决问题的能力。有学者指出，班主任胜任力包括教学能力、育人能力，需要在完成课堂教学的同时指导学生的全面发展；同时也包括班级管理技能和人际交往能力，需要协调、预见可能发生的事件，整合学校、家庭和社会中的各种教育力量。[①]

调查结果也表明，任教班级数量为1个的教师投入情境水平最高（M=4.17），任教班级数量为2个的教师次之（M=4.13），如图7-10所示。这与学校教学管理任务的安排有关。一般而言，大多数班主任的任教班级数量为1个，结合交叉分析结果也可以发现，班级任教数量为1个的班主任占比为96.5%。就任教班级数量而言，任教班级数量较少的教师更能聚集精力来应对课堂教学的要求及复杂的教育情境，这也为班主任的高投入情境均值提供了佐证。

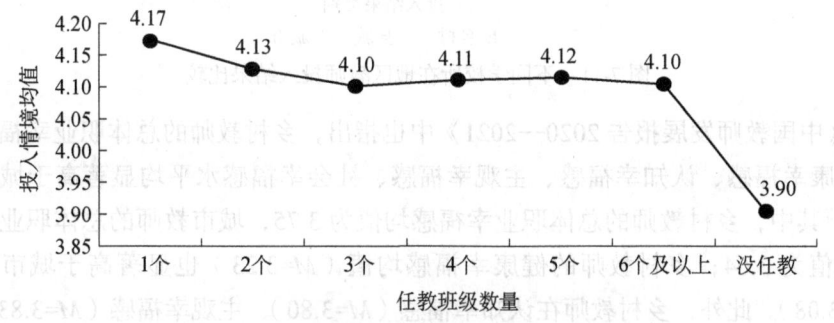

图7-10 不同任教班级数量教师的投入情境情况

（六）乡村教师职业认同感水平高于城市教师

工作投入结果主要通过"价值""成就""收获"这三个指标来评测，表现的是教师对胜任教师职业和完成工作的自我评估，体现了教师对自身工作"值不值得"的综合认定。工作投入结果的均值越高，表明教师对自身职业的认同感越高。

调查数据显示，教师工作投入结果存在显著的城乡差异（F=37.11，p<0.001）。如图7-11所示，乡村教师的投入结果最佳（M=3.91），县城教师次之（M=3.82），

---

① 韩曼茹，杨继平. 中学班主任胜任力的初步研究[J]. 教育理论与实践，2006（2）：59-61.

城市教师的投入结果均值最低（M=3.81）。具体到教师工作投入结果的内部指标，城乡教师的价值指标均值要高于成就和收获均值。在城乡教师之间，乡村教师的价值、收获和成就均值均显著高于城市教师。有学者指出，乡村教师从教育工作中所获的个人成就感与价值感十分突出，而"成就学生""与学生共同成长"，见证学生通过教育实现阶层跃迁和命运改变是教师幸福感的重要来源。[①]其他研究也表明，农村教师的职业成就感显著强于城市教师。[②]

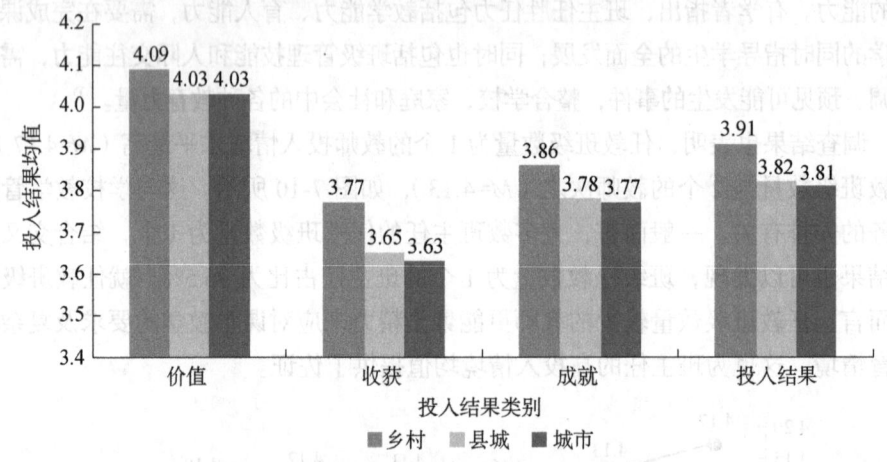

图 7-11　不同学校所在地区教师投入结果比较

《中国教师发展报告 2020—2021》中也指出，乡村教师的总体职业幸福感以及健康幸福感、认知幸福感、主观幸福感、社会幸福感水平均显著高于城市教师。[③]其中，乡村教师的总体职业幸福感均值为 3.75，城市教师的总体职业幸福感均值为 3.64；乡村教师的健康幸福感均值（M=3.23）也显著高于城市教师（M=3.08）。此外，乡村教师在认知幸福感（M=3.80）、主观幸福感（M=3.83）和社会幸福感（M=3.87）方面的表现均好于城市教师（$M_{认知幸福感}$=3.71、$M_{主观幸福感}$=3.71、$M_{社会幸福感}$=3.78），这也进一步佐证了乡村教师有较好的投入结果表现。

乡村教师的工作投入结果好于城市教师，与城乡学校内在的特点，如学校规模等密切相关。调查发现，学校规模在一定程度上与教师的工作投入结果呈负向相关关系，所在学校规模较小的教师工作投入结果整体好于所在学校规模较大的教师，如图 7-12 所示。调查还发现，乡村的小规模学校占比远高于城市，随着

---

① 杨进，杨雪，谭玉容. 欠发达地区乡村教师职业幸福感：现实图景、困境剖析与提升策略[J]. 现代教育管理，2021（12）：87-94.
② 邓睿. 我国中学教师职业成就感问题研究[D]. 上海：华东师范大学，2011.
③ 李广，柳海民，梁红梅，等. 中国教师发展报告 2020—2021：中小学教师职业幸福感现实态势、面临挑战与提升举措[M]. 北京：科学出版社，2022：126.

学校规模的扩大，乡村学校占比逐渐降低，城市学校占比逐渐升高。小规模学校教师的集体感和凝聚力往往更强，可能会带给教师更高的自我价值实现体验。同时，农村小规模学校的班级规模较小，给予学生个体的关注更为充分[①]，更有助于教师投入结果的实现。

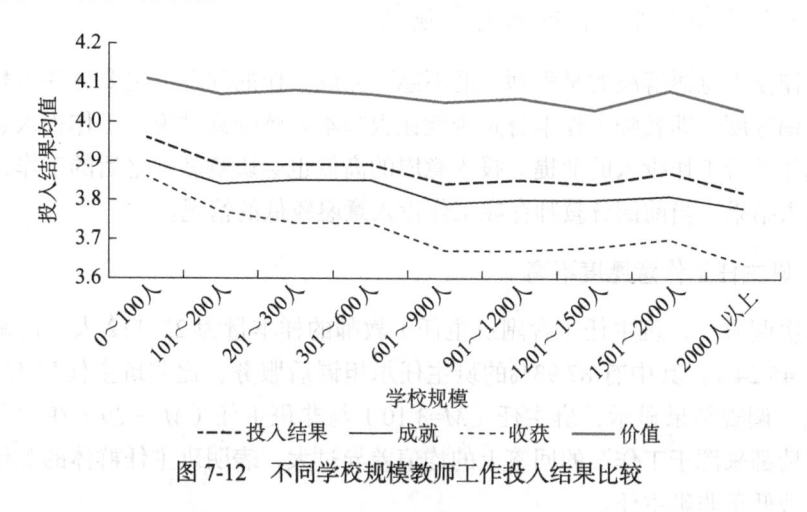

图 7-12 不同学校规模教师工作投入结果比较

三、教师工作投入差异的问题分析

保障教师的有效投入是提升教育教学质量的重要前提。当论及"教师工作投入"时，我们容易想到的是那些面对学生具备高度责任感、面对课程与教学工作始终保持高昂热情与积极求索的教师模样——这是无数教师孜孜以求的理想工作样态。然而，对照现实不难发现，与其他职业相比，教师职业更容易带有"外表无比光鲜，身心无比疲惫"的特点。究其原因，主要是随着社会的转型，当前社会对教师的期望值升高，教师在工作中需要付出的隐性工作量、脑力劳动和情感劳动的比重不断加大，容易产生工作耗时长、工作内容纷繁复杂、工作负荷感高等职业倦怠问题。教师的工作投入，是教师工作时间利用、工作内容结构与身心负荷感受之间有力的调适手段。若将教师的工作投入调适得当，则会极大提高教师工作的时间利用效率，优化教师工作内容，不仅可以使教师达到高效工作的状态，提升工作绩效，也可以减少教师工作中的负荷感受，帮助教师提升职业幸福感与职业满意度，真正让教师成为"太阳底下最幸福"的职业，从而使教师达到健康工作、幸福工作的理想状态。

本次调研结果也充分显示，当前中小学教师在投入意愿、投入要素、投入状

---

① 秦玉友. 农村小规模学校发展的基本判断与治理思路[J]. 教育研究，2018，39（12）：81-86.

态、投入情境和投入结果这五方面存在显著差异，其中有相当一部分教师的工作投入情况不容乐观，存在工作意愿偏低、工作精力不充沛、工作专注度不佳、应对教学情境的投入有限、职业认同感不足等问题。

（一）部分教师工作投入意愿偏低

工作投入意愿解决的是教师"愿不愿"完成工作的问题，主要体现为教师对工作的偏好度，即教师工作本身是否能让教师本人感受到愉悦。工作投入意愿是教师选择进行工作投入的前提。投入意愿的高低也会影响教师之后的工作投入状态和投入结果。当前部分教师存在工作投入意愿较低的情况。

1. 班主任工作意愿度不高

本次调研中，班主任（含副班主任）教师的样本量为 22 112 人，占调研总人数的 45.24%，其中有 87.93% 的班主任承担课后服务，比非班主任高 15.32 个百分点。调查结果显示，班主任（$M=3.10$）与非班主任（$M=3.29$）在"令我愉快的事情都来源于工作"的回答上的均值差异过大，表明班主任群体的工作投入意愿显著低于非班主任。

进一步交叉分析发现，在工作时长上，班主任的每天工作时长平均为 10.53 小时，周末（加班）时间平均为 2.81 小时，分别比非班主任高出 1.10 小时、0.55 小时。在工作内容上，如图 7-13 所示，除了备课与上课差别不大以外（班主任平均为 2.97 小时，非班主任平均为 2.98 小时），班主任每天用于学生辅导（含课后服务）、作业批改与分析、学生管理与德育、其他非教学工作的时间均比非班主任长。据统计，从每周的工作量来看，班主任在班级管理、家校沟通与指导、安全管理与疫情防控工作中的平均耗时分别为 4.27 小时、3.11 小时、3.50 小时，均长于非班主任的平均耗时。

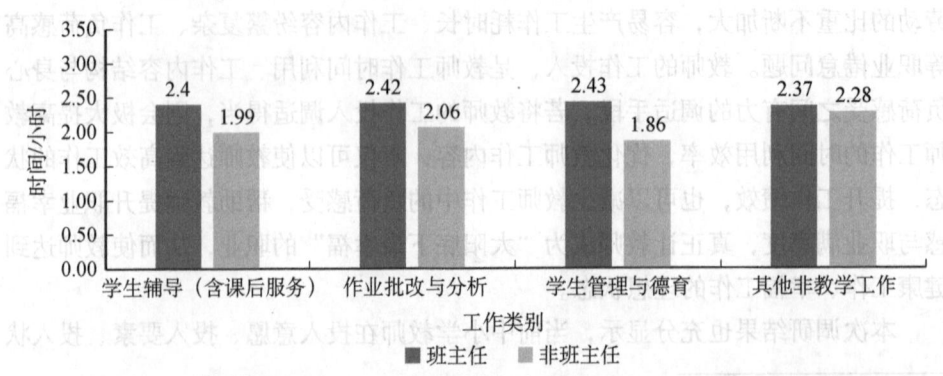

图 7-13 本学期正常工作日班主任与非班主任平均每天用于各项工作的时间

可见，较大的工作量和心理压力容易给教师的身体和心理带来诸多负面影响，造成班主任的工作负荷感加重。如图 7-14 所示，在身心负荷感受上，班主任在"下班后身心疲惫程度"题项上的均值高于非班主任，现阶段工作强度、现阶段教学工作强度以及现阶段非教育教学工作强度均高于非班主任。

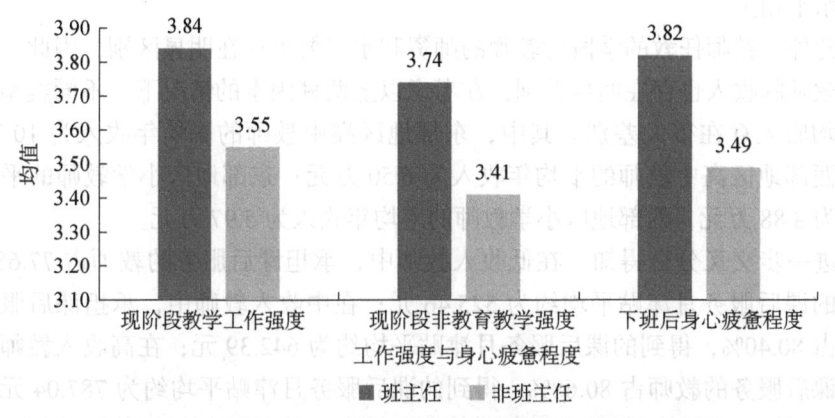

图 7-14 班主任与非班主任的工作强度和身心疲惫程度差异情况

综上可见，班主任工作存在明显的工作时间较长、内容过于繁杂的情况，并且班主任对当前工作负荷的感知较重，身心亚健康水平明显高于非班主任群体。以上因素极大地影响了班主任的工作投入意愿。

2. 低收入教师的工作投入意愿度低

收入是教师工作绩效中最重要的表现形式，收入的多少会影响教师的工作投入意愿度。本研究将收入分为高、中、低三种类型，为了更好地体现不同群体的异质性，尽可能对三类收入群体分配相似的样本量。在实际操作定义中，我们将低收入教师定义为"年收入为 0～5 万元"的教师群体，占比为 35.05%；将中收入教师定义为"年收入为 6 万～7 万元"的教师群体，占比为 31.48%；将高收入教师定义为"年收入为 8 万元及以上"的教师群体，占比为 33.47%。如表 7-4 所示，在"令我愉快的事情都来源于工作"题项上，相比于其他群体，低收入教师群体的均值（$M=3.17$，$p<0.01$）最低。

表 7-4 不同收入水平教师关于工作投入意愿的差异

类型	n	令我愉快的事情都来源于工作	F	p
低收入（0～5 万元）教师	17 131	3.17		
中收入（6 万～7 万元）教师	15 385	3.23	11.04	0.000
高收入（8 万元及以上）教师	16 358	3.21		

在地区分布中，低收入教师群体的样本量为 17 131 人，其中东北地区教师占 39.05%，西部地区教师占 54.31%，中部地区教师占 4.52%，东部地区教师占 2.12%，可见西部地区教师的占比最高。西部地区包括陕西、甘肃、西藏、贵州、云南等 12 个省（自治区、直辖市），教师收入与当地的地区经济发展程度和生活水平相关。

此外，教师任教的学段对教师的师资和水平要求存在明显区别，因此，不同学段教师的收入也存在明显差别。在考虑以上两种因素的情况下，不同类型教师的平均收入存在很大差别。其中，东部地区高中教师的平均年收入为 10.31 万元，西部地区高中教师的平均年收入为 6.50 万元；东部地区小学教师的平均年收入为 8.88 万元，西部地区小学教师的平均年收入为 5.97 万元。

进一步交叉分析得知，在低收入教师中，承担课后服务的教师占 77.68%，得到的课后服务月津贴平均约为 525.46 元；在中收入教师中，承担课后服务的教师占 80.40%，得到的课后服务月津贴平均约为 642.39 元；在高收入教师中，承担课后服务的教师占 80.68%，得到的课后服务月津贴平均约为 787.04 元，如图 7-15 所示。可见，低收入教师承担课后服务工作的比例低于其他教师。尽管一些教师承担了课后服务工作，但得到的补贴也是比较少的。此外，低收入教师平均每周末加班 2.55 小时，平均每周上课 12.15 节，上公开课和准备公开课的时间均比中收入、高收入教师群体长，说明当前虽然低收入教师的投入意愿较低，但他们在实际工作中依然以较高的精力投入开展教师工作，因此需要加强对这类教师的物质保障与支持。

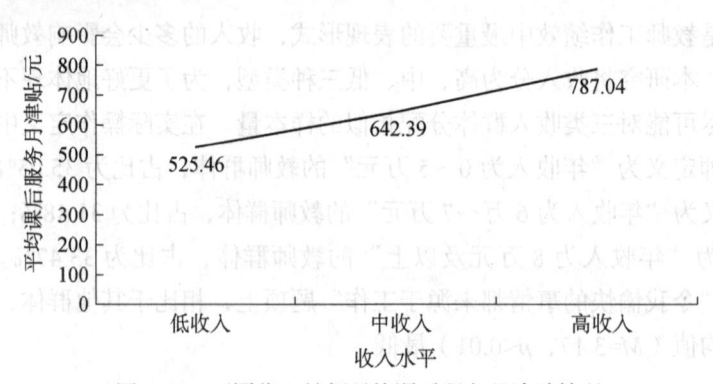

图 7-15 不同收入教师平均课后服务月津贴情况

（二）工作琐碎繁重的教师精力与活力较差

1. 二级职称教师的持续工作意愿度较低

本次调研中，二级职称教师有 11 139 人，占总体教师的 22.79%，其年龄为

26~30 岁、31~35 岁、36~40 岁占比较大,分别为 32.5%、28.5%和 17.8%,其中 26~30 岁的教师占比最高;其教龄为 0~3 年、4~5 年、6~10 年、11~15 年占比较大,分别为 23%、21.3%、25.9%和 14.5%,二级职称教师的平均教龄为 33.85 岁。教龄越长,说明教师的教学经验越多,承担的责任越重。担任学校职务的二级教师中,教研组长的占比较高,为 6.81%;其次是学科组长,占比为 5.26%。在"我总是精力充沛,可以连续工作很长时间""我的能力足以支撑干好工作"题项上,二级教师的均值均低于其他职称教师,如图 7-16 所示。综上可见,二级教师在学校主要作为骨干教师,承担的教学任务和行政任务较重,在承担教学工作之外,还需要完成学校行政任务、组织学校活动、准备一级教师职称评定等工作。他们持续工作的精力不够充沛,持续工作的意愿度较低。

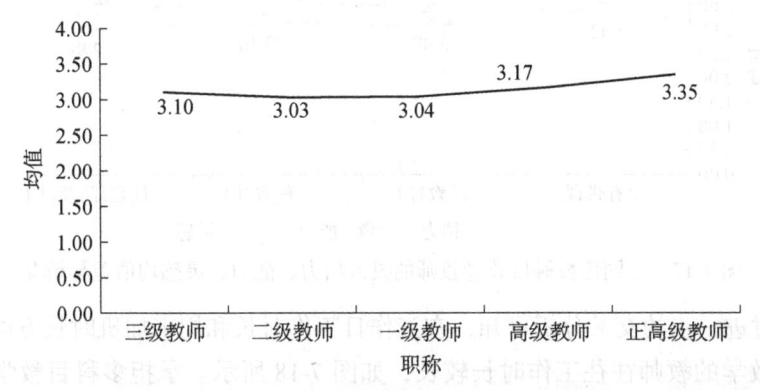

图 7-16 不同职称教师对于题项"我总是精力充沛,可以连续工作很长时间"的回答情况

在教学任务方面,有 48.54%的二级教师担任班主任工作,他们获得的班主任津贴显著低于其他职称的教师。在工作时长上,二级教师的平均工作时长(含在家加班)为 10.03 小时,显著长于其他职称教师。其中,二级教师准备公开课或示范课的平均时长为 16.22 小时,长于高级教师备课的平均时长(12.75 小时)。这也从侧面佐证了二级教师承担的教学任务较多。笔者进一步进行交叉分析,发现二级教师在回答"平时工作中,您觉得强度比较大的工作"题项时,占比较高的前五项工作分别为备课(50.38%)、作业批改与分析(46.89%)、教学比赛(45.52%)、备检迎检(45.21%)、学生管理(40.34%);而在回答"平时加班,您花费时间比较多的工作"题项时,占比较高的前五项工作分别为备课(72.14%)、作业批改与分析(58.25%)、上课(46.34%)、教学比赛(39.82%)、课后服务(37.53%)。综上可知,二级教师不仅承担的教学任务较多,还承担着较多的行政工作、学生管理工作等,其持续工作意愿度较低。

2. 承担多科目教学的教师工作投入精力分散

本次调研中，任教 3 门及以上科目的教师有 12 537 人，占比为 25.65%，任教 2 门科目的教师有 20 902 人，占比为 42.77%，任教 1 门科目的教师有 14 934 人，占比为 30.56%，本学期没有带课的教师有 501 人，占比为 1.03%。调查发现，教师的工作精力集中程度与承担的科目数量有关。本研究将承担 3 门及以上的教师定义为"承担多科目教学的教师"。调查发现，与没有带课、任教 1 门科目、任教 2 门科目的教师相比，承担多科目教学的教师投入的精力、灵感和能力更为分散，如图 7-17 所示。

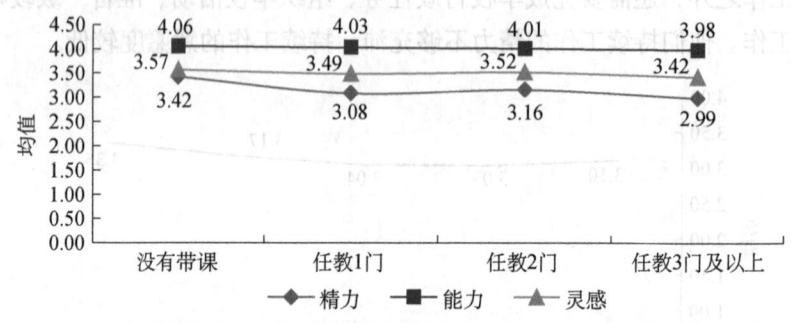

图 7-17 不同任教科目数量教师的投入精力、能力、灵感均值差异情况

通过进一步的交叉分析可知，在工作日工作时长和周末加班时长方面，承担多科目教学的教师往往工作时长较长，如图 7-18 所示。承担多科目教学的教师工作时间过长，工作量超负荷，在"每天疲于完成学校的各项工作"题项上的均值（$M=3.69$, $p<0.001$）显著高于任教 1 门（$M=3.39$, $p<0.001$）和任教 2 门（$M=3.51$, $p<0.001$）科目的教师。

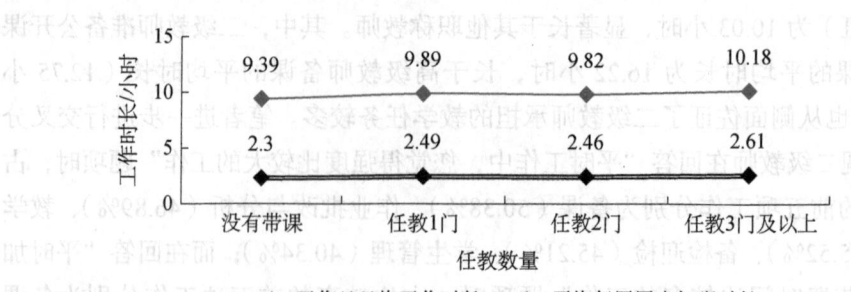

图 7-18 不同任教数量的教师工作日和周末加班时长比较

在当前的教育改革背景下，承担多科目教学的教师面临着新的困境。调查发现，承担多科目教学的教师工作量与教育改革有关。当回答"当前各项教育教学

改革增加了我很多工作量"这一题项时，承担多科目教学的教师的均值（$M=3.91$，$p<0.001$）均高于其他教师，如图 7-19 所示。当前教育教学改革进入深水区，教师成为教育教学改革的主体，深刻影响着教学成效与教育质量。同时，教育改革也对教师的专业性提出了更高的要求，需要教师不断更新自己的能力与知识，以回应教育中的问题与挑战。因此，学科教师应该用积极的眼光看待当前的教学改革，客观地对待当前的工作任务；学校和各级领导部门应该注重学科教师，尤其是承担多学科教学的教师的身心体验。在当前教育改革背景下，学校应积极储备多样资本，帮助教师提高教育教学效能，提升专业能力和工作效率，积极应对教育改革提出的挑战，通过多方联动，助力构建教师"减负增效"的长效协同机制。

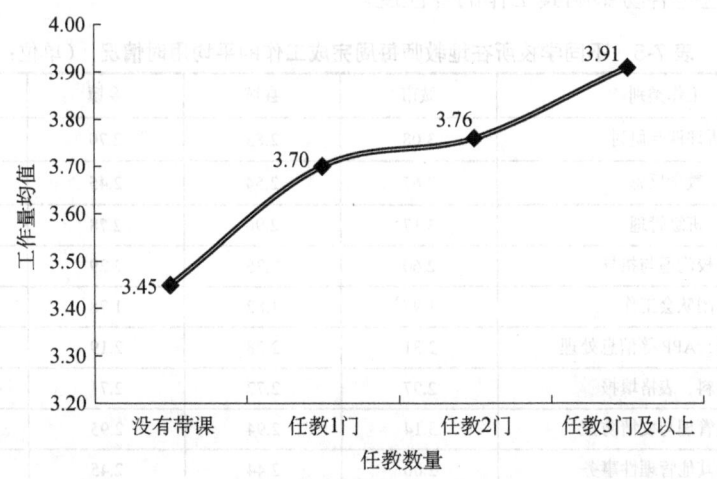

图 7-19 不同任教科目数量教师的教学改革工作量均值

（三）城市教师工作投入专注度较低

在本次调研中，城市教师的样本量为 14 789 人，占总体样本的 30.26%；县城教师有 9630 人，占比为 19.70%；乡镇教师有 19 482 人，占比为 39.86%；乡村教师有 4973 人，占比为 10.18%。相比在县城、乡镇、村任教的教师，城市教师的工作投入状态均值（$M=3.86$）较低，工作投入专注度不佳，如图 7-20 所示。

进一步交叉分析发现，城市教师的工作专注度与其当前的工作时长存在显著相关。具体而言，在工作日，城市教师平均每天工作时长（含在家加班）约为 10.41 小时，均长于县城教师（9.80 小时）、乡镇教师（9.71 小时）、村教师（9.51 小时）。除了社区服务外，城市教师每周用于完成听评课与研讨、教学反思、班级管理、家校沟通与指导、团队会工作等事务的时间均显著多于县城、乡

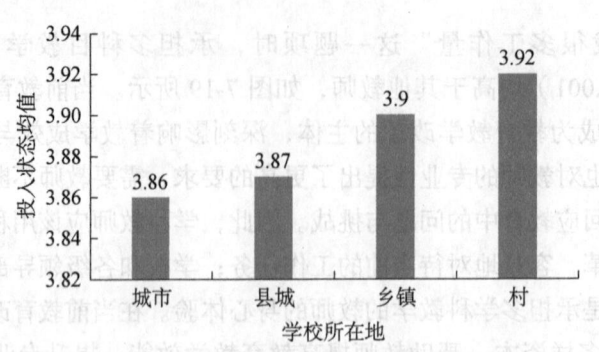

图 7-20 不同学校所在地教师的投入状态比较

镇、村教师，如表 7-5 所示。这说明当前城市教师的工作时长过长，并且工作内容繁杂，这些容易影响其工作的专注度。

表 7-5 不同学校所在地教师每周完成工作的平均用时情况 （单位：小时）

工作类别	城市	县城	乡镇	村
听评课与研讨	3.08	2.83	2.70	2.55
教学反思	2.67	2.54	2.45	2.35
班级管理	3.17	2.96	2.78	2.78
家校沟通与指导	2.60	2.35	2.29	2.26
团队会工作	1.97	1.82	1.78	1.79
公众号、APP 等信息处理	2.31	2.28	2.19	2.16
材料、表格填报	2.97	2.77	2.71	2.69
安全管理与疫情防控	3.14	2.94	2.95	2.97
学校其他管理性事务	2.60	2.44	2.45	2.48
社区服务	1.26	1.27	1.22	1.18

疫情期间，城市教师所在地人员集中度高，容易受疫情影响，造成线上与线下教学的不稳定性，在安全管理与疫情防控、材料填报等方面的时间投入较多，均多于其他区域的教师。在问及"疫情居家线上教学，比平时工作量增加很多"的题目时，城市教师的均值（$M=3.79$，$p<0.001$）显著高于其他区域的教师，如图 7-21 所示。此外，城市教师在安全管理和疫情防控等方面的工作时长均长于其他区域的教师。据访谈得知，教师普遍反映，疫情期间，由于疫情的不确定性，线上教学的时长变化非常大，时而线上教学，时而恢复线下教学，这对于教师的线上教学技能、本学期的课程安排、作业布置、教学评价、家校沟通等方面提出了更高的要求。对于城市教师而言，其还需要投入更多的时间、精力、能力去应对疫情期间的各种突发状况，做好安全防护。因此，各级部门更应该关注城

市教师面临的困难，及时给予支持与协助。

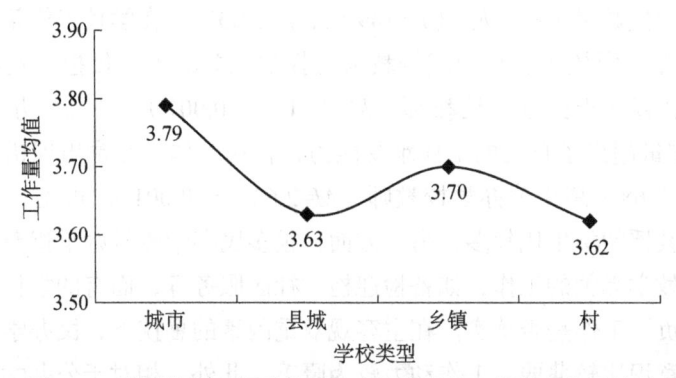

图 7-21　疫情期间不同学校所在地教师的线上教学工作量差异

（四）工作情境复杂的教师投入度较低

在工作情境维度上，民办教师和新手教师面临更多的来自工作情境方面的压力，说明教师应对"工作难"与"工作复杂"的能力需要得到更多的重视，需要多方协同支持以提高应对工作情境的能力。

1. 民办学校教师应对教育情境的工作动力匮乏

在回答题项"面对复杂的教育情境，我会千方百计地寻找解决方法""我会主动付出时间和精力，用心准备课堂教学"时，公办教师与民办教师的均值存在差异，其中，公办学校教师在两道题目上的均值分别为 4.22 和 4.04，民办学校教师在两道题目上的均值分别为 4.17 和 3.98。民办学校教师的均值低于公办学校教师，如图 7-22 所示。

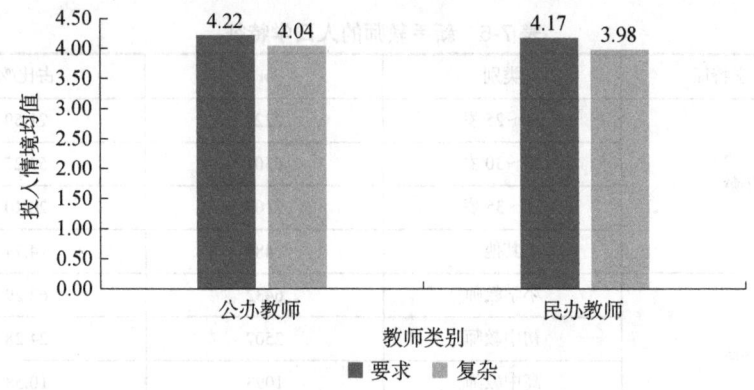

图 7-22　公办和民办教师工作投入情境差异情况

进一步交叉分析发现，民办学校的学生数量平均为 1111 人，显著高于公办学校的平均学生数量（871 人）（F=149.51，$p<0.001$）。在学校工作氛围方面，民办学校教师在"学校不够重视减轻教师与教学无关的工作负担"题项上的均值（M=3.15）显著低于公办学校教师（M=3.31，$p<0.001$），并且民办学校教师在"学校的工作量超出了自己的工作承受能力，且在工作中经常出现错误"题项上的均值（M=2.68）高于公办学校教师（M=2.62，$p<0.001$）。可见，一方面，民办学校教师教授的学生比较多；另一方面，很多民办学校教师承担着过多的教学工作以及与教学无关的工作，如备检迎检、社区服务等，而有的学校领导并不重视"教师减负"工作是否落实。在主客观双重因素的裹挟下，民办学校教师解决问题的主观意识比较薄弱，工作动力较为匮乏。此外，相对于公办学校的工作氛围，在民办学校工作的教师经常感到在单位中有过度竞争的氛围，与领导和同事的关系均比较紧张，说明民办学校教师承受了比较大的来源于学校与人际关系上的压力。外在的工作氛围、崇尚绩效竞争的工作氛围与高强度的工作要求，抑制了民办学校教师应对"工作难"与"工作复杂"情境的内生动力。

2. 新手教师的教学情境投入尚待提高

本研究将教龄为 0～3 年和 4～5 年的教师统称为新手教师。在本次调研中，新手教师共有 10 326 人，占总体的 35.3%。新手教师中，年龄为 21～35 岁的教师占比最高，达到 95.26%，其中 21～25 岁、26～30、31～35 岁的教师占比分别为 21.59%、53.27%、20.40%，如表 7-6 所示。从学段来看，新手教师中的小学教师比较多，有 6432 人，而初中教师和高中教师分别有 2507 人和 1093 人。从学历上看，新手教师以大学本科和研究生居多，分别为 7742 人和 1649 人，大学本科及以上学历的教师总计占比为 90.95%，说明当前新手教师的学历水平较高。

表 7-6　新手教师的人口学特征

人口学特征	类别	n	占比/%
年龄	21～25 岁	2229	21.59
	26～30 岁	5501	53.27
	31～35 岁	2107	20.40
	其他	489	4.74
学段	小学教师	6432	62.29
	初中教师	2507	24.28
	高中教师	1093	10.58
	未识别	294	2.85

续表

人口学特征	类别	n	占比/%
学历	大学本科	7742	74.98
	研究生	1649	15.97
	其他	935	9.05

本次调查显示，新手教师（教龄为 0～5 年）与教龄为 6～10 年、11～15 年、16～20 年、20 年以上的教师相比，在"面对复杂的教育情境，我会千方百计地寻找解决方法""我会主动付出时间和精力，用心准备课堂教学"题项上的均值较低，如图 7-23 所示。

投入情境均值	0～5年	6～10年	11～15年	16～20年	20年以上
复杂	3.96	4.96	5.96	6.96	7.96
要求	4.17	4.20	4.22	4.27	4.23

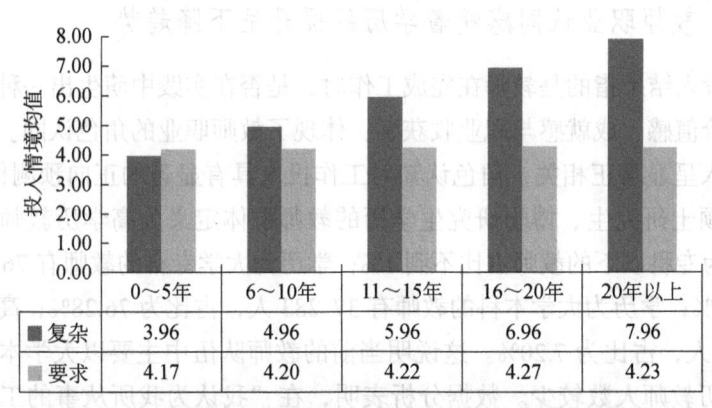

图 7-23　不同教龄教师关于工作投入情境的均值差异情况

具体而言，在每周工作时间和内容安排中，相较于其他教师，新手教师投入最多的是听评课与研讨、教学反思、团队会工作、社区服务工作，分别耗时 3.02 小时、2.76 小时、2.09 小时、1.28 小时，其中教学反思的投入时间较多，说明当前新手教师也认同教学反思有助于自己确定和感知期望与价值观[1]。从工作的时间与内容可发现，新手教师作为教师队伍中的"新来者"，处于充满挑战的适应阶段，一方面会通过大量的听评课和教学反思活动来提升自身的教学能力，另一方面也难以避免地承担一些非教学工作，以应对多元复杂的教育环境，在当前的教育体系中扮演着多重角色。此外，与其他教师相比，新手教师在"学校的办公条件能够满足我的工作需要"题项上的均值（$M=3.45$，$p<0.001$）显著偏低，说明新手教师在工作中感知到的学校支持较少，不足以满足其当前的工作需要，也

---

[1] Walkington J. Becoming a teacher：Encouraging development of teacher identity through reflective practice[J]. Asia-Pacific Journal of Teacher Education，2005，33（1）：53-64.

体现了当前新手教师"心有余而力不足"的情况。因此，学校应该给予新手教师更多的支持以帮助他们思考和优化工作内容和工作目标，进而提升新手教师应对工作的能力。

进一步研究发现，新手教师关于职业标准和专业精神的自我评价显著低于其他教师，在"国家对教师工作提出的各种要求和职业标准，我觉得很难达"、"践行像'潜心教书育人''关心爱护学生'等行为准则，对我而言非常有挑战性"题项上的均值显著低于其他教师。这也从侧面印证了"教师职业是越老越吃香的"。随着教龄的增长，教师的教育技能逐渐增强，教学经验越来越丰富，因此在面对纷繁复杂的教育情境时，他们更能游刃有余地应对这些情境。

（五）教师职业认同感随着学历的提升呈下降趋势

工作投入结果指的是教师在完成工作时，是否在实践中萌生出一种个体对教师职业的价值感、成就感与职业收获感，体现了教师职业的角色认同。角色认同与工作投入呈显著正相关，角色认知对工作投入具有显著的正向预测作用。[1]笔者将具有硕士研究生、博士研究生学历的教师群体定义为高学历教师。研究发现，学历为专科以下的教师占比不到1%；学历为大学专科的教师有7612人，占比为15.57%；学历为大学本科的教师有37 283人，占比为76.28%；高学历教师共有3521人，占比为7.20%。这说明当前的教师队伍中主要以大学本科学历为主，高学历教师人数较少。数据分析表明，在"我认为我所从事的工作目的明确，且很有意义"等题项上，教师学历越高，其均值反而越低，说明教师在工作投入结果中对职业的认同感与其学历水平存在负向相关，如图7-24所示，即教师工作价值感随着学历的提升而逐渐降低，高学历教师群体的价值感最低。

进一步交叉分析发现，教师的学历与教龄密切相关，如图7-25所示。学历越高，教师的实际工作年限越短，教龄必然越短，其工作实践经验也越少。在高学历教师中，一级教师和二级教师占比最高，分别为28.26%和42.77%，平均教龄为7.94年，远远低于大学本科（平均17.31年）和大学专科（平均26.80年）学历的教师。通常来说，教师职称水平越高，教龄越长，意味着其拥有越为丰富的教学管理经验和越高的专业能力水平，并且在工作中会产生较高的自我认同感。因此，拥有工作经验和专业水平方面的优势，是专科以下学历教师自我效能感水平高的重要因素。

---

[1] 贾文华. 农村中小学教师角色认同、工作投入及其关系研究[J]. 教育研究与实验, 2012（3）: 83-86.

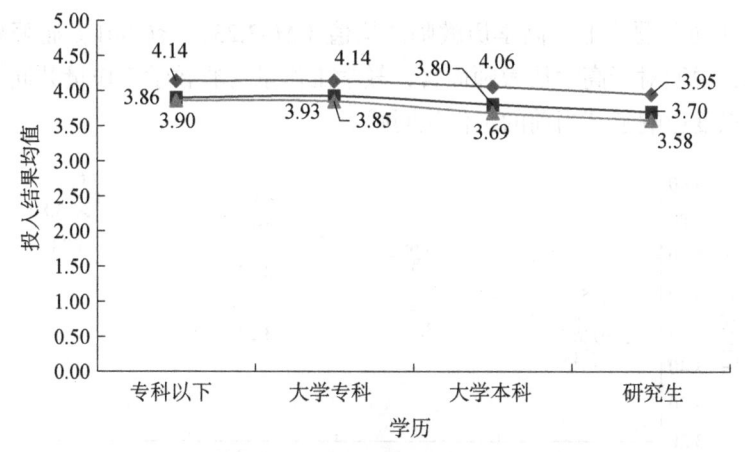

图 7-24　不同学历教师的工作投入结果差异情况

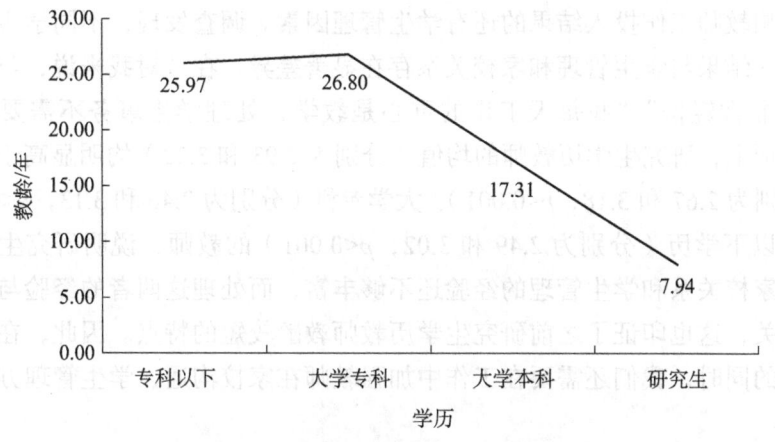

图 7-25　不同学历教师的平均教龄情况

进一步分析发现，不同学历教师的工作投入结果与工作强度感知有关。调查发现，在现阶段工作强度、刚入职时工作强度和一年前工作强度的感知上，高学历教师的均值与其他学历教师相比最高，说明高学历教师从入职至今面临的工作压力都比较大，如图 7-26 所示。进一步梳理"您觉得强度比较大的工作"的 26 个选项的选择情况，高学历教师认为工作强度较大的前五项为备课、作业批改与分析、教学比赛、学生管理、各种会议。笔者通过进一步分析得知，高学历教师每周平均上课 12.00 节，每月平均参加听评课等教研活动 4.34 节，工作日平均每天批改作业 87.50 份，值均高于其他学历的教师。在"我经常要求参加与教育教学无关的活动"题项上,高学历教师的均值($M=3.23$,$p<0.001$)显著高于其他学历教师,说明对于高学历教师而言,教学工作量与非教学工作量共同产生的高压力与高强度影响了其当前的工作认同感。

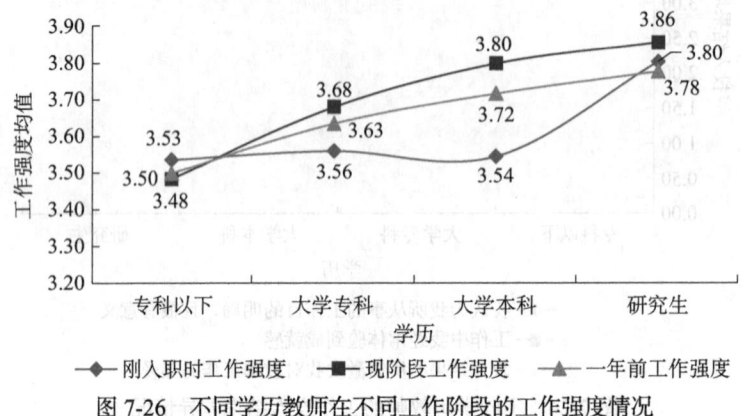

图 7-26 不同学历教师在不同工作阶段的工作强度情况

影响教师工作投入结果的还有学生管理因素。调查发现,不同学历教师的工作投入结果与学生管理和家校关系存在显著差异,在"对我来说,与学生家长沟通非常轻松""我每天工作的重心是教学,处理学生事务不需要太费精力"题项上,研究生学历教师的均值(分别为2.93和3.22)均明显高于大学本科(分别为2.67和3.18,$p<0.001$)、大学专科(分别为2.46和3.13,$p<0.001$)及专科以下学历(分别为2.49和3.02,$p<0.001$)的教师,说明研究生学历教师对于家校关系和学生管理的经验还不够丰富,而处理这两者的经验与教龄的长短相关,这也印证了之前研究生学历教师教龄较短的特点。因此,在提升教师学历的同时,我们还需要在工作中加强教师在家校沟通、学生管理方面的相关培训。

四、教师工作投入的调适策略

教师高效工作投入是应对教师忙碌、职业倦怠问题的重要手段。当前,教师忙碌已成为现实。忙碌导致教师负担沉重,身心负荷过重,引发教师职业倦怠问题,甚至日复一日的忙碌工作逐渐削弱了教师对教学工作的目标感与认同感,进而影响了教师队伍的稳定性和吸引力。教师无法高效投入工作,一方面跟教师自身处理核心工作的能力有关,另一方面也与教师所在学校内外的教学生态系统密切相关。

（一）减繁为简，解放教师精力，使其更专注地投入核心工作

1. 厘清教师权责，聚焦核心工作任务

教师有多项工作，其中教书育人是核心。但在实际工作中，有关部门为了完成某些行政任务，会把任务逐级分解到各中小学，最后落到一线教师身上。已有研究表明，教师对形式化的行政工作非常反感，如开无效率且与教学无关的会议、填写无关材料和报表、写各种学习笔记、为应对各级检查而写学习心得、周末时间被随意占用、非教学部门组织的活动太多等都会让他们产生反感心理。[1]本次调研也已证实，当前广大教师在非教学工作上分散了过多的精力。其中，除上课、辅导学生（含课后服务）等工作外，班主任每天用于其他非教学工作的时间为2.37小时，每周用于安全管理与疫情防控工作的时间为3.50小时。45.21%的二级教师认为备检迎检的强度比较大。在材料、表格填报、安全管理与疫情防控、学校其他管理性事务和社区服务工作上，城市教师平均每周花费约10小时，县城教师平均每周花费约14小时，而乡镇教师和乡村教师平均每周的工作用时分别为18小时和22小时。可见，在一线教师的实际工作中，核心工作时间被大量的非教学工作占用，致使教师的工作专注度较低。因此，有必要厘清非教育教学任务中主体的权责边界，合理划清教师的教学性任务。

教师高效投入工作的前提是厘清教师工作权责。首先，在政府及教育行政部门层面，各部门要下发明确的权责清单，并且要严格使出台的减负条例有主体可查，将教育行政部门、街道社区以及学校等主体的权责范围界定清楚。若在权责清单范围内，相关部门可下发给学校完成；若不在权责清单范围内，学校应有拒绝的权利。其次，针对重复的报表填写工作，各地教育局、学校、街道办等要智慧联动，合理控制检查、考核的频次与方法。最后，学校需根据本校实际，合理划清教师的教学性任务，本源性和专业发展类工作是教师必须承担和履行的工作职责，应将这类工作保持在适度范围内。例如，在"双减"政策实施以后，课后服务工作的出现引起教师工作量的增大，有条件的学校请本校教师承担课后服务，也应向其发放合理的课后服务津贴。一方面，学校管理者要为教师的非教学工作"做减法"，减少不必要的制度性检查或考评，或者借鉴英国为教师教学配备文职、财务和行政等职位的做法，为教师分担行政性事务工作[2]；另一方面，学校也要为教师的教育教学工作"做加法"，为教师备课、科研等教学工作设计

---

[1] 李新翠，黄露. 基于中小学教师工作现实场景的减负策略[J]. 教学与管理，2021（6）：24-28.

[2] Department for Education. Workload challenge：Analysis of responses[EB/OL].（2019-11-05）. https://www.gov.uk/government/publications/workload-challenge-analysis-ofteacher-responses[2022-08-01].

固定时段①。这样能保证教师的核心工作时间不被打扰，有利于提升教师工作专注力，提高教师工作效率，也能极大地解放教师。

2. 简化评价制度，提高教师工作效能

自2019年12月中共中央办公厅、国务院办公厅印发《关于减轻中小学教师负担进一步营造教育教学良好环境的若干意见》起，各地区相继出台了配套减负清单，但教师减负成效仍不容乐观。究其原因，主要是因为当前采用多指标评价机制评估教师的工作绩效。此外，本课题组在调研中也发现当下的职称评定制度让教师被动地承担了过多的工作任务。在46 691名公办学校教师中，任教小学、初中和高中的教师分别占61.41%、30.37%、8.23%，他们在"为更快评上职称，我主动承担了更多工作，哪怕不是很喜欢"题项上的均值（分别为3.07、3.15、3.25）都显著高于民办小学、初中和高中的教师（$p<0.05$）；而在"为更快评上职称，我主动承担了更多工作，哪怕不是很喜欢"题项上，随着职称的升高，教师的均值先升高后下降，一级教师的均值最高（$M=3.29$，$p<0.01$）。

职称作为中小学教师的主要符号象征，当前出现内卷化的特征，不同职称的教师都存在为了职称的评定而主动承担工作的情况，这极大地影响了教师的投入意愿和投入状态。首先，各地区有关部门和学校需根据实际情况简化教学无关工作，改革中小学教师的评价制度；应以教师教书育人为核心，构建包括引导学生学习、健全学生人格、培养学生学习兴趣、关爱学生健康成长等在内的核心工作评价指标体系，客观公正地构建能反映中小学教师工作特点和实际情况的评价体系，在制度上帮助教师外塑工作认知，使教师专注于教育教学本身，以此激励和促进教师发展。其次，改革中小学教师职称评定制度。中小学教师职称评定制度应立足教师主责主业，关注教师工作"教学"和"育人"的双重属性，避免将过多与教师主责主业无直接关系的工作作为评定标准，以客观公正地构建能反映中小学教师工作特点和实际情况的多元评价体系，注重教师的内生发展，以此激励和促进教师高效投入核心工作。这样既有利于让教师投入更多精力于核心工作当中，也有利于增强教师职业的吸引力，让更多有志于从事教书育人工作的教师更有活力、更积极地参与教师工作，提升教师高效工作的意愿。

---

① 赵钱森，陈禄禄，兰丹. 中小学教师工作负担的内涵、类型与减负策略探究[J]. 教师教育论坛，2020，33（10）：28-30.

（二）去浮掘深，教育改革扎根学校实际持续深入进行

1. 降低表层改革频次，扎实提升教育质量

为了进一步推进教育的高质量发展，近年来我国多次进行了基础教育改革、课程改革。2018 年，国务院办公厅印发《关于规范校外培训机构发展的意见》[1]，出台"减负三十条"。2021 年，中共中央办公厅、国务院办公厅出台《关于进一步减轻义务教育阶段学生作业负担和校外培训负担的意见》[2]，随之进行了系列教育改革。校外培训乱象得到根本性遏制的同时，社会对中小学教师课后服务、延时服务的要求不断提高。教师的在校工作时间被动延长，工作内容也产生了一定程度的变化。同时，基础教育改革大力推进育人方式的转变，2019 年颁布的《中共中央 国务院关于深化教育教学改革全面提高义务教育质量的意见》提出，要"坚持'五育'并举，全面发展素质教育"，"开展研究型、项目化、合作式学习"。[3]《教育部关于印发义务教育课程方案和课程标准（2022 年版）的通知》中就引入了大观念、大任务、大主题驱动的问题式学习、项目学习、主题学习、任务学习等综合教学形式，同时对课程内容进行了重构，更新了呈现方式。[4]诸如教学方式革新、课程内容重构等课程改革无疑对教师提出了更高的要求，教师既需要迅速适应课程标准的新要求，同时也需要积极投身于实际的教育教学之中。为了推动教师教育振兴发展、造就高素质专业化教师队伍，强师计划、国培计划等政策也陆续出台，加强了对教师的培训与管理。

高频次的教育改革、课程改革对教师提出了更高的课堂教学要求，给教师带来了更为复杂的工作情境，同时影响了教师的工作投入情况。据此，笔者建议降低改革的频次，推进教育改革向纵深化发展。首先，需要加强对教育改革、课程改革的根本性认识。一种新的教育变革理念需要得到广泛的认同，应切实增强教育变革文化的渗透性和影响强度[5]。其次，要确保教育改革、课程改革等相关工

---

[1] 国务院办公厅. 国务院办公厅印发《关于规范校外培训机构发展的意见》[EB/OL].（2018-08-22）. http://www.moe.gov.cn/jyb_xwfb/s6052/moe_838/201808/t20180822_345835.html[2022-08-01].

[2] 中共中央办公厅，国务院办公厅. 中共中央办公厅 国务院办公厅印发《关于进一步减轻义务教育阶段学生作业负担和校外培训负担的意见》[EB/OL].（2021-07-24）. http://www.moe.gov.cn/jyb_xwfb/gzdt_gzdt/s5987/202107/t20210724_546566.html[2022-08-01].

[3] 中共中央，国务院. 中共中央 国务院关于深化教育教学改革全面提高义务教育质量的意见[EB/OL].（2019-06-23）. http://www.moe.gov.cn/jyb_xxgk/moe_1777/moe_1778/201907/t20190708_389416.html[2022-08-01].

[4] 教育部. 教育部关于印发义务教育课程方案和课程标准（2022 年版）的通知[EB/OL].（2022-04-21）. http://www.moe.gov.cn/srcsite/A26/s8001/202204/t20220420_619921.html[2022-08-01].

[5] 牛利华，郑晓坤. 教育改革中的教师阻力：方式选择、归因及对策[J]. 教育理论与实践，2014，34（19）：38-42.

作落到实处。从政策制定、出台到整体的推行，以及配套的监管，教育改革的一系列相关工作也需要同步落实，绝不能仅仅体现在口号上，不能浮于表面。其次，要关注教育改革中的教师主体。一方面，教师在教育活动中担任着教育者的角色，在一定程度上也是学校环境中教育改革最直接的实践者，需要从根本上变革教师的思维和习惯，建构出教师默认的行为体系，深嵌其行为与言语之中，形成广泛的认同；另一方面，学校也需要为教师提供更多的专业发展资源，给予教师更多渠道和空间以实现自我提升；将各类教师培训计划落到实处，而非脱离实际流于形式、重复开展相似活动或是培训内容及产出成果难以服务教学实际，避免造成教师负担不减反增的情况；应切实促进教师的专业发展，使得教师能够满足教育改革所带来的新期望和高要求，使得教师有能力应对各式各样复杂的教育情境，从而提升教师的工作投入。

2. 立足实际，持续推动学校发展

多样化的教育改革会使得学校措手不及、摇摆不定，在顺应改革的过程中频繁地变更教育教学理念，"既要……又要……"的模糊态度加大了教师工作强度的同时也提高了教师的工作难度。因此，学校在发展建设过程中也应充分立足实际做出决策。顺应改革不应是自上而下地一味推行，需要同时充分考量自身的实际条件，结合学校本身的特点，自下而上全方位推动学校的发展建设。学校应结合地域特点、历史文化、学校类型、师资力量、生源特性等实际情况，凝练出独特的教育教学理念，形成特色学校文化，开展本土的校本建设。以此为基础，置身于改革洪流之中的学校可得以摆脱"乱花渐欲迷人眼"的干扰，筛选出最适合学校特色及未来发展方向的政策举措，深入推行实质性、持续性的教育改革。

扎根实际、凸显校本有助于聚焦学校的工作要点，避免过于复杂而多样化的工作。校本即"以学校为本"，主要体现在校本研究、校本培训、校本课程和校本管理四个方面。[1]教师是校本研究的重要参与者，同时也是校本课程的教授者，更是校本培训所面向的最主要群体。许多教育管理者和教师注意到师训机构或校外教育行政部门所组织的培训存在脱离实际的情况，受训教师所获得的知识与技能是外在于学校和课堂的，培训工作与实际工作存在脱节。因此立足实际，开展校本培训，有利于将培训落到实处，切实让教师将培训中学到的知识与技能应用到日常的教育教学之中，并以此为中介更好地参与校本研究、讲授校本课程。"校本"为教师提供了抓手，便于教师集中精力以更好地投入到学校工作之

---

[1] 郑金洲. 走向"校本"[J]. 教育理论与实践，2000（6）：11-14.

中；同时也有利于在学校范围内形成广泛的认同感，增强集体意识和共同体精神，进一步增强教师的工作投入。

（三）防躁缓压，给予教师韧性成长的空间和支撑

促进中小学教师高效投入工作是需要政府、社会、学校、家长和教师多方配合的系统性工作，应从整体、全局出发采取相应措施，使各方形成合力，一方面要摘下教师职业的"神化"滤镜，避免教育只求效率、不求质量的片面做法；另一方面应整合多方资源，给予教师充分的成长空间与支持，以期消解教师工作投入中的阻抗心理和消极的工作体验。

1. 防躁缓压，注重教师健康发展

当前，社会对中小学教师往往有着高期待、高要求，而缺少支持和包容，中小学教师职业不断被"神化"。与此同时，社会层面未能充分利用媒介进行正确的舆论引导，使中小学教师职业长期处于"无私奉献、不求回报""安贫乐道、为人师表"的高期待值环境中，潜在的规则使教师在工作中投入过多的精力、情感和时间，从而使其在精神和心理上承受着较大的压力。本研究也证实，在"国家对教师工作提出的各种要求和职业标准，我觉得很难达到""践行像'潜心教书育人''关心爱护学生'等行为准则，对我而言非常有挑战性"题项上，教龄为0~5年的新手教师的均值（$M=2.64$, $p<0.05$）均显著低于其他教龄的教师。此外，在"对我来说，与学生家长沟通非常轻松"题项上，研究生学历教师的均值（$M=2.93$, $p<0.001$）显著高于其他学历的教师，说明研究生学历教师在家校关系和学生管理方面的处理经验不够丰富。因此，社会应正确看待教师职业，以教师职业标准来要求教师，不应附加给教师过多职业标准以外的期待和要求；在正确看待教师这一职业的基础上，还需要充分利用媒介，强化对社会舆论的规范，不夸大、不渲染中小学教师的职业道德、美好品质和职业工作，从社会的舆论层面引导公众正确、公正、客观地认识和评价教师职业。[1]此外，学校应积极创设良好的人际环境，通过"给予教师人文关怀、发展支持以及福利待遇等"[2]促使教师将其转化为自身发展的动力。此外，学校也应积极建立以信任为基础的家校关系，使家校形成合力，共同为教师创设良好的从教氛围，关注教师的健康发展。

---

[1] 张家军，闫君子. 中小学教师负担：减与增的辩证法[J]. 教育研究，2022，43（5）：149-159.
[2] 黎琼锋，周凤霞. 关心理论视域下的师生关系及其构建[J]. 教育理论与实践，2018，38（34）：32-35.

2. 时空留白，给予教师成长空间

学校是教师专业发展的最重要场所。教师与同事的交流与合作、与学生的交流与互动、教师自身的经验和反思，都需要一定的时间和空间。时间和空间构成了教师专业成长和发展的重要因素。苏霍姆林斯基提出，"为丰富教师的精神生活创造环境和条件，使他不要白白地耗费精力和宝贵的时间，去做那些琐碎无用和妨碍他的创造性努力的事"[1]。此外，大量教师表示，其在工作中会存在"工作的弦紧绷着，我常出差错"的情况。表面上看是教师对工作疲于应对，事实上是教师缺少时间和精力对工作问题进行深入反思。因此，要给教师时空留白，这是促进教师走向高效工作投入与专业发展的路径之一。

首先，要以时间留白来缓解教师的"重负感"，即在保证本职教学工作的前提下，"适度减少形式上的会议、留痕式的考核、作秀式的调研等，将时间真正留给教师，以缓解其过度工作带来的劳累感、疲乏感，使其保持持久的教学热情与激情"[2]。

其次，不同的教师个体处于不同的发展阶段，要给予教师更多的专业自主权，并给予教师理解。对教师的理解主要分为两种：一种是学校成员对教师个体的教学观念、教学情感和教学行为能进行正确的认识；另一种是学校能充分理解不同的教师个体在教学观念、教学情意、教学行为方面的差异性，能对教师在教学观念方面偶尔出现的"不当"给予谅解和宽容，给予教师一定的空间以进行个性化发展与韧性成长。

最后，要给予教师足够的信任。学生、家长、学校领导者、各级教育部门等主体需要给予教师足够的信任，以便教师自主地解决问题，有助于教师实现高效工作。教师对工作的高度投入和教学成果的完成，也有利于教学目标的达成，从而提升教学效能。

3. 内强素养，激励教师专业发展

目前，学界对教师专业发展的认识已完成从人口负担到人力资源的超越，亟待实现从人力资源到专业资本的转变。教师专业发展和教学实践是教师专业资本积累的过程。[3]教师的专业资本离不开教师工作时的高效投入与专业积累。因此，教师应该认识到，教师职业本身需要高度专业性的教学学习，这样的学习永无止境，教师需要在工作中投入精力、能力与智慧，不断创造教学的意义与价

---

[1] 〔苏〕苏霍姆林斯基. 和青年校长的谈话[M]. 赵玮，等，译. 上海：上海教育出版社，1983：83.
[2] 周芳名. 基层减负"越减越负"的怪象及其破解之道[J]. 领导科学，2019（21）：15-18.
[3] 秦玉友. 专业资本：重新理解教师与教学实践[J]. 教育研究与实验，2020（1）：59-63.

值，体会工作高效投入的成果与获得感。同时，教师职业会随着自身专业学习与教学实践而不断升值，教师专业发展本质上就是一个专业责任持续增值的过程。从这个意义上看，教师高效投入工作意味着教师自主发掘与发展自身的专业资本，使其在专业化的学习与实践过程中体验成长感、获得感与幸福感。强化自身素养，是开发教师专业资本的前提。首先，教师应积极地调适心理状态，以积极、饱满的心态面对纷繁复杂的工作，努力寻找教师职业的价值，在心理上做到"轻装上阵"。其次，教师可以依靠专业学习共同体成员，"与他人进行频繁、高质量的交流与互动，从而形成更加稳固的专业资本，促进教师的专业化，并使教师成为教学方面的专业人士"[1]，这样的教学合作有利于促进教师个体和集体的知识创新。教师只有积极进行自我调节，同时利用好学习共同体的力量，才能在面对工作困境和挑战时减少因专业能力不足而产生的消极工作感，由此逐步达到高效工作、健康工作、快乐工作的理想状态。

---

[1] 高振宇. 教师专业资本的内涵、要素与建设策略[J]. 教师发展研究, 2017（1）: 72-78.

第八章
教师工作负荷感受调研报告

关注教师对自身所承载工作负荷的主观感受是度量教师工作强度的基本现实前提。合理的教师工作负荷是保证教师职业吸引力、维持教师工作热情、实现教育高质量产出的关键因素。要摸清当前中小学教师所承受工作负荷的基本状况,除需积极关注教师所承担的工作内容结构、工作任务量、工作投入时间等影响工作负荷形成的客观因素,亦需充分考量教师主体对于自身所承担的工作持有何种程度的负荷感受。工作负荷感受不仅映射出教师的身体健康状况和心理稳定情况,同时更体现着教师对于当下工作强度的评价。因此,本章主要从教师在教育教学工作过程中的身体反应、心理体验和强度评价这三个基本分析维度出发,对教师工作负荷感受进行分类剖析和深入探讨。基于不同维度对教师工作负荷感受进行全面、总体分析,有利于挖掘和厘清教师工作负荷感受形成的深层机理,进而为调适教师工作负荷感受、使其回归合理限度提供可操作性的疏解路径。

一、教师工作负荷感受的基本内涵

为高质量实现教育现代化优质均衡发展的预期目标，近年来，我国政府通过不断出台相关政策法规以及完善相关制度建设等，力求从顶层设计层面出发，加强教师队伍精准建设，进而实现教师群体政治地位、社会地位和职业地位的稳步提升。不良的教师工作负荷感受无疑会对教师的教育教学质量、工作生活平衡、身心健康状况以及职业满意度等各方面产生负向干扰，因此，如何使教师工作负荷感受回归合理化便成为当前助推中小学教师工作强度回归合理限度的重要议题之一。

（一）教师工作负荷感受的研究基础

伴随着世界经济发展的新势态，教育的发展不断迎来新的时代要求和挑战。整体来看，"教师的工作类型增多、教师的工作总量扩充、教师的工作时间变长"等成为当前世界多国中小学教师在教育教学过程中所显现出来的新的工作特征走向。2013年，英国教育部开展的教师工作负荷相关项目调研发现，英国几乎全部中小学教师的周均工作量高于50小时，由此，英国教育部成立了"教师工作负荷挑战"专项调研小组，以对生成教师工作负荷的因素进行具体考察。[①]2019年，日本文部科学省召开的中央教育审议会下发了《关于贯彻落实学校工作方式改革紧急对策及学校工作改进和工作时间管理等相关措施的通知》，以此来应对日本中小学校中因工作时间过长和工作负荷过重而罹患精神疾病的教师数量持续攀升的不良教育样态。[②]2019年，一项为研究教师工作现状而面向我国各地中小学教师发放的近10万份问卷的调研结果显示，在所有被调查的教师群体中，约有九成教师持有"当前教师工作负荷过重已成为常态，并逐渐成为基础教育阶段亟须解决的一个突出难题"这一观点。[③]这表明减轻中小学教师的工作负荷，使教师持有更加正向、积极的工作体验已成为世界各国关注的教育生态热点，亦成为我国教育学术领域开展教师群体相关研究的工作重点。面对我国中小学教师群体工作负荷过载的现实问题，近年来学者相继从诸如教师职业倦怠、教师工作负担、教师职业幸福感等不同角度切入，以多维视角审视并力求改善教师

[①] 黄志军，刘冰欣，黄春花. 英国新一轮中小学教师减负政策探析[J]. 外国教育研究，2020，47（8）：70-87.

[②] 文部科学省. 新しい時代の教育に向けた持続可能な学校指導・運営体制の構築のための学校における働き方改革に関する総合的な方策について（答申）[EB/OL]. （2019-01-25）. https://www.mext.go.jp/content/1413324_007.pdf[2022-10-06].

[③] 熊建辉，姜蓓佳. 中小学教师工作负担现状调查与减负对策[J]. 中国教师，2019（9）：72-75.

群体的现实生存样态。有学者在相关研究中指出，一方面，我国中小学教师群体不仅要承受共性的职业要求，如专业技能，还要承受教师职业的特殊要求，如学生升学考试压力、学生行为引导和多角色期待等；另一方面，教师工作又呈现出压力和强度过大的不良反应，严重影响了教师的职业心理健康，致使部分教师陷入职业倦怠的泥沼。[1]当前教师由职业劳动异化所造成的低感受度使得其职业幸福感整体处在较为低落的现实困境之中，过高的职业压力与负担所导致的教师工作主体异化及工作场域异化是最主要的原因。[2]立足于教师群体的不良发展状况，近年来我国对教师工作负荷的研究也呈现出逐步深入的延展样态，教师工作负荷的核心衡量指标从以往仅针对教师职业倦怠的单一化研究中剥离出来，"工作量""工作时间""工作任务结构"等作为重要研究主题陆续涌现[3]，本书对教师工作的研究聚焦到"工作负荷感受"，则是对该领域研究问题的继续拓展及深度延伸。

（二）教师工作负荷感受的内涵解析

"负荷"一词的汉语语意词源始现于《春秋左传·昭公》，"子产曰：古人有言曰，其父析薪，其子弗克负荷"[4]。此处"负荷"为"肩负、背负"之意。之后，该动词之意在《后汉书·公孙瓒传》"臣虽阘茸，名非先贤，蒙被朝恩，负荷重任"[5]中亦得以体现。而在明代梁辰鱼的《浣纱记·送饯》"扁舟北济，痛黎民负荷有谁？"[6]一曲中，"负荷"则体现为名词之意，意指人所"承担的压力和痛苦"。对于"工作负荷"的学理性定义，自20世纪60年代起国内外研究者陆续从各自的研究课题和探究问题出发，分别提出了不同的定义和见解。1975年，卡普兰（Caplan）和琼斯（Jones）将工作负荷定义为：在既定时间限度内需要达到的任务量。[7]1988年，基尔迈尔（Kirmeyer）和多尔蒂（Dougherty）在其研究中认为，工作负荷内隐着任务量和工作能力之间的联系，反映的是单位时间

---

[1] 齐亚静，伍新春，胡博. 教师工作要求的分类——基于对职业倦怠和工作投入的影响研究[J]. 教育研究，2016（2）：119-126.
[2] 柳海民，郑星媛. 教师职业幸福感：基本构成、现实困境和提升策略[J]. 现代教育管理，2021（9）：74-80.
[3] 刘卓雯. 我国教师负担研究的热点与前沿分析（2001—2020年）——基于CiteSpace的可视化分析[J]. 教育与教学研究，2021，35（9）：87-98.
[4] 左丘明. 春秋左转[M]. 北京：团结出版社，2017：293.
[5] 范晔. 后汉书·卷七十三·刘虞公孙瓒陶谦列传[M]. 北京：中华书局，2007：260.
[6] 梁辰鱼. 梁辰鱼集·浣纱记·送饯[M]. 上海：上海古籍出版社，2010：471.
[7] Caplan R D, Jones K W. Effects of workload, role ambiguity, and type a personality on anxiety, depression, and heart rate[J]. Journal of Applied Psychology，1975，60（6）：713-719.

内个体所能承载的任务量。[1]1996年，韦尔特曼（Veltman）和盖拉德（Gaillard）将工作负荷进一步诠释为个体在完成任务的过程中不得不付出的生理以及心理等方面的成本。[2]2001年，马斯拉奇（Maslach）等在研究工作倦怠问题时把工作要求划分为量化和质化两部分，并指出工作负荷应归类为量化的工作要求。[3]2008年，我国学者卢润德和方艳将工作负荷定义为在一个单位时间内个体所承担的任务量。[4]由此可以看出，国内外众多学者认为工作负荷的概念大多与工作任务量、工作时间投入、工作对身心造成的影响等要素息息相关。基于研究的专业属性需要，本书将"教师工作负荷感受"定义为教师个体在单位时间内承受的工作量所引起的教师在身体反应、心理体验、工作强度评价等方面的综合反应。

二、教师工作负荷感受的现实状况

教师工作负荷问题的研究开展需要依托科学的监测体系和高质量的监测工具，以指导具体的实际调研。教师工作负荷监测工具的开发一般包括对教师工作负荷监测标准的框架构建、论证以及对监测指标的界定与确立等步骤。在本研究中，教师工作负荷监测工具的整体设计起步于调研团队经多轮讨论后的初步编制，优化于数位专业人士的审核和校对，完善于工具测试调研后对监测指标的再次调整。最终，本研究选取强度评价、身体反应和心理体验作为探析教师工作负荷感受的三个主要观测维度，建构起了监测教师工作负荷的基本指标框架。

（一）教师工作负荷感受的观测维度划分

在本研究中，教师工作负荷感受不仅聚焦教师强度评价这一维度，还延伸到身体反应和心理体验两个维度。以身体反应维度反应教师工作负荷感受的关键在于衡量工作强度对教师的疲倦程度、睡眠质量、体力状况、健康状态等方面所产生的影响；以心理体验维度透视教师工作负荷感受，主要观照工作强度对教师工作满意度、工作幸福感、自我效能感、工作认同感以及工作焦虑体验等的心理感

---

[1] Kirmeyer S L, Dougherty T W. Workload, tension, and coping: Moderating effects of supervisor support[J]. Personnel Psychology, 1988, 41（1）: 125-139.

[2] Veltman J A, Gaillard A W. Physiological indices of workload in a simulated flight task[J]. Biological Psychology, 1996, 42（3）: 323-342.

[3] Maslach C, Schaufeli W B, Leiter M P. Job burnout[J]. Annual Review of Psychology, 2001（52）: 397-422.

[4] 卢润德, 方艳. 国内外工作负荷评估研究综述[J]. 商场现代化, 2008（11）: 366.

受层面的平衡所带来的扰动。健康稳定的身体反应、良性积极的心理体验、满意合理的强度评价是教师工作负荷感受理想状态的具体表征，同时更是激发教师从事教育教学工作内生动力的关键所在。本研究以身体反应、心理体验、强度评价作为剖析教师工作负荷感受的三个主要观测维度，有利于广度涵括和深度把握教师工作负荷感受的生成机理。调研数据的均值越高，表明教师工作负荷感受越差。对数据的初步分析结果显示，身体反应维度与教师工作负荷感受存在着强相关关系（r=0.82，p<0.01），心理体验维度与教师工作负荷感受之间也呈现出一定程度的相关性（r=0.66，p<0.01），强度评价维度与教师工作负荷感受有着较强的相关性（r=0.79，p<0.01），表明这三个维度均能在一定程度上反映出教师工作负荷感受的现实状况。

（二）教师工作负荷感受的多维透视

通过对调研数据的分析可知，教师工作负荷感受总体上处于中等偏下水平（M=3.45），这表明教师工作负荷感受的总体状况并不乐观。进一步考察身体反应、心理体验、强度评价这三个维度的基本情况，发现教师在身体反应维度上的均值较高（M=3.57），远高于中等水平，这表明过重的工作负荷已经对教师的身体健康状况产生了一定程度的负面影响；此外，教师的心理体验状况相对良好（M=3.06），大致处于中等水平，但仍未达到理想状态；在强度评价维度上，教师群体自评其工作强度的均值为3.70，这表明教师认为其自身工作强度处于较高水平。对这三个维度的现实状况进行深层次分析，结果主要呈现出如下特征。

第一，教师身体健康状况有待关切。教师在教育教学工作中所呈现出的身体疲劳感、睡眠质量、体力精力心力、健康精神等状态的表现，可说明工作负荷对教师身体反应方面所造成的影响。身体反应状态越差，则表明教师工作负荷感受越强。通过对数据的分析可得出，目前我国中小学教师群体的身体反应得分表现（M=3.57）显然映射出了教师持有较强的工作负荷感受这一事实。健康的身体状况是教师顺利开展教育教学工作的本体和基础，当教师的身体健康状况受到过重工作负荷的明显影响进而产生不良反应时，毫无疑问其会对教师的工作满意度和职业幸福感等多方面产生不良影响。

第二，教师心理体验状况相对良好。教师工作负荷感受将直接影响到教师对工作满意度、教学效能感、工作紧张感以及工作认同感等心理体验的评价。消极的心理体验往往会导致教师出现情绪衰竭感、焦虑感和失控感，进而引发教师职业倦怠等不良职业表现的出现。因此，重视教师在工作过程中的心理体验，是教师更好地投入到教育教学工作中的必要基础。本次调研数据分析结果显示，目前我国中小学教师群体在工作负荷感受的心理体验维度上的均值处于中等水平（M=3.06），但这并不能说明我国中小学教师群体的心理状况普遍良好，其距离中小学教师个体的心理状况的理想状态仍有较大的努力空间。

第三，教师工作强度主观评价不容乐观。教师普遍认为，自入职以来的教育教学工作强度呈现出持续攀升的不良态势。由调研结果可知，现阶段的教师工作强度评价均值已达到3.70，其中有68.17%的教师认为其在整个学期中都处于工作强度较大的境况。本次调研让教师对现阶段、刚入职时、一年前以及未来三年的工作强度进行自我评价，教师需依据自身实际情况对每个题项做出选择，选项从"非常低"到"非常高"共分为五级，分别计1~5分，分值越高代表教师自评的工作强度越大，结果如图8-1所示。总体而言，教师群体对所有阶段的工作强度评价均为适中至比较高；随着工作年限的逐渐增加，教师对自身工作强度的评价也逐步向着更高的强度感受偏移；预计未来三年教师的工作强度将会持续加大，均值约高达3.81。这说明当前我国中小学教师群体承担的由教育教学工作量引起的工作负荷感受已普遍超出了教师群体身心可承受的合理水平，教师群体面对着过量的工作任务、过高的工作要求、过长的工作时间和过度消解的身心精力，导致教师群体在教育教学过程中溢生出负面反应，进而影响教育教学质量。可见，持续攀升的工作强度给教师所带来的不良影响不容乐观。

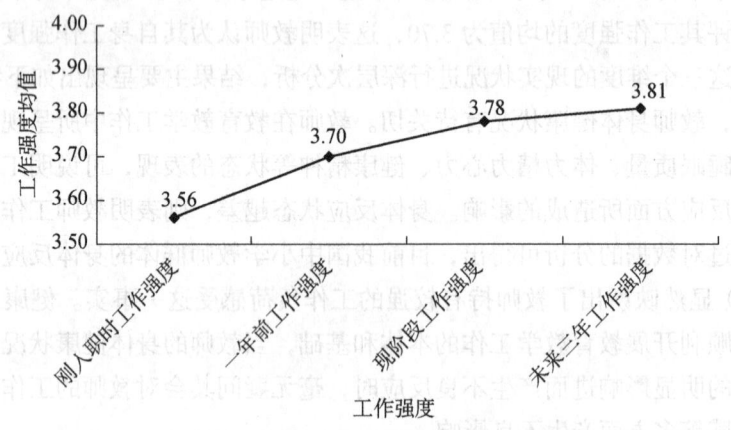

图8-1 教师自评工作强度的发展趋势

身体反应、心理体验、强度评价是教师工作负荷感受的三个基本表征维度，相比较身体反应和心理体验，强度评价能够直接体现教师对工作负荷的感受，这说明若想在理论和实践上使得教师工作负荷感受趋于理想状态，必须要先关注持续攀升的教师工作强度问题。

三、教师工作负荷感受的问题分析

无论是对教师工作负荷感受进行的总体评测，还是对教师在强度评价、身体反应和心理体验等观测维度上进行的细化测量，本次调研的数据结果均显示，当前我国教师的工作负荷感受水平不太乐观，分析引致教师工作负荷感受过重的相关因素，是透析当前教师工作负荷感受不良问题实质的必由之路，亦是针对性地提出教师工作负荷感受调适策略的先决条件。教师工作负荷感受不仅受到教师工作内容结构的制约和扰动，同时也受人口学变量及区位变量的差异性影响，在不同程度上显现出了个体性、群体性、职业性及区位性等特征。

（一）教师工作负荷感受影响因素之工作内容结构分析

基于现实状况，有学者对国内目前已有的关于教师负担现状的研究进行综述梳理后认为：我国基础教育阶段的教师群体普遍承担着庞杂的工作任务。[①]教师承担的工作内容结构以及实际付出的工作时间和身心精力是教师工作任务总量的直接体现，也是影响教师工作负荷感受的主要因素。因此要想精准分析教师工作负荷感受具体受何种因素的影响，以及区分各因素的影响权重，就必须了解和深挖教师对目前的各项具体工作内容的看法和意见。在本次调研中，课题组根据教师的教育教学工作内容是否直接关系到学生培养、工作事项是否主要集中在学校场域这两项主要判定标准，将教师在学校可能承担的所有工作内容划分为教育教学工作、学校非教育教学工作和学校外部事务这三类范畴。对教师工作内容的细化区分有利于我们进一步分析对教师工作负荷感受造成负向扰动的具体影响因素，同时亦可以明晰教师群体在当前工作中的减负期望和职业诉求。

1. 教育教学工作是影响教师工作负荷感受的核心范畴

对教师在日常工作中强度较大的工作内容进行调查，结果显示，在教师选择最多的前五项日常工作中，备课、作业批改与分析、上课以及学生管理这四项归属于教师常规的教育教学工作，详见图8-2。这表明常规的教育教学工作是导致教师工作强度过重的主要工作内容。

教育教学工作是教师的核心工作内容，教师的一切工作都应围绕该部分工作内容展开。但在教育教学工作范畴中，除了前面四项常规性的教育教学工作外，

---

① 张家军，张迪. 我国教师负担研究的现状审视与未来展望——基于核心期刊的文献计量分析[J]. 教育理论与实践，2022（14）：23-29.

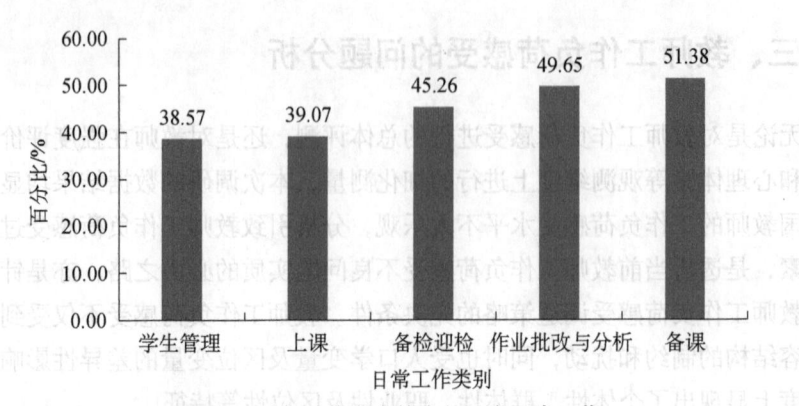

图 8-2　教师工作强度较大的五类日常工作

还包括辅导学生、课后服务、思想品德教育、教育教学评价等工作内容。这些工作内容都会影响教师的工作负荷感受。调研结果显示，相对于学校非教育教学工作（M=3.56）和学校外部事务（M=2.56）给教师工作负荷感受带来的影响，教师普遍认为教育教学工作（M=3.68）是引致其工作负荷感受不佳的主要来源。这在一定程度上说明，教育教学工作是教师需要耗费大量心神的工作内容模块，而教师是否有充足精力投入到教育教学工作任务中，在很大程度上取决于学校非教育教学工作和外部事务是否过多占用了教师的工作时间和精力。经由进一步分析可发现，备课、作业批改与分析与上课这三个教学环节是教师群体所公认的形成其教育教学工作负荷的主要内容。事实上，在教师的所有工作中，最易给教师群体造成不良负荷感受的工作内容是其在心理上主观认为最重要的工作事项以及最需要投入心力去做好的任务内容。教师工作就像同心圆一样，所有的工作都应该围绕基本的教育教学工作展开，其他工作不应过多地分散教师原本该用于教育教学工作的精力和时间，这应是舒缓教师工作负荷不良感受的重心所在。

2. 非教育教学工作是调控教师工作负荷感受的主要途径

本研究对教师应该减轻的工作负荷进行调查，结果显示，教师认为应该减轻的五类工作负荷排序为备检迎检、各种会议、职称评定、考核评估以及"公众号、APP 等信息处理"，见图 8-3。

不难发现，这五类工作负荷均应归类于教师所承担的学校非教育教学工作中。学校非教育教学工作主要包括教科研活动、专业培训、学生指导、教学相关会议、家校沟通与家庭教育指导、团队会工作、备检迎检等相关事项。调研结果显示，教师对学校非教育教学工作的强度评价略低于教育教学工作，但教师对工作内容结构的减负诉求却主要集中在这一部分，有 45.26% 的教师认为备检迎检是影响教师工作负荷感受不佳的主要因素。显然，教师群体普遍认为学校的非教

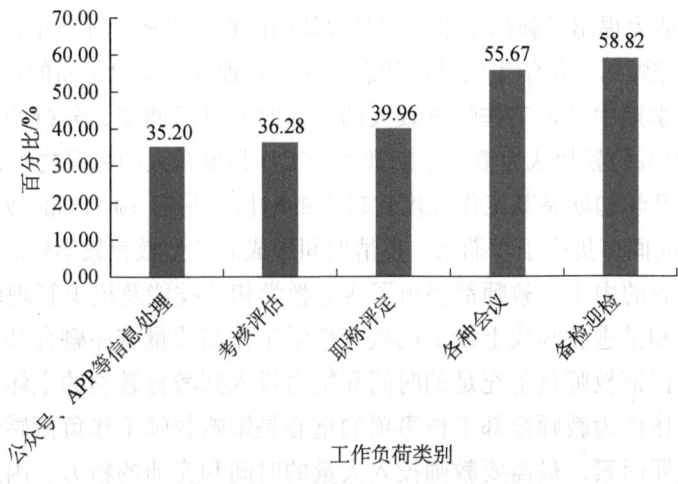

图 8-3 教师认为应该减轻的五类教师工作负荷

（柱状图数据：公众号、APP 等信息处理 35.20；考核评估 36.28；职称评定 39.96；各种会议 55.67；备检迎检 58.82）

育教学工作直接对教育教学工作造成了不同程度的干扰，致使教师群体无法将更多的时间和精力投入到直接教育教学工作上，这是造成教师工作负荷感受过重的主要原因。此外，学校外部事务也是造成教师工作负荷过重的一个重要因素。学校外部事务范畴主要包括街道社区事务、执勤、创城、扶贫等事项，对于这一部分工作给教师造成的工作负荷感受，教师给出了略低的强度评价值，可能的原因有以下几点：一是从工作性质上讲，学校外部事务并不是教师的本职工作内容，因此相较于教育教学工作，其总体工作任务量相对较低。二是从工作投入上讲，学校外部事务更多来自组织的任务型要求，教师在处理这部分工作事项时会切分其理应投入到教育教学工作上的时间和精力，但通常不会对教师造成过多的绩效压力，因此教师对其工作强度的评价便会低于直接教育教学工作。但从对教师工作强度整体评价产生的影响来看，教师承担过多过杂的学校外部事务对教师工作强度感受的整体评价带来了负向干扰。因此，当教师在从事教育教学工作的过程中感到精力不足时，理应在不影响学校发展的前提下尽可能地缩减学校外部事务对教师整体精力的分散，这是保障教师顺利且有质量地开展教育教学工作的必要路径。

3. 线上教育模式的蓬勃发展是加重教师工作负荷感受的新向度

2019 年末以后的一段时期至疫情结束，采取居家办公的线上教学模式成为学校和教师有效开展课堂教学活动形式的不二选择。调查数据显示，教师群体普遍认为线上教学活动的开展使得教育教学工作量相较于平时有所增加（$M=3.70$）。要实现从线下到线上教学模式的自如切换，这不仅对教师的信息素养和数字化能力提出了新的要求，更对教师如何在线上教学环节中调动学生课堂积极性以及兼顾每一位学生的学习状态等课堂管理能力提出了新的挑战。进一步对该时期一学期中教师工作强度较大的具体时间进行调查，分析调查结果后发现：有 68.17%的教师认为整个学期都处于工作强度较大的境况之中，有 14.78%的教师认为开学初期是其工作强度比较大的时段，另有 10.71%的教师认为工作强度较大的时间多集中于学期末。疫情期间形成的新型教育教学样态，对我国各地区几乎所有的中小学教师都提出了线上教学相关技能及组织管理能力的高要求，要保证和推进教师线上线下的教育教学工作高质量有序融合开展，首要前提就是需要保证教师具备充足的时间和精力投入到教育教学的主体工作中来。教育教学工作作为教师全部工作事项的重心是影响教师工作负荷感受之强度评价维度的主要因素，最需要教师投入大量的时间和充沛的精力。因此，基于疫情期间教师现实的工作样态，降低非教育教学工作和学校外部事务对教师工作时间和整体精力造成的分散，成为该时期教师工作减负的迫切现实诉求。

（二）教师工作负荷感受影响因素之人口学变量差异分析

虽然在相同的学校组织环境下，同层级的教师群体可能会面临几近等量的工作要求，但因为个体具有主观感受差异性，每个个体对于工作负荷的感受有所不同。因此，基于人口学变量进行差异分析，可明晰教师工作负荷感受的个体差异或群体差异。通过分析可以得到，教师个体及群体因受到性别、教龄、学历、职称、岗位等因素的扰动，表现出了明显的工作负荷感受差异。

1. 性别差异：男教师的总体工作负荷感受水平优于女教师

性别是影响教师工作负荷感受的重要因素。调查结果显示，女教师与男教师的工作负荷感受存在显著差异，整体而言，男教师的总体工作负荷感受水平优于女教师，男女教师在强度评价、身体反应和心理体验这三个维度上均存在显著差异。男教师在强度评价和身体反应这两个维度上的得分均值略低于女教师，呈现出相对较差的感受水平；而女教师在心理体验维度上的均值略低于男教师，二者均大致处在中等水平，见表 8-1。

表 8-1 教师工作负荷感受及各个维度的性别差异

维度	性别	n	M	SD	t
教师工作负荷感受	男	12 722	3.42	0.67	−4.96***
	女	36 152	3.45	0.64	

续表

维度	性别	n	M	SD	t
强度评价	男	12 722	3.63	1.03	−9.61***
	女	36 152	3.72	1.06	
身体反应	男	12 722	3.53	0.89	−5.65***
	女	36 152	3.58	0.89	
心理体验	男	12 722	3.10	0.63	8.58***
	女	36 152	3.05	0.56	

注：得分越高表示教师工作负荷感受水平越差

调查结果表明，男教师的总体工作负荷感受水平优于女教师，此外，在强度评价和身体反应维度上，男教师所感受到的工作强度相对较低，整体工作要求对其身体所产生的影响相较于女教师而言要略小一些。这可能是因为男性相较于女性而言具备先赋性体能优势，因此在应对教育教学工作量时，其承受负面主观感受和不良身体反应的阈值边界会得以拓展，即相较于女教师而言，男教师在强度评价和身体反应这两个维度上的得分均值要更低一些，可以说男教师在这两个维度上的表现更理想一些。但教师的工作量问题仍亟须引起人们的重视，工作量超载势必会加重教师对工作强度的负向感受，长此以往会给教师的身体健康状况等带来负面影响。

但在心理体验维度上，相较于男教师，女教师的心理负荷感受水平较高，面对工作要求时具备更好的心理状态。这可能是因为相较于男教师，女教师通常在岗位晋升方面的期望和诉求会略低一些，因而女教师的心理负荷感受情况相对较好。

2. 教龄差异：中教龄教师的工作负荷感受差于其他教龄的教师

对不同教龄的教师工作负荷感受得分进行分析，结果发现不同教龄教师的工作负荷感受得分存在显著差异（F=112.33，p<0.001），其在强度评价、身体反应以及心理体验维度上的得分亦存在显著差异，见图8-4。

随着教龄的增长，教师的工作负荷感受略有增加，直至大致趋于平稳水平。具体来讲，教师群体在教龄方面的差异主要呈现出如下现状。

一是低教龄教师的工作负荷感受相对较弱。首先，作为刚刚正式从事教育教学工作的低教龄教师，受到其职业理想、职业活力、年轻体力、扎实学科知识储备和先进教育理念熏陶等有利因素的影响，其在工作岗位上会具备更加高涨的热情和更高的积极性；其次，刚入职的年轻教师更懂得利用信息技术手段优化教学过程和提高教学效率，也能够及时探索和更新更为先进的教育教学技术手段以及

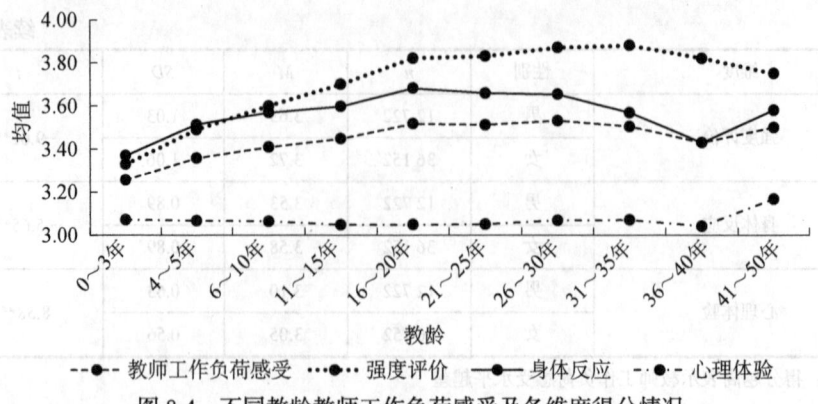

图 8-4　不同教龄教师工作负荷感受及各维度得分情况

利用先进的教学设备；最后，作为职场新人的低教龄教师在学校中通常承担的是较为基础性的教育教学工作，因此单从工作量的影响来讲，低教龄教师在学校场域中开展教育教学工作时感受到的工作负荷感受往往要弱于其他教龄段的教师。

二是中教龄教师工作负荷感受相对较强。首先，作为在学校中开展教育教学工作的中坚力量，中教龄教师主要承担着推进学校发展和产出学校主要教育成果的任务指标，工作负荷相对较大；其次，中教龄教师除了在工作上要承担更多的责任外，在生活中也面临着下育儿女、上养老人等更为繁重的家庭义务和社会责任；最后，中教龄教师通常在职位晋升以及职称评选上具备发展提升的更大空间和更多可能性，这就要求他们势必要投入较多的精力，以期得到符合评选条件的教育产出成果。

三是高教龄教师在工作负荷感受的心理体验维度上略有浮升。首先，由于体力原因，高教龄教师大多已不再是学校推进教育教学工作的核心力量，从而导致高教龄教师容易在工作场域被边缘化，可能会导致其在体会到不被重视后出现心理落差；其次，高教龄教师往往会因为无法跟上新时代网络教育教学的技术要求而影响其教学效能感的获得；最后，因为高教龄教师面临着退休的现实境况，其在学校组织环境中的身份地位容易在无形中被弱化，从而会在一定程度上形成低心理体验状态。

3. 学历差异：不同学历教师的总体工作负荷感受及各维度的感受存在显著差异

学历代表了从事教育事业的教师个体的重要教育经历和学习历程，会对其在职业生涯中开展工作产生重要影响。本研究将所调查教师的学历按照高中及以下、中专/技校、大学专科、大学本科、研究生学历（包括硕士研究生和博士研究生）这几类学历层次进行划分，对不同学历教师的工作负荷感受得分进行差异分析。在所调查的 48 874 名教师中，大学本科学历的教师多达 37 283 人，占总样本的 76.28%，大学专科学历的教师约占 15.57%，硕士研究生和博士研究生学历的教师各占 7.10% 和 0.11%。这几类学历层次所占比例合计达 99.06%，这说明目前我国中小学教师的整体学历水平较高。进一步对不同学历教师的工作负荷感受进行差异分析，发现不同学历教师的工作负荷感受存在显著差异，见表 8-2。

表 8-2　教师工作负荷感受及各个维度的学历差异

学历	n	占比/%	教师工作负荷感受	强度评价	身体反应	心理体验
高中及以下	127	0.26	3.38	3.57	3.41	3.16
中专/技校	331	0.68	3.41	3.63	3.46	3.14
大学专科	7 612	15.57	3.46	3.74	3.55	3.08
大学本科	37 283	76.28	3.45	3.70	3.58	3.06
硕士研究生	3 469	7.10	3.41	3.66	3.55	3.03
博士研究生	52	0.11	3.34	3.70	3.50	2.99
F			2.87*	4.03**	3.48**	5.71***

首先，在教师工作负荷感受方面，学历越高，教师的工作负荷感受越差，这可能与学历较高的教师承载着更高的职业期望和工作任务要求相关。均值水平最佳的是具有博士研究生学历的教师，而均值水平最差的是具有大学专科学历的教师，其中，硕士研究生学历教师的工作负荷感受水平显著优于大学专科和大学本科学历教师。在强度评价维度上，均值水平最佳的是具有高中及以下学历的教师，均值水平最差的是具有大学专科学历的教师，其中，硕士研究生学历教师的工作强度水平要显著优于专科学历教师。在身体反应维度上，均值水平最佳的仍为具有高中及以下学历的教师，均值水平最差的为具有大学本科学历的教师。在心理体验维度上，博士研究生学历教师的心理负荷感受最优，而具有高中及以下学历的教师心理负荷感受相对最差，硕士研究生学历教师的心理体验水平要显著优于中专/技校、大学专科以及大学本科学历教师。这可能是因为获得研究生学位的教师大多在其较长的学术生涯历练中收获了较强的心理韧性、专深的知识积淀、发现问题及解决问题的思维范式，因此在教育教学过程中，这些教师能够更加游刃有余地应对和解决各种教育教学问题。与之相反，具有高中及以下学历的教师因其本身原始知识结构的缺漏，面对日新月异的教育新问题和新要求，往往缺乏较为专业的理论指导，较难依托于专业科学的思维范式来分析与解决问题，而是更多只能依赖于往日教育教学经验的积累。在当下人才济济的社会现实中，教师工作也在工具理性主义的引导下更加注重教育教学效果即教育绩效的达成，

当跻身于其他学历层面的教师队伍中时,低学历教师群体难免会有较高的心理压力和较差的心理负荷感受。

4. 职称差异：职称越高的教师工作负荷感受水平越差

不同职称对教师的知识基础、专业技能以及业绩成果方面有着不同的要求，因此不同职称的教师在应对同等程度的工作要求时会体现出有差别的工作负荷感受。对不同职称教师的工作负荷感受总体状况及其各子维度进行差异分析，结果见表8-3。

表8-3 教师工作负荷感受及各维度的职称差异

职称	n	教师工作负荷感受	强度评价	身体反应	心理体验
未定级	5 288	3.27	3.40	3.33	3.06
三级教师	658	3.30	3.37	3.48	3.06
二级教师	11 139	3.38	3.52	3.56	3.07
一级教师	19 387	3.50	3.78	3.65	3.07
高级教师	12 272	3.51	3.90	3.56	3.04
正高级教师	130	3.54	3.95	3.63	3.05
F		156.43***	284.96***	113.19***	3.33**

由不同职称教师的工作负荷感受及各维度得分情况的差异分析结果可知，未定级教师的工作负荷感受总体状况最佳，三级教师次之；在强度评价维度上，三级教师的强度评价得分最佳，未定级教师次之；在身体反应维度上，未定级教师得分仍为最佳，三级教师次之；而在心理体验维度上，高级教师得分最为理想，正高级教师次之。从不同职称教师工作负荷感受的总体状况来看，未定级教师的工作负荷感受水平要显著优于其他职称的教师，三级教师的工作负荷感受水平显著优于二级教师、一级教师、高级教师以及正高级教师，二级教师的工作负荷感受水平显著优于一级教师和高级教师。具体而言，职称对教师工作负荷感受产生的影响主要表现出如下特点。

一是职称越高，教师的总体工作负荷感受水平越差。由调研数据可知，未定级教师的工作负荷感受相对最优（M=3.27），正高级教师所持有的工作负荷感受相对最差（M=3.54）。这在一定程度上说明，随着职称的升高，教师在学校里承担的教育教学责任可能就会越重，即所发挥的教育作用就会越大，因此其所承受的工作负荷也会越来越大，这也验证了在强度评价维度上，正高级教师对教师工作强度评价的均值（M=3.95）最高的事实。

二是在身体反应维度上，相较于其他教师群体，一级教师群体所承载的工作负荷在身体反应维度上有着较为明显的负面倾向。这可能是因为通常评上一级职称的教师正处于中年时期，其担负的工作责任和家庭责任往往最重，这会造成这一职称教师的工作负荷感受相对较差，尤其是体现在身体反应维度上。

三是在心理体验维度上，正高级教师所感受到的由工作带来的心理负荷感受相对最弱，而一级和二级教师认为由工作带来的心理负荷感受最强。这是因为正高级教师在职称评级上已经处于封顶阶段，因此该群体可不用迎合和追求职称评定的硬性标准，从而能以更加自如放松自如的心态开展教育教学工作。但是作为刚从三级职称升上来的二级教师群体，其势必不会满足于当前的职称阶段而想要继续晋升，因此他们就需要付出更多的精力以投入到教育教学工作中，以期获得优胜性的教育教学效果，从而成为职称评定时的加分项。

5. 岗位差异：班主任群体的工作负荷感重于非班主任群体

岗位设置意指为了完成组织内部的工作任务、促进组织工作的有效开展，在组织各个部门的工作中进行相应专业工作人员的划分配备。[1]班主任是在中小学系统中以班级为基本管理单位存在的必要岗位设置，班主任在日常的学生管理工作中承担着相对繁重的工作任务。为了明晰班主任和普通科任教师工作负荷感受的差异状况，并能够就各种岗位的特殊性提出有针对性的减负策略，有必要对这两大群体开展差异分析。在本次调研中，为方便进行整合性分析，我们将班主任与副班主任群体合并为"班主任"群体，共计 22 112 名教师，非班主任群体共计 26 762 名教师。调研数据结果显示，班主任与非班主任在工作负荷感受及各子维度上均存在显著差异，见表 8-4。

表 8-4 教师工作负荷感受及各个维度的岗位差异

教师类型	n	教师工作负荷感受	强度评价	身体反应	心理体验
班主任	22 112	3.53	3.79	3.71	3.08
非班主任	26 762	3.38	3.63	3.45	3.05
t		25.80***	17.36***	32.14***	5.29***

在强度评价、身体反应以及心理体验这三个维度上，班主任与非班主任的心理体验维度均值都较为理想，大致接近中等水平，身体反应维度的均值次之，强度评价维度的均值最差。此外，不论是在教师工作负荷的总体感受还是在其他各个维度上，非班主任的得分情况均优于班主任。岗位对教师工作负荷感受产生的

---

[1] 李响. 武汉市 C 区机关事业单位编外人员岗位设置管理研究[D]. 武汉：华中师范大学，2019.

影响主要表现出如下特点。

首先，不管是教师群体的总体工作负荷感受，还是教师对工作强度的评价，抑或是当前工作负荷对身体和心理方面产生的影响，班主任群体在这些维度上的得分均高于非班主任群体。这意味着不管是客观的工作任务还是主观的精神压力，相较于非班主任群体，班主任群体显然承受了更多。因此，学校需要对担任班主任的教师给予更多的工作支持和情感关怀，采取有效措施来提高班主任群体的职业满意度，进而降低其相对负面的工作负荷感受。

其次，班主任和非班主任群体在身体反应维度上的负荷感受差别最大。这就说明了相比于非班主任，班主任切实承担了更多对身体健康产生影响的工作任务。因此，在调节和改善班主任的工作负荷感受时，应该首先考量其工作内容构成，从客观工作量上着手进行相应调整。

最后，在心理体验维度上，虽然班主任相较于非班主任的负荷感受得分略高，但是与其他两个维度相比，这两类群体在该维度上的负荷感受差距相对较小。这就说明不管是否担任班主任，教师群体所从事的教育教学工作都需要其尽可能地投入较多的心力来推动培养目标的完成。只不过相较于非班主任，影响班主任心理体验的工作任务结构更为庞杂，工作量也更大。

（三）教师工作负荷感受影响因素之区位变量差异分析

由于城乡和地区的不同，教师群体所处的工作环境、面对的教育政策及学生群体等方面均存在较大的差异。为此，本次调查从城乡和不同地区这两个维度出发，对教师的工作负荷感受进行差异分析。从数据分析结果来看，教师的工作负荷感受存在显著的城乡差异（$F=40.82$，$p<0.001$）和地区差异（$F=152.70$，$p<0.001$），具体见表8-5。

表8-5 教师工作负荷感受及各维度的区域差异

类别		n	教师工作负荷感受	强度评价	身体反应	心理体验
城乡	城市	14 789	3.49	3.79	3.63	3.05
	县城	9 630	3.44	3.63	3.62	3.08
	乡镇	19 482	3.43	3.70	3.52	3.06
	村	4 973	3.39	3.62	3.49	3.07
	F		40.82***	55.83***	69.03***	3.52*
地区	东部地区	2 279	3.53	3.86	3.65	3.07
	中部地区	1 684	3.47	3.64	3.70	3.08

续表

	类别	n	教师工作负荷感受	强度评价	身体反应	心理体验
地区	西部地区	22 752	3.38	3.51	3.55	3.08
	东北地区	22 159	3.50	3.89	3.57	3.04
	F		152.70***	530.80***	22.56***	12.62***

从城乡分布来看，在村任职的教师的工作负荷感受要优于城市、县城及乡镇教师。从地区分布来看，西部地区教师的工作负荷感受要优于东部地区、中部地区及东北地区教师。此外，在强度评价、身体反应和心理体验三个子维度上，无论是从城乡分布还是从地区分布来看，教师工作负荷感受均存在显著差异。具体来讲，教师工作负荷感受受到区位因素的影响，主要表现出如下特征。

1. 城乡差异：城市教师的总体工作负荷感受重于非城市教师

相较于在县城、乡镇、村任教的教师，城市教师的工作负荷感受相对较强。究其原因，一是城市学校的生源往往优于县城、乡镇以及村的学生，学生之间的竞争相对较大，学校之间的竞争也较大，这就对教师的教育教学工作能力和素养提出了更高的要求；二是城市教师的工作负荷感受除了来自学校本身的教育教学工作的影响外，还会受到频繁的家校沟通等相关事项的影响。相较于在县城、乡镇、村学校的学生家长，城市学生的家长更注重与学校教师协商共育，因此，城市教师对其所承担工作的强度以及身体反应的评价都不可避免地表现出负荷感受较强的现象。

在心理体验维度上，相较于县城、乡镇、村的教师，城市教师反而有着相对较弱的心理负荷感受。相较于其他职业，在城市从事教师职业的群体往往能体会到更高的职业荣誉感和职业尊重感，因此该结果的出现可能与教师职业满意度有着较大的关联。除此之外，相较于其他地区的家长而言，城市学生的家长在教育孩子方面大多持有各自的教育理念和方法，家校共育的推进虽然在一定程度上会增加教师的显性工作量，但是在教育成果的达成方面，城市家庭往往会以更高的教育投入来支持学生的教育，这在某种程度上又可以减轻城市教师在实现教育目标的过程中所需要承受的心理负担。

2. 地区差异：教师的工作负荷感受与地区经济发展水平的关联性较强

首先，相较于中部地区、西部地区、东北地区，东部地区教师群体的总体工作负荷感受偏强。这可能是因为东部经济发达地区的家庭对子女教育的投入选择更大、关注度更高，社会、学校及家庭等对教师的教育教学工作要求更高，从而使得教师需要耗费更多的精力来投入到教育教学工作中，以期培养出家庭满意且更具竞争优势的学生。

其次，在身体反应维度上，中部地区的教师负荷感受更强，这可能是因为中部地区，诸如河南等地受人口基数大的影响，学生数量比其他地区更多，当有限的教育教学资源服务于更多数量的学生时，其就相应地对教师的管理水平、精力和体力提出了更高的要求。因此，从工作负荷对身体维度造成的影响来看，中部地区的教师表现出了较为欠佳的身体反应。

最后，在心理体验维度上，东北地区的教师负荷感受相对最轻，最大的原因同样可能是受近年来人口数量波动的影响。与 2010 年第六次全国人口普查相比，2020 年开展的第七次人口普查数据显示，东北地区人口比重下降 1.20 个百分点。[①]这会在一定程度上导致近年来东北地区的学生数量少于中部地区和东部地区，相对较少的学生数量会在一定程度上降低教育资源的竞争性。因此，偏低竞争性的教育教学工作使教师在心理上产生的负荷感就会相对轻一些。

四、教师工作负荷感受的调适之策

教师工作负荷感受是掣肘教师职业幸福感、学生成长发展及教育质量提升的重要因素。虽然人口学变量差异和区位差异使得我国教师群体对教师工作负荷感受的评价呈现出多样化的特点，但是从整体来看，当前我国教师工作强度呈现出持续攀升样态，教师工作负荷感受总体上表现出失衡态势。过重和过轻的工作负荷感受都不利于教师实现高质量的教育教学目标，基于向内提升教师职业幸福感的出发点和向外提高教育教学质量的总目标的双重视角，为使中小学教师具备合理的工作负荷感受，亟须从以下六个方面出发进行有效调适。

（一）削减多重任务的角色负荷，保证教学工作的中心性

调查结果表明，教师普遍认为要切实减轻教师的工作负荷，应该首先减轻的工作任务依次为备检迎检、各种会议、职称评定、考核评估以及公众号、APP 等信息处理等事项。教师极力呼吁学校及相关教育部门能够从削减非直接教育教学工作的角度着手，保证教育教学工作的中心性，从而使得教师的身心精力和工作时间回归教育教学的本职工作上。这就要求学校及相关教育部门从以下几个维度着手。

---

① 国家统计局. 第七次人口普查公报[EB/OL]（2021-05-11）. http://www.stats.gov.cn/xxgk/sjfb/zxfb2020/202105/t20210511_1817198.html[2022-08-24].

第一，加紧制定教师工作清单，实行教师工作清单量化管理。要想从源头上减少非教育教学工作任务，使得教师群体能够摆脱各种行政性工作的额外干扰和过度羁绊，最有效的策略就是教师作为权利主体，能够明晰自己的本职工作和非本职工作内容，而教师工作清单的制定有助于教师对自身承担的整体性工作进行梳理和规划，从而使得教师在开展工作时能够做到有单可依，可以清晰地界定自身角色的本职任务和职责。

第二，聘任教辅教师和生活教师，分摊教师的非直接教学工作。繁杂的非教育教学工作等行政性事务加重了教师的工作负荷感受。从逻辑上讲，要使教师的工作负荷感受回归合理限度，就必须精简教师承担的各项行政性工作，但学校行政性事务的有效开展是学校系统维持正常运转的基本条件。当科任教师不具备分担学校行政事务的时间与精力时，在中小学教育系统增加教辅教师和生活教师，既能减轻非教育教学工作给教师带来的额外负担，又能保证学校教育系统的有效运行与发展。

第三，控制公开课的开展频率，维护教学秩序的正常运转。公开课的存在是为了给教师提供教学经验学习和交流的有效途径，学校组织高质量的公开课有利于促进教师的专业增长。但一堂精彩的公开课往往需要教师耗费大量的时间与精力来准备和练习，因而可能在无形中使公开课演变成表演课。诸如此类的公开课、竞赛课等容易影响教师正常的教学计划，打乱教师惯常的教学秩序，从而增加教师的教育教学工作负荷。因此，要想使教师的工作负荷处于合理的区间限度，从学校出发，把控公开课的开展频率、精简公开课的准备程序是必要之策。

（二）减轻管理制度的形式负荷，尊重教师的专业自主权

教师的专业自主权是教师作为开展教育教学工作专业主体的直接体现，同时教师的专业自主权意味着教师在一定程度上具有自主安排教育教学工作的权利。但就目前的教育生态而言，教师作为基层员工所具备的教育教学自主权实则在很多方面会受到学校领导意志和学校管理制度的影响，因此在很多情况下，教师的专业自主权处于被忽视的状态，其教育教学工作的开展更多的是出于遵循领导要求或迎合组织建设的目的。学校领导和管理层越重视教育成果的高效达成，就越会忽视教师在工作过程中的工作负荷感受。如需进一步减轻来自管理层级的形式负荷，维护教师的专业自主权，可从以下几方面入手。

第一，提升校长的人本管理意识，营造关怀教师的管理氛围。在当前校长负责制的制度背景下，校长具备怎样的管理理念、拥有什么样的管理风格，直接决

定着一个学校的管理氛围和文化生态。因此，必须通过校长培训和交流等途径来提升校长的人文关怀感，使校长具备体察教师工作负荷及关注教师身心健康的基本管理意识，并能主动营造人文关怀的良好氛围。

第二，营造教师参与学校治理的民主氛围，使得教师享有多种途径，可参与到学校的治理过程中。学校治理不同于学校管理，学校管理更多采用的是科层制的管理模式，强调领导的权威性和组织的层级性，在一定程度上相对忽视基层员工的诉求以及民主权益。学校治理理念的兴起更加强调重视教师在学校的主人翁地位，强调教师应该参与到学校发展商议及制度建设规划的过程中。教师能够参与到学校治理的过程，这就意味着教师群体在面对过重的工作负荷时，在一定程度上拥有了自己争取合法利益的自主权和主动权。

第三，优化工作流程的精细化管理，营造求真务实的工作生态。精细化管理的本意在于分工明确、目标明确、责任到人，从而使得计划到位、落实到位。但现实工作环境中的精细化管理却往往流于形式，不仅难以提高教育管理的效率，还使得教师每天将精力耗费在各种表格、投票、听课记录等文字材料上，使其难以专心于教育教学事业。因此，要实现减轻教师不合理的工作负担和促进中小学生健康全面发展的双重目的，就必须要求学校不搞形式主义的"面子工程"，遵循教育发展规律与逻辑，优化工作流程的精细化管理，营造求真务实的工作生态。

（三）重视教师的主观身心负荷，提供有效的内外资源支持

美国学者赫伯夫（Hobfoll）提出的资源保存理论强调，当个体拥有足量的内外部支持性资源时，其通常不易遭受资源损失的创伤，反而会在原有资源的基础上获得更多资源，从而实现资源的螺旋式扩充和增殖。[1]为应对繁重纷杂的工作任务，教师在日常的教育教学工作中不得不投入超出其身心合理承受范围的时间、精力和情感，再加上教师工作本身具有的重复性、周期性以及长期性特征，当超负荷的工作状态长时间得不到疏解时，教师就会产生职业倦怠，而职业倦怠的弥散性会使人陷入一种难以抽离的恶性循环中。因此，若要使教师具备健康的身心状态，游刃有余地应对教育教学过程中产生的各类问题，就需要从加强教师的身心资本建设和给予教师足够的外部资源支持这两个维度入手，具体而言可观照以下几点。

---

[1] Hobfoll S E. Conservation of resources: A new attempt at conceptualizing stress[J]. American Psychologist, 1989, 44（3）: 513-524.

第一，要定期测评教师的身心健康状态。拥有健康的身心状态是教师正常生活和工作的根本前提。过高的工作强度会带给教师过重的工作负荷感受，当异常的工作负荷感受持续较长时间时，其便会对教师的身体和心理均产生不良的负面影响。因此，学校需对教师的身心状态进行定期测评，其测评结果不仅能反映我国教师整体的生存样态，同时也有利于及时干预影响教师身心健康状况的不良因素，还能为国家出台更加契合教师实际需求的政策法规提供现实参考依据。

第二，要提供适配度高的有效专业培训。在本次调查中，接近六成的教师表示他们在寒暑假会参与专业发展培训。目前利用寒暑假对我国中小学教师进行专业方面的培训，是实现教师专业发展的基本途径之一。教师的专业发展是保证教师在教育教学过程中能够与时俱进地使用先进的设备技术向学生传播最新的知识文化体系的重要前提。因此，在进行专业培训时，必须提高培训内容与教师专业水平和发展需要的适配性，进而保证培训效果与质量。

第三，要保证教师的薪资待遇和福利水平。在本次调查中，当问到教师的劳动付出与收入回报是否相称时，回答"很相称"和"较相称"的教师仅占29.92%。这就说明我国教师群体对目前所获得的薪资与福利待遇的满意度较低。这不仅会对教师职业的吸引力产生影响，同时还会影响教师个体的职业幸福感、职业荣誉感以及工作投入度。因此，保证教师享有合理的薪资待遇和福利水平，是维系教师正向的工作精神状态以及保证其所主导的教育教学质量的基本保证。

（四）关注教师的职业晋升负荷，实行多元的评价考核机制

对教师进行合理的评价不仅是教师专业发展与成长的指挥棒，同时也是实现教师资源价值最大化的有效方法。现如今我国的教师评价考核机制依然是以分数为本的奖惩性考核、规范性评价、功利性评价，这使得教师的工作业绩与学生的考试成绩息息相关。评价主体单一化、评价内容片面化加重了教师在工作过程中的职业晋升负荷。为建立以教师为本的发展性评价考核机制，在评价过程中做到充分尊重、理解和关心教师，促进教师专业发展与学校发展需要的有机统一与融合，需要从以下几个方面入手。

第一，明确目的与原则，以教师为本的发展性评价的目的在于充分发挥教师的主观能动性与积极性，以推动学校的发展，实现教育培养人、塑造人、发展人的根本目的，其评价考核的原则应该遵循全面与重点相结合、量化与质化相结合、动态与静态相结合。因此，学校在制定教师评价考核机制时，应当立足于教师的未来发展，借助现代技术手段广泛收集评价信息，在尊重教师权利与个性的

基础上充分考虑教师的正当利益与合理诉求，体现人性化与人文关怀。

第二，从评价主体来看，应当建立学校、教师、家长和学生等多主体评价机制，将自我评价与外界评价相结合，体现评价的客观性与公正性。学校应该在现有评价机制的基础上增添教师自评和学生评价，使得教师在感受到尊重的基础上能够较为客观地看待自己在课堂中的行为表现，发现教学中存在的各种不足与问题，想方设法地排除障碍。

第三，在评价内容上，既要关注教学课时、学生学习成绩等可量化的方面，同时也要注重学生观察力、创造力培养等难以量化的方面，即除了成绩代表的智育性结果以外，学生在德育、体育、美育、劳动教育等不易量化方面的发展结果同样应该被纳入教师评价考核机制的范围内。因此，学校要用动态、辩证、发展的眼光看待教师工作的全过程以及教师的素质和绩效，充分发挥发展型教师评价考核机制的导向性、激励性与促进性，从而减轻其工作负荷。

（五）规范社会的舆论负荷，维护教师群体的社会地位

受到传统教育观念的影响和来自社会、学校、家长等多主体的期待，一直以来我国中小学教师存在被"超人化"的倾向。以"春蚕""园丁""工程师"等为喻体指代教师职业成为当下社会的普遍认知，代表了社会对于教师的美好预期，而不是出自对教师人格权利及教育价值的理解和认可。这在本质上忽视了教师个体作为普通人的类别属性，压抑了教师本体的正常显现，无形中给教师造成了巨大的精神压力和心理负担。本研究结果显示，近四成的教师深感社会大众对教师工作抱有高要求和高期待。因此，规范社会的舆论导向、维护教师群体的社会地位便成为当务之急，这就需要社会各界从以下几个方面入手。

第一，应该利用官方媒体以及高流量自媒体对社会舆论进行引导和规范，规引社会群众客观且正向地认识和看待教师职业。不要圣人化教师的社会形象，不渲染、不苛求教师具备完美的道德品性，同时不因少数教师的不良师德师风行为就片面夸大和扩散对整个教师行业的负面社会评价，努力为教师塑造安心从教的社会环境，以此来减轻教师的道德负担，提高教师的职业荣誉感和职业安全感。

第二，定期评选模范教师，讲好模范教师故事，营造尊师重教的社会氛围。一直以来，学校和相关教育部门都在实施和进行模范教师的评选活动，但是对于模范教师的宣传却有些乏力。这就导致模范教师不能最大限度地发挥其示范效应和产生较大的社会影响。因此，政府应推动地方电视台以及各媒体开设与模范教

师相关的节目，增加创意性、新颖度以及独特的故事性，逐渐彰显模范教师的影响力，扩大模范教师的影响范围。

第三，明晰家校合作育人的各自分工，划清教师的角色边界。在目前的教育生态下，不少家长认为子女的未来发展取决于学校及教师对其子女的培养和教导。这种观念的渗透往往会导致教师角色泛化现象的出现。事实上，在孩子的成长过程中，家长的角色是教师无法替代的。明确家校合作育人的各自分工，既有利于划清教师的角色边界，减轻其心理负担，同时也有利于学生更好地实现全面发展的成长目的。

（六）重视减负政策的有效落实，推进督导体系的全面构建

有效的制度运行程序通常包含政策的制定、执行、评估与监督四个环节。当前，基于教育系统教师群体的现实生存样态诉求，为了切实将中小学教师的工作负荷规范在合理的阈值范围之内，国家陆续出台了各项与减负相关的法律法规和政策文件，旨在制度的顶层设计层面起到对减负工作的引领和对教师工作的规范作用。但当前已出台的教师减负政策在落实的过程中缺乏具体的效果验收和督导体系，难以真实评判与教师身心利益切实相关的减负政策在基层教育系统的落实力度和执行效果。为此，可从以下几方面入手。

第一，继续完善相关法律法规的制定和修订，为保障中小学教师群体的正当利益诉求提供政策依据。例如，教师减负政策应以制度的形式明确中小学教师的工作任务类型、工作时间限度和物质支持保障等方面的参照基准。在此基础上，各地区、各教育行政部门应再根据地域特点以及学校的现实情况，有针对性地制定和出台具有可操作性与检验性的本土政策，以推进中央政策的有效落实。

第二，建立政策督导和评价制度体系，监督和推进已出台政策的落实情况。政策是否能够发挥出其最大作用，重点在于政策出台之后能否被真实有效地落实。这就不仅需要政府建立与政策匹配的督导与评价体系，更要在实践中不断完善相关体系，对政策的执行现状进行监督和研讨，以此推进和保障已出台的政策发挥其最大效用。

第三，借助现代化信息技术建立教师工作的监测体系，及时获知教师工作负荷感受的反馈。一是需要开发相应的终端监测软件程序，在使用的过程中广泛采纳一线教师的诉求和意见，进而不断对监测程序进行优化和完善；二是政府和教育研究者对教师工作的关注和研究要基于真实的教师生存样态，要利用教师工作的监测体系，持续关注影响基层教师工作状态的各项细节因素，正面回应教师群

体的现实诉求。

从不同视角对现阶段我国基础教育领域教师群体的工作负荷感受进行总结后可以得出：从发展视角看，教师工作负荷感受呈持续性的攀升趋势；从来源视角看，教师普遍认为教育教学工作是影响教师工作负荷感受的最主要因素，且教师工作负荷较大的这一负面感受多贯穿于整个学期；从结构视角看，备检迎检等非教育教学工作对教育教学工作造成了精力挤占，削减非教学工作对教师工作时间的挤占是教师减负的第一诉求；疫情期间线上教学方式的兴起与常态化使得教师的工作负荷进一步加重。通过对当前教师工作负荷感受的现实样态进行深入挖掘，本研究发现教师工作负荷感受在性别、教龄、学历、职称、岗位、地区等多个方面存在显著差异。基于此，本书尝试从六个方面提出针对教师工作负荷的调适措施：削减多重任务的角色负荷，保证教学工作的中心性；减轻管理制度的形式负荷，尊重教师的专业自主权；重视教师的主观身心负荷，提供有效的内外资源支持；关注教师的职业晋升负荷，实行多元的评价考核机制；规范社会的舆论负荷，维护教师群体的社会地位；重视减负政策的有效落实，推进督导体系的全面构建。总之，保证中小学教师工作负荷感受的合理化，让教师在工作过程中保持健康良好的身心状态，是深度优化学校教育教学质量、持续提升我国现代化建设所需人才的基本前提。

第九章
教师工作强度群像素描

虽然从总体上衡量教师工作强度具有重要的宏观价值，然而宏观特征并不代表微观差异，即不同教师群体的工作强度总是呈现出鲜明的群体差异。缘此，从微观层面对教师工作强度进行群像素描，能够更为真切地体现不同教师群体的实践样态。基于此，本研究选取中小学班主任、初任教师、乡村教师、县城教师以及城市教师这五个不同群体，试图在全国中小学教师工作强度大数据中勾勒出不同群体的总体特征。

一、中小学班主任工作强度探讨

教师工作强度的大小在某种程度上反映了教师的工作负担。班主任作为教师中的特殊群体，要比一般教师承担更多的管理工作和德育任务，其工作强度问题也更为突出。通过对全国31个省（自治区、直辖市）的22 112名中小学班主任的大规模调查，我们梳理了中小学班主任工作强度的发展样态，科学分析了影响班主任工作强度的关键问题，并提出了相应对策，以帮助中小学班主任工作强度回归更为合理、科学的水平。

（一）引言

教师作为高质量教育发展的中坚力量，肩负着重要的责任与使命。中小学教师作为教育实践的先行者，既要负责教育性教学工作，又要承担一定的非教学性任务，繁重的事务使教师的工作强度提高、工作压力增大。尤其是班主任的责任更重、负担更大，作为班级管理的组织者、指导者和引导者，班主任的教育能力和管理方式直接影响着班级的建设。与其他任课教师相比，班主任与家长和孩子的接触和交流更多，所承担的工作强度更大、内容更杂，面对班级的大小事务往往应接不暇。班主任提高专业能力和实现专业成长的时间、空间被进一步压缩，这给班主任带来了沉重的精神压力和身体负担。长此以往，不仅不利于班主任职业幸福感的培养和班主任队伍水平的提高，还会影响到基础教育的质量和水平。所以，班主任工作压力的问题不容忽视，要通过合理设定班主任的工作时间、科学分配班主任的工作任务等举措，切实减轻班主任的工作负担。

2019年，《关于减轻中小学教师负担进一步营造教育教学良好环境的若干意见》指出，"切实减少对中小学校和教师不必要的干扰，把宁静还给学校，把时间还给教师"[1]，从而为营造良好教育环境、切实减轻教师负担做出了总体规定。但受到各地区的政策解读力和执行力的影响，各地区减负的实效性不足，对班主任的减负大多停留在政策层面，尚未完全真正落地。国家政策的关切体现了为班主任减负的决心，但是负担来源是多样的、影响因素是复杂的，不能仅仅依靠政策指引，这就要求各地区、各学校要全方面、多角度地看待班主任的工作强度和工作负担。除此之外，随着"双减"政策的落地实施以及课后服务的全面推进，各地区在减轻学生压力方面虽然取得了一定成效，但是却对班主任的专业发

---

① 中共中央办公厅，国务院办公厅. 中共中央办公厅 国务院办公厅印发《关于减轻中小学教师负担进一步营造教育教学良好环境的若干意见》[EB/OL].（2019-12-15）. http://www.gov.cn/zhengce/2019/12/15/content_5461432.htm[2021-02-01].

展和工作生活产生了一定压力，从某种程度上来说是对班主任的一种"增负"。

在过往的研究中，研究者更多地聚焦于整个教师群体的工作投入、工作负担、工作压力、工作满意度等方面进而开展相关的调查研究，这并不能体现出班主任队伍问题研究的特殊性，而且从工作强度这一更广阔且更基础的视角出发开展的研究较少。除此之外，虽然大家普遍承认班主任比一般教师更为辛苦，也有文章提出了为班主任减负的相关路径，但是缺少针对班主任工作强度开展的大规模调查研究，相关改进策略也在一定程度上缺乏科学性。

（二）文献综述与研究框架

中小学教师超负荷工作是一种普遍现象，广泛存在于各个国家。班主任是中小学教师中的特殊群体，研究其工作强度对中小学教师负担的现状探究更具有典型性和代表性。通过对国内外学者的文献梳理可以发现，国内外学者对工作强度的内涵、来源、影响等各个方面开展了研究。

1. 相关研究述评

班主任工作是一项复杂的专业劳动，其职责范围和工作任务涉及学生生活与学习的方方面面。班主任的工作性质、教育管理中的各项挑战以及社会各方面的高度期望等都影响着中小学班主任的工作强度。为了全方位、深层次、科学化地考察中小学班主任工作强度的发展态势及其存在的关键问题，并有针对性地提出应对措施，本研究通过对相关文献资料进行系统化、规范化的梳理，主要从以下三个方面对该问题进行探讨。

第一，基于班主任工作强度的衡量标准视角，工作压力的内涵阐释是探析班主任工作强度的重要条件。卡普兰（Caplan）等认为，工作压力是工作环境对个体构成威胁的任何特征，主要包括个体需求不能被满足以及满足需求的资源不充分两种类型。[1]我国学者把工作压力看作工作环境要求和个体特征相互作用下产生的生理和心理反应的综合状态。1977 年，"教师压力"首次在《教育评论》（*Educational Review*）杂志上被提出，它被认为是教师职业引起的消极情绪经历。[2]莫雷克（Moracco）和（McFadden）认为，教师工作压力是教师的幸福和自尊受到挑战时出现的心理失衡状态。[3]由此可见，衡量班主任的工作强度需要

---

[1] Caplan R D, Cobb S, French J R. Job demands and worker health: Main effects and occupational differences. NOSH Research Report[C]. Washington: DHEW Publication, 1975: 75-160.

[2] Kyriacou C. Teacher stress: Directions for future research[J]. Educational Review, 2001, 53（1）: 27-35.

[3] Moracco J C, McFadden H. The counselor's role in reducing teacher stress[J]. The Personnel and Guidance Journal, 1981（5）: 549-552.

具备三个条件：一是班主任工作强度体验是由班主任工作所引起的；二是外部环境要和班主任主体的能力和需求进行交互作用；三是当出现差异或者不平衡状态时，工作强度会引起班主任身心的紧张状态以及情绪变化。

第二，基于班主任工作强度来源视角，通过对文献资料的分析可以看出，班主任承受着来自国家、社会、学校、学生、自身等方面的工作负担，这和班主任工作强度的变化息息相关。譬如，库珀（Cooper）从国家层面出发，认为政府支持的缺失和国家课程要求的不断提高和变化是加强其工作强度的重要因素。[1]我国有学者认为，学校责任边界的模糊和行政权力的滥用、误用也会导致班主任工作强度的增大。[2]还有学者认为，班主任工作强度增大主要是由于非教育教学类工作的负担加重，如工作角色的纷繁多样、工作任务的错综复杂、工作时间的无限延长等。[3]科希尔（Kosir）等从教学环境出发，认为不利的工作条件、缺乏考虑的教学工作、超出阈值的工作量、不公平的职责分配和工资分配等都会增大班主任的工作强度。[4]除此之外，学生的不良行为习惯和学习态度，家长的沟通、理解和支持程度，班主任自身的自我效能感、人格特征、角色适应、健康状况、职业态度等也都会影响班主任对自身工作强度的感知状态。

第三，基于班主任工作强度的影响视角，班主任普遍比普通学科教师工作时间长、工作量大。班主任工作强度超出正常阈值，不仅会对其身心产生不良影响，还会降低教学效果和职业幸福感。库珀（Cooper）指出，班主任工作过度容易产生身心疲劳，直接威胁他们的身心健康，进而引发多种疾病。[5]班主任工作还包含大量的隐性工作，例如，手机要保持24小时的"在线"待命模式，随时接听家长或者领导的电话等。很多时间花费在工作上就意味着班主任没有足够的时间陪伴家人，更难以享受闲暇时光。[6]如果长期处于工作和生活失衡的状态下，班主任会感觉到精疲力竭、身心俱乏。当班主任群体的疲惫感演变成为常态化[7]，不仅会影响班主任的工作效率和教学效果，还会导致班主任出现缺勤、离

---

[1] Copper C L. Occuptional stress in head teachers: A national UK study[J]. British Journal of Educational Psychology, 1993（73）: 130-143.
[2] 刘春花. 学校教育的责任边界与有限性[J]. 教育发展研究, 2009（21）: 40-44.
[3] 张家军, 闫君子. 中小学教师负担：减与增的辩证法[J]. 教育研究, 2022, 43（5）: 149-159.
[4] Kosir K, Tement S, Licardo M. Two sides of the same coin? The role of rumination and reflection in elementary school teachers' classroom stress and burnout[J]. Teaching and Teacher Education, 2015（47）: 131-141.
[5] Cooper C L. Occupational stress in head teachers: An National UK study[J]. British Journal of Educational Psychology, 1993（73）: 130-143.
[6] 邱晓婷, 刘电芝, 袁海泉. 中学理科教师在校一天工作时间分析[J]. 教育科学研究, 2009（6）: 55-57.
[7] 李跃雪, 赵慧君. 中小学教师工作负担异化的生成逻辑与治理思路[J]. 教师教育研究, 2020, 32（3）: 67-72.

职等情况,甚至会导致班主任职位对年轻群体吸引力不足。

2. 研究框架

基于对班主任工作强度的衡量标准、强度来源以及强度影响的整体梳理和阐释,本研究采用融会贯通的思维方式对班主任工作强度的相关问题予以审视,使班主任工作强度的探析兼具学理支持和实践支持。为了探析中小学班主任工作强度,我们将从班主任的工作时间利用、工作内容结构、工作投入差异、工作负荷感受以及减负状况与需求的现状出发,从国家、社会、家庭、学生、个人五个维度对班主任工作强度的源头进行分析,以了解当前我国中小学班主任的工作强度体验是否存在学段、年龄、教龄、学历、专业发展水平等方面的差异,从而探究如何有针对性地减轻班主任的工作强度。

(三)中小学班主任工作强度的发展态势

在教育高质量发展的新时代背景下,中小学班主任的工作强度成为全社会关注的热点。本研究以数据为依托,深度把握中小学班主任工作强度的发展态势和方向,为推动中小学班主任队伍建设提供现实依据和理论指导。

1. 中小学班主任工作强度现状的初步分析

根据回收的有效问卷数据对中小学班主任工作强度进行描述性统计,初步探究中小学班主任工作强度的现实样态。

(1)中小学班主任在性别、年龄、学历、城乡等方面的基本分布

由表 9-1 可知,从性别分布来看,班主任队伍呈现出男少女多的不平衡样态,男班主任仅占 18.8%,女班主任占比却高达 81.2%,若长期发展下去,不仅会影响学生的性格思维和个性发展,还会对教学管理产生较大影响。从年龄分布来看,班主任的年龄在 26~35 岁、36~45 岁、46~55 岁三个年龄阶段的占比较为均匀,在 18~25 岁、56~65 岁的占比较小。从学历水平来看,有 74.9% 的班主任学历为大学本科,研究生及以上学历的班主任占 8.3%,班主任队伍的整体素质正在不断提高。其中,中小学班主任主要由语文、数学两大主科教师担任,40.1% 的班主任由语文老师担任,30.3% 的班主任由数学老师担任。主科教师的课时本就多于其他教师,额外的班主任工作是其工作强度增大的重要原因。从城乡分布来看,受调查的城市和乡村班主任的占比相对均衡。从年收入来看,以 2021 年总收入为例,班主任的薪酬收入整体水平一般,有 47.8% 的班主任年收入集中在 6~9 万元。较低的待遇水平会影响教师的幸福感,容易产生不利于教育

事业发展的负面效应。

表 9-1 中小学班主任的基本情况

类别		人数/人	占比/%
性别	男	4 168	18.8
	女	17 944	81.2
年龄	18~25 岁	1 171	5.3
	26~35 岁	6 930	31.3
	36~45 岁	6 959	31.5
	46~55 岁	6 339	28.7
	56~65 岁	713	3.2
学历	高中及以下	61	3.0
	中专/大专	3 657	16.5
	大学本科	16 558	74.9
	硕士及以上	1 836	8.3
城乡分布	城市	11 662	52.7
	乡村	10 450	47.3
年收入	0~5 万元	7 875	35.6
	6~9 万元	10 575	47.8
	10 万元及以上	3 662	16.6

（2）中小学班主任的工作强度现状分析

对中小学班主任工作强度的现状调查主要从工作时间利用、工作内容结构、工作投入差异、工作负荷感受以及减负状况与需求五个维度进行探析。描述性统计分析结果表明，中小学班主任的工作强度较大，在工作时间利用、工作内容结构、工作投入差异以及工作负荷感受维度上的均值均大于3，处于"适中"和"比较高"之间，且在减负状况与需求维度上的均值为2.80，处于"比较符合"和"不确定"之间，见表9-2。这说明尽管中小学班主任一直被认为是"教师减负"的重要主体，但是他们的减负现状和减负需求并没有被全方位关注，中小学班主任的工作强度仍有待减轻。

表 9-2 本次调查中小学班主任工作强度现状的描述性分析（N=22 112）

项目	min	max	M	SD	偏度		峰度	
工作时间利用	1.00	5.00	3.98	0.62	−0.80	0.02	1.52	0.03
工作内容结构	1.00	5.00	3.19	1.16	−0.18	0.02	−0.81	0.03
工作投入差异	1.00	5.00	3.77	0.61	−0.52	0.02	1.08	0.03
工作负荷感受	1.00	5.00	3.50	0.50	−0.50	0.02	0.24	0.03
减负状况与需求	1.00	5.00	2.80	1.17	0.38	0.02	−0.78	0.03

2. 中小学班主任基本特征与现阶段工作强度的关系

结果表明，女班主任的现阶段工作强度略高于男班主任，但两者之间的差异没有达到显著性水平。36~45 岁、46~55 岁这两个年龄段的班主任现阶段工作强度高于其他年龄段的班主任；教龄在 16~25 年的班主任的现阶段工作强度高于其他教龄段的班主任；在年龄和教龄上，班主任现阶段的工作强度均呈现出倒"U"形的样态。班主任的现阶段工作强度随着学历的提高而增大，即呈上升趋势；城市班主任的现阶段工作强度略高于乡村班主任；正班主任的现阶段工作强度高于副班主任。具体结果如表 9-3 所示。

表 9-3 按不同特征分组，中小学班主任现阶段工作强度的百分比、均值和标准差

项目		工作强度的百分比/%					M ± SD
		很低	比较低	适中	比较高	非常高	
性别	男	0.3	2.3	27.1	43.7	26.6	3.94 ± 0.81
	女	0.2	1.4	27.5	44.6	26.2	3.95 ± 0.87
年龄	18~25 岁	0.2	2.1	41.9	41.8	14.0	3.67 ± 0.74
	26~35 岁	0.2	1.6	30.9	44.2	23.1	3.88 ± 0.78
	36~45 岁	0.3	1.5	23.8	44.7	29.7	4.02 ± 0.79
	46~55 岁	0.3	1.4	24.2	45.5	28.7	4.01 ± 0.78
	56~65 岁	0.6	3.5	35.2	39.8	20.9	3.77 ± 0.84
教龄	5 年及以下	0.2	1.7	36.1	43.2	18.7	3.78 ± 0.78
	6~15 年	0.2	1.7	26.7	45.5	26.0	3.95 ± 0.78
	16~25 年	0.2	1.4	22.7	44.4	31.3	4.05 ± 0.78
	26~35 年	0.3	1.4	23.6	45.6	29.1	4.02 ± 0.78
	36~50 年	0.8	2.7	36.7	37.7	22.0	3.77 ± 0.85

续表

项目		工作强度的百分比/%					$M \pm SD$
		很低	比较低	适中	比较高	非常高	
学历	高中及以下	1.6	9.8	32.8	34.4	21.3	3.64 ± 0.98
	中专/大专	0.3	2.0	32.2	42.9	22.6	3.85 ± 0.79
	大学本科	0.2	1.5	26.6	44.8	28.9	3.96 ± 0.78
	硕士及以上	0.3	1.3	25.1	44.4	26.2	4.00 ± 0.79
城乡分布	城市	0.2	1.3	23.7	44.4	30.4	4.03 ± 0.78
	乡村	0.2	1.9	31.6	44.5	21.6	3.85 ± 0.78
正副班主任	正班主任	0.3	1.6	24.9	45.0	28.4	4.00 ± 0.78
	副班主任	0.3	1.7	36.8	42.7	18.5	3.77 ± 0.77

在性别方面，根据男班主任和女班主任的现阶段工作强度的均值比较可以看出，女班主任的均值较大，但两者差别不大。如表9-3所示，女班主任选择适中和比较高的比例均高于男班主任，但从选项分布来看，两者差异也不大，且列联系数为0.30。综上所述，不同性别班主任在现阶段工作强度上没有显著差异。

在年龄方面，五个年龄层次班主任现阶段工作强度的均值呈倒"U"形的样态。与其他年龄段相比，36～45岁和46～55岁这两个年龄段的班主任在现阶段承受着较高的工作压力，其中年龄在36～45岁的班主任选择"比较高"和"非常高"的比例分别为44.7%、29.7%，年龄在46～55岁的班主任选择"比较高"和"非常高"的比例分别为45.5%、28.7%。究其原因，倒"U"形的样态分布或许和班主任的正副身份、工作内容、身体健康状况等具有密切关系。

在教龄方面，对教龄在5年及以下、6～15年、16～25年、26～35年、36～50年的班主任的现阶段工作强度均值进行比较，可以发现教龄在16～25年的班主任的现阶段工作强度均值最高，且在回答现阶段工作强度各选项的百分比分布数据中，也能支持16～25年教龄的班主任工作强度最高这一结论。

在学历方面，单因素方差分析结果表明，不同学历班主任的现阶段工作强度感受存在显著差异（$p<0.01$），从高中及以下学历到硕士及以上学历的班主任的现阶段工作强度感受呈递增趋势，高中及以下学历的班主任的均值为3.64，硕士及以上学历的均值为4.00，这说明随着学历的升高，班主任在现阶段面临的工作强度增大。两者之间高达0.69的列联系数也可表明，班主任的学历层次和现阶段工作强度具有紧密联系。

在城乡分布方面，对城市班主任和乡村班主任的现阶段工作强度的均值进行比较，结果显示，城市班主任的现阶段工作强度均值高于乡村班主任，且城市班主任选择"非常高"选项的比例也高于乡村班主任，但两类班主任的现阶段工作强度选项分布差异较小。两者之间的列联系数为 0.12，表明无论是城市班主任还是乡村班主任，其在现阶段都承受着较高的工作强度。

在正副班主任方面，对正班主任和副班主任的均值进行对比，结果发现，副班主任在"适中"选项上的比例远高于正班主任，在"比较高"选项上的比例略低于正班主任，在"非常高"的选项上远低于正班主任。这表明，虽然副班主任也承担着很多教育管理事务，但其现阶段工作强度远不如正班主任的现阶段工作强度高。

3. 中小学班主任工作强度的基本样态

班主任是集多种角色于一身的"复合体"，需要综合分析其工作强度。总体来说，班主任工作强度呈现出较高的态势，纷繁复杂的工作内容占据了班主任大量的非工作时间，尽管班主任在工作投入上十分积极，但在身体和心灵上都展现出工作负荷的负面效应。

（1）班主任工作强度高

根据调查结果，73.4%的非班主任认为现阶段工作强度很低，66.9%的非班主任认为现阶段工作强度比较低。由此可得，大部分非班主任的工作强度较低。然而，有 58.3%的班主任认为现阶段工作强度非常高。从工作时间来看，班主任的工作时长较长，97.3%的班主任每天工作时长大于等于 8 小时，其中有 41.1%的班主任每天工作 9～10 个小时。从课时数量来看，大部分班主任的课时数较多，21.7%的班主任每周有 11～12 节课（不含课后服务），平均每天至少 2 节课；19.5%的班主任每周有 13～14 节课，15.0%的班主任每周有 15～16 节课，平均每天至少 3 节课。在工作日，班主任的时间饱和度很高，并且班主任能够保证有效投入工作中，能够将自己的时间和精力用在教育教学上（$M=4.00$）。较长的工作时长和较多的课时数量是班主任工作强度高的表现，在繁重的工作内容中，班主任仍能够以良好的态度和充沛的精力开展教育教学工作，体现了班主任的专业能力和专业素养。

（2）班主任工作内容杂

班主任的工作内容构成复杂多样，每一项工作都需要其精心准备。下面主要从教学工作和非教学工作两个方面对班主任的工作内容进行探讨。

一方面，教学工作主要包括备课与上课、课后辅导、批改作业、教研活动等。首先，在备课与上课方面，有 37.9%的班主任每天需要 2 小时进行备课，

13.6%的班主任在此项工作上花费的时间超过 6 小时，68.3%的班主任平均每周上课数量超过 9 节，15.7%的班主任每周需要上 15～16 节课。其次，在学生辅导和作业批改方面，大约有 40.0%的班主任表示每天需要 4 小时的时间批改学生作业和进行课后辅导。最后，在教学水平提升方面，班主任要参与各种形式的教学活动和比赛，有 43.1%的班主任表示每学期至少要上一节公开课，而 26.0%的班主任需要为此准备超过 28 小时，39.6%的班主任表示一学期内参与教研活动的次数超过 6 次，每次教研活动大约需要 2～3 小时，部分教师还要参与课题研究和论文写作等教研活动，42.2%的班主任表示每天要花费 2～3 小时进行教学反思。

另一方面，非教学工作主要包括班级管理、家校沟通、各种会议和一些行政工作。班主任的非教学工作纷繁复杂，需要耗费大量时间和精力处理，29.5%的班主任每天在非教学工作上需要花费 2 小时，班主任经常被要求参加大量与教学无关的工作（M=3.18）。在班级管理和家校沟通方面，班主任作为班集体的组织者、教育者、管理者，同时还是学生主要的精神关怀者，是影响学生成长发展的重要他人[①]，25.5%的班主任表示每周用于管理班级的时间超过了 8 小时，班级管理始终是班主任工作的重难点。除此之外，班主任每周还需要花费 2～3 小时用于与家长沟通，以推动家校合作的顺利和更好开展。在班主任每周的时间分配上，36.3%的班主任每周花费 2～3 小时用于填写材料和表格上，34.7%的班主任每周花费 2～3 小时用于安全管理和疫情防控工作。在每学期的时间分配上，可以看出在非本校考试监考、街道社区事务、政府工作抽调几方面占比较低。

（3）班主任工作积极性高

如图 9-1 所示，大部分班主任认为令他们愉快的事情大多来自工作，教师职业幸福感在工作投入意愿维度上的得分（M=3.09）大于中间分数值 3。在投入要素（M=3.49）维度上，班主任不仅有精力、有能力，还会在工作中迸发出新的灵感，这些都是支撑班主任工作发展的重要因素。在投入状态、投入情境和投入结果三个方面，班主任的均值均大于中间分数值 3。这表明，班主任面对教育教学时的态度是积极的，在工作时能够全身心沉浸其中（M=3.85）。当面对困难和问题时，班主任能够为实现工作目标寻求恰当的方式方法、锲而不舍（M=3.85）。良好的工作状态有利于班主任工作的顺利开展，使班主任能够投入大量的时间和精力来保障工作的质量。同时，班主任能够感受到教育事业带来的

---

① 黄正平. 班主任专业化：应然取向和现实诉求——解读教育部《关于进一步加强中小学班主任工作的意见》[J]. 人民教育，2006（19）：19-21.

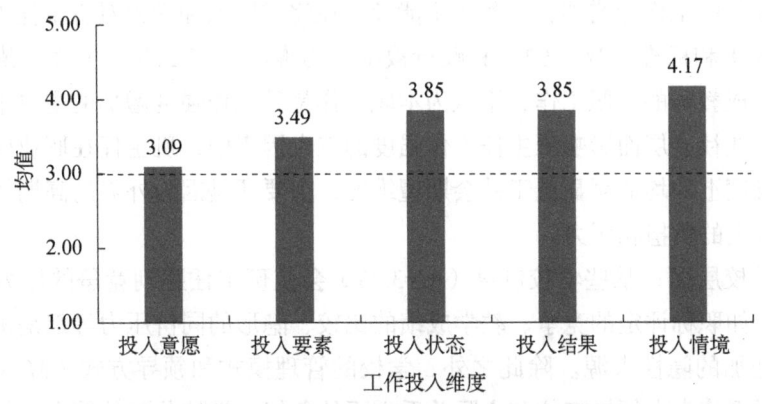

成就感和满足感（M=4.17），这有利于班主任的自我实现和专业成长。

图 9-1 班主任工作投入的各维度得分

总体而言，班主任对于自身的工作具有较高的职业认同感，尽管面临着繁杂的工作内容，他们仍然能够敬业、乐业、精业，坚守自己从事教育事业时的初心。

（四）中小学班主任工作强度的关键问题

中小学班主任工作一直被认为是一项强度高、难度大、责任多的工作。尤其是在目前社会快速发展、竞争日益激烈的新时代背景下，班主任群体肩负着社会和家长的高度期望，工作压力和职业挑战也愈加明显。中小学班主任的工作强度呈现出不断增大的态势，使广大中小学班主任工作面临着一定的风险和挑战。

1. 工作强度影响因素来源广

有关班主任工作强度的影响因素可从社会、学校、教师和学生四个方面进行分析，如表9-4所示。

表 9-4 班主任工作强度影响因素评价维度均值

班主任工作强度影响因素评价维度		均值
社会层面	社会期望	3.55
	职业标准	2.92
	专业精神	2.79
学校层面	学校制度	3.23
	领导管理	3.12
	职责规定	2.78
	办公条件	3.53
教师层面	个人发展	3.14
学生层面	师生关系	3.37
	家校关系	2.67

在社会层面，社会各界普遍对班主任工作的期望较高（M=3.55），这导致中小学班主任的工作量增加，使其力不能及。在完成国家和学校对班主任工作提出的相关要求和标准（M=2.92）和践行教师行为准则（M=2.79）方面，班主任能够尽心完成教师的本职工作，不认为本职工作是其工作强度增加的主要来源。由此可得，在社会层面影响班主任工作强度的三大因素中，班主任在职业标准和专业精神维度上的均值明显低于社会期望维度，主要还是因为外界的高期望给班主任带来较大的负担和压力。

在学校层面，某些学校制度（M=3.23）会使班主任感到竞争的压力和竞争的焦虑，如职称评定的竞争、教学成绩的比较、隐形的同侪压力等都是班主任工作强度增加的隐性来源。除此之外，学校的管理模式和领导方式（M=3.12）会使班主任面临来自领导交往和人际关系方面的负担，学校分配的较大工作量虽然为教师带来了负担，但是大部分班主任并不是无法胜任的（M=2.78），而是工作量分配得不够科学，增加了班主任的工作强度。由此可见，学校对教师工作强度的影响主要在于学校制度环境和人际交往氛围两个方面，较大的工作量虽然是工作强度增大的直接原因，但是非教学因素的影响更为显著。

在教师层面，班主任想要提升自身的专业能力和专业素养，以便在职称评定中获得优势，这也是对其自身职业地位的较高期望。职称制度是关系我国中小学教师切身利益的关键制度，是调动广大教师积极性、促进教师专业发展、合理配置教师资源的基础性制度。[1]为了更快地评上教师职称、畅通晋升渠道，大部分班主任会主动承担更多工作，哪怕他们不是很喜欢这种形式（M=3.14）。由此可见，受职称评定制度的功利化影响，班主任的工作量实际上是被动地增加，不利于真正提高教师的教学水平。在学生层面，处理学生事务（M=3.37）和促进家校沟通（M=2.67）是班主任的主要工作内容，是影响班主任工作强度的重要因素。班主任在处理学生事务上往往是得心应手的，但是在协调家校关系方面需要耗费更多的时间和精力，与家长进行沟通是影响班主任工作强度的重要原因之一。

2. 工作负荷感受重影响其身心健康

中小学班主任工作时间长、工作内容复杂、管理任务繁重、工作强度大已经成为普遍的现实状况。过大的工作压力往往会导致中小学班主任出现职业倦怠，降低其职业幸福感，影响其身心健康。所以在对中小学班主任工作强度的调查

---

[1] 李廷洲，陆莎，金志峰. 我国中小学教师职称改革：发展历程、关键问题与政策建议[J]. 中国教育学刊，2017（12）：66-72，78.

中，班主任的工作负荷感受是关注的重点问题，因此我们对中小学班主任的强度评价、身体反应以及心理体验进行了调查和分析，结果见表9-5。

表9-5 中小学班主任工作负荷感受的描述性分析（N=22 112）

项目	min	max	M	SD	偏度		峰度	
强度评价	1.00	5.00	3.65	0.57	0.15	0.02	0.13	0.03
身体反应	1.00	5.00	3.71	0.88	−0.57	0.02	0.04	0.03
心理体验	1.00	5.00	3.08	0.57	0.48	0.02	0.83	0.03

其一，中小学班主任对其工作负荷的强度评价较高。对中小学班主任面对高强度工作时的强度评价调查主要集中在其对总体工作强度的评价，一方面让班主任对"刚入职"、"一年前"、"现阶段"以及"未来三年"四个不同阶段的总体工作强度进行评价，另一方面让其对不同工作内容的强度感受进行评价，尤其针对疫情期间线上教学的工作强度的感受进行评价，例如"疫情居家期间是否比平时的工作量增加了"。描述性统计结果显示，中小学班主任在强度评价方面的均值为3.65，选项在"不确定"和"比较符合"之间，比较偏向"比较符合"的选项，这表明中小学班主任对其工作负荷强度的评价较高。

其二，中小学班主任的身体反应较强。对中小学班主任面对高强度工作时的身体反应的调查主要集中在是否因为工作压力大而感到身体不适，对学校各项工作是否疲于应付，每天下班后是否身心疲惫、体力不支，工作强度是否导致睡眠不足、睡眠质量下降等方面。描述性统计结果显示，中小学班主任在身体反应方面的均值为3.71，选项在"不确定"和"比较符合"之间，数据呈现出左偏分布的尖峰态。进一步的频率分析也表明，有63.6%的中小学班主任因为工作压力大而出现身体不适。

其三，中小学班主任的心理体验略高。对中小学班主任面对高强度工作时的心理体验的调查从正反两方面进行，主要集中在对当前工作状况的满意度、对当前工作状态的幸福度、是否因工作的弦紧绷而常出差错、工作强度的现状是否让其产生了不想当老师的想法、是否因为工作而焦虑等方面。描述性统计结果表明，中小学班主任在心理体验方面的均值为3.08，选项在"不确定"和"比较符合"之间，较偏向"不确定"，数据呈现出右偏分布的尖峰态。进一步对中小学班主任工作状态的幸福度的频率分析表明，43.3%的中小学班主任认为自己比较幸福，12.9%的中小学班主任认为自己很幸福。

综上分析，虽然数据表明中小学班主任面临着较高的工作强度和较大的工作压力，导致他们出现一些身体状况和感到不适，但是他们内心的承受度很高。即使选项表明中小学班主任的工作负荷感受较强，他们依旧对当前的工作状态感到满意并能从中感受到幸福。

3. 减负工作中班主任的需求被忽视

早在20世纪50年代，中小学教师群体就曾通过大众传媒等形式提出减轻非教学负担的诉求[①]，班主任就囊括其中，其减负需求更为强烈。但是中小学班主任减负并不是这单一教师群体的问题，政府治理、社会舆论、学生减负、家长意见甚至经济发展都和班主任减负联系紧密。正是由于错综复杂的背后问题和盘根错节的发展态势导致中小学班主任的减负需求在一定程度上被忽视。因此，本研究从中小学班主任当前的减负状况以及减负需求两方面进行探究。

在减负状况上，通过对"学校重视减轻教师与教学无关的工作负担"这一题项的分析可以看出，当前中小学班主任的减负现状不容乐观。有11.2%的班主任选择"完全不符合"，有36.4%的班主任选择"比较不符合"，有24.3%的班主任选择"不确定"，仅有10.8%的班主任认为学校确实做到了减轻教师的非教学工作负担，这就表明目前学校的减负工作存在很大的问题，大部分中小学班主任对减负现状表示不满意。

在减负需求上，本次调查主要从中小学班主任每周的平均工作时间和期望减轻的负担内容两部分展开。一方面，有64.9%的中小学班主任希望每周的平均工作时间不超过40小时，有16.3%的班主任认为不应超过44小时。其实，数据分析的结果从侧面表明中小学班主任的周平均工作时间已经超出了40小时，甚至超过44小时。另一方面，通过调查中小学班主任期望减轻的负担内容可以发现，排在前五位的分别是备检迎检、各种会议、公众号、APP等信息处理、职称评定以及考核评估。同样，该部分的数据分析结果也从侧面表明中小学班主任的减负需求集中在非教学工作上。即使中小学班主任的减负状况和减负需求都显示出减轻教师群体的非教学工作负担迫在眉睫，但是因为各利益相关主体的需求，中小学班主任不得不成为责任转嫁的"接受方"，该群体的减负需求尚未得到足够重视，反而在一定程度上被淡化。

（五）中小学班主任工作强度的调适举措

在明晰了中小学班主任工作强度的发展态势及其存在的关键问题之后，必须采取切实有力的举措来减轻中小学班主任的非教育教学类工作负担，降低中小

---

① 葛新斌，叶繁. 教师减负的博弈困境及其破解之道[J]. 教育发展研究，2020（20）：46-52.

学班主任的工作强度,以推动中小学班主任回到本位,让教育回归教书育人的本质。

1. 协同共治,监督工作强度的源头

中小学班主任工作强度大是多种因素综合作用的结果。因此,要想降低中小学班主任的工作强度,仅仅依靠教育部门的努力是不够的,必须多个部门协同共治,控制好增大中小学班主任工作强度的源头。

在社会层面,一方面,政府部门要做好顶层设计,统筹好社会各方的力量,发挥好协调、监督的作用,合并好工作的"同类项",避免多部门向学校重复派发相同的工作任务,减轻中小学班主任所承担的社会性事务。此外,还要严格控制检查、评比、考核等事项,从源头上减轻学校和班主任的负担。[1]另一方面,应避免社会舆论两极化,既不能把中小学班主任"神化",认为班主任无所不能,理应承担各种各样的教育责任;也不能把中小学班主任"贬低化",缺乏对其应有的尊敬、信任、理解和包容。

在学校层面,中小学班主任减负也需要学校内部的多个部门协同联动,避免任务的叠加和时间上的冲突,杜绝出现工作强度的"层层加码"。首先,学校应尊重教育发展的客观规律,对教育改革不急于求成、急功近利,以防改革失败带来的额外负担。其次,学校要优化对中小学班主任的评价方式,对中小学班主任的评价应多元化,严禁只把升学率和考试成绩作为评价的唯一指标,不随意增加班主任的工作量。最后,学校要具有人文关怀,减轻非教育教学工作给班主任带来的工作负担。

在个人层面,班主任的专业能力影响着个人对工作强度的接受度。首先,中小学班主任应不断在实践中锻炼、在反思中成长,不断提高自身各方面的能力和水平,以更好地应对高强度的教学工作和非教学工作。其次,班主任应加强和其他教师之间的合作与交流,在教师共同体中不断进步,以此来有效减轻个人的工作强度。[2]最后,班主任也应掌握一定的工作方法,提高自己的工作效率。

2. 关注健康,降低工作强度

由于中小学班主任的工作性质和形象要求,他们往往被外界认为应该是默默付出而不求回报的群体。在长期的高期望、高强度工作下,部分中小学班主任常

---

[1] 李跃雪,邬志辉. 如何为中小学教师减负?——英国的经验与启示[J]. 比较教育学报,2021(3):122-135.

[2] 宋洪鹏,郝保伟,鱼霞. 中小学教师不合理负担表现、不利影响及应对策略——基于北京市的调查[J]. 教育科学研究,2021(10):70-76.

常处于身心俱疲的状态。要想改变工作负担对中小学班主任的身心产生的不良影响，就要密切关注班主任的健康状态，构建起减负的长效协同机制，帮助班主任获得良好的身心体验。

首先，要使中小学班主任的工作量保持在合理的水平。我国对班主任的工作量没有明确的衡量标准，工作时间弹性很大。[①]尤其在信息时代，微信等软件的使用进一步导致班主任的工作时间和个人时间之间的界限模糊，这就使得班主任的负担不断加重。所以，制定和颁布中小学班主任工作量的衡量标准对于降低班主任的工作强度十分必要。

其次，给中小学班主任提供必要的资源支持。提供物质、心理、社会以及组织上的支持和帮助是降低班主任工作强度的重要举措。同时，学校还应给予班主任自主管理的权利，要打造一支高素质、高水平、专业化的中小学班主任队伍，不断吸引优秀人才，扩充班主任队伍的人数，减少分配到每个班主任身上的工作任务。学校也要尽可能拒绝会增加班主任工作强度的非教学工作，以减轻班主任的工作强度。

最后，要建立中小学班主任工作强度的监测机制。学校可对中小学班主任的工作负担进行实时监测，以获得有效的动态数据。一方面，可以根据一手数据对中小学班主任的工作强度进行及时调控，以防班主任的工作强度过大而危害其身心健康；另一方面，还可以根据一手数据对中小学班主任的工作强度进行周期性追踪调查，以推动减负政策的制定和更新。

3. 重视需求，减轻工作强度的关键

减轻中小学班主任的工作强度是一项复杂且具有挑战性的工作，关注班主任的减负需求是开展减负工作的第一步，也是具有针对性的关键一步。通过分析调查数据可知，中小学班主任的非教学工作负担较重，但是减负需求并未得到足够重视。减负工作如果忽视班主任主体的减负需求，就不可能做到精准减负，也不可能使政策获得实效。

一方面，社会要密切关注中小学班主任的减负需求。社会如果只是单方面对中小学班主任提出高期待和高要求，却不能从班主任角度考虑其所需要的包容和支持，会导致班主任群体承受着较大的精神和心理压力。[②]因此，社会各方应正视班主任的作用，让其在工作岗位上安心育人。减轻中小学班主任工作强度的关键还在于政策的执行。只有切实关注中小学班主任的减负需求，准确获得班主任

[①] 李先军, 于文汇. 英国中小学教师减负策略及其启示[J]. 外国教育研究, 2020, 47(8): 88-100.
[②] 张家军, 闫君子. 中小学教师负担：减与增的辩证法[J]. 教育研究, 2022, 43(5): 149-159.

非教育教学类工作的各种来源,科学评估中小学班主任的工作强度,才能实现精准减负。

另一方面,学校要对中小学班主任进行人本化管理。学校是班主任除家庭之外所待时间最长的场所,学校应改变以往见物不见人的管理模式,从各方面了解和关心每一位班主任的工作情况、工作强度、身心健康以及减负需求,切实考虑班主任的实际情况,为他们安排适度的工作任务,努力为其营造安心从教的工作环境。

二、初任教师工作强度调研报告

本研究将初任教师界定为教龄在 0~3 年的教师,课题组据此对已收集的 48 874 份相关教师数据进行筛选,得到 6932 份符合条件的数据,占总调查人数的 14.18%,具体分析如下。

(一)对初任教师工作内容结构度的关注有待提升

1. 多数初任教师与教学工作的融合存在一定困难

本次调查结果显示,在教学工作方面,有 83.03%的初任教师上学期上公开课的次数少于 3 次,其中 17.51%的初任教师没有上过公开课(图9-2),也就是说,大多数初任教师缺乏这方面的锻炼。有 55.62%的初任教师准备一节公开课(或示范课、研讨课、比赛课)的时间超过12个小时(图9-3,因四舍五入,部分数据之和不为100%,余同),超过8小时的法定工作时长,可见上公开课对于多数初任教师来说意味着巨大的挑战。有 60.76%的初任教师这学期工作日每天批改学生作业的份数不超过 80 份(图9-4),效率相对较低。同时还有 64.60%的初任教师在"当前各项教育教学改革增加了我很多工作量"的题项上选择了"比较符合"和"完全符合"(图9-5),这也说明初任教师处于职业角色的适应期,还不能很好地适应自身的专业定位,尚需一定时间打磨自己的专业能力。

2. 多数初任教师的非教学工作量较大,获得感不强

在非教学工作方面,有 54.56%的初任教师上学期每个月参加听评课、教学研讨等教研活动的平均次数不多于 4 次(图9-6)。然而,与之形成鲜明对比的是在"我经常被要求参加与教育教学无关的活动""由于疫情居家线上教学,比平时工作量增加很多""我每天疲于完成学校各项工作"题项上,分别有 54.95%、64.18%和58.95%的初任教师选择了"比较符合"和"完全符合"(表9-6)。由此

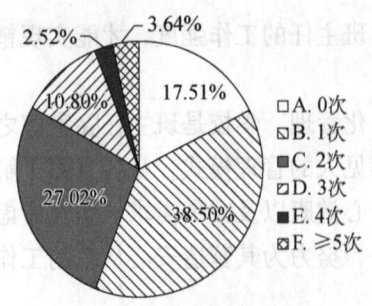

图 9-2 初任教师上学期上公开课的次数

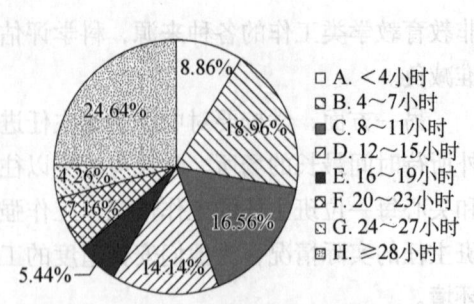

A. 0次 17.51%
B. 1次 38.50%
C. 2次 27.02%
D. 3次 10.80%
E. 4次 2.52%
F. ≥5次 3.64%

图 9-3 初任教师准备一节公开课（示范课、研讨课、比赛课）的耗时情况

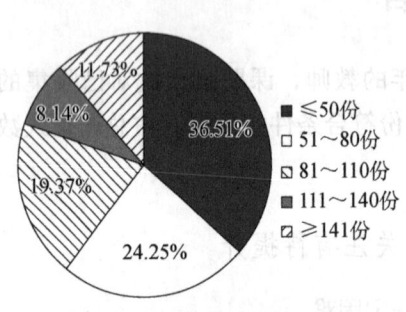

A. <4小时 8.86%
B. 4～7小时 18.96%
C. 8～11小时 16.56%
D. 12～15小时 14.14%
E. 16～19小时 5.44%
F. 20～23小时 1.16%
G. 24～27小时 4.26%
H. ≥28小时 24.64%

图 9-4 初任教师这学期工作日每天批改作业的份数情况

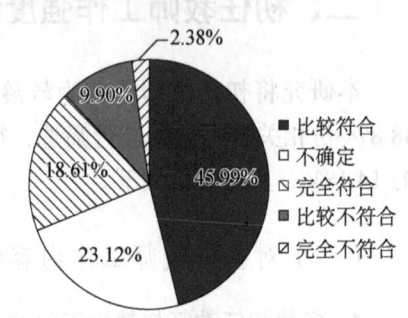

≤50份 36.51%
51～80份 24.25%
81～110份 19.37%
111～140份 8.14%
≥141份 11.73%

图 9-5 当前各项教育教学改革对初任教师工作量的影响情况

比较符合 45.99%
不确定 23.12%
完全符合 18.61%
比较不符合 9.90%
完全不符合 2.38%

图 9-6 初任教师上学期每个月参加听评课、教学研讨等教研活动的平均次数情况

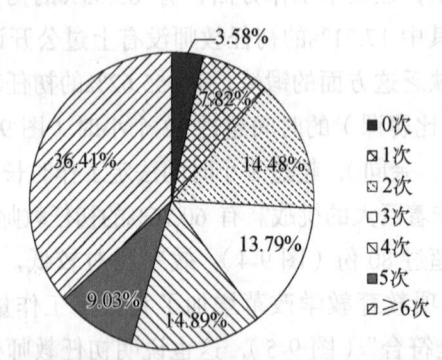

0次 3.58%
1次 7.82%
2次 14.48%
3次 13.79%
4次 14.89%
5次 9.03%
≥6次 36.41%

可见，多数初任教师并不能从非教学工作中获得价值感和成就感，却仍不得不处理大量的非教学工作。

表 9-6 初任教师非教学工作安排及其影响情况　　　（单位：%）

项目	完全不符合	比较不符合	不确定	比较符合	完全符合
我经常被要求参加与教育教学无关的活动	4.79	14.51	25.75	39.70	15.25

续表

项目	完全不符合	比较不符合	不确定	比较符合	完全符合
由于疫情居家线上教学，比平时工作量增加很多	3.17	10.39	22.26	45.01	19.17
我每天疲于完成学校各项工作	3.32	13.21	24.51	42.74	16.21

3. 多数初任教师反映工作强度较高，减负需求较为突出

在工作强度评价方面，有 63.04%的初任教师认为平均每周工作时间不超过 40 小时比较合适（图 9-7）。也就是说，多数初任教师希望每周正常工作日的工作时长不超过 8 小时法定时间，同时自己每周的双休假期也能得到切实的保障。然而，在刚入职时工作强度、一年前工作强度、现阶段工作强度以及未来三年工作强度上，分别有 43.92%、46.07%、49.95%和 50.94%的初任教师认为是"比较高"和"很高"的（表 9-7），表明多数初任教师对之前、现阶段和未来的工作强度不抱乐观态度。具体到学校教学工作、学校非教学工作以及外部事务上，分别有 45.93%、44.79%、27.29%的初任教师认为现阶段教育教学工作强度、现阶段学校非教育教学工作强度、现阶段街道社区等外部事务强度是"比较高"和"很高"的（表 9-7）。需要指出的是，尽管高强度工作评价目前尚不占压倒性比例，但仍然不容忽视。此外，尽管在"一学期中，您觉得工作强度比较大的时间段"的题项上，有 62.44%的初任教师选择了"都挺大"（图 9-8），但是仍有 63.14%的初任教师在"我对当前的工作状况很满意"的题项上选择了"比较符合"和"完全符合"（图 9-9）。这说明，较之其他职业，教师较为注重精神层面的满足感和获得感。在认同职业本身价值和意义的同时，初任教师有良好的驱动力去做好本职工作，对教师职业充满热情。

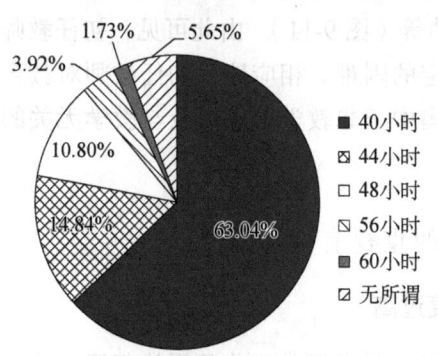

图 9-7 初任教师对平均每周工作时间最佳限度的认知情况

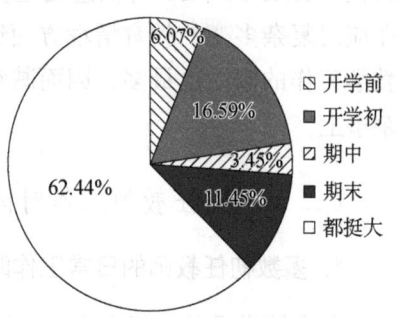

图 9-8 初任教师对一学期不同时段工作强度的认知情况

表 9-7　初任教师不同时期工作强度情况　　　　（单位：%）

项目	很低	比较低	适中	比较高	很高
刚入职时的工作强度	1.43	9.19	45.46	26.90	17.02
一年前的工作强度	1.41	6.28	46.25	30.63	15.44
现阶段的工作强度	0.98	5.38	43.70	32.16	17.79
未来三年的工作强度	0.75	4.53	43.78	31.65	19.29
现阶段教育教学工作强度	0.81	5.11	48.15	28.98	16.95
现阶段学校非教育教学工作强度	1.95	6.77	46.49	27.45	17.34
现阶段街道社区等外部事务强度	14.54	14.25	43.91	16.76	10.53

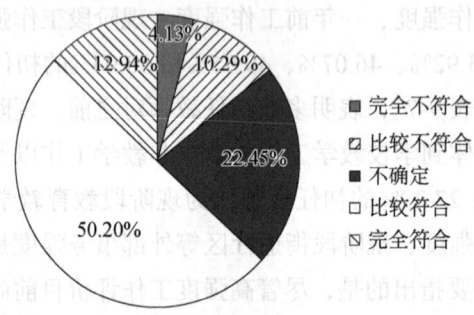

图 9-9　初任教师对当前工作状况的满意情况

（完全不符合 4.13%；比较不符合 12.94%；不确定 10.29%；比较符合 22.45%；完全符合 50.20%）

在减负需求方面，有 43.32% 的初任教师在"学校重视减轻教师与教学无关的工作负担"题项上没有选择"比较符合"和"完全符合"（图 9-10），这也昭示着教师减负已成为学校场域的迫切需求。在初任教师觉得平时工作中强度较大的工作任务中，排在前五位的分别是备课、上课、作业批改与分析、教学比赛以及学生管理。而在初任教师认为应该减轻的工作负担中，排在前几位的分别是备检迎检，公众号、APP 等信息处理，考核评估等（图 9-11）。由此可见，初任教师在应对复杂多变的教育情境方面还存在一定的困难。相应地，初任教师对教育教学工作的倾注也最多，因而减负需求也集中于非教学事务以及与教学无关的杂事上。

（二）对初任教师工作时间分配度的重视有待加强

1. 多数初任教师的日常工作时间饱和度过高

调查结果显示，仅有 31.66% 的初任教师这学期正常工作日平均每天工作时长（含在家加班）没有超过 8 小时（图 9-12），由此可见，多数初任教师平均每

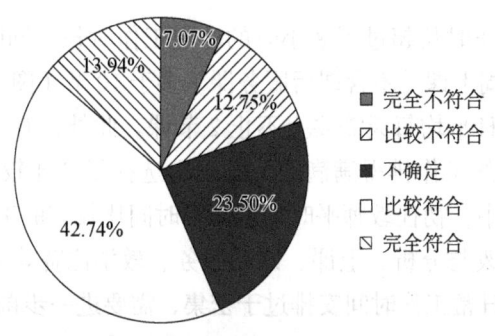

图 9-10 学校重视减轻与教学无关的工作负担情况

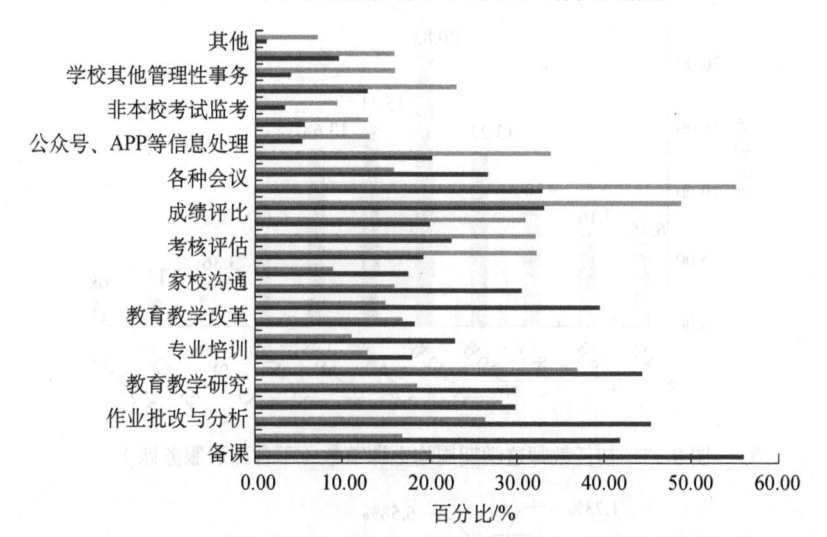

图 9-11 初任教师认为应该减轻的工作负担与平时工作中强度较大的工作任务对比

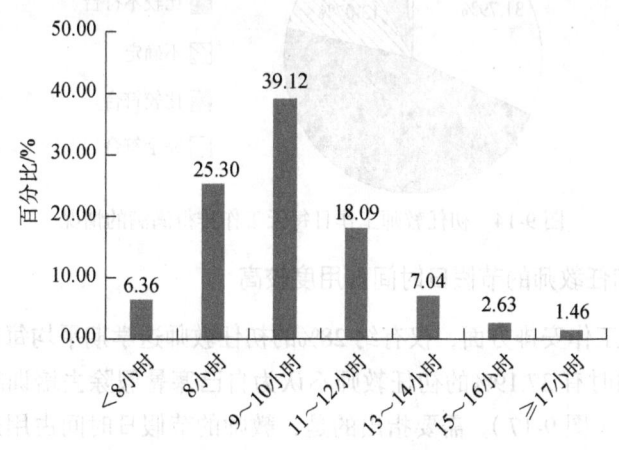

图 9-12 初任教师学期正常工作日日均工作时长（含在家加班）

周正常工作日的工作时长超过了 8 小时的法定工作时长。同时有 64.02% 的初任教师这学期平均每周上课（不含课后服务课）多于 10 节（图 9-13）。这说明多数初任教师正常工作日平均每天需要上不止 2 节课。此外，有 78.62% 的初任教师在"工作日我每天的工作排得满满的"题项上选择了"比较符合"和"完全符合"（图 9-14）。其中，初任教师平时加班花费时间比较多的工作任务排在前五位的是备课、作业批改与分析、上课、课后服务、教学比赛等（图 9-15），这也表明多数初任教师的日常工作时间安排过于密集，需要进一步调整。

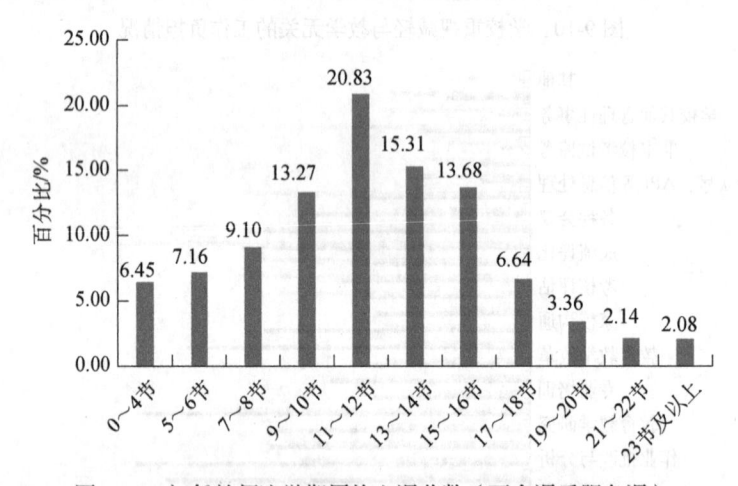

图 9-13 初任教师这学期周均上课节数（不含课后服务课）

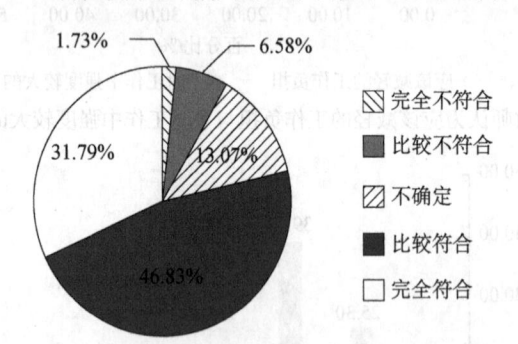

图 9-14 初任教师工作日每天工作排得满满的情况

2. 多数初任教师的节假日时间占用度较高

在节假日工作安排方面，仅有约 28% 的初任教师这学期平均每周末不用加班（图 9-16），同时有 37.19% 的初任教师不认为自己寒暑假除去培训时间外大部分时间可以休息（图 9-17）。需要指出的是，教师的节假日时间占用过多容易挫伤其专业发展的内在驱动力。

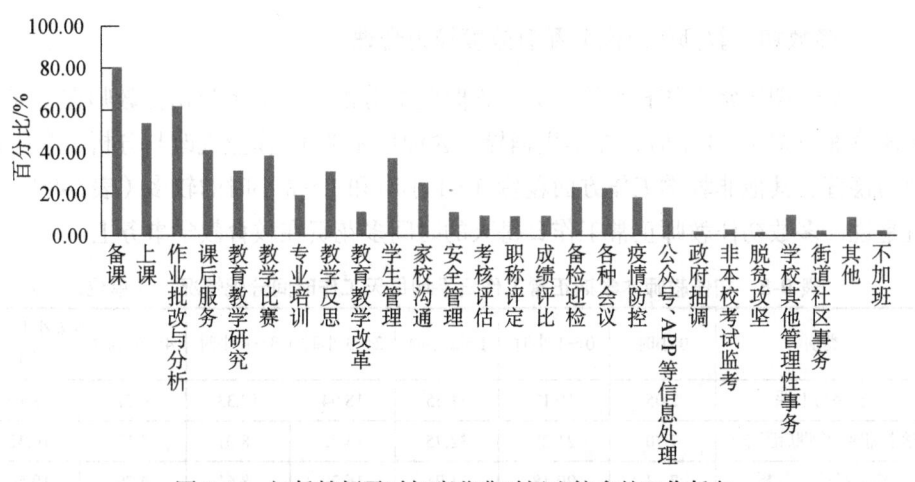

图 9-15 初任教师平时加班花费时间比较多的工作任务

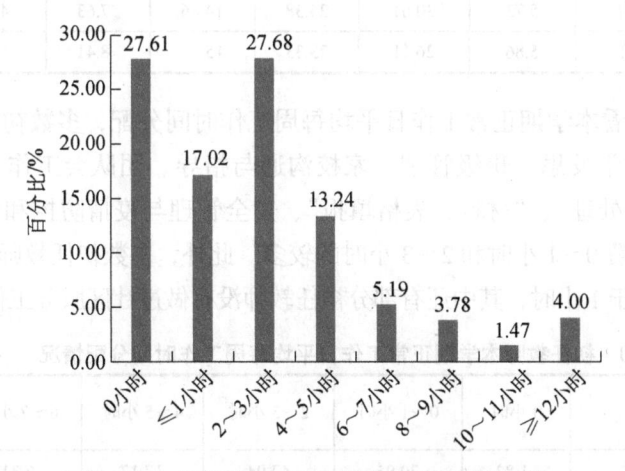

图 9-16 初任教师这学期平均每周末加班时长

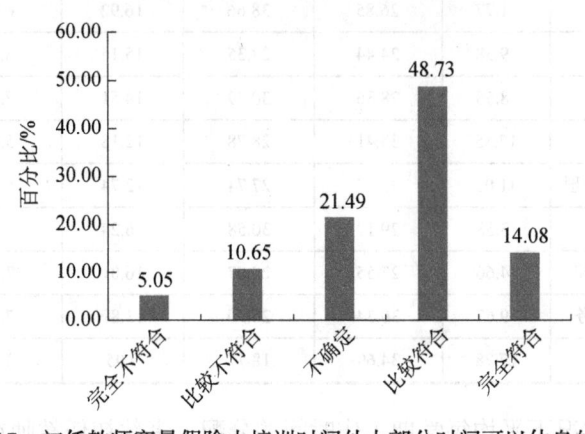

图 9-17 初任教师寒暑假除去培训时间外大部分时间可以休息的情况

3. 多数初任教师的时间分配有效度较为合理

在本学期正常工作日平均每天工作时间的分配上，大多数初任教师在备课与上课方面花费1~4小时，在学生辅导（含课后服务）、作业批改与分析、学生管理与德育、其他非教学工作方面花费0~1小时和1~2小时的较多（表9-8）。也就是说，多数初任教师正常工作日每天的时间多花费在教育教学事务上。

表9-8　初任教师本学期正常工作日平均每天工作时间分配情况　（单位：%）

类别	0小时	0~1小时	1~2小时	2~3小时	3~4小时	4~5小时	6小时及以上
备课与上课	2.05	10.17	31.55	18.94	12.33	6.77	18.19
学生辅导（含课后服务）	7.70	21.28	32.75	15.72	8.01	4.13	10.42
作业批改与分析	7.83	20.18	31.71	16.29	8.61	4.79	10.59
学生管理与德育	5.73	30.01	24.38	14.86	7.63	4.93	12.46
其他非教学工作	5.86	26.11	23.33	15.77	8.41	5.65	14.87

进一步来看本学期正常工作日平均每周工作时间分配，多数初任教师在听评课与研讨、教学反思、班级管理、家校沟通与指导、团队会工作，以及"公众号、APP信息处理"、"材料、表格填报"、安全管理与疫情防控和学校其他管理性事务方面花费0~1小时和2~3小时的较多。此外，多数初任教师在社区服务方面花费时间少于1小时，其中还有部分初任教师没有做过社区服务工作（表9-9）。

表9-9　初任教师本学期正常工作日平均每周工作时间分配情况　（单位：%）

类别	0小时	0~1小时	2~3小时	4~5小时	6~7小时	8小时及以上
听评课与研讨	1.82	20.95	42.04	17.17	7.31	10.72
教学反思	1.77	26.85	38.66	16.92	6.53	9.26
班级管理	9.58	24.44	27.35	15.16	8.11	15.36
家校沟通与指导	8.58	28.36	30.29	14.51	7.26	10.99
团队会工作	12.55	33.41	28.78	12.18	5.27	7.82
公众号、APP信息处理	11.01	33.17	27.74	12.74	6.15	9.20
材料、表格填报	3.58	29.10	30.58	16.24	7.86	12.64
安全管理与疫情防控	4.66	27.55	29.07	16.01	7.82	14.89
学校其他管理性事务	9.62	30.34	26.90	13.89	7.17	12.07
社区服务	27.78	34.69	18.77	9.05	3.56	6.15

再看正常情况下平均每学期工作时间的分配，多数初任教师在教学比赛与公

开课、课题研究与论文写作、专业培训、非教育教学性会议、非本校考试监考、考核评估、备检迎检、处理纠纷与协调关系、文体活动、街道社区事务、政府工作抽调方面花费的时间不超过 5 天（表 9-10）。由此可见，非教育教学事务并没有过度挤压多数初任教师的教育教学时间。

表 9-10　初任教师正常情况下平均每学期工作时间分配情况　（单位：%）

类别	0 天	2 天及以下	3～5 天	6～8 天	9～11 天	12～14 天	15 天及以上
教学比赛与公开课	4.72	23.21	26.79	18.41	9.10	5.03	12.74
课题研究与论文写作	9.43	29.04	23.98	15.05	7.89	4.04	10.57
专业培训	5.80	23.87	25.79	18.42	9.58	4.66	11.87
非教育教学性会议	6.68	27.73	24.47	16.08	8.58	4.30	12.16
非本校考试监考	25.58	24.68	20.46	12.18	6.19	2.87	8.05
考核评估	9.87	35.62	24.13	13.44	6.39	3.42	7.13
备检迎检	6.30	27.41	24.81	16.24	8.40	4.59	12.25
处理纠纷与协调关系	15.51	31.58	21.34	12.90	6.51	3.49	8.68
文体活动	11.12	31.95	23.44	15.02	6.78	3.43	8.25
街道社区事务	33.99	29.63	15.71	9.51	4.37	2.12	4.67
政府工作抽调	37.28	27.44	15.12	9.03	4.21	2.02	4.90

以上数据也在初任教师对工作日时间利用的主观感受题项上得到了印证。在"工作日我大部分时间和精力都用在教育教学上""工作日我能根据工作性质合理安排时间""我充分利用点滴时间思考工作"题项上，多数初任教师选择了"比较符合"和"完全符合"（表 9-11），这表明多数初任教师的工作时间分配合理。

表 9-11　初任教师工作日时间利用情况　　　　（单位：%）

项目	完全不符合	比较不符合	不确定	比较符合	完全符合
工作日我大部分时间和精力都用在教育教学上	2.06	8.71	15.90	47.35	25.98
工作日我能根据工作性质合理安排时间	2.45	7.89	17.80	50.72	21.13
我充分利用点滴时间思考工作	1.57	6.52	17.44	52.77	21.70

（三）对初任教师工作投入差异度的改善有待推进

1. 多数初任教师的投入意愿较高

仅有 22.73% 的初任教师在"令我愉快的事情大多来自工作"题项上选择了"完全不符合"和"比较不符合"（图 9-18）。也就是说，绝大多数初任教师具有较高的职业热情，能够从工作中获得满足感。但我们也不能忽视，选择"不确定"这一中立选项的人数比重也很大，这说明在某种意义上，相对于其他指标而言，教师对自己的投入意愿认知具有很大的不确定性，需要我们进一步关注。

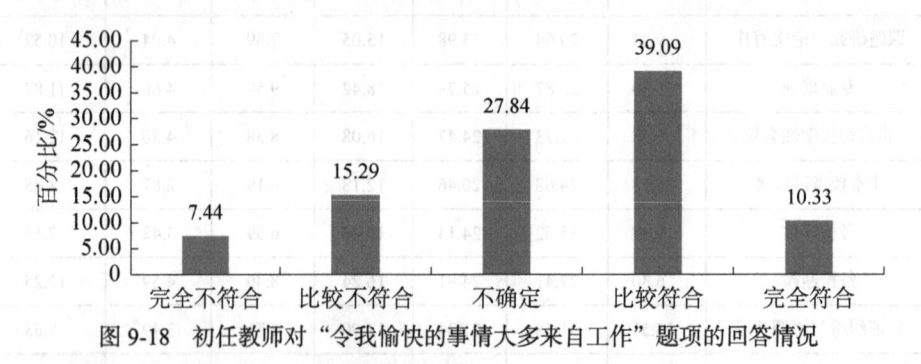

图 9-18 初任教师对"令我愉快的事情大多来自工作"题项的回答情况

完全不符合	比较不符合	不确定	比较符合	完全符合
7.44	15.29	27.84	39.09	10.33

2. 多数初任教师的投入要素较为整全

在初任教师的个人工作投入条件方面，大多数初任教师在"我总是精力充沛，可以连续工作很长时间""我在工作中会经常迸发出灵感""我的能力足以支撑干好工作"题项上选择了"比较符合"或"完全符合"（表 9-12）。由此可见，大多数初任教师具备足够的工作投入条件，这为他们的专业成长奠定了稳固基础。

表 9-12　初任教师的个人工作投入条件情况　　（单位：%）

项目	完全不符合	比较不符合	不确定	比较符合	完全符合
我总是精力充沛，可以连续工作很长时间	7.21	15.33	26.95	39.82	10.69
我在工作中会经常迸发出灵感	4.49	10.98	26.79	45.85	11.90
我的能力足以支撑干好工作	1.28	5.53	19.23	56.03	17.93

3. 多数初任教师的投入状态较为乐观

在教师工作投入状态方面，多数初任教师在"工作时，我会沉浸其中""我感觉自己离不开教师工作""工作中即使事情进展不顺利，我也总是锲而不舍"

"工作中我做的事情没有达到预期,会有很强的挫折感"题项上选择了"比较符合"和"完全符合"(表 9-13)。这证明了多数初任教师能够以良好的工作状态积极投入到日常工作之中。

表 9-13 初任教师的工作投入状态情况 (单位:%)

项目	完全不符合	比较不符合	不确定	比较符合	完全符合
工作时,我会沉浸其中	1.77	6.28	14.51	52.31	25.13
我感觉自己离不开教师工作	4.28	9.17	25.36	46.83	14.35
工作中即使事情进展不顺利,我也总是锲而不舍	1.36	5.55	19.95	55.08	18.06
工作中我做的事情没有达到预期,会有很强的挫折感	2.08	8.50	22.91	50.72	15.80

4. 多数初任教师的投入情境较为积极

调查数据显示,绝大多数初任教师会主动付出时间和精力用心准备课堂教学(图 9-19),面对复杂的教育情境会千方百计地寻找解决方法(图 9-20),从而为教学工作的深入开展提供有力支撑。

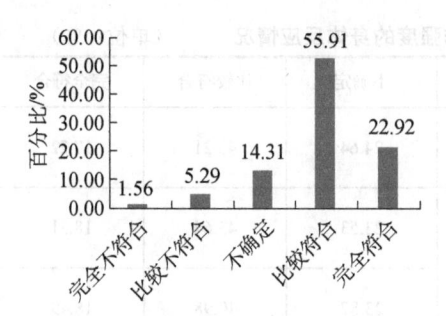

图 9-19 初任教师会主动付出时间和精力用心准备课堂教学的情况

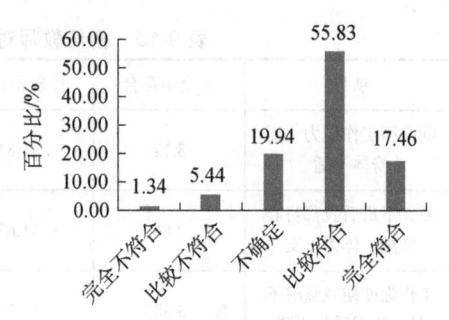

图 9-20 初任教师面对复杂的教育情境会千方百计寻找解决方法的情况

5. 多数初任教师的投入结果较为合理

大多数初任教师在"我认为我所从事的工作目的明确,且很有意义""工作中我经常体验到成就感""我现在的工作状态很幸福""教育结果的反馈激发我对教师工作的热爱"题项上选择了"比较符合"和"完全符合"(表 9-14)。这说明，相较于其他职业，教师更为注重精神层面的满足感和获得感，在认同职业本身价值和意义的同时，对自身职业生涯有一定的专业追求。

表 9-14 初任教师的工作投入体验情况　　　　　　（单位：%）

项目	完全不符合	比较不符合	不确定	比较符合	完全符合
我认为我所从事的工作目的明确，且很有意义	2.03	6.10	19.06	54.02	18.78
工作中我经常体验到成就感	2.29	7.00	21.41	52.96	16.34
我现在的工作状态很幸福	4.07	9.20	25.14	48.49	13.10
教育结果的反馈激发我对教师工作的热爱	3.00	7.73	23.38	50.71	15.18

（四）对初任教师工作负荷感知度的支持有待完善

1. 多数初任教师的身体反应欠佳，多职业病

在"我常因工作压力大而身体不适""每天下班后我都身心疲惫，体力不支""工作强度使我睡眠不足，睡眠质量下降"题项上，多数初任教师选择了"比较符合"和"完全符合"（表 9-15）。这表明初任教师的身心健康需要得到更多关注。

表 9-15 初任教师对工作强度的身体反应情况　　　　（单位：%）

项目	完全不符合	比较不符合	不确定	比较符合	完全符合
我常因工作压力大而身体不适	3.12	11.81	24.64	43.21	17.22
每天下班后我都身心疲惫，体力不支	2.86	11.67	23.53	43.64	18.31
工作强度使我睡眠不足，睡眠质量下降	3.38	13.27	23.87	40.98	18.49

2. 多数初任教师的心理体验欠佳，多负面情感

在"工作的弦紧绷着，我常出差错""学校的工作强度使我有了不想当老师的想法""我常被工作压得喘不过气来，很焦虑"题项上，均仅有30%左右的初任教师选择否定答案（表 9-16）。也就是说，过高的工作强度导致70%左右的初任教师被负面职业心理体验困扰。

表 9-16　初任教师对工作强度的心理体验情况　　　（单位：%）

项目	完全不符合	比较不符合	不确定	比较符合	完全符合
工作的弦紧绷着，我常出差错	9.26	25.55	28.53	28.38	8.28
学校的工作强度使我有了不想当老师的想法	11.43	21.28	25.98	30.08	11.24
我常被工作压得喘不过气来，很焦虑	9.19	19.82	24.99	32.99	13.01

三、乡村教师工作强度调研报告

农村教育要实现优质均衡发展，教师队伍是关键。应统筹配置城乡师资，并向乡村倾斜，建好建强乡村教师队伍。[①]一直以来，乡村教育和乡村教师队伍建设都是我国高度重视的问题，切实关注乡村教师发展难点，关切乡村教师工作状态与情感体验，解决发展难题，才能更好地推动乡村教育的不断发展。

（一）乡村教师工作强度现状分析

1. 整体上呈现出不断增强的趋势

乡村教师是教师工作强度分析中的一个群体，本次调查收回有效问卷 48 874 份，其中来自乡村教师的有效问卷共 24 455 份。本部分对乡村教师不同阶段工作强度及其工作时间利用、工作内容结构、工作投入差异、工作负荷感受、减负状况与需求各维度的均值进行分析，均值越高，表明教师的工作强度越高。

（1）工作强度随着工作年限的增加而不断增强

对乡村教师不同阶段的工作强度进行分析，发现总体上呈现刚入职时工作强度水平较低，后逐渐上升，现阶段的工作强度高于刚入职时和一年前的工作强度，但低于未来三年的工作强度。具体来说，乡村教师现阶段的工作强度处于中等水平（$M=3.69$），高于刚入职时的工作强度（$M=3.57$）；同时乡村教师认为未来三年的工作强度（$M=3.73$）高于现阶段的工作强度，具体如表 9-17 所示。

表 9-17　乡村教师不同阶段工作强度均值表

现阶段的工作强度	刚入职时的工作强度	一年前的工作强度	未来三年的工作强度	现阶段教育教学工作强度	现阶段学校非教育教学工作强度	现阶段外部事务强度	总体工作强度
3.69	3.57	3.63	3.73	3.61	3.50	2.51	3.48

---

① 中共中央 国务院关于实施乡村振兴战略的意见[N]. 人民日报，2018-02-05（001）.

（2）工作时间利用与工作投入差异均值较高

对乡村教师工作强度的各维度情况进行描述，以了解其总体情况。乡村教师在工作时间利用、工作投入差异、工作负荷感受三个维度上的平均数和标准差如表9-18所示。问卷采用利克特5点计分法，从总体上看，乡村教师在工作时间利用、工作投入差异方面呈现均值较高状态，工作负荷感受处于中等状态。

表9-18　乡村教师工作强度各维度均值（N=24 455）

均值	工作时间利用	工作投入差异	工作负荷感受	教师工作强度
M	3.94	3.82	3.22	3.48
SD	0.64	0.61	0.57	0.45

（3）乡村教师工作时间长、工作内容多

乡村教师工作日平均每天工作时长（含在家加班）为9~10小时的占比为44.31%，有68.89%的乡村教师每天工作时长超过8小时。乡村教师平均每天工作时间较长，有超负荷工作的倾向（图9-21）。乡村教师工作强度较大的前五项工作分别为备课、作业批改与分析、备检迎检、上课、学生管理（图9-22）。

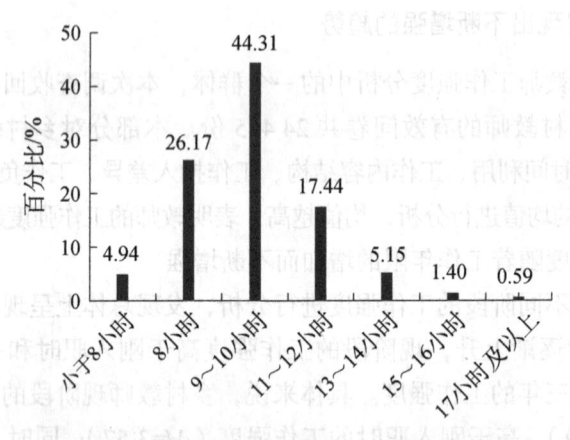

图9-21　乡村教师平均每天工作时长分布图

一学期内乡村教师上公开课（示范课、研讨课）的次数为3次及以上的占比为12.69%，而教师准备一次公开课的时间超过4小时的占89.02%（图9-23）。教师除了完成正常的教育教学工作之外，还要额外花费时间准备公开课，这加大了教师的工作强度。

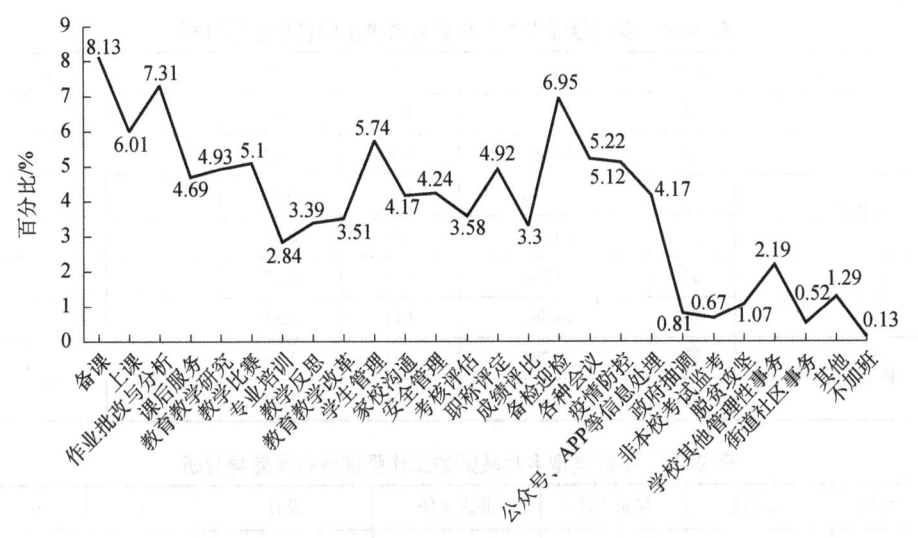

图 9-22　乡村教师工作强度大的工作内容分布折线图

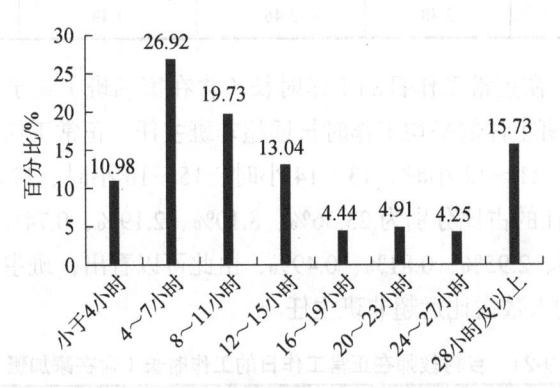

图 9-23　乡村教师准备一节公开课所需时间分布图

2. 具体状况分析

（1）乡村女教师的工作强度高于男教师

男女教师在工作强度各维度上的均值不同，女教师的工作时间利用和工作投入差异均值高于男教师，而工作负荷感受均值低于男教师。另外，独立样本 t 检验结果表明（表 9-19），乡村教师在工作强度的三个维度（$p<0.05$）上均存在显著的性别差异，而在减负状况与需求维度（$p>0.05$）上不存在显著的性别差异。

（2）乡村班主任工作强度大于非班主任

对数据进行分析，可以看出乡村班主任的工作强度最高，从班主任、副班主任到非班主任，工作强度的均值逐渐降低，如表 9-20 所示。

表 9-19　乡村教师在工作强度各维度上的性别差异分析

变量	性别	n	M	SD	t	p
工作时间利用	男	7 790	3.81	0.67	−21.32	0.00
	女	16 665	4.00	0.62		
工作投入差异	男	7 790	3.77	0.65	−6.93	0.00
	女	16 665	3.83	0.59		
工作负荷感受	男	7 790	3.25	0.57	4.27	0.00
	女	16 665	3.21	0.58		
减负状况与需求	男	7 790	3.34	1.14	−1.26	0.21
	女	16 665	3.36	1.12		

表 9-20　不同类型乡村教师的工作强度分布及差异分析

类型	班主任	副班主任	非班主任	总计	F	p
n	8 556	1 894	14 005	24 455	13.47	0.00
工作强度	3.50	3.48	3.46	3.48		

乡村班主任[①]在正常工作日的工作时长（含在家加班）长于非班主任，具体见表 9-21。乡村班主任的平均工作时长远超非班主任。正常工作日平均加班时间（含在家加班）在 11～12 小时、13～14 小时、15～16 小时、17 小时及以上的乡村教师中，班主任的占比分别为 23.36%、8.10%、2.19%、0.74%，非班主任的占比分别为 13.02%、2.95%、0.81%、0.49%，由此可以看出，班主任的平均工作时长超过 11 小时的人数占比远超非班主任。

表 9-21　乡村教师在正常工作日的工作时长（含在家加班）

分类		这学期正常工作日平均每天工作时长（含在家加班）							总计
		小于 8 小时	8 小时	9～10 小时	11～12 小时	13～14 小时	15～16 小时	17 小时及以上	
班主任、副班主任	人数/人	354	1 750	4 753	2 441	846	229	77	10 450
	占比/%	3.39	16.75	45.48	23.36	8.10	2.19	0.74	100
非班主任	人数/人	855	4 649	6 083	1 824	413	113	68	14 005
	占比/%	6.10	33.20	43.43	13.02	2.95	0.81	0.49	100
总计/人		1 209	6 399	10 836	4 265	1 259	342	145	24 455

乡村教师在班级管理、家校沟通与指导、安全管理与疫情防控方面的工作时间分布见图 9-24 至图 9-26。

---

① 包括副班主任，下同。

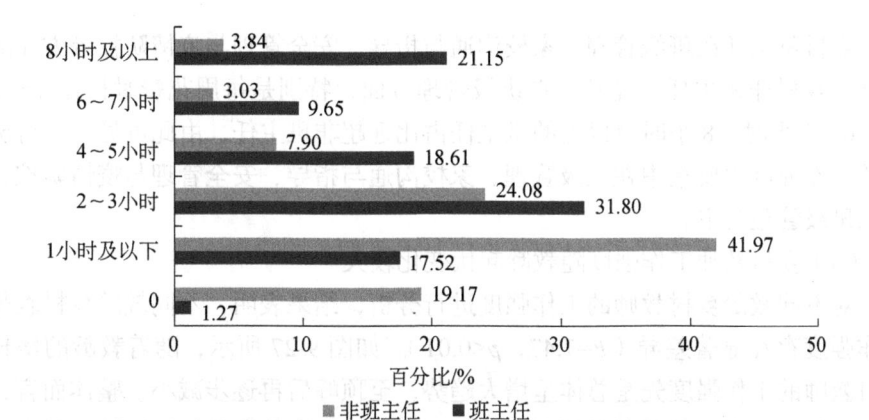

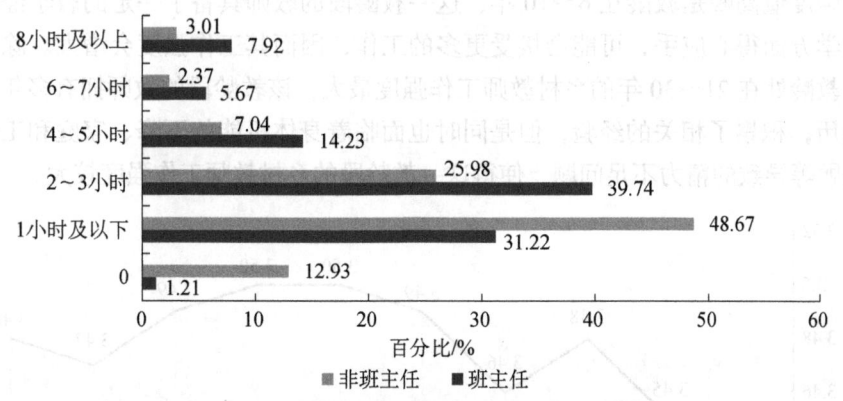

图 9-24　乡村教师班级管理工作时间分布

图 9-25　乡村教师家校沟通与指导工作时间分布

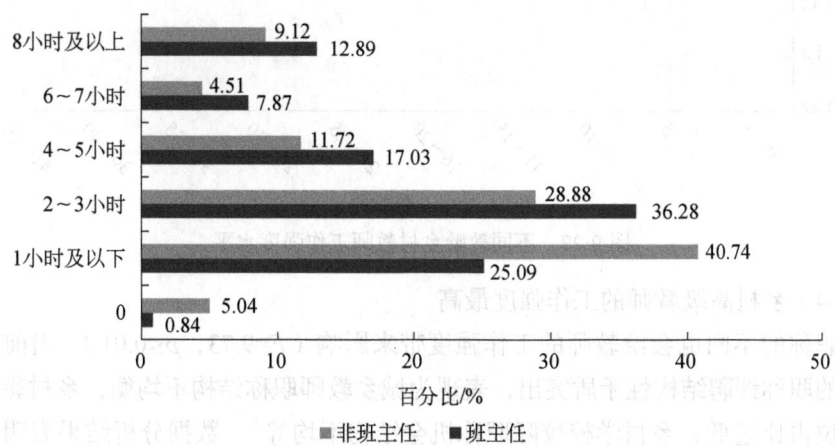

图 9-26　乡村教师安全管理与疫情防控工作时间分布

乡村班主任在班级管理、家校沟通与指导、安全管理与疫情防控等方面的负担高于乡村非班主任，尤其是在班级管理方面，特别是每周花费时长在4~5小时、6~7小时、8小时及以上的班主任占比远超非班主任，由此可见，乡村班主任的工作强度主要集中在班级管理、家校沟通与指导、安全管理与疫情防控，并且以班级管理为主。

（3）乡村教师工作强度随教龄起伏变化较大

对不同教龄乡村教师的工作强度进行分析，结果表明，不同教龄乡村教师的工作强度存在显著差异（$F=7.47$, $p<0.01$）。如图9-27所示，随着教龄的增长，乡村教师的工作强度先是总体呈增大趋势，至顶峰后再逐步减小。整体而言，乡村教师的工作强度随教龄的增长大致以双倒"U"形曲线的趋势发展。其中，第一处强度值高峰是教龄在6~10年，这一教龄段的教师具备了一定的教学经验，在教学方面得心应手，可能会接受更多的工作，因而其工作强度会增大。除此之外，教龄处在21~30年的乡村教师工作强度最大，该教龄段的教师拥有多年的教学经历，积累了相关的经验，但是同时也面临着身体机能的下降、家庭和工作无法兼顾等导致的精力不足问题，使得这一教龄段的乡村教师工作强度较大。

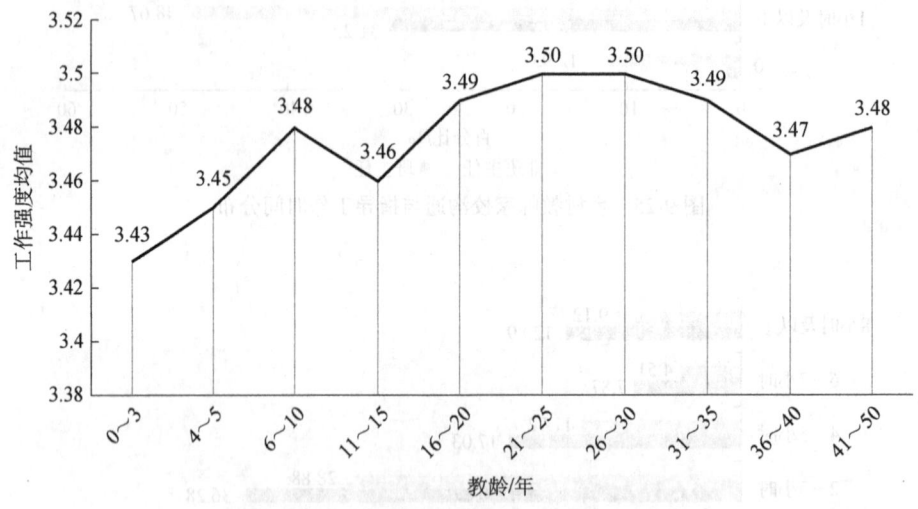

图9-27 不同教龄乡村教师工作强度水平

（4）乡村高级教师的工作强度最高

职称的不同也会给教师的工作强度带来影响（$F=9.73$, $p<0.01$）。当前乡村教师的职称评聘结构性矛盾突出，表现为城乡教师职称结构不均衡，乡村教师高级岗位占比过低；乡村学校校际职称机会结构不均等[1]。数据分析结果表明，正

---

[1] 王晓生，邬志辉. 乡村教师职称评聘的结构矛盾与改革方略[J]. 中国教育学刊，2019（9）：70-74.

高级教师与高级教师的工作强度最高，不同职称的教师面临的工作要求不同，而在乡村教师中，正高级教师的数量较少，任务较多，造成其工作压力较大，而高级教师仍然存在评定职称的追求，所以工作强度较高；三级教师的工作强度最低；不同职称的教师在工作强度方面存在显著差异，如表9-22所示。

表9-22 不同职称乡村教师的工作强度均值

类别	未定级教师	三级教师	二级教师	一级教师	高级教师	正高级教师	总计	F	p
n	2 580	360	6 163	9 124	6 185	43	24 455	9.73	0.00
乡村教师工作强度	3.44	3.43	3.46	3.49	3.50	3.50	3.48		

（5）乡村公办学校教师的工作强度高于民办学校教师

根据数据，不同学校类型的乡村教师在工作强度各维度上的表现不同，三种类型的学校教师在工作利用时间、工作投入差异方面差异不显著，而在工作内容结构、工作负荷感受、减负状况与需求三个维度上，其 p 值均小于0.05，说明公办学校、民办学校、其他学校教师三者之间是存在差异的。如表9-23所示。

表9-23 乡村不同类型学校教师在工作强度各维度上的差异

类型	工作时间利用	工作内容结构	工作投入差异	工作负荷感受	减负状况与需求	教师工作强度
公办	3.94	3.06	3.82	3.23	3.35	3.48
民办	3.87	3.01	3.76	3.20	3.30	3.43
其他	3.91	2.88	3.83	3.02	3.52	3.43
总计	3.94	3.05	3.82	3.22	3.35	3.48
F	1.23	4.81	0.96	25.07	4.72	2.99
p	0.29	0.01	0.38	0.00	0.01	0.05

（二）工作强度影响因素与困境分析

1. 工作强度与各影响因素的相关性分析

从表9-24中的数据可以看出，除工作时间利用与教师个人发展无关之外，工作强度各维度与社会方面、学校方面、教师个人方面以及学生方面的影响因素存在显著相关。具体为，工作投入差异、减负状况与需求与社会方面、学校方面、教师个人方面、学生方面的影响因素均呈负相关；工作时间利用与教师个人方面影响因素无关，与其他方面的影响因素存在显著相关；工作内容结构与学生方面的影响因素呈负相关，与其他方面的影响因素呈正相关；工作负荷感受与各方面的影响因素之间存在显著正相关。

表9-24 工作强度各影响因素的相关性（N=24 455）

工作强度维度	社会方面	学校方面	教师个人方面	学生方面
工作时间利用	0.01* （0.02）	0.03** （0.00）	0.00 （0.67）	−0.22** （0.00）
工作内容结构	0.44** （0.00）	0.41** （0.00）	0.34** （0.00）	−0.03** （0.00）
工作投入差异	−0.08** （0.00）	−0.03** （0.00）	−0.01* （0.04）	−0.34** （0.00）
工作负荷感受	0.66** （0.00）	0.59** （0.00）	0.42** （0.00）	0.05** （0.00）
减负状况与需求	−0.14** （0.00）	−0.13** （0.00）	−0.11** （0.00）	−0.25** （0.00）

注：括号外为皮尔逊相关系数，括号内为 p 值（双尾检验）。

2. 工作强度影响因素多元回归分析

1）拟合度分析。多元线性回归模型的拟合度 R^2=0.37，表明自变量可以解释因变量变异的37%，即因变量是受自变量影响的。结果显示，F=1410.33，p<0.01，说明回归显著（表9-25）。

表9-25 各影响因素对乡村教师工作强度的多元回归分析

影响因素		非标准化系数 B	标准误	标准化系数 β	t	p	容差	VIF
类型	（常数）	101.07	0.51		196.53	0.00		
社会方面	社会期望	3.73	0.05	0.49	68.18	0.00	0.50	2.01
	职业标准	−1.16	0.09	−0.10	−12.64	0.00	0.45	2.22
	专业精神	0.09	0.07	0.01	1.25	0.21	0.63	1.59
学校方面	学校制度	0.81	0.09	0.07	8.59	0.00	0.41	2.44
	领导管理	0.79	0.09	0.07	8.76	0.00	0.41	2.44
	职责规定	−0.23	0.09	−0.02	−2.53	0.01	0.45	2.20
	办公条件	2.09	0.07	0.16	28.85	0.00	0.88	1.14
教师个人方面	教师个人	0.69	0.07	0.06	9.87	0.00	0.69	1.46
学生方面	师生关系	0.33	0.07	0.03	4.74	0.00	0.81	1.24
	家校关系	−3.08	0.08	−0.23	−40.57	0.00	0.82	1.22

R=0.60[a]，R^2=0.37，调整后 R^2=0.37，p<0.01，F=1410.33

a 预测变量：（常量），家校关系，个人发展，办公条件，专业精神，师生关系，社会期望，领导管理，职责规定，职业标准，学校制度

2）多元共线性问题。首先用容差（Tolerance）及方差膨胀系数（VIF）检验多元回归分析是否有多元共线性问题，容差值越接近0，表示变量间越有可能有线性重合问题（或多元共线性问题越严重）；而如果方差膨胀系数值大于10，则表示变量间有线性重合问题。本研究中的10个自变量的容差值均在0.70附近，VIF值均在5.00以下，小于评鉴指标值10，表示本研究中进入回归方程式的自变量间的多元共线性问题不明显。

3）在回归模型中，除了"专业精神"这一自变量的回归系数未达到显著水平，其他自变量均对乡村教师的工作强度有显著影响。对四大因素中影响较大的子因素进行分析，学生方面的"家校关系"与学校方面的"办公条件"以及社会方面的"社会期望"β系数绝对值较大，是所有因素中影响较大的；学校方面的"学校制度""领导管理"β系数较为相当；学生方面的"家校关系"具有显著负向影响；以上这些子因素对乡村教师的工作强度有较高的解释力。

3. 乡村教师工作强度较大的原因分析

（1）社会期望过高，办公条件有待改善

乡村振兴战略赋予乡村教师新的角色。他们既是促进乡村教育发展、阻断乡村贫困代际传递的重要成员，又是乡村知识分子的重要代表。其专业素养和公共服务能力的持续发展是乡村振兴的关键力量。[1]一直以来，社会对教师具有较高的期望，乡村教师承担着乡村教育振兴的重大使命，外部的高要求、自身的高追求与自己能力的不足成为阻碍乡村教师发展、加大教师工作强度的重要因素。在回归模型中，"社会期望"的β系数值较大（$\beta=0.49$，$t=68.18$）。高标准的社会期望会对教师产生影响，进一步增大教师的工作强度。因此可以从社会角度进行调整，一方面，引导社会改变对乡村教师的刻板印象，不要对乡村教师过分苛责，保持合理期待，为乡村教师的良性发展创造和谐宽松的发展环境；另一方面，乡村教师要努力借助国家和学校提供的相关培训机会，增强自身专业能力，为个人发展和乡村教师专业队伍发展蓄力。

（2）非教学工作过多，成为乡村教师的工作阻碍

在乡村教师应该减轻的负担当中，排名前五位的有备检迎检、各种会议、职称评定、考核评估以及"公众号、APP等信息处理"（图9-28）。乡村教师除了承担日常的教学工作，还要承担备检迎检、各种会议等非教育教学类工作，数据显示，教师每天花在学生管理与德育上的时间在3小时及以上的占比为25.79%，而

---

[1] 李小红，郭琪琪，杨苏梦. 乡村教师专业发展的困境与纾解[J]. 当代教育科学，2022（1）：77-85.

花在其他非教育教学类工作上的时间在 3 小时及以上的占比为 31.93%（图 9-29）。由此可见，非教育教学类工作成为乡村教师教育教学工作开展和教师专业发展的阻碍，教师迫切希望减少非教育教学类工作，减轻乡村教师非教学工作强度迫在眉睫。

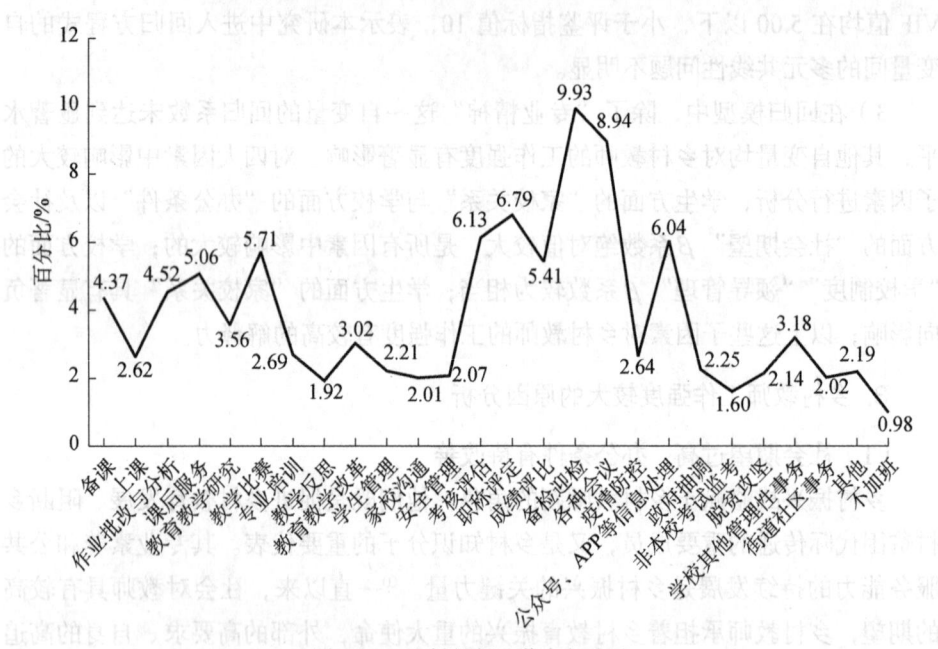

图 9-28　乡村教师工作负担占比

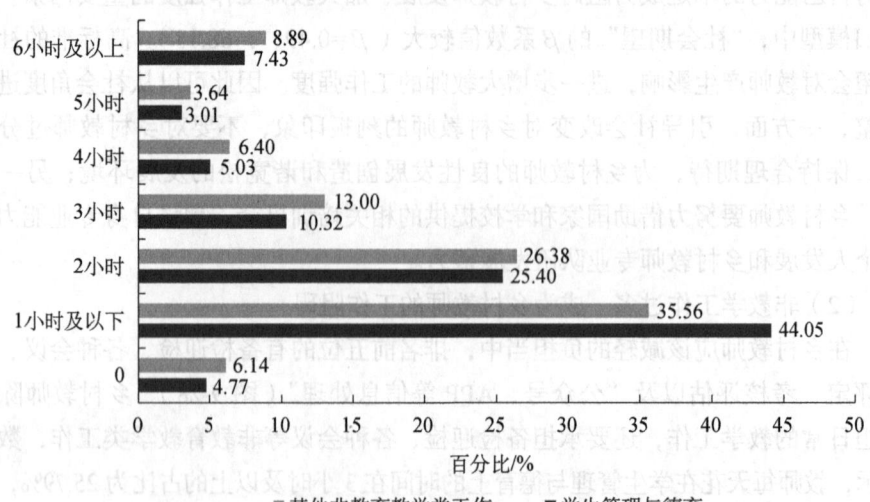

图 9-29　乡村教师非教学工作时间分布图

针对不同的教师工作负担减负，应避免"一锅端、一刀切"的笼统做法，应根据不同负担的特点和类型，出台相应的政策制度，依法立体综合推进教师减负进程。[①]学校应根据不同的教师工作强度来源，采取不同的措施，切实减轻教师工作负担，例如，对于备检迎检、"公众号、APP等信息处理"各种非教育教学类工作，可以由教师以外的相关人员专门负责。同时，应避免摊派给乡村教师过多过杂的工作。教师的首要工作是教育教学，应让教师将重心放在教育教学上，如此才能使他们为促进乡村教育振兴贡献更多力量。

（3）乡村班主任薪资待遇亟待提高

实际上，在我国基础教育治理体系与治理能力现代化的进程中，中小学教师工作负担治理始终是一项重要工作，特别是对于教师队伍中的班主任群体而言更是如此。[②]对于乡村班主任群体，我们也应该给予一定的关注。

乡村班主任的工作强度（$M=3.49$）高于非班主任（$M=3.46$），工作时长也在一定程度上超过非班主任，然而，乡村班主任所得到的相对应的津贴在一定程度上与班主任的期待并不符合。班主任津贴在600元以上的占比为15.93%（图9-30），乡村班主任过高的工作强度与过低的津贴在一定程度上降低了教师的满意度。除此之外，班主任也会将自己的劳动投入与收获跟同样备受社会人群关注的公务员群体进行对比。在对"与当地公务员相比，您认为教师的年平均收入……"的回答中，只有不到34.00%的班主任认为相称，由此可以看出，乡村班主任的工资待遇与当地公务员相比存在较大差距，劳动投入的横向比较所带来的不公平感也在一定程度上影响着乡村教师的发展积极性，提升班主任工资待遇迫在眉睫。

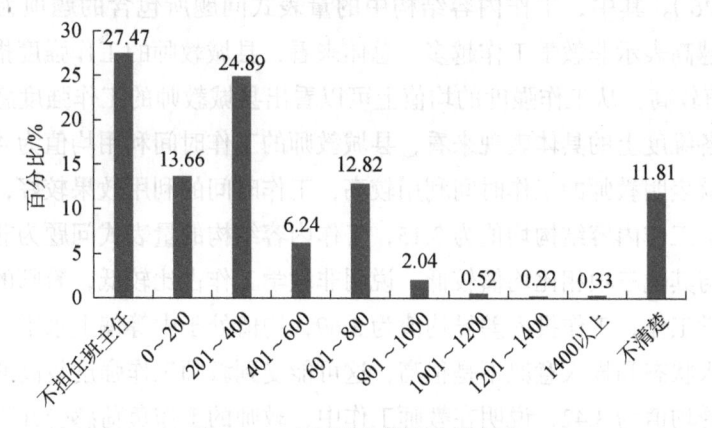

图9-30 乡村班主任津贴分布图

[①] 张家军，闫君子. 中小学教师负担：减与增的辩证法[J]. 教育研究，2022，43（5）：149-159.
[②] 张聪. 中小学班主任工作负担：现实表征、深层困局与防范机制[J]. 现代教育管理，2022（9）：46-53.

四、县城教师工作强度调查报告

本次调查中,县城教师样本共 9630 名,样本结构比较合理,且考虑到了地区、性别、学段、教龄等方面的差异。样本分布情况大致如下:遍及全国各地区,东部地区有 511 人(占 5.3%),中部地区有 378 人(占 3.9%),西部地区有 5407 人(占 56.1%),东北地区有 3334 人(占 34.6%)。性别分布符合目前女多男少的情况,女教师有 7277 人(占 75.6%),男教师有 2353 人(占 24.4%)。覆盖中小学全学段,小学教师有 4459 人(占 47.5%),初中教师有 2655 人(占 28.3%),高中教师有 1649 人(占 17.6%),九年一贯制学校教师有 616 人(占 6.6%)。包括全部教龄,其中 0~3 年教龄的教师有 1062 人(11.0%),4~5 年教龄的教师有 518 人(5.4%),6~10 年教龄的教师有 1056 人(11.0%),11~15 年教龄的教师有 1126 人(11.7%),16~20 年教龄的教师有 890 人(9.2%),21~25 年教龄的教师有 1745 人(18.1%),26~30 年教龄的教师有 1555 人(16.1%),31~35 年教龄的教师有 1307 人(13.6%),36~40 年教龄的教师有 306 人(3.2%),41~50 年教龄的教师有 65 人(0.7%)。样本结构体现出多样性和全覆盖性,可以代表全国县城教师的基本情况。

(一)县城教师工作强度全景白描

对县城教师工作强度进行测量,采用利克特 5 点计分,分值越高表示强度越高(表 9-26)。其中,工作内容结构中的量表式问题所包含的题项为非教学工作,分值越高表示非教学工作越多。总体来看,县城教师的工作强度指标均值为 4.04,均值较高,从工作强度的均值上可以看出县城教师的工作强度感受还是较高的。从各维度上的具体表现来看,县城教师的工作时间利用均值为 4.04,均值较高,也就表明教师的工作时间利用较高,工作时间的利用效果较好,工作的饱和度较高;工作内容结构均值为 3.15,工作内容结构的量表式问题为非教学工作的分值,与其他三项相比均值较低,说明非教学工作占比较低,教师的工作内容更多为教学工作;工作投入差异均值为 3.69,均值处于中等偏上水平,说明教师工作的投入状态和投入意愿不是很高,这可能受到教师工作强度较高的影响;工作负荷感受均值为 3.42,说明在教师工作中,教师的工作负荷感受并不是较高,有一定的压力,但是压力并不是很大。

表 9-26 县城教师工作强度各维度均值（N=9630）

维度	min	max	M	SD
工作时间利用	1.00	5.00	4.04	0.51
工作内容结构	1.00	5.00	3.15	0.63
工作投入差异	1.00	5.00	3.69	0.55
工作负荷感受	1.00	5.00	3.42	1.14
工作强度	1.00	5.00	4.04	0.51

1. 县城教师工作强度的地区差异

在本次调查数据中，各地区县城教师样本数分布如表 9-27 所示，不同地区县城教师工作强度及各维度在得分存在一定的差异。东部地区的教师工作强度整体偏高，在各维度上普遍表现为均值偏高；中部地区的教师在工作内容结构方面的均值明显高于其他地区（$F=28.170$，$p<0.001$），在工作负荷感受方面的均值也更高（$F=9.377$，$p<0.001$）；西部地区的教师工作强度整体偏低，在各维度上普遍表现为均值不高的状况；东北地区的教师在工作时间利用（$M=4.12$）、工作投入差异方面（$M=3.76$）优于其他地区（表 9-27）。

表 9-27 县城教师工作强度各维度在不同地区的差异

类别	n	工作时间利用	工作内容结构	工作投入差异	工作负荷感受	工作强度
东部地区	511	3.93	3.44	3.64	3.48	3.62
中部地区	378	3.90	3.53	3.52	3.52	3.62
西部地区	5407	4.01	3.12	3.67	3.40	3.55
东北地区	3334	4.12	3.11	3.76	3.43	3.60
总计	9630	4.04	3.15	3.69	3.42	3.57
F		28.709***	28.170***	24.258***	9.377***	11.596***

2. 县城教师工作强度的性别差异

不同性别的县城教师在工作强度各维度上的均值是不同的。总体来看，在工作强度上，女教师要高于男教师。采用独立样本 t 检验，检验性别是否对教师工作强度的各个维度存在影响。结果表明，县城教师只在工作投入差异上存在显著的性别差异（$F=36.635$，$p<0.001$），而在工作时间利用、工作内容结构以及工作负荷感受上并无显著的性别差异。其中，在工作投入差异维度上，女教师的工作

投入状态显著高于男教师（F=42.920，p<0.001），女教师的工作投入结果也显著优于男教师（F=25.354，p<0.001）。

3. 县城教师工作强度的学段差异

多重比较结果显示，在县城教师中，小学教师与普通高中教师、初中教师的工作强度间存在显著差异（p<0.001），小学教师的工作强度显著大于其他学段的教师。这与受教育群体有显著相关，相较于初中生和高中生，小学生的理解能力、自控能力和接受能力都比较低，教师需要付出更多的精力才能帮助学生更好地投入到学习中，而且教师在小学班级管理上所需要付出的精力也更多。其次，由于小学生年龄小，需要得到更多的照顾，小学生家长对子女在校的学习和生活的关注度更高，教师与家长的沟通频次也更高。普通高中和初中教师的工作强度不存在显著差异（p>0.05），其中小学、初中、高中教师与九年一贯制教师的工作强度之间均不存在显著差异（ps>0.05）。九年一贯制学校中的教师群体包含小学和初中教师两类，在其填写问卷时并未选填对应教师类型而是选择九年一贯制选项，所以在内容回答上与小学、中学教师的差异不明显。

4. 县城教师工作强度的教龄差异

结果表明，教龄为 16~35 年的县城教师工作强度最高（M=3.60）；教龄为 21~35 年的县城教师在工作时间投入上与其他教龄教师之间存在显著差异（F=5.401，p<0.001）；在工作内容结构上，教龄为 36~40 年的县城教师得分均值最低（M=2.92），说明这些教师的非教学工作更少；教龄在 36~40 年的县城教师的工作投入与其他教龄教师之间存在显著差异（F=10.565，p<0.001）；教龄为 16~25 年的县城教师的工作负荷感受显著高于其他教龄的教师（F=14.722，p<0.001）。

在假期休息方面，各个教龄阶段的教师分值都较低（M=2.45），在假期，除了培训时间外，教师在其余大部分时间也很难进行有效休息，非教学工作任务依然会影响教师的假期休息，教师在休息时间依然不能处于休息状态，这对教师的工作负荷感受影响很大。教师在假期得不到休息和放松，这对于其下一个学期的整体准备及其对课程的创新和钻研都会有所影响。

（二）县城教师工作强度差异深描

1. 收入与付出相称的教师工作投入较高，高收入降低了主观负荷感

不同收入与付出相称情况的县城教师群体的工作强度差异如表 9-28 所示，

认为自己的工资待遇很相称的教师群体工作投入得分均值非常高（M=4.02），工作负荷感受低，而且教师的非教学工作也不太多，教师在工作投入上可以全身心地投入到教学当中。认为工资待遇很不相称的教师群体，其感受与很相称的教师截然相反，其工作投入指标均值较低（M=3.43），工作内容结构得分均值也较低（M=3.66）。教师的工作负荷感受是反映教师工作状态的一项重要指标，其中认为付出与收入相称的教师的工作负荷感受得分均值（M=3.13）最低，而认为收入与付出很不相称的教师的工作负荷感受得分均值（M=3.73）最高，可见工资待遇对教师的负荷感受有很大影响。在工作付出得到满意的回报时，教师的负荷感受就会降低，这种积极的正向循环会让教师更有激情地投入到教学工作当中，教师在工作时间的投入更加高效，时间利用率就会得到显著提升，教师的工作投入也会有更高的效率。由此更可以看出，教师工作强度受到工资待遇的影响还是十分大的。

表 9-28　收入与付出是否相称的县城教师工作强度差异

类别	占比/%	工作时间利用	工作内容结构	工作投入差异	工作负荷感受	工作强度
很相称	5.2	4.02	2.71	4.02	3.13	3.47
较相称	22.0	4.03	2.85	3.86	3.23	3.49
一般	38.1	4.02	3.09	3.72	3.38	3.55
较不相称	20.6	4.07	3.34	3.57	3.55	3.63
很不相称	14.1	4.04	3.66	3.43	3.73	3.72
F		1.733	147.329***	159.022***	271.983***	61.037***
p		0.14	0.00	0.00	0.00	0.00

不同年收入的教师在工作强度各维度上的差异也很明显，如表 9-29 所示，年收入为 12 万元的教师的工作投入得分均值最高（M=3.77），工作时间利用得分均值最高（M=4.09）；工作负荷感受得分均值最低（M=3.37）。在年收入为 12 万元以上的教师群体中，有 60%的教师认为他们的收入与付出是相称的，此教师群体的工作状态和工作投入都明显高于其他收入群体，且他们的工作负荷感受并不是很高，说明教师在工作时心理状态良好，工作热情高涨。年收入为 4 万元的教师的工作内容结构得分均值最高（M=3.21），年收入为 5 万元的教师的工作负荷感受得分均值最高（M=3.45）。在年收入为 4 万元的教师群体中，仅有 20%的教师认为他们的收入与付出是相称的，对于这类教师，他们的年收入较低，但教师的非教学工作量却是最高的，因此这类教师群体处在一种十分不健康的工作状态中。在工作过程中，教师并不能把全部的工作热情全部放在教学中，转而投入

在非教学工作中，这也是教师工作负荷感受极高的原因。

表 9-29 不同收入水平县城教师的工作强度差异

收入水平	工作时间利用	工作内容结构	工作投入差异	工作负荷感受
0~3 万元	3.97	3.20	3.71	3.38
4 万元	4.04	3.21	3.68	3.44
5 万元	4.05	3.17	3.69	3.45
6 万元	4.05	3.17	3.70	3.42
7 万元	4.04	3.10	3.70	3.39
8 万元	4.05	3.12	3.68	3.40
9 万元	4.02	3.10	3.70	3.42
10 万元	3.99	3.15	3.65	3.45
11 万元	4.03	3.01	3.76	3.41
12 万元	4.09	3.15	3.77	3.43
12 万元以上	4.07	3.03	3.73	3.37
F	80.196***	38.300***	21.120***	190.392***
p	0.00	0.00	0.00	0.00

从整体来看，当前大部分县城教师认为工资待遇与工作投入不匹配，县城教师的工资待遇低下始终是制约县城教师工作投入和工作负荷感受的重要因素。本次调查研究对县城教师的工资待遇问题也做了相关调查，结果如表 9-28 所示。在调查县城教师劳动付出与工资收入相称程度时，仅有 27.2% 的县城教师认为相称，绝大多数县城教师认为自己的劳动付出并没有得到相应的回报。表 9-28 显示，认为很不相称的教师的工作强度得分均值（$M=3.72$）也明显高于认为很相称的教师的得分均值（$M=3.47$），并且其工作负荷感受也有显著差异（$F=271.983$，$p<0.001$）。在与公务员工资的对比中，84.7% 的县城教师认为自己的工资水平低于公务员。这说明县城教师对于自己的工资待遇还存在一定的不满意。这种不满意影响着县城教师的工作积极性以及职业热情的发挥。在这种情况下，他们的工作积极性以及创造性很难被激发，这种问题带来的直接结果就是教育水平差距进一步被拉大。县城教师的工资待遇是教师最为关注的问题，同时工资待遇低也是大多数县城教师面临的主要困境之一。

2. 教龄在 21~25 年的县城教师工作强度最大

相较于教龄偏高和偏低的教师，教龄处在 21~25 年的教师的工作时间利用的均值（M=4.08）更高。教龄处在21～25年教师的节假日时间占用度也高于其他教龄的教师。教龄在21～25年的教师的工作内容不仅限于教学工作，调查发现，此教龄的大部分教师群体是身兼数职的。在教龄为21～25年的教师队伍中，有32%的教师身兼学科或教研组长以及学科带头人等职务。在整个教师队伍中，有57%的学科组长、教研组长、年级组长、教导主任以及学科带头人是教龄为21～25年的教师。所以在完成教学任务以外，这一教龄段的教师还要继续完成一些非教学任务和学校管理任务，由于这些任务不能耽误正常的教学进度，所以教师不得不占用节假日时间，以保证整个学校的正常运转和教学工作的有序开展。这也是此教龄段的教师工作时间利用和工作负荷感受分值偏高且工作内容结构分值偏低的主要原因。此类教师的自身专业能力已经达到一定水平，可以相对自如地分配和调控时间，以使自己达到最佳的工作状态。

在教龄为21～25年的教师中，一级教师占65%，在不同职称的差异分析中，一级教师的工作强度均值也是最高的（M=3.60），如表9-30所示。此类教师所承担的任务量巨大，教师评定高级职称的压力和教学任务方面的压力都是其工作强度的重要来源：首先，作为学校的中坚力量，一级教师要紧抓教学工作；其次，为了达到高级教师水平，一级教师也要不断地磨课、练课和做出精品课，对于新教师的培训和指导工作也会主要落在这类教师人群身上，他们的工作负荷感受也会因此而加深，但因为其工作能力已经达到一定水平，他们也会对花费在教学工作和非教学工作上的时间进行合理分配，使自己达到最佳的工作投入状态以保质保量地完成任务。

表9-30 不同职称教师的工作强度差异

类别	n	工作时间利用	工作内容结构	工作投入差异	工作负荷感受	工作强度
未定级	687	3.98	3.03	3.77	3.25	3.51
三级教师	102	4.00	3.29	3.63	3.37	3.57
二级教师	2073	3.98	3.19	3.58	3.42	3.54
一级教师	4163	4.07	3.18	3.69	3.46	3.60
高级教师	2581	4.06	3.09	3.77	3.39	3.58
正高级教师	24	3.98	2.96	3.79	3.40	3.53
总计	9630	4.04	3.15	3.69	3.42	3.57
F		6.520***	4.659***	23.694***	19.749***	6.558***

3. 班主任工作负荷感最高，津贴太低加剧了班主任的消极体验

研究发现，县城班主任的工作负荷感受（M=3.55）远大于非班主任

（M=3.33），班主任除了要负责正常的教学工作外，还要负责整个班级的管理工作，学生的日常生活和纪律保证都需要班主任着重加以管理，班主任的非教学任务也就逐渐增加，因而其在教学工作上的投入也就有所下降（M=3.64）。由于班级事务和家长沟通，以及学生的各项表格填报等工作，班主任的工作内容结构均值（M=3.28）也高于非班主任（M=3.06）（表9-31）。

表 9-31　县城班主任、非班主任的工作强度差异

类别	工作时间利用	工作内容结构	工作投入差异	工作负荷感受	工作强度
班主任	3.63	3.28	3.64	3.55	3.52
非班主任	3.49	3.06	3.73	3.33	3.40
F	80.206***	38.300***	21.120***	190.392***	82.502***

在班主任群体中，班主任津贴最低为0~200元，这类教师群体的工作强度（M=3.66）、工作时间利用（M=4.08）和工作负荷感受（M=3.59）却是最高的，对于此类教师来说，他们需要负责的任务更多，然而收入十分低，在低收入教师群体中，教师要负责的任务量也是极大的。地区情况直接决定经济问题，一般在低收入地区，学生的家庭情况也比较特殊，可能大多数家庭的父母外出务工，孩子成为留守儿童，在这种情况下，教师的很大一部分工作为班级管理工作，尤其是学生管理工作。学生接受的教育大多来自学校、家庭和社会，家庭教育的缺失势必会影响学生的身心发展，没有家长的配合，教师教育工作的开展也会面临各种各样的问题。家校沟通困难也就成为教师工作的一大难题，势必会影响教师的工作感受。此外，这类教师的工作内容结构均值（M=3.37）也是最高的，说明其非教学工作偏多。其中，与学生交流，引导学生的身心朝着积极的方向发展，解决学生因父母不在身边产生的心理问题等非教学工作，都需要教师花费大量时间进行深入了解和沟通。班主任津贴最低的仅为0~200元，班主任的工作量大，却没有得到相匹配的回报，这也直接影响了这部分教师的工作负荷感受。

4. 学生数量在901~1200人的学校教师工作强度相对合理

学生数量在2000人以上的县城学校的教师工作强度均值最高（M=3.59），学生数量在0~100人及901~1200人的学校的教师工作强度均值最低（M=3.54），如表9-32所示。学生数量直接决定了教师的教学工作量，教师对课堂的整体把握情况、教学进度、课堂纪律，以及学生作业的批改等都会因为学生数量的多寡而受到影响。此外，教师和学生的沟通以及家校沟通的时间分配等都会受学生数量的增加的反向影响，所以学生数量过多的"超级学校"中的教师确实会感到工

作强度较大。学生数量也会对教师的工作负荷感受产生较大影响，学生数量在2000人以上的学校中，教师的工作负荷感受是最高的（$M=3.43$）。在学生数量较少的学校中，不可能会配备过多的教师，一般教师的数量也会相应减少，因此教师要负责的班级可能更多，教师的压力也会相对更大，且此类学校的生源大多来自家庭情况较差的家庭，这类家庭对学生学业的关注度往往较低，学生的自主学习意识也较低，在这种环境下，教师的教学心态和职业发展也会受到一定的影响。相较于过多和过少的学生数量，适当的学生数量和教师配比更适合学生和教师的发展，教师在这种状态下的教学干劲更足，可以对组织学生纪律、统计学生信息、与家长沟通和与学生交流等非教学工作与教学工作进行合理分配，使其达到平衡，从而使自己的教学工作状态达到最佳化，且教学工作负荷感受也不会过强。

表9-32 不同学生数量的学校教师的工作强度

学生数量	n	M	SD	95%置信区间下限	95%置信区间上限	min	max
0~100人	190	3.54	0.52	3.47	3.62	1.94	5.00
101~200人	176	3.58	0.46	3.52	3.65	2.55	4.95
201~300人	158	3.56	0.49	3.48	3.64	1.56	5.00
301~600人	392	3.58	0.49	3.53	3.63	2.00	5.00
601~900人	693	3.58	0.48	3.55	3.62	1.00	4.88
901~1200人	1253	3.54	0.46	3.52	3.57	1.00	5.00
1201~1500人	1641	3.57	0.48	3.55	3.59	1.23	5.00
1501~2000人	2107	3.57	0.51	3.55	3.60	1.00	5.00
2000人以上	3020	3.59	0.47	3.57	3.61	1.22	5.00
总计	9630	3.57	0.48	3.56	3.58	1.00	5.00

（三）县城教师工作强度合理化的对策探讨

本研究对县城教师工作强度进行了排序，运用多重响应的分析方法对其频率进行了分析，并据此对县城教师工作强度的调节提出了相应建议。

1）对教师的薪资待遇进行合理调整。经济基础是影响县城教师生活的重要方面，经济的多寡直接决定着教师的生活品质及其在从事职业时的心理状态和职业体验，对县城教师的工作负荷感受、工作投入起着重要的影响作用。因此，要提高县城教师的生活待遇和收入，完善县城教师待遇保障机制，确保其平均工资收入水平不低于或高于当地公务员平均工资收入水平。在完善绩效工资政策和核定绩效工资时，应对县城的小规模学校、寄宿制学校给予适当帮扶；支持各地因地制宜地调整绩效工资结构，合理确定奖励性绩效工资占比；加大课时量和教学实绩在考核评价和绩效工资分配中的权重，绩效工资分配向班主任、教学一线和教育教学效果突出的教师倾斜。

2）加强教师的自我认同感。对于教师而言，应努力做到"干一行爱一行"，要充分认识到教育工作的崇高性，激发出自身对教学工作的强烈自豪感与认同感，将社会赋予教师的角色期待内化为自身的价值标准，从而提高内在动机，激发自己的工作热情与积极性，在工作中培养对学生、对教育的热爱；同时，遵守职业道德，用师德来约束自己，以乐观积极的心态投入到工作当中。为了让教师有更好、更多的机会和时间投入到教学当中，加强教师的职业素养和投入状态，减少非必要的非教学工作是十分必要的，尤其对于小规模学校，更应着重考虑学生的家庭因素对学生学习状态的影响，以帮助教师更好地规划这类学生的学习。

五、城市教师工作强度调查报告

教师是推动我国教育事业实现高质量发展、助力教育公平实现、培育国家现代化建设所需人才的中坚力量。近年来，随着我国城镇化进程加快，城市中小学校面临着扩容提质的现实需求，教师也因此承担了更多的工作任务。2019 年印发的《中国教育现代化 2035》中重点提出了推进教育现代化的指导思想、基本理念和总体目标，并面向教育现代化做出了十大战略部署。[①]这对各级教育行政部门及各阶段学校提出了新要求、新指导，对教师群体的工作任务及发展方向也产生了深刻影响。其中不容忽视的重点之一便是直接影响教育教学质量的教师工作强度问题。对于城市教师群体而言，只有将其工作强度稳定维持在合理限度内，才能充分激发其内生性工作动力，促使其有效发挥教育教学职能，进而有条不紊地推进城市中小学校教育扩容增质目标的达成，推动教育公平和教育高质量发展的实现。

（一）城市教师工作强度的基本状况

在本次调研中，共计收回城市教师的有效问卷为 14 789 份，占全部有效样本数的 30.26%。对城市教师工作强度的调研分析围绕着教师工作时间、工作内容、工作投入及工作负荷感受等维度展开，力求全方位明晰当前我国城市教师工

---

① 中共中央，国务院. 中共中央、国务院印发《中国教育现代化 2035》[EB/OL].（2019-02-23）. http://www.gov.cn/zhengce/2019-02/23/content_5367987.htm[2022-06-22].

作强度的基本状况。

1. 总体强度：城市教师工作强度呈现出持续攀升的发展态势

对城市教师在从业后不同职业阶段的总体工作强度进行调查分析，可以明晰城市教师工作强度的发展变化趋势，选项范围设置为"很低"至"非常高"，采用1~5的分值进行计分，分值越高代表教师工作强度越大，具体可见图9-31。调查分析结果显示，城市教师的工作强度总体呈现出持续攀升的不良发展态势。相对而言，刚入职教师的工作强度水平最为理想（M=3.60），但仍超出了适中水平，之后随着任职时间的增加，教师的工作强度不断加大，并预计在未来三年达到最大（M=3.91）。这表明当今城市教师的总体工作强度呈现出不容乐观的发展趋势，亟须相关教育部门和研究者加以重视和关注。

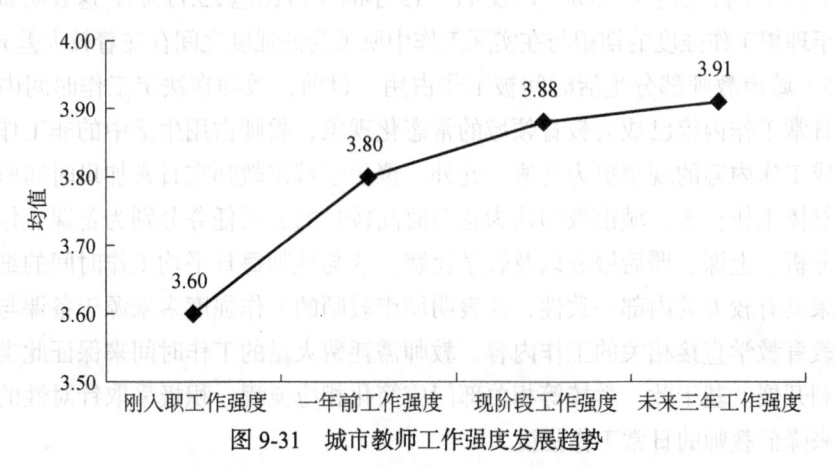

图9-31 城市教师工作强度发展趋势

2. 工作内容结构及时间利用：城市教师工作内容繁杂且时间冗长

1）城市教师工作内容繁杂。教师具体的工作内容可大致划分为备课与上课、学生辅导（含课后服务）、作业批改与分析、学生管理与德育以及其他非教学工作这五类，每一类又涵盖了诸多工作事项，总体而言，教师的工作内容繁多且琐碎。切实关注教师工作时间这一客观指标可以明晰城市教师平均每日用于这五类工作内容的时间分配，进而可从中挖掘出致使城市教师工作强度过高的具体工作内容，为有针对性地调控城市教师工作强度、使其回归合理限度提供方向指引。

调研结果显示，城市教师平均每日用时最长的工作内容为备课与上课，用时均值约为3.05小时；平均每日用于其他非教学工作的时长次之，用时均值约为2.46小时；其他三类工作平均每日占用的工作时间基本持平，具体为学生辅导每日平均用时约为 2.28 小时，作业批改与分析每日平均用时约为 2.33 小时，学生管理与德育每日平均用时约为 2.21 小时。由此可得知，城市教师的每日工作时间多用于备课与上课这一环节，但其他非教学工作也占据了教师较多时间，且学生工作是占用城市教师工作时间的主要内容。

2）城市教师工作时间冗长。通过教师工作时间这一客观指标来考量教师的减负需求，在对"您认为教师平均每周工作应不超过多长时间比较合适"这一题项的回答中，认为平均每周工作时间不应超过 40 小时（占比达 65.49%）、44 小时（占比达 15.77%）以及 48 小时（占比达 10.36%）的城市教师居多（共占比达 91.62%），即大部分城市教师认为每日工作时长最长不应超过 9.6 小时。在实际调研中，大部分城市教师在本学期正常工作日的平均每天工作时间多集中于 9~10 小时（占比达 37.83%）以及 11~12 小时（占比达 25.11%）。这表明城市教师对于理想工作强度的期望与在实际工作中所承受的强度之间存在着较大差异。

3）城市教师部分生活时间被工作占用。目前，教师在法定工作时间内难以完成日常工作内容已成为教育领域的常态化现象，教师占用生活中的非工作时间去完成工作内容的现象更为普遍。此外，聚焦于城市教师在日常加班时间所需完成的具体工作任务，城市教师认为花费时间较长的五项任务分别为备课、作业批改与分析、上课、课后服务以及教学比赛。这与教师每日平均工作时间的细化分析结果具有较大的内部一致性，这表明城市教师的工作强度多来源于备课与上课等与教育教学直接相关的工作内容，教师需耗费大量的工作时间来保证此类工作的顺利开展。基于此，学校等相关部门应简化相应流程，积极采取针对性的有效措施来降低教师的日常工作强度。

3. 工作投入：城市教师工作投入水平低于在乡镇及村任职的教师

了解城市教师工作投入的基本现状是对教师在工作时是否持有积极正向的精神状态的关切[①]，更是对教师所承载工作强度的现状映射。调查结果显示，不论是城市教师，还是县城、乡镇及村学校教师，其工作投入状况均处于中等偏上水平，各种学校所在地的教师大多能以一种良好且正向的状态投入工作，其中城市教师也能够以较好的工作状态应对当前自身所承载的工作强度。对城市中小学教师的工作投入总体状况及其各子维度展开横向分析，可以发现，不论是在总体上还是各子维度上，城市中小学教师工作投入现状均处在一个较为良好的水平，但进一步对城市及其他学校所在地的教师工作投入状况进行对比分析后发现，不同

---

① 张轶文，甘怡群. 中文版 Utrecht 工作投入量表（UWES）的信效度检验[J]. 中国临床心理学杂志，2005，13（3）：268-270，281.

学校所在地的教师在工作投入的总体状况、投入意愿、投入要素、投入状态以及投入结果等维度上均存在显著差异。值得关注的是，城市教师在投入意愿、投入要素、投入状态以及投入结果维度的均值均低于在县城、乡镇和村任职的教师，仅投入情境维度的均值略高于县城教师。就教师工作投入的总体状况而言，虽然城市教师的工作投入总体状况处于中等偏上的合理区间，但其均值仍低于在县城、乡镇及在村任职的教师，如表9-33所示。

表9-33　城市教师与其他地区教师在工作投入及各子维度上的差异

学校所在地	n	投入意愿	投入要素	投入状态	投入情境	投入结果	教师工作投入
城市	14 789	3.06	3.49	3.86	4.13	3.81	3.67
县城	9 630	3.16	3.50	3.87	4.12	3.82	3.69
乡镇	19 482	3.29	3.56	3.90	4.13	3.90	3.76
村	4 973	3.39	3.58	3.92	4.14	3.94	3.79
F		185.59***	35.00***	23.62***	2.30	63.59***	80.53***

4. 工作负荷感受：城市教师的整体工作负荷感受处于较差水平

教师对自身承载工作负荷的主观感受是直观反映教师工作强度实际状况的重要参照依据，本次调研充分考量了教师对自身工作强度的相关评价以及教师在当前工作负荷下的身体反应和心理体验，并将这三个工作负荷观测面作为教师工作负荷感受总体指标的主要研究维度加以深度探析。在本次调研中，数据均值越高表明教师工作负荷感受越差。城市教师工作负荷总感受处于一个较差的水平阶段，详见表9-34。

表9-34　城市教师与其他学校所在地教师的工作负荷感受及各子维度差异

学校所在地	n	教师工作负荷感受	强度评价	身体反应	心理体验
城市	14 789	3.49	3.79	3.63	3.05
县城	9 630	3.44	3.63	3.62	3.08
乡镇	19 482	3.43	3.70	3.52	3.06
村	4 973	3.39	3.62	3.49	3.07
F		40.82***	55.83***	69.03***	3.52*

由表9-34可知，对于不同学校所在地的教师，无论是教师工作负荷总体感受抑或教师对工作的强度评价、身体反应和心理体验，其数据均值均存在显著差异。相比之下，城市教师在教师工作负荷总体感受、教师工作强度评价以及身体

反应维度上的均值均高于在县城、乡镇以及村任职的教师，这表明城市教师的工作强度问题尤为值得关注；城市教师的心理体验维度均值虽然最高，但仍不太理想。对不同学校所在地的教师工作负荷总体感受进行进一步分析，发现城市教师工作负荷总体感受均值要显著低于在县城、乡镇以及村任职的教师，因此可以说城市教师的整体工作负荷感受水平呈现出不容乐观的状况。

（二）城市教师工作强度的差异分析

1. 性别差异：城市女教师工作强度普遍高于男教师

本次调查的城市中小学教师群体中，女教师共 12 210 人，男教师共 2579 人。调查结果显示，城市教师中女教师的工作强度水平（$M=3.89$）高于男教师（$M=3.86$），且均高于中等水平，呈现出较高的工作强度水平。进一步对城市教师现阶段所承载的多维工作内容的强度水平展开细化分析后发现，教学工作给城市教师所带来的工作强度最大，且女教师均值（$M=3.78$）显著高于男教师（$M=3.68$）；非教学工作的强度水平次之，但亦已超出适中水平；而教师现阶段所承担的街道社区等外部事务的工作强度处在一个较为均衡的水平，但男教师的工作强度负荷水平（$M=2.66$）要显著高于女教师（$M=2.56$），详见表 9-35。在城市女教师群体数量远远高于男教师这种性别比例失衡的教育生态系统背景下，当前城市女教师的工作强度却显著大于男教师，因此积极关注女教师的工作需求、缓解女教师的工作负荷问题是解决当前城市教师整体工作强度水平过高这一不良现状的核心切入点。

表 9-35　不同性别城市教师的工作强度均值

性别	n	现阶段工作强度	教学工作强度	学校非教学工作强度	街道社区等外部事务工作强度
男	2 579	3.86	3.68	3.66	2.66
女	12 210	3.89	3.78	3.65	2.56
t		−1.40	−5.37***	0.42**	3.38

2. 教龄差异：城市教师的工作强度随教龄的增长呈倒"U"形发展趋势

对不同教龄城市教师的现阶段工作强度展开差异分析，结果表明，不同教龄城市教师的工作强度存在显著差异（$F=34.96$，$p<0.001$），见图 9-32。随着教龄的增长，城市教师的工作强度呈现出逐步攀升至顶峰后再逐步下降的发展态势。整体而言，城市教师的工作强度随教龄的增长大致以倒"U"形的趋势发展。其

中，以教龄处在 16～20 年的城市教师的工作强度现状最为严峻，该教龄阶段的教师大致处在中年阶段，已经积累了多年的教学经验，并且该教龄阶段的教师正处在职称晋升或家庭责任最为繁重的关键时间段，与教龄较短的年轻教师相比，其承担了更加多样的学校角色。此外，随着教龄的进一步增长，一方面，与中年教师相比，资质较高的教师会因为生理年龄的增长而有意识地降低自身所承担的工作强度；另一方面，一般而言，比起教龄相对较长的教师，学校更愿意给予中青年教师更多的机会，从而助力其成为推动学校发展的中坚力量。因此，随着教龄的进一步增长，城市教师的工作强度反而会逐步减弱。

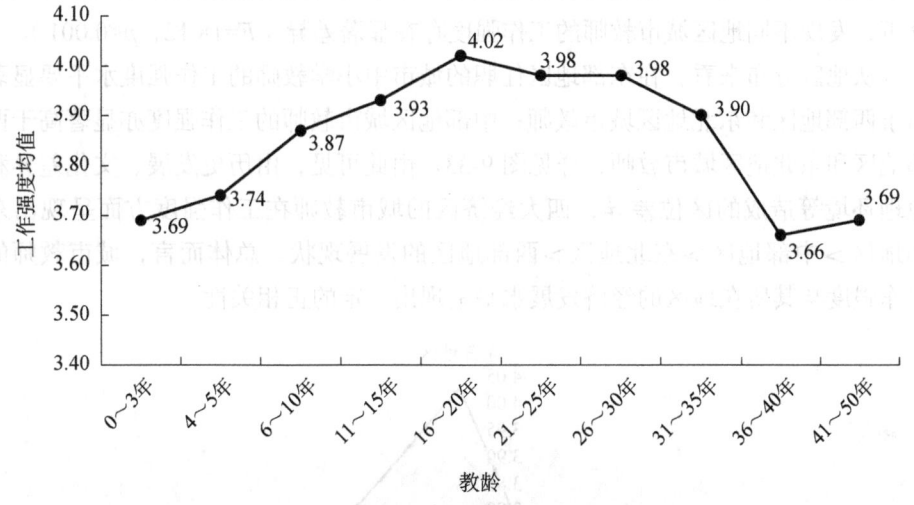

图 9-32　不同教龄城市教师的工作强度水平

3. 职称差异：城市教师职称越高工作强度越大

城市教师因职称的差异会面临着不同的工作要求与标准，其承载的工作强度和负荷也会因此存在一定的区别与差异。调查显示，不同职称城市教师的工作强度存在显著差异（$F=63.68$，$p<0.001$），见表 9-36。由不同职称城市教师现阶段工作强度的得分情况可以发现，随着职称的不断提升，城市教师的工作强度水平也在持续提高。

表 9-36　不同职称城市教师的工作强度均值

类别	未定级	三级教师	二级教师	一级教师	高级教师	正高级教师	F	p
人数/人	2021	196	2903	6100	3506	63	63.68	0.000
城市教师现阶段工作强度	3.61	3.80	3.85	3.96	3.94	4.11		

4. 区域差异：城市教师工作强度与其所在地区的经济发展水平存在一定关联性

目前我国在"东部率先发展、中部崛起、西部开发、东北振兴"的经济发展主题的牵引下，全国整体上被划分为四大经济发展区域：以浙江、江苏、广东、福建等11个省（自治区、直辖市）为代表的东部地区；以河南、湖南、安徽、山西等7个省（自治区、直辖市）为代表的中部地区；以陕西、四川、新疆等10个省（自治区、直辖市）为代表的西部地区；以黑龙江、吉林、辽宁为代表的东北地区。据此，本研究对各区域城市中小学教师现阶段的工作强度展开对比分析，发现不同地区城市教师的工作强度存在显著差异（F=18.12，p<0.001）。

从地区分布来看，在东部地区任职的城市中小学教师的工作强度水平要显著高于西部地区和东北地区城市教师；中部地区城市教师的工作强度亦显著高于西部地区和东北地区城市教师，详见图9-33。由此可见，由历史发展、文化差异和地理环境等造成的区位差异，四大经济区的城市教师在工作强度方面呈现出东部地区＞中部地区＞东北地区＞西部地区的发展现状。总体而言，城市教师的工作强度与其所在地区的经济发展水平呈现出一定的正相关性。

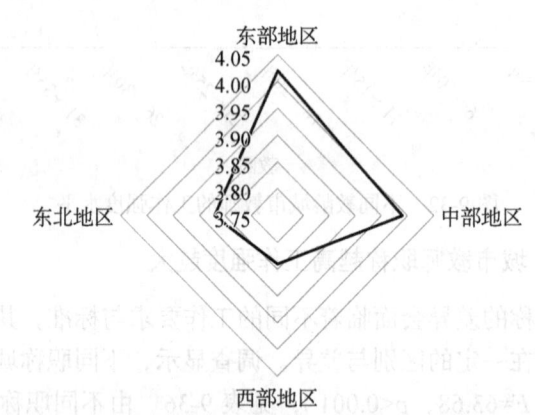

图9-33 不同地区城市教师的现阶段工作强度水平

（三）城市教师工作强度较大的原因分析

随着我国城市化进程的不断加快，城市更加便利的生活条件以及更为丰富的教育资源吸引了大量非城市地区的学生生源流入城市，这就使得城市学校的生源组成发生了结构性变化，因此城市教师面临着比以往更复杂的工作形势，承受着远超于先前的更为繁重的工作强度。此外，城市中义务教育阶段学龄儿童的父母学历水平相对较高，对子女的教育问题也更加重视，因此面对更高质量、更为复杂的家校协同共育要求，城市教师相较于其他学校所在地的教师而言自然会感受到更大的工作压力。基于对本次调研数据的分析，我们发现造成目前我国城市教师工作强度现有问题的原因主要有以下几点。

1. 社会要求过高，教师主体蓄力不足

社会是影响学校、教师以及学生发展质量的主体环境，社会所持有的对教师行业标准以及专业精神的期望，是推动教育行业发展的外源结构性动力。塔尔科特·帕森斯（Talcott Parsons）认为，社会大系统是由各自独立的次系统构成的，各次系统的结构往往会受其他各次系统以及社会大系统的影响而发生变化。[①] 当教育系统的教师工作负荷问题跳脱出学界内部的探讨并进一步演化成社会舆论关注的热点，进而上升为国家相关政策关照的显性教育问题时，就要求我们在关切引致教师工作强度不良发展状况的影响因素时也对社会层面的相关因素加以重点探究。在教师工作强度的影响因素研究中，社会层面在各影响因素中的均值最低（M=3.14，由于题项设置的需要，分值越高表示该层次整体状况越差）。在本次调研中，对社会这一层面影响因素的考察涵盖社会期望、职业标准以及专业精神三个维度，其对教师工作强度有显著的正向影响（β=0.20，t=16.79，p<0.001）。高标准的社会期望及职业标准等会进一步增大教师的工作强度。这表明从社会层面出发是调控教师工作强度回归合理限度的必要路径，社会各界应对教师群体抱有合理的期待，并增加对教师群体的理解和关怀，进而为教师创设良好的从教环境。

在影响教师工作强度的其他重要因素中，教师层面在各影响因素中的均值亦表现较差（M=3.06，同社会层面一样，分值越高表示该层次整体状况越差），而学校和学生层面的均值处于一个适中的水平。注重教师个体层面的影响是激发教师产生内生性驱动力、更好地为教育事业服务的本源所在。在此次调研中，教师层面侧重于教师个体发展这一指标，结果显示，教师个体层面对其工作强度有显著的正向影响（β=0.04，t=3.84，p<0.001），也就是说，教师个体的发展状态越差，其工作强度越高。教师个体作为承载工作强度的主体，积极促进自我发展理应成为纾解教师工作强度不良境况的必要途径。关注教师主体、促进教师发展、促进教师素养提升是教师职业的内在规范和要求，更是教师在教育行业得以长久发展的基本保障。因此，应重点关注教师个体发展，为教师自我发展搭建提升平台，从而助力教师工作强度回归合理限度。

---

① 转引自：周怡. 社会结构：由"形构"到"解构"——结构功能主义、结构主义和后结构主义理论之走向[J]. 社会学研究，2000（3）：55-66.

2. 工资待遇缺乏优势，强化教师强度感知

教师的薪酬待遇是归属于教师职业本身的关键组成部分，在很大程度上决定着教师职业的吸引力。[①]关注并进一步提升教师的薪酬待遇，对于提升教师工作满意度、使教师树立终身从教的信念具有重要意义。本次研究数据表明，在劳动付出与收入是否相称这一问题上，城市中小学教师总体上呈现出中等但略偏向于负面的认知态度（$M=3.22$，按 1~5 的分值进行评价，分值越高表示越不相称）。有 37.53% 的城市中小学教师认为其劳动付出与收入较不相称和极不相称，另有 36.24% 的教师持中立态度，仅有 26.23% 的城市中小学教师对其劳动付出与收入持相对满意的态度。当前，世界上大多数国家对于教师工作的公务性已经达成了普遍共识，因而在提及教师的工资报酬时，人们自然而然地会将其与当地公务员的收入作比较。本次调研结果显示，城市中小学教师与当地公务员的年平均收入相比，教师的年平均收入水平要低于当地公务员，且城市中小学教师的年平均收入并不理想（$M=1.76$）。总体而言，城市中小学教师的工资待遇与当地公务员相比存在着较大差距，教师的工资待遇整体而言缺乏优势，这会导致教师对薪酬的满意度处于较低水平。教师的薪酬待遇水平是影响其从业积极性的关键变量，关注并提升教师薪酬待遇是实现教师队伍良性发展的重要举措。

3. 非教学工作过多，加重整体工作强度

教书育人是教师的本职工作，教师是学校教学工作的承担主体，因此教师的工作应集中于与教育教学直接相关的工作事项。通过对城市教师工作强度的来源进行调查并进一步对城市教师自主评价的"在日常工作中强度较大的十项工作类型"加以排序可以看出，除了作业批改与分析、备课这类与教育教学直接相关的工作，类似于备检迎检、各种会议等非教学工作带给教师的工作强度甚至远超出上课这类核心工作，具体可见图 9-34。对于城市教师而言，大量非教学工作耗费了其较多的工作时间，甚至影响和扰乱了教师正常教学工作的进行，这无疑会增大教师的整体工作强度。因此可以明晰，学校中非教育教学等工作是加重教师工作强度的主要来源，亦是减轻城市教师工作强度的关键突破点。

此外，近年来，持续攀升的教师工作强度成为整个教育系统的显性问题，政府及社会各界对教师减负的关注度也随之不断提升。在政府政策的宏观指导下，学校以及多方教育部门也陆续采取积极措施为教师的减负工作添砖加瓦。当前非

[①] 张晓峰，于天贞，叶青. 教师身份和薪酬待遇：基于世界经合组织成员国的分析[J]. 教育发展研究，2019（15-17）：38-44.

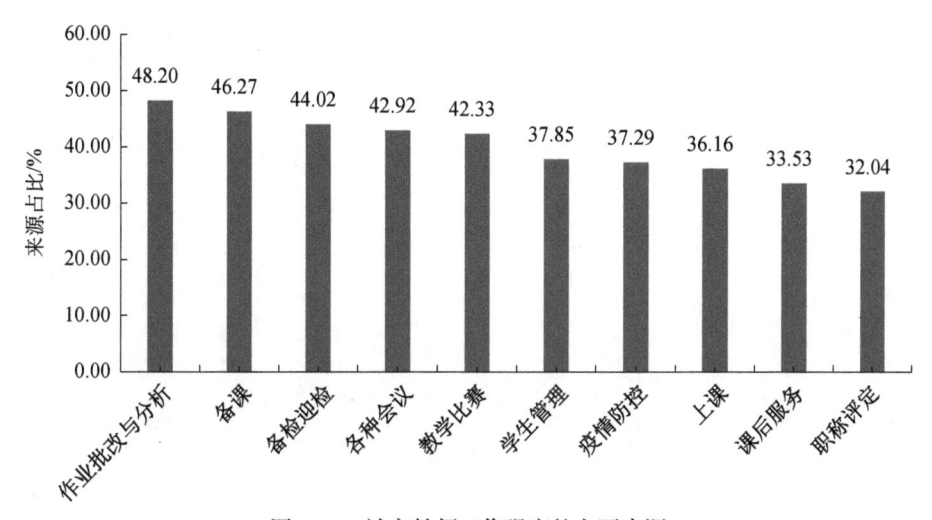

图 9-34　城市教师工作强度的主要来源

教学工作过量已经成为加重教师整体工作强度的主要来源，因此本次调研重点关注了学校层面对减轻教师群体所承担的与教学无关工作负担的重视程度。本次所调研的城市学校中，总体而言，学校较为重视减轻教师群体所承担的与教学无关的工作负担，同时学校及所在地区对教师减负的关注度也在不断提升，且重点关注减少城市教师的非教学工作。可以说，目前减轻城市教师工作强度的发展态势呈现出较为乐观的发展走向。

第十章
教师工作强度个案调研报告

当前,教师面临着前所未有的压力:社会的高期望,家长的高期盼,学校的高标准,学生管理的高难度……除此之外,教师自身的专业发展、家庭生活等都会给教师带来不同的压力。为了更加深入地探讨教师工作强度的现实样态以及学校为此进行的实践探索,我们在大规模抽样调查的基础上,拟选取一所学校作为研究个案,以凸显宏观调研视野下个别学校的微观深描,以此透视中国中小学教师工作强度的现状及其治理。基于个案典型性、样本代表性以及研究便利性原则,我们选取了长春市平泉小学为个案。这主要得益于这所小学在教师工作强度方面已经开展了卓有成效的持续探索,同时该校校长带领教师团队进行了较为深入的讨论与反思,基本具备个案调查、诠释说明的研究空间。为此,我们从时间量与分配、工作内容与性质、客观样态与事实、主观感受与表现等维度,就该校教师工作强度整体状况进行系统阐释。

一、个案校发展现状素描

教育要培养有志向的人。明代王阳明在《教条示龙场诸生》说:"志不立，天下无可成之事。"[1]习近平总书记多次强调实现中华民族伟大复兴的中国梦。中国梦就是中国人的志向，这就是一种励志。长春市平泉小学以"励志教育"为理念核心，以"有志者事竟成"为校训，以培养"志向高远、志气高昂、志趣高雅、志行合一"的"有志"少年为育人目标，创建了一所原生态的"有志"学校，为师生创造了一个基于可持续发展生态意义的校园生活背景，以实现学生全面、个性和可持续发展。

（一）世界冠军的摇篮

平泉小学是长春市城区的一所公办小学，始建于1953年，占地面积7200平方米。1982年至今，经过40年探索，学校建构了独特的冰雪育人模式，确立了"冰雪童年，筑梦未来"育人理念，让儿童梦想与冰雪相连，与成长相伴，与冠军相通；创建了"普及-个性-精英"三层培养模式，体现人人上冰雪，个性再提高，精英见成效；构建了"六化"课程内容，即基础训练科学化、特色课程校本化、课程内容丰富化、队伍建设专业化、场地设施四季化、人才评价多元化；形成了"五维"保障机制，促进国家课程与校本课程联动、教学与竞赛联动、冰雪课程与学科课程联动、共同体联动、四季联动，确保冰雪课程持续推进。平泉小学先后培育和输送了19位世界冠军[2]，被誉为"培育世界冠军的摇篮"，先后获得教育部颁发的"奥林匹克教育示范校"、"校园冰雪运动特色学校"、北京2022年冬奥会和冬残奥会"共迎未来"兄弟院校，获得国家体育总局颁发的"体育项目传统学校""国家高水平体育后备人才基地""中国轮滑运动示范学校""地板冰壶运动示范基地"等荣誉。

（二）有志教师的家园

《荀子·大略》说"国将兴，必贵师而重傅"[3]。教师的发展是学校教育高质量发展的核心。有志才能有为，有为才能幸福。有志教师是教师职业幸福的重要

---

[1] 共产党员网. 志不立，天下无可成之事（详解版）——习近平谈治国理政中的传统文化智慧[EB/OL]. (2019-03-06). https://www.12371.cn/2019/03/06/VIDE1551845283302442.shtml[2022-11-15].

[2] 数据统计截至2022年8月，数据由长春市南关区平泉小学提供。

[3] 新民晚报. 天天学习｜国将兴，必贵师而重傅[EB/OL]. (2020-09-10). https://baijiahao.baidu.com/s?id=1677434651017015208&wfr=spider&for=pc[2022-11-15].

核心，更是人生幸福的重要构成。"温文尔雅、敬业立学"是平泉小学教师的形象追求，"崇德尚美、仁爱宽厚"是平泉小学教师的价值认可，"以志起航，砥砺到达"是平泉小学师生的精神追求。学校从顶层设计出发，为教师个体和群体成长规划了进步的阶梯，将教师分为一个发展梯队、一个目标梯队，形成了以老年教师为推力、年轻教师为基础、中青年教师为中坚的发展梯队，以及从普通教师到骨干教师、卓越教师的目标梯队，让教师朝着更高的努力目标，在"你追我赶""争先创优"的奋斗过程中，收获成长的幸福。学校对教师实施专项培养，采用"模块化"管理，优化组合形成师德师风、课堂教学、课题研究、知识视野、信息融合、组织管理等六个模块，大幅度提升了教师培养的成效。在教师成长中，学校提供多元支持平台，带领他们走向更高奖台。教师在关怀与支持、共享与合作、引领与推动中快乐成长，收获教师职业独特的价值感与成就感，成为具有平泉文化意蕴的"有志"教师。

截止到2022年8月，学校在岗教师48人，从年龄维度看，50岁及以上教师16人，占教师总数的33.33%；35～49岁的教师28人，占教师总数的58.33%；35岁以下教师4人，占教师总数的8.33%。从职称维度看，高级教师9人，占教师总数的18.75%；一级教师26人，占教师总数的54.17%；二级教师6人，占教师总数的12.50%；合同制教师7人，占教师总数的14.58%（图10-1）。从各级骨干层面看，省市级骨干教师4人，占教师总数的8.33%；区级骨干5人，占教师总数的10.42%；其他教师占教师总数的81.25%。从性别维度看，女教师42人，占教师总数的87.50%；男教师6人，占教师总数的12.50%。从学历层面看，研究生学历1人，占教师总数的2.08%；本科学历45人，占教师总数的93.75%；专科学历2人，占教师总数的4.17%。

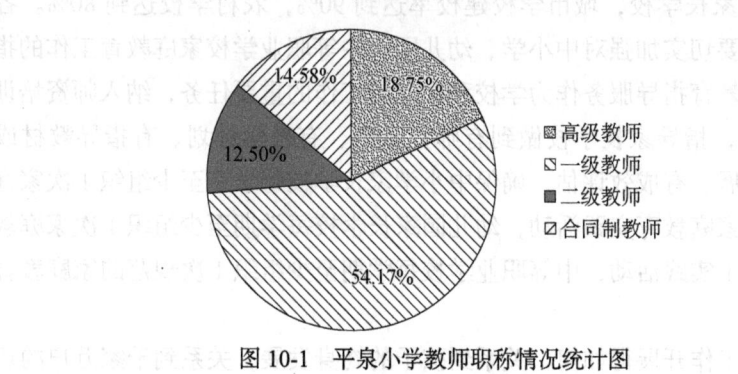

图10-1 平泉小学教师职称情况统计图

（三）"双减"背景的要求

"双减"政策要求全面压减学生作业负担，不断提高教育质量。更高质量的发展、更全面的发展、更有持续性的发展都意味着对教师综合素质的更高位要求，意味着教师的责任与压力更加繁重和复杂。

顺应时代发展的要求，教师需要从育人观念、教学方式、家校沟通等方面进行深入的学习反思和实践研究，不断提高育人理念和育人能力。

育人观念更新的需要。"双减"政策的落实，首先需要教师面对的就是育人观念的改变。中国传统教育就倡导"修身、齐家、治国、平天下"，有明显的育人导向。《义务教育课程方案（2022年版）》指出，"使学生有理想、有本领、有担当，培养德智体美劳全面发展的社会主义建设者和接班人"。这体现了鲜明的育人目标，体现了党和国家对教育的基本要求。以往仅靠经验就能教书的年代一去不复返，教师需要不断地学习、研修、实践，才能将新的育人要求落实到教育教学全过程中去。

教学方式转变的需要。2022年教育部新修订的各科课程标准都突出强调过程性评价，不仅关注学得怎么样，更关注怎么学。这也要求教师不断调整课前备课、课上教学、课后辅导、考试评价等各个环节的教学方式和思考方式，将学生素养的形成放到教学中心，从学科本位转向学生立场。如何设计和组织学科实践活动，如何组织综合性、跨学科学习，如何基于"双减"政策进行作业设计并达到新课程标准要求等，都在不断要求和促使教师提高专业能力。

家校沟通升级的需要。《关于指导推进家庭教育的五年规划（2016—2020年）》中提出，巩固发展学校家庭教育指导服务阵地。在中小学、幼儿园、中等职业学校建立家长学校，城市学校建校率达到90%，农村学校达到80%。各级教育行政部门要切实加强对中小学、幼儿园、中等职业学校家庭教育工作的指导管理，将家庭教育指导服务作为学校和幼儿园工作的重要任务，纳入师资培训和教师考核工作，指导家长学校做到有师资队伍、有教学计划、有指导教材或大纲、有活动开展、有成效评估，确保中小学家长学校每学期至少组织1次家庭教育指导和1次家庭教育实践活动，幼儿园家长学校每学期至少组织1次家庭教育指导和2次亲子实践活动，中等职业学校每学期至少组织1次规范的家庭教育指导服务活动。

家庭教育工作开展得如何，关系到孩子的终身发展，关系到千家万户的切身利益，关系到国家和民族的未来。家庭教育意义重大，学校教育责任重大，家校共育使命重大。这就需要将学校作为一个教育平台，把家庭和社区、社会联结起来，形成教育合力。

要有效达成这些目标，需要关注教师工作强度的相关问题，让问题转变成资源，让挑战转变成动力，让困难转变成突破口，促进教师群体的不断向上发展。

二、个案校教师工作强度现实样态

社会和亿万家庭对教师有厚重期望，期望他们不仅仅无所不能，还要始终倾情投入，热情不减。纷繁复杂的教师工作，让教师疲惫不堪，为此我们从时间量与分配、工作内容与性质、客观样态与事实、主观感受与表现四个维度，对平泉小学教师工作强度进行了深入分析研究，以呈现学校教师工作强度的现实样态。

（一）时间量与分配

教师角色的复杂性决定了教师工作时长常常超过8小时，工作量往往超过了正常教学课时数，这些大大增大了教师的工作强度。

首先，工作时间长。从清晨7点入校到傍晚17：30离校，教师在校时间长达10.5～11小时，放学后的家校沟通时长需要1～2小时。疫情期间更是常常要半夜发通知，进行流调排查等。此外，教师在周末和节假日往往也要轮流到校值班。长时间、日复一日的复杂工作，难免让教师感到疲累。

其次，工作量分配内容多。教师的工作内容包括备课与上课、课后服务与学生辅导、作业批改、学生管理与德育、安全管理与疫情防控、听评课与研讨、示范课与研讨课、各类培训、各项会议、备检迎检、课题研究、街道社区事务等。表10-1以一位班主任的工作内容为例，简单呈现教师的具体工作内容。

表 10-1　平泉小学班主任工作内容统计表

工作项目	具体内容	工作要求
备课与上课	计划总结	每学期开始前，制订教学计划。每学期结束前，上交教学工作总结
	完成教案	6个教案/周，每学期18周，每学期108个教案，全年216个教案
	集体备课	参加校级、区级、市级集体备课。校内每周一次学科集体备课。制作上课所需的学具、教具、PPT等
	课时量	14～18节课
课后服务与学生辅导	课后服务	每天2小时课后服务活动，每周2～3次
	学生辅导	每学期必须至少帮扶两名学生。平时中午进行"一对一"辅导答疑
	作业批改	学生作业有书面作业和口头作业、视频作业等。学校每月检查一次作业批改情况，要求有面批面改。对个别学习有困难的学生的辅导难度大

续表

工作项目	具体内容	工作要求
学生管理	班会	每年有两个学期,每学期有18周,每周1节班会,全年组织班会36节(每节班会有方案、有过程、有总结、有班级日志记录)
	主题教育	开展形式多样的系列节日主题教育活动,每周1次主题升旗仪式
	家长会	每学期至少组织2次家长会,每年4次
	安全教育	对学生进行每日安全教育管理,贯穿入校、课间活动、午休、放学前等时段
	卫生清洁	组织学生认真做好每天的班级清洁卫生工作,每周五为"劳动日"
	文明习惯	全天跟班,课间管理学生如厕、楼内通行,中午学生就餐休息、大课间、眼保健操等都要跟班管理
	安全管理	落实"1530"安全教育,每月开展一次应急疏散演练活动。寒暑假期间,对学生做到每日安全提醒
	疫情防控	每日情况排查、零报告、特殊情况流调等工作;每次复课前收取和查验学生及同住人的健康承诺书、健康情况监测卡、健康码、行程码、核酸检测证明等材料;开学后每日3次校内测温及每周2次核酸检测等工作
听、评课	校内活动	每学期进行校内听课与研讨活动,完成相关听课记录
	业务活动	参与相关教育部门和学校开展的线上、线下各项听、评课教学活动
各类培训	日常学习	每周一次政治或业务学习
	培训活动	参加线上、线下的各类培训活动,包括教学类、安全类、德育类、家庭教育类、心理健康类、管理类等
各项会议	参加会议	线上、线下的安全工作会、疫情防控工作会、教育教学会、考务会等
备检迎检	督导检查	每学期多次迎接安全检查、疫情防控工作检查、创建文明城检查、每月一次督导检查、防烟控烟工作检查、各项临时性工作检查等
课题研究	科研工作	课题申报、教学论文、教学反思、课题过程性材料等
其他工作	社区街道	"三长育人"工程,各项家长学校活动的组织落实。与公安部门联动,开展防欺凌、防诈骗、"小手拉大手"等宣传活动
	临时性	各种平台信息上报及其他临时性工作

（二）工作内容与性质

在教育走向现代化的新时期,社会对教师的专业要求越来越高。他们是师德的表率、育人的模范、教学的楷模、科研的能手,是学生最喜爱、家长最放心、同行最佩服、社会最敬重的教师。平泉小学作为区属普通小学,师资有限,专业水平有限,结合学校年轻教师少、教师年龄普遍偏大的实际,学校把培养"温文尔雅、敬业立学、崇德尚美"的励志教师作为发展目标,引导教师树立良好的理念和师德,有效组织和实施课堂教学,开展恰当的家校沟通与合作,进一步发挥教师在学生成长路上的影响力量。

1. 良好的理念与师德

教师需要了解并贯彻党和国家教育方针政策，遵守教育法律法规。教师需要树立育人为本、德育为先的理念，尊重教育规律和小学生身心发展规律，引导小学生体验学习乐趣，引导学生学会学习，养成良好学习习惯。教师需要了解中国教育基本情况，需要具有相应的自然科学和人文社会科学知识，需要具有适应教育内容、教学手段和方法的现代化信息技术知识，更需要掌握所教学科知识体系、基本思想与方法。

2. 有效的组织与实施

教师需要合理利用教学资源，科学编写教学方案，需要进行有效的课前备课、课上指导、课后辅导等工作，较好地使用口头语言、肢体语言与书面语言，使用普通话教学，规范书写钢笔字、粉笔字、毛笔字，需要将现代教育技术手段整合应用到教学中。教师需要妥善应对突发事件，鉴别学生行为和思想动向，用科学的方法防止和有效矫正学生的不良行为，合理设计主题鲜明、丰富多彩的班级和少先队活动。

3. 恰当的沟通与合作

教师需要善于倾听，和蔼可亲，与学生进行有效沟通；需要与同事合作交流，分享经验和资源，共同发展；需要与家长进行有效沟通合作，共同促进小学生发展；需要协助小学与社区建立合作互助的良好关系。

教师往往被赋予"蜡烛""园丁""人类灵魂的工程师"等多种角色，这也意味着教师承担的压力与责任是纷繁复杂的。

1)"蜡烛"角色。它体现了教师行业的无私奉献精神。反映了社会普遍对教师职业所抱有的崇高期待，似乎教师可以解决学生的一切问题。事实上，教师作为"蜡烛"，不仅要照亮别人，也要照亮自己；教师也有自己的生命，在燃尽自己、照亮别人的同时，自己也要光彩照人。

2)"园丁"角色。把教师比作园丁，认为学生像种子，有自己发展的胚胎与自然生长的可能性，但需要教师来呵护。教育学生就像培育花朵，需要经常地"浇水""施肥""松土"。

3)"人类灵魂的工程师"角色。它表明教师从事的是非常崇高的事业，目的是塑造学生的灵魂，因为只有人才有灵魂，因此教师的职责就是育"人"。

无论哪种角色，我们从中都可以看出社会对教师的期盼很高，期盼教师无所不能，期盼教师无私奉献，期盼把孩子的一切都交给老师。

（三）客观样态与事实

1."无缝衔接"的多重身份

一提到教师，多数人可能联想到的是或站在三尺讲台讲课侃侃而谈，或伏案认真批改作业，或与学生倾心交谈等。可是在现实生活中，"无缝衔接"的多重身份让教师深感疲惫。就学生而言，教师是学生情感点燃者，是学生学习引导者，是学生心理辅导者。就自身而言，教师是终身学习者，在工作期间、寒暑假之余也要参加各级各类培训、学习，还要撰写论文、经验总结、教学案例、反思等。就班级而言，教师是出色的管理者，需要协调学校、家庭、社会等各方面的教育力量。疫情期间，教师也是防疫工作者，每日要进行测温检查，每周两次核酸检测等；居家隔离期间，教师化身"大白"参与社区核酸检测工作。就家庭而言，教师还必须是人子、人妻、人母，需要操持家务、当保姆、当厨师、陪病、陪读……

2."无孔不入"的指尖工作

随着互联网时代的到来，QQ、微信等各类APP遍地生花，"指尖服务"应运而生，班主任似乎被练成一个个"千手观音"。"指尖工作"内容繁杂，在校园内屡见不鲜，执行者大都是班主任。在疫情期间，班级管理的首要任务就是要确保防疫工作的有效落实。班主任通过微信群或钉钉平台，排查学生及同住人的健康状况以及行动轨迹，测温打卡，收集学生信息与健康码，转发防疫通知，跟进疫苗接种情况……这些似乎成了班主任每日必做的功课。此外，班主任还要通过各电子平台督促学生和家长完成各类线上任务，既有面向学生或家长的各类教育培训，如家校共育数字化平台上的专家讲座、"红领巾爱学习"上的宣讲课程、德育讲座、"宪法小卫士"上的学习活动，也有其他不定期临时摊派的工作，这些是班主任每周工作的"家常便饭"。同时，及时搜集和整理学生各项信息也是班主任每学期的固定工作，如建档立卡低保生的信息收集及各项减免工作的实施、线上家访、统计学生上下学方式以及申请免费乘坐轨道交通需求调查、统计校服种类及尺码……除此之外，班主任还要组织学生参加各级各类征文活动，动员家长下载安装各种APP，如人人通空间、国家反诈中心、普法学习以及其他生活类软件等。尽管班主任及时传达、频繁督促，家长也有完不成的时候，这时班主任只能通过家长群、拨打视频或电话等一个个进行催促、提醒，家长不胜其扰，教师有苦难言。除班主任外的教师也面临着信息时代的各项考验，既有线上授课、触屏批改，也有各项统计报表与培训等。"指尖工作"占据了教师大量的时间和精力，对教师的教学工作产生了很大影响。

3. "无所不能"的家长期待

在家长的眼中，教师几乎是什么问题都能解决的"全能王"，既能让他们的孩子在学习上考高分，还能让孩子在生活和其他方面不受任何委屈。学校在开展家校工作调查中发现，家长对教师抱有高期望值，认为教师无所不能。家长对教师的不切实际期望，实际上是在推脱自己的教育责任。在平泉小学，教师一个人要管理一个班级甚至几个班级的学生，确实没办法对所有学生都面面俱到，更不能像家长一样事无巨细地照顾好孩子。当教师不能第一时间回复家长的消息时，他们可能正在上课，无法随身携带手机；当孩子和同学发生小矛盾时，他们可能在经历童年交往的成长；当孩子的学习出现问题时，他们可能是受到了心理因素的影响。总之，在孩子成长过程中，家长不能将责任全部推给教师或者学校。只有家长和学校、教师形成有效的沟通机制，才能形成教育合力。

（四）主观感受与表现

1. 积极投入，幸福感强

适度的工作强度能够给教师带来很多积极、正向的影响，这样的教师群体是学校持续发展的关键。他们能够正确面对压力和困难，常常表现为个体积极向上，勇于承担各项教研活动，不怕苦，不怕累，并能从这些压力中获得深深的成就感和职业幸福感，得到同事的认可、家长的赞誉和学生的喜爱。平泉小学年轻教师小雪这样写道：

> 一定强度的工作让我的生活变得更加充实，让我的潜力得到更大限度的发掘。虽然在工作中会被各种事情压得喘不过气，如备课上课、批改订正、看管学生、收发消息、沟通家长、培训会议……但在不知不觉中，我学会了规划任务，学会了时间管理，学会了沟通之道，学会了信息技术，学会了调节心情……工作的安排协调是不停地发现问题、解决问题的过程，从中我也在不停地挖掘自己的潜能。一定强度的工作助我实现更多的人生价值。我们在生活中常常扮演多重角色，父母、子女、伴侣、朋友等，而在这一方校园中，我们扮演的是教书育人的老师。相信很多老师和我一样，我们除了高强

度工作带来的焦头烂额与疲倦奔波外，也都有在看到学生收获进步时的欣慰，都有在得到家长的理解与支持时的鼓舞，都有在受到学校及社会的认可与赞扬时的自豪。我相信这也是在处理完一堆又一堆高强度工作过程中获得的精神上的"甜头"，也就是这些帮助我们在自身职业生涯中实现了更多的自身价值。

2. 满足现状，没有追求

满足现状、没有追求的教师也占据教师群体的一部分。随着年龄的增长，教师职称、教育内卷等关键问题不能及时得到解决，让教师失去信心，失去了奋斗的意志和追求的目标，因此可能会敷衍了事。平泉小学的一位教师说，她年轻的时候也奋斗过，做过很多贡献，现在年龄大了，各项教育教学改革增加了很多工作量，深感社会大众对教师工作抱有很高的要求和期待，自己感到力不能及，而且自己也不想争什么荣誉，只要能完成目前的工作就可以了。面对教师工作积极性的缺失，学校需要给予他们更多的关心与关爱，进行个性化的引导与帮助，让他们获得更多的价值认可，重新点燃他们的热情和信心。

3. 身心疲惫，焦虑不适

工作强度大会给教师带来很多负面的消极影响，会让教师产生疲惫、焦虑、烦躁、倦怠等情绪反应。平泉小学陈老师在案例中写道：

> 教师工作强度过大，对个人来说，会影响身体健康，导致抵抗力下降，使自己的身体每年都会新增一些问题。班主任的压力非常大，从班级文化布置到学生成绩，从学生家长的投诉到学校科任老师的投诉，琐事一件接一件，因此我的脾气也变得暴躁，变得没耐心，导致对生活失去热情，对凡事提不起兴趣等。教师工作强度过大，对家庭来说，会使自己忽略了与爱人、孩子的情感培养。每天回到家中，我总要躺在床上休息一阵子，爱人兴致勃勃地要与我聊聊工作中的趣事、见闻，我总是爱答不理的，感觉说话的力气都没有。一次两次爱人还能理解，时间久了，自然会影响夫妻感情。我的孩子是初中生，正处在青春期，学业压力大，当孩子情绪有些波动的时候，我对孩子也做不到耐心、细致地开导，常常是三句话不到就火冒三丈。一天的工作疲惫不堪，使我陪伴孩子的时间也很少。

这些主观感受与表现让我们真切地感受到，他们作为教师有许多期盼：期盼安安静静教书，安安静静备课，期盼职称评聘更符合实际，期盼减少压力，期盼身心健康；期盼有学科完善的教师评价和培训机制，期盼教育回归本真……

教师职业的特殊性，决定了教师需要承担更多的压力和责任，社会对教师的期盼更高，教师需要从"无缝衔接"的多重身份、无孔不入的指尖工作、无所不能的家长期待、无所不知的专业要求等负担中找到压力缓解点、资源转换点、成长提高点，这样才能成为新时代的"有志"教师，才能不辜负国家、社会、家长对教师的期盼。

三、个案校教师工作强度调适经验

中国已进入新的历史时期——全面建设社会主义现代化国家和实现中华民族伟大复兴的新时期。基于"双减+新课程"的教育改革，令人振奋，也令人深感责任重大，任务艰巨。学校需要从"由内向外"的生长过程向"由外向内"的反省过程转型，不断唤醒自身的内在驱动力，促进自身进行内省式、持续性变革。

（一）文化渗透，明确职责与担当

精神文化是学校文化的核心要素，也是学校发展的内驱力量。走向新时代，如何才能让平泉小学充满魅力的体育传统校焕发生机和活力，如何才能让教体结合发展理念得以有效实施，成为学校发展和探索的重要问题。平泉小学以"励志教育"思想文化为引领，高度凝练体现学校精神的校风、教风、学风、校徽、校歌等文化符号，增进教师、学生、家长的认同感、归属感、凝聚力，引领学校卓越发展。

朱熹先生告诫我们"百学须先立志"[①]，王阳明说"志不立，如无舵之舟，无衔之马"[②]，人只有立志成事才能将事做成，立志才能使学有方向和学有力量。平泉小学在发展历程中培养了无数优秀人才，勇敢、坚持、拼搏的体育精神更需要我们传承。在教师发展中，首先需要渗透学校办学思想，建设"有志"文化。在这样的文化影响下，教师需要进一步明晰自己的职责与担当，规划长远目标和短期目标，做一名有志向、能坚守、敢拼搏的"有志"教师。

1）明确角色与目标。教师角色因其特殊性质而受到社会的广泛关注，学校要引导教师不断更新对自身角色、自身价值和意义的认识，帮助教师树立长期目

---

① 中国教育报. 实现中国梦必须坚定理想信念——二论学习贯彻习近平总书记五四重要讲话精神[EB/OL].（2013-05-07）. http://www.moe.gov.cn/jyb_xwfb/s5148/201305/t20130507_151598.html[2022-11-15].

② 朱汉民. 光明日报：志不立，天下无可成之事[EB/OL].（2016-05-05）. http://cpc.people.com.cn/pinglun/n1/2016/0505/c78779-28326700.html[2022-11-15].

标和短期目标，根据老教师、中年教师、年轻教师的不同特点，进行合适的发展规划设计。

2）明确职责与担当。教师承担着教书和育人的双重职责，对学生终身成长有着重要影响，需要不断明确自身的职责内容，担当起自身的责任，并将这份责任融入教育教学的每一个细节当中。

3）明确价值与意义。新时代的教师使命光荣，为党育人、为国育才的要求需要教师紧跟时代发展步伐，不断更新育人观念。

（二）管理影响，实施差异化管理与服务

学校实施民主管理，以营造幸福氛围。为此，学校在日常管理中，尊重每个人的主体性和，建立了亲和、民主的工作氛围。和谐民主的管理把教职员工和学校的追求紧紧联系在一起，使每个人产生归属感、荣誉感和眷恋感。学校在尊重教育的基本规律、遵守学校规范的前提下，倡导价值多元、和谐发展的教育理念，尊重师生个体行为的差异性与独特性。为此，学校在日常管理中，尊重每个人的主体性和，建立了亲和、民主的工作氛围。

一是遵循"包容开放"精神，引领学校制度体系、制度导向的确立，创设自由民主的宽松氛围，弱化学校管理的强制性，以外在制度文化规约师生内在行为规范。依据目标管理原则，自下而上地逐级制定目标，确保"人人有事做，事事有人做"，最终形成上下贯通、左右呼应的目标网络链，提高学校的管理成效。在目标实施过程中，发挥出每个人的主动性和创造性，让每个人"有所为，有所不为"。校长不必事事躬亲，给予中层领导和教师更多的权利与责任，使学校运行更加井井有条。

二是在常规管理上注重文化自觉，营造积极向上的工作氛围，建立校务公开制度、领导和教师一日值班制、师生一日常规、"三个一日"等现代学校制度，充分激发教师群体的"主人"责任与价值，建立积极向上、乐于奉献、敢于担当的工作作风，形成"'自由'在高处，'自在'在校园"的文化自觉。

三是发挥校长的影响作用，用平等的态度对待教师，用朋友的身份与教师交往。经常主动和教师交流，增进沟通和理解，拉近管理者与教师的距离。用爱心、关心、真心、诚心打造严谨有序、宽松和谐的教职工群体，使管理者和教师成为彼此信赖、相互尊重的知心朋友。教师承担着教书育人的重任，承受的心理压力也比较大。学校设身处地地替他们着想，给予多方关怀，减轻或转移他们的压力，让他们以较好的心理状态进行教育教学工作。例如，每个月每人都有半天的"亲情假"，每个月开展各种各样的工会活动，如跳大绳比赛、牡丹园赏花、采摘节、金秋徒步节等活动，以体现对教师的尊重。在尊重生命的前提下，让学校管理更加"暖心""贴心""走心"，让每个人都感到自己很重要。

（三）建立机制，促进协同发展和专业成长

教师队伍是学校改进的实施主体，是学校可持续发展的关键要素与质量保障，也是学校自给自足的发展动力与宝贵财富。学校需要加强情境意识、沟通途径与团队合作的知能修炼，促进学校回归学习共同体的组织本性，从而实现权力共享、走向共治。平泉小学在此方面进行了深入的研究和探索，形成了科学合理的教师培训体系，建构了基于问题的校本研修模式，确立了校长引领的榜样先行机制，取得了良好的研究成果。

一是形成了科学合理的教师培训体系。平泉小学协同东北师范大学，建构"大学—小学"教师教育模式，共同助力教师专业发展；关注教师的学术素养、教学能力、视野阅历等方面的提升，实施专题研讨、课例展示、集中培训、同课异构、订单培训、影子培训、双向挂职多种方式交互的教师教育培训体系。2022年6月，东北师范大学柳海民教授、李广教授、杨进副教授、张聪副教授、秦占民助理研究员和平泉小学教师一起开展了以"红梅花儿开 朵朵放光彩"为主题的基础教育学校改进原生态研究"教师工作强度"主题沙龙活动。将教师以"梅兰竹菊"命名为四个小组，即踏雪寻梅组、兰心蕙质组、墨竹飘香组、淡如秋菊组。主题沙龙围绕教师工作强度这一核心主题，通过小组工作坊的方式，就"对目前工作强度有什么感受、影响教师工作强度的因素有哪些、工作强度的强弱有哪些正面和负面影响、可以通过哪些策略或者措施来改善工作强度"等五个方面的问题展开了热烈讨论和分享。从图10-2中可以感受到老师们参与的热情高涨，踊跃发言，互动争辩，展现了一场主题鲜明、真切生动、活力四射的原生态沙龙活动。柳海民教授认为，这次沙龙体现了非常前沿的论题研究、非常系统的内容安排、非常直接的现场体验、非常成功的专业活动。李广教授也认为，平泉小学文化特质鲜明，沙龙活动体现出一线教师的真实话语，展现出平泉教师精神饱满的工作样态。这样的主题沙龙活动，通过大学教师与小学教师的交流对话，成为教师研修、学习、成长的新路径。

二是建构基于问题的校本研修模式。平泉小学以"项目式研修"为主题，形成学科教师工作坊。项目式研修就是以项目为载体，教师在一段时间内对学科有关的驱动性问题进行深入持续的探索，形成展示成果。项目式研修具有四个突

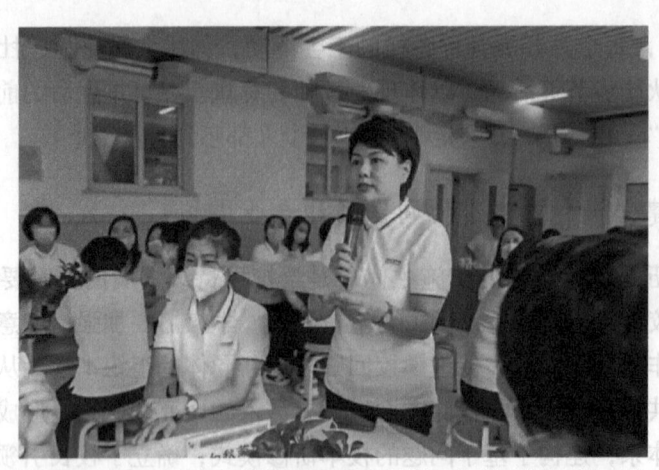

图 10-2　2022 年 6 月 25 日，平泉小学举行基础教育学校改进原生态研究"教师工作强度"主题沙龙活动

出要素，即有真实性和挑战性的教学问题、有持续的探究性、有反思评价、有展示的成果，具有三个特点：第一，以项目驱动，明晰"教"的方向。项目式研修让所有的学科教师都成为校本研修的参与者和学习者，也成为校本研修的创造者和提供者。第二，以问题驱动，确定"学"的主题。项目式研修让教师研修打破了时间和空间的限制，让学习、研修、提升随时随地都可以发生；以学习驱动，创新"研"的方式。项目式研修不断丰富校本研修资源库，让教师研修有"问"可提，有"范"可学，容易操作，可以持续，真的有效。其基本流程为：确定问题—明确分工—备课讨论—课堂展示—总结点评。具体操作要求是由学科组确定基于学校课堂实际的微问题，即驱动问题，根据驱动问题研究的任务进行教师分工，比如，有的教师负责查找问题形成的原因及现状分析，有的教师负责查找资料和案例，有的教师负责课堂教学，有的教师负责媒体资源，有的教师负责课后点评，有的教师负责分析 2.0 能力点，有的教师负责收集过程资料、制作总结美篇；等等。研修过程中，教师要不断进行集体备课讨论，不断丰富学习研修的路径，学科组教师基于驱动问题，人人有任务分工，形成了密切的学习共同体，形成了"抱团"发展的良好氛围。

三是确立校长引领的榜样先行机制。一方面，平泉小学校长主动与东北师范大学专家团队、南关区教师进修学校等部门形成联动机制，定期开展理论学习、业务培训等常态化互动活动，在学习、研究与反思中逐渐提高自身领导力。比如，朱辉校长在 2021 年东北师范大学教师教育研究院举办的《中国教师发展报告（2020—2021）》成果发布会暨中小学教师职业幸福感学术论坛上，进行了"一所幸福学校的幸福教师队伍建设"主题报告。在 2022 年"基础教育学校改进原生态研究"学术论坛上作了"一所幸福学校的生长样态"主题报告。另一方面,校长要与教师平等对话,带领教师集中攻坚、改进难点问题。例如,学校通过教职工大会、领导班子周例会、教师周例会、班主任周例会等落实过程管理,及时进行跟进和问题反馈。学校非常重视教师管理,通过行政会、教师大会、校本研培等途径,促进教师发展。第一,行政会促管理团队主动思考。每周五下午开一次例会,行政汇报要求简练高效,每次例会分为三个阶段:第一个1/3略谈上周常规工作,详谈总结反思;第二个1/3谈下周工作;第三个1/3谈问题和困惑,以及初步解决方案。第二,教师大会促教师团队主动学习。每周一下午开教师大会,既有"读书分享""身边好教师",又有"时事政治""学校视界"等,既有思想引领,又能开阔视野;既有时事分析,又有人物榜样;既有工作布置,又能寓培于乐。

(四)家校携手,形成育人共同体

学校要协同学生家长,共话学生培养。学校协同家长参与学生培养方式与方法的规划与实施,促进家长为学生培养贡献家庭智慧,保障学生教育的连续性与学生成长的持续性。平泉小学率先在长春市南关区推进"三长育人"工程,创建家长学校升级版"励志学院",通过"四大模块",形成学校、社会、家庭的育人共同体,即以课堂教育为基础,厚重学生德行;以励志学院为核心,加强家校联结;以社区资源为辅助,完成学生梦想;以课题研究为创新,提升育人效果。

其一,"励志学院"学什么。以普及家庭教育知识和方法为主,课程体系按年级特点进行安排,如一年级的幼小衔接、五年级的青春期教育、六年级的志向教育等。

其二,"励志学院"怎么学。采用线上线下混合式学习,分为选修课和必修课,学制为六年。每周上一次必修课,家长利用全国家校共育数字平台聆听专家报告;每学期寒暑假为选修课程,家长利用吉林省教育资源公共服务平台网络学习"人人通"空间,学习相关讲座。

其三,"励志学院"怎么评。考核采用学分制,学院给家长进行评价,每年进行总结,并依据平台数据情况评选家长优秀学员,六年后颁发结业证书。

其四,"励志学院"怎么做。一是开展多种形式的家长会。家长会既有学期集中式,也有个性定制式,还有"一对一"家访式,采取线上与线下相结合方式,让家长走进校门,让老师走进家门。二是开展学生入社区活动。学生经常到南关区永吉街道平阳社区参加社区各项活动。社区为学校部分困难学生捐助了书包文具、书画用品等。党员参加了社区的志愿服务、"微心愿"等活动。三是开展家长入校活动。每天早晚高峰上学和放学时间，学校门前总能看到家长志愿者的身影；在课后服务时间，也有部分家长深入班级，结合自己从事的职业入班为学生进行主题讲座。

其五，"励志学院"怎么推。面对当下疫情发展形势和"双减"政策的实施，平泉小学将在线教育发展理念融入励志学院的发展，申请全国"家校共育"数字化项目试点校，抓顶层领导力，形成"上下联动、职责分明"的管理体系；抓团队核心力，形成"团队共建、相互协作"的学习体系；抓家长行动力，形成"典型引领、及时反馈"的评估体系。

（五）形成习惯，明确个性规划与行为

面对纷繁复杂的工作压力，教师难免产生各种各样的心理问题。通过对教师工作强度的问卷调查，我们可以发现教师反映集中的几个问题：疫情期间居家线上教学使得工作量比平时增多，工作强度大使教师睡眠不足，睡眠质量下降，身体健康受到影响；班主任工作压力大，常常把烦躁情绪带回家里，影响其家庭和谐。这就需要学校加强对教师的心理调适和行为引导，将问题转化成资源，寻求教师职业幸福的生长点。

一是创建愉悦环境和氛围。学校创建了教师读书角、书画室、运动区。教师们可以静下心来，品一杯香茗，赏一幅好字；可以打冰壶、打乒乓球、羽毛球，挥汗如雨，在通过各种运动器材的锻炼中放下烦恼；可以参加徒步、拔河、摄影等工会活动，以调整身心。

二是破解诸多困难和问题。面对"双减+新课程"的层层压力，只有直面问题和接受困难，才能突破和超越。教师们采用 SWOT 分析法（S 是指内部的优势 strengths，W 是指内部的劣势 weakness，O 是指外部环境中的机会 opportunities，T 是指外部环境中的威胁 threats），通过工作坊的方式，找寻问题的根源、劣势、优势等。比如，2022 年 3 月份开始，一场突如其来的疫情席卷吉林长春。在线上教学期间，教师常常要在线上"主播"和线下"大白"的角色中切换，并提出了线上教学时间短、效果差的问题。教师们展开了反复的讨论，就学生的家庭影响、教师上课的方式、学生学习的能力等因素进行认真分析，最终达成共识，形成了"10+20+30"的三段式线上学习方式，将课前、课中、课后三部分紧密结合为一个整体，形成学习闭环。课前 10 分钟，推送微课资源，进行自主导学。教师需要精心选择与课程重难点相关的重要资源，通过钉钉家校本、人人

通空间、班级 QQ 群等，推送给学生，辅之以配套的导学任务单，帮助学生开展任务驱动式的学习。课上 20 分钟，采用线上直播、"双师课堂"形式，突出教学重点、难点，主要选择钉钉会议室、腾讯会议室等技术资源支持，完成线上学习任务，强调进行师生互动、生生互动等。课后 30 分钟，进行课后答疑和"一对一"辅导、任务检测等。这些从问题出发的研究，帮助教师缓解了焦虑，收获了成长。

三是形成良好习惯和方法。知乎上有人问：有哪些好习惯，坚持下去会让我们脱颖而出？其中，最高赞的回答是读书、运动、默默深耕自己。一个人的生活方式，藏着他的未来。平泉小学的老师们在多年的教育教学生活中，形成了以下这些习惯。

第一，多读书。读书，是一个人实现蜕变、自我救赎最好的方式。有句话说，读书能解决 80% 以上的迷茫。一个人陷于困境，最大的可能就是认知不足，而读书恰是拓展认知和视野的最佳途径。所以，教师们一起读苏霍姆林斯基，读陶行知，读《论语》，读儿童心理学……和孩子们一起读童话绘本，读中国历史，读诗词美文。在阅读中收获和思考，在静思中沉淀和丰盈。教师们在课间和午后常常徜徉在学校图书室，流连于办公室的读书角，在读书中获得更多成长。

第二，多运动。人最重要的就是有一副好身体，一个好心态，而这些，运动恰好都能给你。热爱运动，投身运动是教师职业最需要的生活方式之一。在快节奏的当下，生计的重压、家事的琐碎、事业的不顺，常常让我们喘不过气。这个时候，我们越要学会放下内心的执念，出去运动。穿行于风中，奔跑在阳光中，那些困扰我们的坏情绪就会随之消散，令人烦恼的问题也将不药而愈。运动改变了教师的心情，治愈了教师的烦恼，提升了教师的气质。学校的羽毛球馆里常常激战正酣，轮滑场上常常自由飞舞，运动场上常常你追我赶，健身室内常常热闹非凡。热爱体育运动的教师更容易赢得学生的喜欢和敬佩。

第三，多积累。一个人的成长是需要日积月累的。独处的时光里，藏着一个人未来的样子。独处，是一个人最成熟的选择；精进自己，则是独处时最好的方式。从来没有一蹴而就的成功，所有熠熠闪光的背后都是默默拼命的努力。人生最好的时光，莫过于在与人无扰的世界里沉淀自己。做校长是孤独的，做教师也是寂寞的。越是这样的独处，越需要我们蓄力坚持，终有一天，自律和努力会一步步化为我们脚下的铺路石，通往我们想去的地方。老师们常常沉浸在一节节课后的反思中，常常陶醉在学生精彩的表现中，常常静思在生活的日常中。

总之，教师发展是一个不断发现自我、超越自我、持续不断的过程，越是困难越要奋发。平泉小学的教师团队在时代的发展中表现出的励志精神就是坚定目标，勇往直前；在疫情的大考面前表现出迎难而上、不讲条件的无畏精神，表现出不计个人得失的无私精神。在充满挑战的生活面前，教师们满怀勇气和自信，化压力为动力，变强度成目标，解困难为机遇，点燃教育情怀，追求职业幸福。

第十一章
教师工作强度国别调研报告

一、英国中小学教师工作强度分析

教师工作强度的大小是影响教师个体专业发展和群体稳定性的重要因素，同样是影响教师职业满意度和吸引力的重要因素。受教育传统、结果导向、标准评估等的影响，英国中小学教师长期面临着工作强度过大的现实问题。自20世纪90年代起，英国进行了一系列减负举措，包括政府引领、学校统筹、教师参与等，并取得了显著成效，具体表现为教师总工作时长和非教学工作量减少、教师职业满意度和教师队伍稳定性提升。这可以为我国教师工作强度研究提供有价值的国际参考。

（一）英国中小学教师工作的主要内容

英国在2019年开展的教师工作量调查（Teacher Workload Survey 2019，以下简称"调查2019"）中对于中小学授课教师、中层与高层领导的工作内容和工作时间进行了说明[①]。

1. 工作内容

如表11-1所示，"调查2019"将英国中小学高层领导从事某项工作内容的百分比按由高到低进行排序，发现其承担的工作内容分别为"校内领导与管理""与家长或监护人交涉""与学生交涉""员工绩效管理""校内行政活动""数据分析""教学及相关任务""课程规划""校外领导与管理""招聘工作""其他活动"。

表11-1 中小学高层领导在参考周从事所列活动的百分比

活动	小学高层领导从事比例/%	中学高层领导从事比例/%
校内领导与管理	99	100
与家长或监护人交涉	95	92
与学生交涉	93	97
员工绩效管理	92	91
校内行政活动	90	91
数据分析	89	92
教学及相关任务	83	91
课程规划	79	81

---

① 除特殊说明外，本部分数据均来源于 https://www.gov.uk/government/publications/teacher-workload-survey-2019。

续表

活动	小学高层领导从事比例/%	中学高层领导从事比例/%
校外领导与管理	67	74
招聘工作	32	47
其他活动	61	52

"调查 2019"将授课教师与中层领导的工作划分为教学工作和非教学工作。教学工作即课堂教学；非教学工作如表 11-2 所示，按照授课教师和中层领导从事的时长由低到高进行排序，发现其工作内容分别为"个人规划或备课""批改学生作业""一般行政工作""团队合作与同事沟通""参与学校管理""学生监督和学费管理""参加课外活动""与家长或指导者交流与合作""学生心理咨询""学生纪律"。其中，支持性管理活动按照教师工作强度从大到小排列，包括"组织教学资源与布置教学场地""记录、输入、监测和分析与学生成绩有关的数据""非常规性代课""常规教辅""员工会议""校外人员交涉""评教"。

表 11-2　中小学教师和中层领导在非教学工作上的平均工作时间　（单位：小时）

活动	小学	中学
个人规划或备课	7.8	7.3
批改学生作业	6.0	6.3
一般行政工作	4.2	4.8
团队合作与同事沟通	3.2	2.7
参与学校管理	2.6	2.9
学生监督和学费管理	2.5	2.5
参加课外活动	1.7	2.5
与家长或指导者交流与合作	1.7	1.8
学生心理咨询	1.6	1.7
学生纪律	1.3	1.6

2. 工作时长

"调查 2019"显示，英国中小学高层领导周校内平均工作时长为 55 小时，周校外平均工作时长为 12 小时。与此同时，"调查 2019"将英国中小学授课教师工作时长类型划分为平均工作时长、校内工作时长、校外工作时长。据统计，首先，有 77%的全职中小学授课教师周平均工作时长超过 50 小时，高于法定工作时长的 48 小时。其次，"调查 2019"将校内工作时长分为教学工作时长和非教学工作时长两个方面，小学段和中学段授课教师的教学工作时长占总工作时长的比例为47%，由此可得，非教学工作时长在总工作时长中的占比较大。最后，教师的平均校外工作时长为12.8小时，其中小学和中学阶段的授课教师的校外工作时长占总工作时长的比例分别为25%和26%。

（二）英国中小学教师工作的现实问题

英国是OECD成员中教师队伍稳定性较差的国家之一，几乎有一半的中小学教师在10年内离职。英国教育联盟（National Education Union，NEU）在调查研究后发现，中小学教师教学时间长、非教学工作强度大、教师职业满意度较低等是造成教师离职率高、教师队伍补充困难、基础教育质量下降的主要原因。[①]

1. 非教学工作强度大、负担重

"调查2016"中对英国中小学周工作时间进行了统计，其中教学工作时间为21.4小时，而非教学工作时间长达33小时。[②]可见，英国中小学教师非教学工作强度大、负担重。此外，经统计，在诸多非教学工作中，烦琐的学生及教学事务处理的数据分析与管理、对学生学习成果频繁且深度的书面评阅，以及教师需要个人完成且每周在规定时间上交的课程计划，被英国中小学教师视为负担最重的前三位工作。[③]

OECD开展的TALIS 2018同样显示，英国初中教师每周平均工作46.9小时，明显高于OECD成员的38.8小时平均工作时长。[④]这证明了英国中小学教师团体的工作时间长，强度过大，负担过重。

"调查2019"显示，英国中小学教师周平均工作时间与2016年的调查结果相比减少了4.9小时，总工作时长为49.5小时。这一数据相较于英国中小学教师的法定工作时间（48小时）看似减少了，似乎表明减负工作取得了进展，但事实上，数据理应抛却兼职教师的工作时间，由此得到的全职教师平均每周工作时

---

① National Education Union. Starting Salaries[EB/OL].（2019-09-02）. https://neu.org.uk/press-releases/startingsalaries [2022-06-22].

② Higton J, Leonardi S, Neil R, et al. Teacher workload survey 2016[EB/OL].（2017-02-24）. https://ssets. publishing.Service.gov.uk/government/uploads/system/uploads/attachment_data/file/592499/TWS_2016_FINAL_Re-search_report_Feb_2017.pdf[2022-06-22].

③ Gibson S, Oliver L, Dennison M. Workload challenge：Analysis of teacher consultation responses research report[EB/OL].（2015-02-06）. https://assets.publishing.ervice.Gov.uk/government/uploads/system/uploads/attachment_data/file/401406/RR445_-_Workload_Challenge_-_Analysis_of_teacher_consultation_responses_FINAL.pdf[2022-06-22].

④ Whittaker F. Teacher workload has increased, and 8 other findings from TALIS 2018[EB/OL].（2019-06-19）. http://heartteaching.com/teacher-workload-has-increased-and-8-other-findings-from-talis-2018/[2022-06-22].

间实际为 52.9 小时。因此，英国中小学教师仍面对教学工作时间长、非教学工作强度大的问题。

2. 教师职业满意度较低、教师队伍稳定性较差

据统计，英国是 OECD 成员中教师工作负担最重的国家，也是 OECD 成员中教师工作满意度最低的国家，只有 82%的教师对工作表示满意（OECD 成员的平均值为 91.2%）。①

一方面，英国中小学教师认为自身承担过大的工作强度。在"调查 2019"中，将教师认为自身工作负荷的严重程度分为四种，依次是不知道、不是很严重、相当严重和非常严重。据统计，有 73%的英国中小学教师认为自身工作面临着工作量超负荷的问题，其中有 52%的教师认为工作负担问题相当严重，21%的教师认为工作负担问题非常严重。尽管这一数据相较于 2016 年趋于乐观，即在 2019 年认为工作量问题"非常严重"的教师所占比例有所下降，但不能否认，对于这一问题，远超半数的英国中小学教师仍持消极态度。

另一方面，英国中小学教师认为自身难以应对其承担的过大工作强度。在教师自认为"能在合同规定的时间内完成好工作""能较好地平衡好工作和生活""工作量是可接受的"三项指标上，"调查 2019"结果同样显示，有 93%的授课教师十分不同意或不太同意"能在合同规定的时间内完成好工作"，有 73%的授课教师十分不同意或不太同意"能较好地平衡好工作和生活"，有 70%的授课教师十分不同意或不太同意"工作量是可接受的"。这进一步说明英国中小学教师面临着过重的工作负担，教师自身职业满意度较差，这不可避免地导致教师队伍稳定性差。实际上，这一调查结果在 TALIS 2018 中早已经有所显现，该调查显示，认为自身面临的工作负担已严重影响身心健康和生活的英国中小学教师占比约超 OECD 这一数值的两倍。②

（三）英国减轻中小学教师工作负担的举措

英国中小学教师工作强度过大、工作负担过重引发了一系列教育问题，因此英国政府高度重视教师的减负工作，不断变革方针政策以稳定教师队伍，旨在形成教育部引领、学校支持、教师参与的连续且全面的教师减负体系。

---

① 位秀娟. OECD 调查显示，英国教师经验不足，工作量大[J]. 比较教育研究，2014（9）：110.
② National Education Union. OECD TALIS survey 2018[EB/OL].（2020-03-23）. https://neu.org.uk/press-releases/oecd-talis-survey-2018[2022-06-22].

1. 政府变革方针政策

由于频繁的教育改革和英国"反教科书"的教育传统①，无论是在课程计划还是课程实施上，英国中小学教师一直面临着工作强度较大的问题。因此，英国教育部门一直不断探索，出台了一系列旨在"减负增效"的政策和法令。

认识和分析问题是解决问题的前提和基础。因此，从教师工作量的调查、分析、统计着手，英国教育部于2014年开展了"工作量挑战"（Workload Challenge）调查项目。为了解决教师工作量过大这一问题，2015年，英国教育部为进一步收集造成中小学教师超重工作负荷的证据，开展了"教师工作量调查"（Teacher Workload Survey）。基于以上调查研究，2018年起，英国教育部又发布了多项有关职前教师教育和中小学教师减负的报告。由此，英国社会对于中小学教师工作强度大、负担重的问题有了深刻的认识。

2018年11月，英国教育部为了进一步通过教师教育和培训确保从内部稳定教师队伍，出台了《职前教师教育机构解决教师工作量问题的建议》[Addressing Teacher Workload in Initial Teacher Education（ITE）Advice for ITE Providers]，以帮助职前教师提高技能和做好心理准备②；于2019年颁布了《减轻工作量：在教师职业生涯早期提供支持》（Reducing Workload：Supporting Teachers in the Early Stages of Their Career），列举了如何减少中小学教师不必要的工作量的相关措施③；为确保新入职教师的科学发展，于2019年发布了《早期职业框架》（Early Career Framework），为新入职教师提供资助和培训，以确保其专业发展以及整体教师队伍的稳定④。

2. 学校统筹多方资源

在政府全面调查、多方听证继而宏观决策、颁布各项法令的基础上，学校也应该发挥好桥梁作用，为教师发展提供所需资源。⑤学校应充分认识到，教师作

---

① 缪学超，易红郡. 英国中小学教师工作负担的成因、类型及解决策略[J]. 河北师范大学学报（教育科学版），2022（1）：132-140.

② Department of Education. Addressing teacher workload in initial teacher education（ITE）[EB/OL].（2018-11-05）. https://assetspublishing.service.gov.uk/government/uploads/system/uploads/attachment_data/file/753502/Addressing_Workload_in_ITE.pdf[2022-06-22].

③ Department of Education. Early career framework[EB/OL].（2019-06-28）. https://www.gov.uk/government/publications/supporting-early-career-teachers[2022-06-22].

④ Department of Education. Early career framework[EB/OL].（2019-06-28）. https://www.gov.uk/government/publications/supporting-early-career-teachers[2022-06-22].

⑤ Bruford R. How school leaders can address teacher workloadissues[EB/OL].（2016-04-21）. https://richardbruford.com/2016/04/21/how-school-leaders-can-address-teacher-workload-issues/[2022-06-22].

为教学的主体，其注意力理应集中于教学工作，要避免过多的非教学工作分散教师注意力，加重教师负担。

就英国中小学校在减轻教师负担、统筹各项资源方面的举措而言，具体包括以下三个方面。首先，中小学发挥统筹协调各方资源的作用，深入分析造成教师压力大、职业幸福感低的真实原因。[①]其次，中小学做好教学任务的评估，降低教师非教学工作的强度，同时有效利用信息技术避免官僚化、重复化的数据收集。最后，基于2019年发布的《早期职业框架》，学校为新入职教师提供全额的资助支持和为期两年的结构性培训，以帮助教师积累丰富的教学知识，在教学实践中养成良好的工作习惯，从而进一步使教师为其自身的未来职业发展做准备。

3. 教师转变角色行为

在教育系统不断改革、各方资源统筹兼顾的基础上，为了解决教师工作中出现的问题，教师本身的角色和行为的转变也是至关重要的。从教师个体内部来看，教师个人对于教师角色的理解和社会对教师角色的期望、教师自身的价值观与社会对教师的期待之间的冲突和矛盾，都需要教师重塑自身角色意识；从教师外部来看，社会和学校要正确看待教师这一角色[②]，家庭、学校、社会需要为教师的专业发展和教师社会地位的提高提供支持。

首先，应保证教学过程中师生双主体能进行积极有效的互动和反馈，建立有效的评分程序，这对于提升学生的学习效果有重要作用。[③]其次，在教学管理上要避免官僚化、重复化的数据收集，此类非教学工作既加重了教师工作负担，又不利于教师专业的持续发展。最后，针对中小学教师提出的过于详细和烦琐的课程规划负担，要做好全过程的教师培训工作。对于职前教师，根据《早期职业框架》培养教师的专业能力；对于有经验的教师，应使其继续发展成为"领导型"教师，以积极的职业发展愿景克服职业倦怠，以不断增强的教师专业能力突破职业困境，最终使教师达到能够不断提高自身的课程规划能力的目标。在这一过程中，教师能够实现内外部角色的协调统一和行为转变，发挥减负工作中的教师主体主动性。

---

① Department of Education. Teachers' standards[EB/OL].（2017-03-07）. https://assets.publishing.service.gov.uk/government/uploads/system/uploads/attachment_data/file/665520/Teachers_Standards.pdf[2022-06-22].

② 张小菊,管明悦.如何实现小学教师工作量的减负增效——基于某小学教师40天工作时间的实地调查[J].全球教育展望,2019,48（6）:97-109.

③ Department of Education. Eliminating unnecessary workload around marking[EB/OL].（2016-03-28）. https://assets.publishing.service.gov.uk/government/uploads/system/uploads/attachment_data/file/511256/Eliminating-unnecessary-workload-around-marking.pdf[2022-06-22].

（四）英国减轻中小学教师工作负担的成效

针对教师工作强度研究过程中出现的一系列问题，英国着力建成了一整套合理的中小学教师减负机制。[1]在政府、学校、教师个体的努力下，英国中小学教师减负工作取得了一定成效。教师个体逐渐从繁重的工作负担中解脱出来，教师群体职业满意度有所提升。

1. 教师工作强度显著下降

在一系列减负策略的推动下，英国中小学教师减负工作取得了相应的成效。将"调查2019"与"调查2016"中得到的教师工作强度的调查数据进行对比可以发现，首先，在中小学教师和中层领导的教学时间上，两年的数据相似，均约为21小时。2019年小学授课教师的教学时长占总工作时长的比例为47%，中学教师教学时长占总工作时长的比例为42%，较2016年分别提升了4%和3%，虽有小幅度提升，但并未超过50%。其次，针对非教学工作而言，全体中小学教师和中层领导每周工作时间减少了4.9小时。值得注意的是，在最困扰中小学教师的数据管理、作业评阅和课程计划三项非教学工作上，中小学教师花费的时间分别减少了0.5小时、2.2小时和1.3小时。最后，数据还显示，教师和中层干部的课外工作时间减少了，因此教师工作的职业满意度得到了显著提升。由此可见，当前英国中小学教师减负工作取得的成效为教学时长减少，但其占总工作时长的比例提高，非教学工作强度下降，教师的职业满意度得到提升。

2. 教师队伍稳定性显著提升

过去，英国中小学教师由工作强度过大、负担较重引发的教师队伍稳定性差的问题主要表现在以下两个方面：一是职前教师由于培训门槛低或培训时间短，难以在实践中胜任教学任务[2]；二是有经验的教师由于待遇不公平和教师职业生涯发展受阻继而流失严重[3]。近年来，为解决上述问题，英国政府出台了大量政策文件并取得了相应进展。

一方面，英国政府加强对于职前教师和新手教师的培训，致力于提高教师质

---

[1] 赵娜，欧吉祥. 英国中小学教师减负路径的探索[J]. 世界教育信息，2020（7）：50-56.

[2] Department for Education. Educational excellence everywhere[EB/OL].（2016-03-20）. https://assets.publishing.service.gov.uk/government/uploads/system/uploads/attachment_data/file/508447/Educational_Excellence_Everywhere.pdf[2022-06-22].

[3] Dr Patricia Rice. School teachers' review body（ThirtiethReport-2020）[EB/OL].（2020-07-21）. https://assets.publishing.service.gov.uk/government/uploads/system/uploads/attachment_data/file/902393/STRB_30th_report_July_2020.pdf[2022-06-22].

量。对于职前教师和新手教师而言，2021年3月，英国教育部颁布了《早期职业教师（英格兰）入职培训》法定指南，对于职前教师和新手教师入职培训的过程和方法提出了具体的要求。①《新任教师职业发展框架》是英国新教师入职培训的主要依据。分为八个领域，分别是对学生寄予高期望、学生学习方式、学科与课程、课堂实践、适应性教学、评价、行为管理、职业行为。每个领域又从"知道"（learn）和"实践"（practice）两方面加以论证和说明，即从认知和操作两个方面对新手教师加以指导。

另一方面，英国开拓有经验教师的职业发展路径，形成中小学教师发展的领导力框架。②对于有经验的课堂教师和担任领导职务的教师而言，英国教育部在《新任教师职业发展框架》（Early Career Framework）的基础上，于2020年10月出台了中小学《国家职业资格：教师发展领导力框架》（National Professional Qualification：Leading Teacher Development Framework），对于教师应具备的一系列知识和技能提出了新的要求。该框架为英国有经验教师提供了职业发展机会，以激励他们继续致力于课堂教学。③该框架下形成的领导型专家教师带领、教师专业团队支持、教师个人努力的环境和氛围为吸引优质教师、增强有经验教师队伍的稳定性提供了巨大帮助。

综上，本研究对近年来英国中小学教师工作强度的相关文献进行了分析，不仅了解了英国当前面临的教师工作负担重、教师职业满意度低的现实问题，而且看到了其解决问题的策略和当前取得的实际进展。虽然国情有所不同，但考察近年来英国在教师工作强度方面的调查和改革，能够为促进我国中小学教师发展、提高教育质量提供有益经验和深刻启示。一方面，我们需要充分地了解不同地区、不同学校、不同学段教师工作强度的现状，对教师工作强度进行全面而科学的调查、统计以及研究；另一方面，针对我国正面临的教师负担较重，尤其是非教学工作负担较重的问题，最关键的是建构系统性、联动性的教师减负机制——政府重视政策的制定和对政策落实的监测，学校发挥政府、机构、教师之间的桥梁纽带作用，教师自身转变角色观念并坚定专业终身发展的理念。

---

① Department for Education. Early career framework[EB/OL]. (2019-01-11). https://assets.publishing.service.gov.uk/government/uploads/system/uploads/attachment_data/file/978358/Early-Career_Framework_April_2021.pdf[2022-06-22].

② 周丽丽，彼得·麦克拉伦. 英国新一轮中小学教师发展领导力框架改革探析[J]. 比较教育学报，2021（5）：118-131.

③ Dr Patricia Rice. School teachers' review body (ThirtiethReport-2020) [EB/OL]. (2020-07-21). https://assets.publishing.service.gov.uk/government/uploads/system/uploads/attachment_data/file/902393/STRB_30th_report_July_2020.pdf[2022-06-22].

二、澳大利亚的中小学教师工作强度

研究我国中小学教师工作强度时，不仅要调查国内教师的工作现状，还要关注国际教师的工作强度水平。澳大利亚教育研究委员会针对中小学教师工作强度进行了多次调查研究，并且参与了 OECD 的 TALIS 2018。本次调研结合多方数据呈现澳大利亚教师当前的工作强度，以客观把握教师工作状况，为和我国教师工作强度进行比较研究提供参考。

（一）澳大利亚教师工作强度的现实样态

澳大利亚关于中小学教师工作强度的研究集中于教师工作负担、教师压力等方面。根据 OECD 的 TALIS 2018 的最新数据，澳大利亚中小学教师的工作强度偏大。TALIS 报告显示，澳大利亚教师每周工作时间大大长于被调查国家的平均时间，澳大利亚学校教师每年的净教学时间比平均水平高出约 100 小时。近 60% 的澳大利亚教师表示，他们在工作中感受到相当大或很大的压力。面对中小学教师的高水平工作强度，澳大利亚进行了一系列调查研究，本部分将从三个方面对澳大利亚中小学教师工作强度进行介绍。[1]

1. 工作内容结构

根据澳大利亚 2013 年教职员工调查报告，教师每周各项工作平均时长见表 11-3。小学教师的上课平均时长长于中学教师，中学教师的行政工作平均时长较长，中小学教师平均每周花费 11～12 小时进行备课。除上述工作内容，中小学教师还需参与同事合作、家校沟通、绩效或发展计划等工作。

表 11-3　澳大利亚教师每周各项工作平均时长　　（单位：小时）[2]

教师每周工作内容	小学教师工作时长	中学教师工作时长
上课	23.4	19.6
备课	11.4	11.9
行政工作	4.7	7.0
同事合作	3.5	3.9
家校沟通	2.0	2.0

---

[1] OECD. Teachers and school leaders as valued professionals[EB/OL].（2020-08-14）. https://www.oecd.org/education/talis-2018-results-volume-ii-19cf08df-en.htm[2022-6-20].

[2] Australian Council for Educational Research. Staff In Australia's School 2013：Main Report On The Survey[EB/OL].（2013-01-31）. https://www.acer.org/au/discover/article/staff-in-australias-schools[2022-06-20].

续表

教师每周工作内容	小学教师工作时长	中学教师工作时长
绩效或发展计划	1.8	2.0
其他	4.9	6.4
总时长	51.7	52.8

关于教师工作的内容结构划分，澳大利亚教育研究委员会（Australian Council for Educational Research，ACER）在对昆士兰州[①]、维多利亚州[②]、塔斯马尼亚州[③]的教师工作量进行调查研究时，将教师的工作内容划分为教学相关工作以及其他工作。教学相关工作包括课堂教学、备课、开发和记录课程计划、评估、与学生讨论教学内容、家校沟通等；其他工作主要包括操场值班等监督工作、俱乐部活动、指导实习教师、与学生讨论教学以外内容、参加工会会议、进行专业发展等。以昆士兰州全能型小学教师为例，由表11-4可知，占工作时长比例较大的主要工作有课堂教学、备课、解决其他教学相关问题、开发和记录课程计划、课后反馈、家校沟通。[④]

表11-4　2018年昆士兰州一周内参与各项工作的全能型小学教师占比　（单位：%）

类别		值班登记时间内	非值班登记时间
教学相关工作	课堂教学	100.0	—
	备课	81.3	99.5
	开发和记录课程计划	73.0	97.6
	评估	60.8	97.9
	课后反馈	69.5	90.4
	与学生讨论教学内容	62.6	69.0
	家校沟通	69.3	83.5
	解决其他教学相关问题	81.3	73.1
其他工作	操场值班等监督工作	88.5	56.5
	俱乐部活动	35.0	55.8
	与学生讨论教学以外内容	77.4	74.6

[①] Queensland Teachers' Union. Queensland teacher workload study：Final report to the Queensland Teachers' Union[EB/OL].（2018-12）. https://research.acer.edu.au/workforce/7/[2022-06-20].

[②] Weldon P R, Ingvarson L. School Staff Workload Study：Final report to the Australian Education Union-Victorian branch[EB/OL].（2016-10）. https://research.acer.edu.au/tll_misc/27/[2022-06-21].

[③] Rothman S, Ingvarson L, Weldon P R, et al. A study of work practices in Tasmanian government schools [EB/OL].（2017-10）. https://research.acer.edu.au/workforce/6/[2022-06-21].

[④] Queensland Teachers' Union. Queensland teacher workload study：Final report to the Queensland Teachers' Union[EB/OL].（2018-12）. https://research.acer.edu.au/workforce/7/[2022-06-20].

续表

类别		值班登记时间内	非值班登记时间
其他工作	指导实习教师	47.5	59.7
	其他额外工作	60.2	85.0
	熟悉新的教学大纲	41.8	66.0
	参加工会会议	12.5	31.8
	课后进修	27.0	77.5
	进行专业发展	32.6	40.6
	参与其他会议	66.1	90.1
	行政任务	74.5	94.9

多个对澳大利亚中小学教师工作强度的调查对教师工作内容结构的划分相似。从上述调查中可以发现，澳大利亚中小学教师的工作内容结构除上课、备课、批改作业等教学活动外，还包括行政等教学活动以外的工作。大多数中小学教师的工作内容多样，甚至在下班时间也仍然需要承担多项工作任务。因此，澳大利亚中小学教师不仅要完成常规的教学工作，还要完成各种额外任务，工作结构复杂，处于高强度的工作环境中。

2. 工作时长分配

（1）每周工作天数

2021年，ACER发布《2021年教师报告单》（Teachers Report Card 2021），调查了中小学教师工作时间。这项调查收到了570多名教师的反馈，这些教师来自不同地区，学校层次、资历和经历各不相同。如图11-1所示，超过1/2的教师每周工作时间超过5天。每周工作5天的教师所占比例最高，为58.1%。[1]

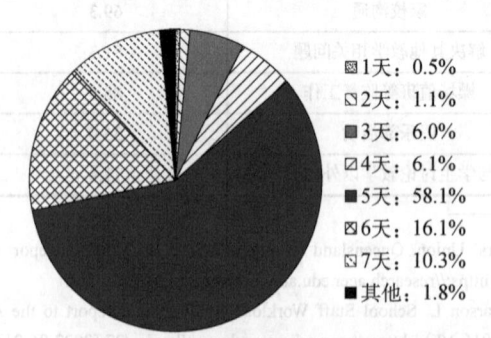

图11-1 教师每周工作天数

1天：0.5%
2天：1.1%
3天：6.0%
4天：6.1%
5天：58.1%
6天：16.1%
7天：10.3%
其他：1.8%

---

[1] Australian Council for Educational Research. NEiTA-ACE. Teachers report card 2021[EB/OL].（2021-10-29）. https://www.acer.org/au/discover/article/teacher-survey-results-published-today[2022-06-22].

（2）每周工作时间

根据 2013 年澳大利亚教职员工调查报告，小学教师每周平均工作时长为 47.9 小时，中学教师每周平均工作时长为 47.6 小时。表 11-5 显示了不同类型教师每周平均工作时长。新南威尔士州、澳大利亚首都领地、南澳大利亚州和北领地的中小学教师平均时长略长于全国平均时长。维多利亚州和昆士兰州的平均时长略短于全国平均时长。西澳大利亚州和塔斯马尼亚州的中学教师每周平均工作时长也短于全国平均时长。①

表 11-5　澳大利亚不同类型教师每周平均工作时长　　　（单位：小时）

类别		小学	中学
学校类型	公立学校	47.9	47.3
	天主教学校	47.0	47.9
	私立学校	48.6	48.2
学校所在地	一线都市	47.6	47.8
	省市	49.1	47.2
	农村	46.6	48.0
州/地区	新南威尔士州	50.2	49.4
	维多利亚州	45.5	46.7
	昆士兰州	46.2	46.5
	西澳大利亚州	47.8	45.7
	南澳大利亚州	50.5	48.4
	塔斯马尼亚州	47.6	44.8
	北领地	49.2	48.1
	首都领地	50.0	49.0
全国平均时长		47.9	47.6

澳大利亚教育研究委员会对昆士兰州、维多利亚州、塔斯马尼亚州的教师工作进行了调查研究，统计出了中小学教师的每周工作时长。以昆士兰州为例，选取具有代表性的一周工作时长，调查结果与 2013 年澳大利亚教职员工调查报告的结果相近。根据表 11-6，近一半的教师每周工作时长超过 46 小时。全职教师整体每周平均工作时长为 44.4 小时，小学教师的每周平均工作时长为 43.9 小

---

① Australian Council for Educational Research. Staff in Australia's school 2013: Main report on the survey [EB/OL].（2013-01-31）. https://www.acer.org/au/discover/article/staff-in-australias-schools[2022-06-20].

时，中学教师的每周平均工作时长为 44.1 小时。[1]

表 11-6 2018 年昆士兰州中小学教师每周工作时长占比　　（单位：%）

每周工作时长	小学教师占比	中学教师占比
少于 46 小时	51.7	54.0
46~50 小时	22.6	21.6
51~55 小时	9.2	9.0
56~60 小时	1.6	1.3
超过 60 小时	14.9	14.1

ACER《2021 年教师报告单》（Teachers Report Card 2021）将教师工作时间分为教学工作时长与非教学工作时长。

每周工作时间分为上班工作时长、校外额外工作时长和在家继续工作时长。[2]如图 11-2 所示，近一半的教师每周工作时长超过 36 小时，多数教师每周在校外额外工作以及在家继续工作 6~10 小时。

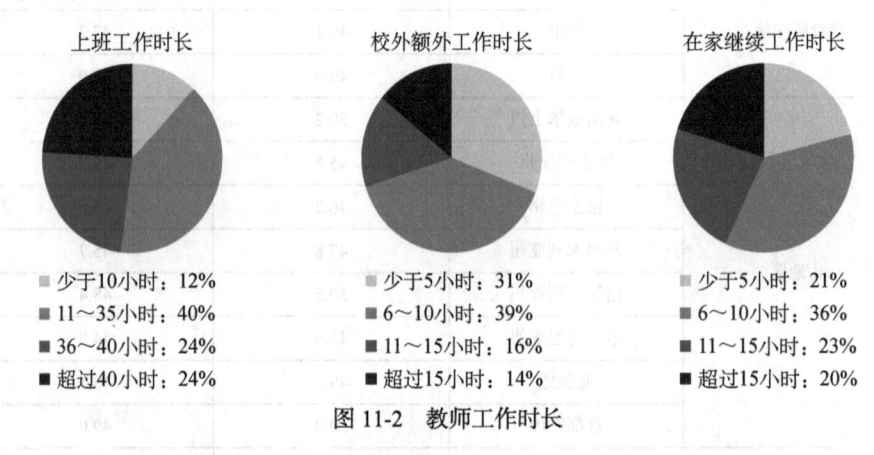

上班工作时长
- 少于 10 小时：12%
- 11~35 小时：40%
- 36~40 小时：24%
- 超过 40 小时：24%

校外额外工作时长
- 少于 5 小时：31%
- 6~10 小时：39%
- 11~15 小时：16%
- 超过 15 小时：14%

在家继续工作时长
- 少于 5 小时：21%
- 6~10 小时：36%
- 11~15 小时：23%
- 超过 15 小时：20%

图 11-2 教师工作时长

《2021 年教师报告单》的调查结果也显示了中小学教师的非教学工作时长。教师的工作除了课堂教学外，还包括备课、批改作业、家校沟通以及行政工作，其中最突出的非教学活动是行政工作，约 40% 的教师每周花在这项任务上的时间超过 10 小时（图 11-3）。[3]

---

[1] Queensland Teachers' Union. Queensland teacher workload study：Final report to the Queensland Teachers' Union[EB/OL].（2018-12-30）. https://research.acer.edu.au/workforce/7/[2022-06-20].

[2] Australian Council for Educational Research. NEiTA-ACE. Teachers report card 2021[EB/OL].（2021-10-29）. https://www.acer.org/au/discover/article/teacher-survey-results-published-today[2022-06-20].

[3] Australian Council for Educational Research. NEiTA–ACE. Teachers report card 2021[EB/OL].（2021-10-29）. https://www.acer.org/au/discover/article/teacher-survey-results-published-today[2022-06-22].

教师工作强度国别调研报告 第十一章

图 11-3 教师非教学工作时长

备课	7%	33%	40%	14%	7%
批改作业	24%	51%	20%	2%	2%
家校沟通	6%	75%	12%	4%	4%
行政工作	29%	32%	15%	23%	

工作时长占比

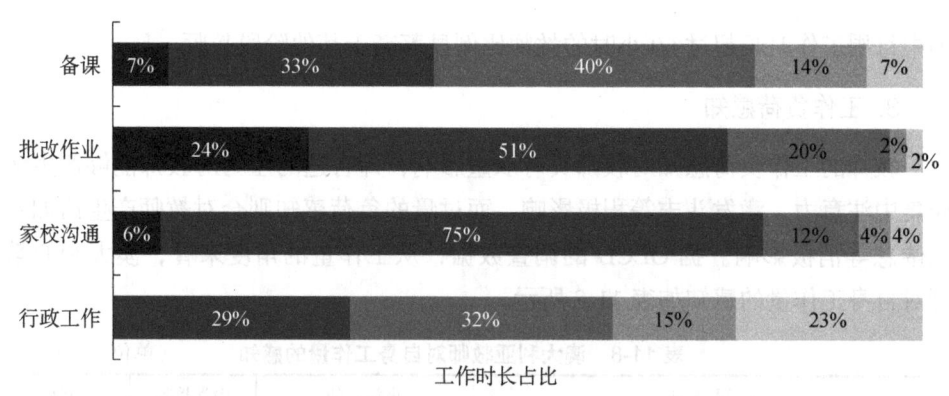

■ 无工作　■ 少于等于5小时　■ 6～10小时　■ 11～15小时　■ 超过15小时

从上述多个调查结果可以发现，澳大利亚中小学教师的工作时间较长，除常规的工作时间外，教师需要在周末以及下班后加班完成工作。在具体工作任务的时间分配上，除上课等教学活动外，教师在行政工作等其他任务上也投入较长时间。

根据 OECD 公布的最新数据，超过 1/4 的澳大利亚教师每周工作超过 5 天，虽然一半受访者的正常工作时间少于一些人认为的"正常"工作周，但即使教师离开教室，工作也不会停止。其原因在于澳大利亚教师的工作时间不规律；有超过 30%的人在回家前额外在学校工作 10 小时以上，即使回家，仍有 20%的人继续额外工作超过 15 小时。从不同阶段来看，澳大利亚各教育阶段教师每周平均工作时长占比如表 11-7 所示。

表 11-7　澳大利亚各教育阶段教师每周平均工作时长占比[①]

类别		小学教师	中学教师	高中教师	特殊教育教师
平均每周工作时长及占比/%	45 小时及以下	17.4	22.2	19.0	28.3
	45.1～50 小时	31.1	25.4	27.0	28.3
	50.1～55 小时	23.2	22.8	21.1	24.5
	55.1～60 小时	15.5	18.5	17.9	10.4
	60 小时以上	12.9	11.1	15.0	8.5
平均每周工作时长/小时		52.8	52.3	53.2	51.0

从以上数据分析中不难看出，澳大利亚全职教师在学校方面的投入较大，特别是高中教师，其不仅要面临繁重的课业负担，还要面临升学的压力，在所有教

---

① OECD. Organization for Economic Co-operation and Development[EB/OL]. (2009-05-08). https://www.oecd.org/china/[2022-06-22].

师中每周工作时长超过 60 小时的教师比例显著高于其他阶段教师。

3. 工作负荷感知

教师的工作负荷感知对教师具有双重影响，即合适的压力对教师能够产生诸如集中注意力、激发斗志等积极影响，而过量的负荷感知则会对教师产生诸如职业倦怠等消极影响。据 OECD 的调查数据，从工作量的角度来看，澳大利亚教师对自身工作量的感知如表 11-8 所示。

表 11-8　澳大利亚教师对自身工作量的感知[①]　（单位：%）

问题及选项		小学教师	中学教师	总计
我的工作量是可控的	总是	20.6	24.1	21.7
	经常	57.9	57.5	57.9
	有时	18.9	15.8	17.6
	从不	2.7	2.6	2.8
我在家庭和工作之间能够取得很好的平衡	总是	27.7	28.7	27.5
	经常	51.4	52.3	52.1
	有时	17.4	15.5	16.8
	从不	3.5	3.4	3.6
我想离开教师行业	总是	27.2	24.4	26.0
	经常	39.8	40.8	40.4
	有时	22.7	23.8	23.0
	从不	10.3	11.0	10.7
我的工作量对我的健康产生了不利的影响	总是	14.1	13.0	13.6
	经常	50.5	49.5	50.3
	有时	25.3	25.6	25.2
	从不	10.1	11.9	10.9
你是否期待开学日	总是	4.0	6.6	5.3
	经常	35.0	44.9	39.4
	有时	41.7	37.0	39.4
	从不	19.2	11.5	15.9

从表 11-8 不难看出，教师对自己的工作负荷感知均处于较高水平，大部分

[①] Queensland Teachers' Union. Queensland teacher workload study: Final report to the Queensland Teachers' Union[EB/OL].（2018-12）. https://research. acer. edu. au/workforce/7/[2022-06-20].

教师对于自身职业压力能够有较为直观的感受，特别是对于教师这一职业出现了较为消极的感知。由表11-8可知，教师对于自己的工作负荷感知大多是从教师工作量出发的，他们在平衡家庭和工作之间的矛盾时并没有过大的负担，反而是在工作量问题上，大部分教师认为自己的工作量对健康产生了不利影响。

（二）澳大利亚教师工作强度的改革措施

学生的幸福与教育者的幸福是相互依存的，教师的工作强度与其职业幸福感息息相关。对澳大利亚中小学教师工作强度的一系列调查结果显示，澳大利亚中小学教师的工作强度偏大，工作内容复杂，工作时间较长，且教师对自我工作强度的感知较为明显、消极。因此，澳大利亚教育部门不断呼吁减轻教师工作压力，提高教师职业幸福感，为解决不同地区教师工作强度问题提出了相应政策，提出了关于缓解教师工作强度的建议。

1. 变革教师工作要求

澳大利亚教育部门对教师工作提出新的要求：①控制工作时间。针对中小学教师工作时间长并且非教学任务繁重的问题，维多利亚州推出了新的教师工作要求，合理和透明地在全州范围内对教师工作进行管理，以使教师认识到学校工作不断变化的性质，教师应有机会在合理的时间范围内履行其所有职责，并拥有公平、合理的条件。分配给教师的工作应在切实可行的范围内，学校为所有教师公平分配工作。每周安排给教师面对面教学的工作时长最多为30小时，以使教师承担与其班级或班级的教学计划直接相关的工作，其余8小时可用于其他活动（如会议、其他职责和午餐）。[①]为确定教师总体工作量的合理性，澳大利亚明确给出了各个阶段的教师在规定的38小时内所需要完成的工作内容，并对教师可能需要的工作和教师可能选择的工作进行了区分。在切实可行的范围内，维多利亚州提出应公平分配工作，且教师的工作不得不合理或过多，以使每个教师的付出相对保持一致。②限定工作范围。北领地地区发布了提高教师幸福感策略（Teacher Wellbeing Strategy 2019—2022）的政策，提出必须要减少教师的非教学工作量。政府通过对教师的咨询和调查，找出影响教师教学任务的非教学工作量，并采取措施调整工作内容。[②]

---

① Victorian Government. Work requirements—Teachers[EB/OL]. (2022-10-07). https://www2.education.vic.gov.au/pal/work-requirements-teachers/policy-and-guidelines/allocation-teacher-work[2022-06-22].

② Northern Territory Government. Teacher wellbeing strategy 2019–2022[EB/OL]. https://www.teachintheterritory.nt.gov.au/sites/default/files/uploads/files/teacher_wellbeing_strategy-2021_updated_with_sig-web.pdf[2022-06-22].

2. 变革学校工作结构

针对教师的工作结构，澳大利亚教育部门提出了以下调整措施：①增加工作人员。新南威尔士州教育部门开始招聘新的行政人员，由这些工作人员负责完成非教学任务，以保证教师工作量的减少。[1] ②改变工作管理方式。北领地地区提出要在学校探索新的管理方案，升级现有的家校沟通系统和学生管理系统，以实现减轻教师工作负担的目标。[2] ③控制班级规模。维多利亚州要求1～6年级每个班级的平均人数为26人，7～12年级的平均人数不得超过25人。[3]

3. 提高教师地位和待遇，增加教师福祉，增强教师工作满意度

教师是促进学生成就的最重要的校内因素，在支持学生在学校环境中的福祉方面发挥着重要作用。2019年，北领地地区发布了《提高教师幸福感策略》的政策，旨在提供有针对性的支持，以增强教师的健康和福祉。政府支持教师取得成功，在教学的头五年中，重点关注教师教学水平发展并加强其与大学之间的联系；通过减少行政工作量来优化教学时间，以增加教师专注于主要教学任务上的时间；提高教师的待遇和地位，这是对教师最大的减负，让教师能感觉到劳有所得、劳有所值。[4]

（三）澳大利亚教师工作强度的讨论与思考

通过对澳大利亚中小学教师工作强度的工作内容结构、工作时长分配与工作负荷感知三方面的分析，笔者发现澳大利亚教师的工作内容多样，教师在各类工作上投入的时间较多，对工作的负荷感知偏大。与国际平均水平相比，澳大利亚中小学教师感到压力的占比较高，与其高水平的工作强度息息相关。教师的本职工作并不轻松，如果再增加大量额外的非教学任务，会让教师的负荷过重、精神疲惫，无力讲好课及回应学生的反馈，进而缺乏职业幸福感，这对一个国家的教育事业是非常不利的，因此，中小学教师工作强度大、工作满意度不高的现状亟

---

[1] New South Wales Government. New support staff to lighten teacher workload[EB/OL].（2022-07-31）. https://education.nsw.gov.au/news/latest-news/new-support-staff-to-lighten-teacher-workload[2022-06-22].

[2] Northern Territory Government. Teacher wellbeing strategy 2019–2022[EB/OL].（2022-07-31）. https://www.teachintheterritory.nt.gov.au/sites/default/files/uploads/files/teacher_wellbeing_strategy-2021_updated_with_sig-web.pdf [2022-06-22].

[3] Victorian Government. Work requirements—Teachers[EB/OL].（2022-10-07）. https://www2.education.vic.gov.au/pal/work-requirements-teachers/policy-and-guidelines/allocation-teacher-work[2022-06-22].

[4] Victorian Government. Work requirements—Teachers[EB/OL].（2022-10-07）. https://www2.education.vic.gov.au/pal/work-requirements-teachers/policy-and-guidelines/allocation-teacher-work[2022-06-22].

须改变。澳大利亚政府提出的合理意见和建议应该引起重视，相关部门应予以采纳，在教师工作上，需还教育一片净土，让教师安静教书育人，专心投身于教育教学，不断提升教育教学效率，提升工作满意度。

三、日本中小学教师工作强度分析

随着日本社会环境的日益复杂化，日本学校教育面临许多新的变化和挑战，教师减负便是其中之一。日本文部科学省的"2016 年度日本教师工作实况调查"以及 OECD 的 TALIS 2018 等一系列调查显示，中小学教师工作强度过大、工作负担过重已成为日本不容忽视的严峻问题。对此，日本相关部门也在积极寻求对策。2017 年 6 月，日本文部科学省向中央教育审议会提交了关于改革学校工作方式的综合方案，同年 12 月发布了《学校工作方案改革的紧急对策》，随后继续推进，于 2019 年中央教育审议会总结了《关于为面向新时代的教育而建立可持续的学校指导和运营体制的学校工作方式改革综合方案》（以下简称《综合方案》），提出了切实为日本中小学教师减负的诸多对策。本部分从日本中小学教师工作的现实困境、改革措施以及减负逻辑三个方面分析日本在中小学教师减负上的一些举措和经验，以期对我国教育系统与教师工作的有效调整有所启发，促进教育教学质量稳步提升。

（一）日本中小学教师工作的现实困境

随着社会的发展，人们对学生的要求逐步提高，相应地，教师的工作量也在逐步增大，这导致日本中小学教师出现了工作强度不断提高、非教学时间占比高，进而导致教师职业认同感低等一系列问题。这些问题不但影响着教师的身心健康，也不利于教育质量的提升。

1. 教师工作强度大

TALIS 2018 显示，事务繁忙是日本中小学教师工作压力的主要来源。[1]一方面，日本中小学教师工作时间长。参与 TALIS 2018 的 48 个国家和地区（以下简称参加国）的中学教师每周平均工作时间为 38.3 小时，而日本中学和小学教师的每周工作时间分别为 56.0 小时和 54.4 小时，远远高于参加国的平均水平，位居所有参加国首位。另一方面，日本中小学教师工作事务繁杂，2017 年，日本

---

[1] 国立教育政策研究所. OECD 国际教员指导環境調査（TALIS）2018 報告書—学び続ける教員と校長-のポイント[EB/OL].（2019-06-19）. https://www.nier.go.jp/kokusai/talis/pdf/talis2018_points.pdf[2022-11-15].

国立教育政策研究所发布的《关于教师配置与管理的调查研究报告书》显示，与其他国家的教师相比，日本教师所负责的工作范围更加广泛且边界更模糊，比其他国家的教师需要承担更多学校运营等非教学工作[①]，大大增大了教师的工作强度。教师工作强度的直接表现就是教师压力，2016年日本教师工作实况调查显示，日本中学和小学教师的K6（评价精神心理压力的简便标准，5以上即为高压力状态）平均值分别为5.69和5.49，普遍处于较强的工作压力之下。[②]

2. 非教学时间占比高

虽然日本中小学教师工作时间居于TALIS 2018参加国首位，但其教学时间却与参加国平均水平持平。TALIS 2018中的教师非教学工作变量包括在学校内外进行授课的计划和准备、在学校内与同事进行交流、成绩处理和作业批改、与学生交谈、参与学校运营、处理一般工作、参加专业发展培训、与监护人沟通、指导学生的课外活动和其他工作。[③]日本小学和中学教师每周在上述非教学工作中花费的时间分别为31.4小时和38.0小时（如表11-9所示），在其每周总工作时间中所占的比例分别为57.7%和67.8%，远远高于所有参加国的非教学时间的平均占比（47.0%），由此可见日本中小学教师的非教学工作之繁杂。在上述非教学工作中，教师花费在成绩处理和作业批改等学生指导工作上的时间与参加国平均水平持平，但参与学校运营等学校事务与课外活动指导的时间高于参加国平均水平，而参加专业发展培训等用于自身发展的时间却低于参加国平均水平。由此可见，日本中小学教师的非教学时间不仅占比高，且时间分配极不均衡。虽然一些非教学工作卓有成效，极大地促进了学生以及日本教育的发展，但这些成效却是以教师加班完成超额工作任务为代价的，给教师带来了极大的工作负担与心理压力。

表11-9　日本中小学教师及参加国在非教学活动上的平均工作时间（单位：小时）

项目	日本小学教师	日本中学教师	参加国平均值（中学）
在学校内外进行授课的计划和准备	8.6	8.5	6.8
在学校内与同事进行交流	4.1	3.6	2.8

---

① 大杉昭英．学校組織全体の総合力を高める　教職員配置とマネジメントに関する調査研究報告書[EB/OL]．(2017-03)．https://www.nier.go.jp/05_kenkyu_seika/pdf_seika/h28a/kyosyoku-1-8a.pdf[2022-08-29]．
② 文部科学省．教員勤務実態調査（平成28年度）の分析結果及び確定値の公表について（概要）[EB/OL]．(2018-09-27)．https://www.mext.go.jp/component/a_menu/education/detail/__icsFiles/afieldfile/2018/09/27/1409224_004_3.pdf[2022-08-29]．
③ 孙雪莲．日本义务教育学校教师非教学工作时间研究[D]．上海：上海师范大学，2022．

续表

项目	日本小学教师	日本中学教师	参加国平均值（中学）
成绩处理和作业批改	4.9	4.4	4.5
与学生交谈	1.3	2.3	2.4
参与学校运营	3.2	2.9	1.6
处理一般工作	5.2	5.6	2.7
参加专业发展培训	0.7	0.6	2.0
与监护人沟通	1.2	1.2	1.6
指导学生的课外活动	0.6	7.5	1.9
其他工作	2.0	2.8	2.1
总计	31.4	38.0	18.0

3. 教师职业认同感低

TALIS 2018 显示，日本中小学教师具有较低的职业认同感。首先，从日本中小学教师的任职动机来看，选择"安定的职业""稳定收入"等外在动机的日本中小学教师比例普遍高于参加国的平均值，而选择"为社会作贡献""帮助弱者"等内在动机的中小学教师比例则明显低于参加国平均值，由此可见，比起其他国家，日本中小学教师的工作动机被外在动机支配的比例更高。其次，从日本中小学教师的工作满意度来看，日本的教师职业满意度在参加国中处于较低水平，为 81.8%（参加国平均水平为 90.2%），仅高于英国与南非。在对工作满意度的其他提问中，如"如果重新选择职业是否还会选择教师"，给予肯定回答的中学教师比例为 54.9%，远远低于参加国的平均水平（75.8%）。最后，日本中小学教师的自我效能感较低。教师的自我效能感在工作满意度与职业认同之间有明显的中介作用，三者息息相关。[1]日本教师对自己的能力缺乏自信，在有关中小学教师自我效能感的调查项目中，回答"做得非常好"和"做得比较好的"比例均低于参加国的平均水平，比如，认为自己"能帮助学生找到学习的价值"的中小学教师的比例分别为 33.9%和 41.4%，远低于参加国平均水平（82.8%）。日本中小学教师的低工作满意度与低自我效能感导致教师有较低的职业认同感，这难免导致教师工作动力不足以及教学质量下降。

---

[1] 吕立杰，刘新，王萍萍. 实习教师自我效能与职业认同的相关性研究[J]. 高教探索，2016（11）：111-116.

（二）日本中小学教师工作的改革措施

日本中小学教师工作强度过大、工作负担过重引发了一系列教育问题，也给教师的心理健康带来了极大的挑战，因心理健康问题而离职的教师人数逐年增加。[①]因此，一直以来，日本相关部门高度重视教师的减负工作，从控制教师工作时间、明确教师工作内容、改革学校管理结构等方面不断改善教师工作环境，切实减轻教师的工作负担。

1. 控制教师工作时间

在日本教师减负过程中，无论是策略制定、过程监控还是结果评价，均围绕工作时间主题展开。[②]考虑到教师职业的专业性、职务特征以及"超勤四项"（即学生实习相关业务、学校活动相关业务、员工会议、因灾害等的紧急措施）以外的工作时间长的实际情况，2019年，日本文部科学省颁布了《关于公立学校教师工作时间上限的指导方针》（以下简称《指导方针》），提出"在校等时间"是管理教师工作时间的重要指标，要充分把握教师的工作时间。[③]在校等时间包括两部分：一部分是教师在学校内的工作时间，休息时间、工作时间外的教师自我提升时间不包括在内；另一部分是教师在校外参加的进修与带领学生进行校外活动的工作时间。《指导方针》规定，一般情况下，教师的在校等时间减去条例规定的工作时间，即教师的加班时间，每月不得超过45小时，每年不得超过360小时。由此相关单位便可以采用信息技术，对教师的工作时长进行可视化管理，避免教师过度加班的情况出现。此外，考虑到由于教师工作具有周期性的繁忙期与轻松期，日本公立学校教师暑期工作时间逐渐短于学期期间的工作时间，为使两者保持平衡，2019年10月18日，日本内阁召开会议，通过了《公立义务教育学校教师工资特别法》修正案，根据该修正案，除减少学期期间的工作量外，地方公共团体可根据实际情况在公立学校规定中选择性加入"灵活工作时间制"，使教师可以通过暑期集中休假等方式调整假期以确保休假时长。[④]也就是说，为保证繁忙期工作如期完成，可在不超过加班上限的前提下，适当增加工作时长，同时缩短轻松期的不必要工作时长。这样一来，中小学教师的工作时间越

---

① 文部科学省. 令和元年度学校教员统计调查（确定值）の公表について[EB/OL].（2021-03-25）. https://www.mext.go.jp/content/20210324-mxt_chousa01-000011646_1.pdf.
② 吴璇，王宏方. 日本中小学教师的时间减负困境及治理[J]. 上海教育科研，2021（10）：36-40.
③ 文部科学省. 公立学校の教师の勤务时间の上限に関するガイドライン[EB/OL].（2019-01-25）. https://www.mext.go.jp/component/a_menu/education/detail/__icsFiles/afieldfile/2019/01/25/1413004_1.pdf[2022-09-05].
④ 蒋楚言. 日本内阁通过《公立义务教育学校教师工资特别法》修正案[J]. 世界教育信息，2019，32（24）：75.

来越可视化、可调节,增加了教师工作强度的可控性。

2. 明确教师工作内容

要减轻教师的工作负担,不能单纯控制教师工作时间,还要对教师的工作内容进行界定,明确教师的工作范围,以避免无界限工作导致的过度加班。除教师本职的教学工作以外,日本中小学教师还要承担大量的非教学工作,针对日本中小学教师占比较大的非教学工作,2019年1月,日本中央教育审议会发布的《综合方案》按照权责主体的不同,明确对学校中的代表性的14种非教学工作进行了分类[①],通过对非教学工作的分类与权责主体的明确,进一步界定教师的工作范围。

《综合方案》将14种非教学工作分成了三类:第一类是应由校外主体承担的业务,分别为学生上下学引导、放学后到晚上的校园巡视、各类费用的征收、与地方保持联络。这类业务有明显的公共性,比如,社会治安的一般责任为管辖该地区的公共团体,所以应将这类安全工作积极地向警察、地区志愿者等教师、学校以外的主体转移,同时还要明确监护人的责任。第二类是应由学校承担而并不一定是由教师负责的业务,分别为调查统计回答、学生休息时间应对、校内清扫、社团活动。这类活动有明显的繁杂与偏离教学的特点,特别是社团活动的指导,大大加大了日本中学教师的工作负担,对于这类工作,《综合方案》建议学校承担起相应责任,同时积极联系社区志愿者与社会公共团体,推进社区与学校的合作,以实现这类工作的顺利完成。第三类是能减少的教师的本职工作,分别为供餐应对、课前准备、学习评价与成绩处理、校园活动的准备与组织、就业指导、学生及家庭援助。这类任务与学生的学习生活息息相关,是应由教师负责的任务,但学校或社会应采取相应措施对教师工作进行援助,以减轻教师的工作负担。例如,虽然"学习评价与成绩处理"是伴随着教学任务而产生的教师本职工作,但在与该工作相关的任务中,如确认作业的提交情况、简单的习题辅导等工作,可以邀请学校辅助工作人员积极参与,同时教育委员会也应完善ICT(Information and Communications Technology,信息与通信技术)环境与办公设备,以提高教师的工作效率并减轻教师的事务性工作负担。

3. 改革学校管理结构

关于学校的管理方式,2015年12月,日本中央教育审议会就在《关于团队

---

① 中央教育审议会. 新しい時代の教育に向けた持続可能な学校指導・運営体制の構築のための学校における働き方改革に関する総合的な方策について[EB/OL]. (2019-01-25). https://www.mext.go.jp/component/b_menu/shingi/toushin/__icsFiles/afieldfile/2019/03/08/1412993_1_1.pdf[2022-09-05].

学校的应有形态与今后的完善方案》中提出了建设团队学校，从而更好地为教师减负。①2019年，日本中央教育审议会在《综合方案》中再次表明，构建团队学校才能更好地保障上述对教师工作时间与内容的规划的落地实施。

日本中央教育审议会提出，团队学校应按以下三种思路进行构建：第一是在横向上构建专业化的团队结构。学校要想解决复杂多样的实际问题，必须在校长的领导与监督下，建立教师的团队工作体制，在此基础上，设置实习助手、技术职员、宿舍管理人员、心理指导者、社团活动指导者、医护人员等具有多种职业专长的职员岗位，使教职员与专业人员发挥自己的专长，构建能最大限度地发挥团队学校的综合能力、教育能力的学校体制。第二是纵向地强化学校的管理职能，校长发挥领导作用，副校长、主干教师、教头等同为管理者，强化教师与专职人员的事务体制，在此基础上加强与家庭、社会的合作，发挥团队学校的管理优势。第三是营造优良环境以发挥每一位教师的能力。以推进教师的能力培养、完善教师表彰制度为基础，进而精简教师的业务环境、重视教师的心理辅导等，这一系列过程都离不开教育委员会、学校等主体的合作与支持。以上三条思路横纵贯通，共同为以教师减负为目的的团队学校的构建提供了发展空间。

（三）日本中小学教师工作的减负逻辑

日本教师工作强度过大、工作负担过重问题由来已久，日本相关部门为此也相继提出了诸多对策，以改善日本中小学教师的工作负担。日本相关部门的诸多对策中体现了为中小学教师减负的内在逻辑，即在教师内部，切实减轻教师工作负担；在教师外部，学校、家庭、社会等多主体通力合作、内外交互，从而实现教师减负与教育增质的双向发展。

1. 在教师内部，切实减轻教师工作负担

从教师主体内部来看，由于过大的工作强度，教师承受着心理和生理的双重负担，因此对于教师主体内部的减负，也必定要从生理压力和心理压力缓解两个方面进行。日本中央教育审议会以明确形式对日本中小学教师的工作时间与工作范围进行了界定，从而实现教师减负工作的可视化控制与制度化管理，这是减轻教师负担的最切实策略。为配合对教师工作时间与范围的控制，就必须从教师主体的工作内部对教师"减掉的负担"重新进行主体权责分配，即增加学校专门人

---

① 中央教育審議会. チームとしての学校の在り方と今後の改善方策について[EB/OL]. (2015-12-21). https://www.mext.go.jp/b_menu/shingi/chukyo/chukyo0/toushin/__icsFiles/afieldfile/2016/02/05/1365657_00.pdf[2022-09-10].

才的供给，如设立专门行政人员管理学校事务、设立心理指导者负责学生心理疏导、设立社团活动指导者负责指导学校社团活动、设立社会福利工作者负责学生的生活贫困问题等，切实减轻教师的工作负担。工作负担的缓解固然能缓解教师的心理负担，但由于减负的时效性问题，还需在缓解教师的心理压力方面采取措施，日本文部科学省和厚生劳动省在这方面积极行动，设立教师心理咨询栏目与专业医师指导，同时每年度开展教师心理压力测试，进行及时干预与治疗，以保证教师的心理健康，实现对教师的全方位关怀，以提升教师的工作满意度与主体生命幸福感。

2. 在教师外部，多主体通力合作

在进行教师工作减负的改革过程中，日本政府及教育部门一直强调政府、教育委员会、学校、社区、家庭的通力合作，这也是保证改革能够顺利落地实施的措施之一。在政策制定与推进上，由日本文部科学省和中央教育审议会合作发布顶层指导报告，再推广到各个都道府县及其教育委员会，各级教育委员会积极根据各地实际情况制定相应策略以指导学校推进教师减负改革工作，由此改革工作得以层层推进，在以政府为主导、发挥各地主体性的格局下落地实施。在政策实施上，学校、社区和家庭逐渐成为不可分割的整体。在以往的日本中小学教师工作模式下，长久的无边界、无限定的教师工作使得传统的"献身型"教师形象根深蒂固[1]，而当前教师工作改革倡导社会公共团体与家庭等积极承担起育人责任，多方主体合作共同确保学生的安全问题、学习问题、心理问题等，构建常态化的交流沟通渠道，促进教师、家庭、学校、社会间的相互理解与认同，促进教育正向发展。

3. 内外交互实现双向发展

教师工作强度是影响教师职业满意度和教育教学质量的重要因素，工作强度过大会直接影响教师的职业满意度与身心健康，进而影响其教育教学质量。因此，教师减负的出发点便是提升教师的职业满意度与教育教学质量。对于教师而言，工作强度的降低在一定程度上意味着教师主体地位的回归与自我效能感的提升[2]，在此基础上，教师得以更完全地发挥自身的教育能力，回归其教书育人的天然本职工作，有利于教师的专业发展与教师职业满意度的提升。对于校外主体

---

[1] 白旗希实子，石井美和，荒井英治郎. 学校教師の業務に対する負担感と委託に関する意識—アンケート調査の分析から—[J]. 教職研究，2021（12）：1-15.
[2] 赵薇. 基于自我效能的中学教师工作压力与职业倦怠研究[D]. 秦皇岛：燕山大学，2012.

而言，教育作为拥有多重社会价值的存在，必然也需要社会多重主体的参与，而学校以外的主体想要真正参与到学校教育活动中来，必须摒弃"走过场"的形式主义，而是请专业人员入驻校园，以提高校外各主体对教育的参与度，以及提高校内教育活动的专业度与丰富性。综上，通过教师主体内部减负与校外主体的多元参与，既能促进教师职业满意度的提升与主体性的回归，又能提高校外主体对教育的参与度，二者交互，共同实现学校教育管理的稳定结构与教育质量的稳步提升。

四、比较与反思

通过对上述三个国家的中小学教师工作强度的分析与讨论，可以得出当前国际上普遍存在教师工作强度的非教学工作任务重、工作时间长等共性问题，也能发现特定社会背景与时代背景下中国在教师工作强度方面存在的个性问题。国别间共性问题的比较和对个性问题的反思，可以为我国教师工作强度的缓解与教师队伍的建设提供国际借鉴。

（一）教师工作结构之调整

根据本研究的调查结果，中国中小学教师每周的平均工作时间为 45.5 小时，与英国的 49.5 小时、澳大利亚的 52.8 小时、日本的 55.2 小时相比，我国中小学教师工作时间相对处于较低水平，减负工作初步取得成效。但是根据结构功能主义的观点，教师工作结构水平直接关系到教师的工作强度，只有构建合理的教师工作结构，才能切实减轻教师的工作负担。一直以来，各国教师的工作内容与工作时间的结构不合理，由此导致的教师工作强度过大等问题层出不穷，我国也不例外。从教师工作强度的调查结果来看，我国中小学教师每周直接用于上课与备课的平均时间为 14.9 小时，占全部工作时长的 32.74%，远远低于日本的 47.32%，除教学工作以外，教师认为工作强度较大的非教学工作就是备检迎检，有 45.3% 的教师认为备检迎检是强度较大的工作，此类非教学工作已经给教师带来了极大负担，由此可见中国教师工作结构之不平衡。

基于此，我国应在教师工作的时间和内容结构上进行调整，回归教师的育人天职。在保证教师工作质量的同时，应尽可能地缩短工作时间、精简工作内容，并在此基础上使教师的工作重心转移到上课备课、教书育人等教学工作方面，在促进学生发展的同时也要寻求自身知识与能力的发展；同时要为教师减少"能减掉"的非教学工作，在学校的安全管理与疫情防控等诸如此类的日常和行政事务等工作上，应寻求社会公共机构的帮助，让"专业的人干专业的事"，减轻备检迎检、各种会议等给教师带来的过重、不必要的工作负担。以此优化教师的工作结构要素，重新建立各个工作要素间的层级关系，建构一个合理的教师工作结构系统，为减轻教师工作强度提供强有力的支持系统。

（二）教师专业培训之反思

2018年，习近平总书记在北京大学师生座谈会上发表讲话时指出："建设社会主义现代化强国，需要一大批各方面各领域的优秀人才。这对我们教师队伍能力和水平提出了新的更高的要求。同样，随着信息化不断发展，知识获取方式和传授方式、教和学关系都发生了革命性变化。这也对教师队伍能力和水平提出了新的更高的要求。"[1]要建设高素质的教师队伍，需要进一步推动教师的培训工作。纵观各国教师教育发展可以看出，世界各国都非常重视教师的职前、职后培训，各个国家都通过立法来保证中小学教师培训的规范化和制度化，使中小学教师的职前、职后发展得到充分保障。以日本为例，《教育基本法》《学校教育法》等综合性法规中强调了教师培训的重要性，并规定将提升教师的基本素质和职业素养作为教师培训的主要内容，还出台了"新任教师研修制度""海外教育情况实地考察制度""各学科教学指导研究进修制度""学校管理工作研究进修体制"等，以有效指导教师培训。[2]我国同样也陆续颁布了多个教师培训相关政策。例如，1999年的《中小学教师继续教育规定》要求，中小学教师每五年累计完成不少于240学时的岗位培训，新入职教师培训时间应不少于120学时；2011年的《教育部关于大力加强中小学教师培训工作的意见》进一步提出"以提高教师师德素养和业务水平为核心，以提升培训质量为主线，以农村教师为重点，开展中小学教师全员培训，努力构建开放灵活的教师终身学习体系"的总要求。[3]

我国虽然已经建立了较为完备的教师培训政策体系，但是在实际的教师培训实践中仍存在一些问题。根据教师工作强度的调查结果，有54.9%的中小学教师每学期用于专业培训的时间在5天以内。由此可见，当前我国的教师培训现状与理想状况仍存在一定差距。基于此，相关教育部门仍需通力合作以促进教师培训的发展。首先，国家和相关教育部门应大力提供相关资源，支持教师职前与职后

---

[1] 习近平. 习近平：在北京大学师生座谈会上的讲话[EB/OL].（2018-05-03）. http://news.cnr.cn/native/gd/20180503/t20180503_524220110.shtml[2022-11-07].

[2] 关松林. 发达国家中小学教师培训的经验与启示——以美国、英国、日本为例[J]. 教育研究，2015，36（12）：124-128.

[3] 李瑾瑜，史俊龙. 我国中小学教师培训政策演进及创新趋势[J]. 西北师大学报（社会科学版），2012（5）：83-89.

培训的规范、有序进行；其次，学校应当积极调整教师工作安排，为教师预留参加专业培训的时间；最后，教师自身也应树立正确的理念，不应将培训看作"工作负担"，而是视其为减轻工作负担的工具，自主自觉参加教师培训相关工作，以实现教师自身的专业成长。

（三）教师工作满意度之提升

教师工作强度将直接影响教师职业满意度，教师职业满意度不仅关系到教师自身的身心健康，还关系到学生的健康成长、学校的教育质量乃至社会发展和进步。因此，教师减负的出发点就是提升教师的工作满意度与教育教学质量。通过前述研究可知，上述各国均存在教师工作满意度不高，从而导致教师队伍不稳定以及职业认同感降低等问题。本次关于教师工作强度的调查中，通过"教师是否愿意投入时间和精力来完成教学与非教学工作，在过程中是否能够获得幸福感与满足感"这一题项来调查教师的工作投入意愿，采用利克特 5 点计分，结果显示教师投入意愿的均值为 3.2，处于中等水平，由此可见教师的工作投入意愿不甚乐观。

因此，提升教师的工作满意度已成为当务之急，前述各国也从降低教师工作强度、统筹教育资源等方面积极采取措施，以期提升教师的工作满意度。基于我国现状与国际经验，要提升教师的工作满意度，首先要在教师工作内部进行职责简化，学校和社会方面应统筹资源以协同教师工作，减轻教师的繁杂工作任务，以解决由此导致的工作满意度降低的问题。其次，本次调查显示，与中高等收入的教师相比，低收入教师的工作投入意愿明显偏低，因此，应为教师提供良好的福利保障，不仅应包括现金奖励，还应包括物质、精神及带薪休假等方面的待遇，以满足教师的合理物质需求，保障教师的付出与回报成正比。通过对教师的工作以及生活进行适当支持，以期提升教师的工作满意度，提升我国的教育教学质量。

第十二章
教师工作强度影响因素探究

工作强度不仅会影响教师个人的身心健康及工作绩效，而且与整个教育事业息息相关。本章研究采用根据扎根理论分析编制的测量工具来探究来自社会（社会期待、教育改革、职业标准、专业精神）、学校（学校制度、领导管理、职责规定、办公条件、学校平台）、教师个人（价值追求、个人发展）、学生（师生关系、家校关系）四个方面的因素对教师工作强度的影响，以进一步丰富教师发展的相关研究，并为减轻教师工作强度提供实践指导。本章研究对掌握中小学教师工作状况，提升教师队伍建设水平，进而提高教育质量等均有重要意义。

一、"社"源性维度探究

"社"源性维度是指来自社会方面的因素对教师工作强度的影响,主要体现在社会期待、教育改革、职业标准和专业精神四个方面。

(一)社会期待

荀子曰:"国将兴,必贵师而重傅。"[①]教师作为宏观社会背景下不可或缺的角色之一,其重要性不言而喻。"辛勤的园丁""朋友和知己""春蚕到死丝方尽,蜡炬成灰泪始干""捧着一颗心来,不带半根草去"等描述充分表达着社会对教师的道德期望和职责期望。如表12-1所示,有48 874名教师参与本次调查,其中有43.80%的教师认为"社会大众对教师工作抱有很高期待和要求"比较符合及完全符合情况。

表12-1 教师对题项"社会大众对教师工作抱有很高期待和要求"的回答及占比

类别	人数/人	百分比/%
完全不符合	5 670	11.60
比较不符合	10 426	21.33
不确定	11 374	23.27
比较符合	15 173	31.05
完全符合	6 231	12.75
总计	48 874	100.00

1. 道德期望

学生正处于发展阶段,具有极强的可塑性,教师的言行会潜移默化地对学生产生影响,因此社会对教师的道德水平提出了较高要求,希望教师为人师表、成为社会楷模。《中华人民共和国教育法》《中华人民共和国教师法》《中小学教师职业道德规范》《国务院关于加强教师队伍建设的意见》《关于加强和改进新时代师德师风建设的意见》等法律法规和政策均对教师的道德要求做出了规定。但是在具体实践中,由于受到道德传统、教师职业的身份特殊性以及教师工作的场域特性等因素的影响,社会大众往往以"完人"的标准要求教师。"燃烧自己照亮别人"、"深夜灯光下的身影"、无私奉献等过高的道德要求增大了教师的心理压力,影响着教师对工作强度的感知。

---

① 王先谦. 荀子集解[M]. 北京:中华书局,1988:511.

2. 职责期望

教师职业具有很强的社会性，教师不仅是学校教育教学工作者，也是沟通社会和学校的重要桥梁与纽带。因此，教师作为一种社会角色，其职责分配在一定程度上会受到社会要求的影响。2019年底，新冠疫情蔓延全国，习近平总书记在指导疫情防控工作时强调要"紧紧依靠人民群众坚决打赢疫情防控阻击战"[①]。教师群体作为人民群众中的重要力量，在关键时刻彰显了教师本色，不负使命担当。在疫情防控的特殊时期，学生的正常生活被打乱，其心理问题备受关注，因此教师通过线上会议、电话沟通等形式紧密关注学生的情绪，开展有针对性的心理帮助；为了筑牢疫情防控的校园屏障，教师组织核酸检测、扫码测温、信息统计等工作。面对突发公共事件，教师承担了更多的社会责任，这在一定程度上增大了教师的工作强度。

（二）教育改革

教育改革是教师不得不面对的问题。对于教师来说，教育改革意味着教学内容、教学方法的调整，也可能意味着工作方式、思维习惯的改变。不论是哪种情况，教育改革都会成为影响教师工作强度的重要因素。

1. 课程改革

2001年，基础教育课程改革启动，对教师的课程能力提出了新的要求。2022年秋季新学期，《义务教育课程方案和课程标准（2022年版）》在全国中小学正式启用。新版课程标准再次强调培养"有理想、有本领、有担当"的育人目标，课程设置、学段衔接、课程内容结构等得到进一步优化，核心素养、大观念大概念以及教学评一致化、一体化等成为未来义务教育发展的大方向。理解和研读好新课标是教师上好课、教好学生的基础。随着新课程改革的继续深入以及新课标的颁布，教师能力的转变已成为一种必然，教师除了需要具备丰富的知识素养外，还需要具备反思、研究能力。这就要求教师接受相关理论指导和专业训练，如参与课程决策和开发、教学观摩活动等。如此一来，教师的工作强度自然会增大。

2. 新高考改革

2014年9月，《国务院关于深化考试招生制度改革的实施意见》发布，标志

[①] 新华社. 习近平：紧紧依靠人民群众坚决打赢疫情防控阻击战[EB/OL].（2020-01-27）. http://www.gov.cn/xinwen/2020-01/27/content_5472513.htm[2022-11-18].

着新一轮考试招生制度改革全面启动，而高中教师作为教育活动的组织者和实现者①，需要对其教育工作进行新的规划，从而适应新高考改革。例如，在多样化选课走班方面，由于学生发展兴趣和方向的差异，高中课程会产生多种形式的选课组合，这会导致教师工作量的结构性差异，使教师工作面临较大的挑战，增大了高中教师的工作强度。

3."双减"政策

2021年7月，中共中央办公厅、国务院办公厅印发了《关于进一步减轻义务教育阶段学生作业负担和校外培训负担的意见》，要求学校"合理调控作业结构""分类明确作业总量"②。由此可见，国家对于减轻学生作业负担高度重视，但是，中考、高考等选拔性考试依旧存在，大多数教师和家长存在减轻作业负担会影响学生成绩的忧虑，这就要求教师增大工作强度，花费更多时间认真研究教学内容，加强教学能力，提高自身的专业性，提升课堂教学的有效性③，从而使学生在课堂上就能掌握基本知识并灵活运用，达到真正意义上的理解。

"双减"政策除了要求学校减轻作业负担外，还要求学校开展课后服务。课后服务指在每周一至周五，学校每天至少开展两小时的课后服务，而提供课后服务的教师工作时间由之前的下午三点半到四点延长至下午五点半到六点，因此，课后服务使教师工作时间延长，工作强度增大。同时，"双减"政策要求教师在课后服务中能够发挥自我创造性，为学生提供多样的兴趣小组和社团活动，这使得教师除了基本的上课、批改作业等教学活动外，还得花时间开发具有创造性的兴趣活动，这也在一定程度上增大了教师的工作强度。

4. 教师减负政策

针对教师负担过重的问题，2019年12月，中共中央办公厅、国务院办公厅印发《关于减轻中小学教师负担进一步营造教育教学良好环境的若干意见》，就减轻中小学教师负担提出了20条意见，引起了社会强烈反响和地方广泛响应。④

---

① 国务院. 国务院关于深化考试招生制度改革的实施意见[N]. 人民日报, 2014-09-05（006）.
② 中共中央办公厅, 国务院办公厅. 中共中央办公厅 国务院办公厅印发《关于进一步减轻义务教育阶段学生作业负担和校外培训负担的意见》[EB/OL].（2021-07-24）. http://www.moe.gov.cn/jyb_xwfb/gzdt_gzdt/s5987/202107/t20210724_546566.html[2022-05-20].
③ 周序, 郭羽菲. 减轻课后作业负担的关键在于提升课堂教学的有效性——"双减"政策引发的思考[J]. 四川师范大学学报（社会科学版）, 2022, 49（1）: 110-116.
④ 中共中央办公厅, 国务院办公厅. 中共中央办公厅 国务院办公厅印发《关于减轻中小学教师负担进一步营造教育教学良好环境的若干意见》[EB/OL].（2019-12-15）. http://www.moe.gov.cn/jyb_xxgk/moe_1777/moe_1778/201912/t20191215_412081.html[2022-05-20].

中小学教师减负政策关注的是上级部门名目多、频率高的检查，或者是多部门交叉布置的工作，或者是上级向教师摊派的"职责之外"的任务。教师减负政策的颁布在客观上将减少教师的工作量，为教师将时间用于研究教学工作提供了便利条件，为教师能够安心教书、潜心育人提供了保障；在主观上，有利于教师化解"工作"和"生活"之间的冲突，缓解教师的心理压力，从而减轻教师的工作强度。

（三）职业标准

2012 年，教育部下发《幼儿园教师专业标准（试行）》《小学教师专业标准（试行）》和《中学教师专业标准（试行）》。教师职业标准是国家对一名合格教师所提出的基本要求，也是教师应具备的专业素养，主要包括专业理念与师德、专业知识、专业能力三方面。如表 12-2 所示，本次调查中有 32.85% 的教师认为国家对教师工作提出的各种要求和职业标准是难以达到的。此外，还有 27.24% 的教师对此问题持不确定态度。

表 12-2　教师对题项"国家对教师工作提出的各种要求和职业标准是难以达到的"的回答及占比

类别	人数/人	百分比/%
完全不符合	6 338	12.97
比较不符合	13 165	26.94
不确定	13 316	27.24
比较符合	12 261	25.09
完全符合	3 794	7.76
总计	48 874	100.00

在专业理念与师德方面，当教师成为一名符合职业标准要求的合格教师时，其就能积极应对工作中出现的种种问题，缓解过高工作强度带来的焦虑和负担。但如果一名教师丧失了对教育事业的热爱，其在工作中就会带着消极情绪，自身感受到的工作强度也一定比别的教师要高。在专业知识方面，职业标准要求教师一方面不断学习教育知识、学科知识和学科教学知识，不断充实自己所拥有的"一桶水"；另一方面要求教师具备广博的知识，以适应社会瞬息万变的发展要求。教师的从教能力是其圆满完成本职工作所必备的专业本领。在专业能力方面，职业标准要求教师除了具有教学基本功外，还要在组织能力、人际交往能力

以及自我发展能力等方面多下功夫。职业标准提出的这些要求提醒教师时刻保持旺盛的求知欲和好学的心，自觉增大自己的工作强度，持续学习，终身学习。

（四）专业精神

中国职业规划师协会将性质相近的"工作"统称为"职业"，职业使个人能够服务社会并且获得主要生活来源。"专业"即专门职业的缩写，体现了职业的进一步分化。但目前关于"教师专业精神"一词并没有公认的定义。有关论述主要集中在以下几个方面：①将对教师专业精神的解读局限在教师职业道德范围内，认为教师专业精神是指从事教师职业所需要的特定道德品质。②认为教师专业精神是一种内生动力，是教师具有的独特情怀和价值追求，教师在专业精神的指引下对学生认真负责，对教育事业充满热情，不断充实自己。

综合以上看法，可以得出社会对理想教师专业精神的要求：①专门性：教师工作面对的对象是独立但又不成熟的个体，不能仅凭体力或普通知识就能完成工作任务，从事教师职业应接受专门的训练。②奉献性：对教师职业抱有高度热情，乐于为学生和教育事业做出贡献。③进步性：具有终身学习理念和创造精神。虽然至今没有关于教师专业精神的明确定义，但是国家、学校和教师本人都已经认识到具有专业精神是成功完成教育教学任务的重要条件。因此，对教师专业精神的要求无形中也影响着教师的工作强度。

根据表12-3，本次调查中，有34.76%的教师认为"践行像潜心教书育人、关心爱护学生、坚持言行雅正等教师行为准则，对我挑战很大"比较符合及完全符合情况。此外，还有19.67%的教师对此问题持不确定态度。

表12-3 教师对题项"践行像潜心教书育人、关心爱护学生、坚持言行雅正等教师行为准则，对我挑战很大"的回答及占比

类别	人数/人	百分比/%
完全不符合	7 843	16.05
比较不符合	14 429	29.52
不确定	9 612	19.67
比较符合	13 229	27.07
完全符合	3 761	7.69
总计	48 874	100.00

专门性在教师管理上最直接的反映就是要求教师参加各种职务培训和学历进修，这在客观上确实增大了教师的工作量，延长了教师的工作时间，但是当一名

教师有强烈的奉献精神和进步精神时，其主观体验到的工作强度并不大。这是因为，一方面，教师自愿全身心投入教育教学工作中，能够尽心尽职地开展教育活动；另一方面，当教师能认识到教学中的压力是现实存在的、不可避免的，自己可以通过提高自身专业能力以迎接挑战，并通过问题的解决来获得成就感时，其就能够修正自身对工作不合理的评价，从而有助于减轻工作压力。

二、"校"源性维度探究

"校"源性维度是指来自学校内部的因素对教师工作强度的影响，主要体现在学校制度、领导管理、职责规定、办公条件和学校平台等方面。

（一）学校制度

学校制度是指能够促进学校可持续发展的一套完整的制度体系，包括评价管理制度、教学研究制度等，这些制度对教师的工作进行了多方面的规定，从而影响教师的工作强度。评价管理制度一方面表现在对学生的评价上，其主要问题集中于"唯考试论"上，教师为了学生考试成绩的提高、班级排名的进步，不得不加大自己的工作量，增大个人的工作强度；另一方面表现在对教师的评价上，如教师的职称评定。教师的职称评定与教师个人工资相挂钩，关乎到个人的生存质量，无形中增大了教师的工作压力，也促使教师为了更高层次的职称而加大个人的工作强度；另外，学校和家长不仅经常根据教师所在班级的成绩对教师进行评定，还对教师具有过高的期待，使教师面临沉重的压力。教学研究制度也影响着教师的工作强度，教学研究制度主要包括学校的教学研究计划、教学例会、教研活动等，教师需要参加相应的教师培训、进修等，且大多集中于周末、节假日等非工作时间，过多占用了教师的个人时间。虽然教学研究制度的目的是促进教师科研能力的提升，但如果过多占用教师的个人时间，教师就会感到工作强度较大。根据表12-4，有44.10%的教师认为"在单位总会感到一种过度竞争和内卷的氛围"比较符合及完全符合情况。此外，还有25.07%的教师对此问题持不确定态度。

表12-4 教师对题项"在单位总会感到一种过度竞争和内卷的氛围"的回答及占比

类别	人数/人	百分比/%
完全不符合	4 746	9.71
比较不符合	10 325	21.12

续表

类别	人数/人	百分比/%
不确定	12 253	25.07
比较符合	15 267	31.24
完全符合	6 283	12.86
总计	48 874	100.00

（二）领导管理

学校的领导管理氛围和领导管理机构是影响教师工作强度的重要因素。根据表12-5，有42.18%的教师认为"上班面对领导小心翼翼，还要思考复杂的人际关系"比较符合及完全符合情况，还有22.23%的教师对此问题持不确定态度。

表12-5　教师对题项"上班面对领导小心翼翼，还要思考复杂的人际关系"的回答及占比

类别	人数/人	百分比/%
完全不符合	5 808	11.88
比较不符合	11 586	23.71
不确定	10 867	22.23
比较符合	14 413	29.49
完全符合	6 200	12.69
总计	48 874	100.00

1. 领导管理氛围

一所学校的管理气氛是指这所学校被教师感知并影响其行为的与管理有关的一系列内部特征。在潘孝富和孙银莲编制的中学管理气氛量表中，管理气氛分为制度健全、管理系统、人际领导、民主作风等方面。[1]在制度健全方面，学校的制度健全，有基本的制度支撑，教师处理学校事务有章可循，能够照章办事，将会减轻教师的工作强度。在管理系统方面，学校管理系统性强，具有明确的目标，处理事务具有一定的程序，学校内部人员权责分明，不同职位的人员能做好自己的工作，则会使教师工作强度相对较小；如果学校管理系统性低，处理事务杂乱无章，教师内部权责不明晰，则会导致部分教师不认真履行自己的职责，使其他教师帮其承担更多事务和职责的问题，这无疑会增大其他教师的工作强度。

---

[1] 潘孝富，孙银莲. 中学组织气氛量表的编制[J]. 湖南师范大学教育科学学报，2002（4）：123-126.

在人际领导方面，人际领导指的是学校领导处理事务的能力，学校领导善于处理人际关系，能够处理好和教师以及上级管理部门的关系，能够对教师的教学任务、活动组织等进行科学安排，并对教师工作进行相应指导，使一些缺乏教学和管理经验的教师顺利和高效地工作，这有助于缩减教师自我摸索的时间，从而减轻其工作强度。在民主作风方面，具有民主作风的领导更能够关心、体贴教师，为学校营造民主愉快的氛围，帮助教师解决教学和生活中的困难；相反，若领导不懂得体察民情，未能体会教师的辛苦，给教师布置较多教学之外的工作任务，则会加大教师的工作强度。

2. 领导管理机构

为了达到管理有序进行的目的，学校设置了多种机构，如家长委员会和学生会。家长委员会是通过家长推荐选举成立的学校议事组织机构，是家长代表的组织。[1]家长委员会作为沟通学校和家庭的纽带，在推进学校治理现代化方面扮演着重要的角色，在一定程度上影响着教师的工作强度。如果家长委员会的体系成熟、成员结构合理并且成员参与学校管理的积极性高，能够帮助教师分担一定的工作，形成家长学校共同治理的体系，就有助于减轻教师的工作强度。但是目前部分地区和学校的家长委员会形同虚设，家长参与管理的意识弱，积极性不高，甚至部分学校缺失家长委员会这一机构的设置，教师的工作缺少分担者，这就加大了教师的工作强度。学生会是中小学重要的学生自我治理组织，是沟通学校和学生的纽带，学生会的管理能力影响着教师的工作强度。目前大部分中小学学生会干部队伍不稳定，流动性大，学生的依赖性较高，自主能力缺乏，各部门之间的合作意识相对较差，这些问题使学生会无法高效完成工作，从而无法减轻教师的工作强度。

（三）职责规定

《中华人民共和国教师法》规定，我国学校与教师的关系是教师聘任制，因此教师的工作职责除了教书育人以外，还来源于其所属学校的规定。学校职责规定主要从强度、结构和边界三个方面影响着教师的工作强度。根据表12-6，有27.23%的教师认为"学校对于教师工作量的要求，让我感到难以胜任"比较符合及完全符合情况，还有26.01%的教师对此问题持不确定态度。

---

[1] 柳燕. 学校治理中家长委员会的建设[J]. 教学与管理, 2016（7）: 16-19.

表 12-6 教师对题项"学校对于教师工作量的要求,让我感到难以胜任"的回答及占比

类别	人数/人	百分比/%
完全不符合	7 609	15.57
比较不符合	15 242	31.19
不确定	12 713	26.01
比较符合	10 069	20.60
完全符合	3 241	6.63
总计	48 874	100.00

1. 职责强度

学校给教师安排的工作任务过多,会增大教师的工作强度。在教学工作方面,有的教师平均每天三四节课,再加上备课、批改作业、课后辅导,导致某些教师每天都要加班。在非教学工作方面,学校要求教师看管学生晨跑、自习,再加上会议多、培训多、检查多,教师可能每天都会感觉"事情多,没空闲"。另外,中小学教师还有一些隐形的工作职责,如下班后,教师需要思考学生管理问题、反思教学活动、梳理工作任务等,还常常需要处于"随时待命"状态。面对职责烦琐、非教学量偏高、闲暇时间较少等一系列问题,教师往往会认为工作强度较大。相反,如果学校为教师的教学工作"做减法",严格落实教育部出台的中小学教师减负政策,开展教师工作量测评工作,使学校对教师工作量的规定是适度的,那么教师的工作强度也将处于合理范围。

2. 职责结构

随着时代的发展,教育环境日益复杂,教师的职责也变得愈加繁杂,所以工作职责结构也影响着教师的工作强度。例如,与其他教师相比,班主任和承担行政职务的教师的工作强度较大。班主任通常要早于学生进校,晚于学生离校。除了这些多出来的加班时间外,在工作时间内,班主任也要比其他科任教师多一些额外工作来,如负责班级日常管理、安全教育、组织活动、与家长沟通等。另外,班主任多是主科教师,这些主要科目本身课时量就较大。繁重的教学任务和复杂的班级管理工作使得班主任的工作强度较大;而对于还额外承担行政职务的教师来说,近些年来许多与学校教育任务不相关的活动打着"×××进校园"的旗号,要求学校配合开展一系列工作,任意给学校和教师布置任务,从而增大了其工作强度。总之,繁重的教学工作已经让教师十分苦恼,更让教师疲惫的是非

教学任务的比重过大，职责结构不合理。教师认为最有意义、对学生发展最有价值的事情往往没有时间做，自己投入的很多是意义匮乏的杂事，这就会影响教师对自己工作状态的感知。相反，学校以育人作为重要的管理理念，注重教师工作安排的协调性和合理性，这样教师的工作强度就会有所减轻。

3. 职责边界

职责边界影响着教师的工作强度。日本学者佐藤学说："医生的工作是通过治愈一种疾病而告终，律师的工作是伴随着一个案件的结案而终结。教师的工作则并不是通过一个单元的教学就宣告结束。教师的工作无论在时间、空间上都具有连续不断地扩张的性质，具有'无边界'的特征。"[1]模糊的工作界限容易使教师的工作时间被不断延长，工作空间被无限扩大，工作负担被迫累积。现今人们倾向于把人才培养的大部分责任归到学校，那些原本属于家庭、属于社会的教育职责都压在了教师的身上，学校的功能和教师的职责面临着泛化的危险。忙碌的家长把孩子交给学校后便无暇顾及，教师的职责范围空前扩大。相反，当学校对教师的职责时间和职责量都做出明确的规定时，教师就能精确把握自身工作职责的重点，合理分配时间和精力，提高工作效率。当教师的工作强度在明确合理的范围内时，时间和权利也都掌握在教师自己手中，教师就会有足够的精力备课"充"电、提高专业技能、放松自己，教师的身心也会处于健康状态。

（四）办公条件

学校的办公环境为教师工作提供了空间和平台，给教学工作带来了便捷，也给师生营造了重要的资源环境。教师工作与办公环境相互依托，教育活动才能更好地发挥其积极作用，教师的教学工作也才能达到更好的效果。学校的硬件设施与软性环境都会对教师工作强度产生不同程度的影响。根据表 12-7，有 64.19% 的教师认为"学校的办公条件能够满足工作需求"比较符合及完全符合情况，还有 17.09% 的教师对此问题持不确定态度。

表 12-7 教师对题项"学校的办公条件能够满足工作需求"的回答及占比

类别	人数/人	百分比/%
完全不符合	2 286	4.68
比较不符合	6 863	14.04
不确定	8 352	17.09

---

[1] 〔日〕佐藤学. 课程与教师[M]. 钟启泉，译. 北京：教育科学出版社，2003：213.

续表

类别	人数/人	百分比/%
比较符合	23 901	48.90
完全符合	7 472	15.29
总计	48 874	100.00

1. 学校硬件设施

随着网络通信技术的迅速发展，网络技术在教学中的普遍应用深刻地影响着教师的教学与学生的学习，现代教育技术手段的运用使得教学活动打破了时间和空间的限制，将教学内容化静为动、生动形象，扩大了教学的功能，不仅可以使学生享受到良好的教育资源，也能提升教师的专业技能与信息素养。当前，高素质人才不可能通过原始落后的教学手段培养而成，因此摒弃传统封闭的教学思想，积极学习并不断提高业务水平是教师运用信息技术进行辅助教学的必备条件。但现实情况是，现代化的教学手段对于一些传统的教师来说仍是一种挑战，他们需要改变传统观念，参加各种专业培训以熟悉现代教学手段，因此给他们带来一定的额外负担。

另外，我国城乡二元经济结构导致城镇、乡村之间的经济发展仍存在一定差异，经济是教育发展的基础。我国农村地区由于自然条件、地理位置等因素的限制，发展相对缓慢，经济相对落后，教育资源相对匮乏，在体育设备、图书资料、信息技术等硬件建设方面落后于城市地区，所能享受到的资源有限，这无疑会给教师日常的教学工作带来不便。[1]比如，有部分乡村学校没有建立健全的信息管理系统，一有需要，教师就得反复去收集学生信息，各种信息无法做到一次采集多次使用，这体现了不完善的硬件设施为教师工作增加的隐性负担。另外，在如今的信息社会，对于乡村教师来说，如果没有多媒体等设备的辅助，正常的教学需求将无法得到满足，教师教得辛苦，学生也无法取得较好的学习效果，自然会使教师感受到更大的工作压力，增大了教师的工作强度。

2. 学校软性环境

学校软性环境包括学校的人际环境、文化环境等。学校软性环境的建设和改善是实施健康教育的关键，也是促进学生身心健康发展的重要途径，会在一定程度上影响教师的工作强度。在学校，教师随时处于与学生、同事沟通交流的过程

---

[1] 周斌，李磊. 现代化建设背景下农村教育资源配置使用效率问题与对策研究[J]. 农业经济，2021（12）：105-106.

中，学生对教师细微的关心与问候，同事之间的互帮互助等，都会让教师感受到温暖，从而使教师以更好的心态面对教学中出现的问题。所以，融洽和谐的关系氛围会使教师在日常工作中感到轻松和愉悦，也会适当减少教师的负面情绪和工作压力，提高教师工作的积极性与主动性。然而，有些学校不注重软性环境建设，只强调学生的学习成绩，这就会造成教师之间相互攀比，生怕对方的教学成绩超过自己，同事之间无法做到和睦相处、平等交流，这样压抑的人际环境会增加教师焦虑、烦躁的情绪和工作强度。在文化环境方面，每个学校都有其独具特色的文化建设，清新的校园文化氛围会潜移默化地影响教师的工作状态。教师是学校教学活动的主导者，如果一所学校拥有积极向上、和谐发展的教育文化氛围，以及舒适宜人的校园环境，那么教师身处其中自然会拥有舒适的心情和良好的状态，其职业压力就会得到缓解，工作强度也会得到一定程度的减轻。

（五）学校平台

学校平台是指把中小学教师的任职学校看作一个平台，学校平台作为教师工作的背景，会从性质和所在地区两个方面影响教师的工作强度。

1. 公办学校与民办学校

学校性质会从以下角度影响教师的工作强度。第一，很多地区以升学率作为评判学校教学质量的重要标准，但由于招生制度等原因，一般来说，民办学校在生源质量上要比公办学校占优势。所以，公办学校要想在分数方面赶超民办学校，教师就要努力琢磨考题，搞"题海战术"，繁重的升学任务增大了公办学校教师的工作强度。第二，公办学校学生数量较多，多数教师需要教几个班级，因此，从教育教学活动的工作量上来看，公办学校教师的工作强度要大于民办学校教师。第三，从应对家长要求、学生个性化需要、学生流动性等方面来看，民办学校教师的工作强度相对较大。公办学校的建设资金来自政府，而民办学校的办学资金多来自家长缴纳的高昂学费，因此就有家长认为既然自己缴纳了高昂的学费，那么学校是可以提供私人化定制的服务场所，教师是可以关注到每一位学生的"私人定制师"，这使得民办学校教师的主体性难以得到彰显，削弱了他们控制自己工作强度的自主权。

2. 城市学校与乡村学校

学校处于不同地区对教师工作强度的影响也是不同的。对于乡村学校而言，一方面，由于实质缺编，教师不得不跨年级跨学科教学，这就增大了乡村教师在教学方面的工作强度；另一方面，由于乡村学校的特殊性，非教学工作在某种程度上已经成为乡村教师的常态化工作。比如，因为乡村学校经费不够，几乎不雇佣保安人员，乡村教师就不得不全天保障学生在上课下课、就餐以及寄宿等方面的安全，这使得时常处于紧张忙碌状态的乡村教师认为自身工作强度过大。另外，近些年来随着利农政策的出台，乡村教师不仅要不间断地接受相关部门的检查，还要承担乡镇行政机关部门摊派的任务，因而耗费了教师大量的时间和精力。对于城市学校而言，城镇化进程加快以及"二孩政策""三孩政策"出台所带来的学生数量骤增，是增加城市教师工作强度的直接原因。为应对学生数量骤增，城市学校往往会采取"超大班额"或者"扩班"措施，这就会从课时量、管理难度等方面直接影响城市教师的工作强度。

三、"师"源性维度探究

"师"源性维度指的是来自教师自身的因素对工作强度的影响。随着社会的快速发展，教师工作逐渐发展为"无边界职业"，工作与非工作的边界正在被摧毁。除了来自社会、学校和家庭等各方面的压力外，从教师自身角度而言，自我发展需要、职业信仰、专业技能、心态情绪等同样会影响教师的工作强度。下面我们从教师的价值追求和个人发展两个方面进行阐述。

（一）价值追求

从哲学角度上看，价值是一种选择取向，反映了人类的需求、欲望，以及实现这种需求、欲望的方式与态度。它体现了人对自身本质的追求，表现的是人的本性。[①]价值可以分为物质性价值和精神性价值。物质性价值包括劳动资料和劳动所创造的一切物质文化的价值；精神性价值包括科学的价值、伦理的价值、审美的价值（真、善、美）。对于同样的工作，人们的看法可能会相差甚远，原因就在于每个人的工作价值追求是不同的。价值追求取决于价值取向，而价值取向是一定主体价值选择的总趋向和价值追求的一贯性倾向。价值取向的形成，首先受社会生产方式的影响，其次也包括制度和意识形态的作用，但价值取向本身却不属于社会意识范畴，而是人们实际生活中所体现出的倾向。[②]

1. 教师价值追求的差异性

美国社会学家贝拉（Bellah）等将人在工作中的价值取向分为三种：谋生取

---

① 石磊，崔晓天，王忠. 哲学新概念词典[M]. 哈尔滨：黑龙江人民出版社，1988.
② 李淮春. 马克思主义哲学全书[M]. 北京：中国人民大学出版社，1996.

向、职业取向和使命取向。[①]谋生取向的人注重工作所带来的经济和物质回报，工作只是他们的谋生手段；职业取向的人则注重个人成就和职业发展，工作是他们获得个人成功、行业声望和社会认同的方式；使命取向的人更看重工作过程，目的是获得工作本身所带来的主观成就、意义与奉献，他们追求超越个人利益和个人发展的内在享受及深远意义。教师的价值追求同样可以分为这三个维度，有的教师会重物质、轻精神，将利益最大化作为工作行为决策的依据。有的教师会将工作当作一种职业来看待，将职业成功作为价值追求。有的教师则认为教师职业是一种天职，将教书育人、立德树人、平等爱人、传帮助人和修己安人作为终身的价值追求。教师个人价值追求的不同会对教师的工作强度产生不同程度的影响。

首先，分析当中小学教师将利益最大化作为价值追求时对工作强度产生的影响。由于物质水平的不断提高、生活成本的不断增加，中小学教师，尤其是身处大城市的年轻教师产生了生存压力。中小学教师行业具有知识密集型和高强度人力资本的特殊性质，但是与同等受教育程度的群体相比，他们的收入却偏低。在这种现实状况下，一方面，中小学教师在经济利益的驱动下会不断地增大自身工作强度；另一方面，中小学教师往往会产生职业倦怠，对职业的归属感和满意度下降，甚至会对自身的价值产生怀疑，这样的心理负荷更容易增加中小学教师的焦虑情绪，增加其过度工作的风险和可能性。因此可以说，中小学教师在追求经济利益最大化时，其工作强度也会被动增大。

其次，分析当中小学教师的价值追求为职业成功、成就最大化时对工作强度的影响。当前我国中小学教师的职业生涯发展大致有两种方向——教学和行政，晋升的途径只有职务这一条路。对于中小学教师而言，其职业发展最为在意的就是职称评聘、骨干教师评选等，教师的职称类似于身份和资历，代表了教师的自我认同与社会认同水平，不仅是教师职业价值与荣誉的体现，还与工资水平、福利待遇等密切相关。职称越高，教师获得的荣誉和尊重就会越多，其社会地位也会越高。因此，中小学教师在追求职业成功、成就最大化的动机驱动下，在完成常规教学工作量之外，往往还需要付出更多的努力来进行课题研究和论文发表工作，其工作强度自然也会随之增大。

最后，分析当中小学教师的价值追求为教书育人、立德树人、平等爱人、传帮助人和修己安人时对工作强度的影响。马斯洛（Maslow）的需求层次理论将

[①]〔美〕罗伯特·N.贝拉,等.心灵的习性：美国人生活中的个人主义和公共责任[M].周穗明,翁寒松,翟宏彪,译.北京：中国社会科学出版社,2011.

人的需求从低到高依次分为生理需求、安全需求、社交需求、尊重需求和自我实现需求。基于职业的特殊性，中小学教师群体的需求层次较高，往往追求自我实现，很多中小学教师将教师这一职业当作自己毕生的事业，对教育怀揣着执着的追求与热爱，因此在工作时会产生一种内驱力，以自我督促的方式进行更多的工作投入。由学生的成长成才、教研成果的获得、社会的肯定等带来的工作边际正效应，大于教师为此付出的包括时间、精力在内的工作边际负效应，因此可以说，对于事业取向的中小学教师而言，高工作强度的产生是具有主动性的。虽然从工作中得到的成就可以在一定程度上缓解过度工作带来的压力和痛苦，但这种高投入、高付出的工作状态时间久了，难免会劳神伤力，进而对教师自身健康等方面产生不良影响。

2. 教师成就感的滞后性和不确定性

获得成就感是教师工作的永恒追求，尽管没有成就感的教师可能也会有幸福感，但与有成就感的教师相比，前者的职业生活幸福感必然不如后者那么强烈。教师在工作中的价值体现和成就感很大程度上来源于学生的成长、进步、成人、成才，而教师所面对的学生是成长中的个体，学生之间存在差异性，并且学生始终处在发展变化的过程中。即使教师为学生的成长做出了很多努力，其可能也难以在短时间内获得满意的成就感。虽然学生对学科知识的获得是可以根据成绩单进行直接评价的，但是学生在兴趣、态度、价值观等方面的改变往往在短时间内难以显现。教师工作价值的隐含性、迟效性等决定了教师成就感的满足主要不是即时性的，而是延迟性的，这容易让教师产生职业焦虑、职业倦怠甚至自我否定。如果学生在短时间内没有发生明显的进步，教师对自身的过高要求得不到实现，教师则会将更多的时间和精力投入到工作中，导致其工作强度增大。

（二）个人发展

研究表明，教师的工作强度和教师的个人发展密切相关，不同年龄、不同职位教师的工作强度具有显著差异。加夫（Gaff）认为，教师个人发展包括澄清个人价值观、获得教师职业相关知识、缓解精神压力、增强对人的敏感性以及提高自我诊断和与人交往的人际技能。[①]伯格威斯特（Bergquist）和菲利普斯（Phillips）认为，教师的个人发展目标在于教师的价值观、态度和教育哲学、内

[①] Gaff J G. Toward Faculty Renewal: Advances in Faculty, Institutional and Organizational Development[M]. San Francisco: Jossey-Bass, 1975: 9.

心和人际关系。[1]美国教育协会指出，教师的个人发展包括提高教师人际交往能力、职业规划等。[2]我国学者吴立保指出，教师的个人发展包括教学、科研、服务与自我管理四个维度，既包括教师的专业发展，又包括教师的个体存在。[3]基于此，教师个人发展可分为教师的个体专业发展和个体存在发展两大维度。

根据表12-8，本次调查中，在"为更快评上职称，主动承担了更多工作，哪怕不是很喜欢"题项上，有43.60%的教师认为比较符合或完全符合情况，还有22.68%的教师对此问题持不确定态度。

表12-8 教师对"为更快评上职称，主动承担了更多工作，哪怕不是很喜欢"题项的回答及占比

类别	人数/人	百分比/%
完全不符合	5 751	11.77
比较不符合	10 724	21.94
不确定	11 087	22.68
比较符合	15 070	30.83
完全符合	6 242	12.77

1. 教师个人专业发展对教师工作强度的影响

教师个人专业发展主要包括专业知识、专业技能和专业精神三大方面的发展。

1）专业知识，主要包括实践性知识、本体性知识、条件性知识和文化知识四个方面。教师在正式上岗之前，要在师范院校接受专门的教育，以掌握专门的教育科学知识，具备一定的教育素养，如此才能有效地实施教学，这也是教育不同于其他学科的一个显著特点。但是教师的知识学习并不仅仅止步于师范院校，入职之后，教师仍要广泛地学习各种理论知识和实践知识，以促进自身专业知识的发展，而且知识是处于不断变化之中的，如果不及时更新，就会与时代脱轨。实践知识主要是教师通过在教学实践中的总结反思、学习观摩得到的知识，因此教师在授课之余，要不断总结和回顾自身的教学实践并进行反思，如此才能有所收获。这些都需要教师付出大量的时间和精力，有很多教师表明自己工作强度

---

[1] Bergquist W H, Phillips S R. Components of an effective faculty development program[J]. The Journal of Higher Education, 1975（2）: 177-211.

[2] NEA. Faculty Development in Higher Education: Enhancing a National Resource[R]. Washington: National Education Association, 1991: 11-12.

[3] 吴立保. 学习范式下的教师发展：理论模式与组织建设[J]. 教育研究, 2017, 38（4）: 103-111.

大，很少有时间和精力学习专业知识，可见教师专业知识的学习与发展无形之中增大了教师的工作强度。

2）专业技能，主要包括教师的教学设计能力、教学组织能力、教学实施能力和语言表达能力等，是教师完成教学工作必须具备的能力。这些能力都需要教师在长期的锻炼中才能进一步得到充分发展。例如，在教学设计能力上，前期需要教师在师范院校进行培训，后期则需要教师在工作实践中不断强化，需要教师在对本班学生以及教学内容、教学环境等方面进行详细的分析、理解、调查之后，结合自己对教学的理解进行设计、修改、再设计，以此不断提升自己的教学设计能力。虽然在前期接受过专业的培训，但是理论和实践还是有一定差距的，所以对于新入职的教师来说，其不仅要适应新学校的新学生，还要不断优化自己的教学实践，积累教学经验。再如，在语言表达能力上，教师一定要讲普通话，并且教师的教学语言会影响学生对知识点的理解，尤其对于低年级的学生来说，教师的教学语言要符合他们的身心特点，语言表达不能晦涩难懂，而要生动有趣，如此才能让学生更好地理解知识点；而对于高年级的学生，教师的语言要有启发性，要为学生的思考留有一定的空间。所以，教师需要不断地锻炼自己的语言表达能力。以上种种都需要教师在接受专业化培训的基础上，在教学工作中不断进行摸索，对于年长的教师来说，由于有多年的经验积累，其在这方面投入的时间和精力或许会少一些，但是对于新入职的教师来说，这些能力的锻炼无疑会增大其工作强度和工作压力。

3）专业精神，是教师专业发展的内在动力，教师如果缺乏专业精神，则会把教育工作当成是一种外在的压力，何谈对教育事业的热爱之情、奉献精神，可见教师的专业精神对教育工作的影响何其重要。国内外对教师专业精神的定义有很多，综合起来，都比较关注教师的敬业精神、乐业精神、奉献精神等，在这里我们采用叶澜教授等的观点：教师的专业精神包括对所从事专业的价值、意义的深刻理解，还包括个人为人类及其文明发展奉献的精神。[①]从该定义可以看出，教师的专业精神要求教师要对教育事业的价值和意义有深刻的理解，并且要对教育事业具有奉献精神，如果教师没有从心底里热爱教育事业，教育的各项工作对他来说只是一种负担，无形之中会增大其心理压力。同样的工作强度，对于专业精神不同的教师来说，就会产生不一样的感受。比如，同样是教授一个班级，对于专业精神较高的教师来说，出于对教育的热爱之情，他就会更加愿意投入到教

---

① 叶澜，白益民，王枬，等. 教师角色与教师发展新探[M]. 北京：教育科学出版社，2001：132-133，203-239.

育事业中去，即使身体上会感到疲劳，但是心理上是快乐的；而对于专业精神较低的教师来说，因为并没有真正理解教育的价值，同样的工作强度就会让他既感到身体上的疲累，又感到身心上的疲劳。教师的专业精神不是一成不变的，而是不断发展、不断变化的，随着从事教育事业年限的增加，教师的专业精神也会不断地产生变化。因此，不同时期教师的专业精神不同，教师对教育工作强度的感受也会不一样。

2. 教师个体存在对教师工作强度的影响

教师的个体存在包括教师的服务方面和自我管理方面。

首先是教师的服务方面。教师需要具备良好的沟通能力，教师的沟通主体主要有其他教师、领导、家长和学生，这些都是影响教师工作强度的重要因素。教师要和其他任课教师沟通，及时了解学生的学习情况，尤其是班主任要协调各个科任老师对学生的影响，以及收集学生的实际情况，并根据学生的实际情况及时调整自己的教学，虽然各科教师教授的知识不同，但是所有教师的目标都是一致的，即促进学生的发展，因此教师之间要及时沟通，由此才能形成教育合力，最大限度地促进学生的发展。教师也要和学生沟通，学生是教学过程中的主体，教师不仅要和学生之间进行知识交流，还要进行情感交流，对学生进行道德教育。教师还要与家长沟通，家长是最关心学生发展的人，并且还能提供一些教师了解不到的信息，教师和家长之间的有效沟通有利于家校合作。最后，教师还要和领导进行沟通，领导是下达任务的主要群体，因此，教师需要与领导进行充分的沟通，这样才能对任务有充分的理解。教师的工作除了包括给学生传授知识之外，跟各种人打交道也占据了教师的大部分工作，因此，如果教师的沟通能力不强，无形之中就会加重自身的工作负担。

其次是教师的自我管理方面，主要是指教师对自身压力的调节和对时间的规划，做好生活和工作上的规划。教师职业是一个高压力的职业。教师不仅要教书，还要处理学生之间的矛盾，处理学校的各种事务，还有可能要频繁地和家长打交道。这在无形之中就会大大增加教师的压力。教师压力太大，就会降低教师的工作效率和工作热情，进而增大教师的工作强度。教师的压力源往往是因为教师的工作强度过大，超过了其承受负荷。可见，教师的压力和教师的工作强度是相互影响的关系，因此，如果要从根本上解决压力源的问题，就要适当减轻教师的工作强度，使其进入良性循环，使教师能够解决好角色冲突，提高工作效率，在做好工作的同时，也能保证拥有良好的生活质量。

四、"生"源性维度探究

"生"源性维度是指来自变化中的学生给教师工作强度带来的影响。引导和管理日益复杂的学生是教师工作负担加重的重要影响因素之一。随着社会的不断变迁,学生对教师工作强度的影响越来越大,其主要来源于师生关系和家校关系两方面。

(一)师生关系

根据表12-9,本次调查中,在"每天工作的重心是教学,处理学生事务不需要太费精力"题项上,有33.54%的教师认为比较符合或完全符合情况,也就是说,大部分教师每天要消耗大量精力处理学生事务。

表12-9 教师对题项"每天工作的重心是教学,处理学生事务不需要太费精力"的回答及占比

类别	人数/人	百分比/%
完全不符合	6 658	13.62
比较不符合	14 468	29.60
不确定	11 356	23.23
比较符合	13 483	27.59
完全符合	2 909	5.95

1. 学生学习

中小学阶段的学生面临着来自中考及高考的压力,致使学校教育难以摆脱"唯分数论"的评价方式,考试分数是学生家长、学校评判教师教学水平的重要标准。同学之间、班级之间因为考试成绩而不断竞争,这无疑会给教师带来负担。周六日补课、寒暑假补课、课后辅导活动等在一定程度上挤占了教师的课余时间,有些教师连法定节假日也被占用。日复一日、年复一年的循环直接导致教师出现倦怠、疲乏、精力不济,甚至出现严重的身体健康问题。根据调查,全国有90%的中小学生教师平均一周要上15~20节课,一些教师的工作甚至扩展到生活中,"备课—上课—辅导—批改作业"几乎成为中小学教师的工作常态。再加上为了能够使学生获得更加优异的成绩,教师要不断提升自己的授课能力,因此教师在备课以及上课过程中需要花费大量的时间来设计课堂环节,安排课程衔接,尽量关注所有学生,以此来提高授课的效率和效果,这就会大大增加教师的

工作强度。同时，随着信息时代的到来，各种信息与课程公开化且多元，网络使得学生能够轻而易举地获取大量知识，教师不再是学生获得知识的唯一途径，甚至在某些领域教师还要向学生请教，这使教师作为"知识传授者"的角色受到了一定挑战，也对信息时代的教育工作者提出了更高的要求。

2. 学生管理

中小学生的问题行为有多种表现形式：有的缺乏学习兴趣，注意力不集中，讨厌学习；有的存在学习焦虑，出现学习困难和心理障碍；有的生性调皮，不守纪律，经常逃学，直至最后失学；有的具有暴力倾向，不仅挑衅同学，而且对教师怀有敌意；如此等等。此外，受多元文化的冲击和不良媒体的影响，学生"违规"现象与日俱增，无形之中增加了中小学教师管理工作的难度。教师对学生的日常管理主要分为对学生课堂纪律的管理、对学生言行品德的管理以及对学生人身安全的管理。

首先，课堂纪律管理是教师日常教学工作的一部分。维曼（Veenman）对新教师问题进行研究，结果表明新教师在刚刚进入教育教学的初始阶段所面临的最大障碍是维持课堂纪律、激励学生及因材施教。其中，维持课堂纪律是新教师认为的最头疼、最费时费力的工作，即使是一些有经验的教师也同样面临这些问题。[①]无论学生在课堂上出现何种不良行为，都会影响整体的课堂纪律，教师不得不耗费时间和精力维持课堂秩序，这既会影响教师正常的授课流程，也会给教师增加一定的工作负担。

在言行品德管理方面，我国中小学师生关系总体上呈现良好的状态，但仍然存在一些问题，如近年出现的老师不敢管、家长管不了、老师怕学生等现象，甚至发生学生打骂教师的事件，此类不正常现象给教师带来了很大的心理压力。类似这样的问题如不能得到重视并及时得到解决，易引发师生之间的冲突，使教师处于高压的工作环境中，并可能影响学生的学习。

在人身安全管理方面，学生的"安全无小事，责任大于天"，教师尤其是班主任天天讲安全，周周讲安全，很多教师在学生安全问题上如履薄冰，尽量让学生不出教室，尽量让学生少参加户外活动，严防一切安全事故的发生。尽管教育部出台了《学生伤害事故处理办法》，但目前对于一些校园伤害事故案件仍缺乏有效合理的处理手段，这无形中会给教师带来很大的思想压力。当学生在校时，教师要注意学生在体育锻炼时的健康问题、校园暴力相关问题等；当学生离开学

---

① Veenman S A M. Perceived problems of beginning teachers[J]. Review of Educational Research, 1984: 54 (2): 143-144.

校时，教师又要担心学生放学路上的安全问题，甚至在假期也要时时刻刻关注学生的人身安全。这些都会使教师的工作强度增大。

（二）家校关系

2012年，《教育部关于建立中小学幼儿园家长委员会的指导意见》发布，明确赋予了家长参与学校教育的社会责任。[1]在新时期家校合作政策下，家长和教师之间的关系越来越直接，但家校教育责任边界不清晰、家庭教育焦虑以及在线沟通等问题的存在，阻碍了家校合作的顺利进行，也增大了教师的工作强度。根据表12-10，本次调查中，有50.12%的教师认为"与学生家长沟通非常轻松"。

表12-10 教师对题项"与学生家长沟通非常轻松"的回答及占比

类别	人数/人	百分比/%
完全不符合	2 737	5.60
比较不符合	7 745	15.84
不确定	13 899	28.44
比较符合	18 991	38.86
完全符合	5 502	11.26

1. 家校共育边界不明

苏霍姆林斯基指出，教育的效果取决于学校和家庭的教育影响的一致性，如果没有这种一致性，那么学校的教育教学过程就会像纸做的房子一样容易倒塌。[2]在新课程改革的背景下，为实现立德树人、培养全面发展的学生的目标，越来越多的学校开始重视家校共育。家校共育，顾名思义就是家庭教育和学校教育相结合，共同承担教育孩子的重任。家校共育是由教育合力中的以父母为代表的家长与以学校教师和管理者为代表的教育工作者共同组合而成的，以完善学校教育工作、促进学生的全面发展为目标，以学校为主体场域，家庭和社会各方面共同参与的一种双向互动活动。[3]以学校主导的家校共育模式在我国是最常见的，如家长会、家长开放日、家访等。在这种家校共育模式下，虽然对于学校来说可以提高工作效率，但是家长实际上并未完全参与到学生的教学过程中，他们希望能把

---

[1] 教育部. 教育部关于建立中小学幼儿园家长委员会的指导意见[EB/OL].（2012-02-17）. http://www.moe.gov.cn/srcsite/A06/s7053/201202/t20120217_170639.html[2022-04-19].

[2] 〔苏〕苏霍姆林斯基. 给教师的一百条建议[M]. 杜殿坤，译. 天津：天津人民出版社，1984：539-540.

[3] 吴晗清，赵芳祺，程竺君. 家校共育现状及可能的改变：来自家长的声音[J]. 当代教育论坛，2020（1）：80-86.

学生的教育任务完全交给学校来完成。有许多家长认为，教导学生完全是学校的任务，期望教师既为人师，又为人父母；既是学生的教育者，又是学生的看护者。尤其是一些选择寄宿的学生家长，往往将学生送至学校后就开始当"甩手掌柜"，将学生的衣食住行事无巨细全部交给老师和学校，将家庭应尽到的责任完全转移给学校，对学校活动缺乏兴趣，即使参与校方活动，也多是迫于学校的压力，这无疑夸大了教师的教育责任，增加了教师的工作量。

此外，也有一些家长过多干涉学校教育教学和日常工作，甚至希望学校按照他们的思路进行教育教学工作，同时给学校提出很多要求，给教师造成困扰。

2. 家庭教育焦虑

一些家长受传统教育思想的影响，持有"望子成龙，望女成凤"的态度，希望自己的孩子通过教育能够出人头地。家长的这种教育焦虑会在与教师的互动中体现出来。当孩子出现成绩下滑、排名波动时，家长可能会怀疑教师的教育能力，怀疑学校的教育质量，甚至认为教师不负责任，有时还可能会提出一些对于教师来说十分无理的要求。另外，教师与家长的教育理念、教育目标常有较大的出入。教师更注重促进学生的全面发展、个性发展，而一部分家长在应试教育的重压之下，只关注学生的学习成绩，并且希望教师尽可能多地进行教学活动，增加学生学习量，不想让学生输在起跑线上。这种教育理念分歧容易发展成家校矛盾，在增大教师心理负担的同时也增加了教师工作量。

3. 在线沟通问题

随着近年来互联网技术的不断发展，微信、钉钉等平台已经成为家校联系、师生联系的重要渠道。相较于传统的面对面交流，这些互联网渠道有着及时、方便、快捷等优势，但是这些渠道也会给老师带来更多的工作量。第一，互联网交流大大降低了家校沟通成本，当家庭教育中出现问题的时候，家长可以通过互联网与老师进行一对一的交流。然而，教师的课余时间有限，如果要在这段时间内解决来自所有学生家长的各种困惑，无疑会大大增加教师的工作量。第二，许多家长认为，与教师保持密切的联系有助于使自己的孩子在学校受到更多的关注，因此有些家长为了使自己的孩子受到教师的关注，经常在家长群中向老师表达谢意或者节日祝福，这虽然能体现出对教师的尊重，但是大量的信息有时会掩盖掉一些重要的通知消息，给教师工作带来不便。以上种种伴随互联网的兴起而对教师产生的影响，也成为教师工作强度的来源之一。

第十三章
教师工作强度适度均衡现实理路

教师是教育的第一资源。伴随我国教育事业取得的重大成就以及教育变革的有序推进，教师负担加重、工作强度加大的难题出现。为营造全社会尊师重教的浓厚氛围，创造更好的教育教学环境，让教师全身心投入教书育人工作，2019年12月，《关于减轻中小学教师负担进一步营造教育教学良好环境的若干意见》发布，为解决教师工作强度较大问题指明了方向。本章将从政策导向和理论探索两个方面引入教师工作强度适度均衡理念，初步尝试运用数据挖掘与分析技术找寻教师工作强度合理可控的要素，同时指出为实现教师工作强度适度均衡的构想，需要建构教师工作强度动态观测体系，以精准找出教师工作强度合理可控要素，从而为制定相关政策提供现实依据。

一、教师工作强度适度均衡理念

近年来，减轻教师工作负担相关话题在教育界备受关注。教师作为教育教学实践者，承载着教书育人、立德树人的重要职责与使命，随着教育教学改革的不断推进，伴随社会大众对高质量教育的更高期望，教师身负更多的职责和期许，教师身心健康受到了不良影响，这或多或少会对教师的教育教学质量、教师的专业发展乃至教师的个人发展产生一定影响。鉴于教师在教育教学及其变革中的核心地位，我们需要了解教师工作强度、剖析教师工作强度"强"在哪儿以及如何打破教师工作强度异化为不良负担的困境，从而使教师工作强度处于适度均衡状态，这有利于教师在教育教学过程中安心、静心、舒心，更好地开展教育教学工作，同时教师也能够将更多时间和精力投入到自身专业发展当中。

（一）教师工作强度适度均衡的政策导向

教师工作强度适度均衡理念体现在多个教育政策文件中。2018年6月，为深刻领会习近平总书记关于教育的重要论述特别是关于教师工作的重要指示批示精神，教育部成立调研工作小组，对东中西部9省18市开展实地调研，对28个省份的250个县市、1430所学校的中小学教师进行了问卷调研。[①]调研发现，中小学教师每周平均工作时间约为60小时，是法定工作时间的1.5倍。近1/3的教师每天在校工作10小时以上，寄宿制学校部分教师在校工作时间达到15小时以上。五成多教师每天下班后在家工作2小时以上，近六成教师周末用于工作的时间超过3小时。[②]中小学教师工作时间已然超出《劳动法》第四章第三十六条"国家实行劳动者每日工作时间不超过八小时、平均每周工作时间不超过四十四小时的工时制度"这一规定，中小学教师工作强度较大这一问题亟须解决。2019年12月，《关于减轻中小学教师负担进一步营造教育教学良好环境的若干意见》指出要进一步认识中小学教师负担较重的问题，坚持分类治理，从源头上查找教师负担，切实减轻中小学教师负担。[③]这表明减轻教师工作负担需要厘清教师职

[①] 教育部. 为中小学教师减负 为教育提质增效加油——教育部有关负责人就《关于减轻中小学教师负担进一步营造教育教学良好环境的若干意见》答记者问[EB/OL].（2019-12-16）. http://www.moe.gov.cn/jyb_xwfb/s271/201912/t20191216_412101.html[2022-08-09].

[②] 教育部. 用制度为教师减负[EB/OL].（2019-12-13）. http://www.moe.gov.cn/jyb_xwfb/moe_2082/zl_2020n/2020_zl45/mtbd/202008/t20200826_480290.html[2022-08-09].

[③] 中共中央办公厅，国务院办公厅. 中共中央办公厅 国务院办公厅印发《关于减轻中小学教师负担进一步营造教育教学良好环境的若干意见》[EB/OL].（2019-12-15）. http://www.gov.cn/zhengce/2019/12/15/content_5461432.htm[2022-08-09].

责边界，分清教师工作任务中的主次，分类处理教师负担问题，让教师工作强度处于适度均衡状态。此外，教师工作强度适度均衡理念对于担任特殊角色或身兼数职的教师，比如，既承担授课任务又负责班级管理工作的班主任来说更具有现实价值。2009年，教育部印发《中小学班主任工作规定》，明确班主任是中小学的重要岗位，班主任由学校从班级任课教师中选聘，教师担任班主任期间应将班主任工作作为主业，要合理安排班主任的课时工作量，确保班主任做好班级管理工作。①这表明，担任班主任的教师需要适度平衡课时工作量和班级管理工作量，这里的"适度平衡"是指课时工作量和班级管理工作量在班主任工作总量上的适度分配，而不是等量分配，是以班级管理工作为主的适度平衡分配。

教师减负，减的是与教书育人无关的负担，这是教师工作强度适度均衡的内在指向之一，此外，教师工作强度适度均衡也指向教师教书育人本职任务的内部优化。对于教师工作强度的内部优化，可以从课程设置、作业设计与批改等多方面、多角度予以调整优化。比如，教育部于2022年印发的《义务教育课程方案（2022年版）》指出，调整优化课程设置，将小学原品德与生活、品德与社会和初中原思想品德整合为"道德与法治"，进行一体化设计。②课程优化整合不仅是为适应新时代教育思想和育人要求，也是落实中共中央办公厅、国务院办公厅"双减"政策的要求。减负提质，精选对学生终身发展有价值的课程内容，同时减少教师工作量，有助于让任课教师在有限的时间和精力下更专注所任课程的教育教学工作。课程的精选和整合也有助于锻炼、提升教师整合多学科知识、进行跨学科教学的能力，这一能力有利于教师提高工作效率，使教师在工作任务繁多时能保持平稳的身心状态。教师在设计作业时，减量提质，精选作业内容，优化作业结构，不仅有利于学生精准巩固核心知识，也可以在一定程度上减轻自己的作业批改量，从而使自己有更多时间细致分析教学问题。换言之，教师减负必须与学生减负同向而行。如果只注重一方，那么另一方可能不仅无法实现减负，反而会增加负担。"双减"政策下，课后服务的实行使得部分教师负担加重，班主任、骨干教师与学校管理干部更是如此。③因此，教师工作强度适度均衡既是教师减负的诉求，也是"双减"政策真正落地的现实需求。

---

① 教育部. 教育部关于印发《中小学班主任工作规定》的通知[EB/OL].（2009-08-12）. http://www.moe.gov.cn/srcsite/A06/s3325/200908/t20090812_81878.html[2022-08-09].

② 教育部. 教育部关于印发义务教育课程方案和课程标准（2022年版）的通知[EB/OL].（2022-04-08）. http://www.moe.gov.cn/srcsite/A26/s8001/202204/t20220420_619921.html[2022-08-09].

③ 中国教育报. 教师减负必须与学生减负同向而行[EB/OL].（2021-10-21）. http://paper.jyb.cn/zgjyb/html/2021-10/21/content_600645.htm?div=-1[2022-08-09].

（二）教师工作强度适度均衡的理论探索

教师工作强度适度均衡理念是教师减负和学生减负政策的内在精神指引，理解和发展"教师工作强度适度均衡"这一概念，需要理解何为工作强度适度以及如何均衡两个方面的问题，这就需要构建教师工作强度适度均衡理论框架。本研究对"教师工作强度适度均衡"这一概念及理论的研究属于初步探索阶段，这一阶段，我们首先需要了解教师工作强度相关理论研究进展，其中包括工作负荷、过度劳动、适度劳动等相关研究成果，整理这些研究内容有助于加深我们对工作强度及工作强度适度问题的理解。

1. 工作负荷

工作负荷增加，工作压力加重，是当代劳动者的普遍感受。工作负荷指个体在工作中所承担的各种工作的总量。就教师这一职业来看，教师的工作负荷既包括学校安排的教师要做的具体工作任务，也包括教师为完善自己教育教学工作而主动承担的工作，主要内容包括教学事务、管理教育学生、教师参加的培训和学习，以及其他的学校工作事务，如会务等。[①]工作负荷的考察标准主要有工作时间、工作压力等[②]，也有研究者从工作负荷感受、工作基本状况、工作负荷组成要素和未来工作负荷预期四个方面进行了考察[③]。总体来讲，国内多数研究者主要从总体工作时间和工作任务两个指标来考察教师工作负荷。工作时间是指教师为完成所有因教师职业岗位而带来的工作任务所投入的时间，包括法定工作时间和个人时间，个人时间可进一步分为下班后时间、周末时间和假期时间。工作任务主要包括教学工作和非教学工作两个方面：教学工作指教师的日常工作任务中与教学相关的工作，如备课、上课、批改作业等；非教学工作则指教师的日常工作任务中与教学无关的工作，如班级管理、家校沟通、备检迎检、材料填写等。但以上要素是教师工作负荷的外在表现，要真正为教师减负，还需要重视现象背后反映的问题，如管理体制、师资配置、教师管理等制度性问题与不足。[④]

工作负荷过轻容易使人懒散，工作负荷过重容易导致个体情绪衰竭乃至工作倦怠，而合理的工作负荷能够提高个体工作效率，因此，规制合理的工作负荷十分重要。但对于承担教育教学工作的教师来说，真正的工作负荷难以用机械的工

---

① 贺亮. 课程改革背景下小学教师工作负荷的实证研究：以湖南、上海 10 所小学的调查为例[D]. 上海：华东师范大学，2006.
② 王芳. 延安市宝塔区寄宿制小学教师工作负荷研究[D]. 延安：延安大学，2018.
③ 李军，曹莹雯. 上海市初中班主任工作负荷状况的调查研究[J]. 上海教育科研，2006（9）：44-46.
④ 李新翠. 中小学教师工作负荷：结构、水平与类型[J]. 湖南师范大学教育科学学报，2021，20（2）：82-89.

时来划定，教师工作的许多方面也难以用工时来测算。鉴于此，既然无法准确规制教师的工作负荷，把教师工作负荷总量控制在一个适度范围内不失为一种可行方法。教师的工作负荷量不应是一个常数，而应与社会发展和教育变革相适应，具有动态变化的特征并且应保持增减平衡。教育改革并不仅仅意味着要增加些什么，还意味着要舍弃些什么，并且这种"舍弃"应当是学校有意识、有计划、有组织地"舍弃"。[1]

教师管理工作如今面临着一种两难困境：一方面，教育改革的步伐不能也不会停顿，对教师的新要求还会叠加；另一方面，教师的工作和学习负荷亦不能无止境地加重。管理者需要思考在对教师的新要求不断叠加的今天，应当如何为教师减去一些工作负荷。[2]英国从20世纪90年代起就高度重视中小学教师的工作负荷问题，英国教育部下属的学校教师评议机构从1994年起就开始对中小学教师的工作量进行不定期调研，英国政府也采取了一系列措施以减轻教师工作负担，取得了一定的效果，使英国教师工作量有所下降。但OECD的TALIS 2013的结果显示，与其他国家相比，英国中小学教师经验不足、工作量大、过度劳累。[3]此后，为减轻中小学教师工作负荷，英国教育部出台了多项政策和指导性文件。[4]可见，减轻教师工作负荷并非一劳永逸之事，需要循序渐进、长期施措。中国教育科学研究院李新翠于2016年的一项调查表明，我国中小学教师普遍超负荷运转，具体表现为工作时间长且工作构成与分配不合理，工作任务重且非教学工作过多，教师对实际工作量认知消极、对行政性工作任务认同度较低、对合理工作量充满期待。中小学教师期待政府和学校采取措施以减轻教师工作量，也期待教学和非教学工作量构成适当。[5]这其实同我们提出的教师工作强度适度均衡理念具有一致性：教师的工作量要在合理、适度的范围内，不同教师的工作任务在教师总工作量中所占比例要有所差异，既不是绝对等量，也不是随意地分配比例。为有效调适中小学教师工作量，可以从回归教师职业角色来把握教学工作本质、明确教师工作时间及具体分配、提供更多资源支持教师工作、减少对教师工作的控制这四个方面进行。此外，建立成熟的中小学教师工作负荷调研机制对于摸清教师工作负荷的具体水平、非教学工作量的主要来源以及搜集来自一线的有效应对策略也尤为重要。

---

[1] 冯大鸣. 教师的疲惫与疲惫的教师：问题与对策[J]. 教育理论与实践，2007（1）：21-24.
[2] 冯大鸣. "有组织的舍弃"——教师减负的对策[J]. 中小学管理，2003（6）：31-32.
[3] 位秀娟. OECD调查显示，英国教师经验不足，工作量大[J]. 比较教育研究，2014（9）：110.
[4] 黄志军，刘冰欣，黄春花. 英国新一轮中小学教师减负政策探析[J]. 外国教育研究，2020，47（8）：70-87.
[5] 李新翠. 中小学教师工作量的超负荷与有效调适[J]. 中国教育学刊，2016（2）：56-60.

2. 过度劳动

目前，过度劳动问题已成为国内外共同关注的社会问题，国内外研究者对这一问题展开了积极的探讨。过度劳动的研究视角主要包括医学和社会科学两类。近年来，学界对过度劳动的研究多从社会科学视角展开。医学领域对过度劳动的理解可以概括为疲劳累积，指劳动者的疲劳不能通过短暂休息等方式得到及时缓解并且积累到一定程度造成疲劳过度，从而表现出的有别于正常人和病人的一种状态。社会科学领域对过度劳动的解释则主要指个体较长时间处于超出合理、常规的劳动时间和劳动强度的就业状态。石建忠认为，过度劳动是个体较长时间处于"超出合理的"或"超出社会平均的"或"超出自己期望的"劳动时间和劳动强度的行为和就业状态。这种行为会引起疲劳且行为的持续会导致疲劳累积，积累到不可逆的状态即为"过劳"，因此，过度劳动是持续长时间、高强度劳动的行为和"过度疲劳"状态的统一。[1]王艾青认为，过度劳动有狭义和广义之分：狭义的过度劳动指劳动者较长时期的劳动时间超过社会平均劳动时间；广义的过度劳动还包括劳动者较长时期的工作强度超过该行业的社会平均工作强度。[2]尽管学界对于过度劳动的研究已形成了较为丰富的成果，但学者对过度劳动内涵的定义不尽相同。总体来说，过度劳动的内涵包含两个要件：①超额（超时或超负荷）工作。②产生疲劳状态并且影响身心健康。[3]劳动时间长、工作负荷大成为衡量过度劳动状态的两个主要标尺。在具体指标方面，有学者认为除工作时间和工作负荷外，还可以考虑工作时间规律程度和上下班交通时间两个指标，理由在于与"朝九晚五"的标准工时制度相比，倒班工作制以及其他无规则工时等工作方式会影响劳动者的身心健康状况。因城市扩张导致劳动者上下班途中辗转奔波，使通勤时间较长，会影响劳动者的疲劳程度。[4]

在过度劳动形成机理与管理研究中，立足工作要求－资源（job demand-resource，JD-R）模型的分析方法较为常见。该理论认为，与工作压力相关的因素可归为工作要求与工作资源两个维度。工作要求是指在身体、心理、社会和组织层面上需要持续付出体力与心理努力或成本的工作因素，工作要求成本过高将导致焦虑、倦怠等消极后果；工作资源是指那些物质的、心理的、社会的或组织方面能够降低工作要求的工作因素，过高的工作要求可能会引起倦怠和情感枯

---

[1] 石建忠. 过度劳动理论与实践——国外经验、中国现状和研究展望[J]. 人口与经济, 2019（2）: 105-118.
[2] 王艾青. 过度劳动及其就业挤出效应分析[J]. 当代经济研究, 2007（1）: 45-48.
[3] 刘贝妮. 我国高校教师过度劳动问题研究[D]. 北京：首都经济贸易大学, 2018.
[4] 王丹. 我国劳动者过度劳动的评定及其实证研究[J]. 经济经纬, 2011（2）: 86-90.

竭。[1]依据 JD-R 模型，过度劳动可被视为员工没有足够资源完成组织的工作要求，而这些工作要求可能来自组织，也可能来自员工自己，并且过度劳动的关键在于工作要求和工作资源的双重作用。当然，过度劳动的产生还要考虑非工作场所的压力源和员工个人因素的影响。非工作场所压力源指工作场所之外对员工的要求，主要涉及工作与家庭的平衡、员工处理家人和朋友关系等。个人差异也可能会对过度劳动产生影响，主要体现在性别、年龄和人格等方面。[2]因此，基于 JD-R 模型的分析，对过度劳动的管理可以从工作要求、工作环境、工作控制、社会支持和个人因素等方面入手。

3. 适度劳动

研究过度劳动问题以及解决过度劳动问题的思想核心可以简单理解为我们提倡适度劳动以及探索何为适度。关于何为适度劳动以及如何看待过度劳动，研究者需要了解中国文化下的劳动态度。劳动者的思想和价值观念会在很大程度上影响其在职场中的行为表现，主要体现为一种"劳动态度"，制约着人们的劳动过程。[3]比如，集体主义、职业忠诚和勤劳等是社会提倡的劳动精神与态度，这三种价值观念本身是正向积极的，但如果被过分强调或是被不顾实际地"滥用"，这些价值观反而会诱导劳动者过度劳动。因此，对待过度劳动问题，我们首先需要提倡树立新的适度劳动观。

适度劳动包括两方面含义：一是人类劳动须"适"外部自然生态环境之"度"，即把劳动控制在自然生态环境对于人类活动承载力的限度之内；二是人类劳动须"适"人自身之"度"，即把劳动控制在人自身对于劳动的承受能力的限度之内。[4]随着社会的不断发展，过度竞争与过度劳动成为常态，使劳动者的生理、心理等方面受到伤害，积劳成疾。世界卫生组织指出，"健康不仅是没有疾病或者不虚弱，还要有完整的生理、心理状态和社会适应能力"[5]。健康应该是身体上、心理上、社会上和道德上的和谐状态。对此，我们需要重塑价值理性，重视精神向度和全面发展，坚持以人为本，树立正确的价值观、劳动观和休闲观。建构劳闲均衡的生活方式，保持身心愉悦，提高幸福感和生命质量，促进人

---

[1] 王素娟. JD-R 模式下过度劳动的多维动态性形成与管理研究[J]. 山东大学学报（哲学社会科学版），2012（4）：81-88.
[2] 张春雨，张进辅，张苹平，等. 员工过劳现象的形成机理与管理方法——立足工作要求-资源模型的分析[J]. 中国人力资源开发，2010（9）：30-34.
[3] 孟续铎. 劳动者过度劳动的若干理论问题研究[J]. 中国人力资源开发，2014（3）：29-35.
[4] 王景全. 休闲：人与自然和谐之道[J]. 中州学刊，2007（1）：135-138.
[5] 转引自：王景全. 无为、休闲与"可承受的发展"——道家哲学的休闲意蕴及其生态价值阐释[J]. 洛阳师范学院学报，2018，37（3）：8-13.

的自由全面发展与可持续发展，是社会文明不断发展进步的重要课题。有学者从经济学视角指出适度劳动的研究意义，认为适度劳动能带来最高的经济效率，每个人都存在劳动极限，一旦超越这个极限，人的劳动效率就会下降，并且可能会产生各种风险，这样反而得不偿失。[①]从这一角度来看，预防过度劳动，防止"疲劳"发展为"过劳"是解决过度劳动问题的根源所在，要把"过劳"危害劳动者身心健康的风险扼杀在摇篮之中。

针对过度劳动问题，要寻找过度劳动的主要根源，对症下药，才能使过度劳动者达到适度劳动状态。有研究者指出，我国相当多劳动者过度劳动的压力不是来自出资方，而是来自社会生存环境，其中，政府需要发挥其在劳动关系中的重要作用，要把劳动关系看作劳动者、企业和政府三个方面组成的矛盾体。[②]也有学者从中国古代哲学视角对适度劳动研究提出了理论构建的思想基础，指出中国传统的儒家、道家、佛家等思想流派中都蕴含着适度劳动的理念。比如，儒家所宣扬的中庸思想，道家所说的"人法道，道法天，天法地，地法自然"等思想，都在告诫世人凡事不可过度，劳动过程亦是如此。[③]过度劳动问题涉及经济学、政治学、管理学、社会学、法学、医学、心理学等多学科知识，鉴于其复杂性，开展适度劳动的研究并非一蹴而就，需要多个领域的专家学者投入到对这一社会问题的探索中。适度劳动研究与过度劳动研究是"一币两面"，缺一不可。在今后的研究中，研究者需要进一步明确适度劳动的本质及内涵、衡量标准及其与过度劳动的关系等问题，以坚实适度劳动研究的理论体系。[④]

4. 工作强度

一般来说，工作强度可以从两个方面反映出来：一是劳动者在单位时间内因为工作而产生的体力或脑力的消耗；二是劳动者的劳动时长。[⑤]目前工作强度研究对象集中在工业工人和医务人员两类群体，就教师群体相关研究来看，鲜少有研究提及教师工作强度。本研究所指教师工作强度和教师工作负荷虽不完全相同，但有共同之处，均指向教师工作量以及教师感受。因此，尽管学术界对教师工作强度尚未有明确的、达成共识的概念界定，但我们可以从现有教师工作负荷

---

① 孟续铎，李付俊. 劳动者的工作生活质量与过劳问题——中国适度劳动研究中心 2013 年年会暨学术研讨会综述[J]. 中国人力资源开发，2014（3）：6-10.

② 刘福垣. 开创适度劳动研究的中国范式[J]. 中国人力资源开发，2014（3）：3.

③ 李付俊，孟续铎. 适度劳动：理论与现实——中国人力资源开发研究会适度劳动研究分会 2014 年年会暨学术研讨会综述[J]. 中国人力资源开发，2014（9）：111-115.

④ 孙姣，杨河清. 近年我国过度劳动问题研究动态[J]. 中国人力资源开发，2016（19）：92-98.

⑤ 张子晨. 工作强度与劳动者幸福感——基于 CLDS2016 的实证分析[D]. 南京：东南大学，2021.

的相关研究中认识、发展教师工作强度这一概念的内涵。与之相似，对于教师工作强度适度均衡这一理念，我们不仅可以从教师工作负荷相关研究成果中来解读，还可以从过度劳动和适度劳动研究成果中来理解。

综上，本研究提出的教师工作强度适度均衡理念的核心寓意为：教师工作时间和工作任务总量要保持在适度、合理的范围。其一，要分清教师各项工作任务的主次；其二，要因地制宜、分学段、分学科地调适教师工作强度；其三，要优化教师具体工作任务所用时间，最大限度地减轻教师工作总量。

此外，对于教师工作时间长、负荷重等问题的探究，还需要了解、分析教师增大工作强度是"自愿选择"还是"无奈之举"。造成教师超时工作及心理压力过大的原因虽纷繁复杂，但究其主因，大致可以概括为社会期待叠加、工作负荷失据、管理思维线性以及教师心态失衡四个方面。[1]在社会期待叠加方面，社会对教师的要求从"教育者"逐步演变为"一个好教师不仅是教育者和学习者，还是创造者和研究者"[2]，家长把子女考高分、上名校的期望寄托在教师身上。社会和家长对教师的期待叠加在一起，并且呈上升趋势，再加上教师自我实现的愿望，教师往往不得不超时劳作。在工作负荷失据方面，我国目前还未建立明确的法律规章制度以及相应的监督监测机构等一系列规制工作负荷的制度体系。此外，教师的教育教学工作具有多样性、复杂性以及难以量化等特点，这增大了具体规制教师工作任务及相应工作量的难度。因此，尽管教师工作时间长、工作负荷大、工作压力大等问题在教育界已受到广泛关注，但教育管理者对此也难以给出合适的解决方案。在管理思维线性方面，管理者有时过于依赖和相信"全方位"的考核制度以及"细致周到"的文本要求对教师工作的"规范"，盲目地认为教师行动起来、忙碌起来就是正确的，但这些简单的线性管理思维反而会使教师疲于应对，工作效率下降，适得其反。在教师心态失衡方面，其主要是指教师未能正确对待职场上的竞争，对自己的定位不当，急功近利。一方面，教师在这种心态下往往不能充分考虑自身基础条件，盲目增加工作量，加重工作负荷量，使教师身心疲惫；另一方面，如果工作强度的增加未能达到教师的预期目标，教师的心理容易受到创伤，产生不良影响，进而影响教师后续工作状态。总之，影响教师工作强度的因素是多方面的，要合理调适教师工作强度，需要政府、社会、学校、家长等多方齐心协力，共同应对。

---

[1] 冯大鸣. 教师的疲惫与疲惫的教师：问题与对策[J]. 教育理论与实践, 2007 (1): 21-24.
[2] 冯大鸣. 教师的疲惫与疲惫的教师：问题与对策[J]. 教育理论与实践, 2007 (1): 21-24.

二、教师工作强度要素调适技术探索

随着教育信息技术的广泛应用和发展，数据挖掘与分析技术逐渐受到教育界广大研究者的青睐，运用数据挖掘与分析技术研究教育领域问题是未来的趋势。本研究尝试运用数据挖掘与分析技术研究教师工作强度相关问题。鉴于教师工作的复杂性、特殊性，我们无法一步到位解决教师工作强度大、负担重的问题，因此，调适教师工作强度应该从需要控制的并且目前可以控制的要素着手。具体来讲，这些要素就是教师工作中的具体任务，并且这些工作任务能够通过外部管理来进行调控。为寻找教师工作强度合理可控的要素，本研究运用 SPSS 统计分析软件，首先进行 K-means 聚类操作，基于教师主观工作强度将调研数据分为三类；然后考察客观指标在不同教师主观工作强度类别下的均值大小，并且运用卡方检验考察这些客观指标是否在不同工作强度类别下存在显著差异；最后，对存在显著差异的客观指标依据关联系数的大小进行排序，结合实际，找出教师工作强度合理可控的要素。

上述数据分析流程涉及 K-means 聚类、卡方检验和克莱姆相关系数，此处对这三种数据分析方法做简要介绍。

（一）方法简介

1. K-means 聚类

聚类分析是一种建立分类的多元统计分析方法，其中，K-means 聚类是最经典的算法之一。K-means 聚类分析的思路可以用一句话概括，即从数据集中随机选取 k 个点为中心进行聚类，对最靠近它们的对象进行归类，反复迭代并逐次更新各聚类中心的值，直到得到最好的聚类结果。

2. 卡方检验

本研究所用卡方检验为百分比同质性卡方检验，百分比同质性检验是卡方检验的一项功能，适用于两个类别变量构成的列联表中各单元格次数或百分比是否有所差异的检验。卡方检验与方差分析不同，前者用于间断变量的推断统计，后者用于连续变量的推断统计。

3. 克莱姆相关系数

克莱姆相关系数适用于分类变量间的相关性测量。[1]克莱姆相关系数是卡方

---

[1] 金林，李研. 几种相关系数辨析及其在 R 语言中的实现[J]. 统计与信息论坛，2019，34（4）：3-11.

检验中的关联系数之一,适用于两个具有不同类别数的间断变量组成的长方形列联表。克莱姆相关系数值介于 0 和 1 之间,越接近 1 表示变量之间的相关度越高。

(二)结果呈现

基于上述数据分析流程及方法,本研究运用 SPSS 统计分析软件所得结果如下。

1. K-means 聚类结果

在进行 K-means 聚类分析之前,需要先计算每个样本教师的主观工作强度得分均值并将这一均值作为新变量。本研究在计算教师主观工作强度得分均值时,采用问卷第三部分中的前 31 个题项,但需要除去其中与教师主观工作强度无直接关系的 41 题,最终包括 30 个题项。此外,为使整个量表测量分数代表的意义相同,即数值越大表明工作强度越大,计算教师主观工作强度得分均值之前需在 SPSS 统计分析软件中对第 19 题、20 题、21 题和 34 题进行反向计分,最终所得 K-means 聚类结果如表 13-1 所示。

表 13-1 最终聚类中心

项目	聚类 1	聚类 2	聚类 3
主观工作强度得分均值	3.861	2.931	3.393
个案数	17 293	7 511	24 070

三个聚类中心的中心值分别为 3.861、2.931 和 3.393,这三个值是每个聚类中的教师主观工作强度得分均值。根据数值大小来看,聚类 2 中的教师处于工作强度相对适度状态,聚类 3 中的教师工作强度较大,聚类 1 中的教师工作强度最大。从整个调查样本($N=48\,874$)来看,聚类 3 中的个案数为 24 070,表明一半左右的教师工作强度较大;聚类 1 中的个案数为 17 293,表明约 35.38% 的教师工作强度大;聚类 2 中的个案数最少,为 7511,表示调查样本中约有 15.37% 的教师处于工作强度相对适度状态。

2. 卡方检验结果

进行聚类分析之后,选取部分教师工作强度客观指标,运用卡方检验分析这些指标在三种教师工作强度类别下是否存在显著差异。由于本章的目的是找出对教师主观工作强度差异影响较大且可以控制的客观指标,这些客观指标是未知的，我们需要根据以往经验和前期文献阅读的积累来预判哪些客观指标可能对教师主观工作强度差异的影响较大。本章选取了一些教师工作强度的客观指标，并考察了这些客观指标是否在不同教师主观工作强度类别下存在显著差异，卡方检验结果如表 13-2 所示。需要说明的是，尽管卡方检验结果与方差分析结果相似，但本研究所用卡方检验不是平均数差异显著性检验，其有别于方差分析。

表 13-2 客观指标在不同教师主观工作强度类别下的均值及卡方检验摘要表

项目	聚类 1	聚类 2	聚类 3	c^2
1. 这学期，正常工作日您平均每天工作时长（含在家加班）	3.374	2.723	3.075	2209.721***
7. 这学期，工作日您每天批改学生作业份数	2.528	1.908	2.236	1308.402***
9.3 作业批改与分析	3.573	2.843	3.083	2016.856***
9.5 其他非教学工作	3.635	3.026	3.186	1175.713***
10.3 班级管理	3.477	2.688	2.991	1751.192***
10.4 家校沟通与指导	3.147	2.481	2.687	2190.019***
10.6 公众号、APP 等信息处理	3.026	2.439	2.586	1802.569***
10.7 材料、表格填报	3.391	2.762	2.967	1895.560***
11.6 考核评估	3.056	2.458	2.597	1557.662***
11.7 备检迎检	4.022	3.069	3.462	1941.326***

卡方检验结果显示，以上教师工作强度客观指标在三种不同教师主观工作强度类别下均存在显著差异。以"家校沟通与指导"这一教师主观工作强度客观指标为例，卡方检验结果显示三类工作强度下的教师平均每周用于家校沟通与指导的时间存在显著差异。但皮尔逊卡方检验对样本量比较敏感，样本量越大越容易导致 p 值显著，样本量巨大时容易获得显著的结论。因此，当样本量巨大时，两个分类变量间的关联性可能并不一定很强，卡方检验结果达到显著并不一定表示以上教师工作强度客观指标对教师主观工作强度差异具有较大影响，需要结合相关系数来判断。

3. 克莱姆相关系数排序

为进一步了解以上教师工作强度客观指标对教师主观工作强度差异是否具有较大影响，以及哪些客观指标对教师主观工作强度差异的影响相对更大，本研究结合克莱姆相关系数及其数值大小来进行判断。上文所提及的客观指标与教师主观工作强度类别的克莱姆相关系数从大到小的排序如表 13-3 所示。

表 13-3　客观指标与教师主观工作强度类别的克莱姆相关系数

题项	工作强度类别
1. 这学期，正常工作日您平均每天工作时长（含在家加班）	0.150
10.4 家校沟通与指导	0.150
9.3 作业批改与分析	0.144
11.7 备检迎检	0.141
10.7 材料、表格填报	0.139
10.6 公众号、APP 等信息处理	0.136
10.3 班级管理	0.134
11.6 考核评估	0.126
7. 这学期，工作日您每天批改学生作业份数	0.116
9.5 其他非教学工作	0.110

克莱姆相关系数越接近 1，表示两个变量之间的相关度越高。调查发现，教师在日常教学工作中，除每日工作时长这一指标会影响教师工作强度差异外，家校沟通与指导，作业批改与分析，备检迎检，材料、表格填报，公众号、APP 等信息处理，班级管理，考核评估，批改作业份数等这些指标也会对教师工作强度差异产生一定程度的影响。其他非教学工作这一指标与教师主观工作强度的克莱姆相关系数相对较低，在调查问卷中这一指标具体指教师平均每天用于其他非教学工作的时间，这似乎与我们常说的"教师承担过多非教学工作"这一观点有些差异。但进一步理解，也许我们可以认为三类教师在非教学工作上的工作强度相差不大，进而对教师总体工作强度的差异并无显著影响。这一差异的出现，也可能与本次调查样本总量较大有关。此外，由于本研究将备检迎检和材料、表格填报等最为常见且广受关注的非教学工作予以单独分析，这两项非教学任务仍然对教师工作强度差异的影响较大，其他非教学工作可能在教师群体中不具有普遍性且对教师工作强度无太大影响。这也表明，一些中小学教师仍然受困于各种备检迎检和材料、表格填报等非教学工作。

在克莱姆相关系数较大的前五项教师工作强度客观指标方面，家校沟通与指导这一教师工作强度具体任务指标对教师主观工作强度差异的影响最大，而这一日常工作任务更多是班主任工作的体现。此外，公众号、APP 等信息处理和班级管理这两项教师工作强度具体任务指标也对教师工作强度差异具有较大影响，这两项具体任务也多属于班主任工作。这意味着，我们必须重视班主任的工作强度，因为我国班主任大多由学科教师兼任，班主任承担着比一般任课教师更繁多的教育工作。鉴于此，后续研究可以进一步调查、剖析班主任工作强度，以深入了解、分析班主任工作负荷较大这一现实问题。

4. 数据透视

鉴于前文聚类结果显示本研究调研的教师工作强度普遍较大，且作为班主任主要工作任务之一的家校沟通与指导这一工作强度指标对教师工作强度差异的影响较大，本书从"是否为班主任"这一视角切入，进一步分析班主任、副班主任和非班主任在各类工作强度上的具体分布以及班主任、副班主任和非班主任的工作强度概况，如图13-1、图13-2所示。

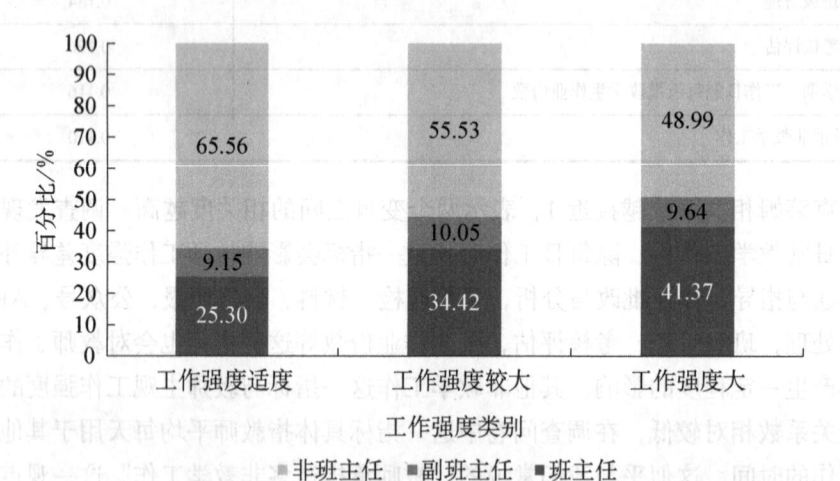

图13-1 班主任、副班主任和非班主任在工作强度各类别中的占比情况

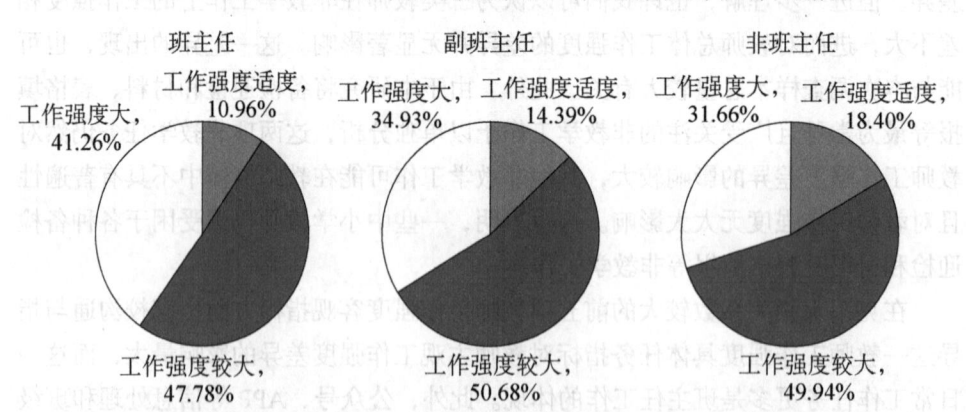

图13-2 班主任、副班主任和非班主任的工作强度概况

从图13-1中可以看出，在工作强度适度这一类群中，非班主任占比约为

65.56%；在工作强度较大这一类群中，非班主任占比约为55.53%；在工作强度大这一类群中，班主任和副班主任占比之和与非班主任占比相差不大，几乎各占一半。再结合图13-2，总体来看，班主任、副班主任和非班主任均具有高工作强度感知，但相对来看，班主任对高工作强度的感知更强，副班主任则处于班主任和非班主任之间。有调查发现，"双减"政策实施后，"工作时间延长"和"事务性工作太多"在班主任的压力源中较为突出，家长对家庭教育的指导需求更为强烈，学校给班主任提供的支持和保障效果一般，班主任的身心健康状况值得关注，为此需要加大对班主任的关爱力度。[1]班主任也是普通教师中的一员，在班主任工作要求上，我们既需要遵从《中小学班主任工作规定》等相关法律法规的规定，也需要坚守以人为本理念，理解班主任工作的不易，拒绝道德绑架，不把班主任的辛苦付出看作理所当然，给予班主任充分的人文关怀，注重班主任的心理疏导，缓解班主任在教育教学工作中的心理压力，促进班主任的身心健康。

班主任是中小学日常思想道德教育和学生管理工作的主要实施者，在促进微观教育公平方面，班主任作为班级管理的主导者，相比科任教师可以做得更多。[2]因此，鉴于我国班主任由学科教师兼任这一现实，班主任和科任教师在具体工作任务上的时间安排应有所差异，至少在班级管理、家校沟通等方面，班主任承担着更重要的职责，相应地，班主任的工作重心应在学生管理相关事务上，要保证班主任在这些事务上投入了足够的时间和精力。一项基于中国教育追踪调查数据的实证研究发现，不同工作内容的时间对班主任职业幸福感的影响在性质上存在差异，影响班主任职业幸福感的关键不是工作总时间的长短，而是具体工作内容的时间。[3]尽管这一研究未能单独分析班级管理对班主任职业幸福感的影响，但其表明提高班主任职业幸福感，关键不在于班主任工作总时间长短，而在于班主任具体工作内容的时间。依此逻辑，我们可以推测，减轻班主任工作负担，相比调适班主任总体工作时间，调适班主任不同工作内容的时间可能更有效，更具有现实价值。

虽然非班主任的工作内容没有班主任繁多，但非班主任也处于高工作强度状态，减轻非班主任工作负担同样需要从调适不同工作内容时间入手。从图13-2中可以看出，无论是班主任、副班主任还是非班主任，均有1/3以上的教师具有

---

[1] 刘京翠，赵福江."双减"背景下中小学班主任工作现状调查与分析——基于对全国16 166名班主任的问卷调查[J]. 教育科学研究，2022（8）：44-52，63.

[2] 褚宏启. 推进微观教育公平：班主任能做什么[J]. 中小学管理，2021（11）：62-63.

[3] 蒯义峰. 工作时间对班主任职业幸福感的影响——基于中国教育追踪调查（CEPS）数据的实证研究[J]. 基础教育，2020，17（4）：36-44.

高工作强度感知，且每类教师中认为工作强度适度的人数不足 1/5。非班主任相较于班主任承担着更重要的日常教学工作，但非班主任工作和班主任、副班主任工作没有轻重之分，需要同等重视。这同以往相关研究结果一致，我国中小学教师普遍处于高工作强度状态，工作负荷较重[1]。中小学教师工作时间长且工作量大，班主任、高中教师、城区教师的工作时间尤其长且工作量较大[2]，此外，中小学教师课时量多，且城乡教师的周课时量存在显著差异[3]。这就意味着，要把教师工作强度适度均衡理念融入各级各类教师工作强度调适政策及具体措施中。

（三）可控要素

基于前文分析，我们可以从教师具体工作内容来理解教师工作强度合理可控要素。本研究认为，教师工作内容可以从班级整体面向、学生个体面向和学校管理面向三个方面划分为三大维度。面向班级整体的教师工作内容主要包括备课、上课、班级管理、家校沟通等；面向学生个体的教师工作内容主要包括作业批改、课后辅导；面向学校管理的教师工作内容主要包括考核评估、备检迎检，以及材料、表格填报等。这些具体教师工作的时间和强度虽然难以直接控制，但可以从多个方面加以间接控制，如提高教师专业水平、优化学校管理制度等。对于那些相对不易控制的工作强度，可以通过心理疏导等其他方式予以缓解。依据前文分析结果，本研究发现对教师工作强度差异影响较大的客观因素主要为家校沟通、作业批改和分析、备检迎检以及材料、表格填报。本研究认为可从以下四个方面来间接控制对教师工作强度差异影响较大的客观因素。

1）增投教育资源，优化资源配置。例如，面向班级整体的教师工作中，可以依据师生比、班师比等安排各科任教师人数和班主任人数，通过合理配置师资来宏观调适教师课堂教学时间、班主任班级管理工作强度。此外，在学校层面的资源配置方面，对于有条件的学校，需要注重学校各职能部门人员的合理配置，不能把教辅人员和行政人员的工作强加在教师身上。同时，学校层面需要加强现代信息管理科学技术的应用，有条件的学校还可以研究人工智能如何助力学校工作，以减轻教师不必要的工作任务和工作量，方便教师教学工作并提高教学效率。从某种角度来讲，大班额也是导致教师高工作强度的原因之一，这一问题尽管得到了一定程度的解决，但仍任重道远。

---

[1] 李新翠. 中小学教师工作负荷：结构、水平与类型[J]. 湖南师范大学教育科学学报，2021，20（2）：82-89.
[2] 宋洪鹏，郝保伟，鱼霞. 中小学教师不合理负担表现、不利影响及应对策略——基于北京市的调查[J]. 教育科学研究，2021（10）：70-76.
[3] 王晓生. 中小学教师减负的现实基础、原因探寻与实践路径[J]. 教学与管理，2020（28）：9-12.

2）优化学校管理，疏解教师压力。就兼任班主任一事为例，有的教师可能一辈子都没担任过班主任，也极少有教师一辈子担任班主任。这就需要学校层面合理安排班主任工作，正确认识班主任的主要职责，鼓励学科教师积极兼任班主任，充分尊重和关怀班主任身心健康。实行多元化教师评价标准，不向教师尤其是班主任提过分要求和过高期望。合理编排课表，尽量避免出现教师连续上课问题，尤其是小学普遍存在一位教师任教多科的情况，应使上课时间安排尽量分散。同时，可以适当开展教师心理疏导工作，畅通教师压力反馈渠道，帮助教师疏散压力。总之，学校应为教师营造良好的工作环境和氛围，在工作要求和教师分配方面要尊重教师、理解教师、关心教师，从而增强教师对学校的归属感以及职业幸福感，消减教师工作压力和工作倦怠。

3）主动自我疏解，自己为自己减负。这一点主要体现在微观层面的减负。以班主任为例，班主任在班级管理工作中，要坚持"放管服"，尊重学生的主人翁地位，减少对班级的过多干预，转变"事必躬亲"的观念，为学生提供发展机会，这样既能减少一些工作量，也能提高班级管理工作效率。要相信学生、理解学生、关爱学生，同时也要使自己赢得学生的信任和尊重，以缓解工作压力、愉悦心情，从而提高自身成就感、职业幸福感。班主任和非班主任还需要积极配合、及时沟通、相互帮助，共同促进学生的全面发展。此外，班主任还要不断提升业务水平，尤其是初次担任班主任的教师，需要积极学习班主任班级管理工作及相关理论知识，提高心理承受力、工作胜任力和工作成就感，从而减轻、缓解自身工作压力。非班主任同样需要不断提高专业水平，减缓教学和专业发展方面的压力。

4）理解教师工作，体谅教师不易。这一点主要在于社会和家长对教师不能施以过高的期望和要求。要营造全社会尊师重教的良好氛围，教师职业也是一种普通职业，教师也是普通人，不能把教师"神化"，要以人为本，尊重和理解教师的工作。社会各界和广大家长也需要理解教师在工作中产生的负面情绪，站在教师的角度，理解教师工作的困难之处。社会不应沉迷于教育的外在价值，要看到教育的内在价值，看到教师工作的内在价值。关于这一点，相关教育政策研究者和制定者可以通过政策制定的方式来正向引导全社会科学、理性看待教师这一职业以及教师个人。

调适教师工作强度的本质在于使教师能够在自己的岗位上安心、舒心从教，对自己付出的每一分耕耘和投入的每一分精力感到有意义和有价值，并且值得坚持，这也有利于为教师营造良好的工作氛围，促进教师身心健康，进而有助于教师落实立德树人根本任务、促进学生全面发展。关于如何把握教师具体工作的合理时间、合理工作量，使教师处于工作强度适度状态，鉴于教育的城乡差异、教育发展水平的地域差异、教育资源配置区域差异、教育政策实施差异等多方面因素，未来还需要进一步分地域、分城乡、分学段开展实证调查，对各级各类教师的工作强度进行动态追踪，从而提出更具针对性的、更适切的政策建议。

三、教师工作强度动态观测展望

为精准找寻教师工作强度合理可控要素，挖掘影响教师工作强度的隐形因素，需要开展教师工作强度动态观测工作。这是一项耗时巨大的工程，开展这一工作需要建立教师工作强度动态观测数据库、完善教师工作强度动态观测配套体系、构建教师工作强度学术研究共同体等一系列工作。教师工作强度涉及多方利益共同体，需要多方合作、携手并进。

（一）建立教师工作强度动态观测数据库

科学衡量教师工作强度需要建立动态观测数据库。教师工作强度既受到社会制度、教育政策、区域教育发展水平、学校管理制度、学科发展状况、班级规模等外部大环境的影响，也受到教师自身因素的影响。当今社会复杂多变，教师工作强度过大或者说教师工作负担异化不是一朝一夕的结果，也不会仅靠一朝一夕之功就能得到解决。因此，我们需要动态监测教师工作强度。衡量教师工作强度以及调适教师工作强度要考虑多方因素，对可施加影响的调控干预方案也需要在动态监测中加以验证和改进。此外，关于教师工作强度适度均衡可控指标及其范围的合理性和有效性验证等问题，也就是本研究后续可以进一步开展的工作，同样需要基于动态监测进行研究。后续研究可以缩小研究范围，选定研究对象，监测从现在起三年或五年内研究对象的工作强度以及教师感受的变化趋势，可以将本次研究得出的影响教师工作强度差异的客观指标作为重要观测点，考察这些指标的变化与教师工作强度变化的关系，进一步检验合理控制这些指标是否有助于调适教师工作强度，使教师工作强度处于适度均衡水平。

（二）完善教师工作强度动态观测配套体系

教师工作强度的观测与分析需要师资供需状况调研予以辅助。由中国艺术教育促进会、清华大学中国经济社会数据中心发布的《全国义务教育阶段美育师资状况分析报告》从课时量和教师工作强度两个基本变量出发，分析义务教育阶段美育师资供需平衡基本状况，结果显示，全国义务教育阶段美育师资存在较大缺口，区域发展不平衡且存在较大的城乡差距。[①]这一分析报告给了我们这样一种提示：各区域各学科师资供需平衡的基本状况可能是教师工作强度呈现地域及学科差异的重要影响因素之一。因此，对教师工作强度的观测以及相关政策建议的出台需要做好分地域、分学段、分学科的师资供需调研，从师资供需和教学课时要求出发综合分析教师工作强度，有利于更加全面、客观地看待教师工作强度。师资供需调研是一项颇具现实意义的工作。一方面，师资供需调研可以为各级相关管理部门制定相关政策，明确中小学各学段各学科教师人数配置、课时量及工作强度的基本需求提供现实依据；另一方面，师资供需调研是科学衡量教师工作强度、有效解决教师工作强度较大问题的前提。师资配置属于教育资源配置，与教师工作强度密切相关，教师工作强度是否适度以及如何适度的问题需要结合师资配备状况来分析。

（三）构建教师工作强度学术研究共同体

研究教师工作强度适度问题，需要构建学术研究共同体。学术研究共同体具有学术性、协同性和共享性，其宗旨是追求学术进步和教育事业的更好发展。学术研究共同体可以实现管理者、实践者、研究者等多主体共同参与某一研究领域或主题，在学术研究共同体中，多主体可以实现优势互补，有助于打破单一研究主体这类研究的局限性，有利于研究的不断深入。教师工作强度受多方面因素的影响，涉及多方利益相关主体，因此，研究教师工作强度需要多方合作、信息共享。这些研究主体包括高校、研究所、中小学校、地方教育部门以及一线教师。一方面，教师工作强度学术研究共同体有利于教师工作强度动态观测的有效实施以及观测结果的有效利用，因为教师工作强度动态观测需要地方教育部门、学校、教师和调研机构的积极配合，需要科学有效的监测工具和理论联系实际的正确分析，需要实时跟进教育政策，需要真实了解一线教师工作状况；另一方面，动态监测教师工作强度以及研究教师工作强度适度问题是一项耗时耗力的大工程，学术研究共同体具有的多元利益主体特点能够在一定程度上减少研究过程中的人力、物力和财力的消耗，有利于研究的顺利开展。

---

① 教育部.《全国义务教育阶段美育师资状况分析报告》显示 全国美育教师至少缺四万[EB/OL]. （2016-08-30）. http://www.moe.gov.cn/jyb_xwfb/s5147/201608/t20160830_277028.html[2022-08-09].

第十四章
教师工作强度有效调适策略

教师工作有其职业特殊性，教师工作强度的有效调适要坚持育人为本，遵循教育规律，聚焦学校教育教学质量提升，积极回应教师关切与诉求，着力破解教师"急难愁盼"的问题。为了有效地调适教师工作强度，保障教师合法权益，构建教育良好生态，切实提升教师幸福感，我们可以从以下几个方面着手。第一，强化顶层设计，出台国家专业标准；第二，完善学校管理，打造校园特色文化；第三，给予专业保障，促进教师积极调适；第四，彰显人文关怀，引导社会正确舆论；第五，服务职业发展，提供学术智慧咨询。

一、国家专业标准制定

中小学教师工作强度普遍较大已经成为社会共识,"教师减负"也逐渐被社会所重视。2019 年 12 月,《关于减轻中小学教师负担进一步营造教育教学良好环境的若干意见》指出,"必须牢固树立教师的天职是教书育人的理念,切实减少对中小学校和教师不必要的干扰"[①],在官方层面对教师减负给予关注,尤其注意到教师非教学工作量较重的现象。2021 年,《关于进一步减轻义务教育阶段学生作业负担和校外培训负担的意见》出台后,中小学教师的教育教学工作量进一步增加,这势必会对教师减负产生一定影响。总体而言,中小学教师的工作强度依然较大,过高的工作量会对教学效果产生负面影响,而且不利于教师的身心健康。为了减轻教师工作负担,提高教师的工作积极性和工作满意度,我们需要继续关注教师工作强度问题,从国家层面制定适当的专业标准,以对中小学教师的工作强度进行有效调适。

(一)明确劳动量标准,保证工作强度适当

1. 以《劳动法》为基础,规约教师劳动量

我国幅员辽阔,人口众多,各地域间的发展情况有较大差异,难以用统一的标准来衡量。因此,国家尚未出台过全国统一的教师课时量标准。没有统一的标准和规定,就可能会出现较多的教师过度加班、工作量过大的现象。因此,有必要设置一条"红线",使教师的工作量保持在这条红线之下。根据我国目前的国情,明确教师劳动量标准的"红线"应以《劳动法》为基础。

《劳动法》于 1994 年 7 月 5 日通过,自 1995 年 1 月 1 日起施行,现已经过多次修订。《劳动法》第二条规定:在中华人民共和国境内的企业、个体经济组织(以下统称用人单位)和与之形成劳动关系的劳动者,适用本法。教师显然也在此列,因此也属于《劳动法》的适用范围。《劳动法》第四章"工作时间和休息休假"对我国劳动者的工作时间做出了详细规定,具体包括:①每日工作时间不超过八小时,平均每周工作时间不超过四十四小时;②每周至少休息一日;③节日期间依法休假;④用人单位经与工会和劳动者协商后可以延长工作时间,一般每日不得超过一小时,因特殊原因需要延长工作时间的,在保障劳动者

[①] 中共中央办公厅、国务院办公厅. 中共中央办公厅 国务院办公厅印发《关于减轻中小学教师负担进一步营造教育教学良好环境的若干意见》[EB/OL].(2019-12-15). http://www.gov.cn/zhengce/2019-12/15/content_5461432.htm[2022-08-09].

身体健康的条件下延长工作时间每日不得超过三小时,但是每月不得超过三十六小时;⑤国家实行带薪年休假制度,劳动者连续工作一年以上的,享受带薪年休假。这些规定对中小学教师同样适用,也是目前法律层面对我国中小学教师工作强度的有力约束。

然而,我国中小学教师的工作时间依然普遍较长。《中国教师发展报告2019》中的调查结果显示,中小学教师的日常平均工作时长为10.9小时,每周累计工作时长为54.5小时;仅有49.95%的教师每天在校工作时长在法定范围内(8小时或以下),有超过半数的教师每天工作时长超过国家法定时长,11.88%的教师在校工作时间在10小时以上。①根据李新翠所做的调查,中小学教师每周平均工作时长为52.54小时。②由此可见,目前中小学教师的工作时间还无法完全匹配《劳动法》的要求,半数左右的中小学教师处在需要加班的状态,还有相当比例的教师处在需要频繁加班的状态。加班是《劳动法》所允许的情况,但《劳动法》对每月的加班时间也做出了明确限制。对于可能超出《劳动法》规定的工作时间过长的教师,我们需要多加注意,并采取措施控制其工作时间,保证教师必要的休息,以使教师群体的工作时长总体上控制在《劳动法》允许的范围内。

2. 因地制宜制定标准,规划教师工作量

各地区针对自身实际情况,出台符合地区发展需要的教师工作量标准,能够起到因地制宜的效果,有助于规划当地教师的工作量。目前,我国部分地区已经进行了有益的尝试。浙江省温岭市人民政府2018年发布《关于进一步明确中小学教师工作量标准的通知》,规定了小学、初中和高中教师的周课时数标准,如小学语文、数学教师每周14节,初中语文、数学、外语教师每周12节,高中教师每周10~14节等。③在《劳动法》的基础上,该文件对中小学教师工作量进行了进一步更明确的规定,以缓解教师工作量较大的现象。

国家对高等院校教师的工作量曾经做过统一规定。1981年颁布的《教育部关于高等学校教师工作量试行办法》规定,教师全年工作量,按每天8小时,每周5天,每年暂按42周计算,应为1680小时。但我国各地国情不同,使得统一的工作量规定逐步暴露出许多问题,于是在1985年发布了《教育部关于当前高等学校教师工作量问题的意见》,提出改革上述试行办法,由各高等学校参照该

---

① 李广,柳海民,等.中国教师发展报告2019:中小学教师队伍建设的成就、挑战与举措[M].北京:科学出版社,2020.

② 李新翠.中小学教师工作量的超负荷与有效调适[J].中国教育学刊,2016(2):56-60.

③ 浙江省温岭市人民政府.温岭市教育局关于进一步明确中小学教师工作量标准的通知[EB/OL].(2018-04-25).http://www.wl.gov.cn/art/2018/4/25/art_1229300109_2908593.html[2022-10-25].

办法自行决定教师工作量的计算办法及其定额，教育部不做统一规定。相比于高校教师，各地中小学教师情况的差异就更大，因此国家对中小学教师的工作量没有做过统一规定。在这种情况下，各地区根据自身实际对当地中小学教师的工作量进行规划，对于有效调适教师工作强度是有帮助的。

3. 对超出规定的工作时间，给予充足的报酬

前文提到，我国中小学教师的工作时长普遍较长，半数以上的教师需要加班，还有一定比例的教师需要频繁加班。如果教师频繁加班的情况无法得到改善，那么教师的报酬就一定要保障好。如果出现频繁加班还得不到报酬的情况，那么教师的幸福感势必就会受到影响，从而影响教师的身心状况和教学质量。目前，教师整体的工资收入仍然较低，这种情况也得到了社会的普遍关注。早在1993年，《中华人民共和国教师法》就规定，"教师的平均工资水平应当不低于或者高于国家公务员的平均工资水平，并逐步提高"[①]。2019年以来，教师工资待遇水平较低的情况进一步得到重视，教师工资不低于当地公务员的要求进一步被贯彻落实，2022年教育部发布的《教育部2022年工作要点》也继续强调了这一要求。教师工资待遇较低的问题已经逐步受到社会关注，但是教师加班期间的薪资待遇情况还未引起广泛关注。在教师加班现象较为普遍的情况下，为教师提供充足的薪资保障，对于提升教育教学水平和教师幸福感很有帮助。

（二）聚焦非教学工作，贯彻落实教师减负

1. 中小学教师非教学工作的成因及主要表现

我国中小学教师在教育工作中的角色具有多重性。教师不仅需完成教学、教学管理、家校沟通等工作，还需配合教育行政部门和学校完成各种非教育教学类任务，使其除具有教学者的本职角色外，还扮演着社区工作者、城市创建者等社会角色。此外，不同主体对教师有着不同的期待：国家希望教师成为教育方针政策的贯彻者，学校期望教师成为教育质量和教育效果的提升者，家长期盼教师成为学生的指导者和高成绩的创造者，学生渴望教师成为自己的合作者和伙伴。这样的角色多样性，使教师不得不承担繁重的非教学工作。

2019年，《关于减轻中小学教师负担进一步营造教育教学良好环境的若干意见》列出了我国中小学教师非教学工作的主要表现，分别是督查检查评比考核事

---

① 教育部. 中华人民共和国教师法[EB/OL].（1993-10-31）. http://www.moe.gov.cn/jyb_sjzl/sjzl_zcfg/zcfg_jyfl/tnull_1314.html[2022-10-25].

项、社会事务进校园、相关报表填写工作、抽调借用中小学教师事宜。此外，许多学者也在其研究中提及中小学教师非教学工作的表现。张家军和闫君子认为，中小学教师的非教学工作主要包括"督、检、评、考、填类工作"和"社会性工作"两部分。[1]李新翠认为，中小学教师的非教学工作包括开与教学无关的会议、填写无关材料和报表、为应对各级检查而写学习心得、参加非教学部门组织的活动等。[2]这些文件和研究对中小学教师非教学工作的主要表现已经做出了精准的概括和分析，在这里，我们采用《关于减轻中小学教师负担进一步营造教育教学良好环境的若干意见》的界定，即我国中小学教师非教学工作的表现包括督查检查评比考核事项、社会事务进校园、相关报表填写工作、抽调借用中小学教师事宜四部分。

2. 降低非教学工作量是中小学教师减负的主要抓手

我国中小学教师的工作任务大致可以分为以下三类：第一类为本源性工作，即与教师本职工作直接相关的一些事务，如备课、上课、作业的布置与批改、教学评价等；第二类为专业发展类工作，即与教师专业成长有关的工作，如教师职称评定、课题申请、各种专业培训等；第三类为非教学工作，即各种督查、检查、评比、考核、相关报表的填写工作、社会事务性工作、与教师借调相关的工作等。对于教师而言，前两类工作是其应当承担的责任与义务，但如今的教师需要把相当多的精力放在各种各样的非教学工作上，从而陷入"假忙碌"的状态，即看起来勤恳工作、认真努力，实际上却在应对各种琐事。这样，教师的获得感和幸福感就会大大降低，前两类工作的完成质量将大大下降，教师群体的身心状况也得不到保证。

我国中小学教师非教学工作量较大的现象由来已久。早在 20 世纪 50 年代，就有媒体关注到社会活动事务使中小学教师负担加重的问题。[3]随着义务教育的逐步普及，中小学教师的非教学工作更加繁重，这种现象也引起了一定程度的社会关注。《关于减轻中小学教师负担进一步营造教育教学良好环境的若干意见》指出，"必须牢固树立教师的天职是教书育人的理念，切实减少对中小学校和教师不必要的干扰"[4]。由此可见，减轻非教学工作对中小学教师的干扰，是提升

---

[1] 张家军,闫君子. 中小学教师负担：减与增的辩证法[J]. 教育研究, 2022, 43 (5): 149-159.
[2] 李新翠. 中小学教师工作量的超负荷与有效调适[J]. 中国教育学刊, 2016 (2): 56-60.
[3] 秦锡纯. 减轻小学教师负担[J]. 人民教育, 1965 (11): 22.
[4] 中共中央办公厅, 国务院办公厅. 中共中央办公厅 国务院办公厅印发《关于减轻中小学教师负担进一步营造教育教学良好环境的若干意见》[EB/OL]. (2019-12-15). http://www.gov.cn/zhengce/2019-12/15/content_5461432.htm[2022-08-09].

教师幸福感、实现教师减负的必要环节和主要抓手。

3. 调适教师非教学工作量的主要对策

中小学教师减负不是中小学教师不能有负担，而是应减掉教师不应该承担的、与教育教学活动无关的工作。因此，教师减负需明晰教师负担的权责边界，合理划分教师负担的权责域，分类分层、精准化解中小学教师过重的非教育教学类负担，使中小学教师真正回归教学本身。国家层面的精准施策可分为纵向和横向两个维度。

在纵向维度，分层转变工作机制，制定权力负面清单。学校教育责任的模糊与相关行政部门的过度干预，使得教师教学工作的自主权弱化，在一定程度上加重了教师负担。因此，教育行政部门和学校应分别制定相应的权力负面清单，厘清教师负担的权责边界，以清单管理的方式从源头上减轻教师过重的非教育教学类负担。一方面，教育行政部门应出台权力负面清单，并以此清单作为减负的参照，严禁向教师摊派与教育教学无关的各项事务，促进教师教学自主权的回归；另一方面，各学校可在依据教育行政部门权力负面清单的基础上，结合自身实际情况出台个性化的学校负面清单，避免因教育行政部门的过度干预或政策制度的添加式执行导致学校和教师的自主权渐弱，发挥学校作为减轻教师非教学类负担主阵地的作用和影响。

在横向维度，分类针对性施策，立体推进减负进程。针对不同的教师负担，应避免减负过程中"一锅端、一刀切"的笼统做法，应根据不同负担的特点和类型，出台相应的政策制度，依法立体综合推进教师减负进程。第一，本源性和专业发展类工作是教师必须承担和履行的工作职责，应保持在适度范围。比如，"双减"政策颁布后，学校课后服务的出现必然会引起教师工作量的增大，除了请本校教师承担课后服务以外，学校还可聘请退休教师或具备一定资质的社会专业人员、志愿者为中小学校提供课后服务，保证教师负担的可承受性。第二，针对督查检查评比考核事项，可规范和精简各类检查评比考核以及各类形式化材料的填写，充分利用现代信息技术，提高信息搜集的效率。《关于减轻中小学教师负担进一步营造教育教学良好环境的若干意见》规定，"杜绝重复上报各种数据及多头填写表格现象"，"建立健全各类教育信息数据库，进一步规范基本信息管理和使用"。[1]第三，针对社会性的工作负担，可出台相关的社会政策以减少或避

---

[1] 中共中央办公厅，国务院办公厅. 中共中央办公厅 国务院办公厅印发《关于减轻中小学教师负担进一步营造教育教学良好环境的若干意见》[EB/OL].（2019-12-15）. http://www.gov.cn/zhengce/2019-12/15/content_5461432.htm[2022-08-09].

免社会事务进校园，并严格要求不得把与教育教学无关的活动和工作强制摊派给中小学校，以此为社会机构提供政策要求和制度规范，从社会层面切断教师非教育教学工作的"输入链"。

（三）保证教学工作量，提高教师教学质量

1. 关注需求，标准制定应重视与教师的对话

教师是教育实践的建构者和主人，理应参与到国家专业标准的制定过程中，成为专业标准的执行者和研究者。国家专业标准在制定和执行的过程中都要重视与教师进行对话，提高国家专业标准制定的科学化、民主化水平。对话是决策者与教师进行沟通的重要形式，决策者重视与教师的对话，实质上是将教师纳入政策制定者的体系中来。对话的实质不仅是对话双方在意义层面上进行交流，而且是对话双方通过互动进行意义重构。[1]教师对于行政要求有选择地服从，是教师自由意志的表现。合理的国家专业标准应当在设计和执行环节增强人文性，推进民主化与公平性。为了弥补政策的缺陷，首先应以"人本性"作为政策设计的原则，重视教师主体性，维护教师尊严，在体现出国家教育行政部门和社会对教师价值期待的同时，注重教师的个人感受。如今，教师的工作强度普遍很大，国家专业标准只有更加人性化、更加公平化，才能为教师工作强度的有效调适保驾护航，并调动教师工作的积极性与主动性。国家专业标准在规范教师工作时间、控制教师非教育教学工作量的同时，也要对教师的教学工作进行要求，这实质上是在规范教师的权利和义务，也是在规范教师的行为。教师是有血有肉的人，如果只规范而不注重人文关怀，那么教师的工作积极性和教学质量势必会受到影响。因此，在制定标准的过程中贯彻"人本性"的原则，更有利于发挥专业标准的引领、激励与凝聚作用。其次将制度目标与教师的个体目标进行整合，更能增强制度决策的有效性，使政策和标准与教师需求相契合，从而有助于提升教师幸福感，使教师工作强度得到有效调适。同时，教师也应当具备对话意识，要有足够的信心和勇气提出问题，充分表达自己的思想和意愿。

2. 认识先行，明确保证教学工作量的必要性

教师的本职工作是教书育人，教师减负的本质即减轻与教书育人无关的负担，将教育教学时间还给教师。教师减负绝不是一味地减轻教师的工作量，而是应在采取措施减轻非教育教学工作量的同时，保证教师的教学工作。因此，我们

---

[1] 陈向明. 质的研究方法与社会科学研究[M]. 北京：教育科学出版社，2000：383.

需要树立理性的教师负担观，在《关于减轻中小学教师负担进一步营造教育教学良好环境的若干意见》与"双减"政策既减负又增量的背景下，对教师负担需做到"有减有保"。所谓"减"，即前文提到的减轻教师的非教育教学工作量。通过对教师非教育教学类负担的减轻，将教育教学时间还给教师，确保教师能够在宁静的教育教学环境中潜心教书、静心育人，避免教师成为"校园中的社会工作者"。所谓"保"，指聚焦教师立德树人、教书育人的主责主业，明确教师应该承担和不可推卸的教育教学工作，保持教师适度的教育教学负担。

要做到"有减有保"，我们需要做到以下两点。首先，明确具体场域内的环境和实际情况，帮助不同场域内的主体合理认识中小学教师负担，减轻教师的非教育教学类负担，为中小学教师回归教书育人本职工作营造良好的氛围。其次，正确认识教师角色，确立减负过程中教师的主体性。只有正确认识教师在不同场域中的角色，才能更好地保证教师立足主业角色，不忘教育教学初心。在社会场域，教师应扮演社会人的角色，履行社会人的职责和使命；在家庭场域，教师应扮演家庭角色，正确平衡工作角色与家庭角色之间的关系；在学校场域，教师应扮演"学生的引导者"等与主责主业相关的角色，承担培养社会主义建设者和接班人的重要任务。基于对教师在不同场域中角色的正确认识，提高教师主体能动性、自主性和自为性的角色行为，有效保证减负过程中教师的主体性，才能使其更好地教书育人。

3. 提质增能，保证教师教学的工作量与质量

减轻中小学教师非教育教学类工作负担的目的，是减轻与教师主责主业不相关的工作负担，使教师能够专注于教育教学活动本身，宗旨是提高教育教学的效能。因此，应储备多样化的资本以强化教师的专业能力，有效提高教师的教育教学效能。

第一，给予中小学教师资源支持，储备文化资本促进教师个性发展。一方面，以制度形式保障中小学教师充足的学习时间。教师减负须以制度形式明晰中小学教师工作时间，在确认中小学教师完成课堂教学、备课上课等与教师职责有关的工作时间的基础上，为教师提供弹性化的工作时间，保障教师有充足的时间用于自主学习、专业发展和反思，以提高自身的专业化水平。另一方面，以制度形式给中小学教师提供充足的职业支持。应为中小学教师提供有效的、合理的职业支持，更好地促进教师的职业发展。因此，可进一步完善教师培训相关制度，根据教师在知识类型、专业能力等方面的差异，切实为每位教师提供与专业发展相关的咨询和辅导，针对不同专业发展水平的教师制订个性化的发展方案，帮助

中小学教师储备文化资本，使每位教师都有公平的发展机会，能够自如地应对教育教学工作中的困难与挑战。

第二，改革中小学教师评价和职称评定制度，储备符号资本强调教师内生发展。一方面，改革中小学教师的评价制度。教师教书育人不仅包括引导学生学习，还包括健全学生人格、培养学生学习兴趣、关爱学生健康成长等。因此，应改革教师评价的线性制度，不以学生成绩为唯一衡量标准，客观公正地构建能反映中小学教师工作特点和实际情况的多元评价体系，注重教师的内生发展，以此激励和促进教师发展，减轻中小学教师的负担。另一方面，改革中小学教师职称评定制度。中小学教师职称评定制度应立足教师主责主业，关注教师工作"教学"和"育人"的双重属性，避免将过多与教师主责主业无直接关系的工作作为评定标准，提升教师从事教育教学活动的积极性。同时，规范中小学教师职称评定过程，在评定全过程均要秉持公正、公平和公开的原则，对相关评定材料进行公示，保证评定过程的透明公正，杜绝评定的"黑箱操作"，以减轻符号资本获取不易所带来的教师负担。

第三，提高中小学教师薪酬待遇，储备经济资本保障教师稳定发展。薪酬待遇的适当提高，有助于教师正确看待自身的负担。可充分落实与中小学教师薪资待遇相关的社会政策，为中小学教师的经济资本提供社会保障，使教师能安心从教，专注教育教学活动。

二、学校文化主动构建

党的十八大以来，习近平总书记多次强调教育工作的重要性。新时代的飞速发展对教师提出了更高的要求和更深的期盼。教师的角色越来越多元化，教师的职能也变得越来越复杂，教师不再仅仅扮演传统意义上"传道、授业、解惑者"的角色，还扮演着多重意义的"角色丛"。在这种情况下，教师工作强度不断增大。教师除了备课与上课之外，还要给学生辅导、批改作业、进行家校沟通、处理学校管理性事务以及完成其他非教学工作等，这些工作使得教师在工作日处于高强度的工作状态，再加上学校管理中的一些形式主义的工作，让教师超负荷运转。长期下去，教师没有精力专心于本职教学工作，无法照顾到和关注到每一位学生的成长，既不利于教师教学工作的开展，也降低了教师的职业幸福感。

学校作为教师工作的主要场所，要首先为"教师"减负。如何为教师创设良好的环境、为教师提供强大的支持，这些问题需要我们思考。本部分从学校层面有针对性地就如何调适教师的工作强度提出几点建议。

（一）做好教师成长的"加减法"，构建和谐校园

1. 降低教师工作强度，增强教育灵活度

有研究表明，教师工作时间长度与教师的抑郁程度呈正相关[1]，当周教学工作时长超过 40 小时，教师的工作积极性开始呈下降趋势[2]。相关研究表明，长期超负荷运转，容易导致教师身心健康透支，同时也会致使教师疲于奔命，缺乏自主学习和专业反思时间，不利于教师积极投入工作。[3]因此，降低教师工作强度是学校教育首要考虑的问题。目前很多中小学校的班级人数超过了 50 人，有的班级人数甚至达到了七八十人。面对性格、能力迥然不同的学生，教师的工作强度可想而知，因材施教的原则也很难贯彻落实。学校可以考虑采取缩减班级人数、实施小班教学等方式，以减轻教师的工作强度，提高教学质量。

2. 减轻教师心理压力，提高情绪调控能力

学校管理者要注重教师的心理健康，加强对教师情绪管理能力的培养，使其拥有积极乐观的心态，正确看待工作中的挫折，提升教师的抗压能力。学校可以定期为教师开展心理健康培训，使教师掌握心理健康的有关知识，或定期举办心理健康讲座，为教师提供心理疏导的途径，使教师以积极健康的心态面对教育事业。

3. 规划教师生涯发展，增强职业认同感

制定教师职业发展规划对于中小学教师的长足发展具有重要意义。职业生涯虽然只是个体概念，但它与其所在的组织密切相关。学校有义务、有责任为教师的职业生涯发展创造条件，帮助他们实现自己的职业生涯目标。[4]学校层面要为教师提供多种职业发展方向，为教师实现个人职业发展铺好道路，结合学校和教师个人的发展目标，制订详细可操作的实施计划。

4. 重视精神激励，增强职业归属感

早在 20 世纪 50 年代后期，美国行为科学家赫茨伯格提出了"双因素激励理论"，其中的双因素是指保健因素和激励因素。保健因素是与工作条件相关的因素，如人际关系、工作条件、福利等；激励因素是与工作本身特点和内容联系在

---

[1] 白冰. 中学教师工作时间、抑郁与主观幸福感的关系[D]. 长春：东北师范大学，2013.
[2] 翟晓雪. 教学工作时间对农村教师工作积极性的影响研究[D]. 长春：东北师范大学，2017.
[3] 北京市社会心理服务促进中心. 北京社会心态分析报告（2017—2018）[M]. 北京：社会科学文献出版社，2019：2.
[4] 王建虹. 高校青年教师职业生涯发展指导探析[J]. 教育与现代化，2008（2）：45-49，54.

一起的，能使教师得到激励的因素。对于很多一线教师来说，教师是一份比较稳定的工作，工作环境较好，人际关系相对简单，保健因素能得到基本的满足。然而，激励因素才是促使教师发展的重要因素。因此，学校应该使教师获得更高的职业认同感，激发教师的责任心，增强教师的职业归属感。

（二）转变学校管理模式，突显人文情怀

已有研究发现，校长的领导行为和学校组织气氛等方面与教师教学的相关极其显著。[1]权利分配越公平的学校，教师越可能会被激发出更高的能动性。[2]学校应实现由"控制型思维"向"服务型思维"转变[3]，给予教师更多精神和心理上的关怀。学校的领导者应站在教育改革的前沿，转变旧的管理观念，树立现代学校的管理理念，以教师和学术的全面发展为主，创造性地开展各项工作。[4]

1. 创新管理理念，实施师本管理

师本管理是把教师作为学校办学的根本，把教师作为"人"而非工具，注重教师发展的管理。[5]学校领导者应该坚持以人为本的管理思想，树立以人为本、以教师为重的理念，关注教师劳动的艰辛，深入了解教师需要，采取不同的管理方法，尽可能满足教师的合理需要。学校在各项管理活动中注重调动和发挥教师的主动性与创造性，不机械地强求教学要求、进度和评价等的绝对统一，尊重教师在教学上的个性，充分发挥每一位教师的智慧。

2. 改革传统的科层体制，积极构建扁平化组织

目前很多学校的教育教学管理体制仍然是传统的科层式管理体制，这种分头管理、逐层落实、逐级考核的管理模式虽然提高了学校管理的质量，但留给教师自主管理的权力有限，可能会在一定程度上影响教师的积极性和主动性。学校管理者可以采用扁平化的管理模式，以实现管理重心下移，如加强年级组建设，削弱教务处的职能等，进一步增强教师的责任感和主人翁意识。

3. 给予教师人文关怀，提升教师发展空间

教师自身具有较高的文化素质，对事物有自己独特的判断能力，因此学校管

---

[1] 〔美〕罗伯特·欧文斯. 教育组织行为学[M]. 孙锦涛，等，译. 武汉：华中师范大学出版社，1987.
[2] Lai C, Li Z, Gong Y. Teacher agency and professional learning in cross-cultural teaching contexts: Accounts of Chinese teachers from international schools in Hong Kong[J]. Teaching and Teacher Education, 2016, 54: 12-21.
[3] 张家军，闫君子. 中小学教师负担：减与增的辩证法[J]. 教育研究，2022，43（5）：149-159.
[4] 袁安顺. 校长要不断提升个人魅力 提高学校管理水平[J]. 贵州教育，2012（1）：15-16.
[5] 陈乃琳. 师本管理初探[J]. 教育理论与实践，2003（3）：20-24.

理者应避免采用命令的方式要求教师来推动学校管理目标的实现。学校管理要注重给予教师充分的人文关怀，大到制度规定，小到校园文化，为教师的专业发展提供平台和空间。另外，学校管理者还应该为教师提供自主发展的土壤。一个学校的教师群体，必须是具有学术个性和自由的集体。[1]学校管理者要鼓励教师大胆创新、勇于探索，留给教师一定的自主权，为教师创造自主发展的空间。

4. 整合教师个人价值观，创设幸福课堂

劳动幸福观是马克思主义唯物史观思想的重要体现。教育家苏霍姆林斯基曾说：如果你想让教师的劳动能够给教师带来乐趣，使天天上课不至于变成一种单调乏味的义务，那么你就应当引导每一位教师走上从事教育科研这条幸福的道路上来。因此，学校管理者应端正教师对教与学的认识，整合教师个人价值观，培养教师积极的心态，把教与学看作增长才能、实现自我价值的过程，创设幸福课堂。

（三）营造良好的工作环境，构建教师社会支持系统

1. 优化人际交往圈，稳固教师心理支持

教师的社会支持主要来源于家人、朋友、领导和同事等。有研究表明，社会支持可以通过降低工作与家庭冲突的消极影响，提升工作与家庭和谐的积极影响，更好地促进工作与家庭平衡，减轻教师心理压力，从而使教师体验到更高的工作满意度。[2]从学校领导层面看，学校领导要采取民主型的管理方式和工作作风，正确处理教师与教师之间的竞争与合作关系，以及各种利益关系等，注意公平原则，避免制造矛盾，同时要注意减轻教师的工作量，让教师在下班时间可以回归家庭。从同事关系层面看，良好的工作关系会促使教师保持愉悦的心情。学校管理者应该为教师创设一种相互支持、共同提高的工作氛围，使教师的人际关系向积极的方向发展。

2. 创建优秀的校园环境，营造良好的氛围

对于学校而言，如何创造良好的氛围，让教师感到工作不仅是谋生的手段，更是乐生的途径，是学校管理者要考虑的重要任务之一。优秀的校园文化起着凝聚作用，学校管理者应该为教师创设充满人性化的校园文化环境，使教师在工作

---

[1] 孙鹤娟. 学校文化管理[M]. 北京：教育科学出版社，2004：65.
[2] 兰文杰，黄大炜，何明远，等. 农村教师社会支持、工作家庭平衡与工作满意度的关系[J]. 现代预防医学，2018，45（5）：855-859.

环境中感到愉悦、幸福，努力营造一种和谐、进取的工作氛围。学校除了需要为教师提供软环境，还需要保证校园的硬环境，如基本设备是否健全、教学资料是否充足。校园文化会潜移默化地对教师产生熏陶作用，教师在环境舒适的校园文化中可以心情愉悦地工作，进而有助于提高教学效率。

3. 培育校园文化，充实精神情感世界

教师长期处于学校环境中，社交圈相对比较简单和封闭，文化活动较少，再加上工作压力大，工作琐碎，很容易引发教师的心理问题。因此，学校作为教师工作的主要场所，应该鼓励教师交流，创造更多的机会让不同教师之间进行对话，相互交流彼此在工作和生活中的所思所想。此外，学校还可以为教师组织形式多样的活动，如球赛、旅游等，打开教师的"压力阀"，舒缓教师的情绪，同时还可以促进同事之间相互了解，构建和谐校园。

（四）落实"以师为本"，给予优厚的待遇条件

事实上，教师对工资收入和福利待遇不满意的问题，是困扰我国教育发展的"老大难"问题。工资待遇的公平与否会直接影响教师的情绪，进而会影响教师工作的积极性。因此，学校领导要注意到这一点，增强透明度，真正做到以教师为本，有的放矢地建立和完善有效的激励机制，满足教师合理的物质需求，实现学校的可持续发展。

1. 尊重教师的合理需求，谋求教师福利

教师福利是教师在组织中获得的除工资以外的待遇，包括现金、物质、精神及带薪休假等。学校要满足教师合理的物质需求，保障教师的付出与回报成正比。教师的工作量和工作能力应在工资标准中有所体现，要改变传统以年龄和职称为唯一标准的现状，适当采取分类激励的工资标准，根据效率优先的原则，适当提高工资额度。

2. 建立完善公平、灵活的评价激励机制

目前，中小学教师的激励制度还存在一些不完善的地方，如缺乏人本管理理念、分配欠公平与合理、激励缺乏弹性和差异化、未建立完善的人才竞争机制等，这些问题不利于充分激发中小学教师的教学积极性。首先，学校层面要改变以往按照年龄和职称的单一评价机制，引入绩效评价机制，完善考评激励制度。其次，学校要充分考虑教师的个体差异，实行差别激励。最后，学校可以实行动

态管理，引入竞争激励制度，激发教师工作的能动性，使学校处于一种良性循环状态，保证教师队伍的素质和质量。

3. 落实"以师为本"的发展性评价制度

发展性评价制度是以促进教师未来发展为目的的一种形成性评价制度[①]，是不以评价结果作为奖惩依据，主张教师在宽松环境下得以发展的评价制度。学校要正确处理好奖惩性评价和发展性评价的关系。首先，学校可以结合新课程改革的要求，提出合格教师和优秀教师的表现标准，让教师按照标准保质保量地完成教育教学任务。其次，学校可以通过设立集体奖的方式，鼓励教师之间进行合作与交流，使全体教师在专业上共同进步。最后，学校可以实行校务公开，实施民主管理、积极公正和充满活力的考核、评价、聘任机制，使学校的教学工作走上良性发展的轨道。

（五）关注特殊层次的教师，平衡教师工作强度

1. 关注农村教师，使其能"留得下"也能"走出去"

农村教师也是教师队伍中不可忽视的一支队伍。但多数研究表明，农村教师和城市教师在工作满意度、工作投入、社会情绪能力、自我效能感等方面存在显著差异。[②]学校一则可以为农村教师提供硬件上的支持，添置必要的实验仪器设备；二则可以在精神层面为农村教师提供支持，如为农村教师订阅杂志等。另外，研究表明，多数农村教师缺少教学反思能力，这是影响农村教师专业发展的重要因素。[③]因此，学校可以组织农村教师撰写教育日记、成立学习组织，在农村教师之间开展交流活动等，以提升农村教师的教学反思能力和专业能力。

2. 关注青年教师，重视职业生涯规划

青年教师往往指的是年龄在30岁左右并且在脑力和体力方面都处于黄金时期的教师，他们已经成为教师群体中一支不可忽视的主力军。学校有必要从职前、职中和职后创造各种有利条件以帮助青年教师尽快成长，使其为教育事业贡献力量。首先，学校要重视青年教师的职前培训工作，加强对其进行教育学、心

---

① 王斌华. 奖惩性与发展性教师评价制度的比较[J]. 上海教育科研，2007（12）：39-41.
② 程少波. 中小学教师社会心态现状及其调适对策研究：基于H省的抽样调查[D]. 武汉：华中师范大学，2020.
③ 程少波. 中小学教师社会心态现状及其调适对策研究：基于H省的抽样调查[D]. 武汉：华中师范大学，2020.

理学等方面的培训,增强青年教师的职业信念,使其为迎接入职后遇到的挑战做好准备。其次,青年教师在入职初期会遇到一些问题,学校可以建立一种"传帮带"制度,即由一部分有经验的资深教师对其进行指导,帮助青年教师更快地投入到教育工作中来。最后,学校应该对青年教师入职之后的专业发展加以重视,如鼓励教师参与职后进修、培训,参加各种会议等,以加速青年教师的成长。

3. 关注无编制教师,补齐教育制度的短板

学者邬志辉和陈昌盛指出,教师编制具有终身性的特点,这种终身性使教师这一职业被视为"铁饭碗",是工作稳定性的一种体现。教师一旦获得了编制,就成了"吃皇粮"的"公家人"。[①]多数研究表明,无编制教师的工作满意度显著低于有编制教师,这使得无编制教师专业发展的动力不足,不利于教师队伍的稳定性。因此,学校要做到一视同仁,给予无编制教师充分的尊重和自尊感,让无编制教师积极地投入到工作之中。一旦通过不断历练成为优秀教师,他们就可以跨入更好的发展平台,实现真正的同工同酬。

4. 关注中老年教师,鼓励发挥"余热效应"

随着现代人们生活水平和生活质量的提高,人类的寿命普遍延长。因此,不能以过去的眼光看待现在的中老年教师。现在的中老年教师精力尚充沛,过早地给他们贴上"中老年教师"的标签,会让他们在心理上怀疑自己的精力和体力是否旺盛,从而失去对教育的积极性和创造性。

事实上,中老年教师工作了一辈子,拥有丰富的教学经验,这是一笔宝贵的教学财富。学校可以采取让青年教师和中老年教师"结对"的方式,提升青年教师的教学专业水平。另外,学校可以通过开设讲座的方式,让中老年教师把他们多年的教学工作进行总结和分享,从而为青年教师提供智力支持。

三、教师主体积极调适

教师工作具有过程的长期性、工作对象与工作手段的主体性、工作形式的个别性、工作影响要素的多元性等特点。下文将结合这些特点,对影响教师工作投入机理的关键因素进行深入分析。

---

① 邬志辉,陈昌盛. 我国义务教育阶段教师编制供求矛盾及改革思路[J]. 教育研究,2018(8):88-100.

（一）坚定职业信念，提升投入感

教师工作投入感主要受到精神层面、道德层面和自我要求层面的三重驱动，对教育事业的热爱、对社会责任的担当、对自我人生价值的追求是教师工作投入感提升的成因。

1. 精神驱动：来源于教育理想与情怀

1）坚守职业身份。习近平总书记多次强调"教师是立教之本，兴教之源"[1]，教师是一项是伟大而神圣的职业，教师职业对社会文化精神的赓续有重要作用。教师的职业身份决定了其具有向学生传播知识和传承文明的使命，也具有激发学生个体的创造潜力、帮助学生自由而全面发展的责任。教书育人不仅是教师的职业内容，同时也是教师的生活方式，教师在与学生的共同成长历程中实现自我生命价值。

2）热爱教育事业。教师的工作对象是一个个鲜活而复杂的人，工作成果难以在短期内通过直观、外化的形式呈现出来，这更需要教师具有发自内心的对教育事业的热爱，意识到职业责任的重大意义，借助生动多样的教育活动，长周期深耕教育实践热土，甘于奉献，以培养社会所需要的人才。

3）关怀生命成长。关怀学生是教师道德水平的重要标志，这"渊源于对年轻一代的发展趋势所持有的预见和信念之中"[2]，在一定程度上决定了教师的价值选择和行为方式。教师能够将情感倾注到每一位学生身上，既尊重和理解学生的独特性，也在学生成长过程中对其给予严格要求，这有助于学生全面认识自己，发现自己，促进自我生命成长。

2. 道德约束：来源于社会责任感与使命感

1）家国情怀的担当。教师需要能够认识到教育工作并不完全等同于个体的谋生手段，能够站在家国担当的高度体认教育工作的社会价值。教育是国家富强和社会发展的先导力量，关系千家万户的未来希望。教师肩负着办好人民满意教育和为国家培养人才的重大责任，是高质量教育发展的关键。新时代教师不仅要明确为党育人、为国育才的使命，还要引导学生树立为祖国和人民做出奉献的信念。

2）文化传承的滋养。教师要培养学生立足中国大地、传承中国文化、弘扬中国精神、形成中国价值的责任与担当。教师可以将中华优秀传统文化转化为鲜

---

[1] 新华社. 习近平致全国广大教师的慰问信[N]. 工人日报，2013-09-10（001）.
[2] 梅养宝. 从教师劳动的特点看教师职业的道德性[J]. 安徽师范大学学报（人文社会科学版），2009（3）：262.

活生动的活动内容并呈现在学生面前,学生在主动投入知情意行的状态下,感受文化焕发的生命力量,形成对传统文化意蕴的深层体悟;教师也可以将优秀传统文化中留存下来的思想观点投射进现实生活,帮助学生探究其在当今时代的重要价值,促进学生进行当代文化参与和建设。

3)温暖至善的大爱。"爱是教育的灵魂,没有爱就没有教育。"[①]教师需将爱放在整个教育过程的核心位置,拥有对善的追求,爱学生、爱社会、爱人类,持久而诚挚地对每一位学生给予体贴、理解与帮助,进一步引导和教育学生热爱祖国、热爱人民、热爱世界。这样,学生的人格才会得到尊重和信任,学生才能够感受到教师的爱并将其转化为积极向上的行动力。

3. 自我要求:来源于人生价值追求

1)确立终身学习目标。信息时代的教师要树立终身学习的目标,不仅要有扎实的学科知识,还要有广阔的视野和信息技能。教师学习建立在以往教育实践经验的基础上,学习的动机来源于现实需求和提高自身能力的内部驱动,以应对他们所面临的教育实际问题。教师需持续更新自我知识体系,以呈现给学生创新性的信息素材、教学设计和思考方式等,从而提升自身专业能力和课堂教学质量。

2)提升个体道德修养。道德修养是优秀教师的首要条件,教师不应局限于知识传授,而应将传道、授业和解惑相结合,以人格魅力引导学生心灵。教师的道德修养是立身之本、立学之根、施教之基,教师的道德修养对于学生成长而言是一种长效辐射力,会润物细无声般地在学生的心里留下痕迹,帮助学生认识美的含义、美的力量,形成美的人格,影响学生的政治觉悟、道德品质、思维方式和行为习惯。

3)体认自身劳动价值。教师应充分意识到教育工作的崇高性,培养对教育工作的认同感和自豪感,将其内化为自己积极投身教育工作的热情和力量。教育工作具有社会价值,教师不仅在传递、延续和发展人类文明中担负着重要职能,同时也肩负着培养社会主义合格建设者和可靠接班人的重要职责;教育工作具有个人价值,教师在工作中享受着学生成长进步带来的喜悦,也在教学相长中发展和完善自我。

(二)凸显独立意识,提升效能感

教师感受到教育工作是可以自由掌控的,这会增强教师投入工作的自觉意

---

① 习近平. 做党和人民满意的好老师——同北京师范大学师生代表座谈时的讲话[J]. 人民教育,2014(19): 6-10.

愿，使其生发独立意识，自主设计和实施教学，主动反思自身教学行为，积极认同自身能力，进而激发教师全身心地投入到教育工作中，提升教育教学质量。

1. 自主掌控教学工作

1）自主理解课程标准。教师对学科课程标准的自主理解可以促使教师明确学科的功能定位，这会持续为教师提供新的专业拓展空间，加深教师对学科本质的理解。教师站在学科高地，从政策文本视角看待学科现象，勇于打破自我学科思维定式，形成看待学科问题的独特观点，建构自我学科话语体系，积极实现专业成长。

2）自主进行教学设计。教师的自主教学设计不是简单地向学生传输知识的过程，而要为"此岸"的学情和"彼岸"的教材架设桥梁，这来源于教师丰富的教学经验，教师能够认清学生特点，了解学生的先有概念，同时教师需要具备扎实的学科功底，依循课程标准钻研教材，找准课堂的生发点和定位点，以一定的理论素养和开阔的实践视野为支撑，进行自主而有效的教学设计。

3）自主实施教学方案。课堂教学是生成的艺术，优秀的教师可以因时、因地、因人自主实施差异化的教学方案，根据不同学情来调整教学方案，重视因材施教的价值；教师可以自觉对教学方法进行优化组合，不可以套用同样的模式讲授不同的内容，需结合实际采用相应的教学方法，自主开展创造性的教学活动；教师需要机智地应对教学临场状况，探寻学生的疑惑点、模糊点和矛盾点，将其作为学生进步的契机加以因势利导。

2. 主动反思教学行为

1）反思的贯穿性。教师工作效能需要依靠教师个体的反思来实现，教师需要不断对行动目标、行动过程、行动方法和行动结果进行反思。教师在行动前反思，在与新的教学情境相遇时，接纳新异教育教学现象，将新挑战作为新的学习起点；教师在行动中反思，带着问题意识，面对变化情境改进实践，用批判性思维看待教育教学问题；教师在行动后反思，依托理论使教学实践不断发展，用新的行为方式解决实践情境中的复杂问题。

2）反思的深刻性。教师不应只关注"如何做"的问题，而应追问"为什么这样做"。教师在教学过程中应不满足于获得浅层性的教学程序知识，而要进一步反思不同情境下实践问题背后的理论依据，在一定情境条件下对知识进行过滤加工，形成深刻的概念性理解。教师通过不断质疑和提问，帮助自身进行深度学习，通过反思把实践经验抽象为教育观念。

3）反思的迁移性。面对变化的、复杂的教学实践环境，教师不应将反思后的实践模型直接迁移到其他情境中，而应根据情境的变化而变化，在回应关联或对质教学情境时，运用多种方式重建自身知识体系。教师应勇于接受能够延伸自身知识和能力的挑战，重新分析所处境遇，对理论概念做出适当调整和加工创造，灵活多元地解决实践问题，寻找各类教育问题背后的关联点和差异点，尝试提供解决方案。

3. 积极认同自身能力

1）深层触发自身认知需求。教师需要拥有积极的专业发展态度，发现自身在教学改革中的重要价值，提高专业发展意识，这是教师个体专业成长的内在动力源，能激发教师自身的潜能。教师的教学实践具有问题导向性，教师以实际教学中产生的困惑为出发点，善于在教育基本理论中追踪问题，在具体教学情境中洞察问题，提高解决实际问题的能力。

2）主动进行自身行动调整。教师可以通过"教学实践—理论提升—实践反思—改进实践"这一循环模式，主动调整自身行动。教师在实践中获得的教学经验往往是隐性的，通过与理论对话获得更广阔的学科视野，在具体教学情境中使头脑中的理论被激活，获得显性实践智慧，依托理论不断自主发展教学行动，从而使自身专业发展进入良性轨道。

3）持续探寻自身学习契机。教师应不断寻找机会以促进自身专业能力的提升，通过教学实践、理论学习、集体研修、个人反思、专家带教和定期培训等多种形式，实现从经验积累到理性思考的变化。这一变化不是单靠职后充电就能实现的，而是在多种因素的综合作用下形成的。教师专业发展以自主规划和自我实现为特征，这会促进教师在思想认识、经验积累和教学行为等多方面发生变化。

（三）制定专业发展规划，提升成就感

教师主动积极地制定专业发展规划，在专业知识、专业意识和专业能力等方面不断发展和完善，这会帮助教师实现自我价值，提升课堂教学质量，增进师生情感互动，提升教师的专业成就感。

1. 在读书中积淀专业知识

1）学习理论原理。教师提升自身理论水平的最好途径便是读书。教师可以制定每个学期的理论书籍阅读计划，以便落实。教师作为教育教学研究者，为提升自身专业素养，就要阅读原著，读出其中的原汁原味。理论书籍的阅读有助于教师改进课堂教学实践，使师生案例和素材不断积累与整合，这就相当于一次自下而上的小型课堂改革，新课程改革亟须这样一种实现路径。

2）拓宽学科视野。学科视野是教师专业发展的基石，学科视野的拓展使得教师对教学目标和教学内容的关注从一份教案、一节课，到一个单元，再到整本教材，进而形成整个学段的全学科视角。教师不单是就文本讲文本，而是站在学科高地，纵览学科功能定位，研读课程标准，横向比对国外原著教材，纵向了解教材历史脉络，研究案例教法和学法指导，关注过程性评价，课堂教学也会演变为一种思维艺术。

3）重构理论体系。教师需要在阅读中进行反思和批判，不一定要有原创性的贡献，但需要具有一定的理论运用能力，善于汲取各个理论中的关键部分，综合各个理论的优点，将其与自身原有知识结合起来，对其进行加工和整合，生成自己个性化的理论体系。教师将新理论运用到新情境中，不断适应教学实践并更新自身专业知识体系，从而提升自身专业水平。

2. 在实践中培养专业意识

1）亲历教育现象。教师教学具有实践导向的特点，教师是教育教学活动的研究者、设计者、实施者和反思者，这样的几重身份使得教师对实际教学情境具有丰富经验，能够深入思考，提出贴切的应用策略。教师可以将自己的专业成长和实践经历作为研究对象，重新审视教育实践现象，不断反思自身专业成长经历，真正提高自己在实践中解决问题的能力。这会促使教师在短时间内取得最佳的教学效果和科研能力，促进专业发展。

2）发现教育问题。学贵有疑，教师要善于在教育基本理论中追踪问题，在具体教学情境中洞察问题，提高自身的责任感和使命感。教师在教学实践中进行观察和反思，这是找准教育问题的关键。当教师具有敏锐的问题意识时，教师对教育教学工作也会一直充满活力和激情，会发现自身在教学改革中的重要价值，提高专业发展意识。

3）探究教育本质。除了在教学实践中发现问题以外，教师还需要透过问题表象看到核心本质。教师的教育实践研究既来源于一线而又回归一线，教师在解决微观的教育实践问题的过程中不断探寻宏观理论的支持，不仅关注"是什么"的事实性问题，还追问"为什么"的思维性问题，通过整合问题背后的逻辑视角，从理论高度探寻解决问题的方法，这有助于提高教师的专业素养，为后续胜任课堂教学打好基础。

3. 在研究中提升专业能力

1）用理论指引实践。理论视角为教师的教学实践提供了方向性指导，教师应抓住教学实践与教育理论的冲突、对质和碰撞的契机，这有利于教师将不同观念进行内化吸收，持续将教学实践经历带入理论反思中，建立理论体系与教学实践的超级链接，从而更有针对性地提升教师教学设计能力，改善课堂教学质量。

2）用实践反思理论。教师的教学实践过程就是教师的理论反思过程，教师能够对自身的教育教学进行自觉而系统的反思，这是研究型教师的重要标志。教师的反思不是偶一为之，而是伴随教师教育教学过程的始终，它会帮助教师获得并更新实践性知识，成为教师的一种工作态度和生活方式，教师的专业能力也在持续的反思过程中得到发展。

3）探寻行动研究路径。教师的积极参与、思考和应用是行动研究得以顺利进行的保障，教师要进行实践与理论的持续对话，把学习、工作与研究相互结合起来，通过学习持续积累理论，用理论改进工作实践，在实践中不断反思，更新自我理论体系。理论与实践互促共进和螺旋发展，也是教师特殊的专业成长方式。

（四）加强自我适应能力，提升幸福感

教师在复杂工作情境中的自我适应能力直接影响到教师工作的积极性，关系到教师工作的幸福指数。良好的时间管理能力、情绪抗压能力和人际关系平衡能力是教师适应挑战性工作的关键因素，会帮助教师提高工作投入感，提升教学效能感，获得积极的情感体验。

1. 时间管理

1）分清主次。教师可在每天的固定时间专门做时间规划，罗列当日教学管理中需要处理的相关工作。教师每天的工作繁杂，时间管理的核心就是如何安排时间，教师可根据工作的重要性和轻重缓急进行规划，往往以是否有利于学生的身心发展、是否有利于教师专业能力的提升作为判定标准。教师需定期复盘重要的工作，审视时间管理上的利弊，探寻其中的经验和规律。

2）提升效率。首先，教师应有明确的工作目标，据此寻找工作的着力点，提高工作投入度，深挖时间的价值属性，让时间投入得有质量和有意义；其次，教师应集中大量时间处理重要的事务性工作，减少工作切换和调适的时间，提高时间的利用效率，促使时间投入与工作绩效相匹配；最后，教师应充分利用现代化手段提高时间利用效率，借助微信接龙和在线表格等形式使烦琐

工作变得有条不紊。

3）放权学生。教师要调整自我工作的策略，减少不必要的时间投入，集中精力统筹并发挥学生力量，优秀的教师能够利用每一个教育细节为学生提供充分参与和展现自我的契机。这既可以培养学生的参与意识，形成综合能力，实现做事与学习的双赢，也可以通过赋予学生权利，拉近学生与教师之间的距离，为学生的成长进步提供更有利的情感环境。

2. 情绪抗压

1）形成自我认知。教师要根据客观工作环境调整自我认知，正确认识自我有助于教师在外在环境压力与内在心理冲突中突围。认清自我包括了解自己的兴趣、特长、优缺点、工作承受度及承担的责任等。工作目标和负荷要结合自我特征，教师不可好高骛远或止步不前，在满足自我内在需求的同时，又在一定程度上具有发展自我的倾向，这样才能合情合理地规划工作，扬长避短。

2）树立归因意识。教师要能够明确压力产生的原因，这有助于教师积极应对工作压力。教师采取积极的压力调适态度，不回避问题和矛盾，也不一味地发泄情绪，而是主动直面压力产生的来源，认识和关注压力产生的原因，这会帮助教师主动解决压力问题，实现有效的压力管理，这也是教师自主调适工作和实现自我超越的重要方式。

3）进行情绪调节。教师在进行主观自我定位与客观工作压力分析后，还要进行情绪调节，避免不良情绪的发生。教师应通过一定的机制和方法使自己达到良好的情绪状态，这往往是从行为改变开始的。教师可以有规律地参加一系列文体活动来陶冶情操，锻炼体质，感受生活乐趣，这有助于教师宣泄和消解负面情绪，转移注意力，产生积极的情绪暗示，甚至转变教师的思维方式。

3. 人际平衡

1）协调好与家人的关系。一方面，教师要端正态度，意识到工作与家人都非常重要，缺失任何一方都是不完美的，协调好自己在不同环境中充当的不同角色，不要将一个场合中的不良情绪宣泄到另一个场合中。另一方面，教师要科学合理统筹时间，规划好白天和晚上、工作日和周末的时间，尽量做到工作与家庭兼顾，合理分配时间和精力。

2）协调好与同事的关系。教师工作是集体性的成果，良好的同事关系是教师身心健康和专业发展的重要保障。教学活动往往是依靠集体的智慧和力量完成的，同事间为了共同的教育目标，应共同合作，互相团结和支持。由于教师具体工作分工和任务的差异，教师与同事之间难免会产生纷争与冲突，每一位教师应根据自己的职责和承诺完成相应的教育教学工作，尊重和理解其他同事。

3）协调好与学生的关系。师生在人格上是平等的关系，共同作为教学互动的主体，教师面对处在半成熟和发展中的学生个体，要尊重学生的人格，民主平等地对待学生是师生顺畅沟通并完成教学任务的基本保障；师生在情感交流上是相互信任和关爱的，在课堂活动中教师的教与学生的学互促互进，这不仅有利于融洽学习成长环境的形成，也会对学生起到潜移默化的道德引领作用。

四、社会舆论正确引导

教师队伍建设是关系到国家教育高质量发展与人才培养的大事，因此教师群体的一言一行备受社会关注，师德建设成为民众聚焦的热点话题。教育舆情与其他舆情在本质上有着很大区别，一般分为正面舆情与负面舆情，本部分提到的教育舆情主要针对负面舆情。教育领域实发的某些具有争议性的事件往往伴随着信任内卷化、关注表面化、言论情绪化的舆论风险。[①]对此，社会应该对此类舆论进行正确引导：一是构建公共话语空间，引领教师评价风向；二是联动多方社会资源，凝聚民众社会共识；三是健全舆情管理机制，防范教师舆论风险。

（一）构建公共话语空间，引领教师评价风向

1. 提高信息回应力，迅速研判风险类别及等级

我国教育体系逐渐强大，但其不平衡的发展特点导致我国的教育治理较为复杂，容易出现较难预判的舆论形式。社会舆论的广泛关注是一把双刃剑，一方面，社会民众的关注为教师队伍发展提供了有力的舆论监督；另一方面，过犹不及的网络舆论对教师群体的整体形象形成了一些非理性干扰。在社会舆论高度关注的情况下，相关教育部门、学校等应提高信息回应力，迅速研判风险类别及等级。一是相关教育部门、学校等应提高信息回应力，避免教师舆情事件产生连锁反应。舆情即社情民意，关乎民情、民力和民智，尤指公众受中介性社会事件刺激而产生的反映社会客观情况的社会政治态度。[②]教育本身是关乎个人、家庭、各个群体的重要民生问题，多元的媒体渠道使人们更加容易表达自己对教育现象的看法。在教育舆情多元化、复杂化的时代，教育相关部门应及时回应重要信

---

① 杨欣. 教育的舆论风险及其治理[J]. 内蒙古社会科学，2021，42（4）：189-196.
② 蒋明敏. 情感视域下突发公共事件网络舆情的治理策略[J]. 江西社会科学，2020，40（12）：190-198.

息，形成负面舆情闭环效应。二是相关教育部门、学校等应迅速研判风险类别及等级，建立教师舆情预警研判机制。根据所隐含的风险与产生社会危害的可能性及程度，可按事故灾难型、道德规范型、矛盾纠纷型、违纪违法型、情绪意见型、权益伸张型等几大类别对教育舆情进行归类，以便后续采取对应的处置措施。[1]同时，在完成舆情风险等级的划分后，各级教育部门及有关单位应依照相应等级尽早对舆情进行预警和处置。

2. 预防信息碎片化，加强与主流媒体的配合

数字媒体的技术特征、网络平台的多元化以及网络个体的分散化导致信息的碎片化，舆论表达的碎片化使舆情变得更为复杂。某些媒体为了蹭流量，会海量输出真假难辨的碎片化信息，民众非但难以辨别其中可信度高、值得参考的内容，过量且不全面的信息反而会引起他们焦虑、猜疑甚至偏激的情绪。为避免全媒体时代下的教育事件成为舆情，社会及相关教育部门应预防信息碎片化，加强与主流媒体的配合。一是社会及相关教育部门应预防信息碎片化，还原教育事件的真实全貌。随着互联网时代的到来，海量的信息轰炸伴随着各种诱惑纷至沓来，各类虚假与未经证实的信息充斥在网络中。社会需要对新闻媒体做出正确规约，对未经核实的信息不发布，对碎片化信息不传播；呼吁新闻媒体人坚守底线、勇于担责，肩负起社会道德责任、行业纪律责任、法律责任。二是社会及相关教育部门应加强与主流媒体的配合，引领教师评价风向。随着新媒体的出现，本应作为重要舆论宣传阵地的传统媒体受到了严重冲击，社会影响力逐渐减弱。教育舆情的治理不能脱离全媒体体系，教育部门应当加强与主流媒体、互联网企业、网络自媒体平台、"意见领袖"、网民等相关主体的合作，实现教育治理、媒体报道、公众意见的有机结合，建立全媒体舆论制衡对冲机制。[2]

3. 掌握舆论话语权，避免陷入话语被动境地

在舆论爆发的初始阶段，公众对事件的认知往往处于比较模糊的状态。尤其是当关乎千家万户的教育事件出现时，民众容易对教师群体产生负面认知和偏激情绪。一些对个别教师失范事件的报道会加重舆论风险，甚至会相继出现编造教师失职的虚假案例。这种非理性的报道不仅会引起教育舆情，更会引起社会民众对教师群体的负面认知。因此，社会及相关教育部门应该掌握舆论话语权，避免

---

[1] 张霆. 移动互联网时代教育舆情风险防范与危机应对探析[J]. 湖南工业大学学报（社会科学版），2020，25（4）：53-60.

[2] 张冬，魏俊斌. 情感驱动下主流媒体疫情信息数据分析与话语引导策略[J]. 图书情报工作，2021，65（14）：101-108.

陷入话语被动境地。一是社会及相关教育部门应掌握舆论话语权，构建公共话语空间。相关教育部门应在舆论发生的初始阶段及时做出回应，在理性、客观分析的基础上，针对问题事件迅速做出初始表态，充分利用全媒体信息传播特点，适当积极公开和回应公众关心的问题，努力防止谣言和猜疑滋生。二是社会及相关教育部门应避免陷入话语被动境地，主动响应舆论危机。教师舆情事件发生后，相关教育部门应及时启动危机响应程序，社会舆论引导必须坚持正确的政治方向，按照国家相关法律法规要求，正面、积极、真实、完整地报道教育事件。

（二）联动多方社会资源，凝聚民众社会共识

1. 确保资源多元化，明确社会各方权责分配

舆论的产生及其发展通常是多方力量作用的结果，因此，在讨论如何进行正确的社会舆论引导时，必须从多元主体视角出发进行分析，政府、新闻媒体、相关教育部门以及公民个人都应该既遵循外在的制度规约，又提升内在的素养。社会相关部门要确保资源多元化，明确社会各方权责分配。一是社会及相关教育部门应确保资源多元化，联动多方社会资源。相关教育部门应建立舆情协商合作制度，整合社会组织、新闻媒体等各方资源力量，"要综合运用权力、知识、民意，实现权力主体的政府、掌握科学知识的专家和民意表达的公众三者不同利益诉求的有机结合"[1]。二是社会及相关教育部门应明确社会各方权责分配，建立健全舆情应对体系。教育事件所引发的教师舆情复杂且瞬息万变，各级教育部门应逐级明确舆情应对的责任部门及个人，并明晰其舆情处置职能，防止因责任推诿而产生的舆论扩散化。

2. 防止舆论扩散化，提升教师舆论处置效率

突发的教育事件以及教师问题往往会伴随各种负面舆论的出现，一旦处理不当，极易造成公众对教师群体产生负面认知，甚至还会使公众对教育体系的公平性和稳定性产生怀疑。在突发事件频生的网络信息化时代，相关教育部门要持续做好社会舆论引导，防止舆论扩散化，提升教师舆论处置效率。一是社会及相关教育部门应防止舆论扩散化，尽快平息教育事件的负面热度。互联网信息传播迅速，传播主体的水平良莠不齐，相关教育部门要在舆论产生的第一时间快速做出正确判断，抢占先机，联合主流媒体等有利社会资源，占领舆论主导地位。二是社会及相关教育部门应提升教师舆论处置效率，及时启动应急预案。要想彻底平

---

[1] 汪来杰, 孙琪. 公共政策制定中权力与知识、民意的关系研究[J]. 辽宁行政学院学报, 2019 (1): 34-38.

息舆情事件,不能完全依靠媒体引导,还要从教育系统内部处理好根本问题,实现教育舆情的全面治理。在进行舆论引导前,相关教育部门可以利用大数据技术对舆情事件进行真实有效的分析,量身定制处置方案。

3. 增强民众共识性,维护民众信息过滤系统

在后真相时代,讲述真相的方式层出不穷,其中很多方式并不可靠,甚至是有害的谣言。①突发教育事件的片面性、主观性等特征,使得民众众说纷纭、各持己见,教育舆论因此变得难以预测。所以从内在因素上来讲,增强民众的共识性显得尤为重要,社会应维护民众的信息过滤系统。一是社会及相关教育部门应增强民众的共识性,树立正确的教育价值观。社会应该通过舆情监控了解社会舆情的状况,譬如公众对事件的看法、对此类事件的疑问和对政府处置方法的态度等,及时对症下药,开启面向民众的教育舆论再教育。二是社会及相关教育部门应维护民众信息过滤系统,建立权威发布渠道。民众之所以会对教育事件辨识不清,主要是受到多方媒体所展现的不一致信息的影响。基于此,相关教育部门应让中央级新闻媒体、权威区域性媒体、代表性城市媒体这类传统媒体成为信息发布的核心阵地,如《人民日报》、新华社、各省党报等。

(三)健全舆情管理机制,防范教师舆论风险

1. 树立全媒体意识,完善教师舆论管理制度

首先,想要更好地引导教育网络舆情,需要树立教育网络舆情的全媒体意识。当前教育网络舆情的传播是以微博、微信、抖音等新媒体为主阵地的,新兴媒介的不断涌现使得教育舆情的相关数据来源更加丰富,为此,需要建立起立体化网络,通过多个传播载体共同发布信息,将教育舆情信息传递给不同载体受众,形成舆情合力。教育管理部门要充分利用新媒体的优势,最大限度地发挥新媒体的信息传播作用。其次,完备的舆论管理制度是舆情管理的基础和保障。按照舆论发生时间的前、中、后,需要制定完善的舆前预测与监控制度、舆情应对与回应制度以及舆情处理与善后制度,还需要通过相关制度引导官方媒体与自媒体和大众进行良性互动和交流,通过健全的制度体系,明确各方职责,规范应对流程,切实提升网络舆情的应对和处置水平。

最后,实现教育网络舆情的正向引导,还需要提升大众的公共理性,随着自

---

① 杨欣."后真相"时代的舆情挑战及其长效应对——新冠肺炎疫情下教育的反思与担当[J]. 思想教育研究,2020(4):31-36.

媒体的泛滥，提升网民的媒介素养成为重中之重。与此同时，在信息大爆炸时代，几乎每个人每天都面临着海量数据，始终保持理性批判是每一个当代人的必修课。除了主流媒体的正确引导外，公众还需要自觉进行"信息减负"，保持自己对信息的判断能力及独立思考能力，不被信息茧所束缚，使自己能在纷杂的信息息中站定立场。公众还需对互联网背后的营销手段、运营逻辑等有较清晰的了解，这就需要相关部门及时进行普法普网宣传，避免大众被纷繁复杂的网络世界冲昏头脑、人云亦云，甚至被"有心人"利用，做出伤害国家利益的事情。

2. 实施动态性监测，研判教师舆论风险倾向

全媒体教育舆情风险危机是时刻存在的，既有必然性也有偶然性，长期活跃在各类媒体上的负面情绪会逐步发酵、扩散形成舆情事件，而一些突发问题则会借助新媒体力量无规律地迅速爆发。[①]因此，对教育舆情的动态检测是舆情管理工作中的重要一环。一方面，教育行政部门应该成立专门化的网络舆情监测机构，把教育舆情的日常监测当作一项重要的工作来处理，形成舆情收集机制，并对数据进行精准分类，培养教育舆情分析师等相关方面的人才，及时发现教育舆情传播规律，不断完善教育舆情预警体系，实现精准分析，提高引导能力。另一方面，教育行政部门还需加强舆情监测方面的技术投入，借助网络爬虫、智能算法、人工智能等技术对舆情热点、舆情倾向等方面进行动态监测，自动收集相应舆情，筛选出潜藏的舆情隐患，并对舆情的可能倾向以及影响程度进行研判预测，及时予以正向引导，以全面、有效地进行教育舆情评估，做好风险防控。

3. 做好及时性善后，防止教师舆情危机复生

教育网络舆情的演化阶段包括发生期、扩散期、消退期。[②]一般来说，教育网络舆情经过一个完整的演变过程后并不会消失，而是进入消退期，消退期并不意味着放任不管、听之任之，而是需要及时进行善后处理，以防止舆情危机复生。具体来说，首先，教育管理部门需要加大对教育网络舆情的监控力度，避免舆情反复。把握相关教育网络舆情的最新走向，同时对相关的网络舆情信息进行搜集和汇总，对民众情绪进行降温和疏导，防止其他因素再次引发负面舆情的爆发，并整理和保存好相关资料，将事件的涉事者、事件关键词添加到舆情监测系统的搜索词条中，掌握相关教育网络舆情的最新走向，监测舆情的后续变化。其

---

① 井一龙，倪晓丰，高向辉. 全媒体视域下教育舆情的特征、治理困境与对策[J]. 现代教育管理，2021(11)：43-50.

② 史颖. 教育网络舆情的演化规律和引导机制研究：以 2017—2019 年典型教育舆情事件为例[D]. 开封：河南大学，2020.

次，教育管理部门需要建立复盘总结机制，对教育网络舆情进行复盘总结则是为了积累应对突发事件的经验，以便提高下一次对舆情的处理能力。在复盘总结的同时，对教育网络舆情中出现的舆情信息予以回复，对网络上出现的问题和建议及时进行反馈，直指大众痛点所在，对其进行高效回应，切实解决大众困惑。教育管理部门也应加强职能部门之间的交流，弥补各自的不足，以提升相互配合和合作的能力。此外，还要特别重视与主流媒体的沟通合作，及时对舆情进行良性引导。

五、学术机构智慧咨询

教育的发展与进步需要科学的理论作为指导，在各项教育决策科学化的背景下，科研院所、高等院校以及社会组织等逐渐参与到教育问题研究中来，各自发挥所长，为解决教育热点问题、促进教育高质量发展献计献策。学术机构智慧咨询正在快速形成与发展，通过搭建合作研究平台、组建研究团队、发布研究成果等一系列举措，把学术成果和方法引入管理实践中，为政府部门、社会大众提供精准、全面、高质量的咨询服务。

（一）智慧咨询价值取向

"咨询"是一个舶来语，英语为"consult"，意思是"向人请教、询问以便寻得资料和参考意见等"，也有"与人商量、商议"之意。[1]传统的教育研究大多在高校等专业研究机构中开展，表现出明显的学术取向，即典型的理论建构取向。以教育实践为导向的研究与之不同，它以推动相关教育政策或制度的出台为目标，更注重将研究成果转化为具体的决策或咨询建议。例如，《国务院关于加强教师队伍建设的意见》《教育部等八部门关于印发〈新时代基础教育强师计划〉的通知》等这些与学术职业发展相关的政策文本制定，需要学术机构的研究者运用相关知识，基于理论或实证研究方法，对政策制定进行规范的科学研究。因此，学术机构智慧咨询绝不是一项孤立的研究，在价值取向上，需要满足理论与实践的有机结合，坚持研究的科学性与真实性，需要不同部门、机构以及人员之间携手并进，它们之间是有机统一、相互支撑的，而不是互相排斥的。

---

[1] A pathway from open access and data sharing to open science in practice. NISO/ICSTI Joint Webinar[EB/OL]. (2016-08-11). http://www.niso.org/news/events/2015/webinars/icstisharing/[2022-10-31].

1. 理论与实践有机结合

任何正确、有效的策略必然是遵循社会发展的客观规律而制定的，并在实践中予以检验。毛泽东同志在《实践论》中曾指出，"理论若不和革命实践联系起来，就会变成无对象的理论，同样，实践若不以革命理论为指南，就会变成盲目的实践"[1]，而脱离实践的理论也只能是空洞的、无对象的理论，是海市蜃楼、空中楼阁。理论研究并不直接服务于教育实践，但是会为实践提供相关的科学依据，且这种基础研究越扎实，越有利于教育工作者对教育教学等实践方向的把握，而实践经验则会在很大程度上对基础性研究有所启发和借鉴。因此，学术机构在完成各项咨询研究任务的同时，一方面要创造条件不断提高研究人员的学术理论水平，增强他们在相关领域的知名度和影响力；另一方面要进行必不可少的社会调研，加强对实际研究背景的考察与学习，并对后期相关策略执行的效果进行预判，为制定及完善咨询工作提供事实依据。

2. 坚持实事求是的原则

实事求是是马克思主义的根本观点。咨询研究工作要遵循实事求是的原则，正确认识和把握事物的本质及规律，进而研究解决问题的办法。学术研究的普遍模式是把自己的主观分析假设成客观事实，而这样的假设有可能具有局限性，在结果的解释与说明部分也不够充分，出现与实际情况脱节的现象或者缺少对于实际问题的指导意义。因此，研究人员应不断开阔自己的专业视野，根据问题范围进行全面、综合、深入的跨学科分析。当研究结论与大多数人的认知不一致，或与某些政策文件不一致时，坚持实事求是、敢于讲真话是咨询研究工作者负有担当精神的体现，也是对科学精神的坚定维护，更是对国家、人民利益负责的重要精神标志。此外，咨询者也应具有自我批判意识，能以开放的态度对待咨询机构的因果解释，从而为方案的设计提供足够的想象空间。[2]

3. 多方协同共促发展

在决策咨询工作中，政府部门、传统教育决策咨询机构、高等院校和民间机构需要共同参与并合作。以往各级教育行政部门是贯穿政策制定过程的主导力量，负责组织不同机构和人员开展课题研究、参与政策讨论，其对决策的影响力要高于大学，而学术机构研究者则主要承担咨询功能。[3]在如今以政策实践为导

---

[1] 毛泽东. 毛泽东选集（第1卷）[M]. 北京：人民出版社，1991：293.
[2] 赵炬明. 为决策者服务——如何在高等教育领域做政策咨询[J]. 高等工程教育研究，2014（2）：61-65.
[3] 刘晶. 教育研究推动政府决策的问题及路径[J]. 大学教育科学，2016（6）：35-40，75，122.

向的教育研究中，不同主体的分工则更加灵活。教育研究机构经过长期的经验积累，具备深厚的组织背景与机构影响力，其介入教育政策过程的深度也随之增加。例如，在中国中小学教师工作强度的调查研究中，东北师范大学教师教育研究院负责统筹规划，课题组成员负责具体的研究工作，并在各级政府、教育行政部门、地方学校以及一线教师的协助下，撰写研究报告，发布研究成果，最终形成咨询报告，指引政策方向，促进教师发展，体现了学术机构在决策咨询工作中的重要作用。

（二）智慧咨询保障举措

学术研究机构的层次和职能属性定位，决定了对其咨询研究工作质量、水平以及作用的高要求。想要实现这种高要求的工作目标，涉及队伍建设、人才培养、组织文化、科学技术管理、数据信息管理等诸多方面，做好这些保障工作，有利于咨询研究工作的顺利开展，充分发挥智慧咨询的现实作用。

1. 人力资源保障

人力资源保障是学术研究机构进行各项工作的基础性前提。第一，建立结构合理的咨询服务队伍。咨询服务队伍的建设除了应包括研究人员外，还应包括学术研究助理队伍、经费管理队伍、信息管理队伍等，以参与项目研究的规划、组织和联络协调工作，财务的预算和监督，数据库的建设和运营等。第二，建立优质专业的研究团队。科学性是教育决策过程的基石，科研团队力争融合教育、科技、经济、社会等不同学科领域，充分发挥不同学科的专家优势，服务于教育决策。第三，建立科学完善的用人制度。一个良好团队的培养，很大程度上取决于团队人员的聘用、培养与奖励方式。应当尊重不同人员的发展特色与发展路径，使奖励与晋升制度科学合理，争取符合各类人才的发展需求。第四，建立人才共享交流平台。学术研究机构应积极推动各项交流活动，面向社会搭建学术交流平台、合作研究平台和资源共享平台，设立科研工作流动站等。依托平台建设，增强自身的实力和竞争能力，进一步提升决策咨询能力。[1]

2. 组织文化保障

组织文化既是组织发展的动力，更是管理的工具，文化管理是管理的最高层次。学术机构智慧咨询需要在其生存与发展过程中，形成基本的价值理念与行为规范。第一，具备服务意识。在学术研究中，学者可以自行决定研究问题、研究

---

[1] 马桂艳，尚海永. 高校决策咨询服务能力建设研究[J]. 中国高校科技，2012（5）：23-24.

目标以及研究方法,但要做好咨询工作,需要在兼顾学术研究独立性与客观性的同时,具有服务意识,从咨询者的角度想问题。[①]第二,具备合作意识。咨询研究模式得益于集思广益,广泛地参与和协商可以克服个人决策的片面性与主观性。[②]例如,教师工作强度研究结果的生成、咨询报告的制定及评估,都是在各部门共同参与、积极配合下,在听取各方意见之后完成的。此外,对于通过搭建合作平台、征集决策建议、举办讲座和学术沙龙等来提升社会影响效应的合作方式,都应该积极加以尝试。第三,具备提升意识。智慧咨询,实质在咨询,但关键在智慧。咨询者与咨询服务者都应具备一定的心性涵养,在咨询过程中将各自的智慧传递给对方,帮助当事人自身能量的获得与提升。[③]同时,在智慧咨询服务体系的建设背景下,要推进咨询服务工作智能化发展,展望智慧咨询的发展方向,探索打造一体化、协同化、智能化的多功能智慧咨询。[④]

3. 研究前瞻性保障

前瞻性是一种高瞻远瞩的能力,选择战略性、前瞻性的重大问题进行超前研究,往往能够获得难以估量的成果效应。[⑤]第一,对知识和经验的持续积累。智慧咨询以重大教育问题为研究方向,需要发现问题与提出问题的经验;以科研人员为研究骨干,运用知识与信息进行调研、分析、研究与判断,需要解决问题的经验;以合作平台为研究支撑,则需要运营与管理的实践经验。第二,对事物发展规律的洞察力。在当今时代,能否透过现象看清事物的本质,准确把握事物的内在规律,是对智慧咨询研究人员的内在要求。其根本在于个人能力的培养,包括掌握和运用正确的认识论与方法论,不断积累知识经验,不断总结和反思,不断精益求精,提升自己对于政治、经济、社会发展认知的敏感性和洞察力。第三,对研究方法的创新。随着研究问题更加复杂和深入,研究对象更加特殊和具体,分析问题的方法也应该与时俱进,不断推陈出新。在经典的、传统的研究方法的基础上,或是加以改进,或是相互结合,以使其适用于新的问题与目标;注重跨学科的研究方法,通过建立学科间的桥梁,提高咨询研究水平。

---

① 赵炬明. 为决策者服务——如何在高等教育领域做政策咨询[J]. 高等工程教育研究,2014(2):61-65.
② 〔美〕伯顿·克拉克. 探究的场所——现代大学的科研和研究生教育[M]. 王承绪,译. 杭州:浙江教育出版社,2001:14-15.
③ 陈复. 智慧咨询的理念与实作:阳明心学对心理咨询的启发[J]. 贵阳学院学报(社会科学版),2019(3):7-15.
④ 林艳君,陈超,傅意. 互联网+时代下人力资源和社会保障智慧咨询服务研究[J]. 现代经济信息,2017(23):19-20.
⑤ 贾品荣,伊彤. 国家科技政策智库咨询能力建设的路径模式[J]. 情报杂志,2017(1):59-65,34.

4. 数据资源保障

数据资源能力反映的是咨询机构拥有的信息资源状况，是在过去的研究过程中不断积累的知识财富。第一，建立数据处理研究中心。随着信息时代的飞速发展，数据的价值越来越凸显。数据研究中心的建立有助于实现对数据更加集中、更加高效的处理。通过深度挖掘数据背后蕴含的信息，可以为科学研究提供有力的事实依据，真正实现理论与实际的结合。第二，建立数据资源服务系统。数据资产只有形成数据服务，才能使研究成果被更广泛地传播与应用，这涉及相关软硬件平台、安全系统、数字媒体以及后勤服务等工作的支持与保障。通过对这些平台和资源进行关联、融合，才能更好地实现辅助创新。第三，建立智慧咨询数据库。在数字化时代，咨询机构不仅要着力培养综合型咨询人才及团队，还要打造自己的数据库。数据经过长时间积累被保存下来，有利于今后方便、快速地被调用，从而充分发挥其应用价值。第四，建立数字资源共享平台。咨询研究成果想要实现真正地走出去，就不能让数据信息变成孤岛，应建立起数据共享与交换的桥梁，不断学习和借鉴数字化建设成功的经验，让不同领域的数据实现大范围的流通与融合，才能真正实现数据"为我所累、为我所用"。

（三）智慧咨询研究成果产出

学术机构研究成果是重要的决策咨询依据，需要严格地进行质量把关，有效地促进科研成果转化。第一，研究成果精准写作。学术机构研究成果包括研究报告、政策建议、会议报告、学术专著、期刊论文、专利等多种形式。[1]高质量的咨询成果是咨询机构水平的直接体现，不断提高其质量和水平是至关重要的。在研究成果的写作过程中，要注意语言简洁明了，通俗易懂，观点清晰，能从读者的需要和阅读习惯出发，尽可能减少读者的阅读困难，使读者可以迅速、准确地获得必要信息，对其进行准确判断。[2]第二，加强研究成果的报送管理。应快速、准确、及时地向政府等相关咨询部门报送研究成果，为咨询者、决策者提供科学有效的咨询意见，并帮助咨询成果收入相应的成果库。[3]同时，还应通过邀请领域专家组织学术研讨会、学术报告、召开成果发布会等形式公开发布研究成果，通过出版物、报刊、网站、学术论坛等各种渠道向社会发布和传播研究成果，以提升咨询机构的影响力，让智慧咨询产生的共同结晶传播于社会、共享于社会、造福于社会。

---

[1] 赵志纯，何齐宗，安静，等. 中国高等教育学术研究的演变与发展趋势（1980—2019）——基于对六个CSSCI高等教育源刊的大数据分析[J]. 高等教育研究，2020（4）：56-66.

[2] 赵炬明. 为决策者服务——如何在高等教育领域做政策咨询[J]. 高等工程教育研究，2014（2）：61-65.

[3] 戴维文，叶腾俊，夏立明. 凝聚科技智慧 服务决策咨询[J]. 学会，2014（2）：60-62.

后　记

党的十八大以来，以习近平同志为核心的党中央高度重视教育工作，习近平总书记对于教育改革发展发表了一系列重要讲话，提出了一系列新理念新思想新观点，深刻阐释了"培养什么样的人、如何培养人、为谁培养人""办什么样的教育、怎样办教育、为谁办教育"等重大理论和实践问题，为办好人民满意的教育提供了价值逻辑和实践指南。为加快推进教育现代化、建设教育强国、深化教育教学改革，我国先后颁布了一系列重要文件，如《中共中央　国务院关于全面深化新时代教师队伍建设改革的意见》《中共中央　国务院关于深化教育教学改革全面提高义务教育质量的意见》等，以期造就党和人民满意的高素质、专业化、创新型教师队伍。2021年7月，中共中央办公厅、国务院办公厅印发《关于进一步减轻义务教育阶段学生作业负担和校外培训负担的意见》。"双减"政策全面实施以来，不仅使人们在教育教学上更加重视学生的全面发展，而且让大家逐渐关注到教师工作的合理性、人性化发展，针对教师工作负担过重的现实，思考教师工作强度的调适策略。聚焦教师工作强度研究，对于全面贯彻党的教育方针、落实立德树人根本任务、营造良好的教师职业发展环境等均起到了重要作用。

东北师范大学教师教育研究院始终秉持学校"服务国家重大教育发展战略、培育一流基础教育师资"的教育使命，以"立足高等教育，研究教师教育，服务基础教育"为宗旨，坚持"为基础教育服务"的办学特色，开展与教师教育相关的学术交流与社会服务。为深入贯彻落实习近平总书记关于教育的重要论述以及全国教育大会精神，延续贯彻《教师教育振兴行动计划（2018—2022年）》等政策宗旨，东北师范大学教师教育研究院联合教师教育、基础教育、农村教育等学科，继《中国教师发展报告2019》《中国教师发展报告2020—2021》后，以中国教师工作强度为切入点，深入挖掘教师工作负担重、压力大的现实原因，旨在把握我国教师发展的最新动态，为我国教师发展的政策研制提供事实基础、数据支撑、理论指导与价值引领。

本书撰写分工如下：前言，柳海民、李广、盖阔、李沐洋、李长春；绪论，李广、柳海民、盖阔、李长春、杨新叶、雷婧；第一章，柳海民、杨宇轩；第二章，李广、苑昌昊、王奥轩、杜磊娇、于珊、黄阳璐、赵宇飞；第三章，梁红梅、杨士镕、朱红月、陈雨宁；第四章，李广、秦一铭、刘畅、单思宇、陈雨宁、李俊锋、辛盛；第五章，梁红梅、吴崇文、董佳欣、李衍勋；第六章，邓涛、杨大清、万满；第七章，杨进、叶兰欣、杨惠迪；第八章，赵岚、张伟伟、李燕；第九章，张聪、杨进、赵岚、林丹、梁红梅、李燕、张伟伟、许泽能、盛玉莹、周星辰、张璇、于卓熙、王梦寒；第十章，朱辉；第十一章，李广、张聪、邓涛、刘夺、霍星如、戴天宝、张福慧；第十二章，林丹、王炜、赵捷、张莹莹、刘禹蒙、李秋莹、王萌；第十三章，梁红梅、陈雨宁、朱红月、何丹；第十四章，李广、秦占民、刘倩、朱红月、盖阔、辛盛、赵如雪、雷婧；后记，李广、柳海民、盖阔。全书由柳海民、李广、秦占民负责统稿。

本书在调研过程中，得到了各省（自治区、直辖市）、市、县教育行政部门及中小学校的鼎力配合与协同落实；在调研资料整理过程中，得到了东北师范大学教育学部、教师教育研究院等部门与单位的研究生的专业帮助与智力投入；在出版过程中，得到了科学出版社的全力相助与专业指导，在此一并表示感谢！

尽管我们本着严谨、认真、负责、专业的态度投入本书的撰写工作中，但因时间所限，加之任务量巨大，书中不足之处在所难免，敬请专家批评指正！